인문콘텐츠의 모색

김기덕 kkduk1551@hanmail.net

1956년생. 건국대학교 사학과를 졸업하고, 건국대학교 대학원에서 「고려 봉작제(封爵制) 연구」로 문학박사학위를 받았다. 한국사 가운데 주로 고려시대 왕족을 연구하였으며, 이후 오행사상·풍수사상으로 연구범위를 넓혔다. 한편 디지털기술의 전개와 관련하여 일찍이 영상에도 관심을 가져 '영상역사학'을 제창하였으며, 나아가 인문학과 문화콘텐츠의 상생적 결합을 의미하는 '인문콘텐츠'라는 개념을 제시하고 '인문콘텐츠학회'를 결성하는 데에 주도적 역할을 하였다. 인문콘텐츠학회 회장, 전국대학문화콘텐츠학과협의회 회장을 역임하였으며, 현재 건국대학교 문과대학 문화콘텐츠학과 교수로 있다. 지은 책으로는 『고려시대 봉작제 연구』(청년사, 1998), 『한국인의 역사의식』(공편, 청년사, 1999), 『우리 인문학과 영상』(책임편집, 푸른역사, 2002), 『문화콘텐츠입문』(공저, 북코리아, 2005), 『영상역사학』(생각의나무, 2005), 『인문학과 문화콘텐츠』(공저, 다할미디어, 2006), 『한국전통문화와 문화콘텐츠』(북코리아, 2007), 『인문콘텐츠의 사회적 공헌』(공저, 북코리아, 2013), 『한국문화와 콘텐츠』(한국문화사, 2016) 등이 있다. 한편 지속적으로 관심을 가져온 풍수사상을 동양의 문화원형의 관점에서 접근하고 있으며, '한울생명풍수연구원'을 운영하고 있다(홈페이지: hanulpoongsoo.com).

인문콘텐츠의 모색

2021년 8월 20일 초판 인쇄
2021년 8월 25일 초판 발행

지은이 김기덕 | 펴낸이 이찬규
펴낸곳 북코리아 | 등록번호 제03-01240호
주소 13209 경기도 성남시 중원구 사기막골로45번길 14 우림2차 A동 1007호
전화 02-704-7840 | 팩스 02-704-7848
이메일 sunhaksa@korea.com | 홈페이지 www.북코리아.kr
ISBN 978-89-6324-789-2 93300
값 27,000원

인문콘텐츠의 모색

김기덕 지음

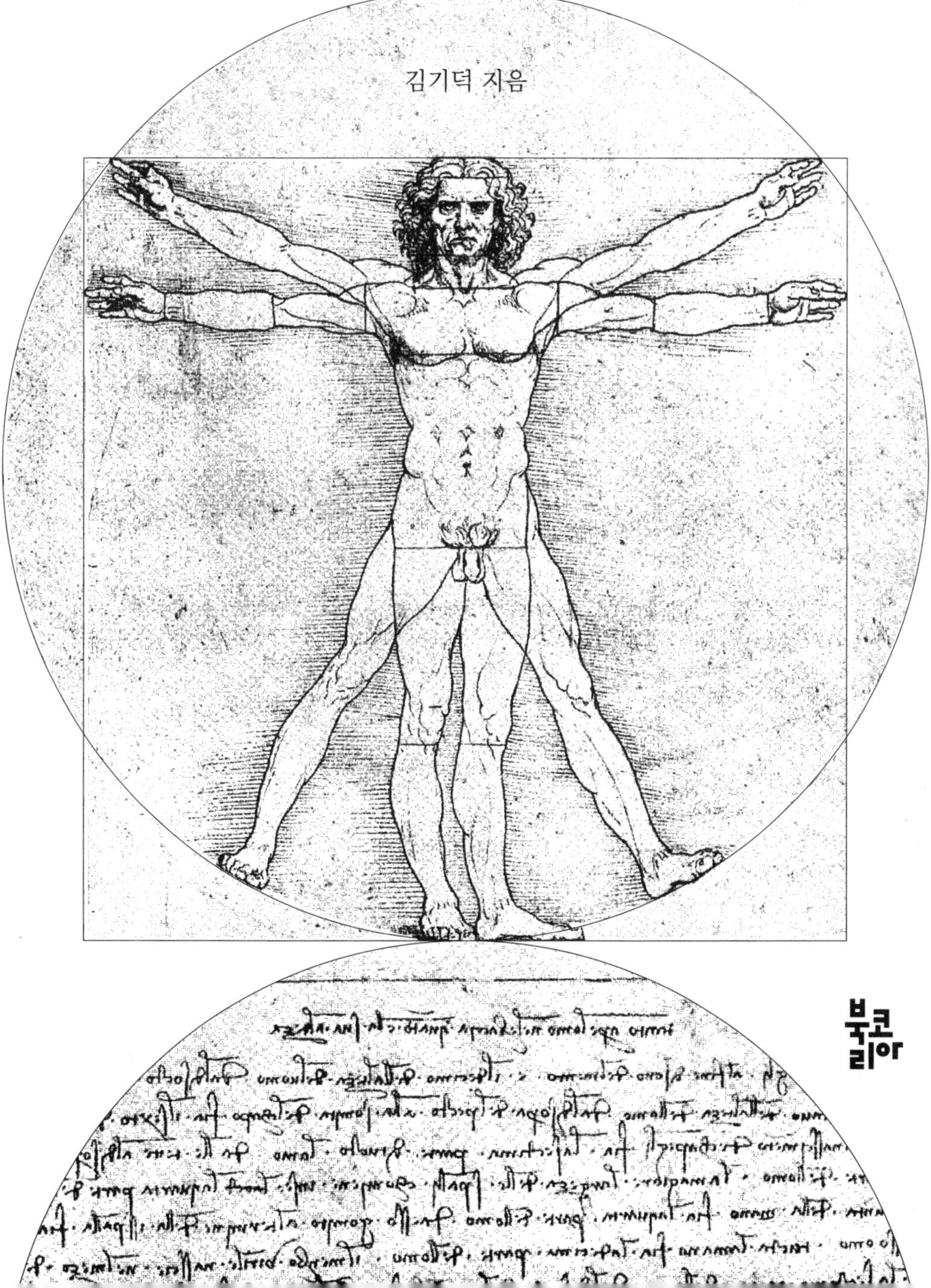

북코리아

책머리에

본 책은 필자가 지난 10여 년 동안 쓴 문화콘텐츠 관련 글들을 모은 것이다. 필자의 문화콘텐츠 연구는 인문학의 바탕 위에서 문화콘텐츠산업에 기여할 수 있는 방안을 모색하는 것이므로 '인문콘텐츠'라고 할 수 있으며, 그 결과 책의 제목도 『인문콘텐츠의 모색』이라고 하였다.

문화콘텐츠라는 용어의 출현이나 문화콘텐츠 관련 학과가 본격적으로 개설된 것은 2000년 이후이므로, 필자를 포함하여 대부분의 문화콘텐츠 연구자들은 각자의 전공에서 문화콘텐츠 분야로 연구 범위가 확장된 것이다.

필자의 경우는 역사학을 전공했으며, 고려시대사연구로 박사학위를 받았다. 그러나 2000년 이후 영상과 결합된 영상역사학 개념을 제안하며 첫 번째 연구 범위가 확장되었다. 이후 2002년 인문콘텐츠학회 설립을 주도하면서 문화콘텐츠 분야로 두 번째 연구 범위가 확장되었다. 아울러 동양의 삼원론(三元論)을 활용하여 영화 및 드라마의 캐릭터연구에 적용하여 '삼원캐릭터이론'을 제시하면서 세 번째 연구 범위가 확장되었다. 그리고 역사학연구와 병행하면서 지속적으로 동양 및 한국의 원형논리로 주목하였던 풍수사상 연구도 계속 추구하여 왔다.

이렇게 된다면 필자의 연구주제는 ① 고려시대 역사연구, ② 영상역사학 연구, ③ 문화콘텐츠 연구, ④ 삼원캐릭터 연구, ⑤ 풍수사상 연구로 대별할 수 있다. 이렇게 주제가 다양한 것은 새로움에 대한 의지가 크다는 점을 말해주면서도, 아울러 깊이 있게 하나의 주제를 천착하지 못하였다는 약점도 분명히 있을 것이다.

① 고려시대 역사연구는 『고려시대 봉작제연구』(청년사, 1998)를 위시하여 몇 권의 저서와 논문들이 있으나, 2000년 이후에는 순수 역사연구를 진행하지 않고 응용 연구로 넘어갔다. ② 영상역사학 연구는 『영상역사학』(생각의나무, 2005)으로 정리한 후, 더 이상 진행하지 않고 문화콘텐츠 연구로 전환되었다. ③ 문화콘텐츠 연구는 '문화콘텐츠' 개념이 등장한 2000년 이후 연구한 성과를 『한국전통문화와 문화콘텐츠』(북코리아, 2007)로 출판한 바 있다. 본 책은 이 책 이후에 수행한 연구들을 모은 것이다. ④ 삼원캐릭터 연구는 필자가 최근 가장 심혈을 기울이고 있는 연구주제이다. 필자는 2021년 8월에 정년퇴직을 한다. 따라서 정년 기념으로 본 책과 함께 삼원캐릭터 관련 두 권의 저서(『드라마캐릭터연구』, 『영화캐릭터연구』)를 함께 완성하고자 했으나 늦어지고 있다. ⑤ 풍수사상 연구도 필자의 지속적인 관심 주제이다. 현대 한국에서는 풍수사상에 대한 오해가 크다. 필자는 풍수사상을 동양의 문화원형의 관점에서 접근하고 있다. 지난 10여 년 동안 방학이면 유럽의 세계문화유산으로 선정된 도시를 답사하면서 풍수적 분석을 시도하여 왔다. 아마도 필자의 마지막 저서는 『풍수로 바라본 유럽의 세계문화유산 도시』가 되지 않을까 한다.

앞서 언급했듯이 본 책은 2007년 발행한 『한국전통문화와 문화콘텐츠』 이후 수행한 문화콘텐츠 관련 연구를 모은 것이다. 본 책 말미에 제시한 논저목록에 나와있듯이, 필자의 문화콘텐츠 관련 연구는 상당히 많은 편이다. 이 중 본 책에 수록한 것들은 다음의 원칙이 적용되었음을 밝힌다. 먼저 필자의 단독논문을 우선으로 했으며, 공동으로 집필한 것도 필자가 주저자인 것만을 수록하였다. 다만 두 편의 예외가 있다. 하나는 「2014 세계 디지털인문학 학술대회 및 한국의 디지털인문학」이다. 필자는 2014년 스위스 로잔공과대학에서 개최된 학술대회에 직접 참여하였고, 발표자료집과 관련 자료 및 사진을 가져왔다. 그리고 비록 대회에 참여하지는 않았지만 발표자료집과 관련 자료 분석을 홍정욱선생에게 부탁하였다. 그 결과 발표자료집 분석에 수고한 홍정욱선생을 주저자로 필자를 교신저자로 하여 논문을 제출하였다. 따라서 이 글은 수록해도 되겠다고 판단하였다. 또 하나의 글은 「프랑스 남부지역 문화콘텐츠 탐사: 프랑스 프로방스 지역을 중심으로」이다. 필자는 불문학을 전공한 김동윤교수와 함께 유럽을 10여 차례 답사한 바 있다. 특히 프랑스 프로방스 지역은 관련대학과의 MOU 체결을 위해 다섯 번이나 방문하였다. 따라서 이 글은 김동윤교수가 주저자, 필자가 공동저자이지만, 실제로는 함께 여행하며 조사하고, 토론한 결과물이라고 판단하여 수록하였다.

본 책의 주제와 관련하여 새롭게 글을 쓰지 못하고 기존 글들을 모아 출판한다는 것은 필자의 한계일 것이다. 더욱이 과거의 글들은 지금에 와서 보면 문장이 부끄러운 것들도 많다. 그러나 본 책을 내면서 아주 특별한 몇 군데를 제외하고는 기존의 글들을 전혀 건드리지 않았다. 아쉽기는 하지만 그것이 온당한 태도라고 보았기 때문이다. 아울러 각 글의 참고문헌을 모두 모아 뒤에 한꺼번에 수록하였음을 밝힌다. 또한 본 책은 일종의 필자의 정년퇴직을 기념하는 의미도 갖고 있으므로, 책 뒤에 필자의 논저목록을 수록하였다.

하나의 학문이 정립이 되려면 연구방법론과 수업론이 정립되어야 한다. 현재 새롭게 등장한 문화콘텐츠학은 이러한 과제를 해결해야 한다. 특히 인문학 바탕의 문화콘텐츠학, 즉 인문콘텐츠는 절박하게 이러한 과제에 직면하고 있다. 능력 있는 후학들이 본 책의 문제의식을 이어받아 좀더 적확한 논리를 제시함으로써, 문화콘텐츠학이 21세기 새로운 학문으로 정립될 수 있기를 희망한다.

2021년 6월

김기덕

목차

II부 인문콘텐츠 활용연구

III부 인문콘텐츠 트렌드 탐색

I부

인문콘텐츠의 개념과 방향성

1 문화·콘텐츠·인문학

디지털 기술과 문화콘텐츠: '대중화코드'

세상이 급격히 변하고 있다. 그 핵심에 디지털 기술이 있다는 것을 모르는 사람은 없을 것이다. 디지털 기술의 발전과 함께 문화콘텐츠라는 용어가 혜성같이 등장하여 세상에 풍미하고 있다. 과연 이러한 기술의 변화, 유행의 변화, 패러다임의 변화에는 어떠한 시대적 의미가 있는 것일까?

지금의 새롭고 주된 흐름들을 관통하는 핵심 키워드는 다름아니라 '대중화코드'라고 할 수 있다. 이 시대 디지털 기술의 출현 동인(動因) 자체가 이미 대중화코드의 산물이다. 디지털 기술의 대표적인 매체라고 할 수 있는 인터넷은 그러한 대중화코드를 수행해 주는 가장 적절한 도구로 출현했다. 디지털과 인터넷의 출현을 단순한 기술의 발전사로 보아서는 안 된다. 그것은 다수의 시대, 참다운 대중민주주의를 실현해야겠다는 대중의 결집된 열망이 사회적 동인이 되어 촉발된 기술사적 조응인 것이다.

대중이라는 표현은 민주주의의 도래와 함께 일찍부터 출현하였지만, 지금의 시대는 진정한 대중민주주의를 구현하고자 몸부림치고 있다.

---

* 출전: 김기덕·신광철, 「문화·콘텐츠·인문학」, 『문화콘텐츠입문』, 북코리아, 2006. 본 글은 입문서의 총론으로 작성된 글로서, 본래 각주가 없이 작성된 글이다.

이 시대 대중이 책임 있는 공중(公衆)이 되어야 한다는 문제의식은 또다른 차원의 문제이다. 중요한 것은 이러한 시대적 흐름이 알게 모르게, 학문 전 분야에 '대중화'를 강력히 요청한다는 점이다. 이미 다양한 대중서적의 출현은 시대적 대세가 되었다. 또한 도올 김용옥으로 대표되듯이, 가장 심오한 철학분야마저도 가장 대중적 매체인 TV에서 자연스럽게 방송되고 있으며, 과학분야까지도 이미 과학대중화가 화두가 되었다. '인문학의 위기'의 본질은 바로 이러한 대중화라는 시대적 흐름에 적절히 대응하지 못한 괴리현상, 또는 과도기 차원에서 출현한 사회적 문제제기라고도 할 수 있을 것이다.

디지털 기술이라야 다수를 구현할 수 있으며, 대중민주주의를 실현할 수 있다. 오늘날 '환경·생태·생명·문화·대중화'가 주된 화두가 되는 이유는 대중 모두가 함께 상생(相生)하며 나아가야 한다는 문제의식이 공유됐기 때문이며, 더 나아가 인간만이 아니라 자연까지도 함께 가야 한다는 깨달음의 반영인 것이다. 그렇다면 이러한 시대 흐름에서 우리는 크게 세 가지의 문제의식을 도출할 수 있다.

첫째, 디지털 기술과 인터넷은 과거와는 달리 새로운 내용을 담을 수 있는 매우 유용한 도구이지만, 그것이 결코 모든 문제를 저절로 해결해 주는 만능상자는 아니라는 점이다. 그것은 형식일 뿐이며, 거기에 올바른 내용을 담는 것은 전적으로 우리들의 몫이다. 그 점에서 내용물을 뜻하는 '콘텐츠'라는 말이 유행하는 것은 당연하다. 콘텐츠라는 용어 자체는 선악(善惡)이 없다. 도박·섹스·폭력과 같은 콘텐츠도 디지털 기술로 인해 다수에게 편리하게 접근할 수 있게 되었다. 따라서 우리의 삶을 보다 풍요롭게, 인간화의 방향으로 나아가게 하는 콘텐츠를 생산해 내는 것은 지금 우리들의 과제가 된다.

둘째, 다수·대중을 구현한다는 것은 분명 새로운 시대의 긍정적 변화이지만, 그것은 또한 획일화되기 쉬우며 자칫 디지털 기술에 쉽게 영합하여 매몰될 수도 있다. 이 때문에 디지털은 인간미를 담기 어려운 기술 위주의 비인간적 특성을 갖는다면, 아날로그는 보다 인간적 요소를 간직하고 있다고 비교하기도 한다. 따라서 '디지로그'라는 이어령 교수의 표현처럼, 기술과 인간미를 결합하여 디지털과 아날로그의 장점을 살릴 수 있는 유연한 사고와 열린 마음이 지금의 디지털 혁명시대에 요청된다.

셋째, 어설픈 대중화는 자칫 전문성과 상치될 수 있다. 그러나 전문성없는 대중화가 없듯이, 전문성과 대중화는 서로를 요청한다는 점을 명확히 이해할 필요가 있다. 대중화코드인 문화콘텐츠도 치밀한 전문적 지식의 축적이 밑받침되어야 퀄리티 높은 작품의 산출이 가능한 것이다. 그리고 역으로 대중적 문화콘텐츠는 새로운 분야의 전문적 연구를 견인한다. 대중화와 전문성, 즉 문화콘텐츠와 전통적인 인문학은 결코 제로섬의 관계가 아니다. 그 양자는 서로를 견인하고 이끌어 주면서 시너지 효과를 발휘함으로써 결국 인문학의 역할을 증대시키며 사회발전에 기여하는 것이다.

위와 같은 문제의식 때문에, 올바른 문화콘텐츠를 창출하기 위해서는 인간의 본질을 문제삼으며 인간 지식의 기초자료를 구축해 온 인문학이 다시 요청되는 것이다. 디지털 기술의 본격적인 출현과 관련하여 초기에 인문학은 상대적으로 위축되었으나, 사실상 디지털 기술과 문화콘텐츠의 시대는 진정 인문학의 역할을 갈망하고 있다. 문화콘텐츠산업의 기초인프라로서 방대한 인문학 지식을 정보화하는 '지식정보화사업'이 어느 나라나 대대적으로 전개되는 것은 이 점을 잘 말해준다.

물론 오늘의 인문학이 이러한 역할을 제대로 수행하기 위해서는 무엇보다 디지털 기술이 가져온 제반 환경의 변화에 대해 섬세하게 이해할 필요가 있으며, 또한 인문학 본연의 역할에 충실하면서도 새로운 변화에 적응하려는 적극적인 진취의식을 가질 필요가 있다.

우리 역사의 전개과정에서, 커다란 격동의 시기에는 항상 그 시대 지식인들에게 본연의 임무와 새로운 임무, 예컨대 개혁과 자주의 이중 과제를 수행할 것을 요구해 왔다. 그들은 노력했지만 한 번도 제대로 이중의 과제를 동시에 해결하지는 못하였고, 그 결과 우리 역사는 아직 선진국의 반열에 오른 적은 없었다. 21세기 초입에 와서 디지털 혁명은 또다시 이 시대 지식인들에게 이중의 과제를 수행할 것을 요구하고 있다.

그 시험대의 선봉에 인문학자가 있다. 오늘날 인문학과 문화콘텐츠의 관계는 간단한 화두가 아닌 것이다.

문화콘텐츠의 개념과 속성

자주 쓰이지만 막상 개념규정하려면 쉽지 않은 '문화콘텐츠'라는 표현을 정의하기 위해 먼저 '콘텐츠(contents)'의 개념부터 살펴보아야 한다. 현재 한국·일본 등에서 통용되고 있는 '콘텐츠'란 용어는 새로 만들어진 것이다. 한국에서는 '콘텐츠'가, 일본에서는 'コンテンツ'란 용어가 각각 통용되고 있지만, 외국 사이트에서 contents를 검색하면 나오지 않는다. content가 한국과 일본에서는 유독 's'가 붙어 복수형 콘텐츠(contents)가 된 것이다. 이 점 때문에 콘텐츠는 표준용어가 아니라고 보아 우리나라 일부 신문에서는 한글표기를 '콘텐츠'가 아니라 '콘텐트'라고 하는 경우도 있다. 콘텐츠의 낱말적 의미는 '내용물'이 된다. 미디어 또는 플랫폼에 담기는 내용물인 것이다. 그것을 좀더 부연하자면, 콘텐츠란 "말이나 문장 또는 여러 종류의 예술 작품과 같이 어떤 매체를 통해서 표현되어지는 내용", "문자, 영상, 소리 등의 정보를 제작하고 가공해서 소비자에게 전달하는 정보상품"을 뜻한다. 즉 콘텐츠란 "각종 미디어에 담을 내용물"을 포괄하는 것이다.

'콘텐트'(content)가 오늘날의 용례로 쓰이기 시작한 것은 1990년대 중반 유럽에서 '멀티미디어 콘텐트'(multimedia content)라는 용어가 사용되면서부터이다. 그것이 한국에서는 모든 형태의 미디어에 담기는 내용물 전반을 가리킨다는 의미에서 자연스럽게 복수형이 되었으며, 특히 One-Source, Multi-Use 개념 즉 다중적인 활용을 강조하면서 복수형이 고착되었다고 할 수 있다. 아울러 1999년 E-비즈니스 열기가 고조된 이후 이른바 '3C'(Commerce, Community, Content) 범주를 통해, 콘텐츠라는 용어가 보통명사화되었다.

콘텐츠는 앞에 '디지털'이 붙어 '디지털콘텐츠'라고 하던가, '문화'

가 붙어 '문화콘텐츠'라는 용어를 흔히 써오고 있다. 콘텐츠는 디지털 기술에서 구현되는 내용물이므로, 디지털콘텐츠라는 표현은 단순히 디지털을 강조한 자연스러운 표현이라고 할 수 있다.

그런데 우리나라에서는 이러한 디지털내용물을 흔히 '문화콘텐츠'라고 불러왔다. 사실상 문화콘텐츠라는 용어는 한국에서 만들어진 것이다. 정부차원에서 문화콘텐츠를 총괄하는 한국문화콘텐츠진흥원(Korea Culture & Content Agency)의 영문표기에서 문화와 콘텐츠를 단순 병기한 데에서 알 수 있듯이, 문화콘텐츠란 본래 대단히 생소한 표현이었다. 그러나 21세기 문화의 시대를 맞이하여, 문화의 중요성과 활용이 증대되면서 자연스럽게 문화콘텐츠라는 합성어가 일반화되었다.

'문화'라는 말도 학문적 정의를 내리기는 정말 쉽지 않다. 그러나 문화와 콘텐츠가 결합된 문화콘텐츠를 이해하기 위해 문화를 범주적 차원에서 생각하자면, 문화의 의미는 '교양 + 오락'의 차원으로 이해할 수 있을 것이다. 이때 교양이란 예전부터 항상 주된 내용물을 구성하고 있던 것이다. 단 그것이 대중화시대를 맞이하여 좀더 광범위해지고 다수가 향유하는 것으로 변화되었다. 본래 전근대시대에는 교양이란 특권층의 전유물이었다. 그것이 근대에 들어와 다수에게 확산되다가 오늘날 대중화시대에 접어들면서 전면화되고 있다고 할 수 있다.

비록 교양의 향유층이 확산되기는 하였으나, 문화를 구성하는 요소 중에 교양적 측면은 예전부터 중요하게 자리를 잡고 있으면서 품위 있는 대접을 받아왔다. 이에 비해서 오락적 측면은 역시 예전부터 문화의 주된 구성요소였으나, 정당한 대우를 받았던 것은 아니다. 최근까지도 연예인은 딴따라였으며, 몸을 쓰는 운동선수는 원칙적으로 머리가 나쁜 저질의 이미지가 일반적인 인식이었다. 그러나 이러한 오락적 측면에 대한 시각은 오늘날 완전히 바뀌었다.

새롭게 오락적 요소가 주목되고 그에 따라 대중적 스타가 출현하는 것 또한 '대중민주주의'의 구체적인 실현과정 중에 하나일 것이다. 즉 대중가수 및 영화배우 그리고 스포츠 스타에 대한 정당한 대우와 열망은 이제 일부계층이나 또는 하위계층에 한정되는 것이 아니라는 점에서, 이러한 현상은 확실히 시대적 변화를 담보하고 있다.

문제는 이러한 인식변화를 가져온 문화적 요소가 콘텐츠와 결합되면서, 흔히 문화콘텐츠라고 하면 게임·영화·애니메이션·공연 등 오락적 요소 즉 엔터테인먼트 측면만이 과도하게 강조되어 설정되고 있다는 점이다. 그러나 디지털이라는 새로운 기술하에서도 주된 내용물의 원천은 인문학에 바탕을 둔 교양적 요소이다. 그리고 더 나아가 오락적 요소도 크게 보아 교양적 요소의 밑바탕이 있어야 퀄리티 높은 콘텐츠를 생산할 수 있다. 우리가 세계적인 킬러콘텐츠를 창출할 수 있으려면 전문적 지식에 바탕을 둔 교양적 축적물이 뒷받침되어야 한다.

물론 문화콘텐츠에 있어서 교양적 요소의 축적물은 새롭게 대중화 코드에 입각하여 디지털 기술에 적합한 방식으로 재가공되어야 하며, 그 역할이 이 시대 인문학자들에게 주어졌다고 할 수 있다. 한국문화콘텐츠진흥원에서 5년동안 시도된 '문화원형 디지털콘텐츠화사업'은 바로 전통적인 인문학의 교양적 요소를 활용하여 오락적 산업 즉 엔터테인먼트 산업을 활성화시키고자 한 것으로, 현재의 구체적인 성과 여부와는 관계없이 올바른 방향성을 갖는 사업이었다고 평가할 수 있다.

이처럼 문화콘텐츠 창출의 기본원천은 인문학적 사고와 축적물이라는 것을 명확히 주장하고자 '인문콘텐츠'라는 개념을 새롭게 창안하고 출범한 학회가 인문콘텐츠학회이다. 인문콘텐츠란 또한 문화콘텐츠의 방향성을 담보한 개념이기도 하다. 모든 내용물에는 의식하던 안하던 지향성이 있게 마련이다. 따라서 오늘날 유행하는 문화콘텐츠도 원칙적으로 예전의 모든 의미 있는 내용물이 그러하듯이, 인류의 공동선(共同善)·인간화·인간해방을 지향해야 한다는 점을 인문콘텐츠라는 용어는 담고 있다.

문화콘텐츠와 관련하여 문화테크놀로지(culture technology)라는 용어가 역시 한국에서 출현하였다. 일부에서는 IT만 있을 뿐이지 CT란 따로 존재하지 않는다고 하면서 CT를 부정하고 있다. 그러나 그렇게 협소하게 생각할 필요도 없다. IT가 CT에 필수적으로 요청되는 체계라면, CT는 IT가 충분한 생명력과 활용성을 지니도록 만들어주는 동력을 제공한다. IT와 CT는 필요충분의 연계구조를 지니는 셈이다. 이를 달리 표현하면 고속도로와 자동차에 비유할 수 있다. IT가 고속도로라면, CT는 그러한 정보고속도로를 내달리는 자동차인 셈이다. 자동차가 없는 고속도로란 존재 의의를 상실한 것이다.

흔히 문화콘텐츠의 기술적 환경이 하드웨어(hardware) → 소프트웨어(software) → 콘텐트웨어(contentware) → 아트웨어(artware)로 변화하고 있다고 말한다. 이는 IT의 기본 전제 위에서 그만큼 내용적 측면이 중요해지고 있다는 것을 말해준다. 디지털 기술에 담기는 내용물을 표현함에 있어 형식에 치중하면 디지털콘텐츠, 내용을 위주로 하면 문화콘텐츠, 내용 창출과 방향성을 염두에 두면 인문콘텐츠라고 할 수가 있다. 그리고 이러한 문화적 내용물을 담고 있는 기술을 CT라고 할 수 있다. 이처럼 다양한 표현들은 조금은 우리들을 헷갈리게 하지만, 어찌 디지털 기술에 담기는 수많은 내용물들이 단순할 수 있을 것인가? 디지털내용물을 다양한 위상으로 표현하는 것은 오히려 이 시대 콘텐츠를 적확하게 이해하기 위하여 필요한 작업일 것이다.

문화산업과 콘텐츠

오늘날 문화산업의 비중이 커지면서 콘텐츠의 중요성이 더욱 부각되고 있다. 문화산업의 비중은 세계 초강대국인 미국의 미디어-엔터테인먼트 산업이 군수산업에 이은 2대 산업을 구축하고 있는 점에서도 확인된다. 문화콘텐츠산업은 새로운 핵심동력산업으로 부각되고 있으며, 세계 각국은 문화콘텐츠산업을 미래전략산업으로 채택하여 진흥정책을 활발하게 펼치고 있다.

문화산업이란 "문화상품의 생산, 유통, 소비와 관련된 산업"을 말하며, 문화상품이란 "문화적 요소가 체화되어 경제적 부가가치를 창출하는 유무형의 재화와 서비스 및 이들의 복합체"를 말하는 것이다. 유네스코에서는 문화산업을 "형체가 없고 문화적인 콘텐츠를 창조, 생산, 상업화하는 산업"이라고 정의하고 있다. 유네스코의 문화산업 정의는 문화산업에서 콘텐츠가 차지하는 비중을 잘 설명해주고 있다. 문화산업에서 중요한 것은 문화적 '내용'인 것이다. 이러한 문화적 내용은 인류의 역사, 문학, 예술 등의 원천으로부터 확보되는 것이며, 그러한 원천은 인류의 창조적 작업의 산물이다. 영국과 캐나다의 문화산업 정의는 이러한 맥락을 보다 잘 반영하고 있다. 영국에서는 개인의 창의성을 바탕으로 이루어진다는 점을 강조하면서 문화산업을 창조산업(creative industry)으로 정의하고 있으며, 캐나다에서는 문화산업을 예술산업(art industry)으로 정의하고 있다.

현재 문화산업과 문화콘텐츠산업은 별다른 구분없이 혼용하여 사용되고 있다. 처음에는 기존 오프라인 중심의 문화산업과 구분하여 문화콘텐츠산업이라고 표현하기도 하였으나, 현재는 문화콘텐츠산업을 포함하여 보다 광의의 의미로 문화산업이 사용되고 있다. 현 상황에서 둘을 구분하는 것은 어렵고 무의미한 일이기도 하겠지만, 무엇보다 문화콘텐츠산업이 일반적인 문화산업과 다른 점 한 가지를 기억할 필요가 있을 것이다. 그것은 현재의 문화콘텐츠산업은 기본적으로 디지털기술로 구현되는 지식정보화를 직·간접인 밑바탕으로 하고 있다는 점이다. 따라서 문화콘텐츠산업의 비중은 정보화 추세가 진전되면서 확고히 자리를 잡기에 이르렀으며, 정보화 인프라가 구축되어 가면서 그 실질적 내용을 채워가는 핵심적 역할을 맡기 시작하였다. 정보화 추진 과정에서 지식의 정보화가 중요한 과제로 인식되었다면, 콘텐츠 시대로 접어들면서는 지식과 함께 문화의 중요성이 부각되기에 이른 것이다.

오늘날 문화콘텐츠산업은 고부가가치를 창출하는 고속 성장산업으로 각광받고 있다. 마인드브랜치아시아퍼시픽의 조사결과에 따르면, 2004년 세계 디지털 콘텐츠시장 규모는 전년대비 19.1%의 성장세를 보여 주었으며, 이러한 성장세는 앞으로도 당분간 지속될 것으로 전망되고 있다. 이 조사결과는 권역별로 현재 시장의 81%를 차지하고 있는 미주와 유럽권의 강세가 이어지겠지만, 중화권과 아시아가 연평균 20% 이상 성장하면서 신흥강국으로 떠오를 것으로 전망하고 있다.

최근 들어 세계 거대 미디어들이 전략적인 제휴를 시도하거나 합병하는 사례가 빈번해지고 있는 것도 콘텐츠의 중요성을 보여 주는 단적인 예라고 할 수 있다. 예컨대 2000년 1월에는 AOL(America On Line)과 타임워너가 합하여 AOL Time Warner로 재편되었으며, 최근에도 월트 디즈니사가 제휴업체인 픽사를 인수하여 애니메이션 제국 부활의 신호탄을 쏘아올린 바 있다.

문화산업의 이러한 세계적 경향은 콘텐츠 분야에서 이른바 '규모의 경제'가 중요한 것임을 시사하는 것이기도 하다. 문화콘텐츠 분야의 세계적 선도기업들은 이러한 측면을 고려하여 자사의 경영전략을 수립하고 있다. 문화콘텐츠 선도기업들은 One-Source, Multi-Use의 효과를 극대화하기 위한 핵심적 전략으로서 미디어 믹스(media-mix) 전략을 추구하는 한편, 제휴와 협업을 통한 디지털 융합(digital convergence)의 완성을 도모하고 있다.

하지만 문화콘텐츠산업이 규모의 경제에 의해 일반적으로 좌우되는 것만은 아니다. 문화콘텐츠산업은 문화적 내용을 창조적으로 다루는 영역이라는 점에서, 섬세한 터치가 요청되는 분야이기도 하다. 문화콘텐츠는 '기술-지식(하이테크)'과 함께 '예술-감성(하이 터치)'이 요청되는 분야이다. 전자가 거대 자본과 협업의 필요성을 제기하는 것이라면, 후자는 창조성과 감성의 필요성을 제기하는 것이라고 할 수 있다. 후자와 관련해서 주목되는 것이 강력한 마이크로 미디어의 부각이다. 작지만 강력하고 특색 있는 전문 미디어가 각광받게 되는 새로운 현상이 나타나기에 이른 것이다. 커다란 우산 속에서 각기 개성을 갖춘 조그만 아이들의 활약상이 기대되는 분야가 바로 문화콘텐츠인 것이다. 이는 또한 창조적이고 역동적인 인재들이 이 분야에 진입할 수 있는 계기를 이루는 것이기도 한다.

문화콘텐츠산업과 관련해서 중요하게 언급되어야 하는 현상이 소비자의 권력강화이다. 문화콘텐츠의 커뮤니케이션 구조 가운데 중요한 것이 '쌍방향성'이다. 공급의 희소성이 줄어들고 소비자의 사이버 커뮤니티 활동이 강화되면서 정보를 생성·공유하게 되어 점차 소비자의 발언권이 높아지기에 이르렀다. 생산과 노동이 문화적 주도권을 쥐고 있던 것에서 변화하여, 그 중심이 소비와 유희의 주체인 문화콘텐츠 향유자 또는 소비자에게로 이행되고 있다. 이른바 '생비자(生費者, prosumer)'라는 새로운 주체가 탄생하기에 이른 것이다. 컴퓨터와 디지털미디어의 비약적인 발전에 따라 소비자(인간)들이 자기권리 회복에 나서게 되었고, 이들의 권리추구는 급기야 생산의 메커니즘에 강력한 영향력을 행사하는 데에까지 이른 것이다.

문화콘텐츠 창출의 방향과 인문학의 중요성

문화콘텐츠가 산업적으로 각광을 받는 데에는 디지털 기술이 중요한 작용을 하였다. 따라서 문화콘텐츠 전문가는 무엇보다도 디지털라이징의 체계에 대한 전문적인 지식과 실무능력을 갖추어야 한다. 이는 문화콘텐츠 기획 전문가라 하더라도 피할 수 없는 과업이기도 하다. 문화콘텐츠 창출은 그 특성상 창안-기획-제작-유통의 과정이 긴밀하게 연관된 작업이다. 문화콘텐츠가 문화적 내용을 산업화시킨 것이라는 점을 전제할 때, 한 시대의 형이상학이라는 공통된 시대정신을 어떻게 공유하고, 어떻게 차별화해서 표현할 수 있는가에 대한 인문적 안목을 갖추어야 한다. 문화콘텐츠가 상상과 창조의 산물이라는 점에서 문화콘텐츠 창출에서 인문학적 상상력이 차지하는 비중은 막대하다고 하겠다.

문화콘텐츠는 예술인 동시에 상품으로서의 속성을 지닌다. 문화콘텐츠 전문가에게 인문적인 교양과 함께 세계시장에 대한 사회과학적 이해가 필수적으로 요청되는 까닭이 여기에 있다. 문화콘텐츠 전문가는 세계시장의 거시적인 흐름을 파악하는 한편, 문화콘텐츠 향유자의 기호를 분석하여 당대의 콘텐츠 트렌드를 정확하게 포착하는 능력을 구비하여야 한다.

문화콘텐츠 창출은 꿈과 감동을 전달하는 작업이라는 점에서, 문화콘텐츠 전문가에게 절대적으로 요청되는 것이 이야기꾼으로서의 능력이다. 디지털 정보화시대에 문화콘텐츠산업의 핵심은 우수한 시나리오와 아이디어를 생산하고 각색하는 창작력과 연출력, 그리고 이들을 상품화하는 기획력을 갖춘 높은 수준의 프로그램 제작 인력에 달려 있다. 문화콘텐츠가 외형적으로는 이미지와 영상으로 전달되게 마련이지만, 그것이 단순한 이미지와 영상이 아닌 이야기를 지닌 이미지와 영상이라는 점에서 이야기는 문화콘텐츠의 생명력의 원천이라고 할 수 있다. 문화콘텐츠에서 시나리오 내지는 스토리텔링의 중요성이 강조되고 있는 것은 이러한 맥락에서이다. 그렇다면 이야기꾼의 능력은 무엇으로부터 비롯되는 것일까? 폭넓고 깊은 독서와 문화적 체험으로부터 탁월한 이야기 능력이 나오는 법이다. 문화콘텐츠 전문가는 다양한 독서, 영화 및 전시회 감상, 축제 및 이벤트 참가, 여행 등을 통해 콘텐츠 창출의 원천을 풍성하게 확보해야 한다.

문화콘텐츠 창출에서 3W의 요소가 중요하다. 3W란 Why, Where, Whom을 말한다. 먼저 Why의 요소는 문화콘텐츠 창출의 배경과 관련되는 것으로서, 수익 창출을 위한 상업적 목적에서의 창출인가, 공익을 위한 공공적 목적에서의 창출인가의 여부를 고려해야 한다는 것이다. 상업적 콘텐츠와 공공적 콘텐츠는 창출배경에서부터 상당한 차이를 지닐 수밖에 없다. 이른바 문화콘텐츠의 공공성 내지는 공공재로서의 문화콘텐츠의 위상이 운위되는 맥락이 여기에 있다. 예컨대 한국문화콘텐츠진흥원의 지원으로 전개되고 있는 문화원형 사업의 경우, 상업적 배경 못지않게 공공적 배경이 중요시되는 사업이라고 할 수 있다. 다음으로 Where의 요소는 콘텐츠 플랫폼과 관련되는 것이다. 제작된 콘텐츠를 어디에다 탑재시킬 것인가의 문제가 여기에 해당하는 것이다. 마지막으로 Whom의 요소는 콘텐츠 향유자 또는 소비자와 관련되는 것이다. 누구를 위한 콘텐츠인가의 문제인 셈이다. 이를 해결하기 위해 호모 디지털의 동향을 파악할 필요가 있다. 호모 디지털의 정보욕구는 초기의 정보획득으로부터 즐거움, 경제적 수익, 사회적 지위의 추구로 진전하는 모습을 나타내고 있다.

문화콘텐츠 전문가가 끊임없이 품어야 할 물음은 "지금 이 시대는 어떤 창의성을 원하는가?"이다. 이 물음에는 두 가지 키워드가 담겨 있다. 하나는 '시대'이고, 또 다른 하나는 '창의성'이다. 이 두 키워드를 조합하면 '시대적 흐름에 적합한 창의성'이라는 과업을 확보하게 될 것이다. 문화콘텐츠가 '21세기형 실학'으로 운위되는 맥락이 여기에 있다. 실학적 사고의 핵심은 시대에 적합한 지식체계의 정립과 함께, 그러한 지식을 구체적인 형태로 구사하고 표현할 줄 아는 실천력에 있다고 하겠다. 그러한 점에서, 문화콘텐츠 전문가를 꿈꾸는 학도들에게 다음과 같은 두 사람의 역사적 모델을 제시하고자 한다. "다빈치적 인간, 다산적 인간이 되라!" 레오나르도 다빈치(Leonardo da Vinci, 1452~1519)와 다산 정약용(茶山 丁若鏞, 1762~1836)은 각기 처한 시대적 정황 속에서 혁신을 도모한 지식인인 동시에, 그러한 이념을 구체적인 작업으로 표현해 낸 실천가이기도 했다. 다빈치는 과학자인 동시에 화가, 제작자였으며, 다산은 자신의 이념을 화성(華城; 수원성) 건축을 통해 실천한 콘텐츠 디자이너였다.

전망: 융합과 오픈마인드

오늘날 한국사회에는 '문화콘텐츠 현상'이라 부를만한 사회적 관심이 강하게 확산되고 있다. 문화콘텐츠산업은 고부가가치를 올릴 수 있다는 점에서, '황금알을 낳는 거위'에 비견되기도 한다. 실제로 문화콘텐츠산업은 21세기의 산업지형도를 바꾸어 놓고 있다. 예컨대 미국의 경우, 문화콘텐츠산업은 군수산업에 이어 제2의 산업 영역을 구축하면서 새로운 경제적 도약을 이끄는 동력으로 각광받고 있다. 문화콘텐츠산업은 성장속도에서도 기존의 '굴뚝산업'과 비교가 되지 않을 정도이다.

한국 역시 문화콘텐츠산업에 국가적 운명개척의 한 방향을 찾고 있다. 정부는 빠른 시기 안에 '문화콘텐츠 5대 강국'을 실현하겠다는 청사진을 발표하기도 하였다. 대학 또한 학과 신설 또는 개편에 적극적으로 나서고 있다.

문화콘텐츠에 대한 우리 사회 다양한 구성원들의 목표와 실천과정에서 두 가지 점을 유념할 필요가 있다. 하나는 융합의 측면이다. 문화콘텐츠의 요체는 과학기술(디지털 기술)과 문화(인문학) 및 예술의 융합에 있다. 그러한 융합은 '콘텐츠화'라는 현실적 필요(대중의 요구)에 기인한 것이기도 하다. 이러한 점을 전제한다면, 문화콘텐츠 정책은 지금보다 더 종합적인 형태로 이루어져야 할 것이다. 문화콘텐츠의 복합적 구조에 부응하는 정책이 되려면, 문화콘텐츠의 화두인 '융합'을 다시 한번 상기할 필요가 있을 것이다. 이 점은 국가정책에 있어서도 그러하며, 대학에서의 교육도 마찬가지이다. 현재 한국의 콘텐츠 교육은 과학기술(디지털 콘텐츠) 영역과 인문학(문화콘텐츠) 영역으로 각각 구축될 조짐을 보이고 있다. 그러나 이는 바람직하지 않다. 이 시대 콘텐츠 전문가 양성은 테크놀로지, 인문학적 기획력, 예술적 감수성, 마케팅 등 여러 측면의 융합을 지향해야 한다.

또 하나는 비록 디지털 혁명 초창기의 왜곡 현상으로 인하여 불합리한 부분이 많았다고 하더라도, 타 분야와 소통할 수 있는 오픈마인드가 필요하다는 점이다. 무엇보다 지금의 디지털 시대에는 긍정적이고 진취적이며 남을 배려하는 '오픈마인드'가 참된 힘의 원천이라 할 수 있다. 그런 점에서 기업이나 학교에서 서로 소통하며 오픈마인드를 갖게 할 수 있는 공간의 배려 또한 절실히 필요하다고도 할 수 있다.

콘텐츠라는 용어도 한국적 용어이며, 문화콘텐츠도 한국에서 만들어진 조어이다. CT도 한국에서 나온 용어이며, 인문콘텐츠도 한국에서 출현한 용어이다. 따라서 지금의 IT 기술과 문화콘텐츠에 대한 열정에, 학제간 연구를 통한 융합과 오픈마인드를 보탤 수가 있다면 우리의 앞날은 매우 밝을 것으로 생각한다.

2 문화콘텐츠의 등장과 인문학의 역할

서론

2002년 10월에 창립된 '인문콘텐츠학회'는 2012년 12월에 '인문콘텐츠학회 10주년 학술대회'를 개최한 바 있다. 그 자리에서는 스토리텔링, 비즈니스, 기술. 인력양성, 문화원형의 다섯 가지 분야에서 그동안의 연구성과가 검토되었다.[1] 10년이 긴 세월만은 아니지만, 새로운 밀레니엄이 시작된 2000년대의 10년은 다른 때의 10년과는 다를 것이다. 더욱이 인문콘텐츠학회는 새로운 인문학의 방향성을 모색하고자 시도한 학회로서, 10년의 성과에 대한 검토와 앞으로의 방향 모색은 그 의미가 결코 적지 않을 것이다. 그 결과 10주년 학술대회와는 별도로, 과연 인문콘텐츠의 실험이 어떠한 사회적 변화에 대응한 것이며 그것은 어떠한 사회적 공헌을 하였는가라는 점을 정리해보는 심포지엄이 기획되었다.[2]

이 중 본 글은 제목에서 말해주듯이, 인문콘텐츠학회의 역할과 의미를 문화콘텐츠라는 용어의 등장과 인문학과의 관련성 속에서 검토한 것이다. 먼저 디지털혁명과 문화콘텐츠의 등장의 의미를 필자 나름대로 해

---

* 출전: 김기덕, 「문화콘텐츠의 등장과 인문학의 역할」, 『인문콘텐츠』 28, 인문콘텐츠학회, 2013.

1 이것은 바로 『인문콘텐츠』 27(2012. 12)에 수록된 바 있다.

2 인문콘텐츠 심포지엄, 〈인문콘텐츠의 사회적 공헌〉, 2013. 2. 19, 건국대학교.

석해 보았다. 다음으로는 그러한 시대배경 속에서 인문콘텐츠학회의 성립과 역할을 정리해 보았다. 여기에서는 10주년의 기록이라는 측면도 고려하여, 학회 창립 시의 일화 등도 다소 세세하게 기록해 두었음을 밝혀둔다. 다음으로는 인문콘텐츠에 입각하여 새롭게 개설된 문화콘텐츠학과에 대해 검토하여 보았다. 결국 인문콘텐츠의 실험은 대학의 학과 설립과 운영, 그리고 그것의 결과로 판명 날 것이다. 그런 점에서 문화콘텐츠학과의 현황과 방향성에 대한 문제를 핵심과제를 중심으로 논의해 보았다. 끝으로 인문콘텐츠의 덕목을 덧붙여 보았다. 이 또한 학회 10주년을 기념하고 또 다른 10년을 시작하면서, 학회의 '성과'만이 아니라 '정신'의 문제를 다시 한번 생각해보자는 의도를 갖고 있다고 할 수 있다. 아무쪼록 본 글, 더 나아가 본 기획논문들에서 제시된 문제의식들이 앞으로의 인문콘텐츠학회의 또 다른 10년 동안 성공적으로 정착될 것을 기대한다.[3]

디지털혁명과 문화콘텐츠

『장자』의 〈소요유(逍遙遊)〉에는 다음과 같은 우화가 나온다.[4]

> 북명(北冥)에 물고기가 있으니, 그 이름을 곤(鯤)이라 한다.
> 곤의 크기는 몇천리가 되는지 알지 못한다.
> 변하여 새가 되면 그 이름을 붕(鵬)이라 하는데
> 붕의 등은 몇천리나 되는지 알 수가 없다.
> 붕새가 힘차게 날면 그 날개가 마치 하늘에 드리운 구름과 같다.
> 이 새는 바다 기운이 움직이면 남명 끝을 향해 날았다.
> 남명(南冥)은 하늘의 연못이다.

3 〈인문콘텐츠의 사회적 공헌〉의 발표문은 이후 단행본으로 출간되었다. 인문콘텐츠학회·경제인문사회연구회, 『인문콘텐츠의 사회적 공헌』, 북코리아, 2013.

4 『莊子』 內篇 逍遙遊

재해(齊諧)란 책은 기이한 일들을 기록한 책이다.

이 책이 말하기를, 붕새가 남명 바다로 날아갈 적에 물을 치면 삼천리에 물결을 일으키고,

회오리 바람을 타면 구만리까지 날아오르고, 한번 날면 육개월을 날고서야 쉰다고 하였다.

北冥有魚 其名爲鯤. 鯤之大 不知其幾千里也.

化而爲鳥 其名爲鵬. 鵬之背 不知其幾千里也.

怒而飛 其翼若垂天之雲. 是鳥也 海運則將徙於南冥. 南冥者 天池也.

齊諧者 志怪者也. 諧之言曰 鵬之徙於南冥也 水擊三千里.

搏扶搖而上者九萬里 去以六月息者也.

곤이라는 물고기가 얼마나 크기에 몇천리나 되며, 그 물고기가 어떻게 새가 될 수 있고, 그 새는 얼마나 크기에 날갯짓 한 번에 물살이 3천리나 뛴단 말인가? 더구나 붕새가 회오리바람을 타고 곧장 위로 9만리를 올라간 다음 6개월을 쉬지 않고 날아간 뒤에야 숨 한 번 내 쉰다는 이야기는 무엇일까? 이 편의 이름인 소요유(逍遙遊)는 한가롭게 거닐며 자유롭게 논다는 뜻이다. 장자의 이 우화는 크기의 구분, 물고기와 새의 구분, 넓이와 거리와 시간과 공간의 구분을 모두 없애버린 참 자유의 상징을 보여주는 발상의 전환을 얘기한다. 아무 것도 거리낄 것 없는 자유로운 사고는 얽매이지 않는 눈과 고정되지 않은 생각을 줄 수 있다.[5]

필자는 古典은 때가 되면 항상 현재성을 갖는다고 믿는다. 필자가 생각하기에, 『장자』의 과장되고 구라같고 뻥같은 이 우화는 한가롭게 거닐며 자유롭게 노니는 '소요유'를 위한 단순한 비유만이 아니라, 21세기에는 하나하나가 전부 현실이 되었다고 본다. 우리가 인터넷을 하며 엔터키를 치면 내가 쓴 글은 순식간에 지구 저편을 날아간다. 마치 붕새의 날갯짓이 아니고 무엇이겠는가. 모바일 무선인터넷은 더욱 기가 막히다.

5　김교빈, 「발상법의 이론과 실제」, 『문화콘텐츠입문』, 북코리아, 2006, 188-189쪽.

나의 좁은 손 안에서 수도 없는 붕새의 날갯짓이 가능하다. 그런 점에서 흡사 스티브잡스는 현대판 장자이기도 하다.

21세기 디지털혁명은 어린아이까지도 붕새의 날갯짓이 가능하게 만들었다. 제1차 신석기혁명, 제2차 산업혁명에 이어, 정보통신에 바탕을 둔 디지털혁명은 인류사의 제3차 혁명으로 기록될 것이다. 기술이 사회를 바꾸었는지, 사회가 기술을 바꾸었는지는 논쟁거리이다. 일반적으로 기술이 사회를 바꾸었다고 본다. 가까운 거리에서 보면 당연히 그렇게 인식될 것이다. 그러나 좀더 먼 거리에서 본다면 달리 생각할 수도 있다.

먼저 활판인쇄를 생각해 보자. 1455년 구텐베르크에 의해 대량으로 인쇄된 성서의 출간은 단순한 기술사적 사건이 아니었다. 당시 15세기의 유럽은 생활수준이 높아지면서 지식인층이 늘어났고, 교회의 허가 없이 자유롭게 지식을 얻고 싶어하는 중산계급의 지식욕이 왕성했다. 이처럼 지식 정보에 대한 교회의 독점에서 일반인도 정보를 갖고 싶다는 사회변화에 조응하여 인쇄기술이 출현하였다고 해석할 수도 있을 것이다.[6] 인터넷도 마찬가지이다. 인터넷은 전기 통신세계의 우발적인 사건이 아니다. 그 배경에는 자유로운 표현을 요구하는 개인의 욕구와 그것을 가능하게 하는 지적 수준의 향상이 있었다.[7] 필자는 이와 관련하여 일찍이 디지털기술과 인터넷의 출현의 사회사적 의미를 다음과 같이 의미 부여한 바 있다. 지난 한 세기 동안 '낡은 형식(독점 자본주의)'과 치열하게 투쟁해온 '새로운 내용(다수·공유·쌍방향)'이 마침내 자신의 뜻을 구현할 수 있는 '새로운 형식(디지털기술과 인터넷)'을 창출하였다. 그것은 크게 보아 대중민주주의의 구체적 실현과정이라고 해석할 수 있을 것이다.[8]

재미있는 것은 이러한 새로운 변화에 2000년이 자리 잡고 있다는

---

6 필자는 지난 시기 인쇄기술과 과학혁명, 오늘날의 정보통신기술 등 모든 것에는 직간접적인 사회적 요청이라는 커다란 흐름이 있었기에, 기술과 과학이 그에 부응하여 출현했다는 시각을 가지고 있다. 따라서 필자는 原因이라는 표현보다는 動因이라는 표현을 사용한다.

7 이케다 노부오, 이규원 옮김, 『인터넷자본주의 혁명』, 거름, 2000, 100-101쪽.

8 김기덕, 「정보화시대의 역사학: '영상역사학'을 제창한다」, 역사교육연구회, 『역사교육』 75, 2000; 『영상역사학』, 생각의나무, 2005, 20-34쪽 재수록.

점이다. 흔히 숫자에도 본질과 원형이 있다고 하는데,[9] 2000년을 전후하여 세계사적으로 디지털혁명이 확실히 도래하였다. 그리고 이 시기에 '인문학의 위기'라는 담론도 전 세계적으로 회자되었다. 물론 서구와 한국은 인문학의 지평이 다르므로, 실제 같은 선상에서 논의되기 어려운 점이 많다. 예를 들어 네덜란드의 경우, 초등학교를 마치고 중학교를 갈 때에 이미 대학교로 갈 학생들은 10%만이 선택된다. 2년 유치원 의무교육을 포함하여 초등학교 6년까지 총 8년 동안의 성적 중, 국어·산수·수리 이해력 등 4과목을 평균하여 전부 A인 학생은 6년제 대학을 갈 수 있는 중학교로 진학할 수 있으며, 이 중 하나라도 B면 5년제 전문대를 갈 수 있는 중학교, 두 개 이상이 B가 나오면 4년제 직업학교를 갈 수 있는 중학교로 진학한다. 물론 IQ 120이 넘으면 6년제 대학을 갈 수 있는 학교를 보내주는 보완 장치가 있다. 그러나 중고등학교 6년 동안에 한 과목이라도 낙제하여 만회하지 못하면 6년제에서 5년제, 다시 5년제에서 4년제 대학으로 진학할 수 있는 학교로 계속 강등된다. 중고등학교 6년 동안에는 영어, 독일어, 불어, 라틴어를 다 배워야 하고, 이것들이 전부 평균 60점이 넘어야 한다. 그 결과 6년제 대학(대학원 포함임)을 갈 수 있는 학생은 전체의 10%이며, 5년제 전문대는 20%, 4년제 직업학교가 70%이다.[10]

물론 너무 일찍 인생의 진로가 결정되는 이 방식이 반드시 교육적으로 좋다고만 할 수는 없을 것이다. 그러나 유럽의 선진국들은 기본적으로 이러한 방식으로 운영하며, 그러하기 때문에 대학교육이 전부 무료이고 국가에서 생활비도 지급하는 것이다. 이 자리가 '인문학의 위기'

---

9 숫자에 대한 원형은 동서양이 마찬가지인데, 특히 동양의 경우에는 근원, 혼돈, 無極의 0, 시작이자 陽의 1, 陽의 상대로서의 陰의 2, 三元의 3, 四象의 4, 六氣의 6, 七星의 7, 八卦의 8, 九星의 9 등의 원형 숫자가 도출되어 있다. 새로운 2000년에는 시작 이전의 혼돈인 0이 3개가 있다. 따라서 항상 세기가 교체되어 0이 많이 들어가는 시기가 되면 '세기말'이라는 현상이 세계사적으로 회자된다고 할 수 있다. 숫자상으로 혼돈의 0은 새로움을 도태하기 위한 준비기, 과도기이기도 하다.

10 필자가 네덜란드 방문 시(2012년 1월) 취재한 것으로, 약간의 오차가 있을지는 몰라도 거의 맞을 것으로 생각한다.

를 본격적으로 논의하는 장은 아니므로 더 이상의 언급은 생략하고자 한다. 그러나 분명한 것은 한국은 지난 몇십 년 동안 대학정원 확충과 관련하여 국문학과, 사학과, 철학과 등의 인문계 학과들이 거의 전국적으로 모든 대학에 개설되었다. 그것은 기본적으로 교수와 칠판만 있으면 되는 것으로, 학과개설 원가가 가장 적게 드는 분야였기 때문이다. 물론 모든 제도에는 그 나라의 역사적 조건과 국민정서가 담겨 있으므로 일률적으로 다른 나라와 비교할 수는 없을 것이다. 2000년대를 전후하여 극에 달했던 '인문학의 위기'라는 담론 속에서, 외람되지만 필자는 인문학에게 '고기잡는 법'을 제시해야겠다고 판단하였다. 즉 한국적 상황에 입각한 인문학에 대한 여러 지원책도 의미가 있는 것이지만, 기본적으로는 인문학이 확장된 사고로 변화될 필요가 있다고 보았다. 먼저 필자는 2000년 전후의 사회변화 속에서 '영상'에 주목하였다. 당시 영상 민주주의라고도 할 수 있는 질좋은 디지털비디오카메라의 대중적 보급과 그에 맞추어 DVJ 교육과정이 등장하였다.[11] 이때의 영상은 과거의 영상과는 차원이 달랐다. 누구라도 혼자서 영상 기획, 촬영, 편집이 가능한 시대가 열렸으며, 필자는 그 또한 단순한 기술적 사건만이 아니라 모든 대중의 염원이 반영된 시대적 변화로 이해하였다. 그 결과 2000년 5월 서울대학교에서 개최된 전국역사학대회에서 새롭게 '영상역사학'을 제창하였다. 그리고 관련 역사 연구자들과 영상역사 연구모임을 만들었다. 영상역사 연구모임에 직간접적으로 참여한 사람 중 현재 인문콘텐츠학과와 관련된 분은 박경하(중앙대),[12] 김기봉(경기대),[13] 주진오(상명대),[14] 조관연(부산대),[15] 임영상(한국외대)[16] 그리고 필자[17] 등을 들 수 있다. 영

11 필자는 민언연에서 시행한 VJ 과정 1기생이었다.

12 민속학 분야에 영상을 접목하는 연구결과를 산출하였다.

13 팩션관련 논문 및 단행본을 다수 출간하였다.

14 역사학과 영상을 결합하여 상명대 사학과를 '역사콘텐츠학과'로 바꾸었다.

15 대학원에서부터 영상을 본격적으로 연구했으며, 지속적으로 영상관련 논문을 산출하고 있다.

16 중앙아시아 한인을 대상으로 영상아카이브 구축 및 관련 연구를 지속적으로 수행하였다.

17 영상역사 관련 연구를 모아 『영상역사학』을 출간하였다(김기덕, 『영상역사학』, 생각의나

상역사 연구모임이 2년째되는 2001년 말, 참여자들은 영상역사 연구모임을 학회로 정식 출범하자는 논의가 나왔다. 그러나 필자의 생각은 달랐다. 역사를 전공하면서 영상에 관심이 있는 사람이 얼마나 되는가? 그 정도로는 세상을 변화시키기 어렵다고 판단했다. 바로 그 시기에 한국문화콘텐츠진흥원이 출범하였고,[18] 처음으로 '문화콘텐츠'라는 말이 등장했다. 필자는 '문화콘텐츠'라는 말을 접한 후 이 분야야말로 인문학자들이 수행해야 할 대안 중의 하나가 될 수 있을 것이라고 판단했다. 그것은 몇 가지 이유에서이다. 하나는 많이 회자되고 있는 "21세기는 문화산업에서 각국의 성패가 결정될 것이고 최후 승부처는 바로 문화산업이 될것이다"라는 피터 드러커(1909-2005)의 경구처럼, 21세기는 무엇보다 문화의 시대이기 때문이다. 앞서 언급한 바 대중민주주의의 시대에서 최고의 화두는 '문화'가 될 수밖에 없다. 대중과 가장 어울리는 말은 '대중문화'가 아니던가? 당연히 고급문화도 상존하는 것이지만, 진정한 대중민주주의가 되려면 문화가 대중화되어야 한다. 콘텐츠는 내용물이란 뜻이다. 이 중 대중민주주의시대의 대표성은 당연히 문화적 내용물이 차지해야 한다. 문화콘텐츠란 그에 딱 맞는 표현이라고 생각했다.

다른 하나는 필자도 전통문화를 연구하고 있지만, 항상 문화는 '보편성'과 '특수성'의 문제가 제기된다. 문화를 알리거나 이해한다는 것이 정말 쉬운 일이 아니어서, 그것은 20세기까지는 넘기 어려운 벽이었다. 그러나 디지털시대 문화콘텐츠라면 가능하지 않을까 생각했다. 즉 디지털기술에 입각한 문화콘텐츠가 만약 특수성에 입각한 보편성을 구현·획득한다면, 지금까지 하지 못한 인류 문화의 공유를 획득할 수 있을 것이

무, 2005). 이후 다음의 글에서 필자의 영상역사연구의 일단의 정리가 담겨 있는데, '역사학의 확장과 책무'라는 표현에서 필자가 생각하는 영상역사학의 본질이 담겨있다고 할 수 있다. 김기덕, 「영상역사학: 역사학의 확장과 책무」, 역사학회, 『역사학보』 200, 2008. 한편 인문학과 영상의 다섯 가지 만남(영상인류학, 영상민속학, 영상사회학, 영상인류학, 영상고고학)을 시도한 바도 있다. 김기덕 외, 『우리 인문학과 영상』, 푸른역사, 2002. 필자는 이러한 경험을 통해 영상역사도 의미가 있으나 관련 연구자가 너무 적다는 점에서, 세상의 변화를 적극적으로 유도하기에는 일정한 한계가 있다고 생각하게 되었다.

18 2001년 8월에 설립되었다. 2009년 5월에는 한국방송영상산업진흥원, 한국게임산업진흥원과 통합하여 한국콘텐츠진흥원으로 개편되었다.

라 생각했다. 그 점은 오늘날 한류나 싸이의 '강남스타일'이 잘 보여주고 있다.

마지막으로 필자는 '문화콘텐츠'가 인문학의 확장을 도모할 수 있을 것이라 판단했다. 디지털기술이 현실화되었을 때에, 인문학은 첫째 정보화, 둘째 이미지화라는 문제에 봉착하였고, 그것이 인문학 고유의 영역과 노하우를 무력화시키지 않을까 위축되는 분위기였다. 그러나 다시 생각하면, 아직 익숙하지 않아서 그렇지 정보화나 이미지화가 되어 봐야 결국 그것은 인문학 자료의 가공이 아니겠는가? 그렇다면 그것은 인문학의 확장이지 위축이 아닐 것이다. 필자는 그러한 관점에서 文史哲의 인문학자 가운데 새로운 디지털기술의 변화에서 인문학의 확장을 도모하는 데 관심이 있는 분들을 '문화콘텐츠'라는 것으로 접촉하기 시작하였다. 이것이 현 시점에서 '인문학의 위기'를 보다 적극적으로 해결하는 것이며, 그러한 모색은 인문학 학생들에게 '고기잡는 법'을 가르쳐줌으로써 인문학의 새로운 도약과 확장을 가져다 줄 것으로 판단하였다.

인문콘텐츠학회의 성립과 역할

『인문콘텐츠』 창간호의 '휘보'에도 부분적으로 제시되어 있지만, 그래도 창립 10주년을 생각하며 몇 가지를 기록해 두고자 한다. 필자는 문화콘텐츠학회를 설립하고자 먼저 박경하 교수와 상의하였다. 이미 영상역사학에서부터 의견을 공유해온 박 교수는 인문학의 확장으로서의 문화콘텐츠학회 설립에 적극 찬동하였다. 필자와 박 교수는 다시 본래 동양철학을 전공했지만 정보통신기술에 해박하여 당시 『조선왕조실록』 CD-ROM을 개발한 김현 교수를 찾아갔다. 그는 '인문정보학'에 관심을 갖고 그 방면의 학회를 만들 생각을 하고 있었는데, 우리의 구상을 듣고 인문정보학은 문화콘텐츠학회의 하나의 분과로 들어가도 좋겠다며 흔쾌하게 학회 창립준비에 동의해 주었다. 다음으로 당시 지자체의 군지(郡誌) 작업을 주도하고 있던 강진갑 교수를 만나, 차후에는 디지털기술이 가미

될 것이므로 군지 작업도 새로운 차원의 작업이 필요할 것이라는 공감대를 형성하였다. 또한 조선시대를 전공하면서 역사정보화 문제에 관심이 많았던 이남희 교수와도 접촉하여, 역사학자료에 기반한 문화콘텐츠의 확장이 필요하다는 데 의견을 같이 하였다. 그리고 마지막으로 동양철학을 전공하고 호서대 철학과에 재직하였지만, 과감하게 철학과를 폐지하고 '문화기획학과'를 새로 만든 김교빈 교수를 만나 새로운 인문학의 대안으로 문화콘텐츠학회의 설립에 의기투합하였다.[19]

위의 노력을 통해 2002년 1월 18일에 학회 창립준비모임이 결성되고, 준비위원장에 박경하 교수, 학회 창립선언문 작성 및 조직에 김기덕 교수가 책임지기로 하였다. 몇 차례의 준비모임을 거쳐 학회 명칭은 '인문콘텐츠학회'로 결정되었다. 여기에는 약간의 우여곡절이 있었다. 본래 학회 명칭은 문화콘텐츠학회로 하고자 했으나, 이미 발 빠르게 서강대 최창섭 교수가 신문방송학과를 중심으로 '한국문화콘텐츠학회'를 먼저 결성하였다. 따라서 문화콘텐츠라는 이름을 학회 명칭에 사용하기 어렵게 되었다. 이에 마침 준비모임에 참석한 학자들이 주로 전통문화에 관심이 많은 자들이었기 때문에 한때는 '한국전통문화콘텐츠연구회'로 정할까 하는 구상도 한 바 있었다.[20]

바로 이 시기에 인문사회연구회에서 연구프로젝트가 발주되었다. 당시만 해도 인문사회연구회와 경제사회연구회가 각각 존재하고 있었고 그것이 2005년에 통합되어 경제·인문사회연구회가 되었다. 당시 인문사회연구회 상임운영위원으로 있던 박경하 교수의 적극 홍보로, 2002년 프로젝트에 다수 응모하여 학회를 결성하고자 하는 연구자 중

19 필자를 포함하여 학회 창립에 직접 관여된 몇 분들 외에도 실제로는 새로운 문화콘텐츠 분야에 관심이 컸던 많은 인문학자들이 있었다. 다만 필자의 인맥과 노력에 한계가 있어 창립 준비가 이렇게 시작된 것뿐이다. 그것은 이후 학회에 동참하고 많은 연구성과와 활동을 전개한 여러 다양한 인문학연구자들의 면면을 보면 잘 알 수 있다.

20 실제 준비모임에서는 '한국전통문화콘텐츠연구회'와 '인문콘텐츠학회'를 놓고 투표를 하기도 했는데, 결국 '인문콘텐츠학회'로 결정되었다. 지금 생각하면 '한국전통문화콘텐츠연구회'는 너무 왜소한 명칭이라고 판단되나, 그 시기에는 '인문콘텐츠'라는 표현도 대단히 생소했었다는 것을 고려한다면 당시의 분위기를 이해할 수 있을 것이다.

에 4명이 용역을 받게 되었다.[21] 이 4명이 먼저 종신회비 50만 원씩을 내어 200만 원으로 학회 기본 준비재원이 시작되었다. 학회의 시작도 인문사회연구회의 도움을 받았고, 지금 다시 10주년에 즈음하여 학술심포지엄의 후원도 경제·인문사회연구회가 해 주었으니, 아마도 우리 학회와 이 단체는 깊은 인연이 있다고 생각한다.

그런데 2002년 인문사회연구회 연구프로젝트의 지원 분야가 바로 '인문학콘텐츠'였다. 이 용어에서 힌트를 얻어 '인문콘텐츠학회'라는 이름이 나올 수 있었다. 즉 지나치게 학문적 구분을 보여주는 '인문학콘텐츠'라는 표현에서, 보다 폭넓게 인문적 사고와 지식, 정서 등을 보여주어야 한다고 판단하여 '학'을 빼고 '인문콘텐츠'로 해서 '인문콘텐츠학회'라는 학회 이름을 만든 것이다. 인문콘텐츠학회 창립발기문에 보면 「… 지난 시기 항상 모든 형식에 실질적인 내용을 채워주는 주된 분야가 인문학이었듯이, 정보혁명시대에 핵심적 기반이 되는 디지털기술과 관련된 제반 형식에 올바른 내용물을 채워주는 것 역시 인문학이 중심이 될 수밖에 없다. 이제 우리 인문학자들은 지금까지 축적된 인문학의 성과를 바탕으로 새로운 디지털내용물을 창출시켜 나감에 있어, 올바른 방향성의 제시와 실제적인 참여를 요구받는 실천적 과제를 안게 되었다. 지금까지 디지털내용물은 흔히 '문화콘텐츠'라고 표현되었고, 그 구체적인 모습은 영화·애니메이션·게임·음반·캐릭터산업 등으로 이해되어 왔다. 그러나 디지털내용물은 사실상 우리 사회 전 분야의 다양한 측면을 전부 포괄하는 것이며, 그러한 내용물 창출의 주된 원천이 되는 것은 인문학적 사고와 축적물이다. 따라서 디지털내용물과 인문학의 구체적인 결합을 새롭게 '인문콘텐츠'라고 이름 붙이고자 한다. 인문콘텐츠라는 과제는 전통적인 인문학에 대한 실험이자 새로운 기회이다.…」라고 밝혔으

---

21 다른 분은 기억이 나지 않고, 필자의 연구주제는 다음과 같다. 김기덕·이상훈, 『인문학 관련 영상자료 실태조사 및 인문학영상아카이브 구축방안』, 인문사회연구회 인문정책연구총서, 2002. 이 보고서의 내용을 정리하여 다음의 글로 발표한 바 있다. 김기덕·이상훈, 「'인문학 영상아카이브센터'의 필요성과 설립 방안」, 『역사민속학』 17, 2003; 『영상역사학』, 2005 재수록.

며,[22] 94명의 창립발기인이 동참하였다.[23]

그런데 이러한 콘텐츠, 문화콘텐츠, 문화기술(Culture Technology) 등과 관련하여 용어의 개념 문제가 제기된 바 있다. 이 점은 특히 박상천 교수가 치밀하게 전개하였다. 문화콘텐츠 개념정립 시도,[24] CT와 문화콘텐츠의 개념 검토,[25] 등의 일련의 글들이 그러하다. 박상천 교수의 글들은 우리 모두 일독할 가치가 있는 것이지만, 필자는 의견을 조금 달리하고 있다. 특히 다음에 수록된 박홍식감독도 문화콘텐츠 개념 문제를 제기하고 있으므로, 여기에 대해 필자의 생각을 간략하게 밝히고자 한다.

박상천 교수 주장의 요지는 첫째는 콘텐츠란 데이터나 정보의 차원을 넘어서는 매체의 '프로그램'적 성격을 지니고 있는 완성된 독립적 가공물이어야 하며, 둘째는 문화콘텐츠는 매체를 통해 구현되는 것이며, 셋째는 문화콘텐츠는 창작과 향유 과정에서 문화적 특성('지적, 정서적 만족을 주는 창의적 가공물')을 지니고 있어야 한다는 점이다. 특히 이 정의를 통해 '문화콘텐츠'는 '문화'를 '콘텐츠화'한 것이라는 일반적 인식의 오류를 지적하고, 그 내용물이 문화이기 때문에 문화콘텐츠가 아니라 제작과 향유의 과정이 문화적 특성을 가지고 있기 때문에 '문화콘텐츠'라는 용어가 성립됨을 주장하였다. 따라서 '역사 콘텐츠', '전통문화 콘텐츠', '관광 콘텐츠' 등의 용어들은 담겨 있는 내용물을 중심으로 만들어진 용어이지만, '문화콘텐츠'는 이들과는 달리 제작, 향유의 과정이 지닌 문화적 속성에서 비롯된 용어라고 할 수 있다는 것이다.[26]

필자의 논지를 펼치기 전에 먼저 하고 싶은 말은 용어란 본질이 아

---

22 창립발기문은 『인문콘텐츠』 창간호, 2003, 297쪽에 수록되어 있다.

23 역시 발기인 명단은 『인문콘텐츠』 창간호, 2003, 302쪽에 수록되어 있다. 참고로 학회지 창간호와 2호는 당시 동방미디어 상무이사였던 한문희선생의 도움으로 동방미디어에서 발간하였음을 밝혀 둔다. 3호부터 지금까지는 계속 북코리아에서 맡아 주고 있다. 북코리아 이찬규 사장은 학회가 정상궤도에 오르기 전 초기에는 학회지를 무상으로 발간해 주었다. 이 자리를 빌어 감사를 드린다.

24 박상천, 「'문화콘텐츠' 개념 정립을 위한 시론」, 한국언어문화학회, 『한국언어문화』 33, 2007.

25 박상천, 「Culture Technology와 문화콘텐츠」, 한국언어문화학회, 『한국언어문화』 22, 2002.

26 박상천, 앞의 글, 179-209쪽.

니라 현상으로 이름 붙인다는 점이다. 어느 꽃이 꼬부랑할머니처럼 생겼으면 '할미꽃'이라고 이름 붙인다. 비록 양(陽, 남자)이지만 노는 짓이 여자같이 하면 소음(少陰)이라고 이름 붙인다. 소음이지만 그것의 본질은 양이다. 그러나 현상을 보고 소음이라고 한다. 소양(少陽)도 마찬가지이다. 본래는 음이지만 현상으로 이름 붙여 소양이라고 한다. 왜 용어를 현상으로 붙이는가? 본질로 붙이면 본질을 이해하지 않는 한 서로 소통이 되지 않기 때문이다.

먼저 가장 문제를 삼고 있는 콘텐츠를 생각해 보자. 그것은 용어 본뜻 그대로 '내용물'이다. 그런데 디지털기술과 함께 대두되었으니 '디지털내용물'인 것이다. 그 정의가 문제될 리가 없다. 이때 디지털내용물은 가장 기초 차원인 문화콘텐츠 가공에 필요한 원천자료에서부터 가장 상위의 차원인 완성된 가공물까지를 모두 의미한다. 필자는 그것을 5단계로 나눈 바 있다.[27]

물론 필자가 제시한 단계에서 첫 단계인 원자료 자체까지를 콘텐츠라고 할 수 있을까는 문제가 될 수 있다. 이에 대해 김현 교수의 재치 있는 비유가 있다.

> "플랫폼에 실리지 않는 콘텐츠는 맹목적이며,
> 콘텐츠에 담지 않은 플랫폼은 공허하다"

위의 표현은 김현 교수가 콘텐츠와 플랫폼〔미디어〕의 관계를 강조하기 위해 패러디한 것이다.[28] 따라서 기본 원천소스 자체까지를 콘텐츠

---

27 A: 원자료 혹은 기존 형식의 성과물
A1: 단순 디지털화
A2: 정보화(제대로 된 데이터베이스)
A3: 정보화의 활용수준(콘텐츠의 단순활용)
A4: 콘텐츠의 산업적 활용(문화산업)
김기덕, 「콘텐츠의 개념과 인문콘텐츠」, 인문콘텐츠학회, 『인문콘텐츠』 창간호, 2003, 10쪽.

28 김현, 「기술, 문화콘텐츠, 문화철학」, 『문화콘텐츠 시대의 철학과 인문학의 힘』, 철학연구회 춘계학술대회 발표논문집, 2010.

로 표현하는 것은 문제일 수도 있다. 원칙적으로 최소한 플랫폼에 담겨야 콘텐츠라고 할 수 있을 것이다. 정확하게 표현하면 원천소재는 콘텐츠의 기초 재료이다. 그러나 우리는 얼마든지 미래에 플랫폼에 담길 것을 예상하고 원천소스를 콘텐츠라고 표현하기도 한다. 더욱이 정보화단계에서는 그 속에 담긴 것과 본래의 원천소스가 변형없이 거의 동일한 경우도 많다. 따라서 실제 플랫폼에 담기는 순간부터 콘텐츠로 기능하겠지만, 그것을 예상하고 원천소스 자체를 콘텐츠라고 하더라도 사실은 전혀 이상할 것이 없는 것이다. 실제 그렇게 많이 표현하고 있기도 하다. 그런데 여기에서 더 나아가 가장 마지막 단계인 완성된 가공물만 콘텐츠라고 표현되어야 할 이유가 없는 것이다.

박상천 교수는 만약 콘텐츠의 의미를 필자처럼 한다면 용어 자체가 지시하는 대상이 너무 포괄적이 되어 언어로서의 가치를 상실할 수도 있기 때문에 문제라고 말한다. 그러나 문화라는 용어, 문학이라는 용어, 철학이라는 용어, 역사라는 용어, 예술이라는 용어, 오늘날 디자인이라는 용어 등 그것이 의미가 있으면 있을수록 포괄하는 대상이 많아지는 것이다. 조금 거칠게 표현하면 지금은 개나 소나 콘텐츠라고 한다. 그것이 잘못된 것이 아니라 문화콘텐츠의 일상화, 보편화로서 문화콘텐츠라는 학문으로 정립되어 가는 과정에서 오히려 거쳐야 하는 바람직한 과정이라고 생각한다. 다시 강조하자면 콘텐츠는 말 그대로 (디지털)내용물로 이해하면 되며, 그것은 원천자료에서부터 완성된 가공물까지를 모두 포괄하는 것으로 이해해서 전혀 문제될 것이 없다고 생각한다. 물론 앞에서 언급한 것처럼 원천소재 자체를 콘텐츠라고 할 때에는 미디어에 담길 것을 예상한 것으로, 어떤 단계의 콘텐츠이든 실제 대화와 표현에서는 서로 전부 이해된다.[29]

다음으로 문화콘텐츠이다. 이 또한 크게 보아 일단 문화적 내용물

29 앞에서 현상과 본질을 언급한 바 있는데, 콘텐츠에 대한 이해도 사람들이 서로 쉽게 이해하는 방식대로 '내용물'이라는 현상적 차원에서 이해해서 전혀 문제될 것이 없다고 생각한다. 그것이 가장 자연스러운 것이며, 실제 대화에서 문제가 되어 본 적이 없다. 단 콘텐츠의 단계는 있을 수 있다.

을 갖는 콘텐츠로 이해해서 문제될 것이 없다. 실제로 그러한 개념으로 이해할 때에 가장 포괄되는 것이 많다. 흔히 문화콘텐츠 장르로 이해되는 것들은 전부 문화적 내용물이다. 그러므로 축제콘텐츠는 문화콘텐츠이며, 영화콘텐츠도 문화콘텐츠이다. 다만 이러한 문화콘텐츠의 개념을 좀더 세분하여 이해하면 된다. 즉 문화적 내용물을 기본적으로 문화콘텐츠라고 하는데, 그러한 문화적 내용물도 콘텐츠의 층위만큼 여러 층위가 있는 것이다. 그리고 어떤 경우에는 반드시 문화적 내용물이 아니라, 박상천 교수의 표현처럼 창작과 향유 과정에서 문화적 특성을 지니고 있는 경우에도 문화콘텐츠라고 할 수 있다. 실제 문화적 내용물 혹은 문화적 특성으로 폭넓게 이해해도 서로 전부 알아듣고 구분한다. 이것을 굳이 문화적 내용물은 아니라고 할 이유가 없다고 생각한다. 오히려 문제를 복잡하게 하는 것은 인문학에서 시작한 학과가 전부 문화콘텐츠학과라고 명명된 점에 있다. 여기에 대해서는 다음 장에서 다시 언급하도록 한다.

개념의 문제를 마무리하기 전에 문화산업과 문화콘텐츠산업의 문제를 덧붙이고자 한다. 한마디로 오늘날은 두 개념이 거의 동의어로 사용되고 있으며, 또한 그것이 문제될 것이 없다. 본래는 문화산업이 보다 큰 범주이며, 문화콘텐츠산업은 새롭게 디지털기술을 전제로 출현한 문화산업이라고 할 수 있다. 따라서 처음에는 구분이 되었다. 그러나 콘텐츠라는 말 자체가 디지털내용물에서 이제는 모든 내용물로 확산되어 사용되고 있다. '음식콘텐츠'라고 했을 때에 음식이 어떻게 디지털에 기초하고 있는가? 물론 음식과 관련된 것이 인터넷에 올려진다면 그것은 디지털과 관련되기도 한다. 그러나 지금의 콘텐츠라는 용어는 아날로그, 디지털 관계없이 전방위적으로 사용되고 있다. 그러므로 문화산업과 문화콘텐츠산업의 구분도 모호해진 것이다. 또한 이것은 오늘날 대부분 모든 것이 아날로그와 디지털을 넘나들기 때문에 나타난 현상이기도 하다. 따라서 협의로는 문화산업과 문화콘텐츠산업을 구분할 수 있겠지만 실제로는 거의 동의어로도 사용되는 것이다.

이처럼 현 상황에서 둘을 구분하는 것은 어렵지만, 필자가 생각하기에 무엇보다 문화콘텐츠산업이 일반적인 문화산업과 가장 크게 다른 점은 현재의 문화콘텐츠산업은 기본적으로 디지털기술로 구현되는 지식정보화를 직·간접적인 밑바탕으로 하고 있다는 점에 있다고 본다.[30] 즉 오늘날 디지털기술에 의한 인문학 자료의 DB구축 및 검색의 용이함으로 인해, 이제 어떠한 문화산업이라도 원천소재에 대한 접근이 너무 용이하게 되었다. 상상력도 사실에서 발아되는 것이다. 그러므로 본래 디지털기술에 바탕을 문화콘텐츠산업이 기존의 문화산업에 가장 크게 기여한 것은 원천소재에 대한 접근이라고 생각한다.

CT(Culture Technology)에 대한 이해도 용어 자체에 대한 이해는 보다 간명하게 생각할 필요가 있다. CT란 한마디로 문화콘텐츠를 최적화하는 기술이다. 그런데 때로는 그 자체가 문화콘텐츠로 표현될 수도 있는 것이다. 이처럼 용어 자체는 다의적으로 이해할 필요가 있다. 그것은 실제로 그렇게 쓰이고 있기 때문이며, 그렇게 쓰인다는 것은 그러한 본질과 속성을 갖고 있기 때문인 것이다. 다음과 같이 정리해 볼 수 있을 것이다.

CT산업 ≦ 문화콘텐츠산업 ≦ 문화산업

인문콘텐츠학회의 출범을 언급하면서 문화콘텐츠 관련 개념을 검토해 보았다. 2002년 10월 출범한 인문콘텐츠학회는 지난 10년 동안 많은 성과를 이루었다고 할 수 있다. 이 점에 대해서는 앞서 언급한 2012년말 인문콘텐츠학회 10주년 학술대회 성과가 참조된다. 이 자리에서 이러한 성과를 언급할 여유는 없지만, 반드시 한 가지 덧붙일 것은 어떤 분야든 인문학의 원형이야기 활용방식이라는 것을 가장 중심에 놓고 논의하여야 하지 않을까 하는 점이다. 그것이 가장 중요한 인문콘텐츠의 실질적 활용이며 성과가 되어야 하기 때문이다. 인문학의 원형이야기 활용방식에 대한 치밀한 분석과 방법론이 결여된 수많은 논의들은 실질적

30 김기덕·신광철, 「문화·콘텐츠·인문학」, 『문화콘텐츠입문』, 북코리아, 2006, 18쪽.

으로 인문콘텐츠학회의 정체성에 도움이 되지 않기 때문이다.

이 점은 연구논문이나 교육의 경우에도 마찬가지이다. 지금까지 인문학의 여러 원형 소재를 대상으로 '활용방안'이라고 이름 붙인 논문들이 500여 편 축적되었다. 2000년대 초반에는 그러한 제목만으로도 신선하였으나, 지금의 상황은 『인문콘텐츠』 게재논문 심사에서도 대부분 게재불가가 될 정도로 구태의연한 수준에 머물러 있다. 이러한 상황은 아마도 실제 교육현장에서도 많은 문제를 야기할 것으로 생각한다. 그것은 인문콘텐츠 차원에서의 '기획'의 노하우가 관철되기 어렵기 때문이다. 따라서 이 주제는 '인문콘텐츠학회'의 핵심과제라고 할 수 있는 것으로, 학회에서 심도 있는 논의들이 지속적으로 전개되어야 할 것으로 판단된다.

끝으로 이 주제와 관련된 것으로 한국문화콘텐츠진흥원의 '문화원형사업'이 있었다. 이것은 원형이야기를 사업화한다는 점에서 연구논문이나 교육과는 다소 차이가 있는 것이지만, 역시 인문콘텐츠학회의 진로와 대단히 밀접한 관련이 있다. 이미 이 사업에 대해서는 많은 검토가 있었지만, 최근 필자는 그 후속사업을 제안하면서 비판적 반성을 통해 몇 가지 제안을 한 바 있다. 간단히 그 점을 소개해 보고자 한다.[31] 이것은 필자가 제안한 사업을 소개한다는 차원이 아니라, 인문학적 원형이야기의 활용방식을 고민하는 차원에서 하나의 방안을 제기해 보는 것이다. 첫째, 지금까지 문화원형사업과 같은 것은 기본적으로 어떤 주제를 갖고 원천자료를 모으고 가공하는 수준이었다면, 이제 2차 재가공 사업이 필요하다고 본다. 즉 음식 및 요리로 예를 든다면, 기존 사업이 무엇이 좋은 음식인지 모르고 장보기만을 열심히 한 것이라면,[32] 이제 조리사와 음식전문가가 어떤 재료와 어떤 요소를 결합시키면 어떤 흥행성 있는 음식이 도출되는지를 제시하는 단계가 되어야 한다는 것이다. 둘째, 2차 재

31 김기덕·박경하·정헌일, 『한국 세계유산을 활용한 인문학 융복합 문화콘텐츠 정책사업 제언』, 경제·인문사회연구회 인문정책연구총서, 2012.

32 문화원형사업의 성과를 산업체들이 가져다가 활용하라는 것이었는데, 실제로는 수요자의 입장이 반영된 것은 아니었다.

가공 사업은 무엇보다 인문학자가 중심이 되어야 한다. 그리고 첫째 목표를 달성하기 위하여 인문학자와 전문기획자가 짝을 이루어 작품기획안을 제시해야 한다. 필자는 우선 그 대상을 수많은 전통 소재 중 현재 가장 각광을 받고 있는 세계유산을 대상으로 하여 제시하여 보았다. 즉 세계유산을 대상으로 그 분야 인문학자와 그것을 각 문화콘텐츠 장르에 접목하고자 하는 전문기획자가 짝을 이루어 작품기획안을 작성하는 것이다. 셋째, 반드시 모든 사업의 결과물은 實名制가 관철되어야 한다. 그러기 위해서는 완성된 작품기획안은 정식 단행본으로 출간되어야 한다. 여기에는 두 가지 이유가 있다. 하나는 많은 연구자들은 자신에게 저작권이 있는 실명의 출판물이 되어야 최선을 다한다는 점이다. 다른 하나는 실명의 출판물은 이 시대 새로운 콘텐츠북으로 자리매김될 수 있어, 진정한 인문콘텐츠의 성과로 자리 잡을 수 있을 것이라는 점이다.

인문학과 문화콘텐츠학과

'학회'와 '학과'는 서로 밀접한 관련을 갖는 것이지만, 그 역할은 차이가 있다. 특히 연륜이 얼마되지 않고 다양한 융합교육이 요청되는 문화콘텐츠학과의 경우에는 더욱 그러하다. 인문콘텐츠학회 외에 전국대학문화콘텐츠학과협의회가 필요한 이유가 그것이다. 학회는 방법론의 개발과 연구논문의 생산이 주된 목적이라면, 관련 학과에서는 방법론의 교육적 적용, 수업론 개발, 산학협력 등을 목적으로 한다.

이제 모두 학과가 개설된 지 10년이 되지 않는 문화콘텐츠학과에 대해 생각해 보고자 한다. 한국콘텐츠진흥원에서 조사한 문화콘텐츠 관련 학과는 전국적으로 1,325개로 조사된 바 있다.[33] 크게 장르별로는 애니메이션, 만화, 캐릭터, 음악, 게임, 영화, 방송 등이 포괄되었으며, 2년제와 3년제 대학을 포함하고, 대학원까지 포함한 숫자이다. 이 중 4년제

33 한국문화콘텐츠진흥원, 『2008 문화콘텐츠 교육기관 현황조사』, 2009.

대학교만은 598개로 조사되었다. 이 중 학과 이름으로 '문화콘텐츠학과'를 내세우는 것은 기본적으로 전부 인문학 베이스의 학과이다. 수도권을 사례로 든다면, 가장 일찍부터 시작한 학교로는 한양대학교, 한신대학교, 인하대학교 등이 있으며, 그 뒤로 가톨릭대학교, 건국대학교, 아주대학교 등이 있다. 주지하듯이 수도권은 대학 정원을 거의 증원해주지 않고 있다. 따라서 대부분 많은 우여곡절 끝에 기존 학과에서 독립하여 개설한 경우가 대부분이며, 이 때문에 독립학과 개설이 여의치 않은 대학들은 연계전공의 형태로 운영하고 있다. 한국외국어대학교, 중앙대학교 등이 그러하다. 다만 학부보다 대학원은 설립에 다소 융통성이 있는 편이어서 일찍부터 한국외국어대학교를 필두로 하여, 한양대학교, 인하대학교, 중앙대학교, 건국대학교, 고려대학교, 중앙대학교 등에서 문화콘텐츠학과 혹은 문화콘텐츠전공이 있다.[34]

물론 각 학교마다 약간씩 강조점은 차이가 있다. 예를 들어 한양대학교는 스토리텔링을 중점적으로 표방하고 있다거나, 가톨릭대학교는 기술에 보다 중점을 두고 있다. 그러나 실상 모든 문화콘텐츠학과들은 스토리텔링에 중점이 있다. 기획과 관련된 것들은 기본적으로 스토리텔링으로 구현되기 때문에, 기획과목 역시 크게 보면 스토리텔링 과목이기도 하다. 또한 융합을 표방하는 교과목 구성상 어느 학교나 기술적 요소와 마케팅적 요소가 함께 결합되어 있어, 크게 보면 변별력이 크지는 않은 편이다. 흔히 문화콘텐츠 프로세스는 기획-제작-마케팅으로 구분한다. 문화콘텐츠학과는 전체 프로세스를 포괄하는 교육을 표방하지만, 어느 학교나 기본적으로 스토리텔링에 입각한 기획인력 양성을 주된 목표로 하고 있다.

앞에서 언급했듯이 크게 보면 문화콘텐츠학과의 설립에는 2002년

---

34 문화콘텐츠학과에 대한 검토로는 다음의 글들이 있어 참고된다. 신광철, 「학부 수준에서의 문화콘텐츠학과 교과과정의 분석과 전망」, 인문콘텐츠학회, 『인문콘텐츠』 2, 2003; 김교빈, 「콘텐츠 관련 고급인력 양성을 위한 대학원교육의 현황과 문제점」, 인문콘텐츠학회, 『인문콘텐츠』 2, 2003; 박기수, 「문화콘텐츠 교육의 현황과 전망」, 국제어문학회, 『국제어문』 37, 2006. 그런데 본 글에서는 인문학과 문화콘텐츠학과와의 관련성을 중심으로, 문화콘텐츠학과의 방향성의 문제 위주로 논의를 전개해 보고자 했다.

출범한 인문콘텐츠학회의 영향이 크다. 일반적으로 한국문화콘텐츠진흥원에서 시행한 문화원형사업이 학과 개설을 촉진했다고 하는데, 사실상 이보다는 인문콘텐츠학회의 설립이 보다 큰 영향을 미쳤다고 할 수 있으며, 문화원형사업은 그 기반을 넓혀 주었다고 할 수 있다. 문화콘텐츠학과는 대부분 본래 인문학을 전공하던 학자들이 새롭게 대두된 문화콘텐츠 영역을 일종의 응용인문학, 즉 인문학의 확장이 될 수 있다고 보고, 지속적으로 관심을 갖다가 드디어 새로운 학과 개설까지 가게 된 것이다. 여기에는 암묵적으로 인문적 사고와 축적물이 문화콘텐츠산업에 기여할 수 있다는 인문콘텐츠적 관점이 작용한 것이다.

그런데 이러한 인문학자들이 새로운 학과를 만들고자 할 때 학과 이름을 작명해야 했다. 여기에서 당시 새롭게 등장한 문화콘텐츠를 그대로 가져와 문화콘텐츠학과라고 했던 것이다. 문화콘텐츠 개념이 등장했을 때에 그 범주에 속한다고 할 수 있는 영화, 게임, 영상, 애니메이션, 디자인, 문화경영 등과 같은 학과들은 새롭게 개설되던 아니면 기존 학과 그대로이든 특별히 학과 이름을 바꿀 이유가 없었다. 그 이름이 그대로 문화콘텐츠의 범주에 속하기 때문이었다. 그러나 인문학을 하는 사람들이 새롭게 학과를 만들고자 했을 때에 사용할 수 있는 이름은 문화콘텐츠학과였던 것이다. 물론 그 뒤에 일부 학과들이 만들어지면서 기존 이름에 문화콘텐츠를 덧붙이는 경향도 나타나게 되었다. 예를 들어 경희대의 관광문화콘텐츠학과, 상명대에 역사콘텐츠학과, 경희대에 디지털콘텐츠학과 등과 같은 것이 그것이다. 그러나 기본적으로 문화콘텐츠학과라는 이름은 인문학 베이스에서 변신한 학과들이 차지하게 되었고, 그 때문에 한때는 갑자기 인문학을 한 사람들이 문화콘텐츠학과라는 명칭을 사용하면서, 마치 문화콘텐츠학과의 중심인 듯 한다는 우스갯소리가 있기도 했다.

우리는 바로 이러한 상황을 직시해야 한다. 즉 현재 문화콘텐츠 분야는 학문의 정립과 그와 관련된 방법론 및 교육론의 모색, 그리고 관련 용어의 검토 등 학문을 정립하기 위한 제반 노력이 필요한 시점임은 충분히 인정되나, 이처럼 문화콘텐츠와 관련된 논의들이 인문콘텐츠 관련

자들의 시각으로만 정리되지는 않는다는 점을 고려하여야 한다. 기본적으로 문화콘텐츠학과는 전부 인문콘텐츠학과이다. 따라서 지금은 전체 문화콘텐츠 분야를 망라하는 고민도 필요한 시점이지만, 우리의 노력으로만 모든 것이 이루어진다는 판단을 해서는 안 된다. 그것은 문화콘텐츠 분야를 학문 위치상 어느 곳에 넣는 것이 좋은가 하는 점에 있어서도 마찬가지이다.[35] 지금 우리에게 가장 필요한 것은 인문콘텐츠의 관점에서 우리의 학과는 무엇을 해야 하며, 어떠한 방식의 연구가 가장 인문콘텐츠적이며, 그것이 전체 문화콘텐츠 분야에 어떠한 도움을 줄 수 있는가 하는 점이다. 이렇게 보았을 때에 핵심은 두 가지이다. 하나는 인문콘텐츠란 원천자료에 대한 이해에서 출발한다는 것이며, 다른 하나는 문화콘텐츠의 방향성까지를 치열하게 고민해야 한다는 점이다. 후자에 대해서는 다음 장에서 언급하기로 하고, 지금부터는 전자의 문제를 추적해보고자 한다.

모든 문화콘텐츠학과는 '인문학'과의 관련성을 밝히고 있다. 그것은 무엇을 의미하는가? 이는 인문학적 원천소재에 대한 중요성과 그것의 제대로 된 가공(그것이 정보화이든 상상적 드라마이든)을 중요시한다는 것이다. 그런데 이러한 목표는 반드시 문화콘텐츠학과가 아니라도, 인문학 전체 학과들이 필요한 콘텐츠 교과목들을 보완함으로써 일정부분 성과를 낼 수 있다고 본다. 예를 들어 국문학과의 경우 방송 스토리텔링, 영화 스토리텔링, 광고 스토리텔링 등을 보완함으로써 기존 국문학과의 확장을 가져올 수 있다. 사학과의 경우 기존의 문자 사료만이 아니라 이제는 새롭게 생성되는 영상사초(映像史草)들이 생산되고 있다. 그것들을 관리하고 생산하는 일, 그리고 하루가 멀다하고 방영되는 TV역사극의 의미와 참여, 역사영화에 대한 리뷰 등 영상역사로도 사학과의 관심이 확장되어야 한다. 철학과의 경우 게임 중독이나 인터넷 윤리, 디지털기술에 의한 인간 소외 및 메트릭스 등 철학의 확장을 가져올 것이 한두 가

---

35 이 점에 대해서는 다음의 글이 참고된다. 박상천, 「문화콘텐츠학의 학문 영역과 연구 분야 설정에 관한 연구」, 인문콘텐츠학회, 『인문콘텐츠』 10, 2007.

지가 아니다. 영문학과를 위시하여 불문학과, 독문학과와 종교학과 등도 마찬가지이다. 전부 스토리텔링 및 영상과 관련되어 있다. 세계문화유산의 대부분은 종교유산이며, 항상 당대 당대마다 종교사원에서 해 오던 이벤트는 일종의 문화콘텐츠적인 행위였다고 할 수 있다. 종교의 창시자들은 최대의 스토리텔러였으며, 각 경전은 스토리텔링의 원형을 담고 있는 보고이다. 이처럼 인문학 제 학과들이 자체 교과목을 보완하던지 혹은 가능한 학교에서는 문화콘텐츠 연계전공의 도움을 통하여 전부 문화콘텐츠적, 즉 인문콘텐츠적으로 변신할 수 있다.[36]

그렇다면 순수한 문화콘텐츠학과는 어떻게 되는가? 그 학과들은 기획-제작-마케팅을 총괄할 수 있는 전사(戰士) 교육이 되어야 한다고 본다. 즉 지금은 기획 위주로 되어 있지만, 앞으로 기술의 대중화와 문화콘텐츠 프로세스의 일상화를 통해 전체를 융합하고 총괄하는 것은 더욱 용이해질 것이다. 따라서 지금의 기획 위주에서 더 나아가 그야말로 제작과 마케팅을 융합하는 전사 교육이 되어야 한다.

그리고 이러한 문화콘텐츠학과는 서울 지역은 3~4개, 광역시나 각 도에서는 하나 정도씩만 있으면 된다고 본다. 오해의 소지가 있지만 철학과로 예를 들고자 한다. 본래 최고의 천재가 가야 하는 곳이 철학과이듯이, 문화콘텐츠학과는 멀티형 수재들이 가야 하며, 그러한 학과를 무한히 늘릴 필요도 없다. 오히려 학교의 지원, 담당교수의 능력, 학생의 수준이 따라가지 못하는 문화콘텐츠학과는 도태될 것이다. 현재의 상황은 서울 지역이 절대 부족하다. 인구 구성상 서울 지역에서 2~3개 학과가 더 개설될 필요가 있다. 수도권은 한양대학교와 한신대학교, 가톨릭대학교, 아주대학교가 있으므로 어느 정도 충족되었다. 인천권은 인하대학

36 물론 누가 변신하라고 해서 되는 것도 아니며, 모든 인문학과가 전부 그렇게 콘텐츠 교과목을 보완하여 변화될 필요도 없다. 단지 기존 인문학 계통 학과들이 필요에 의해 그렇게 간다면, 결국 그러한 인문학 계통 학과들은 이미 범(凡)문화콘텐츠학과화(化)되었다는 것을 강조하는 것이다. 참고로 사학과를 중심으로 콘텐츠교과목을 보완한 사례를 검토한 글은 다음이 있다. 김기덕, 「전통적인 인문학관련 학과에 있어서 '콘텐츠 교과목'의 보완: 역사학 관련학과의 사례를 중심으로」, 인문콘텐츠학회, 『인문콘텐츠』 2, 2003.

교가 있다. 기타 지방은 각 도별로 1~2개 정도가 있으면 된다고 본다.[37]

필자가 위와 같이 표현하면 혹시 문화콘텐츠학과를 엘리트학과로 보고, 기존 인문학과들을 문화콘텐츠의 종속적 차원으로 본 것이 아닌가 오해할 수도 있으나 절대 그렇지 않다. 스토리텔링을 예로 들어보자. 국문학과 출신이 자신이 수학한 국문학과의 제반수업에 스토리텔링을 가미했을 때에, 오히려 전반적인 것을 다루는 문화콘텐츠학과 학생보다 더 뛰어난 스토리텔링 분야의 인재가 나올 수 있다. 크게 생각해야 한다. 인문콘텐츠학회의 정신처럼, 모든 인문학을 전제한 후에 문화콘텐츠학과가 해야 하는 역할을 상정할 필요가 있다고 본다.

이제 마지막으로 문화콘텐츠학과의 교육 방향과 관련하여 네 가지를 제시해보고자 한다. 첫째는 김현 교수가 강조하는 '인문정보학'에 대한 심도 있는 재검토가 필요하다. 인문정보학은 인문학 분야의 다양한 지식을 개방적인 정보시스템에 효과적으로 담아낼 수 있는 방법을 찾는 연구 분야라고 정의할 수 있다. 그런데 이것이 가능하려면 플랫폼을 올바르게 이해하고, 인문지식을 플랫폼이 요구하는 스펙에 맞도록 가공하여, 인문지식이 플랫폼 상에서 최대의 가치를 드러낼 수 있도록 해야 한다. 이러한 방법론이 문화콘텐츠학과 학생들 모두에게 교육시킬 필요가 있는 것인지? 그렇지 않다면 최소한 이용방법을 숙지하여 콘텐츠 창출에 어떻게 기여할 것인지에 대한 검토가 필요한 시점이다.

둘째는, 수업방식에 있어서는 '역(逆)추적의 인문학'을 시도할 필요가 있다. 문화콘텐츠의 창출에 있어 동서양의 고전(古典)과 전통문화가 반드시 필요하다는 데에 대해서는 누구도 이의를 달지 않을 것이다. 그러나 실제 교육현장에서는 그러한 문제의식이 있다고 하더라도, 바로 고전이나 전통문화를 강의하면 설득력이 떨어진다. 먼저 잘 알려진 문화콘텐츠 작품 중에서 고전이나 전통문화의 요소를 적절히 끄집어내어 설명한 후, 그러하기 때문에 고전이나 전통문화에 대한 이해가 필요하다는

37 물론 교통, 특히 전철망의 확대로 한양대학교(안산), 아주대학교(수원), 가톨릭대학교(부천), 한신대학교(오산), 인하대학교(인천) 등은 어떻게 보면 이미 서울에 개설된 것이나 마찬가지로 파악해도 될 것이다.

식으로 교육이 이루어질 필요가 있다. 필자는 그것을 '역추적의 인문학'이라고 표현하여 보았다. 문화콘텐츠 관련 교재의 편찬과 구체적인 교육은 기본적으로 이렇게 구성되어야 할 것이다.

셋째로는 현단계에서는 원천소재에 정통한 인문학자라 하더라도 그 원천소재를 활용하기에 적합한 문화콘텐츠 분야의 각 장르별 기획전문가와 공동으로 함께, 연구 및 교육, 프로젝트를 수행할 필요가 있다고 생각한다. 이 점에 대해서는 보다 솔직한 자기 고백이 필요하다고 본다. 필자를 포함하여 현재의 문화콘텐츠학과 교육에 있어서는 기본적으로 교수들이 학생들을 따라가지 못한다. 이 점은 학생이 더 뛰어나다는 것이 아니라, 문화콘텐츠 프로세스를 현재의 교수들이 정확히 구현해주지 못한다는 것이다. 즉 기획-제작-마케팅이라는 전체 분야, 그리고 기획이라는 부분에만 한정한다고 하더라도 원천자료에 대한 이해에서부터 그것의 가공과 문화콘텐츠 작품을 창출할 수 있는 정확한 프로세스까지를 명확하게 제시해 줄 수 있는 교수들의 능력이 절대적으로 부족한 실정이다. 그것은 새로운 분야이므로, 대부분 인문학 전공에서 시작한 현 단계 교수진의 시대적 한계이기도 하다. 물론 부분적으로는 뛰어난 인문학자는 자신이 기획 개발까지 스스로 해결할 수 있을 것이다. 그러나 솔직히 그러한 인원은 소수이다. 따라서 현단계에서는 보다 적극적으로 해당 기획전문가와의 소통이 필요하다고 생각한다. 예를 들어 이자람이라는 뛰어난 국악예술인은 남인우라는 콘텐츠기획자를 만나 〈사천가〉라는 창의적인 작품을 생산하여 성공할 수 있었다. 이 점을 잘 보여주는 것으로 '브레히트의 작품으로 만든 〈사천가〉는 어떻게 시작하게 되었나? 라는 질문에 대해 이자람은 다음과 같이 말한다.

"정동극장에서 '아트프런티어 프로그램'의 수혜를 받아 원하는 공연을 할 기회가 생겼다. 처음에는 창작을 하려고 했다. 그래서 국악뮤지컬집단 '타루'에서 만난 인연인 연출가 남인우에게 연출을 부탁하고 쓴 것을 보여주었다. 그런데 이거 가지곤 안 되겠다 싶은 거다. 그때 '희곡 세미나', '극작론' 등의 한예종 수업들을 청강하고 있었는데, '희곡 세미나' 수업에서 브레

> 히트의 〈사천의 선인〉 발표를 들으면서 '어, 저 센테는 날 닮았는데?' 하는 생각이 들었다. 쉬는 시간에 그걸 남인우 연출에게 얘기했더니 바로 '그거 좋다!' 라고 하더라. 처음엔 뭐가 나올지 두렵기만 했다. 작창도 혼자 다 했는데 무섭고 자신이 없었다. 스태프들 앞에서 연습을 하는데 반응도 신통치 않은 것 같고, 그래서 오히려 반대로 연출에게 말했다. 앞부분은 판소리로만 가겠다. 다른 악기나 다른 효과 같은 것에 기대지 않겠다. 그 선택이 옳았다. 작은 승리라고나 할까. 그리고는 두산아트센터에서 그 작품을 업그레이드 하자는 제안이 들어왔다."[38]

이자람과 남인우의 결합은 전문가와 콘텐츠기획자와의 적절한 만남을 잘 보여주는 사례라고 할 수 있다. 현재의 교수진들은 프로젝트, 교육, 연구 등에 있어, 관련 기획전문가와의 협업방안을 보다 적극적으로 모색할 필요가 있다고 생각한다.

그렇다면 문화콘텐츠학과 학생들은 추후 어떻게 되어야 할 것인가? 그들은 현재의 선생들과는 달리 앞으로는 스스로 모든 것을 해결할 수 있는 수준이 되어야 한다고 본다. 그러기 위해서는 관련 기술 및 프로세스에 대한 기본 이해와 원천소스에 대한 가공능력을 겸비하여야 할 것이다. 즉 현재의 상황은 오히려 가르치는 선생들은 전문기획자와 직간접적으로 협업해야 하며, 그것을 통하여 학생들은 차후 스스로 모든 것을 독립적으로 수행할 수 있는 인재로 양성해야 할 것이다. 그리고 이러한 인문콘텐츠 관련 학자와 전문기획자와의 협업은 현단계 원형이야기를 소재로 한 문화콘텐츠 관련 연구논문의 생산 및 문화콘텐츠 프로젝트 수행에 있어서도 관철되어야 할 것으로 생각한다. 앞서 '문화원형사업'의 검토에서 제시한 것은 바로 이와 같은 맥락에서 도출된 것이다.

넷째로는 융합과 관련된 것이다. 현재 융합이 대세가 되어 있으며, 문화콘텐츠 분야는 태생적으로 융합적 요소를 가지고 있다는 것을 부인

---

38 인터넷에서 이자람이나 남인우를 검색하면 여기서 인용한 것 외에 두 사람의 협업 사례가 많이 소개되어 있다.

할 사람은 없을 것이다. 그러나 실제 논문생산이나 교육, 그리고 프로젝트 제안 및 수행에 있어 인문콘텐츠 연구자들은 거의 역할을 수행하지 못하고 있다. 현재 한국연구재단의 연구프로젝트 분류를 보면, 전체 학문 분야에서 '융복합 분야'가 있으며, 다시 인문학 분야 안에서 '융복합'이 있다. 최소한 인문학 분야 안에서의 '융복합'에서 인문콘텐츠연구자들이 기여해 주어야 한다. 이제 인문콘텐츠 연구자들은 이 점을 심각하게 고민해야 할 것으로 생각하며, 희망하건대 이 주제 또한 2013년 인문콘텐츠학회 콜로키움에서 지속적으로 문제를 제기하고 모색하는 자리가 마련되었으면 한다.

인문콘텐츠의 덕목(德目)

하나의 에세이처럼 제기되어야 할 것이지만, 인문콘텐츠학회 새로운 10년의 시작이라는 점에서 인문콘텐츠의 덕목이라는 점을 언급해 보고자 한다. 필자는 인문콘텐츠의 의미부여에서, 인문콘텐츠는 인류의 공동선(共同善), 인간화·인간해방을 지향한다고 밝힌 바 있다.[39] 인문콘텐츠라면 최소한 그것을 담당하는 자들에게도 인문학적 품격과 자세가 요청되어야 하지 않을까 한다. 그래야 교육받은 학생들도 그러한 인문적 품격과 자세를 갖출 수 있을 것이다. 인문학의 금기는 "書自書 我自我"이다. 인문학자는 끊임없이 고전과 先賢의 말씀이 단지 책에서 끝나는 것이 아니라, 나에게도 체득되어 실천될 수 있도록 노력해야 한다. 주옥같은 인문학적 원천자료를 다룬다면, 최소한 다른 분야의 문화콘텐츠 전문가들과도 차이가 난다고 사람들에게 인식될 필요가 있지 않을까? 그러기 위해서는 무엇보다 인문콘텐츠 연구자 자신들이 열린 사고(open)와 쌍방향적 인식(interactive)이 체득되어 있어야 할 것이다. 그리고 그러한 사고가 최소한 인문콘텐츠학회의 공론(公論)으로 자리 잡아야 한다. 조선

39 김기덕, 「콘텐츠의 개념과 인문콘텐츠」, 『인문콘텐츠』 창간호, 2003, 23쪽.

시대는 바로 이러한 공론이 살아 있었기에 많은 문제점 속에서도 5백 년을 지속할 수 있었다. 젊은 관리가 고위 관리가 대차게 몰아부칠 수 있었던 기개도 바로 공론에 있었다.[40]

조금 죄송한 비유이지만, 마하트마 간디는 예수는 존경하지만 기독교인은 미워한다고 말하였다. 우리는 이 시대 문화콘텐츠산업이 중요하며, 문화콘텐츠학과가 중요하다고 피를 토한다. 그러나 문화콘텐츠에 종사하는 우리에 대한 주위의 평가는 어떠한가? 혹시 문화콘텐츠산업은 중요하고 의미가 있지만, 문화콘텐츠를 전공하는 사람들은 싫어한다고 얘기되는 것은 아닌지? 문화콘텐츠 분야는 다른 인문학보다 산업적으로 많이 연계되고 지원금도 뒤따르기 때문에 자칫 오해될 요소가 더욱 많이 있다. 그러므로 인문콘텐츠 관련 학자들은 끊임없이 이 시대 문화콘텐츠의 전제인 열린 사고와 쌍방향적 인식을 지속적으로 체득하여 '인문콘텐츠적(的)' '인문콘텐츠화(化)'되어야 하며, 항상 이 시대 공론(公論)에 의해 자기반성되어야 하지 않을까?

이 점은 그대로 교육에도 반영될 것이다. 누구라도 학생들에게 문화콘텐츠는 앞으로 어떤 분야보다도 돈이 되는 분야이니 열심히 하라고 가르치지는 않을 것이다. 문화콘텐츠가 각광을 받는 것은 이 시대 다양한 문제를 문화적으로 해결해 달라는 요청이지, 그것이 돈이 되기 때문인 것이 우선적인 이유는 아니다. 필자는 학생들에게 항상 강조한다. "문화콘텐츠를 전공하는 자들은 이 시대 문제의 해결사라는 생각을 가져야 한다. 오늘의 문제를 가장 잘 해결할 수 있는 분야가 문화콘텐츠이기 때문에, 문화콘텐츠가 각광을 받는 것이다. 시대를 고민하고 해결한다는 원대한 생각으로 문화콘텐츠를 만들어내라. 그리고 그렇게 하면 돈은 따라올 것이다. 반대로 먼저 돈을 따라가면 지속적이고 올바른 해결방안이 도출되지 않을 것이다". 물론 이러한 발상이 대단히 도덕적이라는 것을 잘 알고 있다. 그러나 인문콘텐츠의 정신에는 이러한 의식도 지속적으로

---

40 公의 문제와 관련하여 최근 나온 다음의 글이 참고된다. 백민정, 「유교 지식인의 공 관념과 공공 의식」, 연세대학교 국학연구원, 『동방학지』 160, 2012; 박영도, 「다산의 실학적 공공성의 구조와 성격」, 연세대학교 국학연구원, 『동방학지』 160, 2012.

견지되어야 할 덕목이 아닐까 생각한다.

솔직히 이 시대 모든 학과의 교수들은 다들 여러 가지 이유로 힘들지만, 특히 산학협력을 수행하면서 새로운 전형을 만들어나가야 하는 문화콘텐츠학과 교수들의 어려움이 가장 클 것으로 예상된다. 그러나 그렇다고 자신의 학과에 매몰되어서는 안될 것이다. 문화콘텐츠학과야 말로 함께 모색할 것이 너무나 많다. 각각의 학과가 혼자한다고 되는 것이 아니다. 따라서 인문콘텐츠학회와 전국대학문화콘텐츠학과협의회를 통하여 지혜를 모아야 한다. 그래야 인문학 바탕의 문화콘텐츠학과의 설립이 '선생'을 위한 학과 설립이 아니었으며 새시대의 '학생'을 위한 고뇌의 산물이었음을 증명할 수 있을 것이며, 진정으로 지속적인 사회적 공헌을 이룩할 수 있을 것이다.

결론

지금까지 학회 10년을 맞이하여 몇 가지 쟁점을 시대변화와 결부하여 제시하여 보았다. 본 글에서 얘기하고자 한 것들을 요약하면 다음과 같다.

첫째, 디지털혁명이라는 시대변화와 문화콘텐츠의 등장을 필자 나름대로 해석해 보았다. 그리고 인문학의 위기라는 담론에서 문화콘텐츠에 주목한 과정을 제시하였다.

둘째, 인문콘텐츠학회의 성립과정을 기술해 보았다. 이것은 학회 10주년의 기록이라는 의미도 갖고 있으므로, 실명과 함께 당시 사정을 서술하였다.

셋째, 콘텐츠, 문화콘텐츠, CT, 인문콘텐츠의 개념을 검토해 보았다. 용어는 현상으로 붙인다는 관점에서 콘텐츠를 내용물, 문화콘텐츠를 문화적 내용물로 일단 이해한 후에 좀더 의미를 부여하여 이해한다고 해도 전혀 문제될 것이 없음을 밝혔다. 아울러 문화산업과 문화콘텐츠산업, 문화원형사업과 관련된 필자의 의견을 첨가하였다.

넷째, 인문학 전반과 문화콘텐츠학과의 관련성을 제시해 보았다. 아마도 이 부분은 가장 논란이 있을 것으로 판단된다. 필자의 주요지는 기존 인문학 계열의 학과들은 필요한 경우 콘텐츠 교과목을 보완하던가 문화콘텐츠 연계전공을 병행한다면 전부 범(凡)문화콘텐츠학과화(化)된다는 점을 지적하였다. 반면 기존의 문화콘텐츠학과는 전부 인문콘텐츠학과로 시작하였지만, 원칙적으로 융합과 종합을 목표로 하는 학과를 지향해야 한다는 점을 밝혔다.

다섯째, 문화콘텐츠학과의 교육방향을 네 가지 제시해 보았다. 인문정보학에 대한 재검토, 역(逆)추적의 인문학 시도, 전문기획자와의 협업, 융합 시도의 강조 등이 그것이다.

끝으로 문화콘텐츠의 덕목을 공론(公論)에 입각한 열린 사고와 쌍방향적 인식을 체득할 필요가 있다는 점을 지적하였다. 그리고 이 점은 교육에도 적용되어야 함을 강조하였다.

희망하건대 인문콘텐츠학회의 새로운 10년은 학회원 모두가 '인문콘텐츠적(的)이고 인문콘텐츠화(化)'되어, 세상을 보다 풍요롭고 아름답게 바꿀 수 있는 원대한 '붕새의 날갯짓'을 힘차게 펼칠 수 있기를 소망한다.

3 인문학과 문화콘텐츠

〈인문콘텐츠학회〉의 정체성의 문제

公論의 장으로서의 時論

2002년 10월 창립된 인문콘텐츠학회는 2012년 10월로 10주년을 맞았다. 그리고 그와 관련하여 기념학술대회와[1] 기념 단행본이[2] 출간되었다. 그러한 과정을 통해 도출된 새로운 10년은 인문학과 문화콘텐츠의 상생적 결합이라고 할 수 있는 인문콘텐츠학회의 진정한 내실화, 구체화의 정립 과제가 놓여 있다고 할 수 있다.

필자는 창립 10주년이 끝나고 새로운 10년이 시작되는 2013년부터 인문콘텐츠학회 편집위원장을 맡게 되었다. 다시 학회 활동에 직접 관여하다보니 이러한 새로운 10년의 과제를 실제적으로 프로그램에 반영한다는 것이 막상 쉽지 않다는 것을 알았다. 콜로키움, 학술세미나 등

---

* 출전: 김기덕, 「인문학과 문화콘텐츠: 〈인문콘텐츠학회〉의 정체성의 문제」, 『인문콘텐츠』 32, 2014.

1 「인문콘텐츠학회 10년, 새로운 10년을 준비하다: 문화콘텐츠학 회고와 전망」, 인문콘텐츠학회 창립 10주년 기념학술대회, 2012. 12. 22. 여기에서는 문화콘텐츠 인력양성, 문화원형, 문화콘텐츠 기술, 문화콘텐츠 스토리텔링, 문화콘텐츠 비즈니스의 5개 분야의 연구현황과 전망이 있었으며, 그 결과는 『인문콘텐츠』 27호(2012. 12)에 게재되었다.

2 인문콘텐츠학회·경제인문사회연구회, 『인문콘텐츠의 사회적 공헌』, 북코리아, 2013년 5월. 이 책에서는 지난 10년 동안의 학회 활동의 의미부여를 '사회적 공헌'이라는 관점에서 시도하였으며, 아울러 학회의 모든 활동과 관련된 기록을 함께 수록하여 자료집의 성격도 갖고 있다.

의 형태로 이러한 과제를 반영할 수 있을 것이다. 그러나 여러 사정으로 인문학과 문화콘텐츠의 관계성을 집중 추구하는 과제를 기획한다는 것이 여의치 않았다. 왜냐하면 계속 전개되는 새로운 시대의 변화는 학회에게도 계속 새로운 과제를 해결하도록 강제하기 때문이다. 즉 지속적으로 발생하는 새로운 과제에도 적응하면서, 또한 학회의 근본적 화두라고 할 수 있는 인문학에 바탕을 둔 문화콘텐츠의 정립 방안의 모색이라는 이중의 과제를 동시에 추구해야 하는 어려움이 있었다.

이러한 상황에서 필자는 학회지 『인문콘텐츠』의 시론을 통해 학회가 지속적으로 고민해야 하는 문제들을 논의하고 확산할 수 있을 것이라고 보았다. 이에 편집위원회의 동의를 거쳐 '시론'을 새롭게 구성하게 되었다. 이 시론이 명실상부하게 학회의 公論의 場, 학회가 지속적으로 고민해야 하는 인문학과 문화콘텐츠와의 관계에 대한 토론의 場이 되기를 희망하였다.

이와 같은 문제의식에서 가장 먼저 김현 교수에게 '인문정보학'이라는 주제의 글을 부탁하였다. 인문콘텐츠를 구현하기 위해서는 인문학 자료의 정보화라는 기본 전제에서 이루어져야 할 것인데, 실제로는 인문정보학에 대한 관심이 저조하다고 판단했기 때문이다. 이에 김현 교수는 '디지털 인문학'을 제시하고 인문학과 문화콘텐츠의 상생 구도에 대한 자신의 구상을 생생하게 펼쳐주었다.[3] 다음으로는 조관연 교수에게 '인문영상'의 문제를 부탁하였다. 영상은 현대의 어느 분야에서나 너무 중요한 것이지만, 영화학과의 영상과 인문콘텐츠 차원의 영상은 달라야 할 것이다. 그리고 이러한 명확한 인문영상에 대한 안목과 전망이 문화콘텐츠학과의 교육에 반영되어야 할 것이다. 역시 조관연 교수는 '인문적 성찰성'이라는 핵심코드로 국내외 문화 영상다큐멘터리를 비교해 보여줌으로써, 인문콘텐츠학회가 견지해야 할 '인문정신'을 잘 제시해 주었다.[4]

---

3 김현, 「디지털 인문학: 인문학과 문화콘텐츠의 상생구도에 관한 구상」, 『인문콘텐츠』 29, 2013.

4 조관연, 「인문정신과 문화 영상다큐멘터리」, 『인문콘텐츠』 30, 2013.

필자가 판단하기에 이 두 분의 시론만으로도 학회지의 위상을 높여 주었다고 얘기하고 싶다. 정말이지 모두에게 일독을 권한다. 최근의 학회지에 게재된 논문을 일별하면 알 수 있지만, 편향된 측면의 논문들이 주로 투고되어 실리고 있다. 인문콘텐츠 분야의 연구는 크게 인문학과 문화콘텐츠의 문제를 고민하는 부분과 또 하나의 측면은 문화산업의 동향과 필요성에 응답하는 차원의 두 분야로 나눌 수 있을 것이다. 두 분야는 우리에게 모두 필요한 연구 분야이지만, 현재 투고되는 논문들은 현저하게 후자 쪽에 치중되고 있다. 그러나 전자의 문제의식과 연구결과의 축적이 없다면 후자의 성과는 어쩌면 사상누각일 수 있을 것이다. 두 분야의 균형 잡힌 연구가 인문콘텐츠학회의 정체성을 보여줄 것이다. 바로 이러한 문제점을 두 개의 시론에서는 훌륭하게 짚어주고 있다고 할 수 있다.

현재 시론은 편집위원회에서 원고를 청탁하고 있지만, 자유투고 방식도 가능하다. 아직 회원들에게 잘 알려져 있지 않지만, 원고 모집 시 자유투고도 가능함을 밝히고 있다. 지난 호에서는 두 분에게 시론을 부탁하였지만, 원고가 도착하지 못하였다. 그래서 안타깝게도 시론이 계속 이어지지 못하였다. 그런데 다시 이번 호에도 시론 원고가 들어오지 않았다. 그래서 편집위원장을 맡고 있는 필자가 다소 급하게 본 시론을 집필하게 되었음을 밝혀 둔다. 앞으로는 다양한 부분에서 여러 문제의식을 담은 시론이 활발히 전개되기를 희망한다.[5]

시론과 함께 이 자리에서 학회지 구성의 몇 가지 변화를 말해 두고자 한다. 기존에 있는 분야였지만 거의 활용되지 않고 있는 〈문화현장보고〉란을 활성화하고자 한다. 학회 및 문화콘텐츠 분야의 전망과 관련된 국내외 문화콘텐츠현장 답사기는 매우 유용함에도 불구하고, 현재는 관

5 시론의 형식은 없다. 분량도 40매 이상이면 된다. 그러나 이 시론도 정식 논문으로 인정받고자 하는 필자는 분량 및 형식에 있어 기존 논문작성 원칙에 입각하여 제출하면 된다. 기존 2편의 시론이 다소 무겁고 완벽한 논문형식을 취하였다. 그러나 본래 구상은 어떤 형식에 구애받지 않으면서 학회의 현안을 짚어주고 방향을 제시하는 글을 희망했던 것임을 밝혀 둔다.

련 글이 거의 들어오지 않고 있다. 〈문화현장보고〉란은 보다 적극적으로 활용되어야 할 것이다. 예를 들어 최근 소치 동계올림픽 개폐회식이 화제에 올랐다. 러시아의 인문학적 전통이 녹아 있는 수준 높은 기획이었다는 것이 중평이다. 개막식에서는 러시아 알파벳에 맞춰 차이콥스키와 톨스토이, 샤갈 등 러시아의 문화 예술전통을 화려하게 선보였다면, 폐막식에서도 세계적 지휘자 발레리 게르기예프 마린스키 극장 음악감독, 비올라 巨匠 유리 바슈메트, 1998년 차이콥스키 콩쿠르 우승자인 피아니스트 데니스 마추예프 등을 출현시킴으로써, 문화 자부심을 유감없이 보여 주었다.[6] 그에 반해 다음을 기약하는 평창올림픽 홍보는 국립국악원 상임단원 이종길의 가야금을 시작으로, 소프라노 조수미, 재즈 보컬리스트 나윤선, 가수 이승철, 피아니스트 겸 작곡가 양방언이 함께 연주하는 아리랑으로 마무리되었다. 이러한 프로그램에는 어떠한 컨셉과 기획이 담겨 있는가를 분석해 주는 것도 아주 중요하다고 생각한다. 이러한 글들은 정식논문과는 다른 형태로 소개될 수도 있으며, 오히려 이러한 글들이 실제로는 인문콘텐츠의 시각을 높여준다고 할 수 있다.[7] 〈서평〉도 마찬가지이다. 우리 학회원의 학술서에 대한 서평만 필요한 것이 아니다.[8] 예를 들어 꽤 많이 알려진 책으로 『인문학으로 광고하다』는 것이 있다.[9] 만약 그 책에서 제시하는 것이 옳다면 그것은 바로 우리 학회의 지향점과 일치하는 것이다. 그렇다면 그러한 책에서 제시하는 것이 어떠한지에 대한 서평도 소개될 필요가 있다. 필요하다면 누구에게라도, 어떤 분야에서라도 우리는 배워야 한다.

---

6 「마지막까지 문화 자부심으로 꽉 채운 소치올림픽」, 『조선일보』, 2014. 2. 25.

7 제12호(2008. 6) 이후 문화현장답사 관련 글들이 전무한 실정이다. 이러한 문제의식에서 본 32호에서는 〈문화현장보고〉란에 두 편의 글이 실리게 되었음을 알린다. 앞으로도 이러한 글들이 일반논문과 함께 보다 활발하게 실려야 문화콘텐츠 분야 학술지의 성격에 맞을 것이라고 생각한다. 문화현장보고 관련 글도 필자가 필요하다면 논문 형식을 갖추어 투고할 수 있다.

8 제15호(2009. 7) 이후 서평은 전혀 게재되지 않았다. 이에 대한 반성으로 제31호에 다음의 서평이 다시 게재되었다. 조관연, 「인문학과 시각 테크놀로지의 만남」.

9 박웅현·강창래, 『인문학으로 광고하다』, 알마, 2009.

또한 〈DB구축과 콘텐츠기획〉이라는 란도 신설되었다. 인문학 자료의 DB구축은 콘텐츠 기획으로 가기 위하여 필수적으로 요청되는 것이다. 실제 이러한 시도가 많이 있음에도 불구하고 별로 소개되지 못하고 있다. 그것은 막상 DB구축을 시도하였다고 하더라도, 실제 콘텐츠 기획으로 구체적으로 연결되는 것이 결코 쉽지 않기 때문이다. 만약 이러한 시도가 자연스러우면서도 퀄리티가 담보된 수준으로 활발하게 산출된다면, 아마도 그것은 인문콘텐츠의 일단의 완성이라고 할 수 있을 것이나 현실은 아직 그러한 단계에 도달하지 못하고 있다. 따라서 〈DB구축과 콘텐츠기획〉란은 비록 완전한 콘텐츠 기획의 구체적인 제시까지는 가지 못하였다고 하더라도, 인문학자료의 DB구축을 기반으로 콘텐츠 기획의 의도와 방향을 소개하고 그에 대해 비판받는 수준도 의미 있다고 판단하여 마련한 코너이다. 이 코너도 활발하게 이용해 주었으면 하는 바람이다.[10]

이상의 코너들은 반드시 논문 형식을 요구하거나 일정한 분량을 요구하는 것은 아니다. 다만 이러한 코너에 투고하는 글일지라도 논문 형식을 인정받고자 하는 경우, 그 형식에 맞추어 투고하면 된다. 혹시 있을 수 있는 학회지의 질적 저하를 감안하면서도[11] 이러한 코너들을 활성화하고자 하는 것은 이러한 코너들이 실제 인문콘텐츠의 다양한 실험에 도움이 되기 때문이다.[12] 앞으로 학회원들의 보다 활발한 투고를 기대한다.

---

10 第30호(2013년 9월)부터 이 코너에 글이 실리고 있다. 한지원·김진희·이상훈, 「전통 민간요법 발굴 및 활용을 위한 기초연구: 한국한의학연구원 민간요법 DB구축 사례를 중심으로」, 『인문콘텐츠』 30, 2013; 유동환, 「제4의 공간과 전시스토리텔링: '사이버 안동읍성' 복원콘텐츠 사례를 중심으로」, 『인문콘텐츠』 31, 2013.

11 『인문콘텐츠』 학술지는 기획논문과 일반논문의 엄정성을 인정받아, 한국연구재단 기타인문학 분야 2위에 랭크된 바 있다. 따라서 이러한 논문 외에 〈시론〉, 〈문화현장보고〉, 〈서평〉, 〈DB구축과 콘텐츠기획〉란이 있다고 하여, 학술지의 권위가 약화된다고 생각하지 않는다. 인문학과 문화콘텐츠의 연결고리로서의 학회 성격은 이러한 글들에서도 많은 시사를 받아야 한다고 생각한다. 이러한 코너 외에 수시로 〈박사논문 소개〉란도 두고 있다. 아직 문화콘텐츠학이 일반화되지 못하였기 때문에 각 학교에서 배출되는 박사논문에 대한 소개도 중요한 정보가 되기 때문이다. 〈박사논문 소개〉란은 해당하는 자가 일정한 형식에 맞추어 제출하면 게재해 주고 있다.

12 일반논문은 3명의 심사위원의 결과에 맞추어 게재여부가 결정되지만, 이러한 코너의 글들

하나의 학회에는 관련 학과가 존재한다. 대부분의 학회는 관련 학과와의 연관성에 있어 별다른 모순점이 없다. 예를 들어 국어국문학회와 전국의 국어국문학과, 역사학회와 전국의 사학과는 크게 보아 구성원과 방향이 일치한다. 그러나 인문콘텐츠학회와 문화콘텐츠학과는 그렇지 않다. 먼저 전국의 문화콘텐츠학과에 소속된 교수들이 인문콘텐츠학회의 주 구성원이기는 하나, 그 비율이 현저히 적다. 그것은 전국의 인문학 바탕의 문화콘텐츠학과는 20여 개 정도가 있는데,[13] 학회 구성원의 대부분은 실제 문화콘텐츠학과 구성원이 아니면서 인문학과 결합된 문화콘텐츠 분야를 개인적으로 연구하는 학자들이 대부분이기 때문이다. 그만큼 학회의 정체성에 있어 문화콘텐츠 분야는 아직 정립이 되지 않았다고 할 수 있다.

바로 이러한 점에서 문화콘텐츠 분야의 다양한 문제들을 검토할 경우에는 대상을 명확히 해야 한다. 특히 교육문제에 있어서는 더욱 그러하다. 예를 들어보자. 문화콘텐츠학과라고 하더라도 학부와 대학원은 많이 다르다. 무엇보다 이 점을 구분해야 한다. 또한 같은 학부라고 하더라도 문화콘텐츠학과와 문화콘텐츠 연계전공은 다르다. 또한 4년제 대학과 전문대학이 다르다. 그런데 앞에서 언급한 것처럼, 인문콘텐츠학회 구성원들의 경우에는 다른 학회와는 달리 학부 문화콘텐츠학과 소속 연구자들이 실제로는 다수가 아니다. 따라서 문화콘텐츠 교육과정 논의에 있어 저마다 다양한 시각이 도출될 수 있다. 여기에 더해 문화콘텐츠 유사학과까지 더하면 상황은 더욱 복잡해진다. 한국콘텐츠진흥원이 조사

은 편집위원회에서 게재 여부가 결정된다. 따라서 이러한 글들은 학회지 논문 투고 편수에 계산되지는 않는다.

13 전국대학문화콘텐츠학과협의회가 2005년 창립하면서 인문학 중심의 문화콘텐츠학과 20여 개 학교가 참가하였다. 이후 예술, 디자인, 공학 등의 분야로 넓히고자 하였으나, 실제 학과 교육과정이 너무 달라 현재까지도 인문학 중심의 문화콘텐츠학과 중심으로 결성되어 있다. 그리고 인문콘텐츠학회에 소속된 구성원들의 학과도 대체로 그러한 범주에 머물러 있다고 할 수 있다.

한 문화콘텐츠 관련 학과는 전국적으로 1,325개로 조사된 바 있다.[14] 크게 장르별로는 애니메이션, 만화, 캐릭터, 음악, 게임, 영화, 방송 등이 포괄되었으며, 2년제와 3년제 대학을 포함하고, 대학원까지 포함한 숫자이다. 이 중 4년제 대학교만은 598개로 조사되었다. 이 중 학과 이름으로 '문화콘텐츠학과'를 내세우는 곳은 기본적으로 전부 인문학 베이스의 문화콘텐츠를 모색하는 학과이며,[15] 이것이 앞에서 언급한 것처럼 대략 20여 곳이 된다.[16]

물론 위에서처럼 문화콘텐츠 분야 학과가 다양하다고 하더라도, 문화콘텐츠 분야라고 하면 공통적인 점이 있다는 점을 부인하지 않는다. 그러나 그 차이점도 너무나 많다는 점을 잊어서는 안 된다. 따라서 문화콘텐츠 분야의 글을 서술할 때에는 이러한 대상의 차이를 고려하여야 하며, 특히 교육론 부분에 있어서는 더욱 그 대상을 명확히 하는 것이 필요하다.

이러한 대상의 명확성과 함께 항상 잊어서는 안되는 것이 문제의 명확성이다. 대상을 명확히 하는 이유 또한 문제를 명확히 하여 그 올바른 해결책을 제시하고자 하는 것이다. 본 글에서 문제 삼고자 하는 인문콘텐츠학회의 정체성이란 바로 인문학 바탕의 문화콘텐츠의 정체성이며, 이는 인문학 바탕의 문화콘텐츠학과의 정체성을 의미한다. 그렇다면 문제의 명확성은 자명하다. 과연 이제 대학을 갓 입학한 학생들에게 어떻게 인문학 바탕의 문화콘텐츠를 교육시킬 것인가 하는 점이다. 이처럼 대상의 차이를 구분하고 문제의 명확성을 갖지 않는다면, 그 논의는 기본적으로 무의미할 것이다. 그리고 이러한 문제의식은 결코 인문콘텐츠에 입각한 구성원이 아니라면 어느 누구도 해결하지 못한다는 점을 기억

---

14 한국문화콘텐츠진흥원, 『2008 문화콘텐츠 교육기관 현황조사』, 2009.

15 김기덕, 「문화콘텐츠의 등장과 인문학의 역할」, 『인문콘텐츠』 28, 2013, 22쪽.

16 신광철은 2013년 현재 '문화콘텐츠' 계열 콘텐츠/대학/학부/학과/전공이 32종, '디지털콘텐츠' 계열 콘텐츠 대학/학부/학과/전공이 22종이라고 하였다(「대학에서의 문화콘텐츠 인력 양성의 현재와 미래」, 인문콘텐츠학회 전국 학술대회 발표논문집, 2013). 이러한 차이는 실제 학과 성격을 어떻게 보는가에 따라 분석이 다를 수 있기 때문에 나타난 결과이다.

해야 한다.

다시 한번 학부의 연계전공이나 대학원의 문화콘텐츠학과와는 다르게 학부의 문화콘텐츠학과처럼, 이제 고등학교를 갓 졸업하고 들어온 학생들에게 어떻게 인문학 바탕의 문화콘텐츠를 교육할 것인가 하는 점은 좀 더 특별하다는 점을 지적하고자 한다. 이러한 차이에 입각하여 문제의 명확성을 고민하지 않는다면 어떤 유의미한 분석결과를 제시하기 어려울 것이다. 인문콘텐츠학회는 2003년 「문화콘텐츠 교과과정의 현황과 과제」를 검토한 이후,[17] 10년 만에 다시 「문화콘텐츠, 융합교육의 현재와 미래」라는 제목으로 학술대회를 개최하였다.[18] 외람되지만 본 호에 수록된 이러한 문화콘텐츠 융합교육의 결과물에서도, 대상의 차이 및 문제의 명확성이라는 관점에서 보았을 때 솔직히 아쉬움이 있다는 점을 지적해 두고자 한다. 특히 인문학 바탕의 문화콘텐츠란 도대체 무엇인가 하는 점에 있어, 학회 구성원 모두의 지혜가 더욱 모아져야 할 것이다. 이 점에 대해 진정으로 천착하지 않는다면, 문화콘텐츠 교육과정의 검토는 단순한 현황 파악 수준에 머무르는 결과가 될 것이다.

한편 문화콘텐츠 교육과정을 언급할 때에 빠지지 않고 등장하는 용어가 '융합교육'이라는 것이다. 과연 인문학 바탕의 문화콘텐츠를 추구하는 학부 및 대학원의 경우, 융합교육이란 무엇을 의미하는 것인가 하는 점도 지속적인 천착이 필요하다는 점을 강조하고 싶다. 흔히 융합이라고 하면 인문학과 과학, 기술과의 융합을 전제하는 경향이 있다. 과연 그러한 것만이 융합인 것인지, 그리고 진정한 융합의 방향은 어떠한 것인지, 앞으로 시론을 통해 이러한 점에 대해서도 실제적인 논쟁과 성과가 있었으면 한다.[19]

---

17 신광철, 김교빈, 안이영노, 고기정, 조관연, 김기덕이 학부 및 대학원, 해외사례, 관련학과 등의 사례를 검토하였으며, 『인문콘텐츠』 2(2003)에 그 결과물이 게재되었다.

18 학부 및 대학원, 그리고 특성화방안에 대한 발표가 있었으며(2013. 11. 22, 한양대학교), 그때의 발표문이 『인문콘텐츠』 32(2014)의 기획논문으로 수록되었다.

19 필자는 인문학이 다른 분야와 융합하기 위해서는 인문학적 原型(Archetype)과 이론이 뒷받침되지 않으면 안 된다고 보고 있다. 가장 융합을 필요로 하는 문화콘텐츠 분야의 경우, 해당 주제에 대한 원형과 이론에 대한 정립이 없으면 실제 융합이 이루어지기는 쉽지 않다.

아직 해결하지 못한 많은 문제점이 있지만, 이 자리에서 인문학 바탕의 문화콘텐츠학과의 정체성의 문제에 대하여 필자의 의견을 피력해 보고자 한다.

'압축근대'라는 용어가 있다. 서양은 중세 봉건사회에서 산업혁명을 통해 자본주의적 근대화를 이룩하였으며, 이 과정에서 15~16세기의 르네상스와 종교개혁, 17~18세기의 산업혁명을 통해 자본주의의 발전과 시민혁명을 통한 시민사회의 형성이 이루어졌다. 따라서 서양의 근대화는 길게 보면 정신적으로는 400년 이상, 짧게 보아도 사회 구조적 측면에서 200~300년 정도의 시간이 걸렸다고 할 수 있다. 그러나 대체로 동아시아는 압축근대화를 이룩했다. 특히 한국은 가장 늦게 시작하였으면서도 근대화 기간이 가장 짧았다고 할 수 있다. 본래 이 용어에 천착한 연구자는 필자가 알기에 가족연구를 수행하는 장경섭 교수이다. 그는 국내에 처음 소개된 『가족·생애·정치경제』라는 책에서, 한국인들이 유례없이 급속하게 이룩해온 자본주의 산업화, 사회적 다원화, 정치 민주화 등의 구체적 특성들을 묶어 '압축적 근대성(Compressed Modernity)'으로 개념화하고, 이의 미시적 기초(혹은 장애)로서 가족주의적 구조·질서·행태를 종합적이고 체계적으로 정리하였다.[20]

필자는 압축근대라는 용어를 차용하여 '압축인문학(Compressed Humanities)'이라는 표현을 사용하고 싶다. 인문콘텐츠학회는 인문학을 바탕으로 문화산업과 접목한다는 목표를 갖고 있다. 여기에서 학회의 창립 발기문을 다시 한번 인용해 보고자 한다.

"디지털 내용물은 사실상 우리 사회 전 분야의 다양한 측면을 전부 포

이것이 인문학 바탕의 문화콘텐츠를 연구하는 학자들에게 주어진 어려움이라고 생각한다.

20 장경섭, 『가족·생애·정치경제: 압축적 근대성의 미시적 기초』, 창비, 2009; Chang, Kyung-Sup, "Compressed Modernity and Its Discontents: South Korean Society in Transition", *Economy and Society*, 28(1), 1999.

괄하는 것이며 그러한 내용물 창출의 주된 원천이 되는 것은 인문학적 사고와 축적물이다 따라서 디지털 내용물과 인문학의 구체적인 결합을 새롭게 '인문콘텐츠'라고 이름 붙이고자 한다. 인문콘텐츠라는 과제는 전통적인 인문학에 대한 실험이자 새로운 기회이다. 그러나 올바른 인문콘텐츠의 창출은 빠른 속도로 변화하는 디지털기술을 포함하여 다양한 영역과 연결된 관계망의 산물이어서, 한 개인이 독립적으로 완결지을 수 있는 것이 아니다. 이것이 인문콘텐츠라는 과제를 담당할 새로운 학회를 창립하는 이유이다."

- 인문콘텐츠학회 창립 발기문 중에서[21]

위와 같은 목표는 인문콘텐츠학회가 그러하며, 인문학 베이스에 입각한 문화콘텐츠학과가 전부 그러하다고 할 수 있다. 그러나 실제 대부분의 문화콘텐츠학과의 경우 비록 그 배경을 인문학에 두고 있는 곳이라 하더라도, 현재의 관심사는 인문학 연구보다는 영화, 드라마, 광고, 공연기획 등 이른바 문화산업 쪽에서 요구하는 실용 능력의 배양에 쏠려 있는 듯하다는 지적은[22] 적절하다고 할 수밖에 없을 것이다. 지향하는 목표는 비록 그렇지 않다고 하더라도, 실제 교육현장에서 실현되고 있는 현실이 중요하기 때문이다.

이러한 현실은 오히려 문화콘텐츠 연계전공이나 대학원의 경우에는 다소 사정이 다를 수 있다. 연계전공은 기본적으로 다양한 전공, 특히 인문학을 전공한 학생들이 문화콘텐츠 전공과목 일부를 이수하는 것이기 때문에, 그 질적 수준은 고려하지 않는다면 기본적으로 인문학적 소양에 기초하고 있다고 할 수 있다. 또한 대학원은 기본적으로 학자를 양성하고 학술논문을 작성한다는 측면이 강하기 때문에, 문화산업 분야의 실무능력 배양이라는 압박감에서 어느 정도 벗어나 있을 수 있다. 그러나 학부의 문화콘텐츠학과는 다르다. 무엇보다 고등학교를 갓 졸업하고 문화

---

21 인문콘텐츠학회 창립 발기문, 『인문콘텐츠』 창간호, 2003, 297쪽.

22 이러한 우려는 많은 분들이 제기하고 있는 것이기도 하다. 대표적인 사례로 다음을 들 수 있다. 정창권, 「문화콘텐츠학, 어떻게 연구하고 가르칠 것인가」, 『동양한문학연구』 24, 2007, 29쪽; 김현, 앞의 글, 10쪽.

콘텐츠학과를 입학하는 학생들이 '인문학' 바탕이라는 것을 기본적으로 인식하지 못하며, 저마다 만화, 애니메이션, 영화, 게임 혹은 영상, 전시, 축제, 공연 등의 분야를 좋아해서 문화콘텐츠학과를 선택한 것이다. 거기에 더해 무엇보다 문화산업에 취업해야 한다는 점이 항상 과제로 얹혀 있다. 그러하기 때문에 필자가 몸담고 있는 학과만이 아니라, 필자가 분석한 바에 의하면 문화콘텐츠학과의 경우 점점 인문학 관련 고민은 약화되어 가고 있다고 할 수 있다.

과연 인문학 베이스의 문화콘텐츠학과라는 것이 교과목에 인문학 과목 몇 개를 넣었다고 해결되는 것인가? 과연 어떻게 이제 갓 입학한 학생들에게 그 넓고 원대한 인문학적 사고와 축적물을 이해시킬 수 있단 말인가? 여기에 '압축인문학'의 고민이 있다. 필자는 건국대학교 문화콘텐츠학과를 4년 운영한 결과, 결국 '문화콘텐츠학과 학생들에게 콘텐츠가 없다'는 처절한 결론에 도달하였다. 왜 그러한가? 결국 교육이 잘못되었다고 인정해야 한다. 그 결과 건국대학교 문화콘텐츠학과는 교과과목 개편을 시도하였다. 그 기본방향은 1, 2학년 때에는 인문학적 소양을 체득할 수 있도록 교과목을 개편하였으며, 문화기획 수업과 같은 응용수업은 전혀 편성하지 않았다. 실전 기획수업이 개재되면 학생들은 다소 지루하기도 하고 독서에도 많은 시간이 투자되는 인문학 소양 수업에 흥미를 잃기 때문이다. 그리고 실전 기획수업은 3학년부터 본격적으로 편성하였으며, 4학년 때에는 산업체 및 프로젝트와 결부하여 현장밀착형 수업이[23] 이루어지도록 개편하였다.

물론 이러한 시도가 적확한 것인지는 아직 검증되지는 않았다. 그러나 그 시도가 옳다고 하더라도 가장 본질적인 문제는 그대로 남아 있다. 과연 인문학적 소양을 체득할 수 있는 교과목의 교육 내용은 어떤 것인가 하는 점이다. 앞에서 언급했듯이 인문학 과목 몇 개를 개설하여 가르

---

23 '실무'라는 표현은 조심스럽게 사용되어야 한다고 생각한다. 2년제 대학이 아닌 4년제 대학 교육에서는 실제 실무 분야는 현장에 취업해서 익히면 된다고 생각한다. 다만 응용적인 요소가 있는 문화콘텐츠학과의 경우에는 현장의 트렌드와 니즈를 이해할 필요는 있다. 그것을 '실무교육'이라고 표현하기보다는 '현장밀착형 교육' 정도의 용어로 표현하는 것이 온당하다고 생각한다.

친다고 이 문제가 해결되는 것은 아니기 때문이다.

여기에서 필자는 압축인문학의 방법론으로서 OSMU(One Source Multi Use)의 모범사례를 중심으로 기본 인문학 원전과 내용이 어떻게 문화상품으로 전환되는지를 명확히 제시하는 방법을 제안하고자 한다. 어떠한 인문학의 원 소스가 멀티 유스되는가? 그것은 당연히 시대가 바뀌어도 그 의미와 교훈이 보편성을 가지면서도 끊임없이 재창조될 수 있는 것이 될 것이다. 그만큼 그 원 소스는 위대한 스토리와 교훈을 간직하고 있으며, 시대를 초월하여 적용될 수 있는 가변성을 갖고 있기 때문이다. 몇 가지 예를 든다면 세익스피어의 작품들, 돈키호테, 삼총사 등의 작품이 그러할 것이며, 시대적으로는 로마시대, 르네상스시대, 한국의 영정조시대가 그러할 것이고, 오늘의 현대를 낳은 각국의 근대시대가 그러할 것이다. 이러한 것들이 가장 모범적인 원 소스이며, 실제 그러한 주제 및 작품들은 계속하여 문학작품, 음악, 영화, 공연, 전시 등을 통해 멀티 유스되고 있다.

따라서 문화콘텐츠학과에서 인문학적 소양을 길러주는 수업은 가장 활용이 많이 된 원 소스를 중심으로 그것의 의미와 활용을 추적해 보여주는 것이 되어야 할 것이다. 여기에 더해 비록 현 시대에 출현한 것이지만 많은 사람들이 주목하는 것도 포함되어야 한다. 예를 들어 문학에서 무라카미 하루키나 베르나르 베르베르의 소설, 스티브잡스의 전기 등은 한국에서 폭발적 반응을 얻었다. 이러한 책 속에 담긴 트렌드와 가치관은 연구되어야 하며, 그것이 옳다면 추후 OSMU의 가능성도 예측되어야 한다. 따라서 인문콘텐츠학회와 전국대학문화콘텐츠학과협의회는 바로 이러한 것을 100사례 정도 개발해야 한다. 이러한 사례가 진정한 교재개발로 이어져야 하며, 그러한 사례들이 어떤 수업에서 수행되어야 하는가 하는 점들이 교과목 연구와 함께 세심하게 고려되어야 할 것이다. 필자는 이 점이 압축인문학의 성과 여부를 좌우하는 핵심과제라고 믿고 있다.

과연 문화콘텐츠학에서 반드시 읽어야 할 正典이 무엇이냐고 묻는다면 우리는 어떻게 대답할 것인가? 기존 학문들에서는 누구나 인정하는 正典이 있다. 그러나 아직 문화콘텐츠학에서는 正典조차 공감대가 형성되어 있지 않다. 물론 어떠한 책을 읽어야 한다고 제시할 수는 있을 것이다. 그러나 그것이 어떤 원칙에서 어떤 확신을 갖고 제시하는 것인가 묻는다면, 자신있게 얘기할 수 있는 사람은 아마도 많지 않을 것이다. 문화콘텐츠 분야의 전형적인 사례 역시 마찬가지이다. 무엇보다 인문학 바탕의 문화콘텐츠 분야에 있어 正典과 전형적인 사례가 확립되어야 하며, 그것이 수업론에 반영되어야 한다. 필자는 이 점이 우리에게 주어진 가장 시급하고도 중요한 과제라고 믿고 있다.[24]

김현 교수는 '허구적 스토리텔링'과 '사실적 스토리텔링'을 제시하였다. 즐길 거리로 만들어지는 허구적 스토리텔링과 지식을 조직화하는 사실적 스토리텔링의 폭과 깊이가 더해질수록 그것을 응용한 허구적 스토리텔링의 수준이 높아질 것이고, 허구적 스토리텔링의 흥미와 인기는 다시 사실적 스토리텔링에 대한 수요를 촉발시키게 될 것이기 때문이라는 것이다.[25] 물론 이와 비슷한 견해는 인문학에 바탕을 둔 문화콘텐츠 연구자라면 대부분이 고민해 왔던 것이나, 명쾌하게 정리한 김현 교수의 글을 인용하여 보았다.

인문학 바탕의 문화콘텐츠학과가 '사실적 스토리텔링'에서 장점을 구현하지 못한다면 사실상 존재의미가 없을 것이다. 허구적 스토리텔링에 치우친다면 굳이 문화콘텐츠학과가 있을 필요가 없다. 문예창작학과나 영화학과로 가서 허구적 스토리텔링을 보다 치열하게 추구하는 것이 더 바람직할 것이다.

창조(creation)를 뜻하는 히브리어는 '바라'이다. 창조의 진정한 의미는 무엇인가? 흔히 성서에 많이 나오는 히브리어 '바라'를 라틴어 '크

---

24 이러한 과제를 어느 개인, 혹은 어느 학과가 단독으로 수행하기는 어렵다. 인문콘텐츠학회와 전국대학문화콘텐츠학과협의회의 공동과제로 추진할 것을 제안하고자 한다. 그리고 그 결과물이 지속적으로 학회지에 〈인문콘텐츠 사례연구〉라는 코너로 연재되기를 희망한다. 아울러 그 모범사례가 데모(Demo) 사례로 제작되어 제시되어야 한다. 과연 인문학 바탕의 문화콘텐츠학과는 무엇을 추구하는 학과인가 라고 묻는다면 바로 이러한 데모를 보라고 자신 있게 제시할 수 있는 사례가 축적되어야 한다. 즉 압축인문학의 100사례는 많은 경우 데모로도 제작되어 교육 및 홍보에 활용되어야 한다. 이러한 데모 사례에 대한 고민도 학회 연구자들이 심각하게 고민해야 인문콘텐츠학회의 정체성이 정립될 수 있다고 생각한다.

25 김현, 앞의 글, 23쪽.

레아티오 엑스 니힐로'(creatio ex nihilo)의 의미로 해석하기도 한다. 라틴어 엑스 니힐로(ex nihilo)는 '無로부터'(out of nothing)라는 의미이다. 엑스 니힐로는 창조의 개념과 결부되어 등장한다. 철학과 신학에서 '크레아티오 엑스 니힐로'(creatio ex nihilo)라고 하면, 무로부터의 창조라는 의미이다. 그러나 이러한 해석이 잘못되었다는 것이다. 바라의 어원을 살펴보면 실제 無에서 有로 창조되었다는 의미는 없으며, 有에서 有 즉 이미 있는 것에서 창조가 이루어졌다는 것이다.[26]

창조성과 창의력, 상상력은 문화콘텐츠 분야에서 가장 선호하는 단어이다. 우리는 바로 이러한 단어들이 실현되기 위해서는 팩트(fact), 즉 사실적 스토리텔링에 기초해야 한다. 창조성, 창의력, 상상력은 無에서 출현하는 것이 아니다. 보고 듣고 읽은 것이 있어야 한다. 그것이 팩트와 팩트에 기초한 사실적 스토리텔링의 중요성이다. 바로 이와 관련된 수업론의 정립이 인문콘텐츠의 핵심과제라고 믿는다. 그것도 흔히 인문콘텐츠 연구자가 투자한 것처럼 수십 년 걸려서는 안 된다. 학부 문화콘텐츠학과 과정에서 실현될 수 있는 '압축인문학'이 구현되어야 하는 것이다. 이 점에서 앞에서 언급한 것처럼 전형 제시와 正典의 문제, 데모(Demo)의 제작과 수업론의 문제를 제시해 본 것이다.[27]

인문학 바탕의 문화콘텐츠학과의 최종목표는 문화콘텐츠산업에 기여할 수 있는 핵심인재를 양성하는 것이다. 그러므로 문화콘텐츠산업을 이해해야 하며, 그 산업에서 필요로 하는 제반 기획능력이 있어야 한다. 그리고 이와 관련된 기획수업이 최종목표가 될 것이다. 필자가 지금까지 제시한 것은 그러한 목표를 달성하기 위해서는 진정한 압축인문학이 개발되어 교육되어야 하며, 그것은 팩트에 근거한 인문콘텐츠의 전형 제시

26 여기에 대해서는 히브리어를 전공한 건국대 문화콘텐츠학과 최명덕 명예교수의 교시를 받았음을 밝혀 둔다. 그리고 이에 대해 상세히 밝힌 인터넷 블로그를 참조할 수 있다. 「바라(창조하다)에 대한 오해 그리고 보충설명」, http://cafe.naver.com/solideogloriafaith/4683, SDG개혁신앙연구회.

27 이것이 정립된다면 자신 있게 인문학 바탕의 문화콘텐츠학과에서는 正典 100권을 읽어야 졸업할 수 있다는 선언을 할 수 있게 될 것이다. 이러한 수업론과 교재 편찬과 관련하여 앞으로 활발한 토론을 기대한다.

가 아닐까 하는 점을 밝혔다는 것을 다시 한번 언급하고자 한다.

한국연구재단의 융합 분야 분류

인문콘텐츠학회의 정체성과 관련하여 한국연구재단(www.nrf.re.kr)의 학문분류 중 융합부분의 분류를 검토해 보고자 한다.

먼저 현재 제시되고 있는 한국연구재단 학술연구분야 분류표 중에서 문화콘텐츠 분야와 관련되는 것을 제시하면 다음과 같다.

① 인문학 분류에서 본 경우

〔대분류〕 **인문학**

〔중분류〕 사전학, 역사학, 철학, 종교학, 가톨릭신학, 유교학, 불교학, 언어학, 문학, 한국어와문학, 중국어와문학, 일본어와문학, 기타동양어문학, 영어와문학, 프랑스어와문학, 독일어와문학, 스페인어와문학, 러시아어와문학, 서양고전어와문학, 기타서양어문학, 통역번역학, **기타인문학**

위에서처럼 인문학의 대분류 밑에는 22개의 중분류가 있다. 이 중 일반적으로 문화콘텐츠 분야는 인문학으로 분류될 경우에는 중분류의 기타인문학으로 들어갔다. 학술지 평가에서도 인문콘텐츠학회의 『인문콘텐츠』는 기타인문학 분야 2위 학술지로 선정된 바 있다. 그런데 다른 중분류는 모두 그 이하에 소분류를 다시 두고 있으나, 기타인문학만은 소분류가 없다.

② 복합학 분류에서 본 경우

〔대분류〕 **복합학**

〔중분류〕 과학기술학, 기술정책, 문헌정보학, 여성학, 인지과학, 뇌과학, 감성과학, **학제간연구**

위에서처럼 복합학의 대분류 밑에는 8개의 중분류가 있다. 이 중 일반적으로 문화콘텐츠 분야는 복합학으로 분류될 경우에는 중분류의 학제간연구로 들어갔다. 여기에서도 다른 중분류는 그 밑에 여러 소분류가 다시 있으나, 학제간연구만은 소분류가 없다. 사실상 문화콘텐츠 관련 연구가 모두 학제간연구인 것은 아니다. 그러므로 지금까지는 주로 인문학 바탕의 문화콘텐츠연구, 즉 인문콘텐츠 연구들은 주로 인문학에서 기타 인문학 분야로 배정되어 왔다.

한국연구재단에서는 변화된 학문연구 동향을 고려하여, 정책연구의 일환으로 새로운 인문학 연구분야분류표를 제시하였다.[28] 이 연구에서는 크게 역사/고고학 분야, 철학/종교 분야, 언어학 분야, 문학 분야를 재검토하여 분류하였으며, 새롭게 융복합학 분야를 신설하였다. 본 논의와 관련하여 핵심내용은 융복합학 분야이므로, 그것을 중심으로 소개하고 필자의 의견을 제시하고자 한다. 논의를 전개하기 위하여 신설 분야인 융복합학을 표로 제시하면 다음과 같다.

대분류	중분류	소분류	세분류
융복합학	인문 융합학	인문융합일반	• 인문융합방법론 • 인문, 사회, 자연, 공학, 예술 분야 내 혹은 분야 간 융합학 • 기초교양
		문화학	• 문화학이론 • 지역문화학(한국문화, 중국문화, 일본문화, 영미문화, 프랑스문화, 독일문화, 스페인중남미문화, 러시아문화, 달리 분류되지 않는 동서양 고전문화, 달리 분류되지 않는 기타 동서양문화)

28 김혜숙 외, 『융합시대 인문학 연구분야분류표 재설계를 통한 지원사업 효율화 방안연구』, 한국연구재단, 2014. 이 연구는 2014년 1월 24일에 전문가 간담회를 실시하여 의견수렴을 한 바 있다.

융복합학	인문 융합학	실천인문학	• 인문치료학 • 인문의학 • 실천윤리
		디지털인문학	• 디지털문학 • 디지털콘텐츠학 • 디지털역사학
		기타 인문융합학	• 달리 분류되지 않는 인문융합학

먼저 대분류 융복합학 밑에 중분류로 인문융합학을 설정하였다. 보고서에서는 융합에 대한 시대적 요구를 반영할 필요가 있으며, 인문학 또한 매체 상황의 급격한 변화, 의사 전달 수단의 다양화 속에서 많은 변화를 겪게 될 것으로 보임에 따라, 이를 반영할 분류체계로서 중분류 인문융합학을 신설하기로 했다고 밝히고 있다.

소분류는 5개가 있는데, 먼저 인문융합일반은 인문융합방법론, 인문·사회·자연·공학·예술 분야 내 또는 분야 간 융합학, 기초교양 등을 포괄하고 있다. 문화학은 지금까지 주로 문화인류학, 사회학 내의 학문 범주로 간주되어 왔으나 인문학적 관점에서 문화를 보는 일이 매우 중요해지고 있음에 따라, 이러한 시대적인 변화를 반영하여 소분류로서 문화학을 신설하였다. 그 하위 분야로서는 문화학이론과 지역문화학(한국문화, 중국문화, 일본문화, 영미문화, 프랑스문화, 독일문화, 스페인중남미문화, 러시아문화, 달리 분류되지 않는 동서양 고전문화, 달리 분류되지 않는 기타 동서양문화)을 포함하였다. 실천인문학은 오늘날 대중인문학에 대한 수요가 급증하고 있는 것에서 볼 수 있듯이 실천적, 실용적 차원에서 인문학은 많은 가능성을 지니고 있는 학문 영역이라고 판단하였다. 따라서 인문학의 발전을 위해서나, 인문학이 애초 배태된 그 정신에 충실하기 위해서도 실천인문학은 독립된 영역으로 설정될 필요가 있다고 판단하였고, 여기에는 인문치료학, 인문의학, 실천윤리 등을 포괄하였다.

다음의 2개의 소분류가 문화콘텐츠 분야와 직결된다. 디지털인문학은 영상적 사유가 갖는 합리성이 기존의 문자적 합리성과 어떻게 다른

지, 영상과 이미지 세계의 감각적 경험의 구조와 논리가 무엇인지를 탐구하고 디지털 글쓰기의 문법과 의미론을 탐색하고자 설정하였다. 또한 시각과 청각 수단을 활용한 디지털 글쓰기는 문학, 철학, 역사 등 모든 인문학 분야에 지대한 영향을 미치고 있다고 할 수 있다. 이에 소분류 디지털인문학의 하위 분야로서 디지털문학, 디지털콘텐츠학, 디지털역사학을 신설하였다. 다음으로 기타 인문융합학을 두어 달리 분류되지 않는 인문융합학을 포괄하도록 했다.[29]

위와 같은 설정은 기본적으로 타당하다고 판단된다. 문화콘텐츠 분야라고 하더라도 인문콘텐츠의 관점에서 제시되는 글들은 기본적으로 인문융합학의 성격을 갖는다. 따라서 이 분야의 신설은 바람직한 것이다. 혹시 일부에서는 문화콘텐츠 혹은 인문콘텐츠라는 용어가 사용되지 않은 것을 아쉬워할지도 모르겠다. 그러나 문화콘텐츠 분야는 실로 다양하며, 본 학회에서 추구하는 문화콘텐츠의 주된 영역은 인문학과 결합된 문화콘텐츠이므로, 디지털인문학 혹은 기타 인문융합학에 전부 포괄될 수 있으므로 문제될 것이 없다고 본다.[30] 또한 인문콘텐츠라는 용어는 지향하는 목표인 것이므로, 디지털인문학 혹은 그 하위 분야로서 디지털문학, 디지털콘텐츠학, 디지털역사학에 포괄되어도 문제될 것이 없다고 생각한다. 그리고 다소 분류가 애매한 경우에는 기타 인문융합학이 있으므

29 이상은·김혜숙 외, 위의 책에 제시된 내용을 요약하여 설명한 것이다.

30 박상천 교수는 문화콘텐츠의 학문영역을 검토하는 글에서 문화콘텐츠학을 복합학 아래에 두는 것이 가장 바람직하다는 의견을 제시한 바 있다(박상천, 「문화콘텐츠의 학문 영역과 연구 분야 설정에 관한 연구」, 『인문콘텐츠』 10, 2007, 79-81쪽). 한국연구재단의 분류가 다분히 인문콘텐츠로서의 문화콘텐츠를 담고 있는 것이라면, 박상천 교수의 주장은 문화콘텐츠를 인문학에 두지 않고 따로 떼어 독립시키는 것이라고 할 수 있다. 이 주장은 모든 문화콘텐츠 분야를 포괄한다는 점, 그리고 '문화콘텐츠학'이라는 용어를 쓸 수 있다는 점에서 유효한 주장일 수도 있다. 반면 한국연구재단의 새로운 분류는 '문화콘텐츠'라는 용어는 사용하지 않았지만, 인문콘텐츠 차원의 연구를 효과적으로 담아내고 있다는 장점이 있다고 할 수 있다. 필자는 인문콘텐츠의 차원에서 후자가 더 유효하다고 보고 있다. 그러나 박상천 교수의 주장이 더 타당하다고 생각할 수도 있는데, 그렇다고 하더라도 현재 상황에서는 두 가지의 어려움이 있다. 하나는 이번 새로운 분류연구는 인문학 분야에 한정된 것이었다는 점이다. 다른 하나는 박상천 교수의 주장이 관철되기 위해서는 앞에서 언급한 1,325개에 달하는 문화콘텐츠 관련학과의 의견이 전부 조율되어야 한다.

로 그 분야에서 해결이 가능할 것이다.

최근 국가적 차원에서 연구지원사업이 활발히 전개되고 있다. 대학원 대상의 BK21플러스사업, 학부 대상의 CK-II 지원사업이 대표적이며, 그 외에도 토대연구 및 공동연구로서 융복합연구지원사업이 많이 진행되고 있다. 인문콘텐츠 분야 연구자들이 서로 협력하여 이러한 연구지원사업에 적극 대응할 필요가 있을 것이다. 특히 작년 하반기에 있었던 BK21플러스사업 중 '특화전문인재양성사업'에서는 문화콘텐츠 분야가 적시됨으로써, 전국에서 문화콘텐츠라는 용어를 내세운 사업단이 다수 선정되었다. 그것을 제시하면 다음과 같다.

- 건국대학교: 융합커뮤니케이션 및 문화콘텐츠 특화전문인재양성사업단
- 경북대학교: 신동북아시대 러시아·유라시아 문화콘텐츠 개발 및 교육전문인력양성사업단
- 경상대학교: 문화융복합 비즈니스모델 개발인력양성사업단
- 동서대학교: ICT 기반 문화콘텐츠 전문인력양성사업단
- 서울과학기술대: 창조가치선도를 위한 과학기술·문화콘텐츠기반 컨버전스형 심화교육시스템 사업단
- 영남대학교: 글로벌 동아시아 문화콘텐츠 전문인재양성사업단
- 한국해양대학교: 해양문화콘텐츠 융복합전문인력 양성사업단
- 한양대학교(ERICA): 글로벌 문화콘텐츠 시장선도 창의인재 양성사업단

필자가 이것을 언급하는 것은 '문화콘텐츠'를 내세운 위의 연구단들의 협력체가 구성될 필요가 있으며, 또한 인문콘텐츠학회와의 밀접한 교류를 통하여 인문콘텐츠 전반의 질적 향상 및 후속세대 양성의 계기로 삼아야 한다는 점을 지적하고자 함이다. 물론 위의 연구단이 전부 인문콘텐츠의 입장에서 기획된 것은 아닐 수 있으나, 어떤 분야의 문화콘텐츠라고 하더라도 인문콘텐츠의 관점에서의 접근을 회피하지는 않을 것이다.

화려함 속에 숨겨진 위기의 그림자

지금 문화콘텐츠 분야는 전성시대인가? 그중에서도 인문학에 바탕을 둔 문화콘텐츠 분야는 어떠한가? 이 질문에 대하여 각자 평가가 다를 수 있을 것이다. 일단 외형적으로는 전성기로 보인다. 앞에서 언급한 것처럼 국가에서는 문화콘텐츠 분야를 신성장동력산업, 고부가가치 특화분야로 설정하여 많은 지원을 하고 있다. 인문학 바탕의 문화콘텐츠학과의 경우, 대체로 어떤 대학이라고 하더라도 입시경쟁률이 가장 치열한 학과로 자리매김되고 있다.

그러나 인문학 바탕의 문화콘텐츠학과의 경우 앞에서 제기한 것처럼 과연 학생들을 올바르게 교육하고 있는 것인가? 인문콘텐츠학회는 그 취지에 걸맞게 올바른 방향으로 진전되고 있는 것인가? 교육받은 학생들은 문화콘텐츠산업에 있어 중요한 역할을 담당할 수 있을 만큼 성장되었는가? 이러한 질문에 봉착하였을 때에 자신 있게 대답할 수 있는 사람은 많지 않을 것이다.

필자는 다시 한번 강조하고 싶다. 인문콘텐츠의 전형을 제시하고 그것을 수업론에 적용한 교육을 시행하지 못할 경우, 현재의 문화콘텐츠학과는 어쩌면 콘텐츠는 하나도 없는 학생을 배출하는 '싸구려학과', 실제로는 기능과 실무를 교육시키는 전문대학 수준의 학과로 전락할지도 모른다.[31]

---

31 필자는 예전 글에서 인문학 바탕의 독립된 문화콘텐츠학과는 서울 지역에 3~4개, 광역시나 각 도에서는 하나 정도씩만 있으면 된다고 밝힌 바 있다. 이러한 주장의 배경에는 기존의 文史哲 학과들이 콘텐츠 교과목을 보완한다면, 그러한 학과들도 전부 문화콘텐츠 유관학과가 되며, 또한 문화콘텐츠 연계전공의 형태도 전부 문화콘텐츠의 외연을 형성한다는 전제에서 주장된 것이다. 이러한 배경 속에서 독립된 문화콘텐츠학과는 많을 필요가 없다는 점을 제시한 것이다(김기덕, 「문화콘텐츠의 등장과 인문학의 역할」, 『인문콘텐츠』 28, 2013, 24-25쪽). 그런데 이러한 주장에 대해 놀랍다는 반응이 있는 것으로 알고 있다. 글로 제시된 것은 다음을 참조할 수 있다(임영상, 「인문학과 문화콘텐츠, 문화콘텐츠학은 어디로?」, 『인문콘텐츠의 사회적 공헌』, 북코리아, 2013). 아마도 독립된 문화콘텐츠학과가 많으면 많을수록 좋다고 하지 않은 것이 문제라고 생각하는 분들도 있을 것이다. 필자의 의도는 위에서 언급한 것처럼 많은 문화콘텐츠 유관학과의 존재가 필요하며, 그러한 배경 속에서 독립된 문화콘텐츠학과는 인문학을 이해하고 그 바탕 위에서 문화콘텐츠 기획을

끝으로 필자가 좋아하는 속담으로 끝을 맺고자 한다. 우리 속담에 '콩 심은 데 콩 나고, 팥 심은 데 팥 난다'는 말이 있다. 이 속담은 정말 맞다. 심지 않으면 나지 않기 때문이다. 이 점을 강조하기 위하여 항상 필자는 '콩을 심어야 콩이 나고, 팥을 심어야 팥이 난다'로 표현하곤 한다. 과연 우리는 인문학과 문화콘텐츠의 상생적 결합과 그 결과로서의 수확을 위해 얼마나 콩을 심고 팥을 심었는가? 인문콘텐츠학회의 지난 10년은 심은 만큼 거두어 들였다고 할 수 있다. 그 결과 새로운 문화콘텐츠학과도 신설되고, 학회도 많이 성장하였다. 그러나 이제 새로운 10년을 위해 다시 콩을 심고 팥을 심어야 한다. 외람되지만 필자가 보기에 현재의 상황은 새로운 콩과 팥을 심는 데에 있어 기존 수준의 매너리즘에 빠져 있는 것은 아닌가 하는 우려를 갖고 있다. 이러한 추세라면 새로운 10년은 별다르게 심지 않았기 때문에 수확할 것이 없는 상황이 올지도 모른다.

과연 우리는 어떠한 콩과 팥을 심고 있는가? 이러한 걱정에 잠이 오지 않아야 하는 것은 아닐까? 그렇지 않고 현재의 果實만을 만끽한다면 지난 10년의 효과는 바로 증발되고 말 것이다. 인문콘텐츠학회 회원 모두의 치열한 고민과 토론, 협력과 대응을 통하여, 새로운 미래의 결실을 위한 콩과 팥을 힘차게 심는 하루하루가 되기를 희망한다.[32]

수행해야 하기 때문에, 그야말로 戰士 교육이 되어야 한다는 점에서 주장된 것임을 본 글의 논지와 관련하여 다시 한번 언급해 두고자 한다.

32 교과과정 위주의 분석이 아니라, 본 글에서 제기한 것처럼 인문학 바탕의 문화콘텐츠학과가 나아가야 할 방향에 대한 검토는 다음과 같이 이전에도 이미 있었다. 그러나 본 글에서는 이러한 글들에 대해 많이 언급하지 않았다. 본 글이 담론 위주의 문제제기형 서술이었기 때문이다. 본 글의 문제의식과 관련하여 함께 一讀을 권한다. 김기덕, 「콘텐츠의 개념과 인문콘텐츠」, 『인문콘텐츠』 창간호, 2003; 박기수, 「문화콘텐츠교육의 현황과 전망」, 『국제어문』 37, 2006; 박기수, 「한국문화콘텐츠학의 현황과 전망」, 『대중서사연구』 16, 2006; 정창권, 앞의 글; 박상천, 「문화콘텐츠 개념 정립을 위한 시론」, 『한국언어문화』 33, 2007; 이기상, 「문화콘텐츠 학의 이념과 방향」, 『인문콘텐츠』 23, 2011. 한편 본 글의 제목과 같은 다음의 책도 참고될 수 있다. 김영순·김현 외, 『인문학과 문화콘텐츠』, 다할미디어, 2006.

4 문화콘텐츠의 핵심 원천으로서의 역사학

머리말

디지털기술 및 그로부터 전개된 정보화시대에 있어 역사학은 다른 분야와 마찬가지로 새로운 변화를 요구받고 있다. 본 글에서는 현 시점에서의 역사학의 새로운 변화의 모든 측면을 검토하고자 하는 것은 아니다. 최근 10여 년전부터 문화콘텐츠·디지털인문학이라는 용어가 역사학에도 많은 영향을 주고 있다. 본 글은 그러한 현실에서 이러한 새로운 용어가 갖는 의미를 검토함으로써, 역사학의 새로운 방향의 일면을 제시해 보고자 하는 것이다.

현재의 정보화사회는 비록 전자 정보로 유통되는 오늘날의 사회 현실을 일컫는 것이지만, 정보화의 기본적인 어휘가 갖는 의미는 사실 역사학의 기본 성격이었다고 할 수 있다. 역사학은 일찍부터 史料를 생산하였고, 그것을 모았으며, 다시 그것을 분류하고 평가했으며, 종국에는 후대에 참고할 수 있도록 편찬하였다. 방대한 『四庫全書』나 『조선왕조실록』에서 잘 드러나듯이, 인류 역사상 가장 먼저 일종의 데이터베이스를 구현해 왔던 것은 바로 역사학이었다.[1]

---

* 출전: 김기덕·이병민, 「문화콘텐츠의 핵심원천으로서의 역사학」, 『역사학보』 224, 2014.

1 김기덕, 「정보화시대의 역사학: '영상역사학'을 제창한다」, 『역사교육』 75, 2000, 25쪽.

그러나 현재의 역사학계에서는 정보화 문제 및 거기에서 더 나아가는 문화콘텐츠로의 활용차원에 있어서는, 아직 생소하게 인식되고 있다고 보아야 할 것이다. 물론 외형적으로는 많은 변화가 진행되기도 하였다. 2014년에 있었던 교육과학기술부의 학과 특성화 지원사업에서 상명대학교, 선문대학교, 제주대학교 등이 역사학과 문화콘텐츠를 접목한 사업안을 제출하여 선정되었으며, 그 결과 이 학과들은 역사학과 문화콘텐츠학의 접목을 본격적으로 지향하게 되었다.

디지털기술과 인문학을 결합한 새로운 경향을 서구에서는 '디지털인문학'이라고 명명하고 현재 활발하게 전개되고 있다. 2014년 7월 스위스 로잔대학에서 개최된 '2014 세계디지털인문학' 학술대회에서는 총 223편의 논문발표와 115편의 포스터발표가 있었고, 학술대회 참여자 명단에는 총 873명의 저자들이 단독 혹은 공동으로 이름을 올렸다. 이중 참가자들의 전공을 명확히 알 수 있는 워크숍 세션을 보면, 발표자 중 80% 이상이 인문학 전공자들이었으며, 그중에서는 문학 전공자들이 가장 많았고 그 다음은 역사학이었다.[2]

이제 역사학이 디지털기술과 적극적으로 접목되어야 하는 현실은 점점 급속하게 진행될 것이다. 디지털시대의 역사학은 다양한 차원에서 검토가 필요할 것이지만, 본 글에서는 서구의 디지털인문학과 한국의 문화콘텐츠 분야와의 연관성 속에서 역사학의 문제를 천착해 보았다. 그 결과 역사학은 현대의 디지털인문학이나 문화콘텐츠 분야에서의 다양한 활용 측면에 있어서도, 역시 핵심 원천이 된다는 점을 강조해 보고자 하였다.

---

2 로잔에서 개최된 2014세계디지털인문학 학술대회 전반에 대해서는 다음을 참조. 홍정욱·김기덕, 「2014 세계디지털인문학 학술대회 및 한국의 디지털인문학」, 『인문콘텐츠』 34, 2014.

문화콘텐츠의 개념과 인문학 관련 학과의 관계

먼저 문화콘텐츠라는 개념을 역사학을 포함한 제반 인문학과의 관계 속에서 검토해 보고자 한다.[3] 문화콘텐츠라는 개념은 한국에서 2000년 이후 출현하였다. 그러나 영어로 그 용어를 어떻게 표현할 것인가부터 문제될 정도로, 문화콘텐츠라는 표현은 생소한 한국적 용어였다고 할 수 있다. 이 용어의 기폭제 역할을 했던 국가기관 '한국문화콘텐츠진흥원'은 2000년에 출범하면서, 영문명을 'Korea Culture & Contents Agency'라고 표기하였다. 이 표현에서는 문화와 콘텐츠라는 용어가 합성되어 표현되지 못하였다. 그러나 그 이후 문화와 콘텐츠가 합쳐진 문화콘텐츠라는 표현이 유행하게 되면서, 'Culture Contents' 혹은 'Cultural Contents'라는 용어가 등장하였다. 문화콘텐츠라는 용어는 분명히 한국에서 창출된 造語이지만, 현재는 국제적으로도 어느 정도 통용되고 있다. 여기에 더해 한국에서는 IT(Information Technology)와 구별하여 CT(Culture Technology)라는 용어도 창출되었다. 흔히 '문화기술', 또는 '문화콘텐츠기술'로 표현되는 CT라는 용어도 지극히 한국적인 표현이지만, 역시 현재는 국제적으로 통용되고 있기도 하다.

기본적으로 한국을 제외하고 전 세계적으로는 '문화콘텐츠'라는 표현은 거의 사용되지 않고 있다. 일본은 부분적으로 사용하고 있으며, 중국의 경우는 한국의 영향을 받아 문화콘텐츠산업을 '文化內容産業' 혹은 '文化創意産業'으로 표현하고 있다.[4]

문화콘텐츠라는 개념은 여러 각도에서 좀더 검토가 필요하지만, 문자 그대로 하자면 문화적 내용물이 될 것이다. 즉 새로운 디지털시대에 등장한 다양한 매체에 들어가는 문화적 내용물이 된다. 좀더 구체적으로는 디지털기술에 입각한 지식정보화에 들어가는 내용물에서부터 모바

---

3 이 점에 대한 검토는 이 분야에 관심이 있던 분들에게는 다분히 상식적인 차원일 수도 있다. 그러나 전체 역사학계를 대상으로 본 글의 논지를 전개함에 있어, 출현 배경에 대한 설명이 다소 필요하다고 판단하여 간략히 설명하였음을 밝힌다.

4 이동배, 「중국의 문화정책 소고」, 『문화콘텐츠 연구』 2, 207-212쪽.

일, 게임, 애니메이션, 방송, 영화 등에 들어가는 내용물까지 포함된다. 물론 용어의 출발은 디지털기술에 의한 새로운 매체의 등장과 함께 나타난 것이지만, 오늘날은 디지털기술과 관련없는 문화적 내용물도 문화콘텐츠라고 총칭하여 부르고 있다.[5]

그런데 많은 매체에 들어가는 내용물 중에서 특별히 '문화'라는 표현을 써서 문화콘텐츠라고 한 것 때문에 다소 오해가 있을 수 있다. 이 용어의 출현과 함께 관련 사업을 추진한 부서가 문화체육관광부였기에 모든 콘텐츠 중에서 문화를 특화하여 문화콘텐츠라고 했다고 유추하기도 한다. 또는 21세기는 이른바 문화의 시대이며, 특히 새로운 매체에 들어가는 내용물은 대부분이 대중적인 문화상품과 관련되므로 모든 콘텐츠의 대표성으로서 문화를 선택하여 문화콘텐츠라고 명명했다고 이해하고 있다.

이처럼 문화콘텐츠라는 용어는 아직도 불분명한 점은 분명히 존재하지만, 그간 10여 년 동안 너무나 유행하였으며 더욱이 다음에 설명하듯이 이러한 문화콘텐츠 분야는 인문학과 밀접한 관련이 있다는 인식이 확산되면서, 현재는 인문학의 확장의 한 분야로서 어느 정도 자연스럽게 받아들여지고 있다고 할 수 있다.[6]

이 문제가 쉽지 않은 것은 서구에서는 문화콘텐츠라는 표현은 등장하지 않았으며, 인문학과 디지털기술의 결합으로서 '디지털인문학'이라는 흐름이 대두되었기 때문이다. 반면 한국에서는 디지털인문학이라는 표현은 거의 사용되지 않았다. 그러므로 새로운 흐름에 대한 개념 정립

5 문화콘텐츠의 개념에 대해서는 다음을 참조. 김기덕, 「문화콘텐츠의 등장과 인문학의 역할」, 『인문콘텐츠』 28, 18-21쪽. 한편 김기덕과 다소 다른 방향에서 이 개념을 설명하기도 하는데, 이 점에 대해서는 다음을 참조. 박상천, 「문화콘텐츠 개념 정립을 위한 시론」, 『한국언어문화』 33, 2007.

6 물론 한국에서 출현한 문화콘텐츠라는 용어의 다소 불분명한 측면과 함께, 과연 인문학의 확산으로서 문화콘텐츠라는 분야가 의미가 있는 것인가 하는 점에서 부정적인 연구자도 많이 존재하고 있는 것이 현실이다. 이 점에 대한 논쟁과 더 이상의 서술은 본 글의 문제의식에서 벗어날 것이다. 지속적으로 이러한 점은 계속 치열하게 전개되어야 할 것이나, 본 글에서는 인문학 특히 역사학의 확장으로서 문화콘텐츠 분야가 의미가 있다고 보고, 그러한 관점에서 역사학과 문화콘텐츠의 결합 양상을 제시해 보고자 한다.

및 그것의 학문적 효용을 검토함에 있어 당연히 많은 혼선과 논쟁을 발생시킬 수 있는 여지는 처음부터 있었다고 할 수 있다. 물론 한국에서도 디지털인문학이라는 표현을 전혀 사용하지 않은 것은 아니다. 서구의 개념과 완전히 일치하는 것은 아니지만 이미 2001년에 디지털시대의 인문학을 고민하면서 디지털인문학이라는 용어를 사용한 바 있다. 예를 들어 조지형은 정보화 환경에서 인문학이 나아가야 하는 하나의 방향으로 '디지털인문학'이라는 표현을 사용하였으며,[7] 박찬길은 한국연구재단의 지원을 받아 디지털인문학 과목개발 연구를 수행하기도 하였다.[8] 이어서 최근에는 서구의 디지털인문학 현황을 활발하게 소개하면서 한국의 인문학이 나아갈 방향을 제시하는 연구들이 제출되었다.[9]

다음 장에서 좀더 살펴볼 것이지만, 연구범주의 차원에서 보자면 한국의 문화콘텐츠는 서구의 디지털인문학을 전부 포괄하고 있다고 할 수 있다. 물론 방법론과 수행 주체라는 관점에서 보면 한국의 문화콘텐츠 분야는 서구의 디지털인문학을 온전히 담고 있지는 못한 실정이다. 이 점과 관련된 좀더 자세한 검토는 다음 장에서 전개하고자 하며, 본 장에서는 이제 한국에서 출현한 문화콘텐츠라는 개념이 한국대학의 인문학 관련학과에서 어떻게 전개되었는가 하는 점을 추적해 보고자 한다.

문화콘텐츠 개념의 출현과 함께 한국에서는 관련 학회 및 학과가 설립되었다. 이것은 역사학의 진로와 밀접히 관련되므로 좀더 언급해 보고자 한다. 먼저 재미있는 것은 한국콘텐츠진흥원에서 조사한 문화콘텐

7 조지형, 「인문학의 위기와 디지털인문학」, 『디지털시대의 인문학, 무엇을 할 것인가』, 사회평론, 2001.

8 박찬길, 『디지털인문학 과목개발 연구』, 한국연구재단 연구과제 보고서, 2005.

9 최희수, 「디지털 인문학의 현황과 과제」, 『소통과 인문학』 13, 한성대 인문과학연구원, 2011; 한동현, 「문화콘텐츠학의 새로운 포지셔닝: 디지털인문학」, 『한국문예비평연구』 40, 한국현대문예비평학회, 2013; 김현, 「디지털 인문학: 인문학과 문화콘텐츠의 상생 구도에 관한 구상」, 『인문콘텐츠』 29, 인문콘텐츠학회, 2013; 김현·김바로, 「미국 인문학재단(NEH)의 디지털인문학 육성 사업」, 『인문콘텐츠』 34, 인문콘텐츠학회, 2014; 김동윤, 「프랑스 디지털인문학의 인문학적 맥락과 동향」, 『인문콘텐츠』 34, 인문콘텐츠학회, 2014; 김바로, 「해외 디지털인문학 동향」, 『인문콘텐츠』 33, 인문콘텐츠학회, 2014.

츠 관련 학과는 전국적으로 1,325개로 조사된 바 있다.[10] 크게 장르별로는 애니메이션, 만화, 캐릭터, 음악, 게임, 영화, 방송 등이 포괄되었으며, 2년제와 3년제 대학과 대학원까지를 포함한 숫자이다. 이 중 4년제 대학교만은 598개로 조사되었다. 물론 이 중 文史哲 위주의 인문학 전통 학과는 들어가 있지 않다. 아마도 문화콘텐츠 관련학과가 이렇게 많다고 하면 모두가 놀랄 것이다. 이 점이 시사해 주는 바는 크게 두 가지이다. 하나는 문화콘텐츠라는 범주는 대단히 넓으며, 그에 따라 다양한 방향에서 접근할 수 있다는 점이다. 또 다른 하나는 인문학 관련 학과에서 논의되는 문화콘텐츠라는 범주는 전체 문화콘텐츠 분야에서 일부분을 차지하고 있다는 점이다. 본 글의 논의와 관련하여 필자는 후자의 측면을 정확히 인식하는 것이 중요하다고 강조하고자 한다.

2000년부터 일단의 문사철 관련학과 전공자들은 인문학의 위기를 타개할 방책으로 새로운 문화콘텐츠 분야에 주목하였다. 즉 문화콘텐츠라는 분야를 올바르게 추구하기 위해서는 무엇보다 인문학적 원천자료와 그것의 맥락적(context) 이해가 필요하며, 특히 그것은 문화콘텐츠 기획 분야에 커다란 효용이 있을 것이라고 판단하였다. 여기에 동의하는 연구자들이 2002년 10월 '인문콘텐츠학회'를 결성하였다. 그리고 더 나아가 일부에서는 전통적인 문사철 관련학과에서 독립하거나 학과명을 개칭하여 '문화콘텐츠학과'를 만들었다. 문화콘텐츠 분야는 앞에서 언급한 것처럼 다양한 분야를 포괄하며 그에 따라 전국적으로 엄청나게 많은 학과가 있다. 그러나 그 학과들은 문화콘텐츠라는 새로운 분야가 출현했다고 하여 학과 이름을 새롭게 명명할 필요는 없었으나, 전통적인 인문학 바탕에서 출발하여 문화콘텐츠 분야로의 확산을 지향한 학과들은 그렇지 않았다. 새로운 학과 이름이 필요했던 것이다. 그리고 이러한 경우에 가장 보편적인 용어인 문화콘텐츠라는 용어를 가져와 전부 문화콘텐츠학과라고 명명한 것이다. 그러므로 전국적으로 20여 개 정도가 있는

---

10 전반적인 현황에 대해서는 다음을 참조. 한국콘텐츠진흥원, 『2008 문화콘텐츠 교육기관 현황조사』, 2009. 한국문화콘텐츠진흥원은 2009년 한국게임산업진흥원과 한국방송영상산업진흥원이 합쳐져 한국콘텐츠진흥원으로 개칭되었다.

문화콘텐츠학과는 기본적으로 인문학에 바탕을 두고서 다양한 인문학을 활용하여 문화산업과 접목한다는 공통점을 갖고 있다는 점에서, 실제로는 인문콘텐츠학과의 성격을 갖는다고 할 수 있다.[11]

현 시점에서 인문학의 확장으로서의 문화콘텐츠 분야를 긍정적으로 평가한다면,[12] 그것이 발현되는 방식은 다음과 같이 세 가지의 형태가 있을 수 있다.

① 기존 인문학 관련학과에서 문화콘텐츠 교과목을 부분적으로 보완하는 방법

② 인문학 관련학과들이 협력하여 '문화콘텐츠 연계전공'을 운영하는 방법

③ 인문학 관련학과 중 필요에 의해 '문화콘텐츠학과'를 독립학과로 운영하는 방법

이 중 필자의 경험으로는 ③은 대단히 어려운 과정이라고 할 수 있다. 실제 학교의 구조조정이 동반되어야 할 뿐만 아니라, 교수진 확충 및 새로운 교과목과 수업론이 전면적으로 개발되어야 하므로 성공가능성이 결코 쉽지 않다고 할 수 있다.[13] 현실적으로는 일찍부터 여러 대학에

11 인문콘텐츠학회 학회 10주년을 맞이하여 학회의 전과정을 기록하고 새로운 지향점을 모색하는 기념호를 발간한 바 있다. 문화콘텐츠의 출현과 인문콘텐츠학회의 역할, 관련 문화콘텐츠학과 등의 문제에 대해서는 이 기념호를 참조할 수 있다.

12 만약 역사학을 포함하여 전통적인 인문학의 역할과 확산으로서의 문화콘텐츠 분야를 부정한다면 이 논의는 의미가 없을 것이다. 이 점에 대한 논쟁은 또 다른 지면이 필요할 것이다. 본 글에서는 긍정적인 시각으로 전개되었을 경우를 상정하여 논의를 전개하는 자리이므로, 이에 대한 논쟁은 생략하고자 한다. 본 글은 〈역사학과 ICT의 융합 모색: 한국 역사학의 미래 탐색〉이라는 역사학회 2014년 하반기 학술대회에서 발표된 것을 수정 보완한 글임을 감안할 필요가 있을 것이다.

13 새롭게 인문학 바탕의 문화콘텐츠학과의 신설이 진정 인문학의 확장으로서의 역할을 수행하고 있는지 여부는 아직 검증되지 못하였다. 그것은 무엇보다 새로운 학과의 연륜이 아직 얼마되지 않았기 때문이다. 그런데 이 방식은 학교의 구조조정이 수반되어야 하는 것이므로 대단히 논란이 많은 방식이다. 이 방식의 유효성은 차후 인문학 바탕의 문화콘텐츠학과에서 배출한 인력들이 진정 문화콘텐츠산업에 기여하였다는 확신을 사회에 인식시킬 수 있는가의 여부에 달려 있다고 필자는 생각하고 있다.

서 ②의 형태가 시도되었다. 이것의 성공 여부는 무엇보다 관련학과들의 유기적인 협조체계라고 할 수 있다. 그런 점에서 이것도 실제로는 한국의 대학 현실에서 만들기도 쉽지 않지만 성공하기도 쉽지 않다고 할 수 있다. ②③에 비해 변화 강도가 낮으면서 한 학과가 의지를 가지면 시행될 수 있다는 점에서 ①의 형태는 가장 현실성이 높다고 할 수 있다. 필자는 현재의 전통적인 인문학 관련 학과들이 ①의 형태를 시도함으로써 기본적으로 凡문화콘텐츠학과의 성격을 가질 것을 주장한 바 있다.[14] 이러한 세 가지 방식을 그림으로 제시하면 다음과 같다.

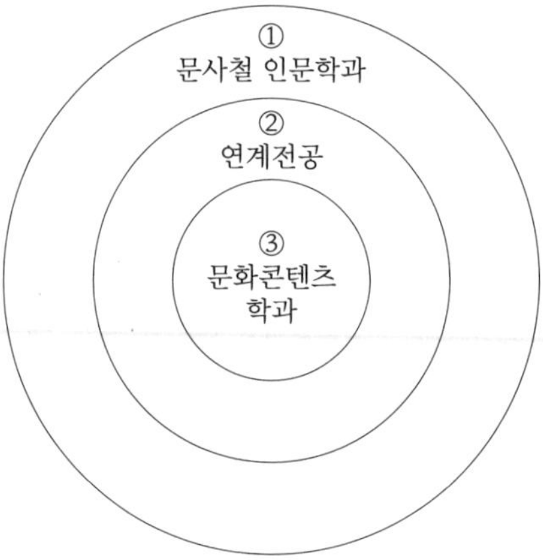

〈그림 1〉 凡문화콘텐츠학과

앞서 언급한 것처럼 문사철 인문학과들이 필요한 범위에서 문화콘텐츠 분야 과목을 몇 과목씩 보완한다면 크게 보아 모두가 인문학 바탕의 凡문화콘텐츠학과가 될 수 있다. 예를 들어 국문학과는 스토리텔링 및 방송영상문학, 사학과는 영상역사학 및 헤리티지영상과 같이 기존 전통적인 학과 교과목 외에 자신의 학과와 관련 깊은 문화콘텐츠 교과목을 개발하여 보완한다면, 그것이 바로 문화콘텐츠 연계전공과 같은 효과를

14 이 점에 대해서는 다음을 참조. 김기덕, 「문화콘텐츠의 등장과 인문학의 역할」, 『인문콘텐츠』 28, 인문콘텐츠학회, 2013.

갖게 되는 것이라고 할 수 있다.[15]

필자는 ②나 ③의 형태가 과연 필요할 것인가 하는 점에서는 논쟁이 있을 수 있다고 보고 있다. 순수 인문학을 강조할 경우, 문과대학 내에 ②나 ③의 응용 분야를 반대하는 논리도 충분히 정당성이 있기 때문이다. 특히 ②나 ③과 같은 시도는 자칫 학교의 구조조정과 맞물린다는 점에서 조심할 필요도 있을 것이다. 그러나 최소한 ①의 형태는 한국의 모든 인문학 관련 학과들이 관심을 가져야 한다고 주장하고자 한다. 이제 '디지털'이라는 화두는 거부할 수 없는 현실이 되었다. 인문학은 디지털기술을 활용하여 그 영역을 확장할 임무가 새롭게 주어졌다고 보아야 할 것이다. 비록 그 구체적인 방향에 있어서는 많은 논의가 필요하겠지만, 최소한 이러한 현실을 거부하는 것은 온당하지 않을 것이다. 다음 장에서 좀더 언급하겠지만, 한국에서 도출된 문화콘텐츠 분야까지는 아닐지라도 최소한 서구에서 제기되고 있는 디지털인문학 차원까지는 모색될 필요가 있다. 디지털인문학이란 디지털기술을 활용한 원천자료의 맥락화가 핵심 요체가 된다. 따라서 이 수준에 도달한 것들도 크게 보면 문화콘텐츠의 범주에 속한다고 할 수 있으므로, 전부 凡문화콘텐츠학과라고 할 수 있을 것이다.

역사학과 문화콘텐츠의 총론적 이해

먼저 디지털인문학과 문화콘텐츠의 관계를 정리해 본 후에, 역사학과 문화콘텐츠의 총론적 이해를 시도하고자 한다. 디지털인문학과 문화콘텐츠의 관계는 다음과 같이 표현할 수 있다.

앞서 언급한 것처럼 문화콘텐츠의 범주는 대단히 넓지만, 기본적으로는 인문학적 원천자료에서 소재를 찾고 그것에 상상력을 더하여 전개

15 전통적인 인문학 학과들이 콘텐츠 교과목을 보완한 현황 및 방법에 대해서는 다음을 참조. 김기덕, 「전통적인 인문학 관련학과에 있어서 '콘텐츠 교과목'의 보완: 역사학 관련학과의 사례를 중심으로」, 『인문콘텐츠』 2, 인문콘텐츠학회, 2003.

된다는 점에서 인문학의 원천자료가 핵심이 된다.[16] 한국에서 출현한 문화콘텐츠 분야는 기본적으로 서구의 디지털인문학의 문제의식 자체는 전부 포괄하고 있었다.[17] 따라서 일단 한국의 문화콘텐츠는 서구의 디지털인문학을 포괄하는 것으로 설정할 수 있다.

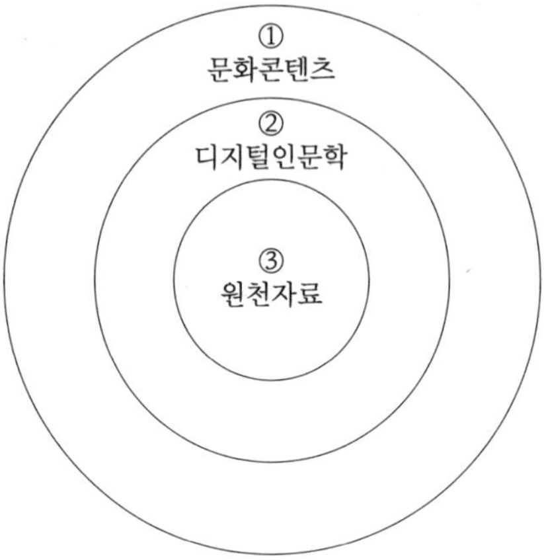

〈그림 2〉 디지털인문학과 문화콘텐츠의 관계

한국에서 시도된 문화콘텐츠 분야는 원천자료의 이해와 맥락화를 통한 시각화, 그것에서 더 나아가 산업화를 추구하였다. 이러한 시도는 대단히 선진적이었다고 평가할 수 있으나, 산업화라는 다소 성급한 목표가 설정되어, 실제로 원천자료의 정밀한 DB화 및 맥락화가 부실하게 전개되었다는 한계가 있다. 그 결과 당초 목표로 한 산업화에 있어서도 많은 한계를 드러냈다고 할 수 있다. 이렇게 된 또 다른 이유 중의 하나는

16 현대의 문화콘텐츠산업은 기본적으로 다양한 인문학적 자료의 축적에서 소재 및 이야기를 가져온다는 점에서 기존의 문화산업과 구분될 수 있다. 기존의 문화산업과 현대의 문화콘텐츠산업의 구분은 지금의 시점에서는 크게 의미가 없다. 거의 동의어로 보아도 될 것이다. 그러나 가장 큰 차이는 디지털기술의 발전과 관련하여 현대의 문화콘텐츠산업은 디지털기술로 구현되는 인문학 관련자료의 지식정보화를 직간접적인 밑바탕으로 하고 있다는 점을 유념해야 할 것이다.

17 이 점에 대해서는 역사정보화를 포함한 다양한 인문정보화 사업의 초기 구상과 진행과정을 제시한 다음 글을 참조할 수 있다. 이남희, 「인문학과 지식정보화: 지식정보자원관리법과 한국역사정보통합시스템을 중심으로」, 『인문콘텐츠』 창간호, 인문콘텐츠학회, 2003.

원천자료를 해독하는 인문학연구자들에게 디지털기술을 이해하고 활용할 수 있는 기본 안목을 배양하는 기회를 제공하지 않았다는 점을 들 수 있다. 그 결과 실제로는 인문학적 지식과 그것의 산업적 활용이 유리되어 맥락없는 결과물이 산출되는 결과를 갖게 됨으로써, 문화콘텐츠 분야가 진정으로 인문학의 확장을 가져온다는 확신을 주지 못하였다고 할 수 있다.

서구의 디지털인문학은 이 점에서 시사하는 바가 크다고 할 수 있다. 서구의 디지털인문학은 인문학과 디지털기술과의 결합을 시도하되 우리와는 다른 두 가지의 장점이 있다고 할 수 있다. 첫째는 인문학 자료와 디지털기술을 결합함에 있어 인문학자들이 주체가 되고 있다는 점이다. 그리고 이 점과 관련하여 인문학자들이 디지털기술을 활용할 수 있는 능력을 배양할 수 있도록 많은 지원 프로그램이 가동되고 있다. 둘째는 무엇보다 디지털기술을 활용한 인문학연구가 인문적 맥락에 기초하여 이루어짐으로써, 인문학의 전문적 연구를 확장시키고 있다는 점이다.[18] 현재 서구의 디지털인문학은 한국의 문화콘텐츠 분야처럼 인문학을 활용한 산업적 연구까지는 나아가지 않고 있다. 반면 한국의 문화콘텐츠 분야는 인문학을 활용하여 문화산업 분야에까지 도움을 준다는 목표를 세웠지만, 실제로는 인문학 자료의 맥락화 및 인문학자의 주체적 수행이 부족하였다고 할 수 있다.

크게 보면 앞의 그림에서 제시한 것처럼, 문화콘텐츠 분야는 디지털인문학을 포괄하고 있는 것이다. 다만 한국적 상황은 형식적인 디지털인문학의 형태를 취하면서 성급하게 산업화에까지 나아간 것이라고 정리할 수 있을 것이다. 최근 한국연구재단에서는 이러한 문제점을 해결하고자 새로운 디지털인문학 연구과제를 제시하였다.[19]

---

18 이 점과 관련하여 세계디지털인문학대회 참관기를 참조할 수 있다. 홍정욱·김기덕, 「'2014 세계 디지털인문학' 학술대회 및 한국의 디지털인문학」, 『인문콘텐츠』 34, 인문콘텐츠학회, 2014.

19 2014년 10월에 한국연구재단에서는 새롭게 〈인문학대중화사업〉 신규기획사업을 공고하였다. 여기에서는 '디지털인문학 시각화 콘텐츠 개발사업'이 포함되어 있는데, 이 사업의 목적은 무엇보다 맥락화된 인문학 자료의 시각화작업을 확산하기 위한 것이다. 이 사업은

역사학의 가장 큰 역할은 자료의 맥락화이다. 이 점은 디지털인문학이나 문화콘텐츠 분야에 있어서도 역시 가장 중요한 부분이다. 자료의 맥락화를 소홀히 하면 어떠한 활용도 무의미하다. 한마디로 역사관련 디지털인문학이나 문화콘텐츠의 경우, 그 핵심 전제는 디지털기술을 활용한 자료의 맥락화라고 정의할 수 있다. 그리고 그 가시적인 모습은 시각화(visualization)로 구현된다. 그것은 다음과 같이 표현될 수 있다.

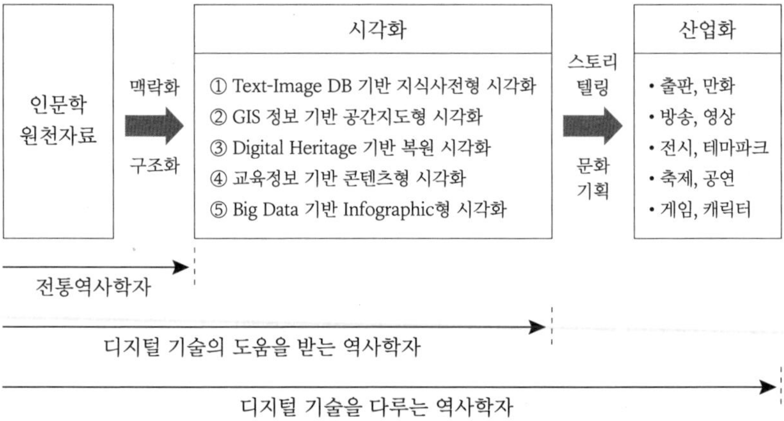

〈그림 3〉 인문학 자료의 시각화 및 역사학자의 개입 수준

위의 도식에서 윗부분은 인문학의 원천자료가 시각화를 거쳐 산업화되는 경로를 간략하게 도식화한 것이며, 아랫 부분은 역사학의 입장에서 역사학자의 개입 수준을 예상하여 가시적으로 표현해 본 것이다. 역사학의 개입 수준은 전통역사학자, 디지털기술의 도움을 받는 역사학자, 디지털기술을 다루는 역사학자라는 3개의 층위에 따라 위 과정에 개입하는 수준이 다를 것이다. 앞에서 언급한 것처럼 국가는 정책적 차원에서 인문학자들이 디지털기술을 구사하여 인문학자료를 시각화하는 과

〈디지털시대 인문학 성과의 산업화 방안 연구〉라는 한국연구재단 2014년 정책과제의 토대 위에서 시행된 것이다. 참고로 필자는 이 정책과제의 연구책임자였다.

정을 지원해야 한다.[20] 이와 함께 역사학자들도 디지털기술의 활용 시도에 적극적으로 임해야 한다. 그리고 자신은 못하더라도 최소한 그것이 가능할 수 있는 場을 학과목 개설 및 후학지도 등에 있어 개방성을 갖고 마련해 주어야 한다.

이러한 논의와 관련하여 한 가지 덧붙일 것은 역사학은 자신의 범주를 좀더 넓게 이해해야 한다는 점을 지적하고자 한다. 이 점은 최근 유행하는 융합연구의 올바른 방향성의 측면에 있어서도 매우 중요하다고 필자는 판단하고 있다. 현재의 역사학은 순수 문헌 위주의 역사학에 고착되어서는 안되며, 민속학이나 인류학을 위시하여 역사학의 다양한 분류사(미술사, 대외관계사, 사상사, 사학사 등등)와 적극 교류해야 한다. 더 나아가 한국사와 동양사, 서양사가 함께 논의되어야 한다. 흔히 융합이나 학제간 연구를 반드시 기술과의 결합으로만 먼저 상정하는 바람에 역사학에서는 적극적으로 접근하지 못하였다고 생각한다. 원천자료를 맥락화하여 시각화로 나아가고자 할 때에 결코 순수 문헌 위주의 한국사만으로는 한계가 있다. 어떤 면에서는 역사 연구자들이 디지털기술과 결합하기 가장 어려운 이유는 기술이 아니라 자신의 분류사와의 교류, 동서양사와의 교류가 미흡하기 때문이라고 보고 있다. 모든 자료의 맥락화는 사실상 순수 문헌 위주의 역사학 안에서만 해결될 수는 없기 때문이다.

역사학은 '사실(Fact)'을 통해 '진실'을 말하고자 하는 것이다. 그 점은 어떠한 분류사이든, 동서양사이든, 더 나아가 역사관련 디지털인문학 혹은 문화콘텐츠이든 모두 똑같은 것이다. 처음 문화콘텐츠 분야가 시작되었을 때에, 그 출발에서부터 '산업화' 방안이 너무 부각되는 바람에 문화콘텐츠라는 것은 '사실'을 무시하면서 '상상력'을 위주로 하는 것이라는 오해도 있었던 것이 사실이다. 즉 역사관련 문화콘텐츠라는 것도 기본적으로 사실을 통해 진실을 말하고자 하는 목표에 충실하면 산업적으

20 미국인문학기금(NEH)은 디지털인문학이 실험적 연구라는 점에 주목하여, 디지털인문학 프로젝트 초기 조성지원금(Digital Humanities Start-Up Grants)을 통하여 기획 단계에 소규모 지원금을 지급하고, 디지털인문학 연구 환경이 효과적으로 완비되었다고 판단되었을 때, 디지털인문학 실행 지원금(Digital Humanities Implementation Grants)을 지급하고 있다.

로도 도움이 된다고 하는 원칙을 견지하면서 전개되어야 하는데, 실제로는 이러한 목표를 상실한 채 지나치게 산업화로 경도되어 역사적 사실을 무시한 측면이 있었다. 이에 대해서는 철저한 반성이 있어야 하겠지만, 역사관련 문화콘텐츠라는 것도 디지털기술을 활용하여 대중적으로 역사적 진실을 말한다는 지향 목표는 전통 역사학과 본래 동일하다고 할 수 있을 것이다.

역사학과 문화콘텐츠의 각론적 이해

본 장에서는 역사학과 문화콘텐츠와의 관련에 있어 필자가 생각하는 핵심적인 몇 가지를 각론적으로 제시해 보고자 한다.

(1) 사실적 스토리텔링

이 시대에 가장 선호하는 용어는 창조성과 창의력 혹은 상상력일 것이다. 역사학과 문화콘텐츠의 관계에 있어, 무엇보다 역사학은 팩트(Fact) 즉 '사실'의 힘을 믿어야 한다. 팩트가 상상력과 창의력의 원천이다. 보지도 못하고 듣지도 못한 데에서는 상상력도 나오지 않는다. 창조도 있던 데에서 발아되는 것이다.[21] 한국의 문화콘텐츠 분야에서 일찍부터 '문화원형'에 관심을 가진 것은 이 때문이었다. 주지하듯이 한국문화콘텐츠진흥원이 2002년부터 시작한 '우리 문화원형의 디지털콘텐츠화 사업'은 전통적인 문학, 사학, 철학을 기반으로 하는 인문학을 포함하여 예술, 과학 등 모든 전통문화 영역에서 우리 '문화원형'을 찾아 디지털 기술을 활용하여 창작 소재로 제공함으로써 문화콘텐츠 산업의 경쟁력을 향상하고자 하는 의도를 갖고 진행된 것이다. 이와 관련하여 다음의 도식을 제시해 보고자 한다.

21 창조의 의미가 無에서 有가 아니라, 有에서 有라는 점에 대해서는 다음을 참조. 김기홍, 「창의성의 사회적 본성과 문화와의 관계에 대한 연구」, 『인문학연구』 93, 충남대 인문과학연구소, 2013.

〈표 1〉 원천자료에서 산업화까지의 경로

① 자료	② 맥락화	③ 시각화	④ 스토리텔링	⑤ 산업화	⑥ 원천자료 및 맥락화의 재해석
소재에 대한 원천 자료	• 자료 분석 • 자료 조직화 • 자료 정보화 • 의미 추출	• 지식사전 • 공간정보 • 문화유산 • 글씨	Ⓐ 사실적 스토리텔링: 논문, 평전 Ⓑ 허구적 스토리텔링: 소설	• 영상다큐 • TV사극 • 영화 • 뮤지컬	또 다른 차원의 사이클 전개

위의 표는 원천자료에서 산업화까지의 경로를 일단 제시해 본 것이다. 앞서 언급한 문화원형사업은 ①에서 ⑤까지를 추구한 사업이다. 이 사업의 한계는 문화원형과 관련된 인문자료의 ② 맥락화 및 ③ 시각화를 단순하게 처리한 상태에서 ④Ⓑ 허구적 스토리텔링과 ⑤ 산업화를 성급하게 추구한 점에 있다고 필자는 보고 있다.[22] 자료의 맥락화를 통한 스토리텔링은 산업화의 전단계로서 가장 중요하다고 할 수 있다.

스토리텔링이라고 하면 흔히 허구적 스토리텔링을 상정하는 것이 일반적이지만, 결코 그렇지 않다. 스토리텔링을 구분하자면 크게 '허구적 스토리텔링'과 '사실적 스토리텔링'이 있다. 즐길 거리로 만들어지는 허구적 스토리텔링과 지식을 조직화하는 사실적 스토리텔링의 폭과 깊이가 더해질수록 그것을 응용한 허구적 스토리텔링의 수준이 높아질 것이고, 허구적 스토리텔링의 흥미와 인기는 다시 사실적 스토리텔링에 대한 수요를 촉발시키게 될 것이다.

문화콘텐츠 창출에 있어서도 팩트에 입각한 사실적 스토리텔링이 중요하다. ④ 스토리텔링에서 Ⓐ 사실적 스토리텔링과 Ⓑ 허구적 스토리텔링은 서로 상생한다. 그런데 기본적으로는 Ⓐ가 풍요로워야 수준 높은

22 물론 각 성과물에 따라 차이가 있어 일률적으로 평가할 수는 없을 것이나, 대체로 이러한 문제점을 지적할 수 있을 것이다. 그런데 이러한 한계는 이 사업이 너무 선진적이었다는 점에서 당시의 상황에서는 다소 어쩔 수 없는 측면도 있다는 점을 고려해야 할 것이다. 문화원형 사업의 정확한 평가 및 재추진의 과제는 심층적으로 분석될 필요가 있을 것이다.

Ⓑ가 창출되는 것이다. 예를 들어, 빅톨 위고의 『레미제라블』과 『파리의 노트르담』, 알렉상드르 뒤마의 『삼총사』 등은 원작의 사실적 스토리텔링을 토대로 하여, 만화, 영화, 뮤지컬 등으로 수없이 허구적 스토리텔링이 발화되었다. 실제 원작 자체도 수많은 각주가 필요할 정도로 역사 자체의 사실적 스토리텔링에서 도움을 받았다. 이처럼 문화콘텐츠 작품들을 분석해 보면 대부분 Ⓑ 허구적 스토리텔링은 Ⓐ 사실적 스토리텔링의 밑바탕에서 이루어진다는 것을 알 수 있다.

앞에서 필자는 문화콘텐츠와 관련된 학과 운영에서 세 가지 방식을 제시한 바 있으며, 이 중 독립학과로 운영되는 ③의 방식은 실제 성공하기가 매우 어렵다는 의견을 제시한 바 있다. 그것은 바로 사실적 스토리텔링을 이해한 바탕 위에서 산업화를 위한 문화기획이 이루어져야 하는데, 실제 그 과정을 적절히 제시하는 교수진과 교육방법론, 수업론 등이 정립되지 않았기 때문이다. 이 점에서 학과 상태가 열약한 상황에서 인문학 바탕의 문화콘텐츠 관련학과로의 전환은 결코 성공하기 어려운 것이다.

사실적 스토리텔링을 강조하였지만 영상의 문제에 있어서도 마찬가지이다. 영상은 현대의 어느 분야에서나 너무 중요한 것이지만, 영화학과의 영상과 인문학 또는 인문콘텐츠 차원의 영상은 달라야 할 것이다. 무엇보다 '인문적 성찰성'과 '인문정신'을 담아야 하는데,[23] 이것은 기본적으로 사실적 스토리텔링에 대한 천착에서 구현될 수 있다.

역사학은 자료를 중시한다. 실로 팩트에 입각한 사실적 스토리텔링이라는 관점에서 보면, 역사학은 문화콘텐츠의 핵심 원천이라고 할 수 있을 것이다.

(2) 문화유산(헤리티지)의 활용과 한류3.0

최근 문화유산은 중요한 문화자산으로 조명되고 있다. 특히 세계문화유산은 전 세계 국가가 경쟁적으로 선정 노력을 치열하게 전개하고 있다.

---

23 인문정신과 영상문제에 대해서는 다음을 참조. 조관연, 「인문정신과 문화 영상다큐멘터리」, 『인문콘텐츠』 30, 인문콘텐츠학회, 2013.

21세기가 문화의 시대라면 월드 헤리티지는 가장 정점의 꽃에 해당한다. 세계문화유산은 팩트와 사실적 스토리텔링, 그리고 축제와 테마파크, 관광산업의 핵심에 자리 잡고 있다. 누구나 여행을 가면 먼저 세계문화유산 선정 장소를 가는 것은 그 때문이다.

사학과에서는 매 학기 고적답사를 실시한다. 고적답사는 여러 날을 휴강하며 전 학과생이 가는 것이 원칙이다. 그렇다면 엄청난 시간과 인원이 투입되는 것이다. 그러나 필자의 솔직한 생각으로는 그것으로 끝일 뿐이다. 고적답사가 갖는 엄청난 부가가치를 살리지 못하고 있다. 특히 지금과 같은 디지털시대에는 더욱 고적답사의 부가가치를 추구해야 한다. 앞에서 언급한 인문학자료의 시각화를 감안하여 이제 단순히 고적답사로 끝나는 것이 아니라, 문화유산을 다양한 각도로 조명하고 시각화하는 수업을 전개해야 한다.[24] 또한 필자가 앞서 언급한 바, 역사학은 다양한 분류사와 교류하고 결합되어야 한다. 무엇보다 유형의 문화유산만이 아니라 무형의 문화유산도 역사학의 범주라는 인식을 적극적으로 가져야 한다.

문화유산과 직결되는 가장 핵심적인 관련 학문이나 학과는 어디인가? 지리학과인가 관광학과인가? 필자는 역사학이 되어야 한다고 본다. 그것은 어느 분야를 선점하여 이득을 취하고자 하는 발상에서가 아니라, 적절성과 직결성을 고려한 것이다. 지금까지는 고적답사 수준으로 방치되었을 뿐이나, 디지털과 결합하고 분류사 및 동서양사와 결합하여 문화유산 분야의 핵심가치를 역사학이 담당해 주어야 한다.[25]

문화체육관광부에서는 이러한 세계유산의 중요성을 인식하여 생활문화와 전통문화에 바탕을 둔 한류3.0을 새롭게 제시하였다. 한류1.0 드라마, 한류2.0 K-팝을 이어서 한류3.0 K-컬처를 개념화한 것이다. K-컬처는 한국의 생활문화와 전통문화가 핵심 대상이다. 그리고 전통문화에

---

24 실제 서구의 디지털인문학에서는 문화유산을 활용한 작업이 가장 큰 비중을 차지한다는 점을 상기할 필요가 있을 것이다.

25 이 점에서 역사학회에서 새롭게 시도한 '문화유산 답사공모전'은 그 의미가 대단히 크다고 생각한다.

는 문화유산도 포함이 된다. 비록 이러한 정책이 국가에 의해 먼저 제기되었다고 하더라도, 필자는 적절한 정책 제안이라고 생각한다.

한류가 진행되는 과정에서 실제적으로 학계는 학문적으로 거의 기여한 바가 없었으며, 대부분을 산업체 스스로가 달성한 것이다. 그러나 새로운 한류3.0은 산업체만으로는 절대 성과를 얻을 수 없다. 한국의 생활문화 및 전통문화는 반드시 학계가 의미부여를 해 주어야 하기 때문이다.[26]

한국의 생활문화 및 전통문화와 가장 직결되는 것은 바로 역사학이라고 할 수 있다. 역사학이 활용될 분야, 활용을 위해 역사학을 요청되는 분야가 너무나 많다는 점을 인식해야 한다. 더 나아가서 테마파크, 축제, 관광이라는 문화콘텐츠 분야로 판단해도 마찬가지이다. 하나의 예를 들어 본다면 포항시에서는 자신들의 지역에서 있었던 〈연오랑세오녀설화〉를 가지고서 테마파크를 구축하고 있다. 이것도 역사학의 범주이며 연구대상이라고 생각해야 한다. 전 세계적으로 수많은 축제가 진행되고 있는데, 성공한 축제의 핵심에는 '정체성'이 있다. 축제의 정체성을 부여해 주는 것은 다른 것이 아니라, 바로 팩트에 입각한 사실적 스토리텔링이라고 할 수 있다. 실로 역사학은 문화콘텐츠의 핵심 원천인 것이다.

(3) 영상역사학

역사학에서 영상역사학에 관심을 가져야 할 필요성이 있다는 지적은 필자가 지속적으로 제기한 바 있다. 따라서 이 자리에서는 몇 가지 부분만 첨가하고자 한다. 먼저 그동안 영상역사학 분야에서는 역사관련 TV 사극이나 영화 등의 팩션작품에 대한 비평만이 존재하였다고 해도 과언이 아니다. 그런데 최근 역사기록으로서의 영상물을 역사연구에 활용하는 연구들이 출현하였다. 한국전쟁을 촬영한 200시간 분량의 '미국 육군통신대(Army Signal Corps)' 한국전쟁 동영상을 분석하여, 문헌자료가 가진 한계를 보완하고자 한 노성호의 연구,[27] 영상자료를 주 대상으로 연구

---

26 이 점에서 앞에서 언급한 2014년 한국연구재단 신규기획사업에서 역시 〈한류3.0 구현을 위한 학술한류 융합연구〉가 도출되었다.

27 노성호, 「A.S.C 영상자료를 통한 한국전쟁연구의 새로운 가능성」, 『한국사학사학보』 27,

를 지속적으로 진행해 오면서 박사학위 논문과 단행본을 출간한 이하나의 연구,[28] 영상자료의 아카이빙과 독해 그리고 그 활용까지를 치밀하게 검토한 허은의 연구[29] 등이 그것이다. 그동안 영상자료를 활용한 연구성과는 많았으나, 이상하게도 역사학에서는 거의 시도되지 않았었으나, 최근 그러한 경향에서 탈피하는 흐름이 보여주고 있어 고무적이라고 할 수 있다. 여기에서 필자가 제시한 영상역사학의 개념과 범주를 다시 제시하면 다음과 같다.

〈표 3〉 영상역사학의 개념과 범주

개념	범주	비고[30]
전통적인 역사학이 문자기록에 근거하고 문자로 구현되는 역사물을 주된 연구 및 활용 대상으로 했다면, 영상역사학은 새롭게 '영상기록'과 '영상으로 구현되는 역사물'의 분석·연구·창출·활용을 탐구하는 역사학이라고 정의할 수 있다	• 영상 역사기록 • 영상역사물 - 역사 다큐멘터리 - TV 사극 - 역사 영화 및 애니메이션 - 역사 관련 만화 및 게임 - 모바일 역사물 - 멀티미디어 역사사전 - 디지털박물관 - 테마파크 역사홍보물 - 교육 관련 역사물 - 축제 관련 역사공연물 - 역사 관련 출판 및 캐릭터 - 문화유산 영상[31]	• 영상역사학(Visual history) • 디지털인문학 중 역사관련 콘텐츠 • 시각적인문학 중 시각적 역사학

한국사학사학회, 2013.

28 이하나, 『국가와 영화』, 혜안, 2013; 이하나, 『대한민국 재건의 시대(1945-1968)』, 푸른역사, 2013.

29 허은, 「한국 근현대 영상의 공공재화와 새로운 역사쓰기의 모색: '제국-국민국가' 서사의 너머보기와 '公衆의 역사' 쓰기」, 『영상과 아카이빙 그리고 새로운 역사쓰기』, 고려대학교 한국사연구소 국제학술회의 자료집, 2014.

30 이 항목에서 제시한 것들은 그것들이 전부 표현은 다를지라도 영상역사학의 범주에 포괄된다는 것을 말하고자 한 것이다.

31 여기에 더해 새롭게 GIS, ICT 및 빅데이터 활용 역사물도 포함될 수 있을 것이다. 이처럼 새로운 기술 적용과 함께 역사학의 활용 범주는 계속 확장된다고 할 수 있다. 한편 필자의

이렇게 본다면 영상역사학은 사실상 디지털인문학의 역사관련 콘텐츠의 전부를 포괄하는 것으로, 시각적 역사학의 전체를 아우른다고 할 수 있다. 여기서 또다시 중요한 것은 시각적 요소로 갈수록, 그리고 디지털기술을 받아들일수록, 더욱더 역사학은 다양한 역사학의 분류사와 적극 교류해야 한다는 점이다. 그것은 자료 자체가 그러하기 때문이다. 역사학의 제반 분류사가 본래 역사학의 부분과학이었다는 점을 기억해야 할 것이다.

디지털인문학의 핵심은 인문학의 전문연구가 맥락화에 입각한 시각화(visualization)로 구현되는 데에 있다. 그것은 인문학의 연구와 활용을 확장한다. 단순히 영상역사학의 차원에서가 아니라 디지털시대의 본질 차원에서, 역사학은 영상을 비롯한 다양한 시각화 관련 교육 및 연구방법론을 개발할 필요가 있을 것이다.

맺음말

본 글은 21세기 정보화시대에 새롭게 제기된 문화콘텐츠 분야에 있어서도 역사학이 핵심원천이 됨을 밝히고자 한 것이다. 먼저 한국에서 문화콘텐츠라는 개념이 출현한 과정을 정리하였다. 다음으로는 지난 10여년 동안 인문학 관련학과에서 문화콘텐츠 분야를 연계하여 학과 구성을 한 사례를 검토하고, 그것들의 범주를 제시해 보았다. 그리고 기존의 인문학과들은 콘텐츠 교과목을 보완한다면 모두가 凡문화콘텐츠학과라고 할 수 있으며, 앞으로 그러한 방향으로 전개될 필요가 있다는 점을 지적하였다.

위와 같은 기본 전제 하에서, 역사학과 문화콘텐츠와의 관계를 집중

이러한 다양한 범주에 대하여 박순준은 너무 광범위하다고 비판한 바 있다(박순준, 「역사 소비를 위한 역사교육의 프레임 전환」, 『역사와 경계』 68, 부산경남사학회, 2008). 그러나 이러한 것들 외에 그래픽 이미지부터 가상현실 이미지(VR)까지 시각적 요소를 갖는 역사 관련 영상은 모두 영상역사학의 범주로 설정되어야 할 것이다.

검토하였다. 먼저 외국에서 많이 사용하는 디지털인문학의 개념을 소개하고, 그것과 문화콘텐츠와의 관계를 제시하였다. 아울러 역사학의 차원에서 총론적으로 정통적인 역사학과 디지털인문학 그리고 문화콘텐츠 분야가 어떻게 결합되는가를 구조적으로 설명해 보고자 하였다. 그 결과 기본적으로 인문학 원천자료를 시작으로 맥락화, 구조화를 통하여 시각화를 이룩하고 다시 거기에 스토리텔링과 문화기획을 더하여 다양한 산업화가 이루어지는 도식을 제시하였다. 아울러 역사학의 입장에서 그러한 과정에 개입하는 수준을 세 단계로 제시하였다.

다음으로는 역사학과 문화콘텐츠 분야와의 다양한 결합 방식을 크게 스토리텔링, 헤리티지 및 한류3.0, 영상역사학(Visual History)의 세 가지 분야로 제시해 보았다. 사실상 이러한 분야만으로도 역사학은 현대의 문화콘텐츠 분야와 밀접하게 관련되어 있다. 어떤 면에서는 문화콘텐츠 분야가 역사학의 개입을 간절히 바라고 있다고도 할 수 있을 것이다.

디지털인문학이나 문화콘텐츠는 특수성을 통해 보편성을 구현하는 것이며, 대중화를 통해 전문성을 구현하는 시도라고 할 수 있다. 그것은 '사실'을 통해 '진실'을 말하고자 하는 역사학의 본래 목표 안에 포괄되는 것이다. 그러므로 역사학이 문화콘텐츠 창출의 핵심 원천임은 분명하다고 할 수 있다.[32]

32 필자가 제시한 논리가 기존 연구에서는 구체적으로 역사소재 속에서 어떻게 구현되고 있으며, 또한 어떻게 구현되어야 바람직할 것인가 하는 사례 연구는 별도로 추구되어야 할 것이다.

5 都市再生事業에서의 인문학의 역할과 방향

머리말: 再生者 시바(Shiva)와 도시재생

인도 신화에서 브라마(Brahma), 비슈누(Vishnu), 시바(Shiva)는 삼위일체의 주신으로서 각각 창조, 보존, 파괴의 역할을 수행하고 있다. 브라마는 모든 우주만물을 탄생시키는 창조자(Creator)이고, 비슈누는 이미 탄생한 모든 존재자를 보호하는 보존자(Preserver) 또는 돌보는 자(Carer)이다. 특히 시바 신은 두 개의 서로 다른 얼굴을 가진 존재자로서 하나는 재생자(Regenerator) 또는 쇄신자로서의 시바이고, 다른 하나는 파괴자(Destroyer) 또는 죽음의 신으로서의 시바이다.

브라마가 창조하면, 비슈누는 이미 창조된 것들을 보전하고 잘 가꾸어 발전과 번영을 가져온다. 더욱이 비슈누의 아내인 라크쉬미(Lakshmi)는 생산과 풍요의 여신으로서 부유함과 번영을 보장한다고 알려져 있다. 그렇지만 시바는 죽음의 신으로서 파괴자일 뿐만 아니라 '재생자'로도 이해된다. 재생자로서의 시바는 자신이 파괴한 만물을 '무'의 세계로부터 다시 정리하여 새로운 모습으로 현실 세상에 재생시키는 역할을 한다. 마치 뱀의 입이 꼬리를 물고 돌아가는 영원한 우주의 순환 고리처럼, 창조에 의한 탄생을 '시작'으로 본다면 파괴와 죽음은 끝이 아니라 또 다

* 출전: 김기덕, 「도시재생사업에서의 인문학의 역할과 방향」, 『열상고전연구』 47, 2015.

른 출발을 의미한다. 그러므로 '파괴'는 새로운 창조를 전제하는 인류 최초의 우주 생성론(Cosmogony, 또는 우주 본체론)의 법칙이다. 왜냐하면 생명체의 죽음을 불러오거나 이미 창조된 만물을 파괴한다는 것은 항상 긍정적인 의미로서 새로운 창조와 탄생을 가능케 하기 때문이다.[1]

오늘날의 도시재생사업의 핵심은 재생자로서의 시바의 행위이기도 하다. 일반적으로 도시재생은 기존의 도시 기능이 파괴된 상태에서, 새로운 활력소를 찾아내는 작업이기 때문이다. 기존 도시 기능이 파괴된 것이 파괴자로서의 시바의 모습이라면, 파괴된 것을 재정리하여 새로움을 만드는 것은 재생자로서의 시바의 모습이다. 흔히 학문과 예술의 재생·부활이라는 의미를 갖는 르네상스(Renaissance)는 중세의 문제점을 극복하고 고대의 그리스·로마 문화를 이상으로 하여 새 문화를 창출해 내려는 운동이다. 도시재생은 '재생'이라는 단어에 공간을 의미하는 '도시'가 결합한 단어이다. 결국 도시재생이 갖는 의미는 도시의 문제점 파악 → 새로운 의미부여 → 도시 재창조의 과정으로 요약할 수 있다. 현재 인문학 및 사회학의 활용에 있어 가장 뜨거운 연구주제 중의 하나는 '도시재생'이다. 흔히 '지역재생', '창조도시', '소프트시티', '역사문화 거리 조성', '마을만들기' 등으로 표현되는 것들은 비록 대상 지역의 차이는 있지만, 크게 보면 같은 방향을 추구하는 것이라고 할 수 있다. 그러나 이러한 사업들이 지나치게 도시·공학적인 입장에서 진행되고 있다는 문제점이 있다. 따라서 이러한 시도들이 성공하려면, 무엇보다 인문학과의 연계가 각 단계마다 지속적으로 관철되어야 한다. 이 점에서 이러한 과제는 인문학자의 역할을 요청하는 것이면서, 또한 인문학자의 책임을 수반하는 것이기도 하다.

본 글에서는 도시재생사업에 있어 인문학의 역할을 제시하여 인문학의 확장을 도모하면서, 결과적으로 삶의 질이 관철되는 지속 가능한 도시재생의 방향을 추구해 보고자 한다. 최근 연구에서도, 도시재생에

1 인도신화에 대한 본 글의 설명은 대단히 일반적인 것으로 특별히 각주가 필요하지는 않을 것이다. 다만 필자는 다음의 책을 참고했음을 밝힌다. 정광흠, 『인도의 신화와 종교』, 살림출판사, 2006.

있어 인문학의 역할을 강조하는 글들이 제시된 바 있다. 논문 제목에서부터 이 점을 강조한 글들만을 소개하면 다음과 같다. 김상원은 유네스코 '창조도시 네트워크'와 독일 문화산업 기반의 창조도시의 검토를 통해, 이 사업들이 인문적 가치를 활용하여 경제적 부가가치를 확보하면서 동시에 인간 중심의 공간을 창출하는 과정임을 밝혔다.[2] 안상경·박범준은 '충주 향기나는 녹색수공원 가꾸기' 기본계획에 참여하면서 '인간과 인간을 위한 관계 모색', '과거와 현재를 위한 관계 모색', '인간과 환경을 위한 관계 모색' 등 도시의 철학적 가치인식을 바탕으로, 구도심의 역사적 문화적 사회적 실상에 대한 재해석을 건축디자인 설계와 프로그램 개발의 모티브로 삼은 사례를 제시하였다.[3] 정성훈은 '창조도시'와 '문화도시'에 대한 인문적 비판을 통해 새롭게 '인권도시'를 제안하고, 이 제안을 바탕으로 더 나은 대안적 도시개념을 모색하고자 했다.[4] 김기홍·박치완은 도시재생을 포함하여 현재의 문화정책에서 가장 큰 화두로 제시되고 있는 '창조경제' 담론의 논의를 검토하면서 현재 한국사회의 창조담론이 다분히 비즈니스 일변도의 경향을 보이고 있는 점을 비판하고 인문주의적 문화정책의 필요성을 강조하였다.[5] 이병민은 창조경제시대 한국형 지역재생모델 수립을 위한 인문학적 접근방안을 모색하였다. 지역이 갖고 있는 스토리〔文〕, 역사〔史〕, 사상과 철학〔哲〕을 창조도시의 기본요인을 이루는 창조적 환경, 지속가능성, 거버넌스라는 구성요소와 결합시켜 한국형 지역재생의 진단 및 수립을 위한 모델을 제시해 보고자 하였다.[6] 이 외에도 도시재생을 다룬 글들 속에는 인문학적 가치를 강조한 것들이 많이 있다.[7] 이러한 선행 글들의 연구업적을 참고하면서, 필자

---

2 김상원, 「도시공간의 창조적 재생과 인문학의 역할」, 『독어교육』 45, 2009.

3 안상경·박범준, 「인간을 위한 도시재생과 응용인문학의 실천: '충주 행기나는 녹색수공원 가꾸기' 기본계획을 중심으로」, 『인문콘텐츠』 18, 2010.

4 정성훈, 「'창조도시'와 '문화도시'에 대한 인문적 비판」, 『시대와 철학』 23-1, 2012.

5 김기홍·박치완, 「한국형 '창조경제' 담론의 논의사 고찰」, 『인문콘텐츠』 31, 2013.

6 이병민·김기덕, 「한국형 지역재생 개념수립을 위한 인문학적 접근방안 모색」, 『국토지리학회지』 48-2, 2014.

7 앞에서 소개한 몇 가지 사례 외에도 도시재생사업에 있어 인문학적 관점을 추구한 연구들

는 도시재생사업에 있어 인문학의 역할과 방향을 팩트의 힘, 원형과 맥락의 힘, 재해석과 융합의 힘 세 가지로 제시해 보았다.

인문학의 팩트(Fact)의 힘

이 시대에 가장 선호하는 용어는 창조성, 창의력, 상상력일 것이다. 창조(creation)를 뜻하는 히브리어는 '바라'이다. 창조의 진정한 의미는 무엇인가? 흔히 성서에 많이 나오는 히브리어 '바라'를 라틴어 '크레아티오 엑스 니힐로'(creatio ex nihilo)의 의미로 해석하기도 한다. 라틴어 엑스 니힐로(ex nihilo)는 '無로부터'(out of nothing)라는 의미이다. 엑스 니힐로는 창조의 개념과 결부되어 등장한다. 철학과 신학에서 '크레아티오 엑스 니힐로'(creatio ex nihilo)라고 하면, 無로부터의 창조라는 의미이다. 그러나 이러한 해석이 잘못되었다는 것이다. 바라의 어원을 살펴보면 실제 無에서 有로 창조되었다는 의미는 없다는 것이다. 有에서 有, 즉 이미 있는 것에서 창조가 이루어졌다는 것이다.[8]

과거 唯一神의 능력에 귀속된 '無로부터의 창조' 프레임에 갇혔던 중세 서구의 기독교 세계에서 창의성은 의미 있는 논의의 대상이 될 수 없었다. 특히 영어권에서 단어 creation이 처음 쓰인 것이 기독교 성서였고, 이는 혼돈과 허무, 공허를 의미하는 카오스(chaos)를 존재와 질서를 의미하는 코스모스(cosmos)로 바꾼 창조자(creator)에 귀속된 것이었다.[9]

현재는 스토리텔링의 시대이다. 스토리텔링의 핵심어도 '창조성',

은 많다. 특히 역사문화자원을 활용한 사례들은 전부 이 범주에 포괄된다고 할 수 있다. 일단 본 글에서는 제목에서부터 인문학을 강조한 글들만 소개했다는 점을 다시 한번 밝혀두고자 한다.

8 이점을 상세히 밝힌 인터넷 블로그를 참조할 수 있다. 「바라(창조하다)에 대한 오해 그리고 보충설명」, http://cafe.naver.com/solideogloriafaith/4683, SDG개혁신앙연구회.

9 김기홍, 「창의성의 사회적 본성과 문화와의 관계에 대한 연구」, 『인문학연구』 93, 충남대 인문과학연구소, 2013.

'창의성'이다. 이러한 창조성은 앞서 언급한 바, 본래 有에서 有인 것이다. 이것이 의미하는 가장 큰 메시지는 有에서 창조된다는 점, 즉 이미 있던 것 바로 팩트(Fact)가 중요하다는 점이다.

흔히 스토리텔링하면 허구적 스토리텔링을 상정한다. 그러나 팩트를 조직화하여 구성한 사실적 스토리텔링의 가치를 먼저 생각해야 한다. 허구적 스토리텔링 또한 사실적 스토리텔링에서 발화하며, 사실적 스토리텔링의 폭과 깊이가 더해질수록 그것을 응용한 허구적 스토리텔링의 수준이 높아질 것이다.[10]

인문학은 기본적으로 팩트에 입각한다. 그것은 모든 과거 문서들이 대부분 인문학 자료라는 것에서 증명된다. 가장 대표적인 역사학은 '사실'(Fact)을 통해 '진실'을 말하고자 하는 것이다.[11] 이 점은 전통적인 역사학이든 오늘날의 역사를 소재로 한 문화콘텐츠의 활용에 있어서도 마찬가지이다. 상상력도 사실을 통해 발아하는 것이다. 원칙적으로 본 적이 없는 것은 상상할 수도 없다. 모든 문화콘텐츠 생산물에는 기본적으로 팩트라는 인문학적 자료가 전제된다. 그렇지 않은 것은 공허할 뿐이다.

도시재생사업의 경우, 그 속에는 수많은 '팩트'가 존재한다. 도시재생사업에서 역사문화자원을 중시하는 것은 당연한 것이다. 도시재생사업의 경우 일단 그 속에 담긴 팩트를 정확히 읽어내야 한다. 관광 분야에서도 '주제관광'이 중요시되고 있다. 관광의 기본 전제는 그 대상지의 팩트에 대한 기본 이해에서 전개되어야 하기 때문이다. 그러므로 관광의 핵심 콘텐츠도 역사문화자원이라는 팩트일 수밖에 없다.

도시 재생에서 '재생'이란 단어의 의미는 앞서 언급했듯이 시바의 재생자와 같다. 또한 그것은 새로운 창조를 가져오는 것이나, 기본적으로 有에서 有의 창조이다. 따라서 항상 '팩트'의 중요성을 생각해야 한다. 모든 팩트는 인문학적 자료이다. 그리고 이러한 팩트를 제대로 읽어

---

10 김현, 「디지털인문학: 인문학과 문화콘텐츠의 상생 구도에 관한 구상」, 『인문콘텐츠』 29, 2013, 22-23쪽.

11 김기덕·이병민, 「문화콘텐츠의 핵심원천으로서의 역사학」, 『역사학보』 224, 2014, 437쪽.

내려면 인문학적 원형과 맥락으로 讀解되어야 한다.

인문학의 원형(Archetype)과 맥락(Context)의 힘

원형이라는 단어는 한자로 정확하게 이해되어야 한다. 크게 두 가지 표현이 있다. 하나는 原形(Originality)이며, 또 하나는 原型(Archetype)이다. 이 중 原形은 한계가 있는 개념이다. 본래의 모습을 어떻게 알겠는가? 종종 원형이라고 하면 이 개념을 생각하여 원형논의를 부질없는 것으로 치부하기도 한다. 그러나 原型은 다르다. 그것은 type이므로 본래의 의미를 추적할 수 있고, 또한 시대를 뛰어넘어 재창조할 수도 있다.

흔히 원형 논쟁은 서구의 전유물로 생각한다. 일찍이 카를 구스타프 융이 집단 무의식의 기조로 정의한 이후, 원형 개념은 융의 전유물처럼 인식되기도 했다. 융의 원형 개념은 이후 엘리아데에게는 母本(paradigm)으로 사용되고, 바슐바르·프라이·뒤랑에게는 자신이 관심을 갖는 영역에 적용하여 '원초적 이미지'로 사용되었다. 비록 개념 규정은 차이가 있지만, 원형은 '지금 여기'라는 시간과 공간에 자신을 드러낼 때 비로소 의식적인 마음에 일정한 형태로서 지각된다. 이렇게 원형이 자신을 구체적으로 현현한 것이 바로 상징이다. 따라서 원형이론은 상징과 종종 결합되며, 구체적으로는 신화연구에서 가장 많이 활용되었다.[12]

원형 논의에 대한 필자의 생각을 다소 거칠게 제시해보고자 한다.[13] 첫째, 원형은 일종의 만능열쇠(Master Key)로서 삶과 문화를 이해하는 데에 핵심적이라는 것이다. 둘째, 원형이론은 일찍이 동양에서 선호되었으며, 그중에서도 陰陽論, 五行論이야말로 가장 오래된 원형이론이라는 것이다. 셋째, 원형은 시대에 따라, 공간에 따라 다양한 층위(層位)가 있

---

12 송태현, 「카를 구스타프 융의 원형 개념」, 『인문콘텐츠』 6, 2005, 31-33쪽.

13 2002년 한국문화콘텐츠진흥원이 출범하면서 문화원형 개념을 활용한 한국문화원형사업으로 인하여, 인문학자들에게 문화원형의 개념이 유행한 바 있다. 그러나 현재 이 사업은 종료되었으며, 문화원형 개념도 특별히 주목받지 못하고 있는 상황이다.

다는 것이다. 마지막으로 원형에 관심을 갖는 것은 그것이 매시기 현실의 도처에 깔려 있는 암호를 해독할 수 있는 만능열쇠라는 점 때문이며, 따라서 매시기 현실의 문제를 해결해 주지 못하는 원형 이론은 한계가 있다는 점이다.

본 글에서는 세 번째 제시한 원형의 층위만을 좀더 언급하고자 한다.[14]

핵심 코어	시간축 확산	공간축 확산	주제축 확산
근본질서, 음양론, 터문화 등 원초적 문화원형	원시, 고대, 중세, 근대, 현대, 초월 시간대 등 시간의 변화를 통해 확산되는 문화원형	개인, 가문, 마을, 지역, 국가, 문화권, 글로벌 등 공간의 변화를 통해 확산되는 문화원형	인물, 배경, 사건, 아이템 등 다양한 주제와 그 하위 주제 등으로 계속 확산되는 문화원형

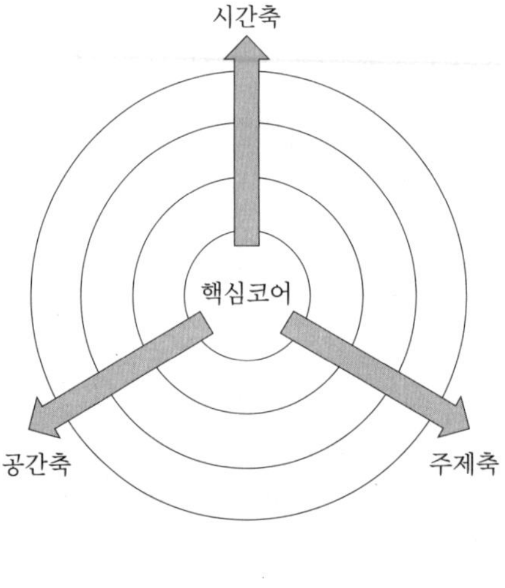

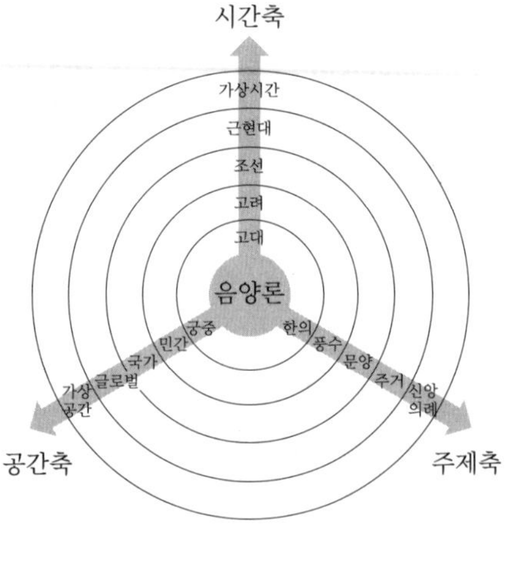

다양한 원형의 층위 중에서 '음양론'으로 예시를 들어 보았다. 앞서 언급한 바와 같이 모든 도시재생의 대상들에게는 '팩트'가 알알이 맺혀 있다. 이러한 팩트들에는 원형이 다양한 층위로 담겨 있다. 이것을 시간

14 김기덕, 「문화원형의 층위와 새로운 원형 개념」, 『인문콘텐츠』 6, 2005, 57-60쪽.

과 공간, 그리고 주제라는 3개의 맥락적 차원에서 분석한다면 정확한 위상과 실체가 추출된다.

보다 간략하게 표현한다면, 모든 팩트에는 원형과 맥락이 존재하는 것이다. 이것을 정확히 독해해야 현재적 재해석 및 재창조의 방향이 설정될 수 있을 것이다. 이러한 인문학적 시도가 생략된다면, 그것은 원형과의 연결이 어긋나고 맥락이 차단된 시도들로서, 진정한 정체성(Identity)을 획득하지 못할 것이다. 원형과 맥락을 통한 정체성을 갖지 못하는 모든 활용시도들은 결국 지속적인 발전을 기대할 수 없을 것이다.

인문학의 재해석(Reinterpretation)과 융합(Convergence)의 힘

팩트에 대한 원형과 맥락에 대한 이해는 진정한 재해석을 가능케 한다. 모든 대상은 시기에 차이는 있을지라도 끊임없이 재해석되어야 생명력이 있다. 도시재생은 그 표현에서부터 이미 재해석을 요청하는 것이다. 재생하려면 재해석하여야 하기 때문이다. 진정한 재해석은 팩트에 담긴 원형과 맥락을 이해한 바탕 위에서, 시대적 트랜드가 결합하여 창출된다. 따라서 재해석의 핵심에도 인문학이 있는 것이다.

도시재생사업에 있어, 여러 성공사례가 국내외적으로 소개되고 있다. 그러나 그것들이 지속적으로 성공사례로 남을 것인지는 의문인 곳이 많다. 새로운 시도, 발상의 전환, 여러 상황의 결합 등으로 일시적 주목을 받았다고 하더라도, 지속적 발전은 고비고비마다 인문학적인 재해석이 있어야 한다. 시대와 상황의 변화는 계속해서 재해석을 요청한다는 것을 잊어서는 안 된다.

몇 가지 예를 들어보자. 궁궐과 왕릉은 왕과 왕비가 있는 최상급의 공간이었다. 그런데 이러한 궁궐과 왕릉을 대상으로 한 프로그램을 보면, 일반 양반집 심지어 민가에서나 시행되었을 행사들이 문화이벤트라는 이름으로 무차별적으로 시도되고 있다. 당연히 일시적으로 참가실적은 좋을 것이다. 그러나 그것이 정체성이 있는 궁궐과 왕릉콘텐츠는 아니다. 그런 점에서 무차별적인 궁궐개방 이벤트도 마찬가지라고 할 수 있다. 궁궐과 왕릉은 눈에 보이는 현재의 실적에 연연하지 않고, 그 품격에 맞는 고유의 콘텐츠로 장식되어야 장기적으로 정체성을 갖는다.

실제 왕실도 없는 나라에서 하루에도 여러 곳에서 쉴새없이 재현되는 수문장교대의식도 마찬가지이다. 무료이며, 광화문과 덕수궁에서 하루에도 여러 번 반복되기에, 그만큼 보는 사람도 많다. 가서 보는 데에 아무 어려움이 없다. 그러나 그러한 것을 성공사례로 인식한다면 발전이 없을 것이다. 남산골 한옥마을도 마찬가지이다. 무료이다보니 흔히 값싼 중국 관광객을 실어나르는 관광차가 항상 북적이고 있다. 역시 그러한 사례를 성공사례로 인식해서는 안 된다.

음식은 누구라도 하루에 3번은 반드시 식사해야 한다. 그리고 그 행위에는 굳이 언어가 필요없다. 이러한 이유로 항상 외국인들에게는 어떠한 생활문화보다도 음식문화에 대한 관심과 언급이 많은 것이다. 이것을 단순히 K-컬처의 승리하고 생각하면 발전이 없다. 이 점은 성공한 일부 벽화마을의 사례나 또는 도시재생에 성공했다고 하는 일부 마을의 경우에도 마찬가지로 적용될 수 있다. 원형과 맥락에 입각한 정체성의 결여는 지속성의 문제을 갖는다. 이 점이 지속적으로 인문학적 재해석이 필요한 이유인 것이다.

흔히 디지털기술이 발전하고 융합이라는 용어가 유행하면서, 인문학은 줌심에서 멀어진 듯이 인식되었다. 전 세계적인 '인문학의 위기'가 그러한 경향을 말해주는 듯하다. 그러나 필자는 이러한 진단이 보다 정밀하게 이루어져야 한다고 생각한다. 이것을 영어단어로 예를 들어보자.

이해를 돕기 위하여 필자는 book, eat, read, run과 같은 단어를 '착한 단어'라고 표현하고자 한다. 그것은 기본적으로 단어 뜻이 단일하여 1:1로 대응하거나, 다른 뜻이 있다고 하더라도 거의 사용되지 않고 단일한 의미가 주로 통용되는 것들이다. 반면에 put, take, get, wear와 같은 단어는 여러 의미로 사용된다. 주로 동사가 그러하며, 어떤 동사들은 사전을 찾아보면 5~10페이지가 되는 경우도 있다. 이처럼 수많은 뜻을 가진 단어를 '미운 단어'라고 표현하고자 한다. 그러나 발상의 전환을 해

보면, 미운 단어는 한 개의 단어로 수 십개의 뜻을 표현할 수 있으므로, 그 여러 단어로의 쓰임새를 이해하기만 한다면 그야말로 대박상품이라고 할 수 있다. 실제 미운 단어들의 여러 뜻은 서로 연결되어 있으며, 이유가 있기에 다른 뜻으로도 쓰이는 것이다.[15]

필자는 조금 거칠게 대입하자면, 인문학은 미운 단어, 이공계는 착한 단어에 해당한다고 본다 그러므로 인문학은 시간이 걸리며, 어떤 경우에는 정답이나 원칙이 없어 보이기도 한다. 더 나아가 이러한 모호성은 취업에 도움이 안 된다고 간주하기도 한다. 그러나 발상의 전환을 한다면 미운 단어는 대박상품이다. 오늘날 대학 밖 인문학 열풍의 원인은 거기에 있다고 판단된다. 세상이 어떻게 1:1로 대응되는가? 특히 고급 인력이나 CEO 단계로 가면 더욱 그러하다. 그들은 미운 단어를 통해 전체를 알고 싶은 것이다.

그런 점에서 미운 단어에 해당하는 인문학은 고급 학문이다. 따라서 인문학은 고급인력이 전공해야 한다. 한국의 현실은 정반대이기에 어느 정도의 수술은 필요하다고 생각한다.[16] 그러나 이러한 조정과정이 인문학 자체의 무용론으로 가서는 안될 것이다.

디지털기술이 출현하면서, 인문학은 위축된 듯이 보였다. 그러나 디지털기술이 구현하는 '정보화'는 본래 인문학과 밀접한 관련이 있었다. 정보화사회는 비록 전자 정보로 유통되는 오늘날의 사회 현실을 일컫는 것이지만, 정보화의 기본적인 어휘가 갖는 의미는 사실 역사학의 기본 성격이었다. 역사학은 일찍부터 史料를 생산하였고, 그것을 모았으며, 다시 그것을 분류하고 평가했으며, 종국에는 후대에 참고할 수 있도록

15 다들 알고 있는 것이지만, 간단한 예를 wear로 들어보고자 한다. 우리가 벌거벗은 상태에서 우리 몸에 붙이는 것은 전부 이 단어를 쓴다. 옷을 입는 것은 말할 것도 없고, 안경을 쓰는 것, 화장하는 것, 문신을 새기는 것 등이 전부 wear인 것이다.

16 이 점은 매우 조심스러운 견해이지만, 잘 알고 있듯이 대학이 확장될 때에 손쉽게 인문학 학과들이 만들어졌다. 최근의 대학구조조정 과정이 비합리적으로 전개되어서는 안되지만, 필자는 이러한 인문학의 특성으로 인해 어느 정도 조정될 필요성은 있다고 생각하고 있다. 인문학 본연의 역할을 수행하려면 그것은 본래 '미운 단어'에 해당하는 것이기 때문에 일정한 수준이 있어야 한다. 따라서 그것을 수행하기 어려운 인문학 관련 학과들은 인문학을 활용하는 방향을 함께 모색할 필요가 있다고 생각한다.

편찬하였다. 인류 역사상 가장 먼저 일종의 데이터베이스를 구현해 왔던 것이 역사학이었다.[17] 우리나라의 '조선왕조실록'과 각종 문집들, 중국의 '사고전서'를 위시한 전 세계적인 인문학적 전통은 실상 정보화의 기반에 있었다고 할 수 있다.

최근에는 이러한 인문학 자료와 디지털기술이 결합하여 '디지털인문학'이 제창되고 있다. 디지털인문학은 디지털기술 초기에 유행하였던 인문학자료의 단순 데이터베이스와는 다르다. 디지털인문학은 한마디로 디지털기술을 이용하여 인문학의 맥락화를 통한 시각화의 시도라고 정의할 수 있다. 시각화의 방향은 하이퍼미디어 기반 지식사전, GIS 기반 공간정보지도, 스토리텔링 기반 디지털콘텐츠, 시뮬레이션 기반 과학적 시각화, 통계 이미지 기반 인포그래픽 등으로 다양하다. 앞으로 이러한 디지털인문학은 디지털기술의 일반화와 더불어 상식적이고 일반화의 수준에 도달할 것으로 예상된다.[18]

오늘날은 융합의 시대이다. 따라서 인문학의 재해석도 당연히 융합을 요청한다. 도시재생에 있어 정체성 확립 및 활용을 위한 재해석 역시 융합적일 수밖에 없다. 이러한 상황에서 인문학은 주변부가 아니라 재해석 및 융합의 핵심으로 자리 잡게 될 것이다. 최근 유행하는 빅데이터 관련 논의조차도 지금은 디지털기술자 위주의 분석 시도로 보이지만, 보다 심도 있는 데이터 결과를 산출하기 위해서는 인문학자의 참여가 필수적일 수밖에 없다는 점은 융합의 주체가 누구가 될 것인지를 잘 말해준다고 할 수 있다.

17 김기덕, 「정보화시대의 역사학: '영상역사학'을 제창한다」, 『역사교육』 75, 2000.

18 디지털인문학의 소개에 대해서는 김현의 앞의 글을 참고할 수 있다.

맺음말: 産學官民과 인문학자

도시재생은 장소성이 전제된다. 그리고 그 장소에는 사람이 있다. 흔히 '사람'이 빠진 역사를 경계하기 위하여, '사람의 역사' '인간의 역사'라는 책 제목을 단다. 도시재생도 마찬가지이다. 장소에는 사람이 있다. '사람의 장소' '인간의 장소'이다. 인간에 대한 고찰은 인문학이 가장 주도적으로 해오던 주제가 아니던가?[19] 도시재생에 있어 인문학적 고찰은 장소와 그 속에 있는 사람들이 갖고 있는 팩트, 원형, 맥락을 고려하여 재해석하는 것이다. 그리고 그러한 작업은 그 장소에 있는 사람이나 그 지역을 매개로 활동하고 향유하는 사람들에게 풍요로움을 선사하는 진정한 人間化의 방향이 될 것이다.

도시재생의 최종 목표는 '인간화'이다. 이 또한 궁극적으로는 인문정신을 통해 구현되는 것이다. 이 점을 이 시대 가장 보편적인 '영상문화'의 차원에서 바라보아도 마찬가지이다. 조관연은 한국 다큐멘터리 영상에 있어 '인문적 성찰성'과 '인문정신'을 담아야 한다는 점을 강조하며 현재의 상황을 비판적으로 검토하였다.[20] 디지털기술의 발전과 함께 영상문화가 난무하는 현실에서, 이러한 지적은 경청할만 하다. 흔히 상업성에 경도되어 팩트를 무시하며 맥락없이 전개되는 영상은 현실을 왜곡하기 쉽다.

도시재생은 産學官民의 여러 주체들이 결집되어야 한다. 그런데 통상 인문학자의 참여는 제한적이며, 시작 단계에서 그쳐버리는 경우가 많다. 이 점은 앞에서 강조하였듯이 시작에서부터 지속적인 재해석까지 계속되어야 한다. 오늘날은 官의 힘만으로 한계가 있지만, 民間의 힘만으로도 한계가 있다. 특히 도시재생사업은 그러하다. 무엇보다 앞서가는 오픈 마인드의 官이 필요한 것이다. 그런 점에서 "官이 民에게 강제하면

---

19 도시재생에 있어 가장 중요한 요소 중의 하나인 '주민참여'의 경우, 외형적으로 보이는 가장 중요한 요소는 '경제적 측면'이라고 할 수 있지만, 실상은 인문적 성찰성과 인문정신이 가장 중요한 중심이 되어야 할 것이다.

20 조관연, 「인문정신과 문화 영상다큐멘터리」, 『인문콘텐츠』 30, 2013, 24-25쪽.

생명 없는 官制 작품이 되지만 民이 요구하는 것을 官이 받아들이면 명작이 나온다."[21]는 경귀는 음미할 만하다고 할 것이다.

끝으로 도시재생을 포함한 산학협력에 있어 인문학자들은 보다 열린 사고를 가져야 한다. 인문학은 단순한 지식 위주의 문화교육을 벗어나 경제적 부가가치를 획득하면서도 현대인의 삶의 공간인 도시의 정체성을 확보하고 브랜딩하는 데에도 기여할 수 있는 창조적 실천 영역으로 전공영역을 확대하는 것이 필요하다.[22] 앞서 언급했듯이 어려운 원형 논의를 하는 것은 그것이 현실 문제를 해결할 열쇠이기 때문이다. 따라서 인문학은 당연히 현실 응용까지 나가야 한다. 그것이 진정한 인문학의 완성일 것이다.

도시재생사업에 있어 인문학의 역할은 필수적이다. 이러한 사업에 인문학자의 관심이 증폭되어야 하며, 새로운 책임임을 자각할 필요가 있다. 그러한 책임의 하나로서, 무엇보다 인문학의 관점에서 도시재생사업에 대한 리뷰와 논문화작업이 필요하다. 인문학 관련 학술지들은 인문학이 결합된 사업들에 대한 인문학자들의 진솔하고도 비판적인 분석 글들을 정식논문으로 인정해 주어야 한다. 지속적으로 이러한 과정을 거쳐야 인문학적 관점의 노하우가 축적될 것이며, 인문학의 역할이 보다 정당화됨으로써 보다 인간화된 도시재생으로 이끌 것이다. 그런 점에서 이번 열상고전연구회 학술대회의 기획과 실행의의를 높이 평가하고자 한다.[23]

---

21 유홍준, 『나의 문화유산답사기 7』, 창비, 2012, 248쪽.

22 김상원, 앞의 글 참조.

23 본 글의 심사과정에서 여러 심사위원들이 필자가 제시한 팩트의 힘, 원형과 맥락의 힘, 재해석과 융합의 힘에서, 보다 구체적인 사례를 중심으로 성공사례와 실패사례를 제시해주었으면 하는 의견을 제시해 주었다. 이러한 지적은 전적으로 타당한 것이라고 생각한다. 본 글은 2015년 10월에 개최된 열상고전연구회 기획발표회(도시재생사업과 인문학의 만남, 그 사례와 방안들)에서 기조강연으로 작성된 것이었다. 구체적인 사례들은 각론적 발표에서 이루어져서, 본 발표는 다소 총론적으로 작성된 측면이 있었음을 밝혀둔다.

6 '한류인문학'을 제창한다

머리말

본 글은 한류에 대한 인문학적 고찰의 필요성을 강조한 글이다. 한류는 말 그대로 '한국 흐름(Korean Wave)'이지만,[1] 한류를 바라보는 관점에 따라 '문화적인 현상'과 '경제적인 현상'으로 크게 나뉘어진다. 그 결과 대중문화를 중심으로 한 전통적인 한류를 '문화한류'로 칭하고, 전자산업 및 휴대폰산업 등을 통해 한국의 이미지가 높아지는 현상을 '경제한류'로 정의하기도 한다.[2] 한편 KOTRA는 문화한류에서 경제한류로의 도약을 위해 '비즈니스한류'라는 개념을 제시하기도 했다.[3]

한류에 대한 인식과 파급효과는 사람에 따라 다르게 평가할 수 있을 것이다. 그러나 한국은 20세기 접어들자마자, 1910년 식민지 상태를 겪었다는 점, 1945년 식민지에서 해방되었으나, 1948년 다시 남과 북으

* 출전: 김기덕·배상준, 「'한류인문학'을 제창한다」, 『인문콘텐츠』 45, 2017.

1 초기에는 한류의 영문표현을 'Korean wave'로 하였으나 이제는 발음 그대로 'hallyu'라고 표현하고 있다.

2 송정은·김익기·장원호, 「동남아지역의 경제한류:베트남, 태국, 인도네시아를 중심으로」, 『지역사회학』 15-1, 2013; 장원호·김익기·조금주, 「"문화한류"와 "경제한류"의 관계분석: 태국의 사례를 통한 시론적 연구」, 『한국경제지리학회지』 16-2, 2013.

3 KOTRA 지식서비스사업팀, 『문화한류에서 경제한류로서의 도약을 위한 글로벌 한류동향 및 활용전략』, 2011.

로 분단되었다는 점, 이어서 1950년에는 남과 북의 격렬한 전쟁이 있었고, 1953년 휴전되었으나 지금까지 60년 넘게 분단국가로 남아 있다는 점을 고려한다면, 한류는 한국인에게만이 아니라 전 세계적으로 경이로운 일이라고 할 수 있다.

최근 조사된 한류산업의 지역별 총 수출액은 54억 6천만 달러이다.[4] 이처럼 한국에서 만들어진 대중문화상품 한류가 아시아를 넘어 전 세계를 강타하고 있다. 드라마, 영화, K-pop을 중심으로 전개되다가, 그 범위가 음식문화를 중심으로 생활문화에까지 확대되었다. 물론 한류의 전파가 과연 전 세계적인 현상인가, 또한 한류가 앞으로도 계속 지속될 수 있을 것인가 하는 의문은 있을 수 있다. 그러나 근현대 세계사적 문화교류의 차원에서 이름없는 문화변방에 머물러 있었던 한국의 대중문화가 최근 20년 동안 이 정도의 영향력을 발휘한다는 것은 연구자들의 입장에서도 중요한 연구주제가 될 것이다.

이러한 한류에 대한 연구자들의 분석논문은 한류의 시작에 비해서는 많이 늦었지만, 2013년까지 조사된 바에 의하면 주요 전문학술지에 526편이 검색된다.[5] 본 글의 작성을 위해 2017년 5월 현재 RISS 한 군데에서만 '한류'를 검색해 보면 학위논문 2390편, 국내학술지논문 4686편, 단행본 2638편, 연구보고서 103편이 나온다. 그야말로 한류의 유행과 함께 연구자들의 연구성과도 봇물처럼 산출되었다고 할 수 있다. 본 글은 이러한 상황에서 인문학 차원의 한류연구의 중요성을 강조하고, 무엇보다 그 역할을 인문콘텐츠학회가 주도적으로 수행할 필요가 있다는 점을 제기한 것이다. 아울러 학술연구와 연동되는 국가기관의 정책연구 측면에서도 한류인문학의 활성화 방안을 제시해 보고자 하였다.

---

4 문화체육관광부·한국콘텐츠진흥원, 『2016 콘텐츠산업 통계조사』, 2016, 2쪽. 이것은 2015년 통계로, 산업별·국가별 수출액은 이 자료를 참고할 수 있다.

5 이것은 2014년 2월 한류연구동향을 분석한 다음의 글에서 제시된 것이다. 임학순·채경진, 「우리나라 한류연구의 경향 분석」, 『한류비즈니스연구』 창간호, 2014.

한류의 연구현황과 한류인문학의 필요성

한류의 시작을 어느 시점에서 보느냐는 논란의 여지가 있다. 거슬러 올라가면 태권도의 해외전파까지 얘기될 수도 있다. 그러나 대체로 현재의 한류 흐름은 2000년대 들어 본격화되었다고 보고 있다.[6] 물론 2000년대에 나타나기 시작한 본격적인 한류 흐름은 이미 그 전에 다양한 노력이 있었기에 가능한 일이었다. 그러한 2000년대 이전 한류의 사전 노력과 2000년대 이후 한류의 본격적인 전파는 전적으로 기업체가 수행한 것이다. 즉 개별 방송사, 음반 제작사, 엔터테인먼트 기획사 등의 해외시장진출과 마케팅에서 비롯되었다. 이러한 한류의 태동과 발전에서 한동안 전문연구자들은 전혀 기여한 바가 없었다.

한류 현상이 가시화되면서 기업체의 노력과 함께, 문화체육관광부, 방송위원회, 방송영상산업진흥원, 한국문화콘텐츠진흥원, 문화관광정책연구원 등 관련 정부 부처와 산하 연구기관 등에서 한류와 관련된 정책들을 활발하게 논의하여 도움을 주었으며, 보다 적극적인 한류 정책 수행을 그 성격에 맞게 한국국제교류재단에서 담당하였다. 이러한 과정을 통해 한류는 그 어떤 이슈보다 정책적 관심과 지원을 많이 받은 분야로 자리 잡았다.[7]

하나의 이벤트로 끝날 것 같은 한류가 계속 지속되고 다양한 분야로 더욱 확산되면서, 전문연구자들의 연구논문이 산출되기 시작하였다. 한류 현황을 분석한 연구에 의하면, 2004년까지 한 자리수에 불과했던 한류 관련 학술논문이 2005년부터 점차 증가하는 현상은 이 점을 잘 말해주고 있다.[8] 한류연구는 인문학, 사회과학, 예술, 교육학, 공학, 학제간연

---

6 한류라는 표현 자체는 1999년 중국의 북경 청년보에 "한국의 유행이 밀려온다'는 뜻으로 언급된 것이 최초 표현이라고 한다. 이원희, 『신한류를 활용한 인바운드 관광정책 방향』, 한국문화관광연구원, 2011.

7 손승혜, 「학술 논문의 메타 분석을 통해 본 한류 10년」, 『언론과 사회』 17-4, 2009, 123쪽.

8 임학순·채경진, 앞의 글, 37쪽 〈표 3, 시기별 학문분야〉; 김미경·김보경, 「한류관광 관련 연구동향 내용분석」, 『호텔경영학연구』 23-3, 2014, 7쪽 〈표 1, 분석대상 논문의 연도별 학술지 게재현황〉.

구 등 다양한 분야에서 시도되고 있다. 그 결과 머리말에서 언급한 바 현재 엄청난 분량의 연구들이 축적되었다.

필자는 이러한 전문연구자들의 한류연구와 관련하여 몇 가지 점을 강조하고자 한다. 첫째, 비록 한류의 발전과 관련해서는 기업체와 정부기관의 노력에 비해 한류연구가 가장 늦었지만, 이제부터는 한류연구가 한류 현상을 선도해야 한다는 점이다. 솔직히 한류라는 것을 미리 예언하고 그 방향을 제시한 학술적 논문은 없었다. 한류가 번창한 후에 비로소 학술논문이 뒤따라서 산출되기 시작했다. 물론 사회현상이 먼저 나타나고 그 다음에 분석 연구논문이 산출된다는 점은 일반적인 경향이라고 할 수도 있을 것이다. 그러나 때로는 선진적인 학문이론과 연구업적은 시대를 선도하기도 한다는 점에서, 연구자들은 기업체와 정부기관에 채무가 있다고 생각한다. 이제 한류의 내용 및 방향, 그리고 정책과 관련하여 거꾸로 연구자들은 기업체와 국가정책기관들에게 그 채무를 갚아야 하며, 이 점이 현재 한류 연구자들에게 주어진 역사적 사명이라고 생각한다.

둘째, 한류는 보편성을 지향하지만, 한류연구는 국적을 가질 수 있다는 점이다. 한류에서 국가적 색채는 중요하지 않으며, 오히려 그것을 강조하는 것은 문제가 있다는 공감대는 형성되어 있다. 그것은 한류라는 것이 한국이라는 국가적 차원을 넘어 세계인의 마음을 치유하는 콘텐츠이자 상품이기 때문이다. 그런 점에서 이제 한류는 인류자산의 하나라고도 할 수 있다. 그러나 한국인으로서 한류의 발전방향을 모색함으로써 한국문화 및 한국상품의 세계적 브랜드화를 구축한다는 것 또한 양보할 수 없는 당연한 책무일 것이다. 한류가 보편성을 가져야 한다는 것과 한류의 발전을 위해 한국인으로서 노력한다는 것은 상호 모순적인 것이 아니다. 그런 점에서 한류가 세계인의 삶을 치유하는 인류의 보편적인 콘텐츠라는 관점을 지향하되, 한국의 연구자들은 그러한 한류가 올바른 방향으로 나아감으로써 결국 한국의 발전에도 도움이 되는 방안을 적극 모색해야 한다.

셋째, 한류연구 중에서도 이제 핵심은 한류인문학이 되어야 한다는 점이다. 비록 2013년도까지의 분석이지만, 임학순·채경진의 연구에서는 전체 한류논문 가운데 인문학 분야가 29.8%, 사회과학 분야가 50.4%가 나오고, 기타 학문 분야에서 소수의 논문들이 산출되고 있다. 이 연구에서는 학문분류만이 아니라, 연구주제로도 통계 수치를 제시하였다. 그 결과 한류현상(42.8%), 한류콘텐츠(25.7%), 한류기업(4.4%), 한류소비자(7.2%), 한류관광(11.8%), 한국 문화교육(4.0%), 문화교류(4.2%)로 조사되고 있다.[9] 이 연구에서는 목록이 제시되지 않아, 어떠한 기준으로 학문분류와 연구주제 분류를 하였는지는 확인할 수 없다. 또한 이 연구는 2013년까지의 연구성과이므로 현재의 상황을 그대로 반영하고 있다고 보기 어려운 측면도 있다. 그러나 전체적인 추세는 가름할 수 있다고 생각한다. 한류논문의 학문 분야에서 인문학 29.8%는 연구주제에서 한류콘텐츠와 문화교류를 합치면 비슷해진다. 이 두 분야는 기본적으로 인문학 분야에 가깝기 때문이다. 그렇다면 대체로 한류논문의 30%는 인문학 관련 논문이라고 생각해도 큰 오차는 없을 것이다.

이렇게 본다면 한류를 인문학적으로 접근한 연구는 지속되어 왔다고 할 수 있다. 아쉽게도 필자는 본 글을 작성하면서 관련 연구성과들을 전부 숙독하지 못하여, 인문학 연구로 분류된 글들의 구체적인 연구성과를 제시하지 못하는 한계는 있다. 그러나 필자는 앞으로 한류에 대해 인문학적으로 접근하는 연구가 더욱 활발하게 진행되어야 한다는 점을 강조하고자 한다. 먼저 한류의 인문학적 접근의 일차 연구대상은 한류콘텐츠 분석이 될 것이다. 한류의 구성 요소 중 콘텐츠 분석은 인문학이 가장 크게 기여해 주어야 한다. 그리고 콘텐츠 분석 결과는 직간접적으로 한류작품의 수준을 높이고 그 방향성을 올바르게 가져가는 데 기여할 것이다.

이러한 한류콘텐츠 분석과 아울러, 인문학이 한류에 가장 크게 기여해야 하는 또 다른 방향은 한류를 통한 한국문화의 브랜드화라고 생각한다. 일본문화가 전 세계에 알려지고 지식인 사회에서도 일본문화의 브랜드화가 형성된 것은 무엇보다 글로서 일본문화가 소개되었기 때문이다.

---

9 임학순·채경진, 위의 글, 37-38쪽.

아무리 한류가 폭발적이라고 하더라도 글로 그 내용과 의미가 소개되지 않는다면 한국문화의 브랜드화는 달성될 수 없다. 바로 이 점에서 인문학은 다양한 글과 저서를 통하여 한류에 기여해 주어야 한다.[10] 그리고 이러한 인문학과 한류의 만남은 개별적인 연구 축적 외에 국가 정책과도 맞물려야 한다. 이 점과 관련하여 그동안 국가기관의 꾸준한 노력이 있어 왔으나, 좀더 종합적이고도 전략적인 접근이 필요하다고 생각한다.

예를 들어 다음 장에서 자세히 언급하겠지만, 수많은 인문학연구를 지원하고 있는 한국연구재단에서 특별히 한류인문학과 관련된 연구 프로젝트가 진행되고 있는 것은 현재 없다. 앞으로 이 점에 대한 깊은 고려가 있어야 할 것이다. 한국학중앙연구원의 한국학진흥사업단에서는 〈아시아와 한류〉라는 주제로 2007년부터 교재개발사업이 진행된 바 있으나 현재는 중단된 상태이다.[11]

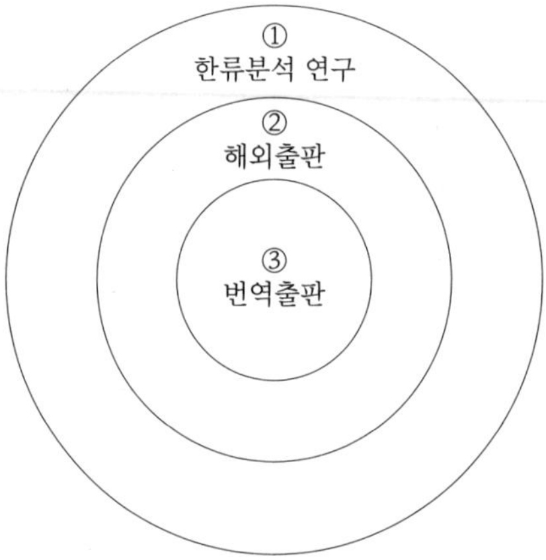

〈그림 1〉 한류인문학의 단계

10 현재 다양한 기관에서 해외 한국학진흥사업, 국제적 문화예술교류사업, 국제협력 네트워킹 사업 등을 전개하고 있다. 필자는 사업적 측면 외에 논문과 책의 출판의 중요성을 강조하는 것이다. 결국 문화의 브랜드화는 출판의 형태를 통한 진정한 가치의 전달과 인정이 중요한 것이기 때문이다. 물론 출판은 전통적인 종이책 형태만이 아니라 새로운 미디어 형식도 포함될 수 있다.

11 한국학진흥사업단 석창진연구원이 알려준 사항이다.

인문학 차원에서 한류의 주요 내용을 글과 논문으로 출판하는 것은 결국 해외로 번역 출판하는 차원까지 연결되어야 한다. 간단한 논리이지만 이것을 그림으로 제시하면 〈그림 1〉과 같다.

먼저 첫단계는 인문학 차원에서 다양한 한류콘텐츠 분석 논문과 저서를 출판하는 것이다. 다음 단계는 이렇게 산출된 연구성과를 선별하고 필요시 해외 독자를 감안하여 가공된 형태로 해외출판을 시도하는 것이다. 물론 가공된 형태를 기획하는 방안이나 출판도서의 적절한 해외 배포방안은 정책적으로 모색되고 시행될 필요가 있다. 마지막 단계는 해외출판 대상 저서 중 적절한 것을 선정하여 영어를 중심으로 하되 다양한 각국 언어로 번역 출판되어야 한다.

물론 출판콘텐츠 해외지원사업은 일찍부터 시행되어 왔다. 크게 한국 출판콘텐츠를 해외 출판하고자 하는 출판사를 지원하는 번역지원사업과 해외의 한국학 개설대학·박물관·도서관·연구소·문화원 등에 출판도서를 지원하는 배포지원사업으로 대별될 수 있다.[12] 특히 한국국제교류재단은 외국어로 된 한국 관련 출판물 부족을 해소하고자 한국 관련 우수 외국어 도서의 출판지원을 통해 세계인의 한국에 대한 이해를 넓혀주고 있다. 매년 10~20종의 도서가 출판경비를 지원받아 각국 언어로 출판되고 있다.[13] 그러나 이러한 정책은 몇 가지 점들을 고려할 필요가 있다고 생각한다.

첫째, 일반적인 해외 출판콘텐츠 지원과는 별개로, 한류를 염두에 둔 해외출판 지원은 새롭게 기획될 필요가 있다. 그것은 한류콘텐츠와의 상호 연계, 해외 독자층을 고려한 서술 방식의 변화, 해외 배포처 및 한류콘텐츠 출판물을 필요로 하는 해외기관의 니즈 분석 등이 고려되어 기획되어야 할 것이다. 특히 위의 도표에서 ① 한류분석 연구가 기본적으로 관련전문가들이 책임을 갖고 수행한다면, 그러한 연구들 중에서 국가

---

12 박찬수, 「한국 문화외교의 성과와 전망: 출판콘텐츠 해외지원을 중심으로」, 『2017년 인문콘텐츠학회 춘계정기학술대회 논문집』, 2017, 468-469쪽.

13 한국국제교류재단 1999년-2015년 연차보고서 참조.

정책자원에서 ②와 ③이 앞서 언급한 것처럼 새롭게 기획되어 진행될 필요가 있다.

둘째, 이미 세계는 스마트 디바이스를 이용하여 SNS 서비스를 사용하는 것이 생활화되어 있다. 또한 디지털콘텐츠 뷰어로 사용될 각종 디바이스들은 위치정보와 사진, 동영상과 같은 멀티미디어 정보를 실시간으로 활용할 수 있는 기술을 가지고 있다. IT 기술의 혁신으로 기존의 전통적인 유통 플랫폼을 활용한 출판콘텐츠 해외 지원만이 아니라, 사용자 중심의 출판콘텐츠 해외 지원전략도 모색할 필요가 있을 것이다.[14]

결국 한류인문학은 크게 보아 '학술한류'라고도 할 수 있을 것이다. 현재의 한류가 오감만족형으로 진행되고 있다면, 그러한 한류콘텐츠가 갖는 의미와 가치를 글을 통해 잘 설명해주는 것은 학술한류의 성격을 가질 것이다. 이러한 학술한류가 병행될 때에 한국문화는 진정한 세계 브랜드로서의 위상을 가질 수 있을 것이다. 이것이 현단계 한류인문학이 본격적으로 필요한 이유라고 할 수 있다.[15]

한류의 발전과정과 한류인문학의 과제

한류의 발전과정은 한류의 구분과도 관련되는 것이지만, 대체로 다음의 방식에 공감하고 있다.

14 박찬수, 앞의 글, 482쪽.

15 조동일은 "한류가 있으면 한류 학문이 있어야 한다. 한류 학문은 한류를 연구 대상으로 하는 학문이다. 한류가 어떻게 해서 이루어졌는가 하는 의문을 풀어주고 나아갈 방향을 찾는 것을 임무로 한다"고 하여, '한류 학문'이라는 표현을 사용하였다(조동일, 「세계에 공헌하는 한류 학문」, 『겨레어문학』 51, 겨레어문학회, 2013, 19-26쪽). 필자가 표현한 '학술한류'는 좀더 넓게 한류 연구만이 아니라 그것을 한류 대상자들에게 전달하는 것까지 포함하여 사용한 것이다.

〈표 1〉 한류의 구분[16]

구분	한류1.0	한류2.0	한류3.0
시기	1997년~2000년대 중반	2000년대~2010년대 초반	2010년대 초반 이후
특징	한류의 태동 영상콘텐츠 중심	한류의 확산 아이돌스타 중심	한류의 다양화
핵심장르	드라마	K-pop	K-culture
장르	드라마·영화·가요	대중문화·일부 문화예술	전통문화·문화예술·대중문화
대상국가	아시아	아시아·중동·아프리카·중남미· 유럽 일부·미국 일부	전 세계
주 소비자	소수의 마니아	10~20대	세계 시민
주요매체	케이블TV·위성TV·인터넷	유튜브, SNS	모든 매체

1.0, 2.0, 3.0과 같은 표현은 많은 분야에서 유행하고 있다. 그것은 발전 단계를 표현하는 데 적절하기 때문이다. 그러나 다른 기술 분야에서는 3.0이 되면 1.0과 2.0 기술은 일종의 소멸이거나 새로운 기술에 종속되지만, 위의 한류 단계는 그렇지 않다는 점을 유념할 필요가 있다. 한류2.0이 K-pop 중심이지만, 그것은 기존 한류1.0 드라마 중심에서 더 중첩되어 확장된 것이다. 결코 한류1.0 드라마가 소멸된 것이 아니다. 또한 한류3.0을 표방하는 것은 한류1.0 드라마와 한류2.0 K-pop과 연동하여 한국의 생활문화로 확장된다는 의미이다. 즉 기술 분야의 표현과는 달리, 한류의 구분은 기존 것과 새로운 것이 시너지되어 점차 확장된다는 표현이다.

한류의 구분에 있어 반드시 기억되어야 할 사건은 2011년 5월 프

16 문화체육관광부·한국문화관광연구원, 『한류백서』, 2013.

랑스 파리의 루브르박물관 앞 한류시위라고 할 수 있다. 한류 팬 300여 명은 5월 1일 오후 3시께(현지시간) 파리 루브르박물관 입구에서 다음 달 10일에 열리는 K팝 스타들의 공연이 하루밖에 되지 않는다며 공연을 하루 더 연장해줄 것을 촉구했다. 이날 시위는 SM엔터테인먼트 소속 그룹들의 공연에 대한 인터넷 티켓 판매가 15분 만에 매진되면서 비롯됐다. 표를 구하지 못한 프랑스 및 유럽의 열성팬들이 페이스북에 탄원코너를 만들어 주최 측에 공연 연장을 호소하다 여의치 않게 되자 거리에 삼삼오오 모여 집단 행동에 나선 것이다. 이들은 "제발 공연을 하루 더 해 주세요"라고 한글로 적힌 피켓과 팬클럽 카드 등을 들고 K팝 스타들의 노래에 맞춰 춤을 추면서 1시간여 동안 자신들의 요구사항을 호소하는 시위를 벌였다. 이 사건은 현재에도 인터넷에 당시 상황과 사진이 많이 올라와 있으며, 물론 대부분의 한류 연구자들도 이 사건을 잘 알고 있다.

그런데 필자가 이것을 다시 언급하는 것은 한류의 발전에 있어 이 사건이 갖는 상징성 때문이다. 이 사건은 예술의 본 고장이라고 할 수 있는 유럽의 파리, 파리의 가장 상징적인 문화 랜드마크인 루브르박물관과 유리 피라미드가 시위 장소라는 점, 아시아인이 아닌 한국과는 너무나 먼 거리와 문화적 차이를 갖는 유럽인들이 시위 주체라는 점, 서로 모르는 사람들이 플래시몹(Flash Mob)을 통해 만나서 함께 시위했다는 점, 각자 한글로 적은 피켓을 들고 나왔다는 점, 시위 내용이 K팝 공연을 늘려달라는 점 등은 정작 한국인만이 아니라 세계인들을 놀라게 하기에 충분했다. 이 이색적으로 보이는 사건은 외신을 타고 전 세계에 알려졌으며, 그 결과 K팝을 단숨에 전 세계에 홍보하는 효과를 가져왔다. 결국 이 시위로 SM엔터테인먼트는 공연을 연장하는 결정을 내렸다. 그러자 이어서 영국 런던의 트라팔가 광장, 남미 브라질 리오데자네이로 등에서 한류팬들이 플래시몹을 통해 자신들에게도 한류공연을 해 달라는 한류시위가 연속으로 이어졌다. 2011년 5월과 6월은 한류가 전 세계에 각인되는 홍보효과를 확실히 한 시기였다고 할 수 있다.[17]

17 이 감격적인 사건을 보며 필자도 이에 대한 컬럼을 쓴 바 있어 소개한다. 김기덕, 「새로운

이제 이러한 한류의 발전과정에 맞추어 구체적인 한류인문학의 과제를 살펴보고자 한다. 먼저 한류1.0 드라마 분야는 인문학적 차원의 콘텐츠 분석이 적극 필요하다. 한류 드라마에는 우리가 의식하든 안하든, 과거 및 현재의 한국문화의 여러 요소가 알알이 담겨 있다. 세계의 많은 사람들이 한류드라마에 감동한다면, 한류드라마에 담긴 한국문화의 내용과 의미를 글로 설명하는 것은 한국의 인문학자들에게는 당연한 역할과 과제일 것이다. 글은 다른 매체와는 달리 단시일내에 전파되지는 않는다. 그러나 어떤 매체보다도 다수에게 그리고 오랜 시간에 걸쳐 반복적으로 노출될 수 있다.

또한 한류드라마의 콘텐츠 분석은 지속적인 한류콘텐츠 생산의 질적 수준을 높여줄 수 있을 것이다. 한류콘텐츠 생산자들도 직간접적으로 관련 연구성과를 참조하여 기획하고 있다. 따라서 이러한 한류드라마의 콘텐츠 분석은 결국 세계인의 정서를 치유할 수 있는 더욱 바람직한 한류콘텐츠 생산에도 기여할 수 있을 것이다.

한류2.0 K-팝은 한류1.0 드라마에 비해, 인문학이 접근할 수 있는 영역은 많지 않다. 아무래도 음악적 요소와 공연적 요소가 크기 때문이다. 다만 흥과 신명, 역동성과 공동체라는 키워드를 중심으로 인문학적 접근이 가능하며, 실제 그러한 주제와 관련되는 글들이 많이 산출된 바 있다.

한류3.0 K-컬처는 아직 일반적으로 형성되어 있는 흐름은 아니다. 한류3.0은 정부 차원에서 제기되었다. 2012년 문화체육관광부는 〈전통문화의 창조적 발전전략〉(1월), 〈세계와 함께 하는 대한민국 문화예술 발전전략〉(2월), 〈콘텐츠 글로벌 경쟁력 강화방안〉(4월) 등 한국문화를 세계인의 문화로 자리매김하기 위한 전략을 발표하였다. 그리고 그것은 〈전통문화 및 한류 관련 사업추진계획(2012-2013)〉으로 구현되어, 구체적인 사업계획이 추진되었다.[18] 결국 한류3.0은 드라마와 K팝과 같은

동력 얻는 한류」, 『국민일보』, 2011. 5. 7.

18 이원태, 「전통문화 세계화 정책의 의의와 전개」, 『제1회 전통문화의 한류 동반진출 전략

대중문화 중심의 한류가 세계적으로 확산되고 있는 상황에서 기존의 전통문화 및 현대 생활문화와의 결합을 통해 한류콘텐츠의 품격과 경쟁력을 높이고 지속가능한 한류 확산을 도모하기 위하여 정부 및 국책연구기관 차원에서 발상된 것이다. 이러한 과정에서 한류1.0, 2.0, 3.0과 같은 시기 구분도 제시되었다고 할 수 있다. 필자는 이러한 정부의 정책은 시의적절한 것이었으며, 대단히 선진적인 시도였다고 평가해야 한다고 생각한다.

한국문화를 내세우는 한류3.0은 몇 가지 특색이 있다. 첫째는 한류1.0 드라마는 전 세계 현지에서 자국어로 자막처리된 방송을 보면 된다. 한류2.0 K-팝은 각자 자기가 있는 곳에서 유튜브를 중심으로 인터넷 검색을 하여 들으면 된다. 열성팬을 제외하고는 굳이 한국을 방문할 필요가 없으나, 한류3.0 한국문화는 그렇지 않다. 한국의 의식주 생활문화, 한국의 전통문화와 전통문화유산, 한국 전체에 산재되어 있는 중요 장소를 찾아가는 관광은 원칙적으로 한국을 방문해야 한다.

둘째, 한류1.0 드라마와 한류2.0 K팝은 기본적으로 글로 된 출판물을 필요로 하지 않지만, 한류3.0 한국문화는 그 의미와 가치를 진정으로 이해하려면 글로 된 출판물을 함께 접해야 한다. 그리고 이 점은 지식층 대상으로 갈수록 더욱 그러하다고 할 수 있다.

셋째, 문화브랜드의 성립은 한류3.0이 창출한다는 점이다. 크게 보면 한류1.0과 2.0도 한류3.0으로 귀결되고 포함된다. 결국 한류1.0이나 2.0의 유행적인 차원은 부분적으로 부침이 있거나 심지어 소멸될지라도, 한류3.0이 정착된다면 그것은 변하지 않는 한국의 문화브랜드로 인식될 것이다.

넷째, 한류3.0은 다른 학문 분야와 비교하여 무엇보다도 인문학이 주된 내용과 의미를 제공해 주어야 한다. 한류3.0을 구성하는 의식주 생활문화, 문화유산, 관광 등에 있어, 여러 학문 분야가 관계되겠지만 가장

연구포럼: 전통문화는 한류와 어떤 관계가 있는가?』, 한국문화관광연구원, 2012.

우선적으로 직결되는 분야는 인문학인 것이다.[19]

필자는 2014년 한국연구재단의 의뢰를 받아 정책연구를 수행한 바 있다. 그 연구를 통해 앞으로 지향해야 할 새로운 인문학연구로서, 〈인문학대중화사업 신규기획사업안〉을 도출한 바 있다.[20] 여기에서 제안된 것은 인문학 국책연구와 디지털인문학연구, 그리고 산학연계의 인문브릿지사업이었고, 이 사업들 대부분은 2015년부터 한국연구재단에서 실제 시행하고 있다. 이 중 본 글과 관련하여 인문학 국책사업으로 제시한 〈한류3.0 구현을 위한 학술한류 융합연구〉를 소개하고자 한다. 이 사업을 구상한 것은 앞에서 언급한 것처럼 한류인문학이 필요하다는 점, 특히 한류3.0은 인문학이 그 역할을 해 주어야 한다는 점에서 기획된 것이다. 그 당시에 제시된 사업설계는 크게 다음의 두 가지였다.

① 다양한 한국의 생활문화 및 전통문화에 담긴 인문학적 가치를 중심으로 비교문화사적 융합연구를 통하여 인문학 차원의 학술한류콘텐츠를 제공함으로써, 한류3.0 구현을 위한 인문학 학술성과의 기여도를 제고하기 위한 국책연구임

② 원론적인 이론 연구 수행을 목적으로 하는 것이 아닌, 기존 연구를 토대로 하되 기본적으로 세계사적인 비교문화의 관점에서 한국문화의 주요 주제를 역사성, 의미부여, 힐링적 차원, 체험적 차원, 현재적 의미 등을 주제로 접근하여 다양한 학제간 융합연구 수행

이것은 앞서 〈그림 1〉의 3단계에서 언급한 것처럼, 한류를 겨냥한 일

---

19 관광 분야는 따로 관광학이 있으나, 관광의 대상에 대한 콘텐츠는 문학, 역사, 예술 등 기본적으로 인문학과 관련이 크다. 흔히 관광학에서는 ① 한류관광 현황 및 발전방향에 관한 연구, ② 한류가 관광목적지 이미지에 미치는 영향에 관한 연구, ③ 한류와 관광상품에 관한 연구, ④ 한류관광 만족도 연구 등이 이루어지고 있다(김미경·김보경, 앞의 글, 3-4쪽). 한류관광은 사회과학 차원의 관광학이 전부 책임질 수 없다. 앞으로 관광 분야에 있어 인문학적 접근이 더욱 활발하게 이루어져야 균형잡힌 한류관광 분야 활성화가 가능할 것이다.

20 김기덕, 『디지털시대 인문학 성과의 산업화 방안 연구』, 한국연구재단(정책연구-2014-014-인문학), 2014.

종의 설계 기획이 담긴 것이다. 그리고 어떤 연구이든 '비교사적 관점'을 강조하였다. 이러한 점들이 기존의 일반적인 한국문화 연구와 차별성을 갖는 것이다. 이러한 연구설계와 관련하여 세 가지 예시를 제시하였다.[21]

세부주제 예시	문화사의 관점에서 조명한 김치문화의 세계화
	한국의 미식(美食) 문화의 비교사적 연구
	한국 한옥의 자연조화적 힐링문화 연구

그러나 〈인문학대중화사업 신규기획사업안〉에서 이 사업만은 유일하게 시행되지 않았다. 그것은 물론 연구설계나 세부주제 예시가 좀더 치밀하지 못한 측면도 있을 것이다. 그러나 기본적으로 이러한 한류인문학 관련 연구사업이 재설계되어 시행될 필요가 있다.

앞서 한류연구현황에서 인문학 분야의 연구가 지속적으로 산출되었다는 점을 제시하였지만, 아마도 한류인문학의 커다란 이정표를 세운 연구는 한국국학진흥원에서 진행된 3권의 연구프로젝트라고 할 수 있다. 기본연구 및 연구발표회를 거쳐 2012년 출간된 『한국인의 문화유전자』, 2013년에 출간된 『한국문화유전자 지도』, 2014년 출간된 『한국인의 일상과 문화유전자』가 그것이다.[22] 이 저서들은 2012년에 설문조사를 통해 추출된 10대 한국인의 문화유전자(곰삭음, 정, 자연스러움, 공동체, 어울림, 해학, 흥, 예의, 역동성, 끈기)를 핵심 키워드로 하여, 과거 자료를 재해석하고 현재의 한류콘텐츠 분석까지 시도해 본 것이다. 이 연구가 갖는 의미는 한류인문학의 하나의 근거 및 방향성을 제시해 준 것이라고 할 수 있다.[23]

---

21 위의 책, 153-167쪽.

22 한국국학진흥원 엮음, 『한국인의 문화유전자』, 아무르문디, 2012; 한국국학진흥원 엮음, 『한국문화유전자 지도』, 스토리하우스, 2013; 한국국학진흥원 엮음, 『한국인의 일상과 문화유전자』, 스토리하우스, 2014.

23 현재 이 3권의 저서의 영역작업이 기획되어 있다고 한다. 이는 필자가 언급한 주장에도 부합하는 대단히 바람직한 작업이라고 생각한다.

문화유전자라는 용어는 원칙적으로 한국에서 나왔다. 문화콘텐츠, 인문콘텐츠, CT(Culture Technology)라는 용어가 한국에서 창출된 것처럼, 문화유전자라는 표현도 그러하다. 리처드 도킨스는 인간의 행위를 결정하는 주체는 인간이 아니라, 몸 안에 존재하면서 모방이라는 과정을 통해서 한 사람의 뇌에서 다른 사람의 뇌로 퍼져나가는 밈(Meme)이라고 주장하였다.[24] 그러나 이러한 밈론은 유사과학의 독단론,[25] 잘못 판단된 다윈주의자의 비유,[26] 복제될 수 있는 기호의 원시적이고 퇴보적인 형태,[27] 개체와 발생에 엄격하게 적용되지 않기 때문에 불필요한 개념[28]이라는 다양한 비판이 제기되었다. 문화유전자라는 개념은 이러한 생물학적 차원의 유전자 개념과는 다르다.

또한 사회학적 관점에서 문화아이콘으로서의 유전자 연구가 있다.[29] 그러나 이 연구는 문화적 행동, 지능 및 여러 특성들이 유전자의 통제하에 있으며 변경 불가능한 것으로 본다는 점에서, 역시 문화유전자 개념과 차이가 있다. 현재 정리된 문화유전자 개념은 다음과 같다. 문화는 과거로부터 현대에 이르기까지 다양한 모습으로 변용되는 가운데 일정하게 지속되는 시간적 연속성, 다른 지역의 문화와 구별되는 공간적 차별성, 특정 분야나 장르를 넘어 다양한 문화적 영역에서 공통적으로 확인되는 사회적 공통성을 지닌 요소들이 있다. 이 세 가지 요소는 縱橫으로

---

24 Richard Dawkins, *The Selfish Gene*, Oxford University Press, 1976.

25 Luis Benitez-Beribiesca, "Memetics: A dangerous idea", *Interciencia*, 26 (1), Asociaión Interciencia, 2001, pp. 29-31.

26 John Gray, "John Gray on secular fundamentalists". *The Gurdian*, London, 15.03.2008.

27 Terrence Deacon, "Memes as signs in the dynamic logic of semiosis: Beyond molecular science and computation theory", *Conference paper: 12thInternational Conferenceon Conceptual Structures*(ICCS 2004), Volume: 3127, 2004, pp. 17-30; Kalevi Kull, "Copy versus translate, meme versus sign: developmemt of biological textuality", *European Journal for Semiotic Studies*, 12 (1), 2000, pp. 101-120.

28 Ernst Mayr, "The objects of selection", *Proceedings of the National Academy of Sciences of the United States of America*, Stanford University's HighWire Press, 1997, 94(6), pp. 2091-2094.

29 Dorothy Nelkin, M.Susan Lindee, *The DNA Mystique*, Unuversity of Michigan, 2004.

엮이면서 습득·모방·변용되는 문화적 성질이라는 점에서 '문화유전자'라고 할 수 있다.[30] 앞으로 이론적인 차원에서 문화유전자 개념은 더욱 발전될 필요가 있을 것이다.

한편 해외교류와 관련된 다양한 국책사업에서 한국학, 한국문화와 관련된 다양한 교재, 연구서 등이 요구되고 있다. 말이나 이벤트로만 하는 해외교류는 한계가 있다. 누차 강조하지만 질적인 해외교류를 이룩하려면 글로 표현된 한국학, 한국문화가 요청된다. 하나의 사례를 들어보자. 한국학중앙연구원의 한국학진흥사업단에서 시행하는 대표적인 한국학 해외교류사업은 〈해외 한국학 씨앗형 사업〉, 〈해외한국학 중핵대학 육성사업〉, 〈한국학 세계화 랩 사업〉이 있다. 그런데 이들 사업이 질적인 성공을 달성할 수 있으려면, 기본적으로 한국학 및 한국문화 관련 적절한 교재 및 연구서, 교양서가 있어야 한다. 그것이 해당 국가의 언어로 번역되어 있으면 더욱 좋을 것이다. 필자가 이 사업을 언급하는 것은 앞서 강조한 바 한류인문학의 축적과 확장은 한류 관련 다양한 사업에도 시너지 효과를 낸다는 점을 말하고자 하는 것이다.

한류인문학과 인문콘텐츠학회의 역할

이제 한류인문학과 관련하여 인문콘텐츠학회의 역할을 생각해 보고자 한다. 필자는 문화콘텐츠 분야는 대단히 여러 학문들이 복합되어 있으며, 이 중에서 인문콘텐츠가 담당해 주어야 하는 역할을 인문학 바탕의 문화콘텐츠 분야가 우선적이고 주된 목표로 수행해야 한다는 점을 강조한 바 있다.[31] 이것은 연구에 있어서도 그러하고 수업방식에 있어서도 그러하다고 생각한다. 마찬가지로 한류연구에 있어서도 그러하다. 한류연구는 다양한 학문에서 접근할 수 있다. 이 중에서 다른 분야가 못해주고

30 한국국학진흥원, 앞의 책, 2012, 6쪽.

31 김기덕, 「문화콘텐츠의 등장과 인문학의 역할」, 『인문콘텐츠』 28, 2013, 21-27쪽.

할 수 없는 주제들을 인문콘텐츠학회가 수행해 주어야 한다. 앞서 언급한 것처럼, 한류의 기본 전제는 콘텐츠이다. 그 콘텐츠에 대한 분석은 인문학에서 수행해 주어야 한다. 더욱이 콘텐츠는 또한 소재에서부터 시작한다. 소재에 대한 탐구 역시 인문학이 담당해야 한다.

또한 문화의 배경에는 언어가 있다. 따라서 한국어교육 역시 중요한 한류의 소재가 된다. 아울러 한류에도 철학이 있으며, 대중문화의 흐름에도 철학적 고찰이 필요하다. 이처럼 한류의 구성요소에는 인문학으로 접근해야 가능한 측면이 너무 많은 것이다. 과거 없는 현재는 없다. 따라서 어느 나라이든지 전통문화의 의미와 가치를 추구한다. 한류 역시 전통문화와의 관계성을 지속적으로 탐색하는 것은 당연히 필요하다. 이때 전통문화란 전통문화유산이나 과거의 풍속만이 아니라, 현재의 한국드라마로 이어지는 전통의 이야기까지 포함하는 것이다.[32] 이 점이 필자가 '한류인문학'을 강조하고, 그 역할을 인문콘텐츠학회의 주된 연구목표 중의 하나로 할 것을 제안하는 것이다.[33]

한류인문학의 필요성은 타 분야 연구를 살펴보면 더욱 잘 드러난다. 한류논문에 대하여 가장 뛰어난 메타분석을 시도한 언론 커뮤니케이션 전공 손승혜의 경우, 한류논문 구성요소 분석을 ① 원인, ② 현황, ③ 효과, ④ 제언의 4개 항으로 하고 있다.[34] 그런데 인문학 차원에서는 가장 중요한 '콘텐츠 분석'은 없다는 점에서, 그만큼 학문 성격에 따라 바라보는 관점이 다르다는 것을 잘 말해준다.

이 점은 관광경영을 전공하는 김미경·김보경의 글에서도 마찬가지

32 다음의 예를 들 수 있다. 황혜진, 「한국 드라마로 이어지는 고전서사의 전통」, 『겨레어문학』 49, 겨레어문학회, 2012. 특히 '선녀와 나무꾼'이나 '콩쥐 팥쥐' 등의 콘텐츠를 한류서사에 접목시킨 다음의 연구도 주목된다. Park So Young, "Transnational Adoption, *Hallyu*, and the Politics of Korea Popular Culutre", *Biography* vol. 33 no. 1, University of Hawai'i Press, 2010, pp. 151-166.

33 한류에 대한 인문학적 접근을 시도하고, 실제 그러한 표현으로 특집을 시도한 학회지도 이미 있었다. 이러한 성과들을 아울러서 필자는 총체적으로 '한류인문학'으로 제시하는 것임을 밝힌다.

34 손승혜, 앞의 글, 130-132쪽.

이다. 비록 한류관광 관련 연구동향만을 분석한 것이지만, 논문의 구성을 손승혜와 같이 ① 원인, ② 현황, ③ 효과, ④ 제언으로만 하고 있다. 또한 연구주제를 분류한 항목은 ① 한류관광 지역발전, ② 한류관광 상품개발, ③ 한류관광 지역영향, ④ 한류관광 행태, ⑤ 한류관광 정책, ⑥ 한류관광 이미지, ⑦ 한류관광 발전전략으로 세분하여 분석했는데,[35] 한류관광 대상에 대한 인문학적인 콘텐츠 분석은 항목에 없다. 그리고 마지막 ⑦ 한류관광 발전전략에서도 마케팅 전략, 시장분석, 홍보전략 등만을 제시할 뿐, 한류관광 대상에 대한 콘텐츠 분석의 중요성은 언급되지 않고 있다. 또한 관광과 엔터테인먼트 연구동향을 검토한 연구에서도 〈질적연구 성과〉를 제시하였는데, 연구성과를 분류한 전체 항목에서 인문학 차원의 콘텐츠 분석연구는 아예 제시되지 않고 있다.[36] 이것은 관광 분야의 경우 관광 대상지에 대한 콘텐츠 분석 논문 자체가 없기도 하겠지만, 연구동향을 분석하는 연구자들도 '콘텐츠' 자체 분석의 중요성에 대한 이해가 부족한 측면도 크다고 생각한다.[37]

이 점은 해외학회지 논문과 저서를 살펴보더라도 마찬가지이다. 필자가 2017년 5월 현재 RISS(학술연구정보서비스)에 키워드 "hallyu", "korean wave"를 검색한 결과, 영문 학술지 논문은 총 45편, 영문 단행본의 경우 총 23권이 검색되었다. 그것을 한류콘텐츠 장르별로 분류해 보면 다음과 같다.[38]

35 김미경·김보경, 앞의 글, 8쪽.

36 양승훈, 「관광과 엔터테인먼트 연구동향」, 『관광학연구』 70, 2008, 480쪽.

37 이 점은 임학순·채경진의 연구에서 한류 연구의 과제를 '한류콘텐츠 전반에 관한 분석에 치중하고 있으며, 한류콘텐츠 개별 사례에 관한 심층 분석은 미흡한 실정'이라고 언급하고 있는 것과는 대비된다고 할 수 있다(임학순·채경진, 앞의 글, 41-42쪽).

38 발행지는 거의 대부분 해외출간이었으나, 저자는 논문은 한국인이(한국인 30, 외국인 12, 공동 3), 저서는 외국인이(한국인 9, 외국인 13, 공동 1) 더 많았다.

〈표 2〉 영문 학술지 논문의 한류 콘텐츠 장르별 분류

영화	문학	드라마	마케팅	관광	K-pop	뮤지컬	만화	동향과 현황	기타	합계
4	4	2	2	2	1	1	1	24	4	45

〈표 3〉 영문 단행본 한류 콘텐츠의 장르별 분류

영화	관광	드라마	K-pop	동향과 현황	합계
3	2	1	1	16	23

그런데 대부분의 연구들이 한류의 수용현황 및 발전 동향과 관련된 내용이었으며, 한류콘텐츠의 인문학적 분석과는 거리가 있었다. 이 점은 단행본의 경우에도 비슷하였다.[39] 예를 들어 한류의 발생 및 성공요인에 대한 글도 한국 디지털미디어의 뛰어난 제작기술[40]이나 아시아 근대역사의 공유[41], 국제적인 연예산업의 두각[42]에서 찾고 있다. 그러한 시각도 필요한 것이지만, 인문학적 분석 시각도 반드시 필요할 것이다. 특히 한류를 한국 고유의 원형을 바탕으로 발전한 것이 아니라 중국·일본·태국 등의 문화가 혼합되어 생긴 것이라는 해외학회의 문화혼종이론(hybrid hallyu)[43]에 대응하기 위해서는 한류의 뿌리를 찾아가는 한국문화전통의

---

39 서구에서 한국 대중문화 중 가장 학문적 성과가 풍부한 장르는 영화이다. 해외 한국 영화 연구의 대체적인 동향을 다룬 글을 하나 제시한다. 이형숙, 「해외 한국 영화 연구의 동향」, 『한국문화연구』 25, 이화여대 한국문화연구원, 2013.

40 Valentina Marinescu, *The golbal impact of South Korea popular culture: Hallyu unbound*, Lexington Books, 2014; Jin Dal Yong, *New Korean Wave*, University of Illinois press, 2016.

41 Chua Beng Huat, Koichi Iwabuchi, *East Asian Pop Culture: Analyzing the Korean wave*, Hong Kong University Press, 2008.

42 Nayelli Lopez Rocha, Andrii Ryzhkov, "Hallyu, The current Isuues of its development and dissemination process in Mexico", *Journal of Korean culture*, vol. 26, 2014, pp. 119-148.

43 Chua Beng Huat, Koichi Iwabuchi, *East Asian Pop Culture: Analyzing the Korean wave*, Hong Kong University Press, 2008; Crystal S. Anderson, "Hybrid Hallyu The African

연구가 더욱 풍요롭게 축적되고, 그것이 해외학회에서 활발하게 발표되어야 할 것이다.

이처럼 다른 학문 분야에서는 인문학 바탕의 한류연구를 결코 해줄 수 없다고 생각한다. 그러므로 인문콘텐츠학회가 그 역할을 더욱 적극적으로 담당해야 한다. 2017년 3월 현재, 44호까지 발행된 인문콘텐츠학회 학술지 『인문콘텐츠』에서는 지금까지 9편의 한류논문이 게재되었다. 이는 너무 소극적인 대응이라고 평가할 수 있다.[44]

한류인문학은 정책적으로도 반영되어야 한다. 브라만의 연구에 의하면, 정책은 연구의 컨텍스트로 작용하는 동시에 연구는 정책에 콘텐츠를 제공한다. 학술적 연구 결과들은 실제로 정책으로 채택되지 않더라도, 연구자들은 다양한 방식으로 문제의 규정, 대안의 탐색과 결정, 정책의 집행, 그리고 평가에 영향력을 행사한다. 결국 특정한 문화현상에 관하여 어떠한 연구들이 진행됐는지를 이해하는 것은 그 문화현상을 이해하는 작업일 뿐 아니라, 동시에 그와 관련된 정책들의 한계와 문제점을 진단하고 방향을 제시할 수 있는 기반을 제공하기도 한다. 결국 연구자들은 정책 결정 기관의 안과 밖에서 구성원으로, 자문 역할로, 옹호자로 혹은 지원자로 활동하면서, 정책과 연구는 상호작용한다.[45] 인문콘텐츠학회를 중심으로 인문학 관련 학회들이 한류인문학에 대한 정책 제안을 수행하는

American Music Tradition In K-Pop", *Global Asian American Popular Cultures*, NYU Press, 2016. pp. 290-303; Jin Dal Yong, "Critical Interpretation of Hybridization in Korean Cinema", *Journal of European Institute for Communication and Culture* volume 17, 2010, pp. 55-71; Shim Doboo, "Hybridity and the rise of Korean popular culture in Asia", *Media, culture & society*, 2006, pp. 25-44.

44 물론 '한류인문학'을 인문콘텐츠학회만이 수행할 수는 없다. 다양한 인문학 관련 학회에서 이미 수행하고 있으며 앞으로도 수행할 것이다. 다만 학회의 성격상 가장 활발하게 이 주제에 천착해야 할 것을 감안하여 강조하는 것이다. 이제 '한류인문학'은 인문학 분야의 공통 주제로 인식되어야 할 것이다. 심지어는 북한의 한류연구는 북한학 연구기관이나 건국대학교 통일인문학연구단 등이 수행함으로써, 여러 관련 주체들의 협력을 통한 한류인문학의 확장을 도모해야 할 것이다.

45 Braman, S., Policy as a research context. In S. Braman(Ed.), *Communication researchers and policy-making*(pp. 35-59). Cambridge, MA: MIT Press; 손승혜, 앞의 글, 125-128쪽 재인용.

것 또한 한류가 올바른 방향을 모색하는 데에 도움을 줄 것이다.[46]

이러한 정책 제안은 앞서 언급한 한류와 관련된 여러 기관들(문화체육관광부, 방송위원회, 방송영상산업진흥원, 한국문화콘텐츠진흥원, 문화관광정책연구원, 한국국제문화교류재단 등)과의 지속적인 교류를 통해 제시되고 실현되어야 할 것이다. 그리고 이와 관련하여 교육부는 최근 〈인문학 및 인문정신문화의 진흥에 관한 법률〉에 의거하여 〈2017년도 인문학 및 인문정신문화 진흥 시행계획〉을 제시하였다.[47] 여기에서는 크게 ① 생애주기별 체계적·연속적 인문교육, ② 인문학 전문인력 양성 및 연구 다양화 등 지원, ③ 연구성과의 확산을 통한 인문학 대중화, ④ 정책 효과성 제고를 위한 행·재정적 기반 구축 등 네 가지 시행계획이 제시되고 있다. 이 중 ③ 연구성과의 확산을 통한 인문학 대중화는 국내 및 글로벌 확산을 도모하고 있는데, 한류인문학과 관련하여 이러한 국가정책에도 적극적인 정책제안이 필요할 것으로 생각한다.

맺음말

지금까지 한류의 연구현황을 살펴보고, 한류인문학의 필요성을 언급하였다. 그리고 한류의 발전과정에 맞추어 한류인문학의 과제를 제시하였다. 이어서 이러한 한류인문학과 인문콘텐츠학회의 역할을 강조하였다. 이상의 논지를 정리하면 다음과 같다.

먼저 한류의 연구현황에 대한 검토를 통해 세 가지 점을 제시하였다. 첫째, 한류의 전개과정에서는 기업체와 정부기관의 노력에 비해 한류연구가 늦었지만, 이제부터는 한류연구가 한류 현상을 선도해야 한다.

46 한류현상을 지속적으로 조사, 연구하는 학문 공동체와 기관의 취약성, 한류연구를 지속적으로 수행하는 전문인력의 취약성도 극복되어야 하는데(임학순·채경진, 앞의 글, 41쪽), 이러한 점들도 정책 제안에 당연히 포함될 사항일 것이다. 이러한 기반 위에서 한류연구가 활성화될 수 있기 때문이다.

47 2017년 5월에 교육부는 전국 대학기관에 이 계획을 알리는 공문을 발송하였다.

둘째, 한류는 보편성을 지향하지만, 한류연구는 국적을 가질 수 있다. 셋째, 한류연구 중에서도 이제 핵심은 '한류인문학'이 되어야 한다.

이러한 한류인문학의 단계는 ① 한류분석연구, ② 해외출판, ③ 번역출판의 단계로 진행되어야 하며, 이러한 과정에서 일반적인 해외 출판 콘텐츠 지원과는 별개로 한류를 염두에 둔 해외출판 지원은 대상자를 염두에 둔 새로운 기획이 있어야 한다. 아울러 IT 기술 혁신으로 기존의 전통적인 유통 플랫폼을 활용한 출판콘텐츠 지원만이 아니라, 사용자 중심의 출판콘텐츠 해외 지원전략도 모색되어야 한다. 이러한 작업은 크게 보아 '학술한류'라고도 할 수 있을 것이다. 한류는 드라마 중심의 한류1.0, K팝 중심의 한류2.0, 생활문화 중심의 한류3.0으로 구분할 수 있다. 이러한 단계에서 한류인문학의 과제는 다음과 같다. 먼저 한류1.0 드라마 분야는 인문학적 차원의 콘텐츠 분석이 적극 시도되어야 한다. 한류2.0 K팝 분야는 음악적 요소와 공연적 요소가 커서 인문학이 접근할 수 있는 영역은 많지 않다. 그러나 흥과 신명, 역동성과 공동체라는 키워드를 중심으로 인문학적 접근이 지속적으로 시도되어야 할 것이다. 한류3.0 생활문화는 무엇보다도 인문학적 접근이 이루어져야 한다. 한국문화가 세계 속에서 문화브랜드로 자리 잡으려면 한류3.0 분야에 대한 한류인문학이 그 역할을 해주어야 한다.

끝으로 한류인문학과 관련하여 인문콘텐츠학회가 적극적인 대응을 해 주어야 한다. 무엇보다 한류 콘텐츠분석이나, 한류에 대한 철학적 고찰, 한류콘텐츠 소재 개발, 한류에 담긴 한국문화전통 요소, 문화의 전제로서의 한국어 교육콘텐츠 등은 다른 학문 분야에서는 수행하기가 어려운 것이다. 그런데 인문콘텐츠학회의 학술지 『인문콘텐츠』에서는 44호 발행 동안에 단 9편의 한류논문만이 게재되었다는 것은 너무 소극적인 대응이라고 평가할 수 있다.

한편 한류인문학은 정책적으로도 반영되어야 한다. 정책은 연구의 컨텍스트로 작용하는 동시에 연구는 정책에 콘텐츠를 제공한다. 인문콘텐츠학회를 중심으로 인문학 관련 학회들이 한류인문학에 대한 정책 제안을 수행하는 것 또한 한류가 올바른 방향을 모색하는 데에 크게 도움을 줄 것이다.

한류인문학의 최종 지향점은 한류산업의 활성화나, 인문학 역할의 증대라는 현실적인 목표가 될 수는 없다. 그것은 필자가 일찍이 인문콘텐츠의 목표로 제시했던 인류의 共同善, 인간화·인간해방이 될 것이다.[48] 그러므로 이러한 한류인문학은 결국 한류라는 것을 한국이라는 국가적 차원을 넘어 세계인의 마음을 치유하는 인류자산의 하나로 자리매김하게 만들 것이다.

48 김기덕, 「콘텐츠의 개념과 인문콘텐츠」, 『인문콘텐츠』 창간호, 2003, 22-24쪽.

7 Hallyu and The Traditional Cultural Genes of Korea

Introduction

Since the year 2000, the Hallyu phenomenon has demonstrated Korea's outstanding cultural potential worldwide. According to a recent survey, the total exports of the Hallyu industry amounted to 5.66 billion dollars (Korea Creative Content Agency 71).[1] Hallyu, or the pop culture products created by South Korea, are going well beyond Asia to reach the world. Beyond entertainment-oriented programs, such as TV dramas, movies and K-pop, Hallyu expands to lifestyle culture based on Korea's food culture. It is remarkable that Hallyu has exerted such a strong influence on the global culture arena in the last two decades.

In response to this phenomenon, academic research on the characteristics and development of Hallyu is also actively underway.

---

* 출전: Kim Ki-Duk·Bae Sang-Joon, hallyu and the traditional cultural genes of korea, *KRITIKA KULTURA* Vol. 29, 2017. 본 학술지는 A&HCI 저널로서, '한류' 기획특집으로 의뢰받아 작성된 것임을 밝힌다. 본 책에 수록된 글의 개별 참고문헌은 전부 뒤로 모아 합쳤으나, 본 글만은 편의상 그대로 두었다.

1 These are 2015 statistics, and can be used as a reference for the exports by industry and country. This sum (5.66 billion dollars) is a combination of direct exports (57.1%) and indirect exports using agents (42.9%), p. 73, table 2-5-9.

The existing research primarily concentrates upon identifying the causes, current statuses, and trends of Hallyu genres; the effects and measures that can sustain Hallyu as a phenomenon; and on particular manifestations of Hallyu trends in each country. A representative example of this research perspective is the approach based on "cultural hybridization." The thesis of cultural hybridization argues that Hallyu is not derived from Korea itself, but converged with other cultures. More precisely, the concept of cultural hybridity asserts that Hallyu is a crossbreed-output of cultural productions and consumptions of neighboring Asian countries that share similar cultural and historical backgrounds.

For example, Chua Beng Huat, who studies Singapore as the result of cultural hybridization from a postcolonial perspective, regards Korea as a multicultural, postcolonial nation and seeks in this perspective concrete relevance to Korean popular culture. In the same vein, He and Koichi Iwabuchi has explored how East Asian media cultures have made connections that cross national boundaries. According to them, Hallyu is closely connected with the historical relationship with Japan and other East Asian nations (Chua and Koichi). In relation to American-centrism, Shim Doobo addressed the hybridity of Hallyu by taking the position that the US dominance thesis is not entirely justified, but Koreans have provided their own media by blending indigenous characteristics that incorporates unique, indigenous styles. Jin Dal Yong accounts for Hallyu based on the cultural hybridity as well, especially Korean films and K-pop. He explains the hybridization process in Korean local culture is rather representing Western norms and formats, instead of unique local culture. Recently, Crystal S. Anderson refers to African-American Music tradition and aesthetics as having affected K-pop, such as found in the cases of Psy or Big Mama, who have both achieved unprecedented reputations in the world in recent years. In this analysis, she makes a statement about the cultural hybridity of R&B and K-pop in Hallyu.

Such cultural hybriditists argue that Hallyu is not autochthonic itself. Their opinion is that Hallyu is not due to Korean culture, rather other cultures or world events have influenced to the formalization of it. If so, from the perspective of cultural hybridity, the researchers cannot but ask why cultural phenomena like Hallyu have not been discovered in other East Asia nations. If Hallyu had spread across the globe due mainly to cultural hybridization, other phenomena similar to Hallyu should also appear on the scene. The aim of this paper is to examine traditional cultural genes as one of the possible answers to that question because traditional cultural genes lay the cornerstone of hybridization before cultures of neighboring countries are converged. Stated another way, the archetype of Hallyu is that of Korean traditional cultural genes. Other scholars argue otherwise and refuse to connect K-pop with aspects of traditional Korean culture—especially as found in the exaggerated importance given to sociocultural elements such as Confucianism (Lie). However, this paper takes a contrary research viewpoint by attempting to corroborate that cultural genes do contribute to the production of Hallyu.

In addition, approaches based on cultural hybridity have difficulty explaining the question of which traditional cultural elements affect the creation of Hallyu, and as a result, neglect the humanistic analysis of Hallyu contents. Thus, this paper attempts a humanities approach as the starting point for an analysis of Hallyu contents, which emphasizes the connection between tradition and modern.

To be sure, there are humanities-based studies which analyze Hallyu content. For example, Park So Young focuses on the transnational adoptee narrative in TV show and films in Hallyu. She points out that these stories contribute to changing the way Korean culture perceives itself and is perceived in the transnational imaginary. One other report suggests the storytelling strategy based on cultural glocalization. According to this report, the "feminine narrative" that can represent Hallyu content is able to interact with traditional narratives of China, France, the United States, and Indonesia (Oh et al.). However, although these studies focus on narrative analysis of some of the Korean traditional folklore, they take no notice of tracing the traditional cultural genes of Korean Confucianism contained in the various content of Hallyu. Thus, this paper aims to identify the traditional cultural genes that affected the creation of Hallyu and analyze its contents from a humanities-based viewpoint.

The concept of the "Korean cultural gene" used in this paper was derived from the process of contemplating the traditional continuity of Hallyu.[2] Culture has elements of temporal continuity that consistently continue as cultures transform into various shapes from the past to the present, are possessed of elements of spatial differentiation that distinguish it from the cultures of other regions, along with elements of social commonality that can be identified in various cultural areas transcending specific fields or genres. These factors can be regarded as cultural genes as they have the cultural properties of acquiring, imitating, and transforming by being intertwined (Ko et al 6).

Therefore, this paper aims to analyze the source of Hallyu focused

---

2 To avoid misunderstandings, it is pointed out that 'cultural genes' is not linked with argument about biological genes by Richard Dawkins. (Richard Dawkins, 1976). 'Cultural genes', the expression used in this paper, can be understood as 'cultural resources'. This concept of cultural genes started to be used in earnest in 2012 (Korean Studies Advancement Center, 2012).

on three cultural genes of i) community and courtesy, ii) dynamics and excitement, and iii) intuition and harmony. Understandably, this study does not intend to demonstrate any notion of a putative cultural superiority inherent to South Korea. A characteristic can be a huge disadvantage when it works negatively. As will be summarized in the conclusion, the elements of cultural genes always have ambivalence, with positive and negative sides. Surely, such negative cultural genes may also influence Hallyu. By considering such ambivalence, this paper intends to identify the traditional cultural genes of Korea that affected Hallyu in a way that has influenced its current condition.

The Cultural Genes of Community and Courtesy

After five trips to Japan from 1977 to 1988, Claude Lévi-Strauss defined the East as centripetal and the West as centrifugal. Although he used only several examples, including the ways in which language is used and how a saw or a plane is handled, he expressed this concept by comparing the differences of the East and the West in a straightforward and clear manner. Richard E. Nisbett suggested different outlooks on the worlds of the East and the West based on various cases (120-147). His points accurately corresponded to the views of Lévi-Strauss. Nisbett made various comparisons and described the differences between the two. His observations included the assertion that the East takes everything as a whole while the West focuses on parts rather than the whole; the East pieces everything together while the West analyzes everything; and the East compromises on issues while the West argues over them.

These thought ways reveal in the custom of language upon each cultural base. The West has a centrifugal way of thinking that views the world from the locus point of "me," the subject, and moves outwards. On the contrary, the East has a centripetal way of thinking that starts from the situation of the object and returns to "me," the subject. For example, the address systems of East and West are completely opposite. In the East, the address starts from the country name and ends with the house number.[3] The same applies to people's names. The surname, which is one's family name, comes first and the first name, which is one's own name, comes the last.[4]

These opposing situations of the self-reflect the communal characteristics of the East. Of course, even within the East practices vary by country. Korea maintains a relatively homogeneous racial composition in a single area of peninsula. Moreover, Korea traditionally maintained an agricultural society in ancient times, except during the Goguryeo period (37-668 BC). These factors are assumed to be the reasons why Korea is affected more strongly by communal factors.

Korea clearly demonstrates this Asian way of thinking in which people consider the whole first, starting from the object and coming back to "me," the subject, later. In a commonly mentioned language custom, Koreans use 'we' rather than 'I' as an idiomatic expression, which directly demonstrates this tendency.[5] These communal characteristics are reflected in Korean TV dramas, movies and even K-pop. It is important to live in harmony with members of the

---

3 An example: "(Republic of Korea) Seoul Jongno-gu 1 Daehan Building #401" is translated into "#401 Daehan Building 1 Jongno-gu Seoul Republic of Korea" in English.

4 An example: "Kim Ki duk" is translated into "Ki duk Kim" in English. The word "we" is most frequently used in Korean. Koreans say "our home" instead of "my home" and "our mom" instead of "my mom".

5 Comparisons between trees and humans are emphasized in Confucian scriptures. The researchers developed this logic including history (Kim Ki-duk 130).

community, as Koreans are used to communal ways of living. There is an old saying that "a cornerstone meets the mason's chisel." These words are etched into the collective cultural consciousness. It means that standing out is taboo. This is why historically Korean students have not been familiar with the teaching method of questions and discussions, and why the rote memorization-focused cramming method of teaching has dominated until recently.

The communal way of thinking emphasizes "courtesy." K-pop idol group members are required to have a training period that can last up to ten years. In this unique process of communal training, the K-pop trainees are under an obligation to take courtesy education. The trainees are required to say hello to others first in a polite manner at all times before practicing singing. This is a way to indoctrinate the trainees with courtesy before they sing a song. In Korea, courtesy is always the key factor in assessing a person. At the center of courtesy, there is a concept related to filial piety. In practice, Korean TV dramas and movies directly and indirectly reflect such social expressions of courtesy and notions of filial piety.

The following quotation is a part of the Chinese appreciation of Korean TV dramas. The viewers are especially impressed by courtesy, filial piety and family love in the contents.

> Korean TV dramas are popularly broadcast. Chinese scholars and experts simply summarize the profound and penetrating argument for their popularity: culturalinheritance, vivid details, rich emotion, the promotion of filial piety. These are consistent with the essence of our Chinese traditional culture (Chén 96-97).

> Korean TV dramas develop stories focusing on "Universal affectivity"; that is, family love, affection and friendship. In tranquil stories describing everyday life without much conflict, Universal affectivity gives warmth to the viewers. In addition, Korean TV dramas portray sophisticated scenarios but contain traditional family-oriented thoughts, filling the gap of what has already lost in Chinese society (Xú 34-35).

Elements such as a large family, filial piety and universal affectivity are very often mentioned in surveys about Korean TV dramas in other countries. To be sure, there must certainly be other reasons why Hallyu fans in China prefer Korean TV dramas. For example, independent female characters wear trendy fashion and fancy make-up, which links to K-beauty. However, filial piety and universal affectivity are most noticeable characteristics of the Chinese recognition of Hallyu. Above all, Korean TV dramas significantly feature the extensive family networks of the characters around the protagonists. Not only parents and grandparents, but also aunts or uncles often appear in the episodes. Although not all of them may live under the same roof, they often intervene in major issues of the main characters, such as marriage. In some cases, a marriage may be prevented due to family opposition, which can be hard to understand from a Western perspective.

Filial piety is one of the strongest ingrained elements in Korean TV dramas. It is filial piety that is one of the biggest characteristics of the general culture and family culture of Korea (Shin and Jang 145-146). However, it would be wrong to simply interpret the filial piety of Korea as an influence or remnant of Confucian culture, or the premodern age of Korean families, or as a distinct characteristic from a world historical point of view. Although Confucian culture emphasized filial piety and Korean society has been greatly influenced a lot by Confucianism, it is necessary to recognize that Korean filial piety contains world-historical universality that enriches humanity. In relation to this, the researchers suggest the following examples that imply the universal concept:

- History: Past – Present – Future
- Tree: Root – Trunk – Fruit
- Human: Parent – I – Child

As suggested above, past-present-future are inseparable. Root-trunk-fruit are inseparable for trees. Parent-I-child are inseparable as well, in human relations. The comparison of trees and humans was already emphasized in Confucianism, but the above perception is a universal message that goes beyond a certain ideology. People may prefer future, fruit and child, which are at the end of each diagram. But why is the history of the past important? This is because the past defines the present and determines the future. In addition, the fruits that are delicious and look beautiful will die if the roots are dead, either. Like this, the root is important in humans, too. Since loving children is based on human nature, it is practiced in most cases without the need for an artificial emphasis. But since filial piety towards parents is a natural duty with very strong social aspects, it is hardly found in practice without an accompanying societal emphasis in terms of education and norms (Shin and Jang 146). Just as people forget their history, or do not think of the roots of trees, all religious lessons include a commandment to "love your parents," but no commandment to "love your children."

In both the East and West, family is the beginning and end of humanity, as a value with timelessness, completeness, and constancy (Kwon 14). However, the world is faced with the global issue of family dissolution, and Korean society is experiencing the shrinking and breakdown of the family. Individuals are in an ambivalent situation in which the last "place to rest" should be family that they can rely on, despite the direction of recent trends (Kim 5-6). At this point, the researchers believe that while many solutions and measures have been proposed, it is most critical to restore and reconfirm the universal values of the culture of filial piety. The culture around the family and filial piety are reinterpreted in various forms and feature strongly in Korean TV dramas. Global viewers find the communal factors, courtesy and filial piety in Korean TV dramas to be somewhat extraordinary.[6] For examples, one can refer to *Daejangguem* 〔*Jewel in the Palace*〕, *Sangsokjaduel* 〔*The Inheritors*〕, *Nae ddal seoyoungi* 〔*My Daugther Seo-Young*〕 and *Sekeulit gaedeun* 〔*Secret Garden*〕 etc.

Korean TV programs feature many talk shows focused on young K-pop stars. Watching these shows, one can see that many stars are often close to tears as they talk about filial piety towards their parents. No matter how many generations pass, there are communal factors, courtesy, and the culture of filial duty in the cultural genes of Koreans.

Based on a communal way of thinking, courtesy has been externally emphasized while strong affectivity has been internally established. *Jeong* is a very difficult word to translate. Love, affection and pity are similar words but do not express it perfectly. This word has a profound and mysterious signification, more exactly, it is a strong bond that includes hatred, jealousy, and resentment beyond love. In

---

6 One thing to add is that the family-oriented thoughts and filial duty contained in Hallyu dramas do not necessarily reflect the reality of South Korea in an accurate way. South Korea is already experiencing family dissolution and weakened filial piety. However, it is true that such elements still remain relatively strong in Korea. That is why such elements are contained in Hallyu dramas.

this paper, it is translated into "Universal affectivity." The members of a community need to have Universal affectivity to be complete as humans. No matter how competent a person is, the person is no good if he/she does not have Universal affectivity.

If a cool-headed character does not have affectivity, the character cannot be the protagonist in Korean TV dramas and movies. In the storytelling of dramas and movies, the affective element of the main characters must be the key focus. Only then can everyone focus on the main characters.

Korean TV dramas, movies and even K-pop songs are deeply permeated by this universal human affectivity. Watching Korean media, Audiences from different context soon feel human affectivity. The task the world faces is to restore a sense of community, in which we are together rather than alone. That does not necessarily mean that we need to live together. The universal affectivity to pay attention and be considerate to others in human relations is the most vital task in this age. This is the reason why people are focusing on the universal affectivity in Hallyu products. For example, in China the one-child policy has been implemented for a long time. In addition, due to its rapid modernization, parents, children and relatives have become scattered throughout the whole county. As a result, the Spring Festival, in which families and relatives gather, has emerged as a significant national event. In this situation, the Hallyu TV drama, which contains community culture and universal affectivity, resonates strongly with the Chinese people.

This community, courtesy, and the culture of Universal affectivity seem to be closely related to agricultural society. In particular, the fact that group work was essential to rice farming is significant. Korea is one of the representative rice farming societies. The village unit in agricultural communities is a forum in which people share courtesy and Universal affectivity under a strong bond that is based on a sense of community. While agricultural communities and the communal characteristics may be seen in other countries,[7] those factors in Korea often transcend gain and loss and interest because the affectivity of attention and consideration to others has traditionally been strongly established. This defines the courtesy and affectivity of Koreans.

The Cultural Genes of Dynamics and Excitement

K-pop is about performance. Viewers can have fun listening, watching, and participating in it. K-pop performances are filled with the cultural genes of dynamicism and excitement, as they show flamboyant dances and visual images of K-pop groups, while providing high quality music in various genres that communicate with audiences.

Let us discuss dynamicism first. Dynamicism expresses strong energy, based on the premise of high speed. This is where the representative expression of the "hurry up" nature of Koreans came from. Most consider the "hurry up" nature of Koreans as something that only became prominent in the 20th century. This might have been due to the fact that Koreans, who knew their nation was behind others, wanted to catch up with advanced countries in a short time through the process of modernization. However, we also need to focus on the wild nature and dynamicism of equestrian people in ancient times.

7 In medieval times, when agriculture was the main industry, the West was not that individualistic. At that time, the European farmers were not much different from Chinese farmers in their ways of thinking or social patterns of behavior (Nisbett. 190-192).

As is well illustrated in the hunting pictures[8] of Goguryeo in ancient times, hunting with an arrow on horseback was part of everyday life for people in Goguryeo. However, dynamicism should be on the premise of high speed. Of the representative sports in Goryeo (918-1392), *gyeokgu* is also always on horseback based on high speed. *Gyeokgu* is a game played on horseback with a ball and racquet. It was originally a game played by horse-riding people such as the Mongols, Siberians, and Turks. After *gyeokgu* was introduced in Korea, it became the national sport in the Goryeo Dynasty and a required subject of martial arts practice in the Joseon Dynasty (1392-1910). This means that *gyeokgu*, a game with a high-speed, dynamic nature, is suitable for Koreans. In other words, as the gene of dynamicism is based on the premise of high speed, the 'hurry up' nature of Koreans, which has been noticeable since modern times, is not unprecedented.[9]

It is thought that such dynamics and high speed were changed in the Joseon Dynasty where the culture of the virtuous scholars known as *Seonbi* unfolded based on culture of courtesy found in Confucianism. The attitude of Joseon scholars towards the world and nature had a relaxed nature to a large extent. The aspect of being relaxed in nature is also a cultural gene of Koreans. This characteristic transformed into

---

8 The hunting pictures of Goguryeo remained in the form of the ancient tomb murals, which are registered as world cultural heritages by UNESCO. The tomb of members of the ruling class of Goguryeo was made like a room, and all sides of the room were decorated with paintings. The hunting picture mentioned in the text is one of them. These paintings are valuable, in that they show vivid images of life at that time.

9 The farming life is a battle against time. This is particularly so in Korea, where there are four seasons. Farmers need to remember the perfect timing and be on time. Those who do not know the timing do not know the seasons. Farmers need to know the timing and work exactly on time. In the agricultural areas, there are busy farming seasons, which do not exist in nomadic culture. In the seedtime and harvest time, farmers get very busy. The characteristic of Koreans trying do everything quickly is somewhat related to the cultural genes of such agricultural people (Lim 25-235).

a more distinctive phenomenon when Neo-Confucianism became the dominant religion in the Joseon Dynasty. This is why hurry up nature, dynamicism, and the natural and relaxed nature became the cultural genes of Koreans.[10] While the aspect of dynamicism was prevalent before the Joseon Dynasty, the relaxed nature became stronger in the Joseon Dynasty. Since economic development in modern times, particularly in the 1960s, the "hurry up" nature has been prevalent, which is the premise of dynamicism. In other words, it is arguable that the hurry up sentiment and nature were generalized across society to meet the goal of compressed development during the process of modernization. It is thought that such characteristics emerge in an overall social system where people can survive if they can handle the process more quickly to meet survival conditions by reducing length of time for construction as well as for product manufacturing.

When dynamicism increases, people get excited. Excitement is an emotional state in which positive emotions such as impression and pleasure are elevated (Shin). But technologies are needed to bring dynamicism to a stage of excitement on the premise of high speed. Commonly, the cheering culture of Korea and K-pop uses repeated chants or songs. For example, there is a strong tendency to repeat short choruses, or hooks, in popular K-pop songs. Since 'Tell Me' by Wonder Girls (released in 2007), which gained popularity with the lyrics of "Tell me tell me te-te-te-te-te-tell me," almost all songs by popular girl groups have a hook. This can be considered as a preliminary step to provoke excitement with repetitive rhythms. While it is discovered in K-pop, Koreans have their own way to enter a state of excitement.

---

10 The 10 cultural genes of Koreans identified through the survey in 2012 are as follows: intimacy, Universal affectivity, naturalness, community, harmony, humor, excitement, courtesy, dynamics and perseverance.

From the Korean cheering culture that was demonstrated to the world in 2002 World Cup in Seoul, to the cheering culture seen at festivals in baseball stadiums to civil demonstrations such as candlelight vigils, Koreans always make every event a festival venue by entering a state of excitement through repetitive chants and songs.

As this sentiment of excitement continues, people enter a stage of "*sinmyeong*" (exhilaration). This is a state of ecstasy or heightened excitement that reaches the level of contact with the Gods. *Sinmyeong* originally means the state in which a shaman is possessed by the Gods after contact with them. However, Koreans commonly express a heightened excitement as being exhilarated. This means that Koreans have many excitement factors. Of course, the element of *sinmyeong* is a universal phenomenon all over the world (Bourguignon). But the reason for emphasizing this element for Korea is that it is currently in progress and happens very frequently in everyday life.

In shamanism, once a shaman enters a stage of *sinmyeong* to contact the Gods, the excited shaman leads the field of exorcism. This is commonly found everywhere people attempt to make contact with the Gods. Africans often keep playing drums to contact the Gods. They repeatedly play drums slowly and quietly, and gradually their playing becomes quicker and stronger. This is how they release excitement in the stage of contacting the Gods via the preliminary stage of repeated drum playing (Rouget 136-137, 181). Koreans, however, by singing or listening to music very naturally or cheering together, routinely repeat the phenomenon of entering into the state of *sinmyeong* even today.

The K-pop of Hallyu has absorbed the American genres of electronic dance, R&B, and hip hop and reinterpreted them from Korean perspectives. However, K-pop contributed to stimulate the self-development of a traditional Korean excitement, a culture of exhilaration, and the process of adding excitement as a preliminary stage of exhilaration. This is what makes people around the world enthusiastic about the songs despite the Korean-style lyrics. Lyrics are not important in the process of entering stages of excitement and exhilaration. The rhythm already leads to a state of excitement and exhilaration. Moreover, when entering the world of excitement and exhilaration, dance combines with songs to elevate excitement to the highest level. People experience a state of healing by singing along and dancing as they enter the world of excitement by listening to and watching the songs.

More excitement is released when we are with other people rather than alone. This is why excitement is expressed in Korean society, where people are comfortable with a communal culture. There are no qualifications to participate in the sentiment of excitement, and no one is alienated. It is all right to not know the lyrics of the music. It is only necessary to remember some of the hook phrases. People get excited while singing along with the phrases. This is similar to *chuimsae* (exclamation) in traditional Pansori performances[11] and the open-air stage for traditional masked dance performances in Korea, which are based on the tradition of audience participation. K-pop unites the audiences with sensuous rhythms, catchy lyrics, and fascinating dances. Additionally, the audiences respond actively by participating in the performances through singing and dancing along with the lyrics. The participants become 'one' and achieve unity. Language is not an important issue here. This is the beauty of deriving universal inspiration and healing that goes beyond the language barrier.

We live in an age of digital technologies. Korea's cultural genes

---

11 Pansori was registered as Intangible Cultural Heritage by UNESCO in 2008.

of dynamicism and excitement are well suited to digital technologies. This is because the sentiment of high speed and improvisation is appropriate for the speed of digital media. The generation raised with smartphones pursues a faster speed than other generations. The speed of smartphones, which offer mobility and multi-functionality, is accelerating. Moreover, the narratives of exhilaration, rooted in traditional performances such as masked dance or *Pansori*, are in line with the narrative of the oral era. Due to the development of interactive digital technologies, communication is possessed of more verbally descriptive characteristics, as if two people are talking. Comments on the internet are closer to the field of speaking rather than writing. As such, the narratives of mass media have a lot in common with the narrative of orality rather than the narrative of the literacy culture era. The narratives of exhilaration rooted in the oral tradition are frequently observed in the mass media of the digital age (Yoon 331-340).

Before summarizing the cultural genes of dynamics and excitement on the premise of high speed, the researchers would like to discuss artisans (*jangin*) and masters (*dalin*). Many masters have been introduced in modern Korean society. There is a popular TV program that introduces masters in Korea.[12] Artisans and masters are both skilled, but there are some differences between them. Artisans are experts who inherited a certain area of traditional culture over generations. Masters are limited to themselves and mostly skilled in the daily life. One of the remarkable characteristics of masters is high speed. Masters are surprisingly fast and accurate in their specialized areas. In the traditional era, Korea had a lot of artisans. But due to the

12 For example, you can mention the TV program "Saenghwalui dalin" [A master of life] of SBS (Seoul Broadcasting System) and "dalin" section of "Gaegeukonseoteu" [Gag Concert] of KBS (Korean Broadcasting System).

difficult social situation with the decline of the Joseon Dynasty during the 19th century and the colonialism of the 20th century, war, and national division, Korea failed to maintain its artisans. Because of this historical reality, there is a significantly lower number of artisans in modern Korea than Japan, and the tradition of artisans has diminished. Instead, modern Korea has a lot of masters. Masters are agile and their repeated agile actions cause dynamicism, which furthermore provokes the excitement of viewers. The highest masters are like possessed shamans. The researchers believe that such masters best show the cultural genes of dynamics and excitement.

The Cultural Genes of Intuition and Harmony

Koreans are very familiar with the idea of generating harmony through intuition. This is well shown in Korean TV dramas and K-pop. The term 'harmony' does not mean getting along well with others in human relations. Rather, it means the state that forms a state of balance and beauty between several elements in proper combination. But Koreans use intuitive methods rather than analytical one to create a state of harmony. In this sense, this section is titled "The Cultural Genes of Intuition and Harmony."

As mentioned above, Levi-Strauss compared the characteristics of the East and the West based on languages. Western languages have centrifugal characteristics that move outwards from the inside of 'me.' Therefore, the subject, which is the main element in language, goes first in sentences, and in principle will never be omitted. However, in oriental languages, the subject does not have to come first. The way of putting the subject at the end of the sentence after describing the object first can be considered to be rather sophisticated (Lévi-Strauss 55-86).

In the same context, the researchers suggest the following different expressions of Korean and English: "Baekdu Mountain" in Korean is "Mount Baekdu" in English. "Apple one" is "an apple," "coffee a cup" is "a cup of coffee," "10 number" is "No. 10," "5 page" is "pg. 5" and "six chapter" is "Chapter VI." There are numerous differences in word expression. What do the Korean and Asian expressions mean? English expresses analytically one by one by moving towards the object from "me," the subject. The same applies to idiom. For example, you find at first "a" and then it is a "cup" and there is "coffee" "in" the cup. This is the analytic method used in the English language. But in Korean, it is expressed as if we already know that it is a cup of coffee. This explains "coffee a cup." This example is such a Korean language habit. After all, Korean is a language thatimplies thatwe already know the name of the mountain, that it is an apple, that it is a cup of coffee, that the number is ten, that the page is five and that the chapter is five. In short, it is a form of expression based on intuitive thinking.

Richard E. Nisbett, also mentioned above, suggests that the East has a holistic understanding of the world, focusing on the relations in the overall context. As a result, Asians have intuitive thinking to observe the objects in connectivity of the whole. Intuition refers to the action of direct perception of the objects without any medium, including judgment and deduction or the results of the action. And analysis refers to dividing complex objects depending on the elements or properties of the objects, or breaking down the material elements in chemical and physical methods. Most Asians have a more advanced intuitive ability, while westerners have a more developed analytical ability.

Of the Eastern countries, Koreans have a particularly outstanding intuitive ability. The researchers believe that Koreans have a stronger multitasking ability in comparison with people from China and Japan, even though they are located in the same area. Let us consider a few examples. A travel report on Korea by a Chinese envoy in ancient times described that Koreans enjoy eating, drinking, singing and dancing, and men and women gather together to enjoy singing and dancing (Lim 224). Foreigners' records often describe the unique factors that are different from their own. In fact, simultaneous eating, drinking, singing, and dancing can be regarded as demonstrative of a multitasking ability, which might have been novel to the Chinese people, in that Koreans perform multiple tasks at the same time. These factors can be strongly observed among modern Koreans. This is not always a positive but is a well demonstrated trait, as many Koreans enjoy singing and dancing in *noraebang* (Karaoke rooms) and even on sightseeing buses.

The same applies for the *hanok* (Korean traditional house) that is used for various purposes depending on the household items. After Koreans get up in the morning and put away the bedding, the bedroom turns into the living room where family members can gather. As they have breakfast in the room, the bedroom turns into the dining room. When they greet the guests by laying out sitting mats and setting a table with drinks and snacks, the room turns into the reception room. When they set up a desk for reading books after the guests leave, the room turns into a study. If they weave straw mats using tools or a saw, the room turns into a workroom. When they make the bed to sleep in the evening, the room turns back into the bedroom (Lim 235-240). This lifestyle is not due to a lack of space, but because of the characteristics of pursuing a multitasking approach.

In this way, Koreans show an ability to intuitively identify various factors based on multitasking and harmonizing various factors. There are ten UNESCO cultural heritages in South Korea. However, most of them did not have blueprints, and were established through intuition with the discerning eye of harmony. For architecture, natural stones were used as foundation stones to construct buildings. Using the technique of 'scribing,' timber was fitted into the foundation stones as is, and sometimes crooked trees were used. Complex buildings such as lecture halls or temples were built on the natural environment and arrangement rather than being geometrically planned. The world heritage Changdeokgung Palace was designed based on the beauty of untouched naturalness and hidden subtleness, as if it was embraced by nature. This naturalness of Korean culture is also considered to be an intuition-based view of harmony.

Korea has a tradition of "mixing culture." Mixing is referred to in modern language as fusion. *Samulnori* (Korean traditional percussion quartet) in which the four folk percussion instruments of drum, *janggu* (double-handed drum), *jing* (gong) and *kkwaenggwari* (small gong) are played in harmony, and *bibimbap* (mixed rice with colorful vegetables and meats) amply demonstrate the essence of Korea's 'mixing' culture in food and music. What is interesting is that different materials, while being harmonized, do not lose their own individuality. Mixing pursues a harmony of difference rather than as an assimilation that erases it (Jeong 171).

In fact, it is not long ago that the chemical components and effects of the colors of each food ingredient were clearly identified clarified. Nevertheless, Korean dining, which traditionally used the concept of color therapy to a nearly perfect extent, is both natural and extremely scientific. Koreans already knew the influences of the colors of each wave on the body and soul (Joo 47-48).

This is also well-demonstrated in Korean TV dramas or K-pop. These are like a mixing (*bibim*) culture, in which all participants are harmonized but the individuality of each person still exists. Since the mixing culture has been traditionally developed, the culture permeates Korean TV dramas or music so that individuals can survive in harmony with others.

In this way, Koreans demonstrate an ability to intuitively identify various issues based on mixing and multitasking and their harmonization. This is contained in every single one of today's Hallyu products. This multitasking element has the potential to become an element of convergence in the digital age. Digital technologies are perfect for Koreans who have the high-speed cultural gene. As a result, South Korea is standing out in the automobile, semiconductor, and smart phone sectors based on digital technologies. Moreover, the combination of high speed and digital technologies is providing favorable conditions for Hallyu dramas or K-pop and the MICE (Meeting, Incentive trip, Convention, Exhibition and event) industry.

Meanwhile, the harmonizing characteristics of Korea can be distinguished from the aesthetic sensitivity of China that emphasized symmetry, or the aesthetic tendency of Japan based on thorough and complete calculation. Korea produces a variety of forms of art that are based on its mountain topography, and demonstrates that a nearly complete eschewing of rules.

Let us discuss the cultural genes of harmony in detail. The harmonizing ability based on intuition can be seen as an East Asian characteristic, but there are differences between Korea and China or Japan. In the East, the concept of Archetypes, commonly known as the yin and yang theory, has been developed. The principle of yin and yang refers to the relation of "the power that is opposite against each other and at the same time perfects each other," while also being "the power that can enable a better understanding of each other due to the existence of each other." A balanced state of yin and yang is called moderation. Therefore, the morality of moderation is the most important norm of conduct in Confucianism.

However, it is in fact very hard for the two elements of yin and yang to be compatible. Therefore, basically, there is always a contradiction before finding a balance and harmony between yin and yang. The East intends to accept the contradictory arguments through compromise. The key to this way of thinking is to find the truth in both of the two contradictory arguments. This is why it is so natural in the East to make endless efforts to explore moderation between two extreme propositions. In the Oriental way of thinking, contradiction is only superficial and a hypothesis in which "A is true but B is not necessarily false, either." is deeply inherent. This is how the East can accept the teaching of Zen Buddhism that "the opposite of big truth is also true" (Nisbett 133-151).

Conclusion

This paper analyzed the traditional cultural genes of Korea that affected Hallyu by categorizing them into three broad factors of i) community and courtesy ii) dynamicism, and excitement and iii) intuition and harmony. There are many other cultural genes which are not completely independent but are converged in harmony. Among them are a sense of community included in intimacy and excitement, Universal affectivity in communities, harmony in affectivity, and the naturalness of harmony. The researchers considered the correlations among the cultural genes, and summarized them into three factors that directly affected Hallyu.

As mentioned above, the cultural genes have the dual characteristics of being positive and negative at the same time. For example, communal characteristics cause a lack of identity when seen from a negative perspective. An emphasis on courtesy can lead to formalism if the fundamentals lose their original meaning. The most humane Universal affectivity can be applied to school ties and regionalism. In this case, there will be side effects of not refusing private interest that may harm fairness.

In reality, modern Koreans are often suffering from the side effects of a sense of community, courtesy and Universal affectivity. Due to traditional values, they have often failed to speak their mind. That is why many Koreans suffer from *hwabyeong* (mental or emotional disorder as a result of repressed anger or stress). *Hwabyeong* is disease unique to Koreans, which is internationally recognized. In 1995, the American Psychiatric Association used the term *hwabyeong* as pronounced in Korean.

The negative side of the hurry up nature is impatience. Excitement based on dynamicism may be partial deviation developed without being conscious of others. This can cause a lot of stress, mental illness, and a sense of alienation to those who lag behind. Indeed, South Korea has the highest suicide rate among OECD countries. As this issue is being taken seriously, there is a strong movement to develop the cultural genes of naturalness and relaxation to restore the community-based virtue. Seeking harmony based on intuition can be regarded as maximization of illogicality, rationalizing the half-hearted trend and non-planning. This will weaken competitiveness and provoke social polarization.

Therefore, no matter how beautiful and meaningful the cultural genes are, they are not always beautiful in themselves. These factors can be applied to the opposite side whenever they become extreme. Further studies should consider the negative examples of cultural genes, and related solutions. This study analyzed the traditional cultural genes of Korea that affected Hallyu. Therefore, the researchers had no choice but to pursue positive perspectives. Hallyu is based on Korea's own traditional cultural gene. However, the influence of Hallyu can be found in the healing of the mind and body of modern people. Therefore, Hallyu could be regarded as the implementation of a universal cultural mission that is needed by people of the world in this era.

Of course, every country in the world also has various cultural genes whose traditional elements continue to the present day. The Korean cultural genes of community and courtesy, dynamicism, and excitement, and intuition and harmony which are mentioned in this paper are also the same. However, Korea created the phenomenon of Hallyu by combining these elements with digital media and converging it into various cultural products. The researchers hope that this paper contributes to providing an in-depth understanding of the Korean culture so that people can more accurately understand Hallyu, and furthermore, contributes to cross-cultural perspectives.

Works Cited

Anderson, Crystal S., "Hybrid Hallyu: The African American Music Tradition in K-Pop." *Global Asian American Popular Cultures*, NYU P, 2016, pp. 290-

303.

Bourguignon, Erika. "Introduction: A Framework for the Comparative Study of Altered States of Consciousness." *Religion, Altered States of Consciousness and Social Change*, edited by E. Bourguignon, Ohio State UP, 1973, pp. 3-35.

_____. "Vienna and Memory: Anthropology and Experience." *Ethos: Journal of the Society for Psychological Anthropology*, vol. 24, no. 2, 1996, pp. 374-387.

Chén, Jìng Lì. "hánjù de méilì-tán hánjù jiātíng lúnlǐ jiàzhíguān duì zhōngguó shòuzhòng de yǐngxiǎng [The Influence of Korean family ethics on Chinese audiences]." shěnyáng dàxué xuébào [*Journal of Shenyang University*], vol. 5, 2008, pp. 96-97.

Chua, Beng Huat, and Koichi Iwabuchi. *East Asian Pop Culture: Analyzing the Korean Wave*. Hong Kong UP, 2008.

Chua, Beng Huat. "Conceptualizing an East Asian Popular Culture." *Inter-Asia Cultural Studies*, vol. 5, no. 2, 2004, pp. 200-221.

Dawkins, Richard. *The Selfish Gene*. Oxford UP, 1976.

Jeong, Hae-gyeong. "Bibim, yungtong, nanumeulo isneun eoullimui jihye." [The Wisdom of Harmony Made with Mixing, Flexibility, and Sharing]. *The Cultural Genes of Koreans*, Amor Mundi, 2012, pp. 171-181.

Jin, Dal Yong. "Critical Interpretation of Hybridization in Korean Cinema." *Journal of European Institute for Communication and Culture*, vol. 17, 2010, pp. 55-71.

Joo, Yeong-ha. "Balhyoeumsig, siganui sugseongeul tonghae jinjeonghan mase ileuda." [Fermented Food Reached the Real Taste After Aging]. *The Cultural Genes of Koreans*, Amor Mundi, 2012, pp. 20-39.

Kim, Gyeong-il. *Geundaeui gajog, geundaeui gyeolhon*. [Modern Family, Modern Marriage]. Blue History, 2012.

Kim, Ki-duk. "Hanlyu delamae natanan gajogjuui." [The Concept of Familism apparent in the so-called Korean-Wave TV Drama]. The Cultural Genes of *Koreans*, Amor Mundi, 2012, pp. 116-135.

Ko, Duhyun, et al. *hangug munhwayujeonja jido* [The map of Korean Cultural genes]. Story House, 2014.

Korea Creative Content Agency. "2016 Kontencheusaneob tonggyejosa" [A Statistical Survey on the Content Industry 2016], 2016.

Kwon, Myeong-a. *Gajogiyagineun eotteohge mandeuleojineunga*. [How Family Stories Are Created]. Book World, 2000.

Levi-Strauss, Claude. *L'Autre face de lune*. Editions du Seuil, 2011.

Lie, John. "What is the K in K-pop? South Korean Popular Music, the Culture Industry, and National Identity." *Korea Observer*, vol. 43, no. 3, 2012, pp. 339-363.

Lim, Jae-hae. "Seumateupongwa daejungmunhwa hyeonsangui munhwayujeonja insig" [Current Phenomena of Smartphone and Pop-culture and the Recognition of Memme]. *Folklore of Namdo* 27, 2013.

Nisbett, Richard E. *The Geography of Thought*. Brockman, 2003.

Oh, Ingyu et al. *Hallyu 3.0 gwa munhwageullokeolhwaui inmunhagjeog yeongu* [Humanities Research on Hallyu 3.0 and Glocalizing Culture]. National Research Council for Economics Humanities and Social Science, 2014.

Park, Shin-hee. "Yeogdongseong, yeoljeonggwa huimangui ttodaleun ileum." [Dynamics, Another Name of Enthusiasm and Hope]. *The Cultural Genes of Koreans*, Amor Mundi, 2012, pp. 289-299.

Park, So Young. "Transnational Adoption, Hallyu, and the Politics of Korea Popular Culture." *Biography*, vol. 33 no. 1, U of Hawai'i P, 2010, pp. 151-166.

Rouget, Gilbert. *Music and Trance. A Theory of the Relations between Music and Possession*. U of Chicago P, 1985.

Shim, Doboo. "Hybridity and the Rise of Korean Popular Culture in Asia." *Media, Culture & Society*, vol. 28, No. 1, 2006, pp. 25-44.

Shin, Eun-kyeong. *Punglyu dongasia mihagui geunwon*. [The Source of Aesthetics in East Asia]. Bogosa, 1999.

Shin, Yong-ha, Jang Gyeong-seop. *21segi hangugui gajoggwa gongdongchemunhwa*. [Family and Communal Culture of Korea in the 21st Century]. Jisik Sanup Publication, 1996.

Xú, Péng. "'hán liú' bù hán-duō jiǎodù jiědú hánguó diànshìjù chénggōng de yuányīn." ["'Korean Wave' is not cold - multi-angle interpretation of the success of Korean TV series"]. *miányáng shīfàn xuéyuàn xuébào* [*Journal of Mianyang Teachers College*], vol. 1, 2007, pp. 34-35.

Yoon, Tae-il. "Sinmyeongui maecheseosahage daehan tamsaegjeog gochal." [Exploring the concept of Shinmyoung-based Media Narratology]. *Journal of Communication Science*, vol. 10, no. 4, 2010, pp. 307-349.

한류를 낳은 한국의 전통적 문화유전자

서론

2000년 이후, 한류 현상은 한국의 뛰어난 문화적 잠재력을 세계적으로 보여주었다. 최근의 조사에 따르면, 한류산업의 총 수출액은 56억 6천만 달러에 달한다(한국콘텐츠진흥원, 71). 한국에서 생산된 대중문화상품인 한류는 아시아를 넘어 전 세계를 강타하고 있다. 한류는 드라마, 영화, K-pop을 중심으로 전개되다가, 그 범위가 음식문화를 중심으로 생활문화에까지 확대되었다. 한국의 대중문화가 최근 20년 동안 이 정도의 영향력을 발휘한다는 것은 하나의 사건이라고 할 수 있다.

위 같은 현상과 관련하여, 그 성격과 한류 발전에 관한 학문적 연구가 활발하게 진행되고 있다. 최근 연구들은 주로 원인 규명, 장르별 현황 및 추세, 한류의 효과 및 지속 방안, 국가별 추이 등을 다루고 있다. 이러한 연구들의 대표적인 예시는 '문화적 혼종성'에 기반한 접근이다. 이 이론은 한류가 한국 자생적으로 생겨난 것이 아니라 다른 국가들과 융합되어 나타났다고 주장한다. 자세하게 언급하자면, 문화적 혼종성은 한류가 유사한 문화와 역사적 배경을 공유하는 아시아 국가들의 문화상품과 소비의 잡종이라고 역설한다.

---

* 본 글은 앞의 영문논문을 번역한 것이다. 각주 및 참고문헌은 생략하였다.

탈식민주의적 관점에서 싱가포르를 문화적 혼종으로 바라본 추아벵 후앗은 한국을 다중문화적이고 탈식민주의적인 국가라고 여겼으며, 이러한 관점이 한국의 대중문화와 밀접한 관련이 있다고 보았다. 같은 맥락에서 그와 코이치 이와부치는 어떻게 동아시아의 미디어 문화가 국가적 경계를 넘어서 연결되어 왔는지를 탐구한다. 그들에 따르면, 한류는 일본과 타 동아시아 국가들과 밀접하게 관련되어 있다. 미국중심주의와 관련해서 심두보는 미국의 지배적인 영향력이 전부 정당한 것은 아니며, 한국의 독창적이고 전통적인 방식을 통합한 특징들이 섞여 그들의 미디어를 제공해 왔다는 한류의 혼종성을 주장한다. 진달영은 또한 한류, 특히 한국 영화와 케이팝를 문화적 혼종성으로 설명한다. 그는 한국의 지역 문화에서의 혼종화 과정이 독창적인 지경문화 대신에 상당히 서양의 규범과 방식을 재현해왔다고 제시한다. 최근에 크리스탈 앤더슨은 미국의 흑인 음악 전통과 미학이 최근 세계적으로 놀라운 성과를 이룬 싸이나 빅마마와 같은 K-pop에 영향을 끼쳤다고 언급한다. 이러한 연구에서 그는 한류에서의 R&B와 K-pop의 문화적 혼종성을 관련짓는다.

이와 같은 문화적 혼종성 이론은 한류가 자생적이지 않다고 주장한다. 그들의 주장은 한류의 형성이 한국의 문화가 아니라 오히려 다른 국가나 세계적인 사건들에 영향을 받았다는 것이다. 만약 그렇다면 한류와 같은 문화적인 현상이 왜 다른 동아시아 국가에서는 일어나지 않는 것인가? 인접한 국가들이 융합되기 전에 전통적인 문화유전자가 혼종의 초석이 되기 때문에 본 논문은 전통적인 문화유전자를 위의 물음에 대한 하나의 가능한 답으로써 연구하고자 한다. 다시 말하면, 한류의 원형은 한국의 전통적인 문화유전자이다. 그러나 다른 연구자들은 케이팝을 특히 유교와 같은 사회문화적인 요소의 과장된 중요성와 같은 전통적 한국 문화와 연결시키는 것을 거부한다. 그러나 본 글에서는 이와는 다른 관점으로 문화유전자가 한류의 생산에 기여했다는 시각에서 접근할 것이다.

게다가 문화적 혼종성에 기반한 접근은 어떤 전통적 문화유전자가 한류의 형성에 영향을 미쳤는지 설명하기 어렵고, 이러한 접근은 한류 콘텐츠의 인문학적인 분석과는 거리가 멀다. 그러므로 본 논문에서는 전통과 현대의 연결을 강조하면서 한류 콘텐츠의 분석에 대한 시발점으로 인문학적 접근을 시도할 것이다.

인문학적 관점에서 한류콘텐츠를 분석한 연구 또한 다수 있다. 예를 들어 박소영은 한류 TV 프로그램과 영화 속에 해외 입양 서사에 관심을 가진다. 그는 이러한 이야기들이 한국 문화를 여기는 방법을 변화시키고 초국가적인 상상력으로 인지되는 데 기여했다고 강조한다. 또 다른 글에서는 한류의 스토리텔링 전략이 문화적 글로컬라이제이션에 기반한다고 제시한다. 이 글에 따르면 한류콘텐츠에서 볼 수 있는 '여성서사'는 중국, 프랑스, 미국 그리고 인도네시아의 전통적인 서사와 상호작용할 수 있다. 그러나 이같은 연구들이 한국의 전통적인 민화의 서사 분석에 집중하였다 하더라도, 그들은 다양한 한류 콘텐츠 속에 들어가 있는 한국 유교의 전통적 문화유전자를 탐구하지 않았다. 그렇기 때문에 본 논문은 한류의 형성에 영향을 준 전통적인 문화유전자를 확인하고 인문학적인 관점에서 한류의 콘텐츠를 분석하려 한다.

본 글에서 사용된 '한국의 문화유전자'라는 개념은 한류의 전통적인 연결성을 고려하는 과정에서 나왔다. 오해를 피하기 위하여 '문화유전자'라는 개념은 리차드 도킨스의 생물학적 유전자에 관한 주장과 관련이 적음을 밝힌다. 본 논문에서 사용된 '문화유전자'라는 표현은 '문화적 재료'라고 이해할 수 있을 것이다. 한국에서 이러한 문화유전자 개념은 2012년도에 본격적으로 사용되었다. 문화는 과거로부터 현대에 이르기까지 다양한 모습으로 변용되는 가운데 일정하게 지속되는 시간적 연속성, 다른 지역의 문화와 구별되는 공간적 차별성, 특정 분야나 장르를 넘어 다양한 문화적 영역에서 공통적으로 확인되는 사회적 공통성을 지닌 요소들이 있다. 이 세 가지 요소는 종횡(縱橫)으로 엮이면서 습득·모방·변용되는 문화적 성질이라는 점에서 '문화유전자'라고 할 수 있다.

본 글에서는 ① 공동체와 예의, ② 역동성과 흥, ③ 직관과 조화라는 세 가지의 문화유전자를 갖고 한류의 원천을 분석하고자 한다. 본 글은 한국의 우수성을 밝히고자 하는 것은 당연히 아니다. 하나의 특성은 부정적으로 작용하면 커다란 단점으로 작용한다. 결론에서 종합할 것이지만, 문화유전자 요소는 항상 긍정과 부정의 양면성을 갖고 있다. 당연히 부정적인 측면의 문화유전자가 발동되어 한류에 작용할 수도 있다. 이러한 양면성을 고려하되, 현 상황에서 한류에 작용된 한국의 전통적인 문화유전자를 밝히고자 하였다.

공동체와 예의(禮儀)의 문화유전자

Levi-Strauss는 1977년부터 1988년 사이에 5차례 일본 여행을 통해, 동양은 구심적(求心的)이고 서양은 원심점(遠心的)이라고 정의내렸다. 물론 Levi-Strauss는 언어 사용방식, 톱이나 대패를 다루는 방식 등 몇 가지 사례밖에는 들지 않았으나, 단순하면서도 명쾌하게 동서양의 차이를 비교하여 표현하였다. Richard E. Nisbett은 다양한 사례를 통해 세상을 바라보는 동양과 서양의 서로 다른 시선을 제시하였다. 그의 논점은 정확하게 Levi-Strauss의 시각과 일치한다. 니스벳는 양자간의 차이점을 다양하게 비교하고 묘사하였다. 그는 동양이 전체를 보는 반면 서양은 부분을 보며, 동양이 종합하는 반면 서양은 분석을 하고, 동양이 타협을 지향할 때 서양은 논쟁을 한다는 주장을 펼친다.

이러한 사고방식은 각각의 문화적인 기본에 따라 연어의 관습으로 드러난다. 서양은 주체인 나로부터 세상을 바라보고, 그 결과 나로부터 밖으로 나가는 방식의 원심적 사고방식을 갖는다. 반면에 동양은 대상의 입장에서 시작하여 주체인 나에게로 들어오는 구심적 사고방식을 갖는다. 예를 들어 동서양의 주소표기는 완전히 반대로 나타난다. 동양은 국가에서부터 시작하여 마지막에 자기 집을 표기한다. 이름도 마찬가지이다. family name인 성을 먼저 쓰고, 주체인 자신의 고유이름인 first name을 가장 마지막에 쓴다.

바로 이러한 점에서 동양의 공동체 특성이 도출된다. 물론 동양이라고 해도 국가별 차이는 있을 것이다. 그런데 한국은 반도(半島)라는 단일한 지역에서 비교적 단일한 민족구성을 유지해왔다. 더욱이 한국은 전통적으로 고구려(37-668 BC)를 제외하고는 지속적으로 농경사회를 유지해왔다. 이러한 점들이 다른 동양의 국가들보다 공동체적인 요소가 강하게 작용하였다고 생각한다.

전체를 먼저 생각하고, 사유의 방식에서도 대상에서부터 주체인 나에게로 오는 동양적 사고방식은 한국에서 가장 극명하게 나타난다. 흔히 얘기되는 언어습관에서 '나'가 되어야 할 것도 관용적으로 '우리'가 되는 사례는 그 점을 단적으로 말해준다. 한류 드라마나 영화, 심지어 K-pop에서도 이러한 공동체적 특성은 알알이 담겨 있다. 공동체적 방식에 익숙하기 때문에 공동체 구성원과의 어울림이 중요하다. '모난 돌이 정맞는다'는 속담은 강고하게 자리 잡고 있다. 그래서 튀는 것은 금기시되었다. 그 결과 최근까지도 질문과 토론방식의 수업이 학생들에게 익숙하지 않으며, 주입식 교육의 형태가 지속적으로 전개되어온 이유이다.

공동체적 사고방식은 그 형식에 있어 당연히 '예의(禮儀)'를 강조하게 된다. 한국 K-pop의 아이돌문화는 최장 10년 정도의 연습생 시절을 갖는다. 한국에서 독특하게 전개되는 K-pop 연습생의 합숙을 통한 오랜 훈련과정은 공동체적 사고에 익숙하기 때문에 가능한 것이다. 그리고 연습과정을 보면 노래연습에 앞서 항상 만나는 사람들에게 먼저 인사를 깍듯하게 하는 것을 기본으로 하고 있다. 노래 이전에 무엇보다 예의를 심어주는 방식인 것이다. 한국에서는 일반적으로 사람의 평가에 있어서도 항상 예의가 핵심사항이 된다. 이러한 예의의 핵심에 효사상(孝思想)이 있다. 실제 한류 드라마나 영화에는 이러한 예의와 효사상이 직간접적으로 투영되어 있다.

다음은 한국 TV드라마에 관한 중국인들의 감상의 일부이다. 시청자들은 콘텐츠 속에 있는 예의, 효 그리고 가족애에 특히 감명을 받는다.

> 한국의 TV드라마는 인기리에 방영된다. 중국의 학자들과 전문가들은 그 인기를 단순하게 심오하고 날카로운 주장으로 요약한다. 문화적 유산, 생생한 세밀함, 효의 강조. 이러한 것들은 중국 전통문화의 본질과 일치한다.

한국드라마는 '정(情)' 즉 親精, 愛情, 友情을 중심에 두고 스토리를 전개한다. 충돌이 별로 없지만, 일상 속에 잔잔하게 묘사되는 작은 스토리를 통해 이 정은 사람에게 더 오래 갈 수 있는 따뜻함을 준다. 또한 한국드라마의 화면은 화려하되 내면은 전통적인 가정주의를 내포하여, 중국사회에서 이미 잃어버린 것을 다시 채워 주었다.

대가족, 효, 정과 같은 요소는 한류드라마에 대한 다른 국가의 설문조사에서도 항상 나타난다. 하지만 물론 중국의 한류 팬들이 한국의 TV 드라마를 좋아하는 다른 이유가 분명히 있을 것이다. 예를 들어, 독립적인 여성 인물들은 트렌디한 옷을 입고 화장을 하는데, 이것은 K-beauty와 관련되어 있다. 하지만 효와 정이 한류의 중국인들의 인식에 있어서 가장 눈에 띄는 특징이다. 무엇보다 한류드라마는 주인공을 중심으로 하는 등장 인물들의 가족 관계망이 대단히 넓다. 부모나 할아버지, 할머니는 말할 것도 없고, 이모나 고모, 삼촌 등도 흔하게 등장한다. 비록 그들 모두가 같이 살지는 않더라도, 주인공의 결혼 문제와 같은 중요한 상황에 종종 개입한다. 때로는 그들의 반대에 의해 결혼이 성립되지 않는데, 이러한 점들은 서양적 시각으로는 이해하기 힘들 것이다.

'효'는 한류드라마에 강하게 배어 있다. '효'문화야말로 한국문화 일반과 한국 가족문화의 가장 큰 특징일 것이다. 그런데 이러한 한국의 '효'문화에 대하여 유교문화의 영향이나 잔존(殘存)으로 간단히 해석하거나, 더 나아가 한국가족의 전근대성(前近代性) 혹은 세계사적 특수성으로만 해석하는 시각은 옳지 않다고 생각한다. 비록 유교문화에서 효를 강조하였고 또한 한국사회가 그러한 유교문화의 영향을 많이 받았지만, 한국의 '효'문화에는 인류를 풍요롭게 하는 세계사적 보편성이 담겨 있다는 점을 인식해야 할 것이다. 이 점과 관련하여 필자는 기존 글에서 다음 사례를 제시한 바 있다.

- 역사: 과거 – 현재 – 미래
- 나무: 뿌리 – 줄기 – 열매

• 인간: 부모 – 자신 – 자식

위에 제시한 것처럼, 과거-현재-미래는 동체(同體), 즉 한몸이며, 나무에 있어 뿌리-줄기-열매도 한몸이다. 그리고 인간관계에 있어 부모-자신-자식도 한몸이다. 나무와 인간의 비유는 유교사상에서 이미 강조한 바 있는 것이지만, 위와 같은 인식은 어느 하나의 사상을 뛰어넘는 보편적인 메시지인 것이다. 사람들은 흔히 위의 도식에서 마지막에 해당하는 미래·열매·자식을 좋아한다. 그러나 왜 과거 역사가 중요한 것인가? 그것이 현재를 규정하며 미래를 결정짓기 때문이다. 또한 나무의 아름다운 열매를 좋아하지만, 뿌리가 죽으면 열매도 죽는다. 이 점은 누구나 인정한다. 이러한 이치는 인간관계에서도 똑같으나, 실제로는 잘 실천되지 않는다. 자녀에 대한 사랑은 자연스러운 본성에 기초하고 있기 때문에 인위적으로 강조하지 않아도 대부분 실천된다. 그러나 부모에 대한 효는 자연적인 것인 동시에 사회적인 측면이 매우 강하기 때문에, 교육과 규범에 의해 강조되지 않으면 잘 실천되지 않는다. 이것은 마치 과거 역사를 잊어버리거나, 나무의 뿌리를 생각하지 못하는 경향과 같은 것이다. 그러므로 모든 종교적 교훈에서 〈네 부모를 사랑하라〉는 계명은 있으나, 〈네 자식을 사랑하라〉는 계명은 굳이 없는 것이다.

동서양에 있어 '가족'은 인류의 최초이자 최후의 것이므로 무시간적인 완전성과 불변성을 지니는 가치이다. 그러나 전 세계는 '가족해체'라는 글로벌 이슈에 직면해 있으며, 현대 한국사회도 가족의 축소 및 해체가 진행되고 있다. 그럼에도 불구하고 개인이 의지할 수 있는 마지막 남은 '안식처'는 가족일 수밖에 없다는 이중적이고 모순적인 상황에 처해 있다. 바로 이 지점에서 많은 해결책과 처방이 제시되고 있으나, 무엇보다 필자는 효문화가 갖는 보편적인 가치를 회복하여 재창조할 필요가 있다고 생각한다. 이러한 가족과 효문화가 한류드라마에 다양하게 재해석되어 강력하게 작동되고 있다. 세계인들은 그러한 한류드라마에 담긴 공동체적 요소, 예의, 효사상을 다소 경이롭게 감상하는 것이다. 예를 들어 〈대장금〉, 〈상속자들〉, 〈내 딸 서영이〉 그리고 〈시크릿 가든〉 등등에서 이러한 면모를 살펴볼 수 있다.

한국의 방송 프로그램에서는 나이 어린 K-pop 스타들을 대상으로 하는 토크쇼가 많다. 그것을 보면 대부분 부모님에 대한 효를 언급하며 울먹이는 장면이 종종 등장한다. 아무리 세대가 바뀌어도 한국의 문화유전자에서는 공동체와 예의, 그리고 효문화가 담뿍 담겨 있는 것이다.

공동체 사고방식에 입각하여 외적(外的)으로는 예의가 강조되었다면, 내적(內的)으로는 끈끈한 情이 자리 잡고 있다. 정은 외국어로 번역하기 난해한 단어이다. love, affection, pity 등이 있으나 적합한 표현은 아니다. 본 글에서는 korean affectivity로 표현하고자 한다. 공동체 구성원들에게는 정이 있는 인간이어야 완성된 인간의 조건이 된다. 아무리 뛰어나도 정이 없으면 덜된 인간이다. 한류 드라마나 영화에서 냉철한 이성을 갖추었어도 정감이 없으면 주인공이 되지 못한다. 항상 드라마나 영화의 스토리텔링에 있어 주인공의 정감적 요소가 키포인트가 된다. 그래야 모두가 주인공 캐릭터에 몰입하는 것이다.

한류드라마나 영화, 심지어 음악을 노래하는 K-pop에도 한국인 특유의 끈끈한 정이 매우 강하게 스며있다. 보고 들으면 시청자들은 금방 한국적 정서인 정을 느낀다. 세계는 혼자이기보다는 함께 있다는 공동체 의식을 회복해야 하는 일에 직면해 있다. 그것은 반드시 함께 살아야만 하는 것은 아니다. 인간관계에서 서로에게 관심과 배려를 한다는 정서는 이 시대에 가장 필요한 요구이다. 이것이 한류작품 속에 담긴 한국적 정서인 정에 주목하는 이유가 될 것이다. 예를 들어 중국의 한 자녀 정책은 오랫동안 시행되어왔다. 게다가 급속한 근대화로 인해 부모, 자식 그리고 친척들은 나라 전체로 흩어졌다. 결과적으로 가족과 친척들이 모이는 국가적으로 매우 중요한 이벤트가 되었다. 이러한 상황에서 공동체 문화와 정을 담고 있는 한류 TV드라마는 중국인들에게 강력하게 공명을 울린다.

지금까지 설명한 공동체와 예의(禮儀) 그리고 정(情)의 문화는 농업사회와 밀접한 관련이 있어 보인다. 특히 쌀농사의 경우는 공동작업이 필수적이기 때문에 더욱 그러했다. 한국은 대표적인 쌀농사 위주의 농업

사회이다. 농업사회에서 흔히 볼 수 있는 마을이라는 단위는 강한 공동체 의식으로 결속되어 예의와 정을 나누는 사이이다. 농업사회와 공동체적 특성은 다른 곳에서도 있을 수 있다. 농경이 주산업이었던 중세에는 서양도 그리 개인주의적이지 않았다. 그 당시의 유럽농부들은 사고방식이나 사회적 행동양식에서 중국의 농부들과 크게 다를 바가 없었다고 한다. 그러나 특히 한국은 전통적으로 남에 대한 관심과 배려라는 정서가 강하게 형성되어 종종 손익과 이해관계를 초월한다. 그것이 한국적인 정서로서의 예의와 정인 것이다.

역동성과 흥의 문화유전자

K-pop은 한 편의 퍼포먼스다. 여기에는 듣는 재미, 보는 재미, 함께 하는 재미가 있다. 아이돌 그룹의 화려한 댄스와 비주얼, 다양한 장르의 높은 음악적 완성도, 거기에 관객과 함께 호흡하며 교감하는 K-pop 무대에는 역동성과 '흥'의 문화유전자가 담뿍 담겨 있다.

먼저 역동성을 보자. 역동성은 힘찬 에너지의 표출로서, 빠름이 전제된다. 그러므로 항상 한국인을 대표하는 표현으로 '빨리빨리'가 등장한다. 흔히 한국인의 '빨리빨리' 특성은 20세기에 들어와 두드러졌다고 평가한다. 근대화 과정에서 한없이 뒤처진 한국인이 짧은 시간에 선진국을 따라 잡기 위하여 나타난 특성일 것이다. 그러나 고대 기마민족의 야성(野性)과 역동성을 주목할 필요가 있다. 고구려(37-668 BC)의 수렵 그림에 잘 나타나듯이, 고구려인은 항상 말을 타고 활을 쏘며 사냥하는 것이 일상이었다. 그러한 역동성은 '빠름'이 전제되지 않으면 안 된다. 대표적인 고려시대(918-1392)의 스포츠였던 격구(擊毬)도 말을 타고 시합했으며, 항상 빠름이 전제된 운동이다. 즉 역동성이라는 유전자는 빠름을 전제한다는 점에서, 근대 이후 돌출된 한국인의 '빨리빨리'의 특성이 이전(以前)에는 전혀 없었던 특성은 아닌 것이다. 농경생활은 그야말로 시간과의 다툼이다. 특히 4계절이 있는 우리의 경우에는 더욱 그러하다.

항상 때를 기억해서 늦지 않게 맞추어야 한다. 이런 시기를 모르는 사람은 철을 모르는 자이다. 철을 알고 제때 정확하게 일을 해야 한다. 농경지역에는 유목문화에 없는 농번기(農繁期)가 있다. 파종기와 수확기에는 눈코 뜰 새 없이 바쁘다. 무엇이든 빨리빨리 하는 속성이 있는 것은 이러한 농경민족으로서 문화유전자와 일정한 관련이 있다.

이러한 역동성과 빠름이 조선시대(1392-1910) 유교(儒教)의 예의(禮儀)에 입각한 선비문화가 전개되면서 많이 완화되었다고 생각한다. 조선의 선비들이 세상과 자연을 대하는 태도는 오히려 '여유로움'의 특성이 크다. 자연과 벗하면서 취하는 여유로움의 측면 또한 한국인의 문화유전자이기도 하다. 이처럼 '빨리빨리'와 역동성, 그리고 자연스러움과 여유로움이 함께 한국인의 문화유전자가 되는 것은 그 때문이다. 조선시대 이전까지는 역동성의 측면이 강하였다면 조선시대에는 여유로움의 특성이 강하였다. 그리고 근대 이후 특히 1960년대 경제개발 이후, 역동성의 전제인 '빨리빨리'가 더욱 특성화되었다고 할 수 있을 것이다. 즉 근대화과정에서 압축성장을 이룩해야 하는 과제 앞에서 사회 전반이 '빨리빨리'의 정서와 특성이 일반화되었다고 분석할 수 있을 것이다. 그것은 공사(工事)의 기간 단축, 제품 생산의 기간 단축을 포함하여 각 개인의 생존의 조건으로서 좀 더 빨리 일을 처리해야 살아남을 수 있는 사회 전반의 시스템 수준이 그러한 특성을 돌출시켰다고 할 수 있다.

역동성이 고조되면 흥이 난다. 흥은 감동, 즐거움 등의 긍정적 감정이 고양된 정서적 상태를 의미한다. 그런데 빠름이 전제된 역동성이 흥의 단계로 돌입하려면 기술이 필요하다. 흔히 한국의 응원문화나 K-pop을 보면 반복적 구호나 노래를 이용한다. 예를 들어 한류 K-pop에는 일명 '후크송'이라 불리는 짧은 후렴구가 지속적으로 반복되는 현상이 강하게 나타나고 있다. 2007년 '텔미 텔미 테테테테테 텔미'라는 가사로 큰 인기를 끈 원더걸스의 〈텔 미〉를 시작으로 특히 걸그룹의 노래는 거의 후크송이 들어간다. 이는 반복적인 리듬으로 흥을 돋우는 예비단계에 해당한다고 할 수 있다. K-pop에서 두드러진 것이지만, 한국인은 이처럼 흥의 단계로 접어드는 방식에 있어서도 나름의 일가견이 있다. 2002년 월드컵이 한국에서 열렸을 때에 전 세계적으로 보여준 한국의 응원문화, 그리고 지금도 야구장에서 벌어지는 축제와 같은 응원문화, 그리고 심지어는 촛불집회와 같은 시민투쟁에 있어서까지, 항상 반복적인 구호와 노래를 통하여 흥의 단계로 접어들어 모든 행사를 한 판 축제의 장으로 만드는 것이다.

이러한 흥의 정서가 더욱 진행되면 '신명(神明)'의 단계로 돌입한다. 이는 흥이 더욱 고조되어 신(神)과 교접(交接)하는 수준에 도달한 엑스터시의 상태를 말한다. 신명이란 본래 신을 모시던 무당이 신과 교접하여 신들린 상태를 의미하는 것이다. 그런데 한국인에게는 흥이 고조되면 흔히 '신명난다'고 표현한다. 이는 그만큼 한국인이 흥의 요소를 많이 갖고 있다는 것을 의미하는 것이기도 한다. 물론, '신명'의 요소는 전 세계적으로 보편적인 현상이다. 그러나 이 요소를 한국과 관련시켜 강조하는 이유는 이것이 최근 진행중이며 이것이 일상에서 빈번하게 일어나고 있기 때문이다.

무속에서 신과 접속하는 신명의 단계로 돌입하면 무당은 흥이 나서 굿판을 주도한다. 그런데 신과 접속하는 단계를 위해 무당은 반복적인 기원행위를 진행한다. 이 점은 신과 접속하기 위해서는 어디에서나 나타나는 공통적인 현상이다. 아프리카 사람들은 신과 접속하기 위해 종종 북을 계속 두드리는 방법을 사용한다. 북을 조용히 느리게 반복하다가 점점 빨라지며 강하게 북을 친다. 이러한 북을 이용한 반복연주의 예비단계를 거쳐 신과 접속하는 단계로 돌입하여 신나게 흥을 발산하는 것이다. 그러나 한국은 음악을 자연스럽게 함께 부르고 들음으로써 매일매일 신명의 상태로 들어가는 현상을 오늘날에도 반복한다.

K-pop은 일렉트로닉 댄스, R&B, 힙합 등 영미권 장르들을 흡수하였고, 한국적인 시각에서 그것들 재해석해왔다. 그러나 K-pop은 이처럼 전통적인 한국의 흥과 신명의 문화, 그리고 그 예비단계로서 흥을 돋우는 과정을 창출하였다. 그 점에서 전 세계인들이 한국적 가사임에도 불구하고 열광하는 것이다. 흥과 신명으로 돌입하는 과정에서 가사는 중요하지 않다. 그 리듬감이 이미 흥과 신명의 세계로 인도하는 것이다. 그리고 흥

과 신명의 세계로 본격 돌입하였을 때에 노래와 함께 제시되는 춤은 이러한 흥의 수준을 최고조로 만든다. 사람들은 이러한 음악을 듣거나 보면서 자신도 흥의 세계로 돌입하여, 함께 따라하면서 춤을 추며 힐링의 단계를 체험하는 것이다.

이러한 흥은 혼자일 때보다 여럿일 때에 더 빛을 발한다. 따라서 공동체 문화에 익숙한 한국사회에서 크게 발현되는 것이다. 흥의 정서에 참여하는 데에 자격조건도 없으며, 소외되는 자도 없다. 음악의 경우에는 가사를 몰라도 된다. 일부 후크송만 기억하면 된다. 그것을 따라하다 보면 흥에 돌입한다. 이러한 점은 한국사회에서 전통 판소리 공연에서 추임새, 탈춤공연에서 관객들의 난장(亂場)과 유사한 것으로, 관객참여의 전통이 만들어낸 것이다. K-pop은 감각적인 리듬과 입가에 맴도는 노랫말 그리고 매혹적인 춤으로 관객을 하나로 묶어준다. 더 나아가 관객은 적극적인 반응과 함께 노래말과 춤을 함께 하며 동참한다. 더 나아가 그 공연에 동참하는 자들은 모두 '우리'가 되어 화합한다. 여기에 언어는 큰 문제가 되지 않는다. 그 점이 언어의 장벽을 넘어서 보편적인 감흥과 힐링을 이끌어내는 매력인 것이다

현대는 디지털기술의 시대이다. 그런데 이러한 역동성과 흥의 문화유전자는 디지털기술과 더욱 잘 드러맞는다. '빠른 속도감과 즉흥성'의 정서가 디지털 매체의 속도에 적합하기 때문이다. 스마트폰 세대는 다른 세대들보다 더 빠른 속도를 추구한다. 휴대성과 다기능성을 갖춘 스마트폰의 속도는 점점 더 빨라지고 있다. 게다가 탈춤이나 판소리 같은 전통연희에 뿌리를 두고 있는 신명의 서사(敍事)는 구술시대의 서사와 맥을 같이 한다. 상호작용성에 기반한 디지털기술의 발달로 커뮤니케이션은 두 사람이 대화하는 것 같은 구술적 성격이 더 두드러지게 되었고, 인터넷의 댓글도 글쓰기의 영역보다는 말하기의 영역에 가깝다. 따라서 대중매체의 서사는 문자시대의 서사보다는 오히려 구술시대의 서사와 비슷한 점이 많다. 구술 서사의 전통에 뿌리를 둔 신명의 서사가 디지털시대 대중매체에서 빈번하게 관찰되는 이유는 이 때문이다.

빠름이 전제된 역동성과 흥의 문화유전자를 정리하면서 마지막으로

장인(匠人)과 달인(達人)을 얘기해 보고자 한다. 현대 한국사회에서는 수많은 달인이 소개되고 있다. 달인 소개는 한국의 TV 인기프로그램이기도 하다. 장인과 달인은 모두 숙련된 자들이지만 조금 다르다. 장인은 주로 전통문화 분야에서 어느 분야를 누대(累代)에 걸쳐 이어내려온 전문가이다. 달인은 자기 자신에 국한되며, 주로 생활 분야에서 숙달된 자이다. 달인의 특징은 무엇보다 빠름이다. 달인들은 특정 분야에서 매우 빠르고 정확하다. 한국도 전통시대에는 장인이 많았다. 그러나 19세기 조선의 멸망과 20세기의 식민지, 전쟁 그리고 분단을 겪으면서, 어려운 사회적 환경이 장인을 유지하지 못하게 했다. 그러한 역사적 현실 때문에, 현대 한국은 일본보다 현저하게 장인의 숫자가 적으며, 장인의 전통도 많이 퇴색되었다. 그러나 대신에 현대 한국에서는 달인이 즐비하다. 달인의 행동은 빠르며, 그 빠른 행동이 반복되어 역동성을 자아내고, 더 나아가 보는 사람으로 하여금 흥이 나게 만드는 것이다. 최고 수준의 달인은 흡사 신명들린 무당과도 같다. 필자는 바로 이 달인이 역동성과 흥의 문화유전자를 가장 잘 보여준다고 생각한다.

직관과 조화의 문화유전자

한국인은 직관을 통해 조화(harmony)를 창출해내는 데에 아주 익숙하다. 한류드라마나 K-pop에는 그러한 점이 잘 나타나 있다. 여기서 조화라고 표현한 것은 인간관계에 있어 서로 잘 어울린다는 관점에서 표현한 것은 아니다. 그런 의미보다는 여러 가지 요소를 적절히 결합(combination)하여 균형(balance)과 아름다움을 창출한 상태라는 뜻으로 사용하였다. 그런데 한국인은 이러한 조화 상태의 창출을 분석적 방식이 아니라 직관적 방식을 사용한다. 그런 점에서 본 장을 '직관과 조화의 문화유전자'라고 표현한 것이다.

위에 언급했듯이, Levi-Strauss는 동양과 서양의 특성을 언어로 비교하였다. 서양의 언어는 나로부터 나가는 원심적 특성이므로, 언어에 있어 주체가 되는 주어(主語)가 먼저 나오며 원칙적으로 그 주어를 절대 생략하지 않는다는 것이다. 그러나 동양의 언어는 주어가 반드시 먼저 나올 필요가 없다. 대상을 먼저 서술한 후 주어가 마지막에 나오는 방식이 오히려 세련된 표현법이기도 한 것이다.

같은 맥락에서 필자가 발견한 한국어와 영어의 표현 차이를 들어 보면 다음과 같다. 한국어 표현으로 백두산은 영어로는 Mt.백두이다. 사과 한 개는 an apple이다. 커피 한 잔은 a cup of coffee이다. 10번이 No.10이다. 5페이지는 p. 5이다. 6장은 chapter VI이다. 이러한 단어 표현의 차이는 무수히 찾을 수 있다. 이러한 한국어 표현은 무엇을 의미하는가? 영어는 주체인 나에게서 대상으로 나아가면서 하나하나 분석하는 방식이며, 그 결과 언어도 그렇게 사용한다. 먼저 하나(a)가 보이고 더 가서 보니 그것은 컵(cup)이었고, 그 안(in)을 보니 커피(coffee)였다는 분석적 방법 그래로 언어가 구성되어 있다. 그러나 한국어는 그것이 이미 커피였다는 것을 안다는 식으로 표현한다. 그래서 'coffee a cup'이 된다. 위의 사례는 한국어의 그러한 언어습관을 제시한 것이다. 결국 한국어는 이미 산이름을 알고, 이미 사과임을 알고, 이미 커피임을 알고, 이미 넘버가 10임을 알고, 이미 페이지가 5임을 알고, 이미 장이 6인지 아는 언어표현인 것이다. 한마디로 직관적 사고에 입각한 표현인 것이다.

언급했듯이, Richard E. Nisbett은 세상을 지각하는 방법을 한마디로 '전체를 보는 동양과 부분을 보는 서양'으로 규정하였다. 즉 동양은 세상을 종합적으로 이해하며, 전체 맥락 속에서 관계성에 주목한다는 것이다. 그 결과 동양인은 전체의 연결성 속에서 개체를 바라보는 직관적 사고를 한다. 직관은 판단, 추론 등의 매개 없이 대상을 직접 인식하는 작용, 또는 그 결과로 얻은 내용을 말한다. 그리고 복합된 사물을 그 요소나 성질에 따라 가르거나 화학적, 물리적 방법으로 물질의 원소를 분해하는 일을 말한다. 대체로 동양인은 직관적 능력이 발달했고 서양인은 분석적 능력이 발달했다.

그런데 동양에서도 한국인은 특히 직관적 능력이 뛰어나다. 이것은 같은 동양이라도 중국이나 일본과 비교할 때, 필자는 한국인이 여러 가지를 함께 하는 멀티(multi) 능력이 강하기 때문이라고 생각한다. 고대 중국 사신(使臣)이 한국을 방문한 뒤 기록한 글에 보면, 빠짐없이 '함께 먹고 마시고 노래하고 춤추는 것을 같이 즐기는 음주가무(飮酒歌舞)'의 특징과 '남녀가 함께 모여 노래와 춤을 즐겼다는 남녀군취가무(男女群聚歌舞)'라는 것이 나온다. 외국인의 기록이란 자신들과 다른 특징적인 모습을 적는 것이다. 사실상 먹고, 마시고, 노래하고, 춤춘다는 것은 멀티 능력으로서, 중국인의 입장에서는 그처럼 여러 가지를 같이 한다는 것이 신기했을 것이다. 그런데 현대의 한국인에게는 이러한 요소가 아주 강하게 나타난다. 꼭 긍정적인 것만은 아니지만, 수도 없이 많은 노래방에서 한국인의 즐기는 행태나 심지어 관광버스에서 노래와 춤을 즐기는 모습은 이 점을 잘 보여준다.

살림살이에 따라 다양한 용도로 사용되는 한옥(韓屋)의 방을 보아도 그렇다. 아침에 잠자리에서 일어나 이부자리를 개어 치우고 가족들이 모여서 생활하면 침실이 거실로 바뀐다. 아침상을 들여와서 식사를 하면 침실이 식당방으로 바뀐다. 손님이 와서 방석을 내어 놓고 술상을 차려오면 응접실이 된다. 손님이 가신 뒤에 책읽는 상을 내놓고 책을 읽으면 공부방이 된다. 도구를 내어 놓고 자리를 짜거나 바느질을 하면 작업실이 된다. 다시 저녁이 되어 이부자리를 깔고 잠자리에 들면 침실로 바뀐다. 꼭 공간이 없어서가 아니다. 항상 멀티 방식을 추구하는 특성 때문이다.

이처럼 한국인은 멀티에 기반하여 여러 가지 사항을 직관적으로 파악하여 조화시키는 능력을 보여왔다. 한국의 유네스코 세계문화유산은 10점이 있다. 그러나 대부분 어떤 도면도 없으며, 단지 직관을 통한 조화의 안목으로 창출해낸 것이다. 건축을 예로 들면 자연석을 그대로 주춧돌로 이용했다. '그랭이질'이라고 해서 목재도 생긴 그대로, 때로는 굽은 나무를 그대로 주춧돌에 끼워 맞추었다. 서원이나 사찰 등의 복합건물도 기하학적 구획은 드물고 자연의 환경과 배치를 그대로 이용해서 지었다. 세계문화유산 창덕궁은 손을 대지 않은 듯한 자연스러움과 자연속에 안긴듯한 숨겨진 은근함으로 아름다움을 디자인하였다. 이러한 한국문화의 자연스러움은 직관에 근거한 조화로움의 시각이기도 하다.

한국에는 '비빔 문화'의 전통이 있다. 비빔이란 요새 말로 하면 퓨전이다. 북, 장구, 징, 꽹과리 등 네 가지 민속 타악기가 어우러지는 사물놀이나 갖가지 색깔과 소재의 반찬과 밥을 버무리는 비빔밥은 음악과 음식에서 비빔문화의 정수를 잘 보여준다. 흥미로운 것은 여러 소재들이 조화를 이루면서도 저마다의 개성을 잃지 않는다는 점이다. 비빔은 차이를 제거하는 '동화'가 아니라 차이가 어우러지는 '조화'를 추구한다.

사실 각각의 식재료가 갖는 색깔의 화학적 성분과 효능이 정확하게 밝혀진 것은 그리 오래되지 않았다. 그럼에도 전통적으로 색채 치료의 개념이 완벽에 가깝도록 사용된 우리 밥상은 가장 자연스러우면서도 지극히 과학적이다. 고유의 파장이 지닌 색깔이 사람의 몸과 마음에 미치는 영향을 이미 알고 있었던 것이다.

이 점은 한류드라마나 K-pop에서 잘 드러난다. 전체 참가자가 어울리는 비빔문화와 같으나 각각의 개성은 또 다시 살아 있다. 전통적으로 비빔문화가 발달하였기 때문에 한류 드라마나 음악에서도 이러한 비빔문화가 스며 있어 조화를 이루면서도 개인이 살아 숨쉬는 것이다.

이처럼 한국인은 멀티에 기반하여 여러 가지 사항을 직관적으로 파악하여 조화시키는 능력을 보여왔다. 그것이 오늘날 한류 작품에 알알이 담겨 있는 것이다. 이러한 멀티적 요소는 디지털시대를 맞아 다시 융합적 요소로 거듭날 가능성을 갖고 있다. 디지털기술은 빠름의 유전자를 가진 한국인에게 잘 맞는다. 그 결과 한국은 오늘날 디지털기술에 입각한 자동차, 반도체, 스마트폰에서 두각을 나타내고 있다. 아울러 빠름과 디지털기술이 결합하면서 한류드라마나 K-pop, 그리고 MICE 산업 등에 유리한 조건을 마련해 주고 있다.

한국의 조화적 특성은 대칭성을 강조한 중국의 미적 감성이나 철저하고 완벽한 계산에 기반을 둔 일본의 미적 성향과는 구분된다. 예를 들어 전통 건축이나 조경을 보면 대칭이나 균형 같은 추상적 미의 이상을 구현하려 하기보다 산형 지세와 가용(可用)한 재료에 따라 다양한 형태를 만들어 낼 뿐 아니라, 거의 어떠한 규칙에도 의존하지 않는 경향을 나타낸다.

여기서 조화의 문화유전자를 좀더 언급해 보고자 한다. 직관에 입각한 조화 능력은 동양적 특성이라고도 할 수 있으나, 한국은 중국이나 일본과도 차이가 있다. 동양에서는 흔히 음양론이라는 원형(Archetype)이론이 발달해왔다. 음양의 원리란 '서로 반대되면서 동시에 서로를 완전하게 만드는 힘', '서로의 존재 때문에 서로를 더 잘 이해할 수 있는 힘'의 관계이다. 이러한 음양이 균형 조화된 상태를 중용(中庸)이라고 한다. 따라서 유교에서는 중용의 도(道)가 가장 중요한 행위 규범이 된다.

그러나 음양의 균형은 말이 쉽지 사실은 양립(兩立)하기 어려운 두 요소이다. 따라서 기본적으로 음양의 균형·조화 이전에 항상 모순(矛盾)이 존재한다. 동양에서는 모순이 되는 주장들을 타협을 통해 수용하고자 했다. 모순이 되는 두 주장 모두에서 진리를 발견하고자 하는 것이 그 사고방식의 핵심이다. 따라서 극단적 명제 사이에서 끊임없이 중도를 탐색하는 노력이 왜 동양에서 그렇게 당연하게 여겨지는지 알 수 있다. 동양의 사고에서 모순이란 단지 표면적인 것일 뿐이며 그들의 사고에서 'A가 참이지만 B 또한 거짓이지는 않다'라는 가정이 깊이 내재되어 있다. 따라서 '큰 진리의 역 또한 참이다'라는 선불교(禪佛敎)의 가르침이 자연스럽게 수용될 수 있는 것이다.

결론

지금까지 한류를 낳은 한국의 전통적 문화유전자를 크게 ① 공동체와 예의, ② 역동성과 흥, ③ 직관과 조화라는 세 가지의 요소를 가지고 분석하였다. 이 외에도 다른 많은 문화유전자들이 독립되지 않은 채 조화에 융합되어 있다. 곰삭음과 흥에 포함되어 있는 공동체 의식, 공동체에서 나타난 한국인의 정, 정에서 느낄 수 있는 어울림, 그리고 어울림이 가진 자연스러움 등이 그러하다. 필자는 이러한 여러 문화유전자들의 연관성을 고려하고, 또한 보다 직접적으로 한류에 영향을 준 것을 중심으로 세 가지의 요소로 정리하였다.

앞서 언급했듯이 문화유전자는 항상 긍정과 부정의 양면성을 갖고 있다. 예를 들어, 공동체특성은 부정적으로는 주체성의 부족을 가져온다. 예의의 강조는 자칫 본질적인 내용이 퇴색할 경우 형식주의로 흐르게 된다. 가장 인간미가 넘치는 정(情)은 학연(學緣)과 지연(地緣)으로 확대되어 적용될 수 있다. 이 경우 자칫 공공성(公共性)을 해치는 사적(私的)인 이해관계를 거부하지 못하는 부작용도 발생시킨다.

실제 현대의 한국인은 공동체 의식과 예의, 그리고 정(情)의 부작용으로 고통받고 있기도 하다. 이러한 전통적 가치관으로 차마 속마음을 표출하지 못하는 경우가 많았다. 그래서 한국인은 화병이 많다. 화병은 한국을 넘어 세계에서 공식적으로 인정받은 한국인만의 독특한 질병이다. 1995년 미국정신의학회는 화병을 한국어 발음대로 'hwa-byung'으로 표현했으며, 한국인에게서 많이 나타나는 특이한 신경질환이라고 정의했다.

또한 '빨리빨리'의 부정적인 측면은 조급성이다. 역동성에 입각한 흥은 자칫 남을 의식하지 않고 전개되는 일부분의 일탈일 수 있다. 이것은 타인에게 많은 스트레스와 정신병, 그리고 뒤쳐진 자의 소외감을 낳게 만든다. 실제 한국은 OECD 국가 중 가장 높은 자살률을 보여주고 있다. 이러한 문제를 심각하게 인식하여, 자연스러움과 여유의 문화유전자를 발전시켜 공동체에 기반한 미덕(美德)을 되살리자는 움직임도 강하게 나타나고 있다. 직관에 입각한 조화로움의 모색은 자칫 비논리(非論理)의 극대화로 '대충대충'의 풍조와 비계획성을 합리화할 수 있다. 이 점은 경쟁력의 약화 및 사회 양극화를 부추길 수 있을 것이다.

그러므로 아무리 아름답고 의미 있는 문화유전자도 그 자체로 善하기만 한 것은 아니다. 그러한 요소들이 극단화될 때 언제든지 부정적인 방향으로도 작용하는 것이다. 후속 연구에서는 문화유전자가 부정적으로 작용한 사례 및 그것에 대한 극복방안에 대해 고찰해야 할 것이다. 본 글은 한류에 영향을 끼친 한국의 전통적인 문화유전자를 분석해 본 것이다. 따라서 다분히 긍정적인 관점을 추구할 수밖에 없었다. 한류는 한국만의 전통적인 문화유전자에 기반한다. 그러나 한류의 영향은 현대인의 몸과 마음을 치유하는 데서 찾을 수 있다. 그러므로 한류는 현 시대의 전 세계의 사람들에게 필요한 보편적인 문화적 임무의 성취라고 간주할 수 있다.

당연히 세계의 모든 국가들은 현재까지 이어져오는 다양한 전통적인 문화적 유전자를 가진다. 본 글에서 제시된 공동체와 예의, 역동성과 흥, 그리고 직관과 조화의 한국 문화유전자 또한 그와 같다. 하지만 한국은 이러한 요소들을 디지털 미디어와 결합하고 다양한 문화적 생산물과 융합함으로써 한류라는 현상을 만들어내었다. 필자는 본 연구를 통하여 한국문화에 대한 이해가 심화됨으로써, 한류를 더 정확히 이해할 수 있기를 희망한다. 아울러 비교 문화적 관점에도 일정 부분 기여할 수 있었으면 한다.

8 4차 산업혁명시대 '문화원형 소재 오픈소스화를 위한 디지털콘텐츠화사업'의 필요성

머리말

현시대는 바야흐로 나노기술, 바이오 유전공학, 디지털기술, 인공지능, 사물인터넷 등으로 표상되는 4차 산업혁명시대에 돌입하였다.[1] 이 4차 산업혁명시대를 기술, 산업, 교육, 그리고 인문학 등 여러 방면에서 접근할 수 있다. 본 글은 이 중 '콘텐츠'의 관점에서 생각해 본 글이다.

새로운 밀레니엄이 시작하던 2000년대에 등장한 '콘텐츠'라는 용어는 처음에는 생소했지만, 이제는 상식적인 어휘가 되었다. 다시 그 시절 콘텐츠 개념논쟁으로 돌아가 보자. content가 오늘의 용례로 쓰이기 시작한 것은 1990년대 중반 유럽에서 'multimedia content'라는 용어에서 쓰기 시작하였다고 한다. 이것이 2000년대 초반에는 단수형 'content'와 복수형 'contents', 그에 따라 한국어로는 '콘텐트'와 '콘텐츠' 중에서 어느 것으로 표기해야 할 것인가의 논쟁이 진행된 바 있었다. 그러나 현재는 contents(콘텐츠)라는 용어가 일반화되어 있다. 본래 '내

* 출전: 김기덕, 「4차 산업혁명시대 '문화원형 소재 오픈소스화를 위한 디지털콘텐츠화사업'의 필요성」, 『인문콘텐츠』 48, 2018.

1 4차 산업혁명의 대표적 표상으로 서유럽에서 제시한 'NBIS 기술융합혁명'을 예시하였다. NBIS는 나노기술, 바이오 유전공학, 디지털기술, 인공지능, 사물인터넷의 약자다.

용물'을 뜻하는 이 용어가 한국에서 유행한 것은 2000년대 디지털시대가 본격적으로 전개되면서, '각종 디지털미디어에 담을 내용물'이 크게 요청되었기 때문이다.[2]

그 결과 디지털기술의 발전과 함께 그 속에 담기는 내용물의 수준이 중요하기 때문에, '디지털콘텐츠'라는 용어가 일반화되었다. 이러한 '디지털콘텐츠' 중에서 특히 21세기 문화의 시대를 맞이하여 문화의 중요성과 활용이 중대되면서, 문화산업에 적용되는 디지털콘텐츠라는 의미에서 '문화콘텐츠'라는 용어가 한국에서 출현하였다.[3]

또한 콘텐츠의 원천소스라는 차원에서, 문화콘텐츠 분야의 소재, 방향, 목표를 강조하기 위하여 '인문콘텐츠'라는 용어가 출현했으며, 인문콘텐츠의 역할을 강조하는 '인문콘텐츠학회'도 2002년에 창립되었다.[4]

이제 '콘텐츠'라는 용어는 전혀 새롭지 않은 아주 자연스러운 표현으로 정착되었다.[5] 현재 일반적으로 시도되는 산업혁명 시기구분은 기계적 생산과 증기기관으로 대표되는 1차 산업혁명, 대량생산과 전기에너지로 대표되는 2차 산업혁명, 인터넷과 IT로 대표되는 3차 산업혁명, 인

---

2 일부 연구자의 경우 '디지털내용물'이라는 콘텐츠의 개념에 대해, '음식콘텐츠'라는 표현처럼 非디지털적인 내용물에도 콘텐츠라는 표현을 쓴다는 점을 들어 의문을 제기하는 경우가 있다. 그러나 그것은 콘텐츠의 개념이 확장되어 적용된 것이며, 새롭게 등장한 콘텐츠의 개념은 각종 디지털 미디어에 담기는 내용물을 표현하기 위해 출현한 용어인 것이다. 이 점은 문화산업과 문화콘텐츠산업의 개념과도 같다. 문화콘텐츠산업은 기본적으로 디지털기술로 구현되는 지식정보화를 직간접적인 밑바탕으로 하고 있다는 점에서 문화산업과 구별되나, 흔히 디지털기술이 개입되지 않는 문화산업과 혼용되는 것과 같은 것이다(김기덕·신광철, 「문화·콘텐츠·인문학」, 『문화콘텐츠입문』, 북코리아, 2006, 18쪽). 2000년대 초반 콘텐츠 용어 논쟁에 대해서는 다음의 글을 참조할 수 있다. 심상민, 「콘텐트 비즈니스의 새 흐름과 대응전략」, 삼성경제연구소, 2002.7.29; 김기덕, 「콘텐츠의 개념과 인문콘텐츠」, 『인문콘텐츠』 창간호, 인문콘텐츠학회, 2003.

3 문화콘텐츠라는 용어에 대하여 박상천의 다른 주장이 있다(박상천, 「'문화콘텐츠' 개념 정립을 위한 시론」, 『한국언어문화』 33, 한국언어문화학회, 2007). 이에 대한 김기덕의 반론이 있다(김기덕, 「문화콘텐츠의 등장과 인문학의 역할」, 『인문콘텐츠』 28, 인문콘텐츠학회, 2013, 15-21쪽).

4 이 점에 대한 자세한 고찰은 앞의 김기덕의 두 편의 글을 참조할 수 있다.

5 김민형·임영상은 최근 콘텐츠 개념을 인문콘텐츠·문화콘텐츠·지식콘텐츠의 발전과정 속에서 다시 추적해 본 바 있다(김민형·임영상, 「디지털시대의 인문학을 다시 생각한다: 인문콘텐츠에서 지식콘텐츠까지」, 『인문콘텐츠』 41, 인문콘텐츠학회, 2016).

공지능과 빅데이터로 대표되는 4차 산업혁명으로 구분할 수 있다.[6] 그렇다면 콘텐츠라는 용어는 3차 산업혁명시대에 출현한 것으로, '디지털내용물'을 의미하는 콘텐츠가 인터넷과 IT로 대표되는 시기에 대두한 것은 당연한 것이라고 할 수 있다.

현재의 4차 산업혁명시대에는 어떠한 용어가 새롭게 출현할 것인가? 박창규 교수는 4차 산업혁명의 주요 특징을 담보하는 용어로 '컨텍스트(context)'를 제시하였다.[7] 이 관점은 대단히 주목할 만하다. 콘텐츠의 관점에서 필자가 정리해 본다면, 인터넷과 IT로 대표되는 3차 산업혁명의 기술들은 크게 보아 '미디어(Media)' 차원이라고 할 수 있다. 다양한 미디어 속을 콘텐츠가 넘나들도록 했다는 점에서 3차 산업혁명의 기술은 커다란 의미가 있었다. 그러나 4차 산업혁명의 기술들은 미디어 수준을 넘어서서 수요자의 니즈(needs)를 쌍방향(interactive)으로 반영하는 컨텍스트(context)로 작용하고 있다. 따라서 4차 산업혁명시대에는 오히려 이러한 기술의 도움으로 정확한 콘텐츠가 더욱 빛을 발할 것이다. 항상 새로운 기술의 출현시에는 처음에는 기술에 압도되어 그 속에 담기는 내용물의 차별성은 크게 주목되지 않는다. 그러나 기술이 일반화될수록, 더욱이 수요자의 니즈를 반영할 수 있는 컨텍스트로서의 4차 산업혁명 기술들이 일반화될수록 결국 콘텐츠의 차별화가 더욱 중요해질 수밖에 없을 것이다. 물론 이제 콘텐츠전문가들도 이러한 컨텍스트로서의 기술을 이해할 때에 더욱 정확한 콘텐츠 생산이 가능할 것이다. 이 점에서 기술과 인문학적 콘텐츠의 융합교육의 중요성을 더욱 크게 요청된다고 할 수 있다.

본 글은 이러한 관점, 즉 4차 산업혁명시대에도 기술 속에 담기는 '콘텐츠'가 중요하다는 관점에서 먼저 문화콘텐츠산업과 창작소재의 중요성, 원천 창작소재로서의 문화원형의 문제를 생각해 보았다. 그리고

---

6 장필성, 「2016 다보스포럼: 다가오는 4차 산업혁명에 대한 우리의 전략은?」, 『과학기술정책』 26-2, 과학기술정책연구원, 2016, 14쪽.

7 박창규, 『4차 산업혁명시대 콘텐츠가 왕이라면 컨텍스트는 신이다』, 클라우드 나인, 2018.

마지막에는 4차 산업혁명시대 차별화된 문화산업의 발전을 위하여, 새롭게 '문화원형 오픈소스화를 위한 디지털콘텐츠화사업'의 필요성을 제안하였다.

문화콘텐츠산업과 창작소재

문화콘텐츠산업의 성패는 기획-제작-마케팅의 모든 프로세스가 전부 영향을 미칠 것이다. 특히 기술발전시대에는 제작에 관여되는 기술적 부분이 크게 영향을 미칠 수 있다. 문화콘텐츠산업의 프로세스를 필자의 언어로 재구성해 보면 〈표 1〉과 같다.

〈표 1〉 문화콘텐츠산업 프로세스와 핵심요소

순서	프로세스	핵심 요소	용어
①	사전 기획	무엇을 만들 것인가?	발상
②	기획	무얼 갖고 얘기할 것인가?	창작소재
③	기획	무엇을 얘기할 것인가?	트렌드 및 컨셉
④	기획	어떻게 얘기할 것인가?	스토리텔링
⑤	제작	어디에 담을 것인가?	미디어 및 장르
⑥	제작	어떻게 만들 것인가?	기술
⑦	마케팅	어떻게 알릴 것인가?	홍보
⑧	마케팅	어떻게 팔 것인가?	비즈니스

물론 아래의 단계가 반드시 순서적으로 이루어지는 것만은 아니다. 또한 모든 단계가 독립적인 것만도 아니다. 예를 들어 ② 창작소재의 선택에 앞서 ③ 트렌드 분석과 무엇을 얘기할 것인지의 컨셉이 먼저 있고, 그에 적합한 ② 창작소재가 다음으로 선택될 수도 있다. 프로세스의 시작인 ① 발상은 이미 ② 창작소재나 ③ 트렌드 및 컨셉과 교차하여 발

생하기도 한다. 또한 기획단계부터 ⑤ 어디에 담을 것인가에 대한 미디어 및 장르 선택이 대부분 함께 고려된다. 기획단계에서 이미 제작 및 마케팅 단계가 관여되며, 또한 마케팅 단계에서도 항상 기획 및 제작에 대한 이해를 전제로 한다. 이러한 다중적인 차원이 항상 있지만, 그래도 전체를 순서상으로 생각해 본다면 위와 같이 될 것이라고 생각한다. 이 중 기획단계는 발상(idea, ①번), 소재(resource 또는 object, ②번), 트렌드(trend) 및 컨셉(concept, ③번), 스토리텔링(storytelling, ④번)으로 대변할 수 있다.

본 글은 문화콘텐츠산업에서 담당해야 할 인문콘텐츠적 요소, 즉 기획적 요소에 집중하는 것이다. 그러한 기획단계에서도 창작소재의 문제를 다시 천착해 본 것이다. 창작소재라 함은 개발자가 작품을 제작할 때 사용하는 일체의 재료를 의미하며, 자연적·외적으로 주어진 소여(所與) 상태 그대로의 재료로서 재창작되지 않은 상태를 의미한다고 정의할 수 있다. 창작소재는 세상에 존재하는 모든 것, 경험한 모든 것뿐만 아니라 경험하지 못했거나 경험할 수도 없는 상상과 욕망의 대상까지 전부 포함된다. 그럼에도 불구하고 이러한 창작소재를 몇 가지 유형으로 나누어 보면 다음과 같다. ① 사랑, 효 등과 같이 의미, 가치 등을 포함하는 주제 자체가 창작소재인 경우, ② 이순신, 황진이처럼 특정 인물이 창작소재인 경우, ③ 임진왜란, 한국전쟁처럼 특정사건이 창작소재인 경우, ④ 〈바람의 나라〉, 〈레미제라블〉처럼 특정 작품(원작)이나 이야기가 창작소재인 경우, ⑤ 음식, 도자기처럼 특정 사물이 창작소재인 경우로 나눌 수 있다.[8]

---

8 한국문화콘텐츠진흥원, 『문화원형 창작소재 개발 중·장기 로드맵 개발』, 2006, 31-32쪽. 이 또한 주된 측면이 그렇다는 것이지, 실제로는 주제, 인물, 사건, 사물들의 창작소재들이 함께 고려되는 것이 일반적이라고 할 수 있다. 한편 문화콘텐츠산업에서 창작소재를 천착한 송성욱은 기본적으로 원천 소재는 특정 개인의 창의력과 상상력 속에서 발굴되므로 논리적인 논의가 불가능하다고 말하고, 다만 문화콘텐츠산업의 경우에는 체계적인 기획 시스템과 상품생산 결과에 대한 엄밀한 고려, 제작과정에서 예측되는 난관 등을 모두 고려하여 취사선택되므로, 실제 창작으로 연계될 수 있는 소재는 제한적이며 이러한 측면에서 문화콘텐츠산업의 창작소재를 논의할 수 있다고 밝히고 있다(송성욱, 「문화콘텐츠 창작소재와 문화원형」, 『인문콘텐츠』 6, 2005, 76-77쪽). 이것은 특별히 산업적 차원을 따로 구분

문화콘텐츠 기획과정에서 인문학 가공의 문제를 천착한 유동환은 다양한 장르별 기획과정을 검토한 후, 기획과정 공통요소와 인문학 연계 부분을 다음과 같이 제시하였다.[9]

〈표 2〉 기획과정 공통요소와 인문학 연계

순서	단계별 과정	인문학 연계 부분
①	요구분석 Requirement Analysis	목표사용자 심리 이해
②	창의발상 Ideation	인문 발상 및 사유
③	사례분석 Bench Marking	
④	소재조사 Object Research	인문소재 제공 및 원천자료 조사방법론
⑤	개념도출 Concept Design	개념 통일성
⑥	스토리텔링 Storytelling	매체 및 장소 스토리텔링
⑦	스토리보딩 Storyboarding	이미지 스토리텔링
⑧	프로토타이핑 Prototyping	
⑨	개발계획 Budget Breakdown & 발표 Presentation	

크게 보면 필자가 〈표 1〉에서 제시한 ①~④단계를 보다 세밀히 나눈 것이라고 할 수 있다. 이 중 핵심은 창작소재이다. 콘텐츠는 인간의 상상과 감동의 원천이 되는 체험요소를 증강시키는 자원으로 인간 문화 활동의 결과물인 인문정보를 자원 재료로 만들어진 체험상품이라고 할 수 있기 때문이다.[10]

일반적인 상식으로 생각해봐도, 반드시 문화콘텐츠산업이 아니라고

하여 고민한 결과라고 할 수 있는데, 필자는 굳이 그렇게까지 구분할 필요는 없다고 생각한다.

9 유동환, 「문화콘텐츠 기획과정에서 인문학 가공의 문제」, 『인문콘텐츠』 28, 인문콘텐츠학회, 2013, 62쪽.

10 유동환, 위의 글, 63쪽.

하더라도 모든 작품기획에는 항상 이야기를 끌어가고 의미를 부여하는 대상인 '소재'가 필요하다. 시인, 소설가, 화가는 말할 것도 없고, 오늘날 모든 문화산업의 작가, PD, 감독, 기획자들은 무엇을 '작품소재'로 잡을 것인가 하는 것에서 작품제작을 시작한다. 그 결과 디즈니에서는 외국의 전통 소재와 이야기를 사들이고 있는 것이다. 주지하듯이, 디즈니 애니메이션 〈뮬란〉은 중국의 설화에서 소재를 구했고, 〈알라딘〉은 아랍, 〈포카혼타스〉는 인디언의 이야기에서 가져왔다. 디즈니 작품의 90% 이상은 다른 나라에서 소재를 가져온 것이다.

이러한 창작소재는 다양한 문화콘텐츠의 장르적 특성에 따라 보다 세분될 필요성이 요청된다. 문화콘텐츠는 창작과정 자체가 전통적 예술장르와는 다르며, 어떤 측면에서 보자면 훨씬 복잡한 제작단계를 거쳐야 하는 특성을 지니고 있기 때문이다. 예를 들어 소설과 같은 전통적인 예술장르에서는 서사적 구조만 고려하면 되지만, 만화는 시나리오와 이미지를 동시에 고려해야 하며, 영화나 애니메이션은 시나리오와 이미지 및 동작을 함께 고려해야 한다. 또 게임에서는 시나리오, 이미지, 동작, 인터랙티브를 동시에 고려해야 한다. 문제는 이것으로 끝나지 않는다. 문화콘텐츠는 미디어라는 매체적 도구를 통해 표현되고 전달되기 때문에 창작과정에서 '구현'이라는 단계를 필수적으로 거쳐야 한다. 예를 들어 무기, 복식 등과 같은 구현이 그러하다. 그런 점에서 문화콘텐츠 창작소재는 장르별로 필요한 것이 차이가 있으며, 기획과정에서만이 아니라 구현단계에서도 별도의 창작소재가 요청될 수 있다.[11]

위의 논의와 비슷한 것이지만, 최근 정지훈은 소재에 대한 연구를 ① 어떤 소재가 의도하는 콘텐츠의 재료로 적합한가, ② 해당 소재는 어떤 매체에 적합한가, ③ 발굴한 소재에서 어떤 의미(주제)를 지향할 것인가, ④ 주제 구현을 위한 소재의 요소들을 어떻게 재배열할 것인가의 네 가지로 정리하였다. ①은 소재 적합성, ②는 소재의 매체 적합성, ③은

11 이인화 외, 『디지털스토리텔링』, 황금가지, 2003, 17쪽; 송성욱, 앞의 글, 78-80쪽.

소재의 주제 의미성, ④는 소재의 표현 방법성이라고 할 수 있다.[12]

이처럼 흥미롭고 창의적인 콘텐츠 소재발굴은 21세기 제4차 산업혁명시대에도 그 중요성은 전혀 떨어지지 않는다. 소재 없이는 콘텐츠 개발이 이루어지지 않기 때문이다. 지금까지 개발된 문화콘텐츠산업 성과물을 분석해보면 창작소재는 매우 다양하게 차용되지만, 가장 압도적인 것은 각 나라의 전통적인 문화자원을 대상으로 하고 있다는 것을 알 수 있다. 그것은 각 나라의 가치 있는 전통 문화자원은 기본적으로 자국의 특수성과 함께 세계적 보편성을 담고 있기 때문이다. 이 점에서 우리의 문화콘텐츠산업도 먼저 우리의 전통 문화자원에 대한 소재 발굴과 개발에 더욱 관심을 기울여야 할 것이다.

창작소재로서의 문화원형

앞 장에서 언급했듯이, 전통적 문화자원은 문화콘텐츠 창작을 위한 핵심 소재이자 21세기 지식산업사회의 새로운 자원이다. 바로 그러한 전통문화자원에 대한 체계적 이해가 문화원형이라 할 수 있다.

문화원형이라는 용어는 한국에서 만들어진 것이다.[13] 본래 원형이라는 용어에 문화를 덧붙여 사용한 것이다. 원형이라는 용어도 많은 논란이 있는 것인데, 거기에 문화를 덧붙여 문화원형이라고 표현하였기 때문에 그 개념에 대한 논란이 많이 있어 왔다. 이 용어가 출현한 2000년 이후 그동안 많은 논의가 전개되었기 때문에, 이 자리에서는 필자 나름의 정리를 하는 차원에서 핵심적 논지만을 전개해 보고자 한다.

---

12 정지훈, 「문화콘텐츠는 기획이다」, 『새로운 문화콘텐츠학』, 커뮤니케이션북스, 2017, 136-137쪽.

13 문화콘텐츠산업에 있어 다양한 용어의 창출에 대한 평가는 유보한다고 하더라도, 콘텐츠(contents), 문화콘텐츠(culture contents), CT(culture technoiogy), 인문콘텐츠(Humanties contents), OSMU(One Source Multi Use), 문화원형(Culture Archetype) 등은 한국에서 창출되었거나, 이미 외국에서 있던 용어라고 하더라도 한국에서 크게 유행시킨 용어라고 할 수 있다.

먼저 김교빈의 원형 논의에서부터 시작해보고자 한다.

> 원형의 사전적 의미는 두 가지이다. 하나는 원형(元型, pattern)으로서 주물(鑄物)이나 조각물을 만들 때, 가장 기초가 되는 형(型, form)이다. 이는 언제 어디서나 똑같은 모양의 산출물을 찍어낼 수 있는 기본 '틀'을 뜻한다. 그리고 다른 하나는 원형(원형(原形, originality 또는 archetype)으로서 고유성과 정체성에 초점을 맞추어 '본디 모양'이라는 뜻으로 쓰인다. '틀'이 똑같은 모양을 만들어 내는 것과 달리 '본디 모양'은 여러 가지 모습이 나올 수 있는 다양성의 근거이며, 동시에 다양성 안에서 하나의 공통점을 찾을 수 있는 근거가 된다. 따라서 문화원형 논의에 해당하는 원형 개념은 당연히 후자가 된다.[14]

필자가 이 글에서 시작하는 것은 이것이 이후 많은 글에서 원형 개념의 혼란을 야기한 주된 원인을 제공했다고 보았기 때문이다. 먼저 원형(元型)이란 주로 생물학, 유전학적인 표현이라고 보아야 한다. pattern보다는 genotype에 가까운 용어이다. 현상을 발생시키는 근본이 되는 것을 의미하는 게놈(genome)의 단어를 보면 이 단어의 뜻을 잘 알 수 있다. 따라서 문화적인 요소에 대입할 때에는 원형(元型)이라는 용어는 적합하지 않다. 최근 '이기적 유전자'라는 표현에 주목하여,[15] 한류를 해석하기 위한 '한국의 문화유전자'라는 표현이 등장하였다. 그러나 문화에다가 생물학적 유전자라는 표현이 결합한 것은 문제가 될 수 있다. 따라서 이 용어를 사용한 한국국학진흥원에서는 "문화는 과거로부터 현대에 이르기까지 다양한 모습으로 변용되는 가운데 일정하게 지속되는 시간적 연속성, 다른 지역의 문화와 구별되는 공간적 차별성, 특정 분야나 장르를 넘어 다양한 문화적 영역에서 공통적으로 확인되는 사회적 공통성을 지닌 요소들이 있다. 이 세 가지 요소는 縱橫으로 엮이면서 습득·모

---

14 김교빈, 「문화원형의 개념과 활용」, 『인문콘텐츠』 6, 인문콘텐츠학회, 2005, 11쪽.

15 Richard Dawkins, *The selfish gene*, 홍영남 외 옮김, 『이기적 유전자』, 을유문화사, 1993.

방·변용되는 문화적 성질이라는 점에서 '문화유전자'라고 할 수 있다"라고 정리하여,[16] 예민한 생물학적 유전자 표현을 살짝 피해가고자 고심하였다. 결론적으로 원형(元型)이라는 용어는 문화콘텐츠의 원형 논의에서 사용하기에는 적합하지 않다.

다음으로 김교빈의 글에서는 원형(原形, originality)과 원형(原型, archetype)을 구분하지 않고 있으며, 다른 연구자의 글에서 이 논의를 이어받는 경우가 많이 있어 혼란을 가중시키고 있다. 原形과 原型은 완전히 다른 것이다. 原形은 '본디 모양'이라는 뜻으로, 사실상 그 시초 모습은 아무도 모른다. 단지 어느 일정 시점의 原形을 궁구할 수 있을 뿐이다. 따라서 이 原形은 고려시대 팔관회의 原形, 조선시대 종묘 제례의 原形처럼 기록과 전승이 있는 의례 등에 사용될 수는 있지만, 도깨비나 장승의 원래 모습〔原形〕이 무엇인지 정확히 알 수 없는 것처럼 대부분의 경우 原形을 밝힌다는 것은 한계가 있는 것이다. 그래서 原形 논의는 흔히 무형문화재의 의례 논쟁에서 발생하며, 사실상 이 또한 정확히 알기가 어려운 것이다. 그런데 한글로 그냥 '원형'이라고 하면 일반적으로는 이 原形을 상정하는 경향이 많다. 그러나 우리가 문화콘텐츠산업에서 논의하는 원형, 문화원형이라는 용어는 결코 '본디 모양'이라는 뜻의 原形은 아닌 것이다. '본디 모양'을 밝힌다는 것은 지난(至難)한 일이며, 어떤 면에서는 무의미하기까지 하다고 할 수 있다.

우리가 관심을 가져야 하는 것은 原型이다. 이것은 '본래의 기본 틀'을 의미한다. 가치 있는 문화요소는 세월이 흘러 변용된다고 하더라도 본래의 기본 틀을 갖고 있다. 그래서 문화를 이해하는 데에 原型이 중요한 것이다. 문화콘텐츠산업의 창작소재는 그것이 어떤 것이라고 하더라도 原型을 찾을 수 있으며, 그 原型에 대한 탐구에서 창작소재가 갖는 진정한 의미와 현대적 새로운 가공을 시도할 수 있는 것이다.

이 原型(Archetype) 개념의 확산에 가장 큰 영향을 미친 칼 구스타프 융은 이것을 '집단 무의식의 기조'라고 했다. 실로 原型 개념은 융이

---

16 한국국학진흥원, 『한국인의 문화유전자』, 아모르문디, 2012, 6쪽.

처음 사용한 것도 아니고 알렉산드리아의 필론(Philon, BC 25-AD 40)까지 거슬러 올라간다고 한다. 융 이후에도 엘리아데, 바슐바르, 프라이, 뒤랑 등의 原型 이론이 지속적으로 등장하였다. 이러한 原型 논의 자체는 학계의 중요한 연구대상이지만,[17] 이 자리에서 그 논의과정을 재정리할 필요는 없을 것이다.

문제는 2000년에 문화콘텐츠산업에서 문화원형 개념이 등장할 때에, 융이 제시한 '집단 무의식의 기조'라는 것이 다분히 심리학 차원에서 제기한 것이기 때문에 문화산업 차원에서는 별로 설득력을 주지 못했다는 점이다. 그 결과 원형 더 나아가 문화원형 논의에 대해 회의적인 시각도 있었다. 그러나 비록 융이 原型을 '집단 무의식의 기조'라고 정의한 주장이 문화산업에 적용하기에는 한계가 있다고 하더라도, 그것이 原型(Archetype) 개념의 활용까지 무의미하게 만들지는 않는다는 사실이다. 즉 '본래의 기본 틀'을 의미하는 原型은 시간 및 공간에 따라 다양하게 변화하는 현상을 해석하고자 할 때에 계속 유효한 개념인 것이다. 그런데 김교빈의 글에서는 '본디 모양'의 原形과 '본래의 기본 틀'이라는 原型의 의미를 '본디 모양'이라는 것으로 같이 보았고, 이에 대비하여 元型을 '기초가 되는 형'으로 대비하여 혼란을 가중시켰다고 할 수 있다.[18]

2001년에 설립된 한국문화콘텐츠진흥원은 2002년 '문화원형 디지털콘텐츠화사업'을 전개하면서 '문화원형(文化原型)'이라는 용어를 제기하였다. 原型에 文化를 붙인 것이다. 그 결과 많은 연구자들이 원형 논의

---

17 이에 대한 논의는 너무나 많지만, 인문콘텐츠학회 차원에서 전개된 몇 개 사례를 제시하면 다음과 같다. 송태현, 「카를 구스타프 융의 원형 개념」, 『인문콘텐츠』 6, 인문콘텐츠학회, 2005; 배영동, 「문화콘텐츠화 사업에서 '문화원형' 개념의 함의와 한계」, 『인문콘텐츠』 6, 인문콘텐츠학회, 2005; 유제상, 『문화콘텐츠와 원형이론 강의』, 컨텐츠하우스, 2017; 안창현, 「문화콘텐츠는 원형의 변주다」, 『새로운 문화콘텐츠학』, 커뮤니케이션북스, 2017.

18 필자가 이 문제를 지적하는 것은 계속 혼란된 논의가 재생산되고 있기 때문이다. 몇 사례만 들면 다음과 같다. 신창희·방문식, 「문화원형의 개념과 범주」, 『글로벌문화콘텐츠학회 학술대회 발표집』, 글로벌문화콘텐츠학회, 2016, 138쪽; 이훈익, 「문화콘텐츠 창작소재로서의 문화원형 연구」, 『문화예술콘텐츠』 창간호, 한국문화콘텐츠학회, 2008, 320쪽. 김교빈이 언급한 '다양성의 근거로서의 원형과 다양성 안에서 하나의 공통성을 찾을 수 있는 근거'의 문제는 다음에 서술될 '문화원형의 층위'에서 규명될 것이다.

에 더해 문화원형을 해석하고자 시도하였다. 이는 마치 콘텐츠에 문화를 붙여 '문화콘텐츠'라는 표현이 한국에서 등장하였고, 역시 문화콘텐츠라는 용어의 뜻을 해석하고자 시도한 것과 흡사하다고 할 수 있다.

필자는 용어는 드러나는 현상을 갖고 붙인다는 관점에서 콘텐츠를 미디어에 들어가는 내용물, 문화콘텐츠를 문화적 내용물로 이해해도 전혀 문제가 없다는 점을 지적한 바 있다.[19] 문화원형도 그러하다고 생각한다. '본래의 기본 틀'을 의미하는 原型을 문화적 측면에 적용한 용어라고 이해할 수 있다. 문화원형 개념을 천착한 배영동이 "문화원형이라는 개념은 문화전승을 의식한 개념이자 문화전파를 의식한 개념이고, 결국 문화변동을 의식한 개념이라고 봐야 한다. 환언해서, 문화원형이라는 것은 문화는 전승되고, 전파되고, 변동한다는 사실을 전제하거나 의식하면서 만들어낸 개념"이라는 결론은[20] 정확한 것이다.

이와 같이 생각한다면, 문화원형이라는 개념의 창출은 오히려 산뜻하면서도 유쾌하다고도 할 수 있다.[21] 그런데 배영동을 포함하여 일부 연구자들은 문화원형의 의미가 그러하다면 오히려 개념 논란이 있는 '문화원형'이라는 표현보다는 '전통문화자원'으로 표현하는 것이 좋을 것이라는 의견을 제시한 바 있다.

즉 2002년 '문화원형' 개념을 제시한 한국문화콘텐츠진흥원의 공고문 내용이 "우리나라의 역사, 전통, 풍물, 생활, 전승, 예술, 지리지 등 다양한 분야의 우리 문화원형을 디지털콘텐츠로 제작하여 문화콘텐츠 산업에 필요한 창작소재로 제공하고, 이들을 통해 문화콘텐츠 창작활동 활성화를 지원하기 위한 사업이다"라는 점을 유추하여, 결국 문화원형이란 문화콘텐츠의 소재가 되는 한국적 정체성과 고유성을 갖는 한국의 전형적인 전통문화로 압축될 수 있다는 점, 그렇다면 문화콘텐츠화사업에서는 굳이 학술적 용어인 '문화원형'이라고 명명하기보다는 '전통문화

19 김기덕, 앞의 글 「문화콘텐츠의 등장과 인문학의 역할」, 16쪽.

20 배영동, 앞의 글, 43쪽.

21 앞서 언급했듯이 최근 한국국학진흥원에서는 한류에 담긴 한국인의 지속적인 요소를 표현하고자 '문화원형'이라는 표현 대신 '문화유전자'라는 또 다른 용어를 창출한 바 있다.

자원'으로 하는 것이 적절하다는 의견을 제시하였다.[22]

문화원형의 개념 고찰과 한국문화콘텐츠진흥원에서 제시한 '문화원형 디지털콘텐츠화사업'의 내용을 세심하게 검토한 배영동의 논의는 충분히 공감할만 하다고 생각한다. 그러나 필자는 배영동의 논지에도 불구하고 '전통문화자원'보다는 '문화원형'이라는 표현이 더욱 유효하다고 생각한다. 그것은 개별 소재로만 판단한다면 외형적으로는 '전통문화자원'과 다를 것이 없을 수도 있지만, '문화적 차원에서 본래의 기본 틀'을 의미하는 '문화원형' 개념으로 접근한다면 전통문화자원의 시간적 공간적 변화상을 담보할 수 있기 때문이다. 즉 문화원형 대신 전통문화자원이라고만 한다면, 자칫 입자화(粒子化)되고 개별적인 낱낱의 소재에 매몰될 우려가 있다. 숱하게 널려 있는 전통문화자원은 계통이 있으며, 시간과 공간을 초월하여 '기본 틀' 즉 原型이 담겨 있는 것이다. 문화콘텐츠산업의 창작소재의 원천소스로 전통문화자원을 활용하고자 할 때, '기본 틀'을 염두에 두는 것과 그렇지 않은 것은 너무나 큰 차이가 있다고 생각한다.

앞서 언급한 〈표 1〉에서 소재 개발과 컨셉 도출에 있어서도, 단순히 전통문화자원으로 접근하는 것과 문화원형으로 접근하는 것은 차이가 있을 것이다. 물론 뛰어난 연구자들은 '전통문화자원'이라고 하더라도 시공간적 요소와 기본 틀의 전승을 충분히 인식할 수 있겠지만, 일반적인 문화콘텐츠 산업계의 인식제고를 위하여 '문화원형'으로 표현하는 것은 그로 인한 약간의 개념의 혼란을 넘어서는 훨씬 커다란 효과가 있는 것이라고 생각한다.

필자는 이 점을 강조하기 위하여 문화원형의 층위를 고찰한 바 있다. 즉 핵심적인 문화원형이 있다면, 그것이 시간축, 공간축, 주제축으로 다양하게 확산되어 다양한 층위가 형성되며, 규모와 시기의 차이는 있을지라도 그것들은 전부 문화원형이 된다고 보았다. 또한 비록 原型 개념

22 배영동, 앞의 글, 43-51쪽. 이 점은 송성욱도 '문화원형이라는 말보다는 의미 있는 문화자원이라고 지칭하는 것이 더 정확할 수 있다'고 제시한 바 있다(송성욱, 앞의 글, 86쪽).

자체는 서양에서 나왔지만, 필자는 동양의 음양론, 오행론, 풍수의 터 이론 등도 전부 원초적 原型 개념이라고 보았다. 이러한 문화원형의 층위를 제시해 보면 다음과 같다.[23]

〈표 3〉 문화원형의 층위

핵심 코어	시간축 확산	공간축 확산	주제축 확산
근본질서, 음양론, 터문화 등 원초적 문화원형	원시, 고대, 중세, 근대, 현대, 초월 시간대 등 시간의 변화를 통해 확산되는 문화원형	개인, 가문, 마을, 지역, 국가, 문화권, 글로벌 등 공간의 변화를 통해 확산되는 문화원형	인물, 배경, 사건, 아이템 등 다양한 주제와 그 하위 주제 등으로 계속 확산되는 문화원형

- 시간축: 왕(왕실) → 궁궐 → 신라 경주 궁궐 → 고려 개경 궁궐 → 조선 한양 궁궐
- 공간축: 터문화 → 동굴, 물가 주거 → 구릉, 산밑 주거 → 풍수사상 → 비보풍수
- 주제축: 음양론 → 오행론 → 한국 전통의학 → 동의보감과 사상체질 → 현대 대체의학

물론 필자가 제시한 문화원형의 층위는 좀더 정교하게 다듬어져야 할 것이다. 그러나 필자가 이러한 문화원형의 층위를 제시해 본 것은 '기본 틀'이 어떻게 계속 변주되고 있는지를 생각해 보고자 한 것이다. 문화원형 디지털콘텐츠화사업의 성과를 구축해 놓은 문화콘텐츠닷컴의 분류도 필자가 제시한 시간축, 공간축, 주제축이든 아니면 다른 구분법이든, 계속해서 지속되는 '기본 틀'을 염두에 둔 분류(category)가 필요하다고 생각한다.[24] 아울러 새로운 문화원형도 얼마든지 나타날 수 있다는 점을 고려해야 한다. 필자는 이와 관련하여 무속연구자 김태곤의 '원본사고'(原本思考, Archepattern), 우실하의 '2수분화·3수분화의 세계관', 박재우의 '삼원론'(三元論)의 사례를 제시해 본 바 있다.[25]

'기본 틀'이라는 原型을 '정형성'으로 이해해도 큰 무리는 없을 것이

23 몇 가지 사례 중심으로 제시하고자 한다. 자세한 것은 다음을 참조. 김기덕, 「문화원형의 층위와 새로운 원형 개념」, 『인문콘텐츠』 6, 인문콘텐츠학회, 2005.

24 다양한 자료들을 아카이브화하고 서비스하는 모든 DB에 대하여, 문화콘텐츠 활용차원에서 분류체계 검토 작업이 별도로 필요하다고 생각한다.

25 김기덕, 앞의 글 「문화원형의 층위와 새로운 원형 개념」, 61-69쪽.

다. 문화콘텐츠를 포함한 대중문화의 가장 두드러지는 속성 중의 하나는 정형성이다. 정형성은 소번(Thorburn)에 의하면, 단순한 유행의 차원이 아니라 "사회 구성원에게 공유되는 전통적으로 합의된 서사"라는 의미로 이해된다. 쉽게 싫증날 것 같은 정형적 구조를 지닌 영화나 만화 한 편을 여러 번 보아도 흥미가 있는 이유는 바로 이런 '공동체적 합의' 속에 내재된 기대치를 맛보기 때문이다. 이와 같이 '합의된 서사', '기대치'를 보편적 정서구조라고 할 수 있다. 그러나 이렇게 지속되는 정서구조 외에 환경에 따라 변화는 정서구조 또한 무시할 수 없다. 이것이 바로 대중문화의 개성을 창조하는 핵심 요인이며, 향유자들이 실제로 가장 큰 반응을 보이는 부분이기도 하기 때문이다. 따라서 가장 좋은 문화콘텐츠는 누구나 합의할 수 있는 공동체의 정서구조를 파악하고, 여기에 그 시대의 트렌드란 옷을 입히는 것이라고 할 수 있다. 문화콘텐츠의 창작소재로서 문화원형이 가치 있는 이유가 바로 여기에 있다. 문화원형이란 기본적으로 오랜 시간 누적된, 공통의 합의에 의해서 암묵적으로 형성된 보편적 정서구조이기 때문이다.[26]

전통문화유산은 문화콘텐츠 창작을 위한 핵심 소재이자 21세기 지식산업사회의 새로운 자원이다. 바로 그러한 전통문화유산의 대한 체계적 이해가 문화원형이라고 할 수 있다. 문화원형이라는 개념 자체는 또 다른 학문적 탐구대상이지만, 우리가 상식적으로 이해할 수 있는 개념 이해는 이미 축적되어 있다. 유무형의 전통문화유산(현대까지 포함하여 계속 발생함)을 계통적이고 층위적으로 이해할 수 있는 용어로 이용하면 될 것이다. 따라서 이러한 문화원형을 창작소재로 하여 시대적 트렌드와 소비자의 니즈를 감안하여 발전시킨다는 전략은 문화콘텐츠산업의 발전과정에서 당연히 도출될 수 있다. 그것이 2000년대 초반에 실시된 〈문화원형 디지털콘텐츠화 사업〉인 것이다. 현재 이 사업은 중단되었지만, 필자는 현재의 4차 산업혁명시대에도 이 사업은 문화콘텐츠산업에서 여전히 유효하고 현실성 있는 방안이 될 수 있다고 생각한다. 이 점

26 이종수, 「텔레비전 미학」, 『매체미학』, 나남출판, 1998, 229쪽; 송성욱, 앞의 글, 82쪽.

다음 장에서 상론해 보고자 한다.

본 장을 마치면서 문화원형의 이해는 문화콘텐츠학과 수업론에서도 매우 중요하게 적용되어야 할 것이라는 점을 첨언하고자 한다. 필자는 인문학 기반의 문화콘텐츠학 수업론을 논의하는 과정에서 ① 맥락적 압축인문학, ② 역(逆)추적의 인문학, ③ 고전 연계 OSMU 인문학을 제시한 바 있다.[27] 이러한 방법론의 제시의 밑바탕에는 전부 문화원형이 있다고 할 수 있다. 그것은 인문학 바탕의 문화콘텐츠학과에서는 바로 그 '인문학'을 요령있고 효율적으로 교육하여 문화콘텐츠산업과 접목해야 하는데, 그것은 문화원형으로 접근할 수밖에 없기 때문이다. 고전작품 자체도 크게 보면 문화원형이라고 할 수 있다.

'문화원형 오픈소스화를 위한 디지털콘텐츠화사업' 제안

앞서 검토하였지만, '문화원형'이란 용어와 '디지털콘텐츠화 사업'이란 표현이 한국에서 매우 매력적인 시절이 있었다. 2000년대 디지털시대가 본격적으로 전개되면서 문화콘텐츠산업의 창작소재를 제공해주기 위한 원천소스 개발사업이 2002년부터 〈문화원형 디지털콘텐츠화사업〉이라는 이름으로 한국문화콘텐츠진흥원에서 시행되었다.

9년 동안 지속된 인문학과 문화콘텐츠산업을 결합한 이 사업이 준 효과는 컸다. 사실상 인문콘텐츠학회의 성립과 발전, 그리고 인문학 기반의 문화콘텐츠 학과 및 대학원 설립에도 영향을 주었다.[28] 인문콘텐츠학회를 창립하고 발전시킨 1세대는 '문화원형과 디지털콘텐츠화사업' 세대라고 할 수도 있을 것이다.

---

27 김기덕·김동윤, 「인문학 기반의 '문화콘텐츠학' 수업론 정립을 위한 시론」, 『인문콘텐츠』 41, 인문콘텐츠학회, 2016.

28 현재 이 학과들은 〈전국대학 문화콘텐츠학과협의회〉라는 이름으로 상생방안을 협력하고 있다. 이 협의회에 대해서는 다음을 참조할 수 있다. 임영상, 「'문화콘텐츠 개발'과 인문학: 전국대학문화콘텐츠학과협의회(문콘협)의 발족」, 『인문콘텐츠』 6, 인문콘텐츠학회, 2005.

그러나 아쉽게도 이 사업은 2010년까지 진행되고 중단되었다. 2002~2010년까지 200여 개의 테마가 발굴되었고, 2012년에는 그 동안의 성과를 모은 『문화원형콘텐츠 총람집』이 발간되었다. 이 사업에 대한 학계의 검토는 사업 초기에는 많이 시도되었으나, 이상하게도 사업이 마무리된 이후 본 사업에 대한 종합적인 검토 문건이나 개별 논문은 찾지 못하였다.[29]

현재 문화원형 디지털콘텐츠화사업의 성과는 문화콘텐츠닷컴을[30] 통해 서비스되고 있다. 문화콘텐츠닷컴은 고증과 활용이라는 두 가지 조건이 붙어 있는 매우 정교하고 복잡한 개발과정을 거쳐 탄생한 중간재(리소스)를 저장하고 유통시키는 거대한 콘텐츠뱅크와 콘텐츠몰 시스템이라고 할 수 있다.[31] 사업이 완료된 현재, 22만 멀티미디어 문화원형디지털콘텐츠가 구축되어 있다고 나와 있다. 특히 활용사례에서는 방송, 영화, 게임, 캐릭터, 디자인, 전시 교육 등 다양한 분야가 있음을 보여주고 있다. 이러한 성과에도 불구하고 문화원형사업의 한계도 분명히 있다. 이러한 점을 고려하면서, 이제부터는 새로운 4차 산업혁명시대 '문화원형 소재 오픈소스화를 위한 디지털콘텐츠화사업'의 기본 구상과 이 사업이 기존 문화원형사업과 차별화되어 추진되어야 할 점을 제시해 보고자 한다.

---

29 인문콘텐츠학회 초기의 검토는 다음과 같다. 〈우리문화원형 디지털콘텐츠화사업 발전방향〉이라는 주제로, 『인문콘텐츠』 5집(2005)에 김기덕(문화원형 디지털콘텐츠화 사업의 사회적 효용), 유동환(문화콘텐츠닷컴 사이트 분석과 활성화방안 제안), 이호흥(문화원형 디지털콘텐츠화 사업에 있어서의 저작권 문제), 심상민(문화원형 디지털콘텐츠화 사업의 산업적 활용방안을 위한 기초연구)의 글이 있다. 이후에도 문화콘텐츠 관련 학회지에 문화원형을 활용한 기획사례 논문은 많이 발표되었으나, 문화원형사업 종료 이후 이 사업 자체를 총체적으로 검토한 논문은 필자가 아는 한 없는 실정이다. 필자는 뒤에 단행본을 출간하면서 이 사업에 대한 회고를 한 바 있다(김기덕, 『한국전통문화와 문화콘텐츠』, 북코리아, 2007, 265-272쪽). 본 장의 일부 논지는 그것을 참고하여 발전시켰음을 밝힌다.

30 http://www.culturecontent.com/

31 유동환, 「문화콘텐츠닷컴 사이트 분석과 활성화방안 제안」, 『인문콘텐츠』 5, 인문콘텐츠학회, 2005, 42쪽.

(1) 문화원형 소재의 오픈소스화

무엇보다 새로운 문화원형사업은 문화원형 소재의 오픈소스화를 목표로 해야 한다. 문화콘텐츠산업에서 창작소재로서의 문화원형의 중요성에 대해서는 앞에서 언급한 바 있고, 이 점은 기존 2002~2010년에 시행되었던 문화원형사업의 정당성을 잘 말해준다고 할 수 있다.

주지하듯이 모든 디지털 아카이브 구축사업은 문화콘텐츠산업에서 콘텐츠로 활용할 수 있는 생산재로서의 기반을 마련하는 것이다. 여기에 대해 최근 이남희는 "이러한 아카이브의 구축은 이미 디지털화되어 있는 만큼 창조적인 상상력을 통해서 자유롭게 변형시키거나 재구성시킬 수 있다. 디지털콘텐츠화를 통해 영화, 애니메이션, 게임, 캐릭터, 공연 전시 등의 산업적 활용을 이끌어 낼 수도 있다. 다양한 사진, 영상, 지도, 도표 등의 멀티미디어 이미지로 재창조되어 이용자의 입체적인 이해를 돕는다. 학습 길라잡이의 역할 자료를 제공해주는 에듀테인먼트(Edutainment)로 활용될 수도 있다"고 말하고 있다.[32] 이것은 누구나 동의할 수 있는 주장이지만, 현재의 디지털 아카이브 구축사업의 결과물들이 과연 "자유롭게 변형시키거나 재구성시킬 수 있는가" 하는 점은 의문이다. 특히 가장 산업적 활용을 염두에 두고 있는 문화콘텐츠닷컴조차 변형하고 재구성하려면 많은 돈을 주고 자료를 구입해야 한다.

또한 한동숭은 최근 변화하는 4차 산업혁명시대 대학 혁신과 새로운 교육모델을 제시하면서 "이러한 대학교육의 변화의 와중에서 융합된 주제를 다루고 창의적 인재를 배출하는 콘텐츠 학과들이 대학 혁신에 앞장 서야 한다. 여러 역할 중에서도 콘텐츠 학과의 역할은 바로 교육에 활용할 수 있는 모든 학습 자료들을 온라인에서 구할 수 있게 하는 것이다. 2002년부터 실시하여 9년간 실시하였던 스토리 및 문화원형 데이터베이스 사업이 생각난다. UHD 영상, 360도 영상, 가상현실용 영상 등 새로운 미디어 환경이 조성되고 있는 시기에 새로운 기획으로 전면적인 스

---

32 이남희, 「지역문화콘텐츠 구축과 디지털 지역학」, 『인문콘텐츠』 47, 인문콘텐츠학회, 2017, 14쪽.

토리 및 문화원형 사업을 다시 일으켰으면 한다"고 주장하였다.[33] 필자는 이러한 한동숭의 주장에 동감하며, 본 글의 주된 요지도 이와 같은 것이다. 그런데 한동승이 얘기한 것처럼 4차 산업혁명시대 새로운 교육모델을 통한 창의적 인재를 양성하기 위하여 '모든 학습자료들을 온라인에서 구할 수 있게' 하려면, 더 나아가 문화콘텐츠산업의 창작소재로서 문화원형 자료들을 다양하게 활용할 수 있게 하려면, 무엇보다 문화원형 디지털콘텐츠화사업이 오픈소스 개념에서 구축되어야 한다.

문화원형 소재의 오픈소스화를 지향할 때에 당연히 저작권 문제가 제기될 수 있다. 2002년의 문화원형사업 단계는 저작권 문제에 대하여, "일단 문화원형을 디지털콘텐츠로 제작하는 것과 제작된 문화원형을 이용하는 단계에서 저작권법 등의 규율 문제가 제기된다. 제작과 관련해서는 디지털콘텐츠의 대상이 된 문화원형이 저작권법의 보호를 받는 저작물인지가 핵심적 문제다. 기본적으로 문화원형 자체가 법적 보호대상이 되는 경우는 드물다고 생각되나, 일부의 경우에는 저작권을 비롯하여 상표, 의장 등 지적재산권법 등에서 보호하는 대상도 있을 것이기 때문이다. 아울러 이용과 관련해서는 다양한 저작권 문제가 파생될 수 있다"고 접근하였다.[34] 기존 문화원형사업은 오픈소스 개념으로 개발된 것이 아니므로, 이러한 문제점은 당연히 고려되어야 했을 것이다.

그러나 오픈소스 개념에서 문화원형사업을 기획한다면 이러한 저작권 문제는 오히려 깨끗하게 해결될 수 있다. 즉 개발할 때에 저작권에 문제가 없는 것, 또는 저작권이 공공(公共)과 관련하여 아주 저렴한 것 위주로 개발하면 되는 것이다. 저작권에 큰 금액이 들어가는 것은 글로 설명만 하고 이미지가 없더라도 설명만 제시해 주면 된다. 만약 반드시 그에 대한 이미지가 필요한 산업체가 있다면, 산업체 스스로 저작권을 해결하게 하면 된다. 실제 개발되는 많은 사진자료와 동영상은 프로젝트

33 한동숭, 「4차 산업혁명시대, 대학교육과 콘텐츠」, 『인문콘텐츠』 42, 인문콘텐츠학회, 2016, 21-22쪽.

34 이호흥, 「문화원형 디지털콘텐츠화 사업에 있어서의 저작권 문제」, 『인문콘텐츠』 5, 인문콘텐츠학회, 2005, 45쪽.

개발자가 직접 수행하는 것이므로, 여기에 대해서는 오픈소스 개념으로 하면 될 것이다. 즉 저작권을 무시하는 오픈소스가 아니라 저작권을 확실히 인정하되, 오픈소스로 사용 가능한 것을 중심으로 개발하여 이용자가 마음대로 활용할 수 있도록 하면 될 것이다.

(2) 문화원형 전문연구자의 사업 주도

본 사업은 産學官民이 결합하는 융합모델일 수밖에 없는데, 이러한 여러 주체 가운데 문화원형 전문연구자가 본 사업을 주도해야 한다고 생각한다. 미국이나 일본의 문화콘텐츠산업에서는 기업과 학계가 이미 유기적으로 결합하여 자체적으로 이러한 원천소재 아카이브를 구축하여 운영하고 있다. 그러나 우리의 실정은 그렇지 못하기 때문에, 국가가 주도하여 사업을 진행해 왔던 것이다. 2002년 시행된 문화원형사업도 역시 국가 주도 사업이었다. 필자가 새롭게 제안한 문화원형 소재 오픈소스화 사업도 현재의 현실에서는 국가 주도가 될 수밖에 없을 것이다. 여기에는 발주하고 관리하는 기관(官), 개발 내용의 전문가인 연구자(學), 활용의 주체인 산업체(産), 유튜브 콘텐츠가 보여주듯이 이제 활용주체는 산업체만이 아니라 무수한 개인들도(民) 해당하므로, 이들도 역시 협력 주체가 될 수 있다.

이러한 産學官民이 함께 머리를 맞대고 힘을 합쳐야 하지만, 사업 수행의 주도자는 해당 소재를 직접 연구한 문화원형 전문가가 담당해야 한다고 본다. 필자는 이렇게 되지 못한 것이 2002년부터 시행된 문화원형사업의 한계라고 생각한다.[35]

본 사업에 있어 필자는 무엇보다 개발된 결과물에 대한 전문연구자의 실명제(實名制)가 필요하다고 생각한다. 이 사업의 예산집행방식이나

35 당시 대부분의 경우 산업체가 주도하였고, 전문연구자는 주로 자문의 형태로 참여하였다. 또한 전문연구자가 주도한 경우에도 개발작품에 대한 명확한 실명제(實名制)가 없었다. 이는 결과적으로 다음에 언급하는 것처럼 연구자가 전적으로 프로젝트를 책임진다는 의무감, 아울러 그 결과물을 자신의 작품으로 생각하는 명예심 등이 반영되지 못하는 결과를 가져 왔으며 이것이 실제 문화원형사업에 대한 질적 담보에 한계가 있었던 원인이라고 생각한다.

개발 응모방식에 있어 과감한 개선책으로 한국연구재단 방식의 지원이 아니라 프로젝트를 책임지는 연구자에게 적절한 보상이 주어지는 벤처식으로 지원하되, 철저하게 전문연구자의 실명제를 원칙으로 할 필요가 있다.

연구자는 자신의 이름 석자를 위해 밤을 새우는 존재이다. 특히 인문학연구자들은 더욱 그러한 속성이 있다. 이 점을 잘 견인할 필요가 있다. 이 과제는 과연 누가 책임진 것이며 어느 학교에서 기획, 개발한 것이라는 점을 공공연하게 내세울 때, 자신의 명예를 위해 연구자들은 밤을 세운다. 연구자 실명제가 구현되지 않는다면, 필자는 기본적으로 개발 작품의 퀄리티를 보장하기 어렵다고 생각한다.

이 점을 고려하여 2006년에 작성된 문화원형 창작소재 중·장기 로드맵에서는 '연구자 연계형 사업추진 모델'을 제시한 바 있다.[36] 이것은 무엇보다 문화원형사업에 참여하는 전문연구자의 실명제를 정착시키기 위한 방안의 하나로 제시된 것이다. 새로운 사업은 이것을 전적으로 살리는 방식으로 추진될 필요가 있다. 그리고 적절한 성과를 내지 못했을 경우에는, 한국연구재단의 연구비 지원사업에서 성과가 부족할 경우 연구비 환수조치를 하는 것처럼, 프로젝트 비용의 전격적인 환수조치를 시행하면 될 것이다.[37]

(3) 새로운 형식의 '문화원형 콘텐츠 단행본 시리즈' 발간

필자는 본 사업에 있어 다양한 주체가 협력해야 하지만, 핵심 관건은 창작소재로서의 문화원형 전문가의 적극적인 참여가 가장 중요하다고 앞에서 언급한 바 있다. 필자는 전문연구자들의 확실한 역할을 담보하는

---

36 한국문화콘텐츠진흥원, 『문화원형 창작소재 중·장기 로드맵 개발』, 2006, 254-256쪽.

37 소재개발 대상에 대한 콘텐츠의 이해가 뛰어나다는 이유만으로, 융합적인 본 사업을 책임질 수 없다는 반론도 있을 수 있다. 물론 이 사업은 연구자라고 하더라도 산업체와 융합적으로 함께 노력해야 한다. 그러나 이러한 융합의 성공도 콘텐츠에 대한 이해가 뛰어난 전문가가 주도해야 하며, 그러한 각오와 의지가 있는 전문가가 지원하도록 해야 할 것이다. 이제 이러한 협동 융합작업의 공감대와 노하우는 인문학전문가들에게도 상당한 축적이 이루어져 있다고 생각한다.

실질적인 개발 실명제를 담보해 주기 위한 또 다른 방안의 하나로, 본 사업의 결과물과 연계하여 새로운 형식의 '문화원형 콘텐츠 단행본'이 발간될 필요가 있다고 생각한다.

이 책의 발간의 효용은 크게 두 가지 측면이다. 개발된 결과물은 보통 웹사이트 형태로 서비스될 것이다. 아무리 인쇄문화의 효용이 감소되었다고 하더라도, 실제로는 웹상으로 전체 내용을 열람한다는 것은 한계가 있다. 또한 개발된 과제물에 대한 매뉴얼북도 필요한 상황이다. 따라서 개발소재에 대한 종합적인 오프라인 단행본이 필요하다. 또 다른 하나는 이 사업에 참여한 전문가 및 개발자가 공동으로 자신들이 개발한 과제를 출판함으로써 참여자들의 의욕을 확대시킬 수 있을 것이다. 앞서 언급한 것처럼 특히 전문연구자들은 '명예'를 중시한다. 그것을 보장하는 가장 좋은 방안은 자신의 이름으로 된(물론 때로는 개발업체의 이름이 함께 나갈 수도 있음) 새로운 형태의 단행본을 출판하는 방법이 될 것이다.

이러한 콘텐츠북은 다양한 이미지와 웹상으로 구현되는 성과물의 매뉴얼북도 겸한다는 점에서 새로운 형태의 출판물이다. 따라서 이러한 단행본이 디지털시대 새로운 연구성과로 자리매김된다면, 전문연구자들은 자신의 명예를 걸고 적절한 개발을 완수하고자 노력할 것이다.[38]

사실 2010년 문화원형사업이 종결된 후, 개발된 과제에 대한 단행본 출간 계획이 추진된 적이 있었다. 그러나 기존 사업의 주된 책임자는 산업체였기 때문에 실현이 될 수 없었던 것이다. 비록 산업체와 협업한다고 하더라도 실제적인 책임자가 전문연구자가 되어야 단행본 출간은 가능한 것이다. 항상 퀄리티를 높이는 핵심은 개발에 있어서나 저작물 출간에 있어서나, 전문연구자의 실명제라는 것을 잊어서는 안될 것이다.

(4) 문화콘텐츠 관련 학회의 적극적인 협조

본 사업은 인문콘텐츠학회를 비롯한 문화콘텐츠 관련 학회 및 문화콘텐

38 2002~2010년에 시행된 문화원형사업은 산업적 활용이 많지 않았다는 지적이 많았다. 당시에도 만약 개발된 과제들에 대하여 최소한 한 권씩의 단행본이 출간되었다면, 아마도 사회적 인식이 많이 달라졌을 것이라고 생각한다.

츠 학과의 적극적인 협력이 필요하다. 그 대표적인 것은 수업론의 활용, 중간연구자의 육성, 성과물에 대한 활발한 리뷰(review)작업이라고 할 수 있다.

필자는 산업적 활용의 모(母)집단, 혹은 예비집단은 각급 학교의 교육콘텐츠 활용 집단이라고 생각하고 있다. 누군가가 어느 날 갑자기 문화원형을 활용한다는 것은 한계가 있다. 초중고 시절에서부터, 그리고 문화콘텐츠 관련학과를 중심으로 대학교에서 각종 수업을 통해 문화원형 소재의 오픈소스화를 통한 다양한 활용 수업이 전개되어야 한다. 그것이 뒤에 제대로 된 산업적 활용으로 이어질 것이다. 그야말로 4차 산업혁명의 시기에 한국사회가 뒤처지지 않으려면 우리들은 창의적 인재들을 양성할 수 있는 토대로 대학을 만들어야 할 것이다.[39]

위와 같은 교육적 차원과 관련되는 것이지만, 문화원형 활용의 매개자로서의 중간연구자의 인력양성이 필요하다. 문화콘텐츠 기획에 있어서 원형소재의 매력을 얼마나 깊이 있게 이해하느냐가 콘텐츠체험의 깊이를 결정한다. 이러한 콘텐츠기획자는 인문학과 콘텐츠학의 경계에 서 있는 경계인(marginal man)이자, 문지기(gatekeeper)이다.[40] 그런데 이 역할을 기존 교수요원만이 담당할 수는 없다. 학회와 학과는 지속적인 인력양성을 통해 본 사업을 수행할 수 있는 중간연구자를 적극적으로 육성해야 할 것이다.

다른 또 하나는 학회에서는 이 사업의 결과물에 대한 지속적인 리뷰작업을 해주어야 하며, 학회의 학술지는 그러한 리뷰도 정식논문으로 인정해 주어야 한다. 연구자들의 특성은 자신의 평가작업이 자신의 이름을 걸고 당당한 연구논문으로 인정받을 수 있을 때에, 비로소 적극적인 자신의 전공분야에 대한 평가작업을 시도할 것이다. 그런 점에서 인문콘텐츠학회 학술지 등에서는 이러한 평가작업을 정식 논문으로 활발히 게재할 필요가 있을 것이다.

---

39 한동승, 앞의 글, 21-22쪽.

40 유동환, 앞의 글, 64-65쪽.

물론 이러한 성과물이 인문학의 지식 및 해석만으로 완결되는 것은 아니다. 디자인 및 기술 등 여러 학제간 결합이 이루어지고 있다. 따라서 이러한 평가작업을 통해 자연스럽게 학제간 연구가 진행될 수도 있을 것이다. 이러한 평가작업은 실질적인 측면에서 인문학의 확장을 가져온다는 점, 그리고 실제적인 산학협동이 이루어지는 계기를 마련해 준다는 점, 또한 학제간연구가 이루어지는 계기를 마련해 준다는 점, 그리고 교육적 측면에서 이러한 성과물들에 대한 평가작업은 일종의 수업개발이기도 하다는 점에서 정말 효용이 크다고 생각한다.

지금까지 2002~2010년에 시행된 '문화원형 디지털콘텐츠화사업'을 잇는 오픈소스 기반의 새로운 문화원형 사업안의 핵심 구상을 제시하고, 사업 진행시 반드시 고려해야 한다고 생각하는 몇 가지 사항을 언급하였다. 지금의 현실은 2000년대 초반과는 또 다른 4차 산업혁명시대를 맞고 있다. 새로운 기술을 적극 활용하되, 역시 콘텐츠의 가치와 필요성은 줄어들 수 없다는 점을 명심해야 한다. 문화콘텐츠산업 발전을 위한 원천소스로서의 문화원형 오픈소스화 사업은 한국사회를 한 단계 도약시킬 것이다. 아울러 그것은 산업적 활용만이 아니라 그 밑바탕으로서의 교육콘텐츠 활용을 통한 수업의 질적 향상과[41] 한류 콘텐츠의 발전에도 기여할 것이다.[42]

41 문화원형 디지털콘텐츠화 사업의 교육적 활용에 대해서는 다음의 글이 참고된다(임학순, 「문화원형 디지털콘텐츠의 교육콘텐츠 창작소재 활성화를 위한 정책모델 연구」, 『인문콘텐츠』 6, 인문콘텐츠학회, 2005).

42 박기수는 인류보편에 호소할 수 있는 원형탐구와 개발이 지속적으로 전개되어야 함을 지적한 바 있다. 즉 인류 공통의 보편적 문화원형과 한국 문화원형에 대한 탐구와 콘텐츠 개발과정에 대한 심도 있는 논의를 진행할 때, 오랜 생명력을 지속할 수 있으며, 지역에 구애받지 않고 보편에 호소할 수 있는 콘텐츠 개발이 가능하기 때문이다. 이러한 원형의 탐구와 개발을 통한 개별화 과정에서 어떻게 한국문화 정체성을 구현하고 체화할 것이냐의 전략을 수립할 수 있을 것이다(박기수, 「한류의 지속방안을 위한 인문학적 성찰」, 『인문콘텐츠』 6, 인문콘텐츠학회, 2005, 106쪽).

맺음말

지금까지 문화원형 소재 오픈소스화를 위한 디지털콘텐츠화사업의 필요성을 논증하기 위하여, 콘텐츠의 개념에서부터 문화콘텐츠산업과 창작소재, 창작소재로서의 문화원형을 검토하였다. 이러한 검토하에서 기존 문화원형사업의 반성적 성찰을 통하여 새롭게 문화원형 소재의 오픈소스화 사업을 제안하였다.

문화콘텐츠산업의 성패는 기획-제작-마케팅의 모든 프로세스가 전부 영향을 미칠 것이다. 이중에서도 본 글은 문화콘텐츠산업에서 담당해야 할 인문콘텐츠적 요소, 즉 기획적 요소에 집중한 연구이다. 기획단계에서도 창작소재의 문제를 다시 천착해 본 것이다. 흥미롭고 창의적인 콘텐츠 소재발굴은 21세기 제4차 산업혁명시대에도 그 중요성은 전혀 떨어지지 않을 것이다. 당연한 것이지만, 창작소재 없이는 콘텐츠 개발이 이루어지지 않기 때문이다.

전통적 문화자원은 문화콘텐츠 창작을 위한 핵심 소재이자 21세기 지식산업사회의 새로운 자원이다. 바로 그러한 전통문화자원에 대한 체계적 이해가 文化原型(culture archetype)이라 할 수 있다. 먼저 原型 논의를 검토하였는데, 원형 논의의 핵심은 原形(originality)과 原型(archetype)의 구분이라고 할 수 있다. 이 중 문화콘텐츠에서 관심을 갖는 것은 原型(archetype)이라는 점을 확실히 하였다. 그리고 文化原型이란 '본래의 기본 틀'을 의미하는 原型에 文化를 붙여서 만든 용어이다. 필자는 이러한 문화원형은 시간축과 공간축, 주제축으로 전개되는 다양한 문화원형의 層位로 이해할 필요가 있음을 강조하였다. 이처럼 문화원형을 창작소재로 하여 시대적 트렌드와 소비자의 니즈를 감안하여 문화콘텐츠산업 작품제작 수준을 제고시킨다는 전략은 현재에도 유효하고 현실성 있는 방안이 될 수 있을 것이다.

이러한 관점에서 필자는 새로운 문화원형 콘텐츠화사업을 오픈소스 기반으로 할 것을 제안하였다. 아울러 2000년대 초반 문화원형 개발사업의 반성을 통하여, 다소 아쉬웠던 점 몇 가지를 제시함으로써, 새로운 사업 구상에 도움을 주고자 하였다. 그것은 ① 문화원형 소재의 오픈소스화, ② 문화원형 전문연구자의 사업 주도, ③ 새로운 형식의 '문화원형 콘텐츠 단행본 시리즈' 출간, ④ 문화콘텐츠 관련 학회의 적극적인 협조 등이었다.[43]

끝으로 필자가 제기한 본 사업은 그토록 힘들게 투입되는 커다란 노력에 비한다면, 이공계와 비교하여 그 예산규모가 매우 적다고 할 수 있다. 반면 그 효과는 고부가가치를 창출하는 문화콘텐츠산업 전체에 커다란 영향을 미칠 것이다. 앞서 언급했듯이 4차 산업혁명의 기술들이 '컨텍스트'로 작용한다면, 적확한 '콘텐츠'의 중요성은 더욱 증대할 것이다. 아무쪼록 본 사업이 실제 전개되어, 한국이 진정 문화콘텐츠 강국으로 자리매김되기를 희망한다.[44]

---

43 원고 심사 후 수정작업 과정에서 현재 한국콘텐츠진흥원에서는 기존 문화원형사업에서 개발한 결과를 모아놓은 문화콘텐츠닷컴의 콘텐츠를 '공공저작물'로 전환하려는 시도가 있다는 것을 알게 되었다. 물론 이것이 본 글에서 필자가 주장하는 것처럼 문화원형 소재의 전면적인 오픈소스화는 아니지만, 크게 보면 필자가 본 글에서 주장하고자 하는 방향의 시발점에 있다는 점에서 주목하고자 한다. 본래 기존 문화원형사업의 개발 자체가 오픈소스화를 지향한 것이 아니었으므로, 아무리 공공성을 강조한다고 하더라도 일정한 한계는 있을 것이다. 정말이지 문화콘텐츠산업의 발전을 위하여 4차 산업혁명의 새로운 방향성 하에서 오픈소스 개념의 새로운 문화원형사업이 진행되었으면 한다.

44 원고 심사 후 수정작업 과정에서 현재 한국콘텐츠진흥원에서는 기존 문화원형사업에서 개발한 결과를 모아놓은 문화콘텐츠닷컴의 콘텐츠를 '공공저작물'로 전환하려는 시도가 있다는 것을 알게 되었다. 물론 이것이 본 글에서 필자가 주장하는 것처럼 문화원형 소재의 전면적인 오픈소스화는 아니지만, 크게 보면 필자가 본 글에서 주장하고자 하는 방향의 시발점에 있다는 점에서 주목하고자 한다. 본래 기존 문화원형사업의 개발 자체가 오픈소스화를 지향한 것이 아니었으므로, 아무리 공공성을 강조한다고 하더라도 일정한 한계는 있을 것이다. 정말이지 문화콘텐츠산업의 발전을 위하여 4차 산업혁명의 새로운 방향성 하에서 오픈소스 개념의 새로운 문화원형사업이 진행되었으면 한다.

9 4차 산업혁명시대 콘텐츠와 문화콘텐츠

머리말

한국사회에서 콘텐츠, 문화콘텐츠의 개념이 출현한 것은 2000년이었다. 새로운 밀레니엄시대의 개막과 함께 등장한 이 용어들은 당시 대단히 낯설면서도 신선한 것이었다. 이 시기는 디지털기술이 본격적으로 확산되는 시대분위기와 맞물려 있었다. 카메라, 동영상도구, TV, PC, 인터넷, 모바일 등 일반인의 일상생활 전반에서 디지털기술의 적용과 활용이 전문가 차원에서 일반인의 전면적인 이용 수준으로 확산되는 시기였다.

이 시기 이러한 디지털기술의 전면적인 확산을 현재 3차 산업혁명이라고 규정한다. 그러므로 콘텐츠, 문화콘텐츠, 인문콘텐츠라는 용어의 출현과 이러한 것들의 사회적 영향은 3차 산업혁명과 밀접한 관련이 있다. 이러한 관련성을 필자는 '미디어'의 차원에서 정리하여 보았다. 즉 3차 산업혁명으로 이해되는 디지털기술의 전면적인 확산은 그 구체적인 표상으로서 미디어의 확산을 가져왔으며, 그 결과 필연적으로 그 미디어에 담기는 콘텐츠, 더 나아가 문화콘텐츠, 인문콘텐츠를 요청할 수밖에 없었다고 생각한다.

현재 세상은 4차 산업혁명의 기술과 그로 인한 급격한 사회적 변화

---

* 출전: 김기덕, 「4차 산업혁명시대 콘텐츠와 문화콘텐츠」, 『인문콘텐츠』 52, 2019.

를 많이 언급하고 있다. 물론 이러한 현상은 한국에서 유독 심하다고 할 수 있으며, 반대로 한국내에서도 그리고 전 세계적으로도 4차 산업혁명이라는 표현을 부정하는 입장도 엄연히 존재하고 있는 실정이다.

본 글의 작성동기는 현재의 기술발전이 4차 산업혁명이라고 할 수 있다면, 3차 산업혁명시대에 출현한 콘텐츠, 문화콘텐츠, 인문콘텐츠는 과연 어떻게 될 것인가라는 물음에서 출발하였다. 이 점을 밝히는 것은 3차 산업혁명의 전개와 함께 문화콘텐츠, 인문콘텐츠를 규정하며 학회활동을 하였던 1세대로서의 필자에게는 하나의 책무라고도 할 수 있을 것이다. 다행히 인문콘텐츠학회는 이러한 관점에서 일찍부터 관심을 가졌으며 젊은 신진학자들이 먼저 이에 대한 답변을 시도한 바 있다.[1] 필자는 이러한 시도를 높이 평가하고자 한다. 그것은 본 글의 작성동기와 동일하게 과연 4차 산업혁명시대에서 문화콘텐츠는 어떻게 될 것인가를 고민하고 나름대로 진단해 본 것이기 때문이다. 필자가 조사한 바로는 여기서 발표된 것들은 아직 정식논문으로 제출되지는 않았다. 이 발표가 있은 뒤 5개월 뒤에 필자 역시 이 문제를 생각해 보는 발표를 한 바 있으며, 이번에 정식논문으로 제출케 되었다. 아무쪼록 본 글을 계기로 4차 산업혁명시대 문화콘텐츠의 향방에 대한 보다 활발한 논의가 이루어져서, 문화콘텐츠학 그리고 인문콘텐츠학에 대한 방향정립과 함께 풍요로운 성과가 산출될 수 있기를 기대한다.

---

1 문화콘텐츠 신진연구자모임에서 주최한 〈문화콘텐츠 신진연구자 포럼〉에서 유제상(4차산업혁명, 왜 칭송하는가?: 4차산업혁명의 환상과 문화콘텐츠학)과 임동욱(4차산업혁명, 왜 폄하하는가: 배제가 아닌 결합의 문화콘텐츠학으로)의 발표가 있었으며, 태지호(4차산업혁명에 대한 소고), 김진형(「4차산업혁명, 왜 폄하하는가」에서 포착되는 세 가지 의문), 정지훈(기술철학의 차원에서 문화콘텐츠학 연구하기: 탐구 방법의 문제), 위군(4차산업혁명의 실체 찾기)의 토론이 있었다(2018. 4. 6).

3차 산업혁명과 문화콘텐츠의 등장

(1) 산업혁명의 구분

이제 다소 상식화된 것이지만 산업혁명의 구분을 정리해보고, 4차 산업혁명의 긍정론과 부정론을 생각해보고자 한다. 먼저 산업혁명의 구분이 본격적으로 등장한 것은 클라우스 슈밥(Klaus Schwab)에 의해 4차 산업혁명이 제기되었기 때문이다. 그는 2016년 세계경제포럼에서 "인공지능, 로봇공학, 사물인터넷 등으로 대표되는 새로운 과학기술로 인류의 삶은 '혁명'이라 명할 수 있을 정도의 급진적이고 근본적인 변화를 맞이할 것으로 예측된다. 이러한 4차 산업혁명은 이미 시작되었으며 파괴적인 혁신과 변화를 목전에 두고 우리는 이를 대비해야 한다"고 역설하였다.[2]

이후 일반적으로 산업혁명의 구분은 대표 신기술을 기준으로, 기계적 생산과 증기기관으로 대표되는 1차 산업혁명, 대량생산과 전기에너지로 대표되는 2차 산업혁명, 인터넷과 IT로 대표되는 3차 산업혁명, 인공지능과 로봇공학, 빅테이터 등으로 대표되는 4차 산업혁명으로 정리되었다.

이러한 산업혁명의 구분은 산업의 구분과는 다르다. 즉 1차산업은 농업을 말하며, 2차산업은 제조업, 3차사업은 서비스업을 뜻한다. 그러므로 4차산업이라는 것은 없다. 그러나 이러한 산업의 구분과 산업혁명이라는 용어를 혼재하는 잘못도 종종 나타나고 있다. 산업혁명이란 18세기 중엽 영국에서 시작된 기술혁신 이후의 새로운 기술변화와 그에 수반되는 사회의 급격한 변화를 1~4차로 구분한 것으로 1~3차 산업의 구분과는 다른 것이다.

또한 산업혁명의 구분은 흔히 세계사를 이야기할 때에 자주 사용하는 인류사의 1차혁명이라고 표현되는 농업혁명(주로 신석기시대에 이루어졌기 때문에 신석기혁명이라고도 한다), 인류사의 2차혁명이라고 표현

---

2 Schwab, Klaus, *The Fourth Industrial Revolution*, 송경진 옮김, 『클라우스 슈밥의 제4차 산업혁명』, 새로운현재, 2016, 24-28쪽.

되는 산업혁명이라는 구분과도 다른 것이다. 20세기 후반 디지털기술에 의한 정보통신기술의 발전을 두고 과연 새로운 인류사의 3차혁명이라고 할 수 있을 것인가에 대한 논쟁이 있었다. 이러한 논쟁은 다분히 앨빈 토플러(Alvin Toffler)의 영향이 크다. 그는 인류사의 혁명적 변화를 물결로 표현하였다. 그 결과 제1의 물결인 농업, 제2의 물결인 산업혁명에 이어 바야흐로 20세기 후반의 과학기술발전에 의한 변혁을 새롭게 제3의 물결이라고 제시하였다.[3]

'혁명'이란 급격한 변화를 의미한다. 따라서 현재 선진국들은 이러한 단어를 좋아하지 않는다. 혁명적 변화는 자칫 자신들의 현재 지위를 흔들 수 있기 때문이다. 따라서 현대의 기술변화를 독일에서는 인더스트리 4.0이라는 표현을, 그리고 미국은 디지털 트랜스포메이션이라는 용어를 주로 사용한다. 한국은 유독 혁명이라는 표현을 좋아한다. 아마도 사회 여러 분야에서 새로운 변화를 열망하는 마음이 어느 나라보다도 크기 때문일 것이다. 그 결과 4차 산업혁명이라는 표현이 가장 유행하는 나라가 되었다.[4]

한국은 또한 새로운 기술이 출현할 때에 국가적 지원에 입각한 국가차원의 개입이 비교적 큰 나라이다. 이것을 그대로 이어받아 한국의 대학 역시 경쟁대학에 뒤쳐지지 않으면서 국가지원을 받기 위해서는, 국가차원의 새로운 아젠다를 주기적으로 이어받아 계승해야 한다. 이러한 제반 사회분위기에 영향을 받아 한국사회는 특히 4차 산업혁명이라는 용어가 유행하게 되었다. 이러한 4차 산업혁명이라는 용어의 남발은 필연적으로 4차 산업혁명의 허구론, 부정론이 등장하는 계기도 되었다.

4차 산업혁명 부정론의 핵심은 담론 차원과 기술 수준 차원이 있는데, 후자와 관련해서는 인공지능, 사물인터넷, 빅데이터 등의 기술은 이미 3차 산업혁명시대에도 이미 있었다는 것이다.[5] 이것은 어떤 면에서

---

3 Alvin Toffler, The third wave, 권오석 옮김, 『제3의 물결』, 홍신문화사, 1994.

4 한편 프랑스에서는 4차 산업혁명의 대표적 표상으로 'NBIS 기술융합혁명'을 예시하였다. NBIS는 나노기술, 바이오 유전공학, 디지털기술, 인공지능, 사물인터넷의 약자이다.

5 「4차 산업혁명은 인간중심 르네상스 혁명」, 『세계일보』, 2017. 2. 1; 박창규, 『4차 산업혁

결코 틀린 얘기가 아니다. 그러나 다음 장에서 보겠지만, 4차 산업혁명의 기술들이 3차 산업혁명의 기술 즉 디지털기술의 단순한 확장이라고만 보는 것에는 문제가 있다고 생각한다. 중요한 것은 그것을 4차 산업혁명이라고 명명하든 아니면 결국 3차 산업혁명인 디지털기술의 확장이라는 의미에서 그 용어를 부정하든, 새로운 기술 변화의 핵심 키워드를 읽어내는 것이다. 그것이 현 시점에서 유효한 자세라고 생각한다. 그렇다면 같은 디지털기술로서 3차 산업혁명의 핵심 키워드는 무엇인가를 먼저 고찰해야 할 것이다.

(2) 3차 산업혁명의 핵심 키워드

3차 산업혁명은 디지털혁명으로 그 대표적 표상은 인터넷과 IT 기술이다. 이미 3차 산업혁명의 기술들은 전문가들 차원만이 아니라 일반인에게도 자연스럽게 일상생활에 스며들어 전면적으로 활용되고 있다. 디지털카메라의 보편화도 어느 순식간에 찾아와서 이제 필름카메라는 저 머나먼 고대시대의 유물로 착각할 정도이다. 전문가의 전유물이었던 동영상 도구는 이제 6mm 디지털카메라를 시작으로 진화하여, 지금은 전문가용과 일반용의 구분이 거의 소멸되었으며 사용법과 활용도 그 경계가 허물어졌다. 오늘날 숱한 일반인의 유튜브 영상이 그것을 단적으로 증명해 주고 있다. '바보상자'라고 하며 곧 소멸하리라는 예상도 만만치 않게 제기되었던 TV는 오히려 집안에서 편안하게 모든 콘텐츠를 향유하는 매체로 되살아났다. PC의 발전과 보편화, 무선인터넷의 전면화, 내 손안에서 이루어지는 모바일 도구의 혁명적 진화 등은 이제 초등학생들도 즐기는 세상이 되었다.[6] 다양한 SNS는 이제 이용하지 않으면 생활할 수 없을

명시대 콘텐츠가 왕이라면 컨텍스트는 신이다』, 클라우드라인, 2018, 75-83쪽. 부정론의 가장 대표적인 것은 다음과 같다(홍성욱·김소영 외, 『4차 산업혁명이라는 유령: 우리는 왜 4차 산업혁명에 열광하는가』, 휴머니스트, 2016). 한편 임동욱은 4차 산업혁명에 대한 찬반론을 잘 정리한 바 있다(임동욱, 앞의 글, 21-27쪽).

6 1993년 전 세계적으로 인터넷 홈페이지가 불과 130개 정도밖에 되지 않았던 것을 생각하면 2000년대를 전후한 디지털혁명이 얼마나 빠른 속도로 일반인의 일상생활에 전면화되었는지를 알 수 있다.

정도의 필수적인 기술 이용이 되었다.

이처럼 디지털기술의 적용과 활용은 전문가 차원에서 일반인의 전면적인 이용 수준으로 확산되었는데, 필자는 이러한 3차 산업혁명의 디지털 기술의 핵심 키워드는 '매체(미디어)'라고 생각한다. 실로 맥루한(Herbert Marshall Mcluhan)이 미디어의 중요성을 언급한 이래, 현시대는 너무 다양한 미디어의 출현과 그 미디어들이 서로 연결되어 자유롭게 이용되는 시대가 된 것이다. 따라서 디지털기술에 의해 다양한 매체(미디어) 다양성이 구현되었다는 점에서 3차 산업혁명은 미디어혁명이라고 할 수도 있을 것이다.

이미 필자가 다른 글에서 인용한 바 있지만 미디어혁명을 실감하기 위하여 『장자』의 '소요유(逍遙遊)' 비유를 다시 들어보자.

> 북쪽 깊은 바다에 물고기 한 마리가 살고 있었는데,
> 그 이름은 곤(鯤)이라고 합니다.
> 곤의 크기가 몇 천 리인지는 알 수가 없습니다.
> 곤은 때로는 변화를 꾀해 새가 되기도 하는데,
> 그 이름을 붕(鵬)이라고 합니다.
> 마찬가지로 그 붕새의 등 길이가 몇 천 리인지 알 수가 없습니다.
> 힘껏 날아올라 그 날개를 펼치면
> 마치 하늘에 거대한 구름이 드리운 것 같았습니다.
> 바람결에 바다가 출렁이기 시작하면
> 이 붕새는 남쪽 바다로 날아갈 채비를 합니다.
> 그 남쪽 바다는 하늘의 연못(天池)입니다.
> 『제해』라는 책에는 기이한 일들이 기록되어 있습니다.
> 그 책에는 "붕새가 남쪽 바다로 날아갈 때면 물보라가 삼천리에 걸쳐 일어나며,
> 맹렬한 폴풍을 타고 구만 리 상공으로 날아오른 뒤 여섯 달 동안 날아가
> 남쪽 바다에 이른 후에야 쉰다"고 적혀 있습니다.[7]

---

7 『莊子』 內篇 逍遙遊, 최상용 옮김, 일상이상, 2017, 13-14쪽.

이 엄청난 과장이 담긴 '붕새 일화'는 넓이와 거리와 시간과 공간의 구분을 자유롭게 넘나드는 발상의 전환을 상징한다. 그런데 오늘날 우리가 인터넷을 하며 엔터키를 치면 내가 쓴 글은 순식간에 지구 저편을 날아간다. 이것이야말로 붕새의 날갯짓이 아니겠는가? 모바일 무선인터넷은 더욱 기가 막힌다. 나의 좁은 손 안에서 쉴새 없이 붕새의 날갯짓이 가능하다.[8] 21세기 디지털혁명은 어린아이까지도 붕새의 날갯짓이 가능하게 만들었다. 그야말로 3차 산업혁명인 것이다.

이처럼 3차 산업혁명으로 명명되는 2000년대 디지털혁명의 핵심 키워드는 '미디어'라는 것을 알 수 있다. 그리고 카메라, 동영상, TV, PC, 인터넷, 모바일, SNS 그리고 장르적으로도 영화, 게임, 애니메이션, 테마파크, 전시, 축제 등 모든 매체 및 장르들은 발전된 디지털기술로 인해 서로 연동되어 결합되어 있으며, 자유롭게 넘나들고 있다.

문제는 디지털혁명으로 인하여 이렇게 다양해진 미디어가 출현하여 서로 연동되어 있지만, 정작 그 속에 담기는 내용물이 없다면 아무 의미가 없게 된다는 점이다. 그 결과 2000년대 디지털혁명의 전개 속에서 곧바로 '콘텐츠(contents)' 개념이 출현한 것이다. 즉 다양한 미디어에 담기는 콘텐츠의 필요성이 제기된 것이다. 지금 생각하면 다소 우스워보이는 논쟁이지만, 컨텐츠냐 콘텐츠냐 아니면 단수형인 콘텐트냐 하는 표기 문제에서부터, 그 뜻이 과연 무엇인가라는 것까지 2000년대 초반 콘텐츠 논쟁이 있었다.[9]

---

8 김기덕, 「문화콘텐츠의 등장과 인문학의 역할」, 『인문콘텐츠』 28, 인문콘텐츠학회, 2013, 10-11쪽.

9 콘텐츠논쟁에 대해서는 다음을 참조. 심상민, 「콘텐트 비즈니스의 새흐름과 대응전략」, 삼성경제연구소, 2002. 7. 29; 김기덕, 「콘텐츠의 개념과 인문콘텐츠」, 『인문콘텐츠』 창간호, 인문콘텐츠학회, 2003; 김기덕, 「4차 산업혁명시대 '문화원형 소재 오픈소스화를 위한 디지털콘텐츠화사업의 필요성」, 『인문콘텐츠』 48, 인문콘텐츠학회, 2018, 111쪽. 필자는 콘텐츠를 간단하게 '다양한 미디어에 들어가는 내용물'로 정의하고 있는데, 최근 콘텐츠를 친절하게 설명한 것이 있어 소개해 둔다. "원론적인 의미에서 콘텐츠란 '부호, 문자, 음성, 음향 및 영상 등의 자료 또는 정보', '인간의 사고와 감정을 표현한 문자, 소리, 화상 등의 형태로 표현한 것'을 말한다. 여기에서 좀더 발전한 구체적인 콘텐츠의 개념은 '문화적 소재가 구체적으로 가공되어 특정한 매체를 통해 유통, 소비되는 결과물'이라고 할 수 있다. 문화적 소재란 우리 일상에 존재하는 모든 것을 의미한다"(한국콘텐츠진흥원, 『콘텐츠

콘텐츠란 디지털혁명으로 새롭게 창출된 다양한 미디어에 들어가는 내용물인 것이다. 그런데 그 내용물은 21세기 대중의 시대의 전개와 함께 무엇보다 문화적 내용물이 압도적으로 많은 비중을 차지하게 되었다. 미디어가 대중과 만날 때에는 대부분 문화 차원에서 접촉되기 때문이다. 더욱이 피터 드러커(Peter Ferdinand Drucker)의 '21세기는 문화산업에서 각국의 승패가 결정될 것이고 최후 승부처가 바로 문화산업이다'라는 주장처럼,[10] 문화산업의 중요성이 더욱 커지면서 콘텐츠 중에서도 특히 문화콘텐츠가 새로운 디지털 미디어에서 적극 요청되었다. 그래서 콘텐츠라는 용어의 출현과 함께 '문화콘텐츠'라는 용어가 유행하게 된 것이다.[11]

문화콘텐츠가 구현되는 다양한 매체 및 장르는 앞에서 예시한 것처럼 아주 다양하다. 그런데 이러한 문화콘텐츠를 창출하는 과정을 구분한다면 전제작단계(preproduction) – 제작단계(production) – 후제작단계(postproduction)로 나눌 수 있다.[12] 전(前)제작단계란 기획단계를 의미한다. 그런데 이 기획단계는 무엇을 만들 것인가(창의 발상), 무얼 갖고 얘기할 것인가(창작소재), 무엇을 얘기할 것인가(트렌드 및 컨셉), 어떻게 얘기할 것인가(스토리텔링)로 이루어진다.[13] 결국 전제작단계인 기획은 창작소재의 선택과 컨셉 설정, 그리고 그에 맞춘 스토리텔링이 핵심인데, 이러한 과정은 전적으로 인문학적 소양과 지식이 결합될 필요가 있

4.0: 4차 산업혁명과 콘텐츠의 미래』, 2017, 11쪽).

10 Peter F. Drucker, *Peter F. Drucker on Innovation*, 권형설·전미옥 옮김, 『위대한 혁신』, 한국경제신문, 2006,

11 문화콘텐츠 용어와 관련된 논쟁에 대해서는 다음을 참조. 박상천, 「문화콘텐츠 개념 정립을 위한 시론」, 『한국언어문화』 33, 한국언어문화학회, 2007; 김기덕, 앞의 「문화콘텐츠의 등장과 인문학의 역할」, 16-18쪽.

12 이 표현은 본래 영화에서 사용되었다. 그런데 영화에서 후제작단계란 촬영이라는 제작단계를 거쳐 음악·음향·더빙 등 제작 마무리단계를 의미한다. 그러나 일반적인 문화콘텐츠 프로세스에서는 후제작단계를 마케팅으로 설정하는 것이 일반적이다.

13 기획단계의 자세한 사항은 다음을 참조. 유동환, 「문화콘텐츠 기획과정에서 인문학 가공의 문제」, 『인문콘텐츠』 28, 2013; 김기덕, 앞의 「4차 산업혁명시대 '문화원형 소재 오픈소스화를 위한 디지털콘텐츠화사업의 필요성」, 113-114쪽.

다. 바로 이 점에서 문화콘텐츠의 등장과 함께, 문화콘텐츠산업에서 기획의 중요성을 인식하여 인문학자들을 중심으로 2002년 인문콘텐츠학회가 출범한 것이다.[14]

앞서 언급했듯이 문화콘텐츠 기획과정에서 핵심은 창작소재이다. 소재 없는 기획은 있을 수 없기 때문에, 항상 기획은 소재 선택에서 시작한다. 소재가 선택되어야 이후 작품 컨셉 및 스토리텔링이 전개되는 것이다. 문화콘텐츠 기획자 및 제작자들은 항상 작품 소재부터 고민한다. 사실상 적절한 작품 소재 여부는 이미 완성 작품의 질을 규정하는 측면도 있기 때문에, 적절한 창작소재는 무엇보다 중요한 것이다. 그 때문에 디즈니에서는 외국의 전통소재와 아야기를 사들이고 있는 것이며, 이미 디즈니 작품의 90% 이상은 다른 나라에서 소재를 가져온 것이다.[15]

2000년대 한국에서 처음 문화콘텐츠 개념이 출현하고 바로 2001년에 국가기관으로 한국문화콘텐츠진흥원이 설립되었으며, 다음 해 2002년부터 2010년까지 〈문화원형 디지털콘텐츠화사업〉을 전개한 것도 창작소재의 중요성 때문이었다. 특히 그 다양한 창작소재를 어떻게 개념짓고 분류할 것인지를 고민하는 과정에서 '원형(Archetype)' 논쟁과 '문화원형' 개념이 창출되었다.[16] 이러한 과정은 전부 3차 산업혁명인 디지털혁명으로 촉발된 다양한 미디어에 담기는 내용물의 중요성에서 파생된 것이다.

그런데 이러한 내용물(콘텐츠)들은 디지털혁명으로 인한 다양한 매체 및 문화콘텐츠 장르로 변형되어 구현될 수 있다. 그 결과 하나의 소재가 다양한 매체 및 장르로 구현되는 OSMU(one source multi use) 개

---

14 인문콘텐츠학회 출범과정에 대해서는 다음을 참조. 김기덕, 앞의 「문화콘텐츠의 등장과 인문학의 역할」, 15-18쪽.

15 이 점에 대해서는 디즈니 애니메이션 48편의 스토리 출처를 전 세계적인 신화, 전설, 민담, 기존 창작물로 분류하여 추적한 다음의 연구가 참고가 된다(노시훈, 「디즈니 애니메이션 스토리의 기본원칙과 성공전략: 극장용 장편 애니메이션을 중심으로」, 『만화애니메이션연구』 7, 한국만화애니메이션학회, 2003).

16 김기덕, 「4차 산업혁명시대 '문화원형 소재 오픈소스화를 위한 디지털콘텐츠화사업의 필요성」, 『인문콘텐츠』 48, 인문콘텐츠학회, 121-127쪽.

념도 출현한 것이다. 또한 일반적인 OSMU에서 진화하여 여러개의 미디어 플랫폼을 매체 횡단하여 하나의 스토리 세계를 전달하고 향유하는 트랜스미디어 스토리텔링(transmedia storytelling)이나 매체 간 차이를 감안하여 원작 각색 스토리텔링을 전개하는 크로스미디어 스토리텔링(crossmedia storytelling) 개념이 출현한 것도 당연한 과정이라고 할 수 있다.[17] 디지털혁명의 핵심 키워드인 미디어와 콘텐츠와의 관계를 고려할 때 당연히 도출될 수 있는 개념인 것이다.

또한 IT기술과 문화콘텐츠의 결합으로서의 문화기술(Culture Technology, CT) 개념의 출현이나 인문학적 원천소재를 학문연구, 더 나아가 문화산업에 다양하게 활용하기 위하여 시도된 전 세계적인 디지털 인문학(Digital Humanities)의 등장도 각종 매체에 담기는 콘텐츠의 중요성을 감안한다면 충분히 예상될 수 있는 것이라고 할 수 있다.[18]

이상이 필자가 생각하는 3차 산업혁명과 문화콘텐츠 분야의 전체적인 지형도라고 할 수 있으며, 여기서 핵심 키워드는 '미디어'와 '콘텐츠'라고 할 수 있다. 본 장을 마치면서 한 가지 강조할 것은 이러한 시대 흐름에 맞추어 2000년대에는 새롭게 인문학에 바탕을 두고 문화산업 기획 인재 양성을 목표로 하는 문화콘텐츠학과가 출현한 점이다. 이처럼 전국적으로 대학의 정식 학과로서의 문화콘텐츠학과의 출현은 결코 가볍게 볼 수 있는 상황은 아닐 것이다. 실제 인문학 바탕의 문화콘텐츠학

---

17 트랜스미디어 스토리텔링과 크로스미디어 스토리텔링에 대해서는 다음을 참조할 수 있다. 류철균·한혜원 외, 『트랜스미디어 스토리텔링의 이해』, 이화여자대학교출판부, 2015; 김희경, 『트랜스미디어콘텐츠의 세계』, 커뮤니케이션북스, 2016; 박기수, 『웹툰, 트랜스미디어 스토리텔링의 구조와 가능성』, 커뮤니케이션북스, 2018; 서성은, 『트랜스미디어 스토리텔링』, 커뮤니케이션북스, 2018; 서성은, 『크로스미디어 스토리텔링』, 커뮤니케이션북스, 2018.

18 디지털인문학에 대해서는 다음을 참조. 김현, 「디지털 인문학: 인문학과 문화콘텐츠의 상생 구도에 관한 구상」, 『인문콘텐츠』 29, 인문콘텐츠학회, 2013; 김현·임영상·김바로, 『디지털인문학 입문』, HUEBOOKS, 2016. 한편 디지털인문학의 확산을 위하여 한국연구재단에서는 정책연구가 시행된 바 있다. 2014년 한국연구재단 정책연구 『디지털시대 인문학 성과의 산업화방안 연구』(연구책임자 김기덕, 공동연구원 박경하, 김현, 유동환). 이 연구에서 '디지털인문학사업', '디지털인문학 교육사업', '산학연계 인문브리지사업' 등을 제안하였고, 2015년부터 한국연구재단 연구 공모사업으로 진행중에 있다.

과는 기획 중심의 인문콘텐츠학과라고 할 수 있는데, 현재 전국적으로 20여 개 학과가 존재하고 있다. 인문학 바탕의 문화콘텐츠학과의 출현은 크게는 3차 산업혁명의 산물이며, 작게는 인문콘텐츠학회의 산물이라고 할 수 있을 것이다.[19]

4차 산업혁명과 문화콘텐츠의 향방

(1) 기술을 보는 시각

3차 산업혁명의 출현과 함께, 콘텐츠나 문화콘텐츠, 인문콘텐츠 개념을 도출하고 대학에서 새롭게 관련 학과가 신설되어 인재양성을 하고 있다면, 4차 산업혁명시대에는 콘텐츠나 문화콘텐츠가 어떻게 될 것인가 하는 점을 진단할 필요가 있을 것이다. 더욱이 외람되지만 인문콘텐츠를 제시한 1세대로서 이 점은 역사적 책무이기도 할 것이다. 먼저 4차 산업혁명을 이해하기 위하여, 필자가 생각하는 기술의 특징을 서술해보고자 한다.

첫째, 기술은 누구나 사용하기 쉬운 보편성으로 가게 되어 있다. 그것은 모든 기술은 사용하기 쉬워야 살아 남는 것이며, 이익도 추구할 수 있기 때문이다. 지속적으로 어려운 기술은 결국 사장된다. 모든 기술은 질적 수준을 담보하고 있으면서도 가장 쉽게 이용할 수 있는 것만이 최종적으로 살아남게 된다.

둘째, 기술의 기본 방향은 인간의 편의성과 필요성에서 출현한다. 일반적인 시각으로는 새로운 기술의 출현은 새로운 사회 흐름을 리드한다고 보고 있다. 현상적 흐름으로는 그러할 것이다. 그러나 사실상 새로운 사회흐름에 대한 요구와 열망이 기술을 견인하는 측면이 보다 본질적

19 인문학 바탕의 문화콘텐츠학과들은 협의회를 구성하고 있는데, 이에 대해서는 다음을 참고. 임영상, 「문화콘텐츠 개발과 인문학: 전국대학문화콘텐츠학과협의회의 발족」, 『인문콘텐츠』 6, 인문콘텐츠학회, 2005. 인문학 바탕의 문화콘텐츠학과에 대한 서술은 인문콘텐츠학회의 향방과 관련하여 마지막 장에서 좀더 언급하고자 한다.

인 기술 출현의 동인(動因)이라는 점을 생각해야 한다.[20] 기술자가 사회 흐름을 의식했던 안했던, 심지어 우연의 산물이라고 하더라도[21] 그러한 기술 출현에는 시대의 요청이 담겨있다고 보아야 한다.

필자는 2000년대 디지털기술이 본격적으로 출현할 때에 TV는 '바보상자'로서 그 가치가 곧 소멸할 것이라고 많은 사람들이 예언할 때에 그렇지 않다고 보았다. 왜냐하면 기술 자체의 편의성 외에도 사용의 편의성이 있다. 필자는 집밖에서는 모바일이, 집안에서는 TV가 가장 선호되는 매체가 될 것이라고 생각한 바 있다. 그만큼 내 손안에 있는 모바일의 편의성과 집에서 휴식하며 즐길 수 있는 TV는 결국 인간의 편의성을 가장 잘 구현할 수 있는 매체이기 때문이다. 결국 4차 산업혁명의 기술도 인간을 위한 도구적 관점에서 논의되어야 하며, 기술은 인간이 활용하고 이용하는 하나의 도구에 불과하다는 점, 그리고 인간을 위해 기술이 출현한다는 점을 기억해야 할 것이다.

물론 인간을 편하게 해준다는 기술의 출현이 진정 인간을 '인간답게'하는 방향으로만 가는 것인지에 대한 논란, 예를 들어 종이책을 멀리한다거나 모바일 중독사례를 어떻게 극복할 것인가 등등의 문제는 별개의 논의 차원이라고 할 수 있다. 또한 인간을 편하게 해주는 기술의 출현이 오히려 악용되는 부작용의 사례, 예를 들어 악플, 도용 등의 사례와 같은 것 또한 별개의 논의 차원일 것이다.

셋째, 새로운 기술의 출현은 처음에는 기술 자체가 콘텐츠로 작용한다. 이 점을 절대 헷갈리면 안 된다고 생각한다. 오늘날에도 4차 산업혁명의 간단한 기술 시연이나 빅데이터 분석 등에도 사람들은 깜짝짝짝 놀란다. 즉 처음에는 이러한 기술 시도 자체가 콘텐츠로 기능하는 것이

20 필자는 일찍이 디지털기술의 매체 혁명과 콘텐츠 수요는 진정한 대중의 시대를 구현코자 하는 인류의 열망과 의지가 가장 큰 동인이라고 파악한 바 있으며, 그것을 인터넷의 출현으로 제시한 바 있다(김기덕, 「정보화시대의 역사학: '영상역사학'을 제창한다」, 『역사교육』 75, 역사교육연구회, 2000, 132-136쪽).

21 실제 많은 기술이 우연히 출현했다고 말하기도 한다. 인터넷의 출현도 그러하다고 말한다. 그러나 이는 표면적인 것일뿐 실제 도도한 시대 흐름의 요청이 담겨 있다고 보아야 할 것이다.

다. 그러나 잠시 시간이 지나면 곧 기술을 활용하는 유용한 콘텐츠를 필요로 하는 것이다. 아무리 최신 기술이라도 그 기술을 활용할 수 있는 콘텐츠가 없다면 무용지물이기 때문이다. 예를 들어 HMD를 쓰고 즐기는 VR(가상현실)은 기술 초기에는 간단한 가상현실 구현에도 신기해하고 즐거워했지만, 이제는 재미있고 구체적인 콘텐츠가 뒷받침되지 않으면 아무도 HMD를 쓰려 하지 않는다. 최초의 기술은 그 자체가 신기하여 콘텐츠로도 작용하지만, 곧 진정한 콘텐츠가 뒷받침되지 않으면 무용지물인 것이다.

넷째, 새로운 기술이 나온다고 예전 기술이 모두 무의미해지는 것은 아니다. 인문학만큼은 아니지만, 기술도 예전 것과 새로운 것이 병행된다. 즉 4차 산업혁명시대에도 1, 2, 3차 산업혁명 기술들은 여전히 필요한 것들은 유효하게 병행되는 것이다.

기술에 대한 시각에서 필자가 강조하고 싶은 것은 결론적으로 결국 새로운 기술은 점점 쉽게 일반화되게 되어 있으며, 조만간 그 새로운 기술은 기술에 담기는 풍요로운 콘텐츠를 요청한다는 점이다.

최근 4차 산업혁명의 전개와 관련하여 컴퓨터 언어로 프로그램을 개발하는 코딩(coding)교육이 부각되었다. 신문기사에 의하면 서울대의 경우, 이 코딩을 배우려는 학생은 밀려드는데, 정작 강의할 교수와 강의실이 부족하여 컴퓨터공학부는 일반선택 학생과 다전공 학생은 배제하고 본전공 학생들만 코딩 수강신청을 하도록 한다는 내용이 실렸다.[22] 아마도 이 기사는 몇 년이 지나지 않아 곧 코메디와 같은 일화로 회자될 것이다. 코딩교육은 4차 산업혁명시대에 반드시 필요하다. 그러나 곧 아주 쉽게 프로그램을 개발하는 오토코딩(auto coding)이 일반화될 것이다. 이미 한국에서도 은행권을 중심으로 코딩을 쉽고 빠르게 하는 SW 자동개발 기술이 출현했으며,[23] 지난 해에는 스스로 코딩하는 딥러닝 Tool 개

---

22 「코딩 배우려는 학생 밀려드는데 교수·강의실 부족하다며… 서울대 컴퓨터공학부, 수강제한」, 『조선일보』, 2019. 1. 31.

23 「코딩도 쉽고, 빠르게… SW 자동개발 기술이 뜬다」, 『전자신문』, 2017. 2. 5.

발을 미국 라이스대학에서 실현하였다. 이 기사에 딸린 영상에서는 스스로 코딩하는 장면이 제시되어 있다.[24] 더욱이 마이크로소프트(MS)는 학생부터 전문가까지 모두 겨냥하여 인공지능(AI)을 활용하여 필요한 코드만 선택하면 되는 오토코딩 도구를 공개하였다.[25]

물론 현재의 개발 단계가 아주 손쉬운 오토코딩 수준이라고는 할 수 없지만, 조만간 누구가 이용하기 쉬운 완벽한 오토코딩이 출현할 것이다. 그것에 먼저 도달한 자가 경제적으로도 승리할 것이기 때문이다.

결론적으로 모든 기술은 시간이 흐르면 사용법만을 이해하면 쉽게 이용할 수 있는 프로그램이 등장하여 어떠한 기술도 문제없이 활용할 수 있을 것이며, 실제 그러한 방향으로 가게 되어 있다. 2000년대 3차 산업혁명의 초창기에 '콘텐츠'라는 단어만으로도 어리둥절하고 생소했던 사람들이 지금은 3차 산업혁명의 디지털기술들을 아무런 문제없이 이용하고 있는 것이 그것을 잘 말해주고 있다.[26] 이러한 관점에서 4차 산업혁명의 기술들을 이해하면서 과연 콘텐츠, 문화콘텐츠의 향방은 어떻게 될 것인가를 생각해야 할 것이다.

(2) 제4차 산업혁명의 핵심 키워드

현재 4차 산업혁명의 표상으로 제시되는 기술들은 실제로는 3차 산업혁명시대 디지털 기술의 심화에 해당하는 수준이다. 따라서 앞서 언급했듯이 4차산업혁명의 설정을 부정하는 주장도 나오는 것이다. 2장 서두에 슈밥 교수의 4차 산업혁명에 대한 정의를 인용하였지만, 인공지능, 로봇공학, 사물인터넷 등이 '새로운' 기술은 아니다. 이미 이러한 기술은 1950년대부터 2000년까지 전부 등장한 것으로, 관련 논문이나 상품도 이미 개발되어 있다.

물론 이 기술들이 오늘날은 예전에 비해 데이터가 기하급수적으로

24 https://smartaedi.tistory.com/283.

25 http://m.zdnet.co.kr/news_view.asp?article_id=20180518113544&re=zdk

26 과도기적 상황으로 혹시 잘 모르는 부분이 있으면 남에게 물어서 해결하는 수준도 기술을 이해한 것이다. 전혀 기술을 이해하지 못하면 묻지도 못하는 것이기 때문이다.

커졌고, 초연결사회(Hyper Connected Society)로 진화된 것은 사실이다. 그러나 이러한 디지털기술의 확장만으로 새로운 기술이라고 하는 것은 문제가 있을 것이다. 이와 같이 대표기술을 제시하면서 4차 산업혁명을 구분하는 방식 대신에, 박창규는 현재 진행되는 4차 산업혁명의 기술들의 지능화(intelligence)에 주목하였다. 그 결과 4차 산업혁명의 명확한 정의를 '엄마기계'로 제시하였다. 무엇보다 그 엄청난 4차 산업혁명의 기술 핵심을 우리 단어인 '엄마'를 사용한 용기와 지혜가 뛰어나다고 할 수 있다. 엄마란 자녀의 체형, 선호도, 건강 상태, 스타일 등을 잘 알고 있다. 따라서 엄마는 자녀만을 위한, 자녀에 딱맞는 맞춤형의 자녀만의 옷을 만들어주는 존재이다. 엄마가 고려하는 것은 바로 자녀의 컨텍스트(context) 즉 의도, 맥락, 환경이다. 이처럼 4차 산업혁명의 기술들은 단순한 3차 산업혁명 기술의 확장만이 아니라, 사용자의 컨텍스트(context)를 수집하고 파악하여, 그것을 응용할 수 있도록 해준다는 점에서 3차 산업혁명의 기술과 차별성이 있다는 것이다.[27]

결국 4차 산업혁명 기술의 핵심은 컨텍스트(context)가 된다. 앞 장에서 필자는 3차 산업혁명을 미디어와 콘텐츠와의 관계로 설명하였다. 그렇다면 4차 산업혁명시대에 컨텍스트와 관련하여 콘텐츠는 어떻게 될 것인가? 4차 산업혁명의 핵심을 컨텍스트로 규정했던 박창규는 미국에서 소셜미디어를 통해 비즈니스를 성공시킨 것으로 유명한 기업가 게리 바이너척(Gary Vaynerchuk)이 "콘텐츠가 왕이라면 컨텍스트는 신이다(content is king, context is god)"라는 말을 인용하여 자신의 책 제목으로 삼았다. 즉 맛있는 김치찌개를 만드는 능력은 '왕'이다. 그러나 개개인의 손님이 원하는 김치찌개를 알아서 끓여주는 능력은 '신'이다. 그래서 사람들이 그저 유명한 김치찌개 집보다 내 입맛에 맞는 '단골식당'을 찾는다는 것이다. 일반적으로 맛있는 김치찌개도 컨텍스트가 개입되는 순간 좋은 것에 대한 것도 바뀐다. 아직도 이런 컨텍스트의 구현은 대부분 인간에 의해 수행되어 왔다. 그러나 4차 산업혁명시대에는 이러한 컨

27 박창규, 위의 책, 75-86쪽.

텍스트가 기계 즉 시스템이나 소프트웨어에 의해 수행된다는 점에서 기존 3차 산업혁명과 차별성이 있다는 것이다.[28]

그러나 필자는 컨텍스트라는 핵심 키워드에 몰입하여 "콘텐츠가 왕이라면 컨텍스트는 신이다"라고 제목을 설정한 박창규의 시도는 다소 문제가 있다고 생각한다. 물론 그는 새롭게 '컨텍스트'를 강조하고자 한 것이 진정한 의도이며 결코 '콘텐츠'의 중요성을 간과했다고는 생각하지 않는다. 그러나 결과적으로 책의 제목과 서술이 너무 컨텍스트에 몰입한 나머지 다소 오해의 소지가 있었다고 생각한다.

박창규가 예를 든 김치찌개로 다시 생각해보자. 무차별적으로 소비자를 대상으로 맛있는 김치찌개를 만들어내던 것에서 개개인의 손님이 원하는 김치찌개를 끓여주는 것은 분명히 진일보한 것이다. 알기 쉬우라고 김치찌개로 예를 들었겠지만, 산업 전반으로 확산해도 역시 소비자의 컨텍스트를 파악하여 대응하는 이러한 시도는 분명 새로운 변화일 것이다. 최근 '맞춤' 코드의 유행은 이러한 흐름을 잘 보여준다. 그러나 필자가 다시 알기 쉽게 김치찌개로 예를 든다면, 아무리 개개인의 손님의 취향 즉 컨텍스트를 알았다고 하더라도, 김치찌개라는 콘텐츠를 잘 만들 수 있어야 하는 것이다. 즉 컨텍스트가 중요하지만, 컨텍스트만 알았다고 저절로 그 손님이 만족할만한 김치찌개가 나오지는 않는다. 김치찌개라는 콘텐츠를 잘 만드는 자가 역시 컨텍스트에 입각한 맛있는 김치찌개를 만드는 것이다.

한국콘텐츠진흥원이 발간한 『콘텐츠 4.0: 4차 산업혁명과 콘텐츠의 미래』에서는 4차 산업혁명은 콘텐츠와 관련하여 세 가지 점을 창출

28 박창규, 위의 책, 89-90쪽. 박창규는 이 책의 후반부에서 구글, 아마존, 테슬라, 에어비앤비, 넷플릭스 등 4차 산업혁명시대의 리더들의 경영 형태를 '컨텍스트'에 입각하여 서술해 주고 있다. 또한 『콘텐츠 4.0: 4차 산업혁명과 콘텐츠의 미래』에서도 후반부에 현재 세계를 주도하는 기업들의 방향을 '콘텐츠'의 시각에서 잘 서술해 주고 있다(한국콘텐츠진흥원, 앞의 책, 51-102쪽). 『콘텐츠 4.0: 4차 산업혁명과 콘텐츠의 미래』는 4차 산업혁명시대 기술을 바탕으로 펼쳐지는 콘텐츠의 문제를 다양한 실례에서 추출하고, 국내외 콘텐츠 관련 컬럼을 중심으로 서술하였다는 점에서 크게 참고가 된다. 오프라인 출간이 아니라 온라인으로만 서비스된다는 점이 아쉬울 정도로 시의적절하고 노력을 많이 기울인 기획작품이라고 생각한다.

할 수 있다고 제시한다. 첫째 기존에 없던 새로운 사용자 경험을 만들 수 있으며, 둘째 더 세분된 콘텐츠를 제작할 수 있고, 셋째 이제까지와 다른 콘텐츠 소비방식을 만들어낸다는 것이다.[29] 첫 번째는 다양한 기술이 인간의 인지 영역과 융합해 인간에게 도움을 줄 수 있는 인터페이스 혁명이요, 사용자 경험의 확장이다.[30] 둘째는 수요자의 컨텍스트를 이해함으로서 가능해진다. 셋째는 일상생활에 더욱 스며든 '생활콘텐츠' 형태의 소비방식 창출을 의미한다. 이 세 가지 중 핵심은 두 번째이며 그것은 새로운 기술이 수요자의 컨텍스트를 추출하기 때문에 가능한 것이다.

마윈(馬雲) 알리바바그룹 회장은 2015년 개최된 아시안리더십콘퍼런스 기조연설에서 "이제 20년간 지속돼온 IT(Information Technology·정보기술)의 시대가 저물고 앞으로 30년간 DT(Data Technology·데이터기술) 혁명에 기반한 새로운 인터넷 시장이 열릴 것"이라고 말했다. 그런데 마윈이 언급한 '데이터'의 중요성은 단순한 데이터가 아니다. 그가 이어서 언급한 다음의 말, "이제는 방대한 고객 데이터(data)를 활용해 개별 고객의 요구에 부응할 줄 아는 기업이 성공하는 DT 시대"라는 것에서 알 수 있듯이, DT는 축적된 데이터를 분석해 가치를 창출하고 미래를 예측하는 기술로서, 한 마디로 마윈이 강조한 데이터는 고객의 '컨텍스트'를 담은 데이터를 의미하는 것이다. 그는 "기술이 뛰어난 기업은 두렵지 않다. 하지만 고객의 요구를 경청하는 기업이 더 두렵다"라고 덧붙였는데, 이것은 필자가 지금까지 강조한 4차 산업혁명시대의 핵심 키워드 '컨텍스트'에 정확하게 부합하는 발언이라고 할 수 있다.[31]

그런 점에서 필자는 오히려 4차 산업혁명시대는 콘텐츠전문가의 전성시대가 될 것이라고 생각한다. 즉 컨텍스트가 핵심 키워드인 4차 산업혁명시대에는 사용자(수요자)의 컨텍스트를 알 수 있기 때문에, 콘텐츠 전문가의 문화상품 기획은 그만큼 더 적절하고 용이해질 것이라고 생각

---

29 한국콘텐츠진흥원, 앞의 책, 16쪽.

30 신동희, 앞의 글.

31 「[아시안리더십콘퍼런스] 마윈 "IT시대 저물고 DT시대… 청년·여성·中企가 성공 키워드」, 『조선일보』, 2015. 5. 20.

한다. 그동안 콘텐츠 기획이 사실상 어려웠던 것은 사용자의 컨텍스트에 입각한 요구분석을 파악하기가 쉽지 않았기 때문이다. 만약 4차 산업혁명의 기술발전으로 다양한 분야에서 사용자의 컨텍스트가 축적된다면, 그에 대응하는 콘텐츠 전문가의 필요성은 더욱 증대할 것이며, 이러한 현상은 다양한 문화콘텐츠 분야에 전반적으로 적용될 것이다.

이 점은 산업계의 관점에서 4차 산업혁명시대에는 창의성을 발휘한 소프트파워(softpower)가 핵심동력이 될 것이라는 견해나, 제조업을 기반으로 성장한 한국은 제조업뿐만 아니라 문화산업 등 서비스산업도 많은 관심을 가지고 육성발전해야 한다는 주장과[32] 크게는 상통한다고 할 수 있다.

이상이 필자가 생각하는 제4차 산업혁명과 문화콘텐츠 분야의 전체적인 지형도라고 할 수 있으며, 여기서 핵심 키워드는 '컨텍스트'와 '콘텐츠'라고 할 수 있다. 그리고 컨텍스트의 도움을 받아 콘텐츠 전문가는 더욱 적합한 문화콘텐츠 기획을 수행할 수 있을 것이다. 즉 소비자의 컨텍스트에 입각한 콘텐츠 기획의 시대가 도래한 것이며, 이는 기존 콘텐츠 전문가들에게는 한단계 도약할 수 있는 기회일 것이다. 다시 강조하지만, 기본적으로 기술은 콘텐츠를 도울 뿐이며 아무리 혁신적인 기술이 있어도 적합한 콘텐츠가 없으면 기술적 성과는 활용할 방법이 없는 것이다. 인류는 콘텐츠세계에 4차 산업혁명의 기술이라는 새로운 도구를 손에 쥐게 되었다. 빅데이터, 플랫폼, 인공지능 등은 우리가 만들고 향유하는 콘텐츠에 새롭고 강력한 힘을 부여할 것이다.[33]

32 변재웅, 「4차 산업혁명이 문화산업에 미치는 영향에 관한 연구」, 『문화산업연구』 17-3, 한국문화산업학회, 2017, 111-117쪽.

33 한국콘텐츠진흥원, 앞의 책, 9-11, 61쪽.

맺음말을 대신하여: 인문콘텐츠학회의 역할

인문콘텐츠학회는 인문학의 바탕 위에서 문화콘텐츠산업을 연구하는 전문가의 집단이다. 그리고 학회 구성원들은 직간접적으로 인문학 바탕의 문화콘텐츠학과에서 교육을 담당하고 있다.[34] 물론 그렇지 않은 회원도 많지만, 주된 구성은 인문콘텐츠 연구자이면서 인문학 바탕의 문화콘텐츠학과 교육자의 두 역할을 수행한다고 보아야 한다. 무릇 학문의 정체성은 연구방법론과 수업론의 정립을 양대축으로 하고 있다. 따라서 본 글의 마지막 장에서는 4차 산업혁명시대 인문학 바탕의 문화콘텐츠 연구자로서의 역할과 인문학 바탕의 문화콘텐츠학과 교육자로서의 역할을 동시에 고려하여 생각해보고자 한다.[35]

먼저 이 과제를 생각하기에 앞서 기술에 대한 인문학의 위축을 불식시킬 필요가 있을 것이다. 그것은 인문학의 관점에서 선진 기술은 암호와 같지만, 기술의 입장에서 인문학을 본다면 역시 암호와 같다는 점이다. 서로가 필요하지만 처음에는 암호와 같은 것은 양쪽이 마찬가지라는 점을 기억해야 한다. 심지어 고전 자료 DB화작업이나 과거 자료들은 기

---

34 필자가 굳이 서술에서 그냥 문화콘텐츠학과라고 하지 않고 '인문학 바탕의 문화콘텐츠학과'라고 하는 것은 혼란을 피하기 위해서이다. 잘 알려져 있듯이 2008년 한국문화콘텐츠진흥원에서 조사한 문화콘텐츠 관련 학과(대학원 포함)는 전국적으로 1,325개로 조사된 바 있다(한국문화콘텐츠진흥원, 『2008 문화콘텐츠 교육기관 현황조사』, 2009). 이 중 앞서 언급한 문화콘텐츠산업 프로세스에서 전(前)제작과정 즉 기획과정을 중심으로 교육하고 있는 학과가 바로 인문학 바탕의 문화콘텐츠학과로서 학부 과정만을 생각하면 전국에 20여 개가 있다. 2000년대 이후 새롭게 인문학에서 문화콘텐츠 분야에 뛰어든 신생 학과가 오히려 '문화콘텐츠학과'라고 명명한 것이다. 따라서 문화콘텐츠 전체를 포괄하는 학과 이름에 현혹되지 말고, 인문학 바탕의 문화콘텐츠학과와 인문콘텐츠학회는 기본적으로 자신의 진정한 정체성이 무엇인지를 기억해야 한다. 자신의 정체성을 갖고 문화콘텐츠 전반으로 확장되는 것은 바람직한 것이지만, 자신의 정체성을 잊고 문화콘텐츠 분야의 모든 것을 다루려는 '종합선물세트'를 지향한다면 오히려 많은 혼란과 갈등을 야기할 것이라고 생각한다. 이 점에 대한 자세한 논의는 다음을 참조. 김기덕, 앞의 「문화콘텐츠의 등장과 인문학의 역할」, 21-22쪽.

35 인문콘텐츠학회 회원들의 경우, 필자는 연구자와 교육자의 양면을 항상 고려해야 함을 강조한 바 있다. 그것은 인문학 바탕의 문화콘텐츠학이 정립되기 위해서는 앞서 언급한 것처럼, 연구를 통한 방법론의 정립과 함께 수업론을 통한 인재양성 방향이 정립되어야 하기 때문이다.

본적으로 한자, 한문으로 구성되어 기술자에게는 끔찍한 암호인 것이다. 이 점은 인문학자에게 코딩 기술만큼 생소한 것과 마찬가지이다. 문화콘텐츠 기획에서 그 출발에 해당하는 다양한 고전 창작소재에 대한 이해 역시 기술의 관점에서 보기에는 자료 자체의 이해와 시대적 맥락, 핵심 컨셉 등등이 결코 이해하기가 쉬운 것이 아니다. 이처럼 첨단기술만 암호가 아니라 콘텐츠화 대상도 기술이 보기에는 암호와 같은 것이다.

결국 핵심은 콘텐츠와 기술의 상생적 결합에 있다. 이것을 어느 한 쪽이 일방적으로 해결해주는 것은 아니다. 올바른 결합을 통한 활발한 활용을 위해서는 서로의 협력이 반드시 필요하다. 문화콘텐츠분야는 다양한 장르가 있으며 프로세스 또한 다양하다. 이 중 특히 콘텐츠화의 핵심이며 시작이기도 한 문화콘텐츠산업의 창작소재의 발굴과 개발은 기술 자체만으로는 절대로 해결될 수 없는 것이다. 그런데 기술은 앞서 언급한 것처럼 점점 사용하기 쉬운 방향으로 가고 있다. 그렇다면 오히려 창작소재를 이해하고 있는 인문학이 유리할 수도 있는 것이다.

이러한 서론적 이야기를 접고 본론으로 들어가 보자. 필자는 인문콘텐츠학회가 연구자로서나 교육자로서나 좀더 기술친화적이 되어야 한다고 생각한다. 앞에서 누차 강조하였듯이 기술은 쉽게 사용할 수 있는 '오토(auto)'의 방향으로 개발되고 있으며, 더욱이 앞서 언급한 바 4차 산업혁명의 기술들은 소비자의 컨텍스트를 제공하고 있다. 그렇다면 이제 인문학 바탕의 문화콘텐츠 담당자들이 이러한 기술을 자유롭게 이용할 수 있어야 한다. 더욱이 4차 산업혁명의 기술들이 제공해 주는 컨텍스트만을 받아서 활용할 것이 아니라, 그 기술들에게 우리가 필요로 하는 컨텍스트를 추출해주도록 함께 기획해 주어야 한다. 그런 점에서 인공지능이나 빅데이터 등에서도 인문학 분야가 반드시 필요하다. 어떠한 컨텍스트를 추출할 것인지는 인문학자들이 함께 설계해 주어야 하기 때문이다. 박창규는 4차 산업혁명의 핵심이 컨텍스트라면, 4차 산업혁명 시대에 필요한 기술로 세 가지를 제시하였다. 첫째 컨텍스트를 수집하는 기술, 둘째 컨텍스트를 이해하고 파악하는 기술, 셋째 파악된 컨텍스트에 따라 대응하는 기술이 그것이다.[36] 그런데 이러한 기술들은 단지 기술 차원에서만 해결될 수 있는 것이 아니다. 아주 단순한 것은 몰라도 조금이라도 의미 있는 연구대상일 경우에는 반드시 인문학에 바탕을 둔 기획자가 함께 수행해야 하는 것이다.

흔히 디지털 원어민과 이민자를 얘기한다. 현재의 문화콘텐츠학과 학생들은 디지털 원어민인 것이다. 아무리 인문학 바탕의 문화콘텐츠학과라 하더라도 기술 결합을 시도하지 못할 이유가 없다. 교육자인 자신이 기술과 결합하지 못하는 디지털 이민자라고 하더라도, 학생들을 위하여 대신 장(場)을 놓아 주면 된다. 그런 점에서 진정한 산학협력이 필요한 시점이다. 기술을 이해하는 산업체 관계자를 활용하여 인문학 바탕의 문화콘텐츠학과도 기술친화적이 되어야 한다.[37] 그리고 이 점은 인문콘텐츠학회 학술논문 생산에 있어서도 마찬가지로 적용되어야 한다고 생각한다. 앞서 언급한 바 새로운 기술은 곧 그 기술에 담을 콘텐츠를 필요로 한다. 산학협력을 통해 이러한 새로운 기술과 관련된 콘텐츠 기획논문도 많이 산출되어야 한다.

다소 지나친 비유일 수 있지만, 필자는 기술을 생각할 때에 항상 자동차와 전자렌지를 떠올린다. 자동차의 원리를 이해하거나 고장난 차를 직접 정비하는 것은 어렵지만, 자동차를 계기판을 보고 직접 운전하는 것은 성인이면 누구나 하는 것이다. 만약 이상이 있으면 정비소에 가면 되며, 이상유무를 자동차 부품 용어를 갖고 대화나누는 것은 그리 어렵지 않다. 전자렌지는 더욱 극적이다. 전자렌지 원리는 매우 정교하며 복잡한 구조를 갖고 있다. 그러나 그 이용법은 기본적으로 버튼만 누르면

36 박창규, 앞의 책, 96쪽.

37 물론 모든 교과목이 그러할 필요는 없으나, 인문학 바탕의 문화콘텐츠학과는 지금보다는 더욱더 기술친화적 모색을 시도해야 한다. 유제상은 4차 산업혁명시대를 대비하여 문화콘텐츠학과의 전공교육이 취할 방향으로 기술적 사고, 인문적 사고, 기획적 사고를 제시하였는데, 적절한 제시라고 생각한다(유제상, 앞의 글, 13쪽). 참고로 건국대학교 휴먼ICT 연계전공은 인문계 학생들에게 기술과 접목한 문화콘텐츠산업 기획을 수행하기 위하여 2016년에 개설되었는데, 기업체를 활용한 산학협력교육을 통하여 한 학기 수업만으로 기술을 활용한 AR, VR 게임기획 작품을 제작할 수 있었다.

된다. 그것은 시골 할머니도 아무 어려움없이 할 수 있는 것이다. 앞서 언급한 바 앞으로 새로운 기술들도 그러한 방향으로 갈 것이다. 따라서 인문학 바탕의 문화콘텐츠 연구자 및 학생들도 4차 산업혁명의 여러 기술들과 친화력을 가져, 진정으로 기술을 이해한 기획자, 더 나아가 기술을 부리는 기획자가 되기를 희망한다. 그런데 아무리 기술이 오토(auto)의 방향으로 가서 누구나 이용하기 쉽게 된다고 하더라도, 기술의 방향이 그러한 수준에 도달하는 데에는 다소 시차가 있다. 그 시차를 무작정 기다려서는 안 된다. 특히 문화콘텐츠 분야는 더욱 그러하다고 생각한다. 다만 그 시차에 해당하는 기술의 이해는 프로그래밍 차원의 원론적인 기술이해가 필요한 것이 아니라, 이용·활용 차원의 기술이다. 이것은 친화력만 가지면 디지털 원어민이라고 할 수 있는 현재의 학생들은 쉽게 접근할 수 있다.

필자가 본 글에서 강조하고 싶은 것은 4차 산업혁명 기술의 핵심 키워드인 컨텍스트는 오히려 인문학 바탕의 문화콘텐츠 기획자들을 크게 돕는다는 것이다. 따라서 새로운 기술 이해를 전제로 한 콘텐츠 전문가를 배출하기 위하여 기술 친화적인 인문학 바탕의 기획 능력 배양을 적극 모색할 필요가 있다는 점을 강조하고자 한다.

이 시점에서 필자는 기술과 인문학을 결합하여 뛰어난 기획능력을 구사한 스티브잡스(Steve Jobs)의 교훈을 다시 새겨보고자 한다. 스티브잡스는 결코 기술자가 아니었다. 따라서 애플사를 처음 창립할 때에는 기술자 워즈니악(Steve Wozniak)과 함께 해야 했고, 빌 게이츠(Bill Gates)에게는 프로그래밍도 할 줄 모른다고 비아냥을 받아야 했다. 그러나 스티브잡스의 인문학적 통찰력과 예술적 감수성은 오히려 기술을 이용했고, 기술을 마음대로 부렸다.[38] 아마도 시대가 좀더 흐르면 디지털시대 최대의 사상가로 자리매김될 수도 있는 스티브잡스로 예를 드는 것이 조금 과장되기는 할 것이다. 그러나 기술친화력을 가져서 인문학에 입각

---

38 이 점에 대해서는 다음의 글을 참고할 수 있다. 이남훈, 『CEO 스티브잡스가 인문학자 스티브잡스를 말하다』, 팬더북스, 2011.

한 문화콘텐츠를 구현한다면 스티브잡스처럼 되지 못할 이유도 없을 것이다.

끝으로 필자는 최근 2002~2010년에 시행되었던 '문화원형 디지털콘텐츠화사업'을 오픈소스 개념으로 다시 시행할 필요가 있다는 점을 밝힌 바 있다.[39] 이 사업이 거둔 성과도 많았지만, 아쉬움이 컸던 것은 당시 창작소재에 정통한 인문학자들이 너무 기술에 어두웠기 때문에 인문학과 기술이 서로 상생하지 못한 이유가 가장 컸다고 생각한다. 일본이나 서구의 뛰어난 문화콘텐츠 산업체는 자체적으로 인문학적 원천소스 구축 및 컨셉 및 스토리텔링 활용인력을 구비하고 있다. 그러나 아직도 한국의 문화콘텐츠 산업체는 전반적으로 영세하여 그러하지 못하다. 이 점에서 기술친화력을 갖고 인문학자들과 산업체와의 산학협력을 통하여 재차 기술과 결합된 제대로된 창작소재 개발이 다시 시도될 필요가 있을 것이다. 이 점이 정책적으로 반영될 수 있으려면 무엇보다도 타분야에게 인문학자들의 기술친화력을 보여주어야 할 것이다.

이러한 인문콘텐츠 관련 학자들의 노력과 함께, 정부도 정책적인 지원이 필요하다. 4차 산업혁명시대도 콘텐츠를 만드는 개인의 역량에 의지하는 면이 크다. 생산자와 이용자 모두가 보다 쉽고 편리하게 콘텐츠를 만들고 이용하는 환경을 만들어야 한다. 궁극적으로 '기술에 대한 투자'만이 아니라, 이를 둘러싼 사람, 시장구조, 유통경로를 종합적으로 보살펴야 한다. 이렇게 되어야 진정한 콘텐츠의 르네상스시대가 열리고 우리나라 콘텐츠산업의 경쟁력을 강화할 수 있을 것이다.[40] 여기에 더해 인문콘텐츠는 전통적 창작소재에 입각한 사실적 스토리텔링을 기본으로 하고 있다.[41] 그리고 문화콘텐츠산업에서 창작소재는 모든 작품제작의

---

39 김기덕, 「4차 산업혁명시대 '문화원형 소재 오픈소스화를 위한 디지털콘텐츠화사업의 필요성」, 『인문콘텐츠』 48, 인문콘텐츠학회, 121-127쪽.

40 한국콘텐츠진흥원, 앞의 책, 178쪽.

41 사실적 스토리텔링에 대해서는 다음의 글을 참고할 수 있다. 조관연, 「인문정신과 문화 영상다큐멘터리」, 『인문콘텐츠』 30, 인문콘텐츠학회, 2013; 김기덕·이병민, 「문화콘텐츠의 핵심원천으로서의 역사학」, 『역사학보』 224, 역사학회, 2014, 438-440쪽.

시작으로서 아무리 강조해도 지나치지 않다. 현 시점에서 다시 보완된 오픈소스 개념의 문화원형 창작소재 개발을 제안한 것도 이 때문이다.

아쉽게도 2000년대 초반 신선하게 보였던 '콘텐츠', '문화콘텐츠', '인문콘텐츠', '문화기획'이라는 용어도 이제 별다른 감흥을 일으키지 못하고 있다. 심지어 다양한 문화콘텐츠의 장르들, 즉 영상, 애니메이션, 게임, 축제, 테마파크 등도 다소 진부한 장르 나열로 인식되고 있는 실정이다. 이 시점에서 인문학 바탕의 문화콘텐츠 분야는 그것이 학회이든, 학과이든 좀더 기술친화력이 있는 기획 생산능력을 보여줄 필요가 있다고 생각한다. 필자는 본 글에서 지금의 4차 산업혁명은 콘텐츠, 문화콘텐츠의 위기가 아니라 다시 온 새로운 기회임을 강조해 보고자 하였다. 본 글의 논의를 바탕으로 많은 논쟁들이 이어져 진정 인문학 바탕의 문화콘텐츠 분야가 이 시대 문화콘텐츠산업에 크게 기여할 수 있기를 희망한다.[42]

---

42 필자의 관점과는 다소 차이가 있지만, 4차 산업혁명과 문화콘텐츠 관계를 논한 본 글의 주제와 관련하여 최근 '문화콘텐츠' 개념 정립을 시도한 송한샘의 글도 참고하여 이 주제에 대한 논쟁을 발전시킬 필요가 있다고 생각한다. 송한샘은 문화콘텐츠라는 용어가 온전한 개념적 정립 없이 4차 산업혁명의 새로운 패러다임으로 편입되는 현실을 우려하여, 문화콘텐츠 개념에 대한 보편적 통시적 정립을 시도하였다. 그 결과 "문화콘텐츠란 사람의 행동의 재현이며 인간정신으로만 파악할 수 있는 물건으로서, 인문학적·문화기술적·융섭지향적 소양을 지닌 제작자들에 의해 만들어져 대중의 내면에 감정을 생성하고, 정신세계에 기억장치가 되며, 인간성을 환기시키는 것이다"라고 정리하였다. 이러한 시도는 문화콘텐츠의 중요성과 문화콘텐츠학 및 문화콘텐츠산업의 지속적인 발전을 염원하고, 아울러 인간의 삶과 관련된 문화콘텐츠의 역할을 염두에 두고서, 그리스 아리스토텔레스의 제작학적 관점으로 고찰한 것이다(송한샘, 「'문화콘텐츠'의 개념 정립을 위한 시론」, 『한국극예술연구』 59, 한국극예술연구, 2018).
아울러 한국콘텐츠진흥원에서 이 시대 '콘텐츠'에 주목한 『콘텐츠 4.0: 4차 산업혁명과 콘텐츠의 미래』의 논지, 그리고 서두에 밝힌 인문콘텐츠학회 신진학자들의 논의들을 중심으로 4차 산업혁명시대 콘텐츠, 문화콘텐츠의 향방을 정립할 수 있는 활발한 논쟁을 기대한다.

II부

인문콘텐츠 활용연구

1

칠포리 암각화의 문화콘텐츠로서의 가능성

〈칠포리 세계암각화박물관〉이 필요하다

머리말

칠포리 암각화의 문화콘텐츠 활용방안이란 칠포리 암각화가 갖고 있는 직간접적인 콘텐츠를 다양한 매체로 구현하는 것을 의미한다. 여기에는 많은 아이디어가 있을 것이나 본 글에서는 가장 핵심적으로 박물관 콘텐츠를 중점적으로 제시하고자 한다.

이 글은 왜 박물관 콘텐츠를 내세우는가 라는 점을 보다 설득력 있게 제시하는 것을 목표로 하였으며, 구체적인 박물관 콘텐츠 활용방안은 언급하지 않았다. 그것은 차후의 과제로 보았기 때문이다. 따라서 제목에서 '문화콘텐츠로서의 가능성'이라고 표현한 것도 이 때문이다.

〈칠포리 세계암각화박물관〉의 필요성과 가능성

(1) 왜 '박물관'인가?

칠포리 암각화의 문화콘텐츠로서의 가능성으로 무엇보다 박물관을 제시하는 것은 일반적으로 문화콘텐츠 활용방안을 언급할 때에 약방의 감

* 출전: 김기덕, 「칠포리암각화의 문화콘텐츠로서의 가능성: 칠포리 세계암각화박물관이 필요하다」, 『한국암각화연구』 15, 2011.

초처럼 들어가는 수준에서 '박물관 건립안'이 도출된 것은 아니다. 그야말로 암각화박물관은 디지털시대를 기다렸다고 표현해도 과언이 아닐 것이다. 암각화는 항상 장소성을 갖고 있으면서 다수이고 형태가 크므로, 유물을 모을 수도 없고 특별한 경우를 제외하고는 복제품을 만들 수도 없다. 아나로그 박물관으로서는 한계가 있는 것이다. 그러므로 직접 가서 보고 사진을 찍어 자료로 활용할 수밖에 없다.

통상 집중적으로 모여 있거나,[1] 여러 지형에 걸쳐 있다. 그리고 훼손되어 형체를 잘 파악하기 어려운 것도 많다. 전부 야외에 있기 때문에 시간이 갈수록 훼손의 우려는 더욱 많다. 그러므로 암각화야말로 디지털로 수집, 복원, 전시되어야 한다. 첨단 그래픽이나 3D 활용, 비교 검토에 있어 발전된 디지털의 도움을 받아야 하는 것이 바로 암각화 자료이다.

더욱이 암각화는 전 세계 160여 나라, 7만여 곳의 유적지에 4500만점이 있다고 한다.[2] 이것을 어느 연구자라고 전부 가서 볼 수 있겠는가? 정말이지 암각화박물관은 디지털시대를 기다렸던 것이다.

(2) 왜 '세계'인가?

앞에서 언급했듯이 암각화는 세계적인 것이다. 그럼에도 세계적인 암각화 박물관은 없다. 디지털시대가 아니면 안되었기 때문이다.[3] 이러한 암각화의 특성과 아카이브의 필요성을 인식하여 1979년부터 1982년까지 유네스코에서는 바위그림을 조사하였다. 그것이 '바위예술의 월드 아카이브(World Archive of Rock Art: WARA)' 프로젝트이며, 1984년 『바위예술조사보고서: 유네스코 세계보고서』를 출간하였다. 여기에서 전 세계 암각화를 제1지역(주요지역)과 제2지역으로 구분하였고, 제1지역은 77개국에서 144곳을 선정하였다.[4]

---

1 이탈리아 발카모니카 암각화는 2,400개 바위에 14만 점에 이른다.

2 엠마누엘 아나티, 이승재 옮김, 『예술의 기원』, 바다출판사, 2008, 7쪽.

3 발표자가 조사한 바로는, 뒤에 언급했듯이 포르투칼 코아계곡에 있는 암벽화뮤지엄이 유일한 것이다.

4 앞의 『예술의 기원』, 35쪽.

이처럼 암각화는 그 숫자가 많을 뿐만 아니라 선사인의 삶과 의식을 알 수 있는 중요한 유물이기 때문에 현재 유네스코 세계문화유산에도 10여 곳이 선정되어 있다.[5]

이 외에 비록 세계문화유산으로 지정되지는 않았으나, 유형상 칠포리 암각화와 관련이 깊은 미국 유타주 주변의 캐년 지역 인디언 암각화도 유명하다.

미국 유타주 뉴스페이퍼 록

미국 드라이포크캐년 암각화

이처럼 암각화는 너무나 보편적이면서도 방대하게 전 세계에 펼쳐져 있다는 보편적 특성과 그러면서도 각 지역의 특색을 잘 보여준다는 점에서 다양성을 함께 나타내고 있다. 비교연구로서는 이보다 좋은 소재가 없다고 할 수 있다.

더욱이 비록 세계문화유산에 등재되어 있지는 않고 시기적으로도 반드시 선사시대는 아니라고 할 수 있는 미국의 아메리카인디언의 암각화나 그 외 전 세계에 퍼져 있는 암각화의 현황을 고려한다면, 정말이지 암각화의 활용은 그야말로 무궁무진하다고 할 수 있다.

(3) 〈칠포리 세계암각화박물관〉의 정체성

필자가 파악하기로는 전 세계 암각화의 90% 이상이 물상암각화라면 아

5 본 글의 작성 이후 다음 글에서 보는 것처럼 '칠포리 암각화'를 다시 한번 다룬 바 있다. 따라서 본래 본 글에 수록된 전 세계 암각화 세계유산 현황과 사진 제시는 본 책 편집과정에서 생략하였음을 밝힌다.

주 적은 분량만이 추상암각화이다. 추상암각화 중에서도 동심원이나 일부 문양과 부호를 제외하면, 순수한 추상암각화는 오직 한국에만 있다고 해도 과언이 아닐 것이다. 즉 집중적인 추상 암각화는 칠포리를 중심으로 한국이 유일하다는 점이다. 이 점이 대단히 중요하다.

구체적인 사물과 추상적인 의미가 쌍을 이루어야 완벽한 하나의 의미가 된다는 것은 자명한 사실이다. 이것은 하나의 암각화 유적에서도 그러하고 서로 다른 유적 사이에서도 그러하다. 좀 과장되게 표현하자면 아직 정확히 해석이 되지 않고 있는 칠포리 암각화를 해독하지 않는한 전 세계 암각화는 미해석 상태에 놓여 있다고 할 수 있을 것이다.

칠포리 암각화와 도면 (이하우 제공)

그러므로 한국, 더 나아가 추상암각화의 메카인 칠포리에서 '세계'라는 말을 붙인 암각화박물관을 만든다는 것은 그 정체성이 뚜렷한 것이다. 모든 암각화연구자, 더 나아가 선사시대 연구자들은 〈칠포리 세계암각화박물관〉에서 구축한 전 세계 암각화 자료를 참고할 뿐만 아니라, 직접 칠포리에 와서 자신이 보아 온 물상 암각화와 비교하여 추상암각화를 해석해 보아야 한다. 칠포리에서 전 세계 암각화를 디지털로 구축하는 사업을 한다고 하여 전혀 정체성이 문제가 되지 않는다. 오히려 그 역할을 해 줄 가장 적합한 지역이라고 할 수 있다.

구체적인 방법론은 추후 모색되어야 하겠지만, 그 기본방향은 무엇보다 '연구자'를 활용한 국제적인 자료공유 원칙이 되어야 한다. 그러기 위해서는 〈칠포리 세계암각화박물관〉은 한국암각화학회와 같은 연구자 집단과 제휴하고, 출범 초기부터 DB구축을 고려한 기획, 그리고 국제적 네트워킹을 통한 자료공유 원칙을 가져야 한다. 또한 길게 보고 후손에게 엄청난 유산을 남겨준다는 신념하에 장단기 계획을 수립해 나가야 할 것이다.

(4) 다양한 인터랙티브 요소를 활용한 칠포리 암각화 해석

디지털기술을 활용하여 전 세계 암각화 자료를 모아간다면, 그것은 단순히 학술적 차원에 머무는 것이 아니다. 사실 그 자체만으로도 엄청난 문화콘텐츠 활용이 된다. 그러나 현재 전 세계에서 유일하게 존재하는 추상암각화로서, 그 해석을 기다리고 있는 검파형암각화는[6] 정말 다양한 활용이 가능하다.

너무 오래 전에 본 것이어서 정확한 기억은 아니나, 발표자는 아이맥스영화관용으로 제작된 〈시온 캐년〉이라는 영화를 본 적이 있다.[7] 그 줄거리는 확실치 않으나, 그 험한 계곡에 암호처럼 그려져 있는 문양을 보여주며 무엇인가를 추리하고자 했던 것으로 생각된다.[8] 발표자가 이 일화를 소개하는 것은 칠포리암각화에 대한 다양한 활용이 가능하다는 것을 말하고자 하는 것이다. 무엇보다 국내외 암각화 전문가들에게 해석의 다양성을 제공해 줄 수 있다. 그리고 이러한 학문적인 축적을 바탕으로 하여, 소설·만화·영화·애니메이션·게임의 소재로 다양하게 활용할 수 있는 기회를 줄 수 있다. 그야말로 아주 매력적인 스토리텔링 활용이 가능한 것이다. 그것도 아직 정설이 없다는 점에서 더욱 흥미로운 스토리텔링이 전개될 수 있을 것이다.

---

6 칠포리암각화는 연구자에 따라 여러 형태로 표현되지만, 일단 송화섭 교수의 학설을 따라 '검파형암각화'라고 표현한다.

7 솔직히 제목은 정확하지 않을 수도 있다. 기억에 의존하였다.

8 미국 주요 캐년의 암각화를 소개한 다음의 책에서도 그 문양을 찾지는 못하였다. 혹시 작가의 가공인지도 모르겠다. F. A. Barnes, *Canyon Country Prehistoric Rock Art*, Wasatch Publishers, Inc., 1982.

(5) 타 암각화박물관과의 관계

현재 암각화 관련 박물관은 국내에 〈울산반구대암각화박물관〉(2008)과 〈코아계곡 선사시대 암벽화 뮤지엄(Museum of Art and Archaeology of the Coa Vally)〉이 있다.

먼저 〈코아계곡 선사시대 암벽화 뮤지엄〉은 현재 인터넷검색이 잘 되지 않고 있어 실제 어떠한 전시가 이루어지는지는 잘 알 수 없다. 이 유적에는 645점의 암각화가 있다고 하는데, 아마도 현대에 와서 디지털적인 시도는 거의 이루어지지 않았을 것으로 판단된다.

국내에서는 2008년 〈울산반구대암각화박물관〉이 출범하였다. 반구대에는 물상암각화 중에서 전 세계적으로 주목을 끌 수 있는 일종의 종합적인 '바위동물원'이 구현되어 있어, 이 지역에 암각화박물관이 세

코아계곡 선사시대 암벽화 뮤지엄

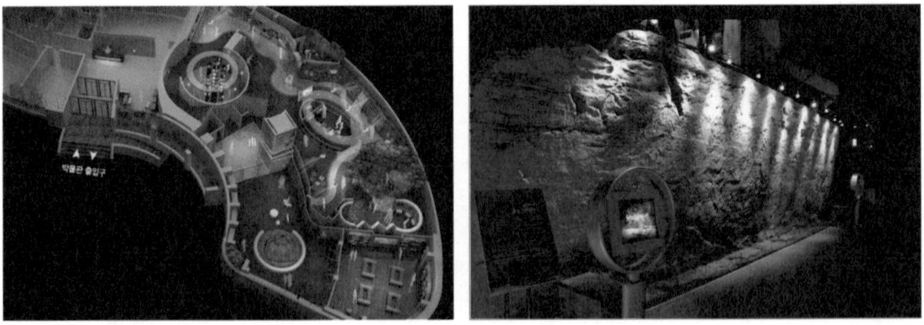

울산 반구대 암각화박물관

워진다는 것은 당연한 것이다. 그러나 이 또한 디지털시대에 와서야 가능한 것이었다고 할 수 있다.

암각화박물관이 울산에도 있고 포항에도 있는 것은 전혀 문제가 되지 않는다. 어떤 점에서는 물상암각화의 대표로서의 울산 반구대, 추상암각화의 대표로서의 포항 칠포리에 암각화박물관이 각각 있는 것이 더욱 자연스러울 것이다. 그리고 더 나아가서 〈칠포리 세계암각화박물관〉은 보다 디지털박물관을 지향하면서, 추상적 암각화의 다양한 해석을 통하여 상상력과 창의력이 결부된 다양한 문화콘텐츠를 창출할 수 있다.

물론 울산반구대암각화박물관도 2009년에 다른 지역의 암각화 실물모형을 전시하였고, 2010년에는 프랑스 몽베그, 이탈리아 발카모니카, 노르웨이 알타, 포르투갈 포츠코아, 알제리 파실리나제르 암각화 등 외국 암각화 5점의 실물모형을 야외에 설치하여 선보였다. 그러나 세계화를 지향하려면 박물관의 구상 단계부터 먼저 디지털박물관의 방향으로 기획되어야 한다.

추후 〈칠포리 세계암각화박물관〉 외에 다른 국내외 박물관에서도 디지털자료의 교류 및 비슷한 컨셉을 표방할 수도 있으나, 전혀 문제될 것은 없다. 칠포리는 디지털 세계화를 추진하여 더 포괄적으로 나가면서 다른 곳과 디지털자료를 공유한다고 해도, 선점효과와 추상 암각화의 메카라는 정체성으로 더욱 유명해질 것이다. 자료가 공유되면 공유될수록 칠포리지역의 암각화는 반드시 직접 들려서 답사해야 하는 곳으로 명성을 날릴 것이다.

기타 몇 가지 제언

(1) 여성성기 암각화를 특화할 필요

칠포리암각화에서 같이 있는 〈여성성기 암각화〉의 제작시기와 해석도 대단히 궁금한 것이다. 이와 관련하여 암각화연구는 단순히 암각화로만 끝나서는 안 된다. 암채화와 암각화, 그리고 동굴벽화, 성관련 유물까지 함께 고려한 고찰이 필요하다.

빌렌도르프의 비너스, 신암리의 비너스

우리나라에서는 아직 암채화는 발견되지 않고 있다. 동굴벽화도 없다. 성관련 유물은 〈빌렌도르프의 비너스〉 계통이라고 할 수 있는 〈울산 신암리의 비너스〉가 있다. 비록 시기는 신석기시대로 추정된다.

그러나 무엇보다 우리에게는 칠포리의 여성성기 암각화가 있다. 발표자는 이것 또한 칠포리 검파형암각화 못지 않게, 전 세계를 흥분시킬 수 있는 킬러콘텐츠라고 보고 있다. 그렇지만 이 암각화는 정말 창피하게도 지금까지 별다른 주목을 받지 못한채 훼손되고 있는 실정이다.

칠포리 여성성기 암각화, 세부 (이하우 제공)

이 〈여성성기암각화〉는 〈칠포리 검파형암각화〉와 짝을 이루면 엄청난 킬러콘텐츠가 될 수 있다. 그러므로 〈칠포리 세계암각화박물관〉에서는 전 세계 암각화 외에, 선사시대 남녀성기와 관련된 전 세계 유물까지 확장하여 박물관 콘텐츠를 구성하여도 전혀 정체성이 손상되지 않을 것이다. 바로 여성성기 암각화가 있기 때문에 떳떳하게 확장할 수 있다. 그리고 이 요소가 첨가됨으로써, 칠포리는 더욱더 암각화의 메카이자, 선사문화의 메카가 될 가능성이 크다고 생각한다.

(2) 연구방향의 확장

본 글의 주제는 문화콘텐츠로서의 가능성이며, 칠포리 암각화와 관련된 다양한 연구주제는 다른 글에서 심도있게 검토되고 있다. 다만 이 자리에서 암각화 연구방향의 확장과 관련하여 한 가지를 제안하고자 한다.

모든 유적은 장소성을 갖는다. 항상 문화재를 그 자체만의 입자로 보고 그것만을 탐구한다면 그것은 올바른 방법이 아닐 것이다. '점'이 아닌 장소성이라는 '면'으로 접근해야 할 것이다. 모든 문화재가 다 그러하지만, 바로 이 점에서 암각화 연구에 있어서도 장소성에 대한 검토가 좀 더 구체적으로 이루어질 필요가 있다. 장소성에는 무엇보다 당시 생활과 관련된 자연조건과 타지역과의 관계성이라는 측면이 가장 큰 것이지만, 이러한 측면은 보편적인 것으로, 항상 검토의 대상으로 삼아야 하는 것이다. 그러나 이것 외에 장소성을 가장 고민하였던 동양적 풍수이론을 활용해 본다면, 당시 암각화에 담긴 삶과 의식을 해석할 수 있는 좀더 설득력 있는 논리도 개발될 수 있지 않을까 한다.

이 경우 어떻게 선사시대에다가 훨씬 나중 시기에 개념화되고 이론화된 풍수논리를 대입할 수 있을 것인가 의문이 제기될 수 있다. 그러나 풍수의 논리에는 장소성이라는 원형(原型, Archetype)이 담겨 있다.[9] 그러므로 이 장소성이라는 원형은 얼마든지 윗시기로 거슬러 올라갈 수 있다. 예를 들어 구석기인의 터전이었던 동굴은 산이 감싸주고 있는 안쪽 산기슭이라는 장소성을 갖고 있으며, 수변생활자였던 신석기인의 터전이었던 물가도 산이 안아주고 물이 모여 감도는 곳이라는 장소성을 갖고 있다.[10]

이러한 장소성에 대한 원형을 통한 암각화 유적에 대한 이해는 암각

9 원형 문제에 대해서는 필자도 다음의 글에서 나름의 정리를 한 바 있다. 김기덕, 「문화원형의 층위와 새로운 원형개념」, 『인문콘텐츠』 6, 2005; 『한국전통문화와 문화콘텐츠』, 북코리아, 2007 재수록.

10 김기덕, 「한국의 토속적 자연관: '터' 문화를 중심으로」, 『한국사상사학』 23, 2004, 3-5쪽.

화를 만든 선사시대인들에 대한 다양한 해석에 일조할 수 있을 것이다. 아울러 암각화 유적에 대한 보호범위를 설정하는 데에 있어서도 다른 문화재 보호구역의 설정처럼 유용하게 활용될 수 있을 것이다.

(3) 연구성과의 해외 소개의 필요성

우리나라의 암각화는 정말 흥미롭다. 그러나 아쉽게도 해외에는 거의 소개되지 못하고 있다. 유명한 세계적 암각화연구자인 『예술의 기원』의 저자인 엠마누엘 아나티는 1957년부터 1964년까지 이탈리아 발카모니카 지역의 암각화를 집중적으로 발굴, 조사했고, 이를 세계에 소개하였다. 그의 활발한 활동 덕분에 발카모니카 지역은 세계 최대의 암각화 유적지라는 영광을 안게 되었고, 유네스코가 지정하는 세계문화유산에 등재되었다. 그러나 그가 말년에 남긴 대작 『예술의 기원』에서 한국에 관한 언급은 다음과 같은 구절 딱 한번이 나올 뿐이다.

> 후기 채집인 중에는 어로 활동을 했던 또 다른 채집인 집단이 있다. 이들의 양식은 주로 바위그림을 통해 표현되며 '중석기시대' 채집인의 그림 양식과 매우 많은 공통점을 보인다. 이는 동일한 회화 양식의 두 가지 면이라고 정의할 수 있다. 어로 활동을 하는 채집인의 예술은 표의문자를 비롯해 점과 선으로 이루어진 기호군이 반복될 뿐만 아니라 물고기의 이미지, 더 나아가 도식으로 처리된 단순한 동물의 형상들로 구성되어 있다. 이같은 양식은 일부 지역에서는 최근까지도 지속되었기 때문에 민족지적 영역에 포함된다고 할 수 있다. 이 양식에 해당하는 예술 작품은 쿠바나 서인도제도, 캐나다(브리티시컬럼비아), 한국, 태평양의 섬나라 등 해안에 근접해 있는 지역이나 섬에서 찾아볼 수 있다.[11]

비록 이 책이 2003년에 쓰여졌다는 점을 고려한다고 해도, 아마도 세계학계에 우리 암각화를 소개하는 글을 발표한 연구자는 거의 없는 것

---

11 앞의 『예술의 기원』, 511쪽.

으로 알고 있다. 흔히 한문으로 된 원전자료가 많은 우리나라의 경우 번역이 1차 콘텐츠화라고 하듯이, 우리나라 암각화를 해외학회에 알리는 것이 칠포리 암각화의 문화콘텐츠 활용방안에 있어 1차 콘텐츠화라고 할 수 있을 것이다. 이 점에 있어 암각화연구자 모두 깊이 생각할 필요가 있을 것이다.

앞에서 〈칠포리 세계암각화박물관〉은 전 세계 암각화자료의 DB 구축을 염두에 둔 디지털박물관을 전제로 해야 한다고 밝혔는데, 이러한 노력이 결실을 맺으려면 지속적으로 한국학자들이 해외저널에 논문을 발표해주는 노력이 결부되어야 한다.

맺음말

지자체마다 전부 지역 특성화를 부르짖고 있다. 포항시의 경우 많은 문화유산이 있지만, 포스코를 중심으로 한 산업적 슬로건 외에 특별한 브랜드가 부각되지 못하고 있다. 즉 포항시는 포스코를 중심으로 한 산업적 이미지만이 강한 것이 사실이다. 바로 여기에 문화적 브랜드가 결합되어야 한다. 그렇지 않다면 격조 있는 산업도시가 될 수는 없다.

칠포리암각화는 포항의 산업적 이미지를 보완하면서, 더 나아가 암각화의 메카, 선사문화의 메카가 될 수 있는 조건을 갖추고 있다. 이것을 방치하고 훼손시키는 것은 부끄럽고 안타까운 일이다. 디지털시대의 미덕은 '빨리'가 아니라 '먼저'이다. 〈칠포리 세계 암각화박물관〉의 거대한 청사진이 빨리 시작되기를 희망한다.

한국의 IT 장점을 잘 활용하고, 한국인의 멀티 DNA 감각의 발휘와[12] 인문학에 바탕을 둔 문화콘텐츠(인문콘텐츠)라는 개념의 적용,[13] 그리고

12 필자는 한류의 확산을 한국인의 문화유전자에서 찾은 바 있다. Kim Ki-Duk·Bae Sang-Joon, hallyu and the traditional cultural genes of korea, *KRITIKA KULTURA* Vol. 29, 2017.

13 김기덕, 「콘텐츠의 개념과 인문콘텐츠」, 『인문콘텐츠』 창간호, 2003; 김기덕, 『영상역사학』, 생각의나무, 2005 재수록.

지난 10년간 많은 시행착오를 겪으면서도 줄기차게 시도해 온 문화원형의 DB 구축작업의 경험을[14] 과소평가하지 않는다면, 충분히 해볼만한 작업이라고 생각한다.

14 이 사업을 검토한 글은 많지만, 일단 특집으로 〈우리문화원형 디지털콘텐츠화사업 발전방향〉을 모색한 다음의 것을 소개한다. 김기덕, 「문화원형 디지털콘텐츠화 사업의 사회적 효용」; 유동환, 「문화콘텐츠닷컴 사이트 분석과 활성화방안 제안」; 이호흥, 「문화원형 디지털콘텐츠화 사업에 있어서의 저작권 문제」; 심상민, 「문화원형 디지털콘텐츠화 사업의 산업적 활용방안을 위한 기초 연구: 콘텐츠 비즈니스 모델 개발을 중심으로」(이상 『인문콘텐츠』 5, 인문콘텐츠학회, 2005).

2 경북 포항시 유무형 문화유산의 가치와 활용방안

'연오랑세오녀 설화'와 '칠포리 암각화'를 중심으로

머리말

전 세계적으로 도시 발전의 커다란 흐름에서 보자면, 20세기까지는 공업도시를 중심으로 하는 경제적 성장과 개발에 초점이 맞추어졌다. 그러나 21세기 교통과 통신의 비약적인 발전에 따른 지식기반사회가 전개되면서, 사람과 자본, 기술과 문화 등이 영역의 경계를 뛰어넘어 자유롭게 이동하게 되었다. 그 결과 국가 단위를 넘어선 도시와 지역의 각 장소들이 전 세계적인 시장구조에 직접 편입되고, 모든 장소가 서로 경쟁하는 구도로 변화하였다. 이러한 상황에서 각 도시들은 기존 발전전략에서 탈피하여, 새로운 시각으로 도시 발전을 도모하게 되었다. 그 새로운 변화를 반영하는 것으로 '지역재생(Regional Regeneration)', '도시재생(Urban Regeneration)', '창조도시(Creative City)', '마을만들기', '소프트시티(Soft City)', '지역문화콘텐츠(Local Culture Contents)', '글로컬라이제이션(Glocalization)'과 같은 용어들이 출현하였다.[1]

---

* 출전: 김기덕·최승용, 「경북 포항시 유무형 문화유산의 가치와 활용방안: 연오랑 세오녀 설화와 칠포리 암각화를 중심으로」, 『역사민속학』 49, 2015.

1 이러한 것들에 대한 연구성과와 발전방향에 대한 최근의 정리는 다음을 참조할 수 있다. 정철현, 김종업, 「도시재생을 통한 창조도시 구현 방안연구」, 『지방정부연구』 16-3, 2012; 이병민, 「창조경제시대 도시재생의 방향 전환과 과제」, 『도시인문학연구』 6-1, 2014; 안혜원, 「도시재생 위기 극복을 위한 창조도시 성공요인의 중요도 분석과 시사점」, 『한국위

위의 용어들은 다소 위상이 다르기는 하지만, 지역이 지닌 고유한 가치, 사람, 생활, 삶의 공간에 대한 의미를 새롭게 발견하고, 문화적으로 재구성하여 활성화한다는 전략에서는 동일한 지향점을 갖고 있다고 할 수 있다. 그리고 그 대상은 도시가 중심이지만, 그 기본원리가 반영되는 측면에 있어서는 지방의 마을 차원까지 동일하다는 점에서 위의 용어들은 기본적으로 유사한 개념의 범주에 있다고 할 수 있다.

본 글은 기본적으로 공업도시로서 발전해왔으며, 현재에도 공업도시의 면모를 그대로 유지하고 있는 포항시의 무형유산인 '연오랑세오녀' 설화, 유형유산인 '칠포리 암각화' 의 무한한 가치를 제시함으로써, 향후 포항시가 문화와 산업이 조화롭게 공존하는 소프트 시티로 변모하여 명실상부하게 창조문화도시로 재탄생할 수 있는 단서를 제시하고자 하는 연구이다.[2]

기관리논집』 11-2, 2015.

2 본 글의 심사과정에서 '연오랑세오녀'와 '칠포리암각화'에 대한 보다 심도 있는 분석이 필요하다는 점, 디지털박물관 구축방안 및 관광자원화의 정책화방안 등이 구체적으로 제시되어야 한다는 점이 지적되었다. 온당한 지적이지만, 본 글에서는 적절한 범위에서만 보완하였음을 밝힌다. 그것은 '연오랑세오녀' 및 '칠포리암각화'에 대한 연구는 이미 많이 진전되어 있기 때문에 본 글에서 장황하게 전개할 필요성은 없다고 판단했기 때문이다. 또한 구체적인 디지털박물관 건립방안이나 관광자원화 정책방안은 別稿로서 고찰되어야 할 주제라고 생각한다. 본래 본 글은 2012년 10월 5일, 포항시에서 있었던 〈연오랑세오녀 제3회 한일국제세미나〉에서 필자가 기조 발표한 「연오랑세오녀의 가치와 활용방안」이라는 글을 한 축으로 구성하였다. 이 발표는 논문화되지 않았었다. 또한 본 글에서는 그 글의 논지를 포함하되 포항시의 유형문화유산으로서 칠포리 암각화를 함께 논의함으로써, 포항시의 유무형 문화유산의 가치와 활용방안을 함께 모색하고자 작성되었다. 칠포리 암각화에 대해서는 2011년에 필자의 선행연구가 있으나, 그 글에서는 세계문화유산으로 선정된 암각화의 현황 및 전 세계 암각화박물관에 대한 제시가 매우 미흡하였었다. 따라서 본 글을 작성함에 있어 이러한 점들을 보완하고자 하였다. 어떤 점에서 본 글은 일종의 '제언' 차원에 해당하는 글일 수 있다. 그러나 또 다른 면에서는 이러한 주장이 단서가 되어 후속연구가 진행될 수 있다는 점에서 그 의미를 찾고자 한다.

(1) 연구축적과 활용 현황

설화는 오랜 시간 사람들의 입을 통해 전해 내려오면서 끊임없이 재창조되었다. 설화 속에는 그 민족의 집단의식이 녹아 있으며 세월을 통해 쌓인 민족의 지혜와 삶이 담겨 있다. 민족 집단의 공동생활 속에서 공동의 심성에 의하여 자연발생적으로 형성된 설화, 그 속에는 민중의 사상과 감정, 풍습과 가치관 및 세계관이 투영되어 있다. 설화는 지어낸 이야기이지만 삶의 실제적인 내용 또는 사상적 진실성을 비유적이거나 상징적인 방법으로 표현하면서 흥미를 끈다.[3]

우리나라 설화 중에서도 '연오랑세오녀'는 대단히 흥미로운 주제이다.[4] 日月思想이 담겨 있고 日本과의 교류가 담겨 있다. 특히 그 설화의 장소가 영일현으로 분명히 제시되고 있으며, 현재에도 그 지역에는 많은 관련 이야기가 있다. 연오랑세오녀 설화가 등장하는 문헌으로는 ① 『삼국유사』(일연) 권1, 기이, 〈연오랑 세오녀〉, ② 『필원잡기』(서거정), 〈延烏細烏夫婦〉, ③ 『임하필기』(이유원), 〈迎日縣名〉, ④ 『속동문선』(신용개) 제14권, 〈영일현 인빈당기〉(김종직), ⑤ 『영일읍지』(김용제) 권1, 잡저, 〈세계동〉, ⑥ 일본 〈쯔누가아라시토(都怒我阿羅斯等)〉 설화, ⑦ 일본 〈아메노히보코(天日槍)〉 설화가 있다. 이와 같은 설화를 바탕으로 "연오랑세오녀 설화에 담긴 지명과 관련한 연구에서 출발하여 우리나라와 일본과의 관계를 규명하고, 나아가 고대 환동해 문화교류라는 관점과 인류의 출현과 이동이라는 관점에서 연오랑세오녀 설화에 주목해서" 연구되어 왔다. 특히 日鮮同祖論 및 한일관계사의 주도권과도 연관되어 일찍부터 津田左右吉, 金澤庄三郎, 中田薰 등의 일본학자와 이능화, 이병도, 이홍

3 조동일, 『한국문학통사』 1, 지식산업사, 1994, 199-200쪽.

4 '연오랑세오녀' 이야기를 說話로 표현할 것인가, 神話로 표현할 것인가 하는 것은 학자에 따라 이견이 있다. 일단 이 글에서는 대부분의 연구자들이 사용하고 있는 '설화'로 표현하였음을 밝혀 둔다.

직, 정중환, 장덕순의 한국학자들의 해석이 있어 왔으며,[5] 이후 이연숙, 이명식, 김강산, 이관일, 노성환, 진은숙, 김성호, 강현모, 김창균, 이상준, 소재영, 김화경, 배용일 등의 연구가 축적되었다.[6]

이미 연오랑세오녀 관련 연구사 정리는 몇 차례 시도된 바가 있어, 본 글에서는 이 점에 대한 자세한 설명은 생략하고자 한다. 다만 2000년대 들어서는 〈연오랑세오녀〉 설화의 주변 연구가 많이 이루어졌는데, 신라와 일본의 관계, 신라와 태양신화, 영일만에서의 제사의 실제여부 등에 대한 연구들이다. 2007년 배용일은 「연오랑 세오녀 일월신화 연구」에서 실제 답사와 인터뷰를 통해 연오랑세오녀의 주거지와 주변환경을 확인하고, 매년 정월 초 연오랑세오녀를 모시는 당집자리와, 우물 등도 확인하여 제시하였다. 더불어 연오랑세오녀 설화를 포항의 정체성이자 브랜드화로 만들어가야 한다고 하였다. 2009년에는 포항에 연오랑세오녀연구소가 개소되었고, 2010년부터 매년 연오랑세오녀 국제학술세미나가 개최되어 연구가 축적되어 오고 있다.[7]

전체적으로 보았을 때 연구업적이 적은 것은 아니며 이러한 연구 축적 위에서 소재의 활용도 가능하다는 점에서, 이제 연오랑세오녀 소재는 지속적인 연구와 함께 활용을 본격적으로 모색할 필요가 있다. 현재까지 연오랑세오녀 관련 활용시도는 축제, 무용 등에서 시도되었으며, 테마파크 건립이 진행중이다. 그런데 이러한 활용시도와 관련하여 논문으로 분석된 것은 몇 편만이 찾아진다.[8] 먼저 '연오랑세오녀 테마파크' 조성과

---

5 이에 대한 연구사적 정리는 다음의 글이 참고된다. 배용일, 「연오랑세오녀 일월신화 연구」, 『제7회 일월문화재 기념 포항정신문화학술심포지엄 자료집』, 2007; 김광식, 「근대 일본의 신라담론과 일본어 조선설화집에 실린 경주 신화, 전설 고찰: 석탈해 및 '연오랑세오녀' 설화를 중심으로」, 『연민학지』 16, 2011.

6 신상구는 최근의 연구성과까지를 다시 재정리하였다. 신상구, 「연오랑세오녀 설화의 연구사 고찰」, 『연오랑세오녀연구소 제3회 한일국제세미나자료집』, 경북일보, 2012. 10. 5. 지속적으로 연구사 정리가 되어왔으므로, 이 자리에서는 연구성과에 대한 설명은 생략하고자 한다.

7 신상구, 위와 같음.

8 뒤에 언급하겠지만, 활용과 관련된 많은 실제 시도들은 활용을 담당한 전문가가 그것이 어떠한 논리에 의해 원천소재에서 활용까지 전개되었는가를 밝히거나, 혹은 제3자의 입장에

관련하여 안숭범·최혜실의 연구가 있다.[9] 이 글에서는 장소 현상학의 담론 속에서 공간 스토리텔링 개념을 재정립한 후, 연오랑세오녀 테마파크 조성과 향후 사업화 방안을 제시하였다. 이 글에서 기본 전제로 내세운 것은 지역 정체성 확립과 경제적 고부가가치 창출의 양면성이다. 먼저 지역 정체성 강화 및 확산은 '장소의 혼'을 지키면서 '장소의 창조'에 이르는 일과 관련되고, 관광수입을 통한 고부가가치 창출은 수익성 높은 종합 엔터테인먼트 사업으로서 테마파크를 원 소스화하는 작업과 연결된다. 이 두 가지 안 을 둘러싼 논의를 하다 보면, 어느 한쪽에 쏠려서도 안 되고, 둘 중 하나를 포기하기도 어렵다는 결론에 도달하는데, 이 두 가지 점을 아우르는 기획안이 필요하다고 전제하고 있다. 이처럼 이 글에서 전제하는 문제의식은 결코 가볍지 않다. 앞으로도 포항 지역에서 연오랑세오녀를 활용하고자 할 때에 반드시 유념해야 할 시각이며, 이는 타 지역에서 유사한 시도를 할 경우에도 역시 필수적인 것임을 강조하고 싶다.

활용방안을 다룬 또 하나의 글은 공연콘텐츠와 관련된 것이다. 연오랑세오녀는 축제 및 공연으로도 구현되었다. 이 중 공연예술과 관련해 설화 활용의 문제를 다룬 것으로 정은영·최현주의 글이 있다. 설화, 신화, 전설은 인간과 우주의 관계, 세계관의 반영이며, 이는 인간의 원형적 사고표현이다.[10] 무용은 비언어, 판타지, 근원을 표현하는 것에 알맞으며, 따라서 설화의 원형적 세계관을 표현하기에 적절한 장르라고 할 수 있다.

연오랑세오녀를 주제로 한 김미숙 무용단의 〈하늘섬〉은 신화를 통한 다문화의 실천과 통합되는 세계를 표현하였다. 이제는 단일민족을 외치기보다는 우리 문화와 타문화를 합리적으로 이해하고 다문화적 상황

서 그 과정을 분석 비평하는 전문연구자들의 활용사례 연구들이 활성화될 필요가 있다. 즉 원천소재를 다양하게 문화산업과 연결하여 활용한 분야도 인문학의 중요한 연구주제가 되어야 할 것이다. 그리고 이러한 시도들은 원천소재의 올바른 활용시도를 보다 풍요롭게 할 수 있는 이론적 기반을 만들어 줄 것으로 생각한다.

9 안숭범·최혜실, 「공간스토리텔링을 적용한 테마파크 기획 연구: 포항 '연오랑세오녀 테마파크'를 중심으로」, 『인문콘텐츠』 17, 2010.

10 정은영·최현주, 「공연예술 콘텐츠로서 무용에 나타나는 설화의 수용양상과 의미」, 『한국콘텐츠학회 논문지』 12, 2012.

을 성찰하여 주변의 소외계층에 대한 편견을 극복하고 다양한 사회계층이 함께 문화적 포용력을 기를 수 있어야 한다. 이러한 시각에서 〈하늘섬〉은 태양과 달의 신화를 재해석하여 더불어 살아가는 지구촌 가족이 모두 하나임을 알리는 작품이라 할 수 있다. 안무구성적인 면에서 탄탄하지 못하다는 평을 받았고, 상징과 은유를 사용하여 현시대에 어울리는 적절한 창작 안무로 이끌어내지 못한 아쉬움이 있으나,[11] 연오랑세오녀에서 추출할 수 있는 상징적 의미를 다문화사회의 메시지로 재해석하고자 한 시도는 높이 평가할 수 있을 것이다.

한편 김정하는 고대 동아지중해 교류형 스토리텔링을 활용한 해양관광콘텐츠 방안을 제시하였다. 연오랑세오녀를 포함하여 동아지중해 관련 스토리의 치밀한 재구성을 시도한 후, 다양한 해양관광 루트를 설정하였다. 이 중 연오랑세오녀와 관련해서는 한반도인이 일본으로 가던 해상코스[12] '부산－큐슈 북부－혼슈 남단', 혹은 '거제도－대마도－큐슈 북부나 서부', 또는 '전라도－남해－큐슈 서부 고또 열도－큐슈 서북지역이나, 아리아케카이－큐슈 중부지역', 혹은 '울산이나 포항－대한해협 북부－혼슈 남단 이즈모－쓰루가' 등의 코스를 제시하였다. 특히 이 연구에서는 異文化에 대한 이해를 바탕으로 21세기 동아지중해 시대를 지향하면서 새로운 자아와 공동체문화를 형성해갈 단초로서 해양관광콘텐츠가 제시되었다는 점이 주목된다고 할 수 있다.[13]

(2) '연오랑세오녀' 설화의 현재적 의미

원천소재의 활용을 위해서는 무엇보다 해당 콘텐츠에 대한 핵심 키워드 분석이 선행되어야 한다. 여기에서는 이와 관련하여 '연오랑세오녀'의 현재적 의미를 새롭게 도출해 보고자 한다. 그동안 연오랑세오녀를 주제로 오랜 동안 고민해온 많은 연구자들의 노력으로 100편 이상의 단행

---

11 위와 같음, 127-135쪽.

12 구체적인 해상코스는 윤명철의 연구를 원용하였다(윤명철, 『동아지중해와 고대 일본』, 청노루, 1996, 48쪽).

13 김정하, 「동아지중해 교류형 스토리텔링 시론」, 『동북아문화연구』 33, 2012, 160-165쪽.

본, 연구논문, 기고문이 축적되었다. 이 글에서는 기존 연구에서 주목하지 않았던 두 가지 점을 중심으로 '연오랑세오녀' 설화의 현재적 의미를 제시하고자 한다.

먼저 이 설화의 의미에 대해서는 크게 日月思想과 한·일 교류의 차원에 주목하고 있다. 여기에 대해서는 누구라도 異論의 여지는 없을 것이다. 그리고 앞으로도 이 주제와 관련해서 더욱 많은 연구들이 축적될 필요가 있을 것이다. 그런데 필자가 보기에 이 설화가 갖는 의미에서 지금까지의 연구들이 강조하지 못한 부분도 있다고 생각한다. 그리고 바로 이 점은 차후 연오랑세오녀에 대한 이해와 활용에서 가장 핵심이 되어야 할 것이다.

먼저 분량이 많지 않으므로 '연오랑세오녀' 설화를 제시해 본다.

> 제8대 아달라왕 즉위4년 정유에 동해변에 연오랑과 세오녀 부부가 살고 있었다. 하루는 연오가 바다에 가서 해조를 따고 있는 중 홀연히 한 바위(혹은 一魚라 함)가 있어 그를 싣고 일본으로 가버렸다. 그 나라 사람들이 보고 이는 비상한 사람이라 하여 왕을 삼았다(日本帝紀를 보면 전후에 신라인으로 왕된 이가 없으니 이는 변읍의 소왕이고 진왕은 아닐 것이다). 세오가 그 남편이 돌아오지 않는 것을 괴이히 여겨 찾아보니 남편의 벗어놓은 신이 있는지라 그 바위 위에 올라가니 바위가 또한 전과 같이 그를 싣고 갔다. 그 나라 사람들이 보고 놀라 왕에게 아뢰니 부부가 서로 만나 귀비가 되었다. 이때 신라에서는 日月이 광채를 잃었다. 일관이 아뢰되 일월의 정기가 우리나라에 있던 것이 지금 일본으로 간 때문에 이런 변이 일어났다고 하였다. 왕이 사자를 일본에 보내어 두 사람을 찾으니 연오가 가로되 내가 이 나라에 온 것은 하늘이 시킨 것이라 이제 어찌 돌아갈 수 있으랴. 그러나 나의 비가 짠 細綃가 있으니 이것으로 하늘에 제사를 지내면 좋으리라 하고 그 비단을 주었다. 사자가 돌아와 아뢰고, 그 말대로 제사를 지내니 과연 일월이 전과 같았다. 그 비단을 어고에 두어 국보로 삼고 그 창고를 귀비고라 하며 제천한 곳을 영일현 또는 도기야라고 하였다.[14]

14 延烏郎 細烏女. 第八阿達羅王卽位四年丁酉, 東海濱有延烏郎·細烏女, 夫婦而居. 一日, 延

흔히 해와 달과 관련하여 일월사상을 많이 언급하고 있지만, 해만이 아니고 달을 동등하게 놓고 있다는 점을 상기할 필요가 있다. 이 설화에 보면 해와 달, 연오랑과 세오녀가 평등하게 대비된다. 이 점은 남자와 여자의 위상 정립이라는 점에서 시사하는 바가 크다. 일월사상에서 해가 먼저 제시되는 것은 당연하다. 그것은 모든 것이 陽이 먼저이기 때문이다. 그러나 陰도 陽과 함께 동일하게 중요한 것이다. 이 점을 좀 더 확실하게 인식할 필요가 있다고 판단되며, 바로 이 점이 연오랑세오녀 설화에서 해와 달이 동등하게 반영되어 있는 것이다. 오늘날 남녀관계, 부부관계와 관련하여 다양한 괴담과 유머가 난무하는 시대에 진정한 결론은 음양의 合一일 것이다. 남자의 시대에서 남녀평등의 사회로 가기 위하여 여자의 시대가 강조되는 것일 뿐이다.

또 하나는 신라에서 해와 달이 광채를 잃게 되자〔日月無光〕 왕이 사자를 보내 두 사람을 찾았을 때에, 연오가 한 말의 의미를 해석해 보아야 할 것이다. 연오는 "내가 이 나라에 이른 것은 하늘이 그렇게 시킨 것이니〔天使然也〕, 이제 어찌 돌아갈 수 있으랴. 그러나 짐의 비가 손수 짠 비단이 있으니, 이것으로 하늘에 제사를 지내면 잘 될 것이다." 라고 하였고, 실제 신라에 와서 그의 말대로 제사를 지냈더니 해와 달이 전과 같아졌다고 되어 있다.

여기에서 연오랑과 세오녀가 신라로 돌아오지 않은 것을 '한·일관계의 위기의식'으로 해석하기도 하나,[15] 그보다는 훨씬 더 큰 의미를 담

烏歸海採藻, 忽有一巖(一云一魚), 負歸日本, 國人見之曰此非常人也, 乃立爲王. (按日本帝記, 前後無新羅人爲王者, 此乃邊邑小王而非眞王也) 細烏怪夫不來, 歸尋之, 見夫脫鞋, 亦上其巖, 巖亦負歸如前. 其國人驚訝, 奏獻於王, 夫婦相會, 立爲貴妃. 是時, 新羅日月無光, 日者奏云, 日月之精, 降在我國, 今去日本, 故致斯怪. 王遣使求二人, 延烏曰, 我到此國, 天使然也, 今何歸乎. 雖然朕之妃有所織細綃, 以此祭天可矣. 仍賜其綃. 使人來奏, 依其言而祭之, 然後日月如舊. 藏其綃於御庫爲國寶, 名其庫爲貴妃庫. 祭天所名迎日縣, 又都祈野. (『삼국유사』 권 제1. 기이 제1) 본문 번역은 이병도역(광조출판사, 1979)을 참고하되 다소 윤문하였다.

15 이 점에 대해 김강산은 아주 재미있는 해석을 시도한 바 있다. 그는 연오랑과 세오녀를 실존 인물로 보지 않고 '해의 나라'의 상징으로 보고 연오랑과 세오녀가 일본으로 간 것은 해의 나라를 뜻하는 扶桑國의 이동으로 보는 것이다. 연오랑과 세오녀가 일본으로 가기 전까지는 우리나라가 부상국이었고 해의 나라였지만, 日月神의 화신이라 할 그들이 일본으로 갔다는 것은 부상국의 지위가 더 동쪽으로 이동한 것으로 보는 것이다. 이러한 일련의 일

고 있다고 본다. 연오가 말한 '하늘'이 그렇게 시켰다는 것을 살펴보자. 하늘을 내세울 때에는 통상 두 가지 의미가 있는데 하나는 인간의 바람과는 관계없이 자연의 질서대로 움직이는 측면이다. 이것을 잘 보여주는 것이 도덕경의 '天地不仁'이다.[16] 다른 또 하나는 하늘이 인간의 바람을 받아주는 측면이다. 흔히 '하늘도 감동했다'느니, '하늘도 우리의 뜻을 받아주었다'고 해석하는 측면이다.

하늘의 두 가지 요소는 일면 이율배반적인 것 같지만 높은 경지로 올라가 생각해 보면 합일될 수 있는 것이다. 나, 내 가족, 내 나라 측면에서 보니까 그런 것이지, 좀더 크게 생각하면 두 요소는 합일될 수 있다. 흔히 이야기하듯이 한·일 교류와 우리 문물의 일본 전파는 사실일 것이다. 그런데 연오랑과 세오녀가 다시 신라로 되돌아온다면 그것은 신라에서 볼 때에는 좋은 것이지만, 인류적 차원에서 본다면 온당하지 않을 수 있다. 그것이 하늘의 뜻이다. 하늘의 본질은 보편적인 것이며 相生的인 것이다. 신라도 좋아야 하지만 일본도 좋아야 한다. 그것이 '하늘의 뜻'이다. 연오는 일본을 떠나지 않은 대신, 신라도 상생할 수 있는 방법을 제시해 주었다. 그 결과 신라도 해와 달이 전과 같아진 것이다.[17]

그러므로 연오랑세오녀 설화가 갖는 의미는 남녀평등과 존중, 그리고 모든 나라, 특히 이웃나라와 상생의 정신이다. 문화전파에는 항상 먼저가 있고 나중이 있다. 그런 점에서 신라에서 일본으로 문화가 전파된 것이다. 그러나 이후 바람직한 것은 인류의 상생이며, 남녀의 상생이다. 이 설화에는 이러한 메시지가 담겨 있으며, 그러한 사회상과 염원이 담

들은 결론적으로 연오랑과 세오녀가 일본으로 간 것은 '해의 나라'의 지위가 일본으로 넘어간 것을 말하고 세오녀의 비단은 해를 상징하는 물건이기에 그것으로 하늘에 제사지내므로 해서 실제적 '해의 나라'는 일본으로 갔지만, 신라도 해가 밝게 뜨는 '아침의 나라'로 거듭나는 상징적 의식이었다고 해석하고 있다. 김강산, 「연오랑 세오녀가 일본으로 간 까닭」, 『강원민속학』 25, 2011.

16 天地不仁, 以萬物爲芻狗. 聖人不仁, 以百姓爲芻狗. 天地之間, 其猶橐籥乎. 虛而不屈, 動而愈出. 多言數窮, 不如守中. 도덕경 5장. 老子, 『도덕경』, 오강남 풀이, 현암사, 1995.

17 이 이야기와 관련된 한일교류 문제에 대해서는 한일 양국에서 많은 연구가 축적되어 있다. 그러나 대부분 각자의 국가적 위상을 우위에 두기 위한 주장들이라고 할 수 있다. 본 글에서는 이와 관련하여 조금 다른 차원에서 해석해 보고자 하였다.

겨 있는 설화인 것이다. 그러므로 이 설화를 활용하고자 할 때에 지금까지 제시된 일월사상과 한·일 교류 외에 이러한 정신이 구현되어야 하지 않을까 한다.

끝으로 연오랑세오녀의 활용에 있어, 그와 관련된 조그마한 이야기, 희미한 흔적이라도 소홀히 하면 안될 것이다. '조상으로부터 물려받은 모든 가구, 또는 벽에 묻은 얼룩도 이야기를 간직하고 있다'는 격언을 기억할 필요가 있다.[18] 해와 달을 상징하는 많은 지명과 유물들이 있다(日月池, 日月洞, 日光里, 光明里, 日月嶺, 都祈野(都邱里), 日月祠堂, 阿等邊, 烏川, 斤烏). 이러한 것들이 아직 추측에 해당하는 부분도 있다는 것을 밝히면서도 연오랑세오녀와의 관련성을 드러낼 필요가 있다. 이와 관련하여 연오랑이 일본으로 건너간 곳은 현재의 포항시 영일만 일대이다. 현재의 수준에서 풍수까지 포함하여 여러 학제 간 논의를 통해 적절한 장소를 선정하여 기념비를 세우는 것도 비약이 아닐 것이다.[19] 그야말로 "전설은 유물을 만나 현실감을 얻게 되고, 유물은 전설을 만나 내용을 갖추며 스토리텔링을 만들어 낸다."[20]

'칠포리 암각화'의 가치와 활용방안

(1) '칠포리 암각화'의 가치

포항시에는 무형문화유산으로 연오랑세오녀 외에, 한국을 넘어서 전 세계 암각화연구에 기여할 수 있는 유형문화유산으로서 칠포리 암각화가 있다. 한 지역의 문화유산을 활용할 때에, 유력한 유형문화유산과 무형문화유산이 함께 존재하는 경우 시너지 효과를 낼 수 있다.

---

18 Yi-Fu Tuan, *Space and place*, 구동희 외 옮김, 『공간과 장소』, 대윤, 2007, 60쪽.

19 포항시는 남구 동해면 일대 부지에 연오랑세오녀 테마파크를 건설 중이다. 이러한 테마파크에 대한 심도 있는 사전 분석과 주변 관련 유적지와의 연계가 좀더 세심하게 검토되어야 할 것이다.

20 유홍준, 『나의 문화유산답사기 7』, 창비, 2012, 224쪽.

먼저 2015년 현재 유네스코가 선정한 전 세계의 세계문화유산의 숫자는 725개인데, 이 중 24개가 암각화 유적이다. 약 3.3%에 해당하는 것이 암각화라는 단일 주제의 세계유산인 것이다. 이처럼 암각화는 세계적인 보편성을 갖는 문화유산이다. 이러한 암각화의 중요성과 아카이브의 필요성을 인식하여 1979년부터 1982년까지 유네스코에서는 바위그림을 조사하였다. 그것이 '바위예술 세계 아카이브(World Archive of Rock Art: WARA)' 프로젝트이며, 1984년 『바위예술조사보고서: 유네스코 세계보고서』를 출간하였다. 여기에서 전 세계 암각화를 제1지역(주요지역)과 제2지역으로 구분하였고, 제1지역은 77개국에서 144곳을 선정하였다.[21]

암각화는 그 숫자가 많고 선사인의 삶과 의식을 알 수 있는 중요한 유물이기 때문에 현재 유네스코 세계문화유산에도 24곳이 선정되어 있다. 참고로 유럽 8개, 아프리카 6개, 아시아 3개, 북아메리카 2개, 남아메리카 2개, 중동 1개인데, 그 전체 목록을 등재기준과 도상의 주제와 함께 주요 사진을 정리하여 제시하면 다음과 같다.[22]

---

21 엘마누엘 아나티, 이승재 옮김, 『예술의 기원』, 바다출판사, 2008, 35쪽.

22 많이 알려진 것이지만 등재기준은 다음과 같다. 유네스코와 유산, http://heritage.unesco.or.kr/wh/wh_reg/wh_reg_criterion/

구분	기 준	
문화유산	I	인간의 창의성으로 빚어진 걸작을 대표할 것
	II	오랜 세월에 걸쳐 또는 세계의 일정 문화권 내에서 건축이나 기술 발전, 기념물 제작, 도시 계획이나 조경 디자인에 있어 인간 가치의 중요한 교환을 반영
	III	현존하거나 이미 사라진 문화적 전통이나 문명의 독보적 또는 적어도 특출한 증거일 것
	IV	인류 역사에 있어 중요 단계를 예증하는 건물, 건축이나 기술의 총체, 경관 유형의 대표적 사례일 것
	V	특히 번복할 수 없는 변화의 영향으로 취약해졌을 때 환경이나 인간의 상호 작용이나 문화를 대변하는 전통적 정주지나 육지*바다의 사용을 예증하는 대표 사례
	VI	사건이나 실존하는 전통, 사상이나 신조, 보편적 중요성이 탁월한 예술 및 문학작품과 직접 또는 가시적으로 연관될 것 (다른 기준과 함께 적용 권장)
자연유산	VII	최상의 자연 현상이나 뛰어난 자연미와 미학적 중요성을 지닌 지역을 포함할 것
	VIII	생명의 기록이나, 지형 발전상의 지질학적 주요 진행과정, 지형학이나 자연지리학적 측면의 중요 특징을 포함해 지구 역사상 주요단계를 입증하는 대표적 사례

〈표 1〉 유네스코 선정 암각화 세계문화유산[23]

<table>
<tr><th colspan="5">유럽 Europe</th></tr>
<tr><td>국가</td><td colspan="3">이탈리아(Italy)</td><td rowspan="4"></td></tr>
<tr><td>이름</td><td colspan="3">발카모니카의 암각화(Rock Drawings in Valcamonica)</td></tr>
<tr><td>등재 기준</td><td>III, IV</td><td>등재 년도</td><td>1979년</td></tr>
<tr><td>주제</td><td colspan="3">• 여성의 성년식 • 사냥
• 농경</td></tr>
<tr><td>국가</td><td colspan="3">프랑스(France)</td><td rowspan="4">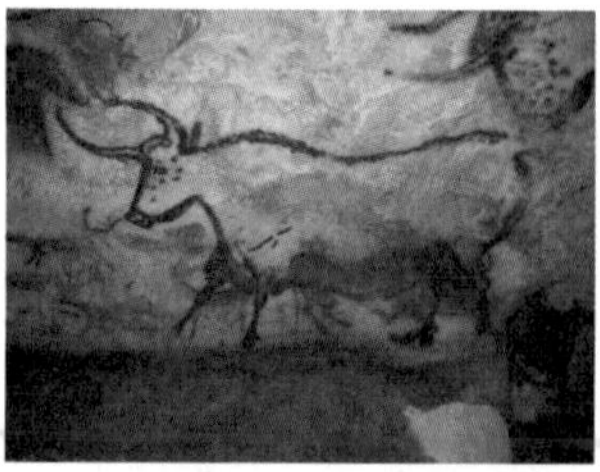</td></tr>
<tr><td>이름</td><td colspan="3">베제르 계곡의 선사 유적지와 동굴 벽화(Prehistoric Sites and Decorated Caves of the Vézère Valley)</td></tr>
<tr><td>등재 기준</td><td>I, III</td><td>등재 년도</td><td>1979년</td></tr>
<tr><td>주제</td><td colspan="3">• 동물의 형상
• 인간의 모습
• 사냥</td></tr>
<tr><td>국가</td><td colspan="3">프랑스(France)</td><td rowspan="4"></td></tr>
<tr><td>이름</td><td colspan="3">퐁다르크 장식동굴(Decorated Cave of Pont d'Arc, known as Grotte Chauvet-Pont d'Arc, Ardèche)</td></tr>
<tr><td>등재 기준</td><td>I, III</td><td>등재 년도</td><td>2014년</td></tr>
<tr><td>주제</td><td colspan="3">• 동물의 형상</td></tr>
</table>

<table>
<tr><td rowspan="2">자연 유산</td><td>IX</td><td>육상, 민물, 해안 및 해양 생태계와 동식물 군락의 진화 및 발전에 있어 생태학적, 생물학적 주요 진행 과정을 입증하는 대표적 사례일 것</td></tr>
<tr><td>X</td><td>과학이나 보존 관점에서 볼 때 보편적 가치가 탁월하고 현재 멸종 위기에 처한 종을 포함한 생물학적 다양성의 현장 보존을 위해 가장 중요하고 의미가 큰 자연 서식지를 포괄</td></tr>
</table>

23 UNESCO World Heritage Centre, whc.unesco.org/en/list
유네스코와 유산, http://heritage.unesco.or.kr/
유네스코 유산, http://terms.naver.com/

<table>
<tr><td>국가</td><td colspan="3">노르웨이(NORWAY)</td><td rowspan="4"></td></tr>
<tr><td>이름</td><td colspan="3">알타의 암각화(Rock Art of Alta)</td></tr>
<tr><td>등재기준</td><td>III</td><td>등재년도</td><td>1985년</td></tr>
<tr><td>주제</td><td colspan="3">• 동물의 형상
• 사냥, 채집
• 인간의 儀式
• 상징부호</td></tr>
<tr><td>국가</td><td colspan="3">스웨덴(Sweden)</td><td rowspan="4"></td></tr>
<tr><td>이름</td><td colspan="3">타눔 암각화(Rock Carvings in Tanum)</td></tr>
<tr><td>등재기준</td><td>I, III, IV</td><td>등재년도</td><td>1994년</td></tr>
<tr><td>주제</td><td colspan="3">• 인간의 모습(손, 발 자국), 전쟁, 도구
• 동물의 형상
• 의식, 숭배
• 상징부호</td></tr>
<tr><td>국가</td><td colspan="3">포르투칼(PORTUGAL), 스페인(Spain)</td><td rowspan="4"></td></tr>
<tr><td>이름</td><td colspan="3">코아 계곡의 선사시대 암각화
(Prehistoric Rock-Art Sites in the Côa Valley and Siega Verde)</td></tr>
<tr><td>등재기준</td><td>I, III</td><td>등재년도</td><td>1998년
(2001년 확장)</td></tr>
<tr><td>주제</td><td colspan="3">• 동물의 형상
• 상징부호</td></tr>
<tr><td>국가</td><td colspan="3">스페인(Spain)</td><td rowspan="4">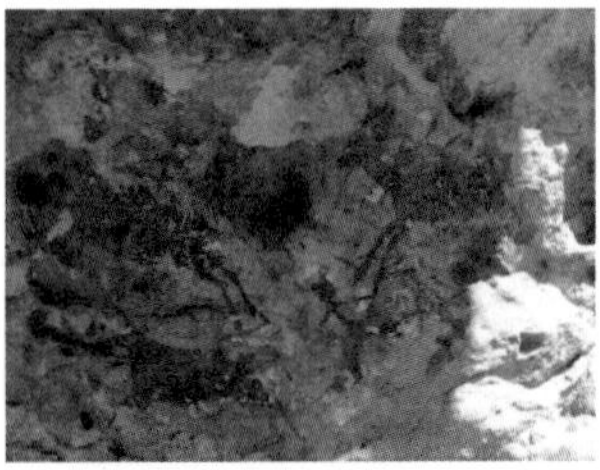</td></tr>
<tr><td>이름</td><td colspan="3">이베리아 반도 지중해 연안의 암각화
(Rock Art of the Mediterranean Basin on the Iberian Peninsula)</td></tr>
<tr><td>등재기준</td><td>III</td><td>등재년도</td><td>1998년</td></tr>
<tr><td>주제</td><td colspan="3">• 동물의 형상, 사냥
• 인간의 모습, 의식
• 도구, 장신구</td></tr>
</table>

국가	아제르바이잔(Azerbaijan)			
이름	고부스탄 암각화 문화 경관(Gobustan Rock Art Cultural Landscape)			
등재 기준	III	등재 년도	2007년	
주제	• 사냥, 어업			

아프리카 Africa

국가	알제리(Algeria)			
이름	타실리 나제르(Tassili n'Ajjer)			
등재 기준	I, III, VII, VIII	등재 년도	1982년	
주제	• 인간의 모습 • 농경 • 목축			
국가	리비아(LIBYAN ARAB JAMAHIRIYA)			
이름	타드라르트 아카쿠스 암각화 유적(Rock-Art Sites of Tadrart Acacus)			
등재 기준	III	등재 년도	1985년	
주제	• 동물의 형상 • 사냥 • 인간의 儀式			
국가	레소토(Lesotho), 남아프리카공화국(South Africa)			
이름	말로티-드라켄즈버그 공원(Maloti-Drakensberg Park)			
등재 기준	I, III, VII, X	등재 년도	2000년 (2013년 확장)	
주제	• 동물의 형상 • 인간의 모습			

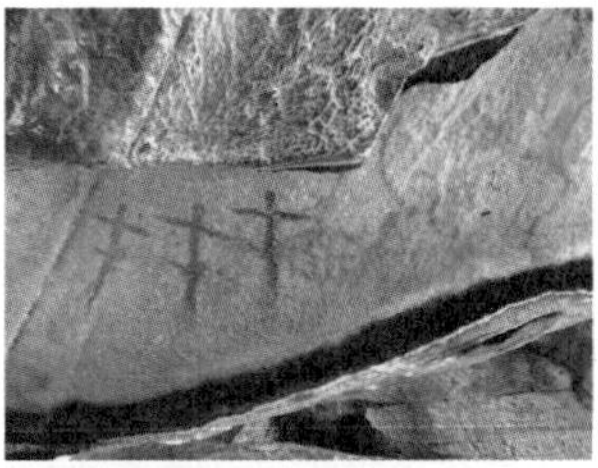

국가	보스와나(Botswana)		
이름	초딜로(Tsodilo)		
등재기준	I, III, IV	등재년도	2001년
주제	• 인간의 모습 • 동물의 형상 • 상징부호		

국가	짐바브웨(Zimbabwe)		
이름	마토보 언덕(Matobo Hills)		
등재기준	III, V, VI	등재년도	2003년
주제	• 사냥, 채집 • 농경		

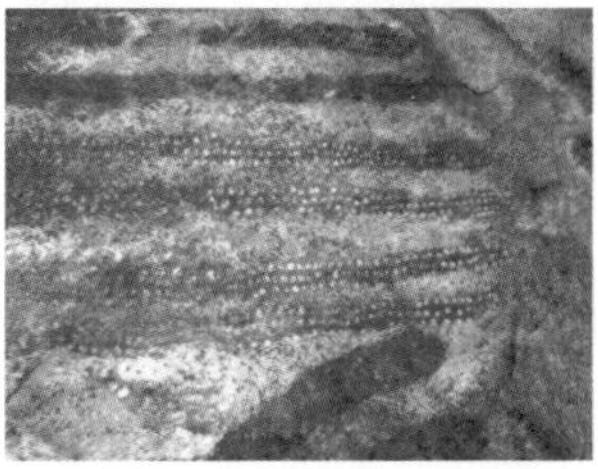

국가	말라위(Malawi)		
이름	총고니 암각화 유적(Chongoni Rock-Art Area)		
등재기준	III, VI	등재년도	2006년
주제	• 여성 • 의식 • 농경		

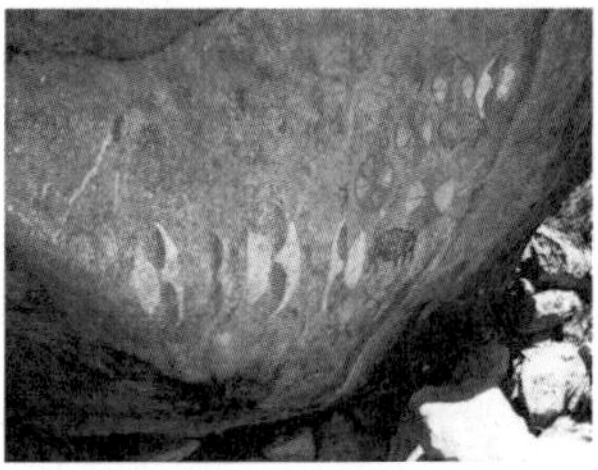

국가	탄자니아(UNITED REPUBLIC OF TANZANIA)		
이름	콘도아 암석화 유적(Kondoa Rock-Art Sites)		
등재기준	III, VI	등재년도	2006년
주제	• 채집, 사냥 • 농경, 목축		

국가	나미비아(Namibia)		
이름	트위펠폰테인 암각화 지대 (Twyfelfontein or /Ui-//aes)		
등재기준	III, V	등재년도	2007년
주제	• 동물의 형상 • 의식(儀式)		

아시아 Asia				
국가	인도(India)			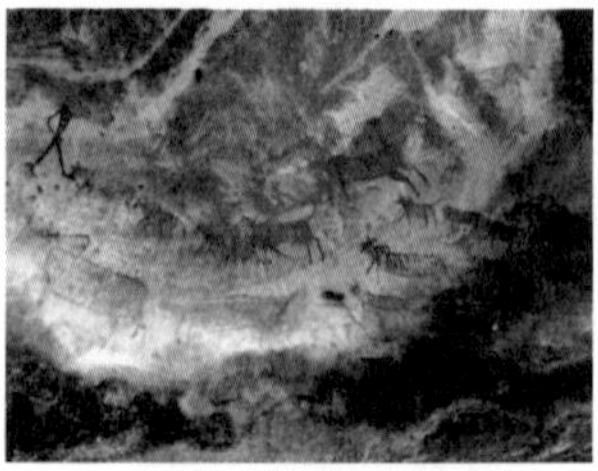
이름	빔베트카의 바위 은신처(Rock Shelters of Bhimbetka)			
등재기준	III, IV	등재년도	2003년	
주제	• 동물의 형상 • 사냥, 채집			
국가	카자흐스탄(Kazakhstan)			
이름	탐갈리 고고 경관의 암면 조각 (Petroglyphs within the Archaeological Landscape of Tamgaly)			
등재기준	III	등재년도	2004년	
주제	• 목축	• 의식		
국가	몽골(Mongolia)			
이름	몽골 알타이의 암각예술군 (Petroglyphic Complexes of the Mongolian Altai)			
등재기준	III	등재년도	2011년	
주제	• 동물의 형상, 사냥			

북아메리카 North America				
국가	멕시코(Mexico)			
이름	시에라 데 산 프란시스코의 암각화 (Rock Paintings of the Sierra de San Francisco)			
등재기준	I, III	등재년도	1993년	
주제	• 인간의 모습, 싸움(전쟁), 도구(무기) • 동물의 형상, 사냥 • 상징부호			

국가	멕시코(Mexico)		
이름	오악사카 중앙 계곡의 야굴과 미틀라 선사동굴(Prehistoric Caves of Yagul and Mitla in the Central Valley of Oaxaca)		
등재 기준	III	등재 년도	2010년
주제	• 사냥, 채집 • 농경		

남아메리카 South America

국가	브라질(Brazil)		
이름	세라 다 카피바라 국립공원 (Serra da Capivara National Park)		
등재 기준	III	등재 년도	1991년
주제	• 인간의 儀式		

국가	아르헨티나(Argentina)		
이름	리오 핀투라스 암각화 (Cueva de las Manos, Río Pinturas)		
등재 기준	III	등재 년도	1999년
주제	• 인간의 모습(손 자국) • 동물의 형상, 사냥		

중동 Middle East

국가	요르단(Jordan)		
이름	와디 럼 보호구역(Wadi Rum Protected Area)		
등재 기준	III, V, VII	등재 년도	2011년
주제	• 초기문자 • 목축, 농경, • 인간의 모습, 동물의 형상		

이것을 보면 암각화의 등재기준은 주로 III(현존하거나 이미 사라진 문화적 전통이나 문명의 독보적 또는 적어도 특출한 증거일 것)을 중심으로 I(인간의 창의성으로 빚어진 걸작을 대표할 것)과, IV(인류 역사에 있어 중요 단계를 예증하는 건물, 건축이나 기술의 총체, 경관 유형의 대표적 사례일 것)가 추가되고 있다는 것을 알 수 있다. 또 도상 주제는 사냥과 농경 그리고 의식과 관련된 도상이 대부분이다.

그런데 이러한 전 세계의 암각화와는 전혀 다른 도상이 나타나고 있는 것이 포항시의 칠포리 암각화이다. 전 세계 암각화의 거의 대부분이 물상암각화라면 아주 적은 분량만이 추상암각화이다. 우리나라의 암각화는 물상암각화인데 매우 뛰어난 도상을 가진 반구대 암각화와 천전리 암각화가 있지만, 그에 못지않은 가치를 지니는 다수의 추상암각화가 있다. 통칭 칠포리형 암각화라고 하는 이것들은 1980년대 말엽부터 영남지방에서 일률적으로 발견되기 시작한 동일한 형상의 암각화를 말한다. 고령 양전동, 포항 인비리, 영주 가흥동, 포항 칠포리, 남원 대곡리, 영천 보성리, 고령 안화리, 고령 지산리, 경주 석장동, 경주 안심리 암각화를 칠포리형 암각화로 보고 있다. 그러나 암각화의 형상이 쉽게 유추하기 힘든 추상적 모양이라 그 형태에 대한 인식과 성격의 규정에 따라 그 명명은 다양했다. 人面 및 태양신상 암각화(이은창, 임세권), 防牌形 암각화(장명수), 牌形 암각화(이상길) 또는 神體文 암각화(신대곤), 여성신상을 상징하는 劍把形 암각화(송화섭, 이하우) 등이 있다. 이처럼 형태에 대한 인식은 다양하지만 대부분의 연구자들이 칠포리형 암각화는 신상 암각화라는 것에는 동의하고 있다. 즉 태양신 숭배, 지모신상, 수호신상과 연결된 성역의 공간이자 주술적 행위와 관련된 성격을 띄고 있다는 것이다.[24]

포항의 칠포리 암각화는 포항시 흥해읍 칠포리 201과 그 주변에 분포하는 칠포리 마을 뒤 곤륜산(해발177m)을 중심으로 이웃마을 청하면 신흥리를 포함하는 지역에 분포하고 있다. 그 형상을 보자면 검파형, 석

24 이하우, 「한국 선사암각화의 제의표현에 관한 연구」, 경주대학교 박사학위논문, 2009, 20-21쪽; 「칠포리 암각화의 조형, 의례, 그리고 변천」, 『한국암각화연구』 15, 2011, 132쪽.

검형, 별자리형, 다공군집형, 윷판형, 여성생식기형 등의 문양이 분포하고 있다. 주류를 이루고 있는 형태가 검파형 문양으로 검파형은 마제석검의 검파식을 본뜬 석검의 손잡이 모양의 기하하적 형태라 하여 송화섭에 의해 처음 명명되었고[25] 이하우도 그 의견을 함께하고 있다. 이러한 문양에서 추론되는 성격으로는 크게 두 가지로 파악되는데 여성성〔母性〕과 천문활동이다. 그리고 칠포리의 곤륜산 계곡에서 함께 나타나는 여성 생식기와 검파형은 공통적인 상징성을 띈다고 유추하여 이 석검의 손잡이 모양을 여성신체의 형상과 관련하여 검파형 문양을 地母神像의 도형으로 해석하기도 한다.[26] 이러한 여성성, 대지모, 생산성과의 관련된 母性 원형은 세계의 여러 암각화에서 나타나고 있는데 검파형 문양과의 직접적인 관련성은 계속된 고증이 필요할 것이다.[27] 또한 별자리형과 윷판형 문양을 천문의 움직임과 연계하여 분석한 후 영일만 지역의 선사인의 천문지향성을 설명하는 연구도 있다.[28]

이처럼 아직 해석이 분분하기는 하지만, 칠포리형 암각화는 기존의 물상 위주의 암각화와는 구분되는 다분히 추상화된 암각화라는 점에서 주목된다. 임권웅은 과학적 보존처리 방안으로 세계문화유산인 코아계곡 암각화의 보존프로그램을 참조하여 칠포리 암각화의 보존방안을 제시하기도 하였는데,[29] 이러한 보존의 중요성은 당연히 중요한 것이지만 무엇보다 칠포리형 암각화의 독특한 도상이 갖는 세계사적 가치가 좀더 재평가되어야 할 것이다. 칠포리형 암각화의 추상적 요소에서 동심원이나 일부 문양은 다른 물상 암각화에서도 보이지만, 칠포리형 암각화의 기본 도상은 오직 한국에만 있다고 해도 과언이 아닐 것이다. 즉 집중적

25 송화섭, 「선사시대 한반도 기하문암각화의 유형과 성격」, 『선사와 고대』 5, 1993.

26 이하우, 위 박사학위 논문, 54쪽; 송화섭, 「영일만의 고인돌문화와 칠포리형 암각화의 출현」, 『한국암각화연구』 15, 2011, 122-124쪽.

27 서영, 이적, 「중국 내몽골 인산(陰山) 암각화의 분포와 유형: 한국 칠포리 암각화와 비교」, 『한국암각화연구』 15, 2011, 170쪽.

28 김일권, 「영일만의 천문사상과 별자리 암각화」, 『한국암각화연구』 15, 2011.

29 임권웅, 「포항 칠포리 암각화의 보존과 활용」, 『한국암각화연구』 15, 2011.

인 추상 암각화는 칠포리를 중심으로 한국이 유일하다는 점이다. 바로 이 점에서 칠포리 암각화가 중요하다. 어떤 점에서는 전 세계에 수많은 암각화가 있고, 앞에 제시한 것처럼 세계문화유산으로 선정된 암각화가 다수이지만, 한국의 추상암각화는 앞으로 전 세계 암각화연구의 지표가 될 수 있을 것이다.

칠포리 암각화 일 사례

우리나라에서는 아직 구석기시대 동굴벽화는 없다. 性 관련 유물은 〈빌렌도르프의 비너스〉 계통이라고 할 수 있는 〈울산 신암리의 비너스〉가 있는데, 시기는 신석기 시대로 추정된다. 그러나 무엇보다 우리에게는 칠포리의 생식기 암각화가 있다.

포항 칠포리 생식기 암각화는 곤륜산 계곡의 한 바위면에 있는데 남성생식기문 1점, 여성생식기문 26점, 검파형 문양 등이 분포하고 있다. 한 바위면에 여성생식기문이 26점이 있는 것은 이례적인 것이다. 일반적으로 암각화에서 여성생식기의 표현양식은 두 유형이 있는데 첫째 유형은 사실주의적 표현으로 신체상은 생략한 채 여성 생식기를 사실적으로 묘사한 것이다. 둘째 유형은 역삼각형과 같은 형태로 상징적으로 조각한 것이다. 칠포리의 여성생식기 암각화에는 두 유형이 모두 나타난다. 구체적으로는 세 유형이 나타나는데 물상형, 타원형, 역삼각형 형태이다. 이는 사실주의적 표현에서 점차 상징주의적 표현으로 변화하는 예로서 물상암각이 역삼각형의 추상암각으로 전이하는 희귀한 예를 보여주는 것이다. 이렇듯 칠포리 여성 생식기 암각화는 한 바위의 표면에 새겨져 여성생식기의 도상변화를 보여주는 세계적으로도 희귀한 자료이다. 또한 역삼각형의 여성생식기문과 석검형의 남성생식기의 교합 문양도 나타나는데 이는 남녀의 성적 결합을 보여준다. 이처럼 포항 칠포리 생식기 암각화에는 청동기시대 인류의 미의식과 신앙세계를 보여주는 사례라고 볼 수 있다.[30]

오늘날 미술관 하나가 창의적인 도시재생을 이끌어내듯이 칠포리 암각화와 '생식기 암각화'는 포항을 암각화의 메카이자, 선사문화의 메카로 만들어 줄 수 있을 것이다.

(2) '칠포리 암각화'의 활용방안

무엇보다 암각화의 활용은 박물관이 건립이 필수적이다. 이러한 박물관의 건립 제안은 문화콘텐츠 활용방안을 언급할 때에 약방의 감초처럼 포함되는 수준에서 '박물관 건립안' 을 제안하는 것은 아니다. 그야말로 암각화박물관은 디지털시대를 기다렸다고 표현해도 과언이 아닐 것이다. 암각화는 통상 집중적으로 모여 있거나,[31] 여러 지형에 걸쳐 있다. 그리고 훼손되어 형체를 파악하기 어려운 것도 많다. 야외에 있기 때문에 시간이 갈수록 훼손의 우려는 더욱 크다. 암각화는 항상 장소성을 유지하면서 다수이고 형태가 크므로, 유물을 모을 수도 없고 특별한 경우를 제외하고는 복제품을 만들 수도 없다. 아날로그 박물관으로서는 한계가 있는 것이다. 그러므로 암각화야말로 디지털로 수집, 복원, 전시되어야 한다. 홀로그램(hologram)이나 3차원 입체영상과 같은 첨단 그래픽기술의 도움을 받아야 하는 것이 바로 암각화이다. 더욱이 암각화는 전 세계 160여 국가, 7만여 곳의 유적지에 4,500만 점이 있다고 한다.[32] 이것을

---

30 송화섭, 「포항 칠포리의 생식기 암각화」, 『한국암각화연구』 7·8, 2006, 49-59쪽. 칠포리 생식기 암각화 사진은 앞의 글 참조.

31 이탈리아 발카모니카 암각화는 2,400개 바위에 14만 점에 이른다.

32 엠마누엘 아나티, 앞의 책(2008), 7쪽.

어느 연구자라고 전부 가서 볼 수 있겠는가? 그야말로 암각화박물관은 디지털시대를 기다렸다고 해도 과언이 아닐 것이다. 참고로 전 세계적으로 암각화박물관은 4곳이 있으며. 우리나라에는 울산에 반구대 암각화를 중심으로 한 암각화박물관이 있다. 그 현황과 주요전시 내용을 정리하여 제시하면 다음과 같다.[33]

〈표 2〉 전 세계 암각화박물관

소재지	아제르바이잔 고부스탄 국립공원(Gobustan National Park, Azerbaijan)	
이름	암각화 박물관(The Petroglyph Museum)	
내용	• 아제르바이젠 정부 지원 2011년 12월 건립 • Gobustan: UNESCO World Cultural Heritage - 전 세계 200개의 암각화 정보 제공 • 매우 뛰어난 디지털 전시 구현 - 3D, 홀로그램, 영상, 정보시각화, 검색 등)	
참고 자료	박물관 소개 영상, http://www.youtube.com/watch?v=N8BhvtPOb9I 박물관 소개 위키피디아, http://en.wikipedia.org/wiki/The_Petroglyph_Museum#Building 박물관 내부, http://www.davislieknins.com/work/petroglyph-museum-in-gobustan	

33 김기덕, 「칠포리 암각화의 문화콘텐츠로서의 가능성: 〈칠포리 세계암각화박물관〉이 필요하다」, 『한국암각화연구』 15(한국암각화연구, 2011), 211-212쪽. 필자는 이 글에서 세계유산으로 지정된 암각화유적 10개 사례를 소개한 바 있다. 그러나 이후 정밀조사를 통해 24개가 있음을 확인하여 , 본 글에서 〈표 1〉로 제시하였다. 또한 2011년의 글에서는 해외 암각화박물관 사례 중 코아계곡 암벽화 뮤지엄만을 소개한 바 있다. 그러나 3개를 더 찾았기에, 자료적 차원에서 〈표 2〉로 소개하였다.

<table>
<tr><td>소재지</td><td colspan="2">포르투칼 코아</td></tr>
<tr><td>이름</td><td colspan="2">Archaeological Park and Côa Museum</td></tr>
<tr><td>내용</td><td>• ROOM A. World Heritage Site – 코아 계곡의 암각화 소개
• ROOM B. The land, Man and time – 선사시대 인류 설명
• ROOM C. Geographic and cultural context of the art at Côa – 코아 계곡의 지리적 문화적 맥락
• ROOM D. The Archaic Sanctuary – 고대 자연경관 보호구역
• ROOM E. Everyday Palaeolithic life – 초기 구석기인의 생활을 암각화를 통해 보여줌
• ROOM F. The never-ending story of Côa – 코아 계곡 암각화 설명
• ROOM G. A timeless art – 예술가의 작품 소개
• Temporary Exhibitions Room – 예술가의 작품 소개</td><td rowspan="2">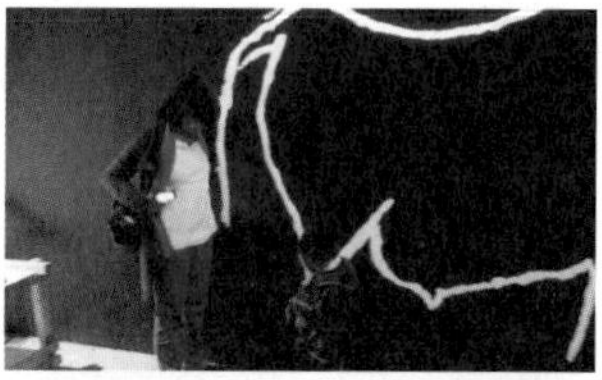
</td></tr>
<tr><td>참고자료</td><td>http://www.arte-coa.pt/</td></tr>
</table>

<table>
<tr><td>소재지</td><td colspan="2">노르웨이 북부 핀마르크 알타 마을에 위치</td></tr>
<tr><td>이름</td><td colspan="2">세계유산 암각화 센터 알타 박물관(World Heritage Rock Art Centre Alta Museum)</td></tr>
<tr><td>내용</td><td>• 1991년 건립
• 암각화 유적 근처에 위치, 박물관과 암각화 유적을 따라 조성된 길 약 2.9km(박물관 공원)을 따라 가며 야외의 실제 암각화를 볼 수 있음
• 노르웨이 북부 핀마르크의 자연경관 소개 – 백야, 오로라, 산, 빙하 등
• 알타의 역사 소개</td><td rowspan="2"></td></tr>
<tr><td>참고자료</td><td>http://www.alta.museum.no</td></tr>
</table>

소재지	스웨덴 타눔(Sweden Tanumshede)	
이름	타눔 암각화 박물관(The Tanum Museum of Rock Carvings) 암각화 연구 센터(Rock Art Research Centre)	
내용	• 암각화 관련 연구에 비중을 둠 • 손상된 암각화를 기록하고 문서화 하는 작업 • 암각화를 기록화 하기 위한 기술을 교육 • 국제 세미나와 강의, 현장답사 세미나 • 암각화와 관련된 지역 현장답사 가이드	
참고자료	http://www.rockartscandinavia.com	

소재지	울산광역시 울주군 두동면 반구대안길	
이름	울산 암각화 박물관	
내용	• 2008년 5월 30일에 개관 • 반구대 암각화와 천전리 각석의 실물모형 • 암각화 유적을 소개하는 입체적인 영상시설 • 선사시대 사람들의 생활을 이해할 수 있는 각종 모형물과 사진 • 어린이전시관, 가족체험시설 등이 전시 • 세미나실, 회의실과 수장고	
참고자료	http://bangudae.ulsan.go.kr	

앞서 언급한 것처럼 포항의 칠포리 암각화는 전 세계에 유례가 없는 추상암각화라는 점, 암각화는 많은 수효와 광범위한 분포 그리고 거대한 크기로 인해 디지털박물관이 되어야 한다는 점에서 포항의 디지털암각화박물관이 건립되어야 한다. 그렇게 된다면 포항은 전 세계 암각화의 메카가 될 수 있을 것이다. 위에서 보듯이 전 세계적으로 퍼져 있는 암각화유산에 비하여 암각화박물관이 적은 이유는 암각화박물관은 디지털시대가 아니면 구현하기 어렵기 때문이다. 추상암각화인 칠포리 암각화의 소재 특출성과 IT 강국의 기술이 결합하여, 시급히 디지털암각화박물

관이 건립되어야 할 것이다.[34] 본 글에서는 디지털박물관 자체에 대한 구체적인 대안은 제시하지 않았다. 이 점은 또 다른 별고를 통해 시도되어야 할 것이다.

맺음말

지금까지 포항시의 대표적인 문화유산이라고 할 수 있는 연오랑세오녀와 칠포리암각화에 대한 가치 및 활용방안을 모색하여 보았다.

포항시에는 무형문화유산인 연오랑세오녀 설화가 있으며 칠포리 암각화라는 유력한 유형문화유산이 있다. '연오랑세오녀' 설화에는 日月思想과 日本과의 교류가 담겨 있으며 이를 확장하여 활용을 위한 설화의 의미를 보면 남녀평등과 존중, 그리고 이웃나라와 상생의 정신을 도출할 수 있다. 또한 이 설화에는 영일현이라는 공간적 배경이 명시되어 있는데 이는 현재의 포항시 영일만 일대이며 학제 간 논의를 통해 적절한 장소를 선정하여 기념비를 세우는 것도 필요하다. '칠포리 암각화'는 세계적으로도 희귀한 순수 추상 암각화이며 이와 함께 있는 '생식기 암각화'도 전 세계를 흥분시킬 수 있는 소재이다. 이러한 암각화를 활용하기 위해서는 디지털기술의 도움이 필요하다. 암각화는 야외 특정장소에 다양한 형태와 규모로 분포하고 있으며 자연풍화로 인해 형체를 파악하기 어려운 것도 있다. 기존 아날로그 방식으로 박물관에 전시하기에는 어려움이 많은 것이다. 그래서 홀로그램과 3차원 영상기술과 같은 디지털 기술을 활용한 디지털 암각화 박물관이 건립되어야 한다.

끝으로 지금까지 언급한 것 외에, 현 단계 필자가 생각하는 문화원형콘텐츠 활용 방향을 덧붙이고자 한다. 첫째는 사실적 스토리텔링의 힘을 인식해야 한다는 것이다. 한국의 문화콘텐츠 분야에서 일찍부터 '문화원형'에 관심을 가진 것은 팩트(fact) 즉 '사실'의 힘을 인식했기 때문

34 김기덕, 앞의 글, 209-210쪽.

이다. 이러한 팩트를 바탕으로 지식을 맥락화하고 재해석하여 이루어지는 스토리텔링이 사실적 스토리텔링이다. 이러한 사실적 스토리텔링의 폭과 깊이가 더해질수록 그것을 응용한 허구적 스토리텔링의 수준이 높아질 것이고, 허구적 스토리텔링의 흥미와 인기는 다시 사실적 스토리텔링에 대한 수요를 촉발시킬 것이다.[35]

둘째는 문화유산의 활용은 특히 디지털인문학(Digital Humanities) 방법론을 적극 활용할 필요가 있다는 점이다. 디지털인문학 방법론은 방대한 양의 인문자료를 디지털 기술을 활용하여 수집·저장·분석할 수 있으며, 인터넷이라는 디지털 매체를 통해 연구 성과를 시공간을 초월하여 소통할 수 있는 창조적인 인문학 방법론이다. 이러한 디지털인문학 방법론의 핵심은 시각화(visualization)이며 이 시각화가 문화유산의 활용에 접목될 수 있는 부분이다. 문자 텍스트 위주의 표현방법을 넘어 원형자료의 맥락(context)에 입각하여 문화유산을 시각화한 후 감성적인 멀티미디어로 재탄생하게 하는 것이다. 이를 통해 수용자의 접근성과 이해도를 높이는 것이다.[36] 문화유산, 그중에서도 암각화는 디지털인문학의 방법론에 아주 적합하며 그 효과를 가장 크게 발휘할 수 있는 적절한 소재라는 점을 강조하고 싶다.

셋째는 지역정체성 확립과 경제적 부가가치 창출이라는 이중 과제를 동시에 충족시키는 방향으로 가야 한다는 점이다. 연구를 통한 지역정체성 확립과 경제적 부가가치 창출이라는 두 가지 과제를 동시에 해결하고자 하는 자세는 지속적으로 유지해야 할 것이다. 흔히 활용이라고 할 때에 지역정체성 확립이라는 점을 소홀히 하기 쉽다. 그러나 그 지역의 역사적 사실에 입각한 원형콘텐츠의 가치와 의미를 확실히 하면서, 그것을 산업적 활용으로까지 연결한다는 자세를 끝까지 견지해야 한다.

'연오랑세오녀' 설화와 칠포리 암각화의 가치를 극대화한 올바른 활

35 김기덕·이병민, 「문화콘텐츠의 핵심 원천으로서의 역사학」, 『역사학보』 224, 2014, 438-439쪽.

36 김현, 「디지털 인문학: 인문학과 문화콘텐츠의 상생 구도에 관한 구상」, 『인문콘텐츠』 29, 2013, 12쪽.

용은 공업도시의 이미지로서의 포항시를 창의적 문화도시로 거듭나게 할 것이다. 포항시는 문화도시(문화특화지역) 조성 시범사업지로 선정되었다. 2016년부터 5년간 지속될 이 사업을 통해 문화적 요소가 포항시에 보다 밀접하게 결합될 것이다. 그리고 문화적 요소는 원형적 문화유산을 우선적으로 활용할 필요가 있다. 그런 점에서 포항에 유형과 무형의 대표적인 문화유산 두 가지가 있다는 것은 자랑스러운 것이다. 더욱 재미있는 것은 이 두 가지가 전부 鐵의 도시이자 해돋이의 도시인 포항과 밀접한 관련이 있다는 것이다. 이미 연오랑세오녀 연구에서 많이 언급된 바이지만, 연오랑세오녀 설화는 철기문화 전파, 일본과의 교류 등 문화·문명의 전파기지로서의 역사적, 현재적 포항의 이미지와 맞아 떨어진다. 또한 칠포리 암각화도 바위라는 점이다. 바위는 단단하다는 점에서 흔히 철과 같이 취급한다. 오행사상에서도 金은 철이요 바위를 뜻한다. 철의 도시 포항에 일찍부터 암각화 집적지가 있다는 것은 우연이 아닐 것이다. 이제 세계의 모든 일류 도시는 인간·자연·문화가 교감하는 소프트시티를 지향한다. 공업도시 포항은 무형과 유형의 두 가지 가치 있는 문화유산을 적극 활용하여 창의성 있는 도시로 재탄생해야 할 것이다.

3 역사콘텐츠의 중요성과 역사콘텐츠 기획

형제국의 나라 터키(Turkey)콘텐츠를 중심으로

역사·문화콘텐츠·역사콘텐츠

(1) 창조성·창의성

이 시대에 가장 선호하는 용어는 창조성, 창의력, 상상력일 것이다. 어느 학과, 어느 대학이든지 이러한 단어를 선택하여 사용하고 있다. 그런데 창조라는 말을 일반적으로 잘못 이해하고 있다. 창조(creation)를 뜻하는 히브리어는 '바라'이다. 흔히 성서에 많이 나오는 히브리어 '바라'를 라틴어 '크레아티오 엑스 니힐로'(creatio ex nihilo)의 의미로 해석해왔다. 라틴어 엑스 니힐로(ex nihilo)는 '無로부터'(out of nothing)라는 의미이다. 엑스 니힐로는 창조의 개념과 결부되어 등장하였다. 철학과 신학에서 '크레아티오 엑스 니힐로'(creatio ex nihilo)라고 하면, 無로부터의 창조라는 의미이다.

그러나 이러한 해석이 잘못되었다는 것이 지적되었다. 실제 바라의 어원을 살펴보면 無에서 有로 창조되었다는 의미는 없다. 有에서 有, 즉 이미 있는 것에서 창조가 이루어졌다는 것이다.[1]

---

* 출전: 김기덕, 「역사콘텐츠의 중요성과 역사콘텐츠 기획」, 『한국문화와 콘텐츠』, 한국문화사, 2016.

1 이점을 상세히 밝힌 인터넷 블로그를 참조할 수 있다. 「바라(창조하다)에 대한 오해 그리고 보충설명」, http://cafe.naver.com/solideogloriafaith/4683, SDG개혁신앙연구회.

과거 唯一神의 능력에 귀속된 '無로부터의 창조' 프레임에 갇혔던 중세 서구의 기독교 세계에서 창의성은 의미 있는 논의의 대상이 될 수 없었다. 특히 영어권에서 단어 creation이 처음 쓰인 것이 기독교 성서였고, 이는 혼돈과 허무, 공허를 의미하는 카오스(chaos)를 존재와 질서를 의미하는 코스모스(cosmos)로 바꾼 창조자(creator)에 귀속된 것이었다.[2]

따라서 기독교가 지배하던 시대에는 인간에게 창조성이라는 표현을 쓸 수 없었다. 그것은 무에서 유를 창조한 神에게만 가능한 용어였다. 그러나 신의 시대가 가고 근대시대가 되면서 이러한 인식은 바뀌게 되었다. 창조란 유에서 유, 즉 있던 것에서 나오는 것이므로, 인간에게도 사용할 수 있었던 것이다.

(2) 역사적 사실(팩트)의 중요성

현재는 스토리텔링의 시대라고 한다. 스토리텔링의 핵심어도 '창조성', '창의성'이다. 이러한 창조성은 앞서 언급한 바, 본래 有에서 有인 것이다. 이것이 의미하는 가장 큰 메시지는 有에서 창조된다는 점, 따라서 이미 있던 것 즉 사실(Fact)이 중요하다는 점이다.

흔히 스토리텔링하면 허구적 스토리텔링을 상정한다. 그러나 사실을 조직화하여 구성한 사실적 스토리텔링의 가치를 먼저 생각해야 한다. 허구적 스토리텔링 또한 사실적 스토리텔링에서 발화하며, 사실적 스토리텔링의 폭과 깊이가 더해질수록 그것을 응용한 허구적 스토리텔링의 수준이 높아질 것이다.[3]

인문학은 기본적으로 사실에 입각한다. 그것은 모든 과거 문서들이 대부분 인문학 자료라는 것에서 증명된다. 가장 대표적인 역사학은 '사

2 김기홍, 「창의성의 사회적 본성과 문화와의 관계에 대한 연구」, 『인문학연구』 93, 충남대 인문과학연구소, 2013.

3 김현, 「디지털인문학: 인문학과 문화콘텐츠의 상생 구도에 관한 구상」, 『인문콘텐츠』 29, 2013, 22-23쪽.

실'(Fact)을 통해 '진실'을 말하고자 하는 것이다.[4] 이 점은 전통적인 역사학이든 오늘날의 역사를 소재로 한 문화콘텐츠의 활용에 있어서도 마찬가지이다. 상상력도 사실을 통해 발아하는 것이다. 원칙적으로 본 적이 없는 것은 상상할 수도 없다. 모든 문화콘텐츠 생산물에는 기본적으로 사실이라는 인문학적 자료가 전제된다.

이러한 설명만으로도 오늘날 문화콘텐츠 활용에 있어 사실을 중시하는 역사학이 얼마나 가깝게 있는지 실감할 수 있을 것이다. 역사학은 사실에 대한 맥락적(context) 이해를 중시한다. 맥락적 이해란 하나의 사실에 대한 원인과 결과, 시대적 상황 속에서의 역사적 진실을 헤아리는 것이다. 바로 이것이 오늘날 문화콘텐츠산업에 있어서 상상력도 구현하고 창의성도 발현케 만드는 힘인 것이다.

(3) 문화콘텐츠의 등장과 역사콘텐츠

문화콘텐츠라는 개념은 한국에서 2000년 이후 출현하였다. 그러나 영어로 그 용어를 어떻게 표현할 것인가부터 문제될 정도로, 문화콘텐츠라는 표현은 그야말로 한국적 용어였다고 할 수 있다. 이 용어의 기폭제 역할을 했던 국가기관 '한국문화콘텐츠진흥원'은 2000년에 출범하면서, 영문명을 'Korea Culture & Contents Agency'라고 표기하였다. 이 표현에서는 문화와 콘텐츠라는 용어가 합성되어 표현되지 못하였다. 그러나 그 이후 문화와 콘텐츠가 합쳐진 문화콘텐츠라는 표현이 유행하게 되면서, 'Culture Contents' 혹은 'Cultural Contents'라는 용어가 등장하였다. 문화콘텐츠라는 용어는 분명히 한국에서 창출된 造語이지만, 현재는 국제적으로도 어느 정도 통용되고 있다. 여기에 더해 한국에서는 IT(Information Technology)와 구별하여 CT(Culture Technology)라는 용어도 창출되었다. 흔히 '문화기술', 또는 '문화콘텐츠기술'로 표현되는 CT라는 용어도 지극히 한국적인 표현이지만, 역시 현재는 국제적으로 통용되고 있기도 하다.

---

4 김기덕·이병민, 「문화콘텐츠의 핵심원천으로서의 역사학」, 『역사학보』 224, 2014, 437쪽.

기본적으로 한국을 제외하고 전 세계적으로는 '문화콘텐츠'라는 표현은 거의 사용되지 않고 있다. 일본은 부분적으로 사용하고 있으며, 중국의 경우는 한국의 영향을 받아 문화콘텐츠산업을 '文化內容產業' 혹은 '文化創意產業'으로 표현하고 있다.[5]

문화콘텐츠라는 개념은 여러 각도에서 좀더 검토가 필요하지만, 문자 그대로 하자면 문화적 내용물이 될 것이다. 즉 새로운 디지털시대에 등장한 다양한 매체에 들어가는 문화적 내용물이 된다. 좀더 구체적으로는 디지털기술에 입각한 지식정보화에 들어가는 내용물에서부터 모바일, 게임, 애니메이션, 방송, 영화 등에 들어가는 내용물까지 포함된다. 물론 용어의 출발은 디지털기술에 의한 새로운 매체의 등장과 함께 나타난 것이지만, 오늘날은 '음식콘텐츠'라는 표현처럼 디지털기술과 관련없는 문화적 내용물도 문화콘텐츠라고 총칭하여 부르고 있다.[6]

그런데 많은 매체에 들어가는 내용물 중에서 특별히 '문화'라는 표현을 써서 문화콘텐츠라고 한 것 때문에 다소 오해가 있을 수 있다. 이 용어의 출현과 함께 관련 사업을 추진한 부서가 문화체육관광부였기에 모든 콘텐츠 중에서 문화를 특화하여 문화콘텐츠라고 했다고 유추하기도 한다. 또는 21세기는 이른바 문화의 시대이며, 특히 새로운 매체에 들어가는 내용물은 대부분이 대중적인 문화상품과 관련되므로 모든 콘텐츠의 대표성으로서 문화를 선택하여 문화콘텐츠라고 명명했다고 이해하고 있다.

이처럼 문화콘텐츠라는 용어는 아직도 불분명한 점은 분명히 존재하지만, 그간 10여 년 동안 너무나 유행하였으며 더욱이 다음에 설명하듯이 이러한 문화콘텐츠 분야는 인문학과 밀접한 관련이 있다는 인식이 확산되면서, 현재는 인문학의 확장의 한 분야로서 어느 정도 자연스럽게 받아들여지고 있다고 할 수 있다.

---

5 이동배, 「중국의 문화정책 소고」, 『문화콘텐츠연구』 2, 2012, 207-212쪽.

6 김기덕, 「문화콘텐츠의 등장과 인문학의 역할」, 『인문콘텐츠』 28, 2013, 18-21쪽. 한편 김기덕과 다소 다른 방향에서 문화콘텐츠 개념을 설명한 것으로 다음이 있다. 박상천, 「문화콘텐츠 개념 정립을 위한 시론」, 『한국언어문화』 33, 2007.

(4) 역사학은 범(凡)문화콘텐츠학이다.

현 시점에서 인문학의 확장으로서의 문화콘텐츠 분야가 발현되는 방식은 다음과 같이 세 가지의 형태가 있을 수 있다.

① 기존 인문학 관련학과에서 문화콘텐츠 교과목을 부분적으로 보완하는 방법

② 인문학 관련학과들이 협력하여 '문화콘텐츠 연계전공'을 운영하는 방법

③ 인문학 관련학과 중 필요에 의해 '문화콘텐츠학과'를 독립학과로 운영하는 방법

이 중 ③은 대단히 어려운 과정이라고 할 수 있다. 실제 학교의 구조조정이 동반되어야 할 뿐만 아니라, 교수진 확충 및 새로운 교과목과 수업론이 전면적으로 개발되어야 하므로 성공가능성이 결코 쉽지 않다고 할 수 있다. 현실적으로는 일찍부터 여러 대학에서 ②의 형태가 시도되었다. 이것의 성공 여부는 무엇보다 관련학과들의 유기적인 협조체계라고 할 수 있다. 그런 점에서 이것도 실제로는 한국의 대학 현실에서 만들기도 쉽지 않지만 성공하기도 쉽지 않다고 할 수 있다. ②③에 비해 변화강도가 낮으면서 한 학과가 의지를 가지면 시행될 수 있다는 점에서 ①의 형태는 가장 현실성이 높다고 할 수 있다. 필자는 현재의 전통적인 인문학 관련 학과들이 ①의 형태를 시도함으로써 기본적으로 凡문화콘텐츠학과의 성격을 가질 것을 주장한 바 있다.[7] 이러한 세 가지 방식을 그림으로 제시하면 다음과 같다.

7 김기덕·이병민, 「문화콘텐츠의 핵심원천으로서의 역사학」, 『역사학보』 224, 2014, 431-433쪽.

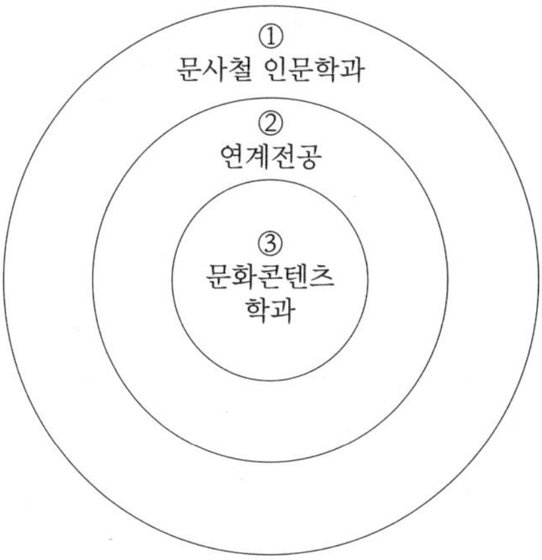

凡문화콘텐츠학과

앞서 언급한 것처럼 문사철 인문학과들이 필요한 범위에서 문화콘텐츠 분야 과목을 몇 과목씩 보완한다면 크게 보아 모두가 인문학 바탕의 凡문화콘텐츠학과가 될 수 있다. 예를 들어 국문학과는 스토리텔링 및 방송영상문학, 사학과는 영상역사학 및 헤리티지영상과 같이 기존 전통적인 학과 교과목 외에 자신의 학과와 관련 깊은 문화콘텐츠 교과목을 개발하여 보완한다면, 그것이 바로 문화콘텐츠 연계전공과 같은 효과를 갖게 되는 것이라고 할 수 있다.[8]

②나 ③의 형태가 과연 필요할 것인가 하는 점에서는 논쟁이 있을 수 있다. 순수 인문학을 강조할 경우, 문과대학 내에 ②나 ③의 응용분야를 반대하는 논리도 충분히 정당성이 있기 때문이다. 특히 ②나 ③과 같은 시도는 자칫 학교의 구조조정과 맞물린다는 점에서 조심할 필요도 있을 것이다. 그러나 최소한 ①의 형태는 한국의 모든 인문학 관련 학과들이 관심을 가져야 한다고 주장하고자 한다. 이제 '디지털'이라는 화두는 거부할 수 없는 현실이 되었다. 인문학은 디지털기술을 활용하여 그 영

8 전통적인 인문학 학과들이 콘텐츠 교과목을 보완한 현황 및 방법에 대해서는 다음을 참조할 수 있다. 김기덕, 「전통적인 인문학 관련학과에 있어서 '콘텐츠 교과목'의 보완: 역사학 관련학과의 사례를 중심으로」, 『인문콘텐츠』 2, 2003, 147-172쪽.

역을 확장할 임무가 새롭게 주어졌다고 보아야 할 것이다. 비록 그 구체적인 방향에 있어서는 많은 논의가 필요하겠지만, 최소한 이러한 현실을 거부하는 것은 온당하지 않을 것이다. 결론적으로 역사학이나 문학은 크게 보면 이미 문화콘텐츠의 범주에 속한다고 할 수 있으므로, 이러한 관련 학과 및 관련 분야는 전부 凡문화콘텐츠학과라고 할 수 있을 것이다.

이 자리에서는 역사학이 얼마나 문화콘텐츠 분야와 가까운 것이지를 영화로 예로 들어보자. 최근의 사례만을 들어보아도 〈태극기 휘날리며〉, 〈실미도〉, 〈동막골〉, 〈왕의 남자〉, 〈공동경비구역〉, 〈광해〉, 〈명량〉, 〈암살〉, 〈사도〉, 〈암살〉 등 1000만 관객을 동원한 영화들은 대부분 역사소재 영화라는 점은 시사하는 바가 크다. 사실적 스토리텔링의 힘, 역사의 힘이 문화콘텐츠 분야에서 매우 중요한 것이다. 이제 이러한 역사의 힘을 터키와 한국의 역사문화적 결합을 갖고 설명함으로써, 역사콘텐츠의 일 사례를 제시하고자 한다.

터키의 형제국 인식 및 한국전쟁 참전

(1) 고구려-돌궐 관계

터키인의 조상은 돌궐족이다. 돌궐은 오늘날 터키에서 동쪽으로 아주 멀리 떨어진 몽골 초원에서 살던 유목민들의 제국이다. 6세기에 와서, 돌궐은 중앙아시아의 유목민들을 멸망시키고 중국을 통일하여 새로운 패자로 등극한 수나라와 대결하게 되었다. 돌궐은 세력 확장을 꾀하는 수나라와 대응하기 위해 고구려와 외교관계를 맺었다. 돌궐과 고구려의 관계는 단순한 외교관계에 의한 우방이 아니라 중국을 대상으로 하여 이와 잇몸과 같은 관계를 유지하고 있었다. 바로 이 점에서 터키는 일찍부터 한국을 형제의 나라라고 인식하였다. 즉 터키인의 조상인 돌궐과 한국인의 조상인 고구려가 중국을 상대로 하여 일찍부터 동맹을 맺었기에 나온 인식이었다.

이후 돌궐족의 후예는 터키로 갔으며, 고구려의 후예는 한반도에서 고려-조선으로 이어져 대한민국이 되었다. 현대에 와서 1950년 6월 25일 한국전쟁이 발발하였다. 터키 국회는 그 해 7월 25일 터키군 파병을 만장일치로 승인하였다. 그것도 더디다고 터키 고교생들이 '빨리 파병하라'는 시위를 벌였다는 이야기도 전해지고 있다. 이때의 분위기는 형제국이 위기에 처했는데 우리가 나서야 한다는 것이었다. 그 결과 고대 고구려-돌궐 동맹 관계 이래 다시금 대한민국-터키 동맹 관계가 성립되었던 것이다.

(2) 터키의 한국전쟁 참전과 용맹성

터키는 한국전쟁 당시 유엔군으로 1개 여단 5,455명을 파병하여 1956년까지 한국에 주둔할 때까지 피로써 우리를 도와준 우방국이었다. 터키군의 파병규모는 같은 여단급 부대를 파견한 영국과 캐나다와 같은 대규모였으며, 전쟁 중 터키군은 연인원 약 1만 5천 명을 동원하였고, 그중에 무려 3,545명의 고귀한 희생을 치렀다. 1만 5천 명 가까운 참전 군인의 상당수가 자원병이었다고도 한다. 21일간 항해 중 배 위에서 미군 장교로부터 미국 무기 사용법을 배웠다.

형제의 나라에 파병온 터키군은 정말이지 용맹하게 싸웠다. 당시 유

부산의 UN공원 정문

부산 지역의 사학과 학생들 특강할 기회가 있어, 이곳을 가보았느냐고 물어 보았더니 거의 없었다. 역사와 직결되는 현장임에도 현실은 이러했다.

부산 UN공원에 있는 터키군인의 묘역

엔군은 중공군의 매복 공격에 무너지고 있었다. 지금 주한미군인 미 2사단이 궤멸되다시피한 군우리 전투에서 그나마 유엔군의 철수가 가능했던 것은 터키군이 처절한 싸움으로 중공군의 한 귀퉁이를 막은 덕분이기도 했다. 7일간의 악몽 같은 전투에서 병력의 15%를 잃은 터키군은 두 달 만에 경기도 용인에서 복수한다. "알라!"를 외치며 돌격한 터키군은 중공군 요새 안에서 백병전을 벌여 1 대 40의 수적 열세를 딛고 고지를 모두 점령했다. 30분간의 백병전이 UPI 통신을 통해 생생하게 전해지며 세계에 터키군의 용맹이 알려졌고 미국과 한국 대통령의 부대표창을 받았다. 당시 터키 군인들에 대한 기사는 한국 언론뿐이 아니라 세계 언론에서도 실렸다. 그 기사 중 몇 가지를 제시하면 다음과 같다.

> "수천 명의 국제연합군이 확실히 포위로부터 벗어날 수 있었던 것은 터키 군인들의 용맹한 자질 덕분이다."(영국 국방부 장관 Amenuel Shinwell)

> "한국전쟁에서 실제 4500명의 터키 여단이 보여주었던 용기와 영웅적 자질은 모국에서도 이러한 수십만 명의 용감한 사람들이 있을 것으로 생각되며, 자유세계 시민들을 위한 평화의 원천이 되었다."(Evening Star 신문)

> "터키인들은 최고로 우호적인 미국의 동맹국임을 인정한다. 미국은 성공적으로 싸운 이 동맹국을 고마워한다."(Chicago Tribune)

> "한국에서 세계 전쟁역사에서 오늘날에 이르기까지 그 어떤 부대도 전혀 할 수 없었던 승리를 거두고 독특한 승리를 거둔 터키군대들은 오랫동안 성공하면서 계속 성공을 거듭하였다. 그 결과 남한 땅은 드디어 적의 침략으로부터 해방되었다. 이동은 끝났다. 우리의 땅을 습득하는 데 있어 터키군대의 역할이 컸다."(한국 라디오 방송국)[9]

---

9 이상에 대해서는 다음의 글을 참조하였다. 전국역사교사모임, 『처음 읽는 터키사』, 휴머니스트, 2007.

(3) 형제국 터키

이러한 터키군인의 용맹성은 진정한 형제국 나라를 위한다는 일념에서 나온 것이었다. 터키가 전쟁 중에 입은 인명 손실은 미국, 영국에 이어 세 번째였으며, 전쟁이 끝난 이후에도 의장대를 1971년까지 한국에 남겨두어 유엔의 평화활동을 지원하고, 제네바 정치회의 등 국제무대에서 한국의 입장을 적극 지지함으로써 터키 여단이 전쟁에서 흘린 피의 대가가 헛되지 않게 노력하였다.

특히 터키 국내에서는 당시 전쟁에 갔다가 부상자가 된 군인들에게 '가지(Gazi)'라고 불렀는데 한국전에 참전하였던 참전용사를 '코레 가지시(Kore Gazisi)'라고 하였다. 예전 고구려와 돌궐족의 동맹이라는 역사적 기억 외에 이러한 한국전쟁에서의 '피로 맺은 형제'라는 의미에서 '칸 카르데시(Kan Kardes)'라는 표현이 본격적으로 정착되었다.

전 세계에서 관광객이 가장 선호하는 곳으로 터키 이스탄불의 그랜드바자르 시장이 꼽혔다. 여기는 항상 전 세계에서 온 관광객들이 붐빈다. 이 시장에 가면 어디에서 왔느냐고 통상 시장사람들이 묻는다. 한국에서 왔다고 하면 바로 '브라더(brother)'라고 말한다. 터키인들이 한국인을 대하는 정서는 겪어보지 않은 사람은 모를 것이다.

이스탄불의 그랜드바자르 시장

터키어 어순(語順)도 우리와 비슷하고 그들에게도 몽골 반점이 있다. 고구려와의 관계에 이어 고려 말부터 조선 초까지는 적지 않은 튀르크인과 방계인 위구르인이 우리나라에 들어와 살았다. 이슬람 모스크(성전)도 지었다. 이들을 '회회인(回回人)'이라 불렀다. 세종은 이들의 쿠란(코란) 낭송을 즐겨 이를 '회회 조회'로 정례화했다. 그러다 조선이 유교 폐쇄 국가로 가면서 두 민족은 멀어져 갔다. 그렇게 헤어진 지 500여 년 만에 1만5000명 튀르크 청년들이 옛 형제국을 찾아와 피를 바쳤다.[10]

(4) 터키 수도 앙카라의 한국공원

터키 수도 앙카라에 '한국 공원'이 있다. 터키 관광시에 해설자에게 들은 이야기인데, 터키 패키지여행은 전 세계가 동일하다고 한다. 자유여행은 별개이지만, 패키지여행은 위험 지역을 빼고 전 세계가 7박 8일로 여행 일정을 짜며 거의 동일하다고 한다. 다만 차이가 있는 것은 한국 패키지 관광에서만은 앙카라에 있는 '한국 공원'을 들린다는 것이다.

이 '한국 공원'이 세워진 것은 박정희대통령에 의해서이다. 당시 한국을 방문한 터키 대통령은 터키는 유목민족이며, 유목민족은 죽은 곳에 묻히는 것이 원칙이라는 것이다. 따라서 현재 부산 유엔묘지에는 터키군인들이 많이 묻혀 있다. 터키 대통령은 한국의 흙을 가져가서 수도 앙카

한국공원의 한국참전 기념탑

기념탑 옆에는 한국에서 전사한 터키군인들의 명단이 적혀 있다.

10 양상훈, 「우리 대통령이 '칸 카르데시' 할 차례」, 『조선일보』 2015. 9. 24.

라에 한국 공원을 세워준다면 그들의 영혼이라도 위로받을 수 있을 것이라고 건의하였다.

이러한 과정을 통해 1973년 한국정부는 앙카라 시내 중심부에서 1km 정도 떨어진 지점에 약 3,000평 규모의 한국공원을 만들어 헌납하였다. 여기에는 한국전에서 전사한 765명의 터키군 용사의 영혼을 안치한 한국참전 추모탑이 핵심 시설물이며, 이 탑과 공원 조성을 계기로 매년 터키 한국공원에서는 한국적 기념행사가 개최되고 있다.

이러한 터키의 한국 사랑과 많은 6·25 참전 터키 군인들을 기리는 한국공원은 정작 한국에서는 거의 알려지지 않았다. 그 곳에 가보면 커다란 태극기와 터키 국기가 함께 걸려 있는 공원은 깨끗하고 넓었다. 불국사 석가탑을 본뜬 참전 기념탑 아래 제단엔 부산 유엔공원 터키군 묘역(462명 안장)에서 퍼 온 흙이 담겨 있었다. 6·25에 참전한 터키군은 1만4936명으로 유엔군 중 네 번째로 많은 숫자였다. 그중 1005명이 전투와 부상 후유증으로 사망했고, 165명이 실종됐으며, 2147명이 부상했다.

(5) 1988년 서울올림픽과 2002년 월드컵

1988년 서울 올림픽이 열렸다. 형제의 나라에서 올림픽이 열리자 터키는 흥분했다. 당연히 기쁜 마음으로 한국을 찾았다. 그러나 그때 한국에 온 터키 언론인들은 실망을 감추지 못했다. 한국인들은 터키가 어디에 있는지도 몰랐다. 형제의 나라라는 것은 개념조차 없었다. 그들은 돌아간 뒤 터키 주요 신문 1면에 '이제 한국을 향한 짝사랑은 그만 하자'는 큰 기사를 실었다. 이때 터키 국민과 정부의 태도가 눈에 띄게 냉담해졌다.

그런데 터키는 우리 국민처럼 '냄비근성'이 있는 것까지 닮았다. 그러한 아쉬운 마음은 곧 잊혀지고 다시 한국을 형제의 나라로 좋아했다. 올림픽이 있고나서 10여 년 뒤에 2002년 월드컵이 한국에서 열렸다. 터키국민들은 또다시 열광했다. 터키는 당시 예선에서 브라질과 같은 조였는데, 한국에서 열리게 되어 마음의 위안이 되는 듯했다. 더욱이 당시 터키와 브라질 예선의 주심은 한국심판이었다. 그러나 이 날 한국심판은 터키에게 결정적인 반칙을 선언하여 브라질에게 페널티킥을 주었고, 이것이 빌미가 되어 터키는 졌다. 이때의 반칙 선언은 오심이었음이 드러났다. 터키는 믿는 구석에 발등 찍힌 꼴이었다. 터키가 한국심판 때문에 패한 날, 터키 교민이 당한 수모는 지금도 터키를 방문하면 종종 얘기하곤 한다.

한국은 순발력이 있었다. 이러한 터키의 정서가 신문에 보도되고, 한국인들도 터키와의 관계 특히 형제국의 나라라는 것을 인식하기 시작했다. 마침 한국과 터키는 이후 승승장구하여 준결승까지 갔고, 함께 패하여 3·4위전을 치르게 되었다. 이 시점이 절묘했다. 월드컵 3·4위전 때 우리 관중들은 태극기보다 더 큰 초대형 터키 국기를 펼쳤고 터키인들은 충격적인 감동을 받았다. "가슴이 터지는 듯했다"고 한다. 터키인들의 국기 사랑은 성조기 좋아하는 미국인들보다 더하다. 서울 월드컵 경기장의 국기는 터키 국민 가슴에서 형제국을 향한 애정을 살려냈다.

월드컵 3·4위전에서 한국과 터키 국기를 나란히 하며 응원하는 모습

(6) 실크로드와 터키의 도움

터키는 잠재적 대국이다. 한반도의 3배가 넘는 국토에 인구는 8천만 명을 넘는다. 주변 터키계 인구를 합치면 1억 5천만 명이고 결국 3억 명에 이를 것이라고 한다. 카자흐스탄·우즈베키스탄·키르기스스탄·타지키스탄·투르크메니스탄·아제르바이잔 등 중앙아시아 국가들의 맏형이다. 이스탄불은 유럽과 중앙아시아·중동·아프리카를 연결하는 큰 허브다. 지

중해를 내해(內海)로 만든 대제국의 후예란 자부심도 대단하다. 경제 규모는 우리에 조금 못 미치나 정치·군사적으론 이미 지역 강대국 대접을 받는다. 이런 나라와 1000년 넘는 형제국 인연을 갖고 있다는 것은 어찌 보면 행운일 것이다.

터키 이스탄불과 연결된 경주세계문화엑스포

실크로드는 중국에서 터키 이스탄불까지 이어지는 길이라는 것이 일반적인 정설이다. 그런데 한국은 중국에서 연장되어 경주까지 이어졌다고 주장한다. 이러한 주장을 중국은 강력하게 반대하며 함께 하지 않고 있다.

그런데 터키에서는 이러한 한국의 주장을 계속 받아주고 행사도 함께 하고 있다. 지속적인 경주세계문화엑스포는 한국의 실크로드를 증명하기 위한 행사이다. 이러한 행사에서 터키는 항상 보조를 같이 해 주고 있다. 이것은 대단히 고마운 일이다. 거리 축제에서나 박물관 전시에 있어서나 한국을 위해 배려해준다. 형제국 인연이 그것을 가능케 한 것이다.

터키콘텐츠 기획안 방향

지금까지 역사콘텐츠의 중요성을 언급하고 터키와의 형제국 정서를 역사적 연원에서부터 현재의 여러 사례를 들어 제시해 보았다. 이제 이러한 형제국 터키콘텐츠를 활용하는 역사콘텐츠 기획안에 대하여 설명해

보고자 한다. 먼저 다음의 기획안 도식화를 보자.

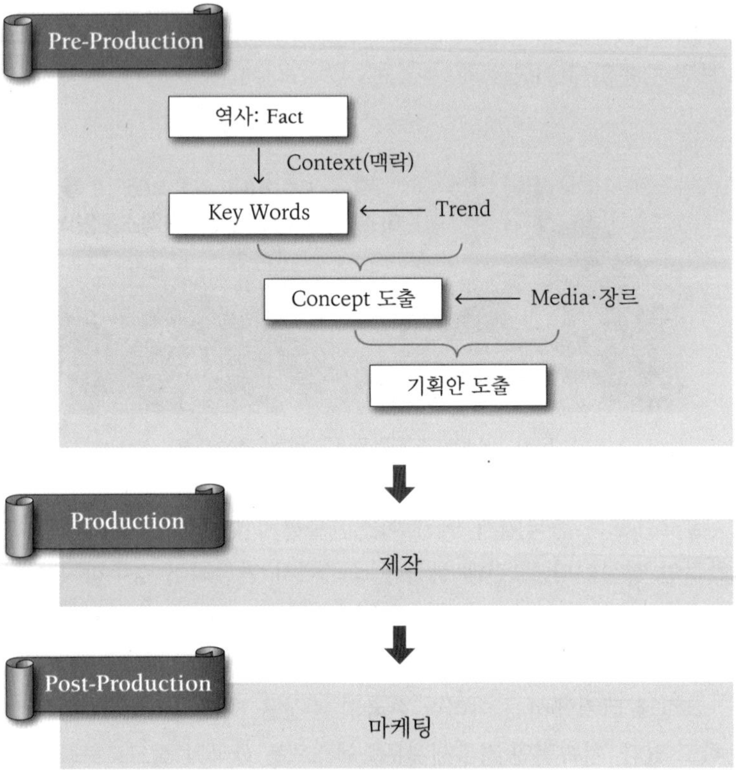

역사콘텐츠 기획 도식

앞서 역사는 사실(팩트)을 중시한다고 밝혔다. 문화콘텐츠의 스토리텔링도 이러한 사실에서 발아하는 것이다. 이러한 개별 사실들에 대한 맥락적(context) 이해를 통하여 키워드를 추출해내는 것이 역사연구이다.

터키의 사례를 예로 든다면 오랜 시간에 걸쳐 지속되어온 '형제국' 키워드를 추출해낼 수 있다. 그리고 그 형제국과 관련한 여러 에피소드들은 감동적이었다. 그렇다면 문화콘텐츠로 활용되기에는 아주 적합한 소재인 것이다.

이러한 역사적 사실과 맥락에서 추출된 키워드 '형제국'은 트렌드

(trend)와 결합하여 문화콘텐츠의 핵심 소재가 될 수 있다. 현재의 트렌드는 한류이다. 한류는 크게 드라마 위주의 한류1.0, K-pop 위주의 한류2.0으로 구분한다. 그리고 한국의 생활문화, 전통문화 전반을 한류3.0으로 새롭게 제시하고 있다.

문화체육관광부에 의해 새롭게 제시된 생활문화와 전통문화에 바탕을 둔 한류3.0은 매우 적절한 정책방안이었다고 할 수 있다. 한국의 생활문화 및 전통문화와 가장 직결되는 것은 바로 역사학이라고 할 수 있다. 역사학이 활용될 분야, 활용을 위해 역사학을 요청되는 분야가 너무나 많다는 점을 인식해야 한다.

역사적 사실과 맥락에서 추출된 키워드(형제국)와 트렌드(한류3.0)가 만나 컨셉(concept)이 도출된다. 터키콘텐츠를 예로 든다면, 터키와 한국의 형제국 전통을 다양한 한국의 전통문화 및 생활문화롤 연결하는 것이 될 것이다. 필요에 따라 관련 유적지도 결부되어 문화유산 및 역사유적지까지 연결될 수 있다.

다음으로는 이러한 컨셉이 과연 어떤 미디어 그리고 어떤 문화콘텐츠 장르와 결합되는 것이 가장 유효할 것인가를 판단하는 것이다. 그런데 이것은 시작 차원에서 그렇다는 것이지 한번 제대로 활용이 되면 다른 문화콘텐츠 분야로 얼마든지 확산될 수 있는 것이다. 예을 들어 관광콘텐츠 장르에서 시작한 것이 영화, 테마파크, 음식, 만화 등등 다양한 분야로 확산되는데, 통상 이것을 OSMU(원소스 멀티유스)라고 한다.

처음에는 가장 유효한 장르 및 매체를 염두에 두고 기획안이 도출될 필요가 있다. 여기까지를 문화콘텐츠 단계에서 전제작단계(pre-production)라고 한다. 전제작단계는 기획안과 관련 스토리텔링의 기본적인 시안까지를 포함한다고 보면 된다.

이러한 단계 다음에는 본격적으로 제작하는 단계(production)이며, 통상 기술적 요소가 개입하거나 특정 장르의 요소가 부가된다. 이렇게 해서 제작이 이루어지면, 다음으로는 그것을 홍보하고 비즈니스하는 단계를 후제작단계(post-production)라고 한다.

인문학의 수준에서는 전제작단계까지 이루어지면 된다. 문화콘텐츠

전단계를 모두 한 사람이 할 수는 없다. 통상 인문학과 관련된 전공자가 개입하는 것은 전제작단계이며, 실상 이것은 전체 제작의 설계도와 같은 것으로서 가장 중요하다고 할 수 있다.

본 글에서는 역사의 중요성과 터키의 사례를 갖고 역사콘텐츠 기획안 사례를 제시하여 보았다. 물론 구체적인 기획안 자체는 제시하지 않았지만, 역사콘텐츠를 기획하는 대체적인 흐름과 방법은 전달되었으리라고 생각한다. 다시 한번 수많은 문화콘텐츠 생산물들은 기본적으로 '역사적 사실'에서부터 시작한다는 점을 강조하고자 하며, 이 점에서 역사콘텐츠의 중요성이 있다고 할 수 있다.

4 고려 태조 왕건의 대구 달성군 역사문화콘텐츠화 전략

오스트리아 뒤른슈타인 소재 '사자왕 리처드' 역사콘텐츠 구축사례를 중심으로

머리말

필자는 2017년 7월 유럽을 답사하는 과정에서, 오스트리아 빈(Wien)에서 서쪽으로 100킬로미터 떨어진 '사자왕 리처드' 古城 유적을 찾아간 적이 있다. 그 고성은 유네스코 세계문화유산으로 선정되어 있는 와차우 문화경관(Wachau Cultural Landscape) 지역에 위치한 뒤른슈타인 지방 뒷산에 위치하고 있다. 뒤른슈타인은 뛰어난 경치와 와인으로 유명한 곳으로서 지금도 관광객이 많이 찾고 있는 곳이다. 본 글에서는 뒤른슈타인의 위치 지도를 사자왕 리처드에 관한 유명한 책을 쓴 제임스 레스턴의 책에 있는 것으로 제시하였다.[1]

3차 십자군 전쟁의 영웅이면서도 귀국하는 길에 오스트리아 공작에게 붙잡혀 뒤른슈타인 古城에 감금되었다가 풀려난 영국왕 사자왕 리처드에 대한 일화는 역사적으로 유명한 사건이다. 그런데 그 古城을 오르는 길에 사자왕 리처드를 위시하여 당시 그를 둘러싼 다양한 인물들에

---

* 출전: 김기덕·배상준, 「고려 태조 왕건의 대구 달성군 역사문화콘텐츠화 전략: 오스트리아 뒤른슈타인 소재 '사자왕 리처드' 역사콘텐츠 구축사례를 중심으로」, 『한국중세사연구』 52, 2018.

1 제임스 레스턴, 이현주 옮김, 『이슬람의 영웅 살라딘과 신의 전사들: 사자왕 리처드와 살라딘의 십자군전쟁』, 민음사, 2003, 435쪽.

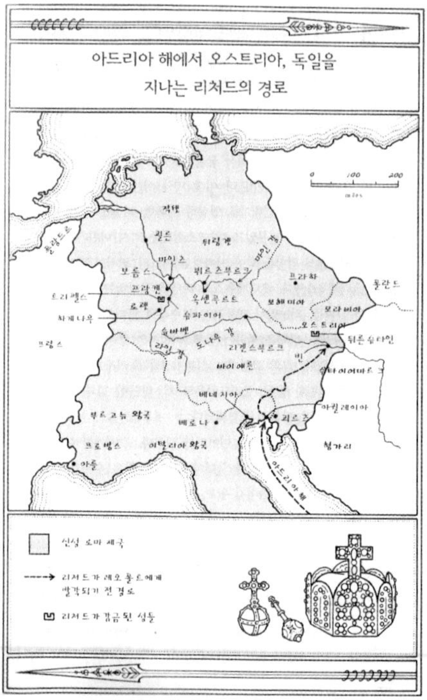

대한 간단한 구조물들이 단순하면서도 다양하게 전시되어 있다.

그 구조물들은 그림과 함께 독일어와 영어로 설명이 되어 있다. 필자는 그 구조물의 전체적인 내용과 배치방법, 그리고 전시의 특징 등을 관찰하였다. 흔히 역사문화콘텐츠화 전략이라고 하면, 동상을 세운다거나 축제를 만든다거나 기념관을 세우는 등 비용이 많이 들고 규모가 큰 사업을 생각하는 경향이 있다. 물론 기초사례 조사와 많은 준비를 축적한 상태에서는 그러한 시도도 커다란 의미가 있을 것이다. 반면 매우 소박하면서도 내용이 풍부한 사자왕 리처드의 사례와 같은 것도 결코 무시해서는 안될 것이다. 필자는 사자왕 리처드 고성 유적 사례도 역사문화콘텐츠화 전략의 모범적인 사례가 될 수 있다고 생각하였다.

본 글에서는 먼저 오스트리아 '사자왕 리처드'에 대한 구조물을 사진과 원본 내용을 중심으로 설명하였다. 그리고 이러한 사례에 비추어 대구 달성군이 역사문화콘텐츠를 구축하고자 할 때 유의해야 할 시사점을 추출해 보았다. 그런 점에서 본 글은 구체적인 고려 태조 왕건의 대구 달성군 역사문화콘텐츠화 방안을 제시하지는 않았지만, 차후 이 주제에 접근할 때에 참고할 부분이 있을 것으로 생각한다.

'사자왕 리처드' 역사문화콘텐츠 구축사례[2]

뒤른슈타인 뒷산 정상에 古城이 있다. 마을 중심가에서 산쪽으로 올라가면 마을이 끝나는 부분에서부터 사자왕 리처드 관련 구조물이 나타난다. 본 글에서는 첫째, 사자왕 리처드 감금과 관련된 구조물, 둘째, 제3차 십자군전쟁 관련 구조물, 셋째, 사자왕 리처드에 대한 후세의 활용과 관련된 구조물 중심으로 나누어 설명하고자 한다.

(1) 사자왕 리처드 감금과 관련된 구조물

〈사진 1〉 구조물 시작 부분

〈사진 2〉 첫 부분: 존 왕

〈사진 1〉은 마을이 끝나고 산으로 접어드는 부분에 나타나는 구조물의 모습이다. 맨 처음에 보이는 것이 〈사진 2〉의 존 왕이다. 거기에는 다음과 같이 써 있다.

---

2 본 논문의 심사과정에서 이 구축사례에 대해 그 만들어진 과정을 좀더 구체적으로 밝혀주면 좋겠다는 주문이 있었다. 그러나 필자가 여러 경로로 알아보고자 했으나, 제작과정을 자세히 알 수는 없었다.

King John I "Lackland" (영토 없는 失地王 존왕)[3]

내가 영토가 없다는 것은 옳지 않다, 왜냐하면 나는 나의 형제인 사자왕의 뒤를 이어 영국 왕위를 실제로 계승했기 때문이다. 모두 네 명의 리처드 형제와 같이, 나 역시 지속적인 가족 갈등에 연류되었는데(다양한 측면에서), 그럼에도 불구하고, 대부분의 기간 동안 나는 아버지 헨리가 가장 아끼는 사람이었다.

나는 나의 형제인 리처드를 체포하는 데 다소 악명 높은 역할을 했다. 내 형의 포로 생활이 나에게는 정치적으로 적절했다는 것은 사실이다. 그러나 그의 부재중에 공포 통치가 지배했다는 견해는 진실이 아니다. 사람들은 나를 그의 "악마적" 적수로 묘사함으로써 리처드의 영광스러운 이미지가 더욱 빛나길 기대했을 것이다. 로빈 후드가 나의 부당한 통치에 맞서 싸웠다는 전설에 대한 어떤 명확한 증거도 없다. 사실은 내가 리처드의 죽음 이후에 왕위를 승계한 것이고, 그와 마찬가지로 나도 여러 차례에 걸쳐 나의 영역을 방어해야만 했다는 것이다, 특히 프랑스의 왕 필립 2세에 맞서서.

사자왕 리처드의 아버지는 헨리2세(재위 1154-1189)이며 어머니는 엘레오노르(Eleonor)이다. 위대한 업적을 남긴 헨리2세이지만, 헨리2세와 부인과의 불화는 유명하다. 더욱 유명한 것은 아버지의 왕위를 뺏고자 싸우는 헨리2세와 아들들과의 불화이다. 사자왕 리처드(재위 1189-1199)의 형제는 4명이 있었는데,[4] 이 중 뒤에 자신을 이어받아 왕이 되는 동생 존왕(재위 1199-1216)이 일종의 문제아라고 할 수 있다.[5]

---

3 앞서 언급했듯이 독일어와 영어가 같이 병기되어 있는데, 영어만 제시하였다.

4 첫째 아들 헨리와 둘째 아들 제프리는 부친에 앞서 세상을 떠났다. 셋째 아들 리처드는 엘레오노르가 가장 총애하는 아들로 자라났다. 막내 존왕은 아버지 헨리가 가장 좋아했다(앙드레 모두아, 신용석 옮김, 『영국사』, 김영사, 2013, 146쪽).

5 크게 보면 왕위 쟁탈전은 아버지 헨리2세와 아들 존이 연결되고, 어머니 엘레오노르와 아들 리처드가 연결되어 있다. 본문 설명에서 "대부분의 기간 동안 나는 아버지 헨리가 가장 아끼는 사람이었다"는 것을 이것을 말해주는 것이다. 결국 리처드가 승리하여 왕이 되지만, 그 후에도 리처드의 동생 존은 지속적으로 리처드를 제거하고 왕위를 차지하고자 하였다. 본문 설명에서 존왕의 변명은 이것을 말하는 것이다. 참고로 헨리2세는 아들 리처드와의 왕위 쟁탈전에서 치욕적인 패배를 한 후 죽으면서 다음과 같은 독설을 유언으로 남겼다

사자왕 리처드는 3차 십자군 전쟁의 영웅이었다. 이러한 영웅이 막상 영국으로의 귀국조차 자유롭지 못한 것은 강력한 사자왕 리처드 치하의 영국을 견제하고자 했던 프랑스의 필립2세, 신성로마제국의 하인리히6세, 그리고 십자군원정으로 자리를 비운 사이 호시탐탐 자신의 자리를 노리고 있는 동생 존왕[6]의 음해가 예상되었기 때문이다. 따라서 뒤른슈타인 사자왕 리처드 구조물은 먼저 이들이 자신들의 행동에 대해 해명하는 방식으로 전개되고 있다.

존왕은 뒤에 리처드를 이어 왕이 된 후에, 사자왕 리처드가 가지고 있던 프랑스내의 막대한 영토를 거의 잃어버렸기 때문에 흔히 실지왕(失地王)이라고 부른다. 〈사진 2〉는 그것에 대한 해명과 함께, 자신의 잘못된 정치에 맞서 싸웠다는 로빈 후드(Robin Hood)의 전설은 거짓말이라고 말하고 있다. 물론 로빈 후드 이야기는 사실과 전설 사이에 있다. 그러나 분명한 것은 그것이 비록 전설이라고 하더라도, 그러한 전설이 나온 것은 당시 잘못된 정치 상황의 반영이라고 할 수 있다.

리처드왕이 십자군전쟁으로 자리를 비운 사이 왕위를 찬탈하려고 계획하는 동생 존 백작, 난잡한 고위 성직자, 파문된 주교들과 군사 지도자처럼 행동하는 주교들, 전국을 이파 저파로 갈라놓는 병사들, 이들 때문에 죽은 사람을 제대로 묻을 수도 없었다. 영국은 극도로 분열된 상태였다.[7] 이에 노팅엄셔 근처의 셔우드 숲에는 리처드에게 충실한 무리가 생겼다. 이들의 지도자는 로빈 후드로 알려진 사람으로 부자를 강탈하여 가난한 자들에게 나누어 주었고, 그리하여 백성들의 영웅이 되었다는 전설이 퍼져 나갔다.[8]

고 한다. “내가 너에게 복수할 때까지 신께서 나를 살려 두시기를”(제임스 레스턴, 앞의 책, 151쪽).

6 존왕이 사자왕 리처드를 이어 왕이 되기 전에는 백작이었다. 그러나 본문에서는 편의상 존왕으로 표현한 경우도 있음을 밝힌다.

7 제임스 레스턴, 앞의 책, 354쪽.

8 하워드 파일, 붉은여우 옮김, 『로빈 후드의 모험』, 지식의 숲, 2013. 여기에 실린 김욱동의 해설을 참조하였다.

다음은 프랑스의 필립2세와 신성로마제국의 하인리히6세가 등장한다. 십자군의 처음 시작이었던 1차십자군은 왕은 참여하지 않고 각지의 제후들이 참여했다는 점에서 '제후들의 십자군'이었다고 할 수 있다. 반면에 3차십자군 전쟁은 '왕들의 십자군'이었다. 영국왕 사자왕 리처드, 프랑스 왕 필립2세, 신성로마제국 프리드리히 황제가 모두 참여했기 때문이다. 그런데 프랑스왕 필립2세는 도중에 돌연 귀국해버렸다. 당시 사자왕 리처드가 갖고 있던 광대한 프랑스 영지를 빼앗고자 했기 때문이다. 그리고 '붉은 수염'이라고 불렸던 독일의 프리드리히는 원정 도중 물을 건너다 심장마미로 죽었다.[9] 따라서 사자왕 리처드만이 끝까지 십자군 원정을 수행하였다. 이러한 업적에도 불구하고 당시 영국의 확장을 경계하던 두 사람은 프랑스의 필립2세와 아버지 프리드리히 황제를 이어받은 신성로마제국 하인리히 6세였다. 따라서 다음 구조물은 존왕에 이어서 이들이 등장한다.

〈사진 3〉 프랑스 필립2세

〈사진 4〉 신성로마제국 황제 하인리히6세

9 공식적으로 발표한 원인은 강을 건너다 말에서 떨어졌는데 입고 있던 강철 갑옷의 무게 때문에 그대로 물속에 가라앉아 버렸다는 것이다. 그런데 이 상황을 시오노 나나미는 '늙은 이의 냉수'라는 비유로 더 재미있게 추측하고 있다(시오노 나나미, 송태욱 옮김, 『십자군 이야기 3』, 문학동네, 2012, 66-68쪽). 독일군을 이끌던 프리드리히 황제가 죽자, 누군가가 독일군을 지휘해야 했기 때문에 신성로마제국 영역에 있었던 오스트리아 레오폴드 공작이 대신 그 역할을 맡게 되었다. 그리고 이 인물이 뒤에 서술하겠지만 사자왕 리처드에게 원한을 품고 귀국길의 사자왕 리처드를 체포하여 감금하는 역할을 하게 된다.

King Philip II Augustus of France (프랑스의 존엄왕 필립 2세)

나는 내 시대에서 가장 강력하고 교활한 통치자 중 한 명이었다. 내 아버지는 프랑스의 루이 7세였는데, 그는 원래 리처드의 어머니, 즉 아키텐의 엘레오노르(Eleonor of Aquitaine)와 결혼했었다.

재능 있는 용병술사인 나는 헨리 2세의 가정불화를 능숙하게 활용했다, 즉 독일의 벨프(Welf)와 호엔슈타우펜(Hohenstaufen) 왕조 사이의 분쟁에 내 이익을 위해 끼어들었다.

사자왕 리처드는 본래 나의 친구이자 동맹자였지만, 우리의 "상호 이익" 관계는 제3차 십자군 전쟁의 발발과 리처드의 아버지 헨리의 죽음으로 완전히 깨졌다. 리처드는 이 전쟁을 지속하기 위해 성지에 머물렀지만, 나는 이 상황에 따른 개인적 이점을 취하기 위해 프랑스로 돌아왔다. 따라서 난 리처드가 체포되는 데 전적으로 가담하지 않았다고 볼 수는 없으며, 이것이 나의 계획을 실현할 많은 시간을 벌어주었다.

리처드의 석방 이후, 나는 그와 그리고 이후에는 그의 형제 '랙랜드(영토없는)' 존과 몇 차례 맞서 싸웠다. 1223년 내가 죽었을 때, 나는 잘 관리된 커다란 왕국을 남겼다.

Henry VI, King of Germany and Holy Roman Emperor (독일의 왕과 신성로마 제국의 황제 헨리6세)[10]

나는 유능하고 성공적이며 마찬가지로 강한 의지의 통치자로 역사에 남아있다. 사자왕 리처드와의 관계는 여기 뒤른슈타인에서의 그의 수감생활을 통해 이루어진 것인데, 이것은 나에게 매우 유리한 것으로 입증되었다. 오랜 협상 끝에 나는 리처드의 자유와 교환할 대가로 큰 몸값을 요구했을 뿐만 아니라, 나에게 충성을 맹세하도록 강요했다.

이러한 영리한 움직임으로 나는 독일 제국과 거래할 시간을 벌었다. 나는 존경받는 호엔슈타우펜(또는 슈타우퍼) 왕조의 후손이다. 권력을 잡는 데

10 여기서는 헨리6세로 표현했는데, 독일어로는 하인리히6세이다. 일반적으로 하인리히6세로 표현하고 있어 본문 서술에 있어서는 하인리히6세로 표현하였음을 밝힌다.

있어서 우리의 가장 강력한 경쟁자는 리처드를 지원했던 웰프(Welf) 가문이었다. 리처드가 석방된 이후 나는 시칠리아의 왕이 되는 데 성공했다. 나는 1197년 메시나에서 죽음을 맞이했기에, 단지 짧은 시간 동안만 승리를 즐길 수 있었다.

사자왕 리처드의 어머니인 엘레오노르는 본래 프랑스 사람으로 프랑스의 루이7세와 결혼했었다. 그후 이혼하고 다시 엘레오노르는 영국의 헨리2세와 결혼한 것이다.[11] 〈사진 3〉의 설명에서는 영국의 왕이 된 사자왕 리처드와 프랑스 왕인 자신과의 분쟁을 해명하고 있다. 분명한 것은 프랑스 필립2세는 영토확장을 필생의 목표로 하여 수단방법을 가리지 않고 그것을 실현했다는 점이다. 본래 사자왕 리처드는 어머니의 영지였던 프랑스 아키텐 지방을 중심으로 프랑스 전역에 광대한 영지를 갖고 있었다. 필립2세는 사자왕 리처드가 없는 틈을 노려 이 영지들을 빼앗기 위해 갑자기 십자군원정에서 회군했으며,[12] 아울러 사자왕 리처드의 체포 감금에 일조하고 존왕을 형과 이간질시키는 데에도 지속적으로 간여했다. 결국 이 전략은 성공하여 필립2세는 영국왕이 갖고 있던 프랑스 내의 영지 대부분을 차지하였다.

사자왕 리처드는 뒤른슈타인에 감금된 후 트리펠스(Trifels)성으로 옮겨졌다.[13] 하인리히6세는 석방 몸값으로만 15만 은하 마르크를 요구

11 프랑스 루이 7세는 뒤에 세 번째 부인인 상파뉴의 아델라 사이에서 존엄왕 필립2세를 낳았다. 루이 7세가 그 이전 엘레오노르를 포함하여 두 명의 前부인에게서는 몇십 년 동안 후계자를 얻지 못한 상황이었다. 존엄왕 필립2세는 사자왕 리처드보다 여덟 살 어렸다. 처음에는 이 둘은 동성애자 관계였을 정도로 친했다고 한다(제임스 레스턴, 앞의 책, 100쪽). 그러나 한 명은 프랑스의 카페 왕가를 이끌어야 하고, 한 명은 영국의 플랜태저넷 왕가를 이끌어야 한다. 더욱이 영국의 플랜태저넷 왕가는 프랑스에 많은 영지를 소유하고 있었다. 결국 이 두 왕가는 서로 경쟁할 수밖에 없었다(앙드레 모루아, 앞의 책, 146-162쪽).

12 독일측 기록에는 사자왕 리처드의 오만을 참을 수 없었던 것이 이유라고 쓰여 있다고 한다. 영국인의 기록에는 플랑드로 백작이 전사했으므로 플랑드르 백작령을 침략할 좋은 기회라고 여겨 귀국을 서둘렀다고 쓰여 있다고 한다(시오노 나나미, 앞의 책, 110-111쪽). 여기에 대해 시오노 나나미는 단호하게 필립2세의 영토확장이라는 관점에서 설명하고 있다.

13 머리말에 제시한 지도를 참조할 수 있다.

했다.[14] 당시 좋은 말 한 마리가 3마르크였다는 것을 고려하면, 이는 엄청난 몸값이었다. 결국 리처드는 이 몸값을 내고 석방되었다. 〈사진 4〉는 하인리히6세가 이것을 해명하고 있는 것이다.

〈사진 5〉 레오폴드 5세 공작

〈사진 6〉 블롱델 드 네슬

사자왕 리처드의 체포에 결정적으로 기여한 인물이 오스트리아 레오폴드 공작이다. 앞서 언급했듯이 그는 십자군 원정 도중 '붉은 수염' 신성로마제국 프리드리히 황제가 급사하자, 대신 독일군을 지휘한 자이다. 3차 십자군이 예루살렘 근처 요충지 아크레(Acre)를 함락하였다. 이때 함락을 기념하는 깃발이 성 위에 걸렸을 때, 왕이 참전한 영국과 프랑스 깃발과 함께 레오폴드 공작은 자신의 깃발을 달았다. 그러나 사자왕 리처드에 의해 왕이 아니라는 이유로 레오폴드 공작 깃발은 철거되었다. 이 사건으로 레오폴드 공작은 십자군에서 철수했으며, 사자왕 리처드에게 원한을 갖게 되었다. 〈사진 5〉에 제시된 설명은 다음과 같다.

---

14 이 액수는 본 전시물에 설명되어 있는 것을 옮긴 것인데, 제임스 레스턴은 은1만 마르크라고 말하고 있다(제임스 레스턴, 앞의 책, 466쪽). 한편 앙드레 모루아는 10만 파운드라고 말하고 있다(앙드레 모루아, 앞의 책, 152쪽).

Babenberg Duke Leopold V (바벤베르크 공작 레오폴드 5세)

나는 아크레의 성벽 앞에서 리처드 왕의 손에 부상을 입은 것에 분명히 모욕을 당했다. 자기 동맹국의 기준을 훼손하는 것은 옳지 않다. 사실, 나에게 감정은 리처드의 체포와 거의 관련이 없다. 나는 오히려 큰 몸값을 받길 원한다. 그런 유명한 수감자는 언제가 가치가 있는 것이다. 그리고 리처드는 나의 원수인 하인리히 사자공(Henry the Lion)의 처남(또는 매형)이다. 황제는 나의 현명한 행동에 대해 감사하게 생각하지만, 반면에 교황은 아마도 다르게 볼 것이다.[15]

이상으로 사자왕 리처드를 둘러싼 대표적인 네 사람(존왕, 필립2세, 하인리히6세, 레로폴드공작)이 등장하여, 자신의 생각을 해명하는 방식으로 산길을 오르는 길 옆에 구조물의 형태로 세워져 있다. 물론 이들 4명은 다음에도 다시 한번씩 더 나온다. 그러나 이에 대한 주요한 내용은 이미 위에서 설명하는 가운데 제시되었기 때문에 지면 관계상 생략한다.

사자왕 리처드가 체포된 것은 위의 주요한 몇 사람을 제외하면 철저히 비밀에 부쳐졌다고 한다. 그런데 사자왕 리처드가 아주 외진 장소인 오스트리아 뒤른슈타인 성에 감금되었다는 것이 어떻게 세상에 알려졌을까? 그와 관련된 이야기의 주인공이 〈사진 6〉의 블롱델이다. 설명은 다음과 같이 되어 있다.

Blondel de Nesle (블롱델 드 네슬)

전설에 따르면, 나는 사자왕 리처드의 해방에 중요한 역할을 했다. 사자왕 리처드와 그의 헌신적인 민스트럴(음유시인/음악가) 블롱델에 관한 이야기는 모든 이가 알고 있다:

리처드의 체포 소식을 접하고 나서, 나는 내 류트(기타 같은 현악기)를

15 교황의 권유에 응해서 십자군원정을 간 것이었고, 그 전쟁에서 가장 뛰어난 업적을 남긴 사람은 사자왕 리처드였다. 따라서 사자왕 리처드의 감금을 알았다면, 교황은 그 사건을 자신에 대한 배신으로 생각하였을 것이다. 설명문에서 '반면에 교황은 아마도 다르게 볼 것이다'는 이것을 말하는 것이다.

들고 성에서 성으로 찾아 헤맸으며, 우리가 가장 좋아했던 노래를 온 길을 따라 노래했다. 마침내 뒤른슈타인 성의 지하 감옥의 벽으로부터 내 주인의 목소리가 울려 퍼질 때 나의 마지막 목표를 달성했다. 나는 또한 그의 석방에도 많은 기여를 했다. 불행히도 이것은 단지 매력적인 전설일 뿐이다. 실제로는 내가 누구였는지, 심지어 리처드를 알기라도 했는지는 불분명하다.

나는 아마도 프랑스 귀족 네슬 가문의 제한(Jehan)일지도 모른다. 나는 자주 블롱델 드 네슬이라는 이름으로 인용되었으며, 내 노래는 매우 유명했었다. 만약에 내가 제한 1세가 맞다면, 나는 아마도 제3차 십자군 원정에 참가했을 것이며, 아마도 나와 같은 나이였을 리처드를 만났을 것이다.

이것이 결코 확실하지 않은 반면, 민스트럴(음유시인/음악가) 노래의 전설은 리처드의 가문에서 대대로 전해져 내려오는 것이다. 이것이 나의 이야기가 오늘날까지도 전해지는 이유 중 하나이다.

현재 전해지기로는 음악을 같이 했던 블롱델이 갑자기 사라진 사자왕 리처드를 찾기 위해 악기를 들고 유럽을 돌면서 노래를 했고, 극적으로 뒤른슈타인 성에서 연주하며 노래할 때에 리처드의 답가가 들려서 알려지게 되었다고 한다. 위의 설명에서도 밝혔듯이 이것은 일종의 전설적인 이야기인데, 너무나 사자왕 리처드가 유명하고 그의 갑작스런 행발불명도 화제였기 때문에 이러한 전설이 창출되었을 것이다.[16]

---

16 사자왕 리처드는 흔히 사자심왕(lionheart)으로 불린다. 이는 뒤른슈타인에 갇혔을 때의 신화적 이야기가 만들어낸 것이다. 레오폴드 공작에게는 아름다운 딸이 있었다. 그녀는 리처드를 사랑했다. 리처드를 죽이려고 감옥 속에 사자를 넣는 계획이 알려지자, 놀란 딸은 리처드의 탈출을 도와주려고 했다. 그러나 리처드는 단지 그녀가 좋아하는 향수 비단 스카프 마흔 장을 준비해 달라고 했다. 정해진 날에 감옥의 문이 활짝 열렸고, 리처드는 공주의 스카프를 전부 팔에 두른 채 사자와의 싸움을 준비했다. 사자가 공격하자 리처드는 사자의 턱을 공격한 뒤, 스카프로 둘러맨 자신의 팔을 사자의 목안으로 집어 넣어 사자의 심장을 꺼냈다. 전설에 따르면 그는 잠시 멈춰 신에게 경건하게 감사를 표했으며, 사악한 공작의 연회 식탁으로 걸어가 그 앞에서 사자의 심장을 높이 들어 접시 닭는 행주를 짜듯이 그 피를 쥐어짠 후 거기에 소금을 치고는 먹어 치웠다. 사자심왕이라는 전설은 이렇게 나온 것이다(제임스 레스턴, 앞의 책, 461-462쪽).

(2) 제3차 십자군 관련 구조물

〈사진 7〉 십자군 전쟁의 시작

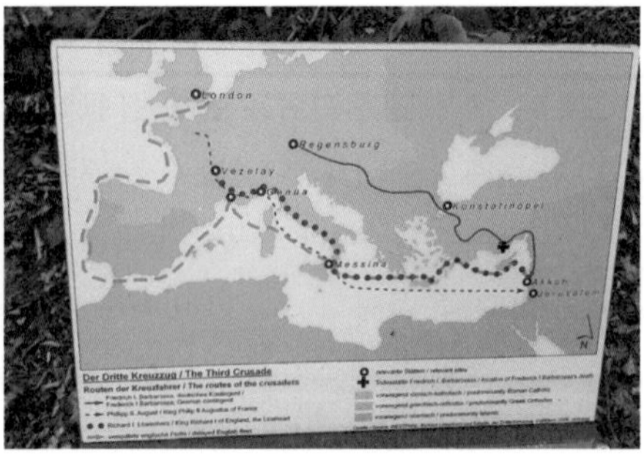

〈사진 8〉 사자왕 리처드와 제3차 십자군

사자왕 리처드는 제3차 십자군의 영웅이었다. 따라서 처음에는 사자왕 리처드의 체포와 감금 관련 인물들이 등장하지만, 다음으로는 십자군 전쟁 설명과 특히 사자왕 리처드가 관련되었던 제3차 십자군 전쟁을 소개하고 있다. 〈사진 7〉과 〈사진 8〉에 쓰여진 설명을 제시하면 다음과 같다.

The beginning of the crusading movement (십자군 전쟁의 시작)

다른 어떤 사건보다도 십자군 원정은 중세시대의 역사에 큰 영향을 끼쳤다.

배경: 근동, 성지 - 유대인, 기독교인 그리고 무슬림의 성스러운 장소가 이곳에 위치해 있다. 중세시대에 유럽의 순례자들은 성스러운 장소로, 특히 중요한 예루살렘의 성묘로 몰려든다. 무슬림 통치자들은 처음에는 이러한 발전을 용인하고, 11세기 중반에 상황이 바뀔 때까지 여행과 무역 및 지식 이전이 계속되는 활발한 교류를 한다.

1095: 클레르몽의 의회에서 교황 우르바노(Urban) 2세는 성지의 극적인 상황묘사를 전달한다. 그는 십자군을 요청한다. 이교도와 싸우는 자들은 교회의 보호를 받을 것이다. 그렇게 행한 자들은 순교자로 죽을 것이다. 그의 말에 귀를 기울이던 대중은 불같은 연설을 중단시키며 울부짖는다: “그것은 하나님의 뜻이다!” 11세기 말과 13세기 말 사이에 셀 수 없을 정도의

크고 작은 십자군이 만들어지고, 모든 사회 계급의 수십만 명이 성지를 향해 나섰다.

Richard the Lionheart and the Third crusade (사자왕 리처드와 제3차 십자군)

1189년 붉은 수염 신성로마제국 프리드리히 바르바로사 황제(Frederick Barbarossa), 영국의 왕인 리처드 1세(사자왕) 그리고 프랑스의 왕인 필립 2세 아우구스투스는 예루살렘을 되찾기 위해 출발했다. 제3차 십자군이 진행 중이며, 적은 술탄 살라딘이다. 리처드와 필립 사이의 불화가 처음부터 혼란의 원인이다. 그들은 함께 출발했지만, 곧 긴장이 고조된다. 필립은 리처드가 사이프러스의 섬에 있는 나바라의 베렝가리아(Berengaria of Navarre)와 결혼한 것에 격분했다. 리처드는 이 결혼을 위해서 필립의 이복동생인 앨리스(Alys)와의 약혼을 파해야 했으며, 이는 프랑스 왕에게는 심한 모욕이었다. 한편, 성지에 도착하기 전에 프리드리히 황제는 소아시아(Asia Minor)에 있는 살레프(Saleph) 강에서 막막한 상황에 빠져든다.[17] 리처드와 필립 사이의 불화는 도시 아크레(Acre)에 도착하기 전에 정점에 다다르고, 필립은 떠난다. 아크레의 정복 후에 리처드와 "스타덤"(stardom) 사이에는 아무 관련도 드러나지 않는다.[18] "왕은 엄청난 육체적 힘을 가졌고, 용기를 발휘하며 불굴의 의지를 굽히지 않았다; 그는 이전의 전투들을 통해 이미 큰 명성을 얻었다. 그는 위엄과 권력에서 프랑스의 왕보다 열등했지만, 그보다 더 많은 재산을 손에 넣었고, 전쟁에서 더 많은 용기와 경험을 얻었다."(무슬림 연대기 작가 바하 알 딘(Baha al-Din)이 사자왕에 대해 쓴 글, 재인용 및 번역: 레진 페르노드(Regine Pernoud), '목격자 증언에 따른 십자군', 뒤셀도르프 1961, 323쪽)

---

17 주 10)에서 언급한 프리드리히 황제의 급사를 말한다. 그런데 사고가 난 강을 시오노 나나미는 『십자군이야기』에서 살레프강이 아니라 괴크스강으로 표현하였다(시오노 나나미, 앞의 책, 66쪽).

18 필립 2세는 사자왕 리처드가 이슬람 암살테러조직인 스타덤과 제휴하여 모략을 꾸몄다는 의혹을 제기한 바 있다. 그러나 이것은 나중에 무고로 드러나는데, 이 서술은 그것을 말하는 것이다.

위의 내용들은 역사적으로 실제 인정되는 것들을 인용하여 설명한 것이므로 부가적인 설명은 생략하고자 한다. 한 가지 첨언할 것은 십자군 원정은 “그것은 하나님의 뜻이다!”라는 교황의 강한 메시지에서 시작되었다는 점이다. 〈사진 7〉의 마지막 설명은 그것을 말해주는 것이다. 이 교황의 메시지를 시오노 나나미는 자신의 『십자군 이야기』 첫 권 제목에서 “신이 그것을 바라신다”라고 표현하였다.

그런데 제3차 십자군은 조연급 인물을 삭제한다면 단연 주연은 십자군세력에서는 사자왕 리처드이고, 이슬람세력에서는 술탄 살라딘이었다. 둘다 다시 출현하기 어려운 시대의 영웅이었다. 그야말로 “신이 그것을 바라신다!”와 “알라는 위대하다!”의 대결이었다. 이에 대한 사진과 설명을 제시하면 다음과 같다.

〈사진 9〉 술탄 살라딘

〈사진 10〉 살라딘과 사자왕의 대결

Sultan Saladin the Great (술탄 살라딘 대제)

1137년 또는 1138년에 나는 오늘날 이라크라고 알려진 지역에서 태어났다. 나는 쿠르드족 가정 출신이다. 오늘날까지 많은 무슬림들은 나를 자유와 정의의 상징으로 바라본다. 내 이름은 영어로 번역하면 믿음의 명예 혹은 종교의 신뢰라는 뜻을 가지고 있다. 역사가들은 (심지어 기독교인들도) 나에 관해 십자군에 맞서 근동(Near East)과 중동의 분열된 사람들을 단결시킨 정의롭고 현명한 통치자라고 말한다.

1187년 예루살렘의 재정복으로, 비록 이것이 제3차 십자군원정을 촉발시키기는 했지만, 나는 나의 가장 위대한 승리를 자축했다. 사자왕 리처드는 내가 인정하는 그리고 눈을 마주보고 협상할 수 있는 가장 가치 있는 상대였다. 내가 도시 아크레(Acre)를 리처드에게 빼앗겼을 때에도, 예루살렘은 계속 유지할 수 있었다. 이 사실이 내 평판에 해를 가하지 않았으며, 따라서 심지어 극작가 고트홀드 레싱(Gotthold Lessing)도 그의 작품 '현자 나탄'에서 나를 문학적으로 칭송했던 것이다.

Richard I, the Lionheart, portrayed as the hero of a fictitious tournament with Sultan Saladin (사자왕 리처드 1세, 술탄 살라딘과의 가상의 쟁탈전에서 영웅으로 묘사됨)

리처드의 엄청난 잔인함은 그의 영웅적 이미지를 손상시키지 않은 것으로 보인다. 술탄이 몸값 지불을 연기할 때, 리처드는 단호한 반응을 보인다: "오후에 〔…〕 그는 약 2,700명의 무슬림을 사슬에 묶어 아크레의 성벽 앞에 세워놓고 그들에게 즉시 죽임을 당하라고 명령했다. 무시무시한 대학살이 뒤따랐다. 〔…〕"(인용 및 번역: 로버트-타렉 피셔, 사자앙 리처드 1세 1157-1199; 보할라 출판사, 빈 쾰른 바이마르 2006, 146쪽)

예루살렘은 재정복되지 않았지만, 기독교인들은 이 도시를 방문할 수는 있었다. 리처드는 술탄 살라딘과의 휴전에 동의한다.

반면에 필립 2세는 리처드를 이용하여 프랑스에서의 권력을 통합했다. 아크레(Acre) 포위군의 최고책임자 중 하나인 오스트리아의 공작 레오폴드 5세는 비슷한 방식으로 전리품을 소유하고 있는 영국의 왕을 따라 갔다. 그는 자신의 깃발을 내걸고, 승리에 있어서 자신의 몫을 요구하기 위해 나타났다. 그러나 리처드 왕의 명령에 의해 공작의 깃발은 흙탕으로 던져져 짓밟혔다, 이것은 그에게는 모욕이었다. 왕에게 몹시 격분했지만, 공작은 복수의 기회가 없었기에 그 상처에 대한 분노를 감추고 말았다(인용, 웨스트팔 윌프리드, 사자왕 리처드와 살라딘, 토르벡 출판사 158/159쪽).

살라딘과 사자왕 리처드에 대한 전기를 썼던 제임스 레스턴은 살라딘의 위대함을 오늘날의 상황으로 비유하여 설명하고 있다. 즉 오늘날까지 살라딘은 이슬람세계의 가장 뛰어난 영웅으로 사람들의 기억 속에 남아 있다는 것이다. 그 결과 오늘날 이스라엘과의 항거가 일어날 때 군중들이 모이는 장소는 살라딘 동상 앞이라는 것이다. 그리고 모든 기념일에는 팔레스타인 사람들은 살라딘의 초상화를 들고 행진한다는 것이다.[19] 제임스 레스턴과 시오노 나나미의 저서에는 사자왕 리처드와 함께, 살라딘에 대한 뛰어난 군사적 전략과 훌륭한 인간적인 품성에 대한 서술이 넘쳐나고 있다. 〈사진 10〉은 앞에서도 설명한 바 있지만, 오스트리아 레오폴드 공작이 사자왕 리처드에게 원한을 갖게 되는 일화를 소개하고 있다.

(3) 사자왕 리처드에 대한 후세의 활용과 관련된 구조물

사자왕 리처드의 일생은 너무나도 극적이었기 때문에 후세에 많은 작품으로 만들어졌다. 영화, 문학작품이 대표적이다. 이에 대한 사진과 설명을 제시하면 다음과 같다.

〈사진 11〉 영화 속의 사자왕

〈사진 12〉 문학작품 속의 사자왕

Richard the Lionheart in films (영화 속의 사자왕)

사자왕이라는 주제 그리고 특히 로빈 후드와 관련된 전설은 수많은 영화제작의 토대를 제공한다. 작은 예를 들면 아래와 같다:

19 제임스 레스턴, 앞의 책, 5-6쪽

- 1938 – 〈로빈 후드의 모험〉: 애롤 플라인. 최우수 감독 오스카상, 최우수 편집상, 최우수 원본상
- 1973 – 월트 디즈니의 〈로빈 후드〉는 그 전설의 가장 유명한 애니메이션 버전이다. 다양한 캐릭터가 동물들에 의해 표현되는데, 예를 들어 로빈 후드와 메이드 마리안은 여우, 왕자 존은 사자와 같은 식이다.
- 1991 – 〈의적 로빈 후드〉, 케빈 코스트너(로빈후드), 알란 릭맨(노팅엄의 보안관), 숀 코너리(사자왕 리처드) 그리고 모건 프리먼(로빈후드와 동행하는 무어인)
- 2006 – 영국 TV 시리즈 〈로빈 후드〉의 초연, BBC가 제작하고 로빈 후드의 현대판을 제공한다.
- 2010 – 러셀 크로우가 주연을 하고 리들리 스콧이 감독한 〈로빈 후드〉라는 제목의 새로운 영화는 전설적인 인물의 가상의 초기역사를 제공한다. 12세기의 역사적인 인물들과 사건들이 이 영화의 줄거리에 통합되었다.

Richard the Lionheart, reception in literature (문학 작품에서의 사자왕 리처드)

연극 〈왕 존〉은 윌리엄 셰익스피어가 16세기에 썼다. '랙랜드(영토없는)' 존에 관한 것이지만, 사자왕 리처드가 분명히 이야기의 중요한 부분을 담당한다. 〈안로이의 이야기〉(Contes anlois)라는 제목의 이 소설은 18세기 동안 마리-장 헤르티어 드 빌리아돈(Marie-Jeanne I'Heritier de Villandon)에 의해 쓰여졌다. 다른 작품으로는 펠릭스 단(Felix Dahn)이 쓴 발라드 〈왕 리처드와 블롱델〉(1857) 그리고 프란츠 카임(Franz Keim)이 쓴 연극 〈뒤른슈타인의 집사〉가 있다. 루드비히 우란드(Ludwig Uhland)와 하인리히 하이네(Heinrich Heine)는 그들의 서정시에서 전설을 그렸다.

> 숲 속의 고독한 동굴을 통해서
> 맹렬한 속도로 기수 한명이 뛰어 온다:
> 그는 경적을 울리고, 노래하고, 웃으며,
> 기쁨과 환희로 가득한 마음으로.

그의 갑옷은 가장 강한 강철이고,
그의 용기는 더욱 강해진다:
그는 사자왕 리처드다,
기독교 기사의 꽃이다.
"영국에 온 걸 환영한다"고 외치는
녹색의 혀가 있는 나무들,
"우리는 기쁩니다, 오 왕이여
오스트리아의 지하 감독에서 그대가 풀려나니."
신선한 공기는 고귀한 왕이 되고,
그는 갓 태어난 아기처럼 느낀다,
그는 오스트리아 성의 냄새를 회상하고,
그리고 그의 박차를 말에 끼운다.
(하인리히 하이네의 시, R. 슐라브의 번역)

그런데 사자왕 리처드는 자신이 유명한 음유시인이기도 했다. 따라서 그는 작곡도 남겼다. 그리고 이러한 음악적 재능 때문에 후세에 음악 차원에서도 사자왕 리처드는 활용되었다. 이에 대한 사진과 설명문을 제시하면 다음과 같다.

〈사진 13〉 음악에서의 사자왕 리처드

〈사진 14〉 음유시인으로서의 사자왕

Richard the Lionheart, reception in music (음악에서의 사자왕 리처드)

〈사자왕 리처드의 활약〉이라는 앙드레 어니스트 모데스트 그레트리(Andre Ernest-Modeste Gretry)의 오페라의 초연은 1784년 파리에서 열렸다. 무대에 올리기 적당한 버전의 마지막 대본에는 블롱델이 리처드의 부하들과 성 (듀른슈타인 또는 트리펠 성)을 공격하여 왕을 해방시키는 내용이 들어 있다. 게오르크 프리드리히 헨델(Georg Frideric Handel)과 게오르그 필립 텔레만(Georg Philipp Telemann)도 리처드 왕에 관한 오페라를 작곡했다. 텔레만의 오페라는 더 이상 존재하지 않지만, 헨델의 〈리카르도 프리모〉(Riccardo Primo)는 1727년 11월 11일 런던의 킹스 씨어터(King's Theatre)에서 초연했다.

블롱델과 사자왕을 둘러싼 이야기는 19세기에 인기가 많았다. 예를 들어 '블롱델의 노래'를 위해 로버트 슈만(Robert Schuman)이 작곡한 음악인데, 이는 19세기 초에 요한 가브레일 자이델(Johann Gabriel Seidel)이라는 시인이 쓴 시를 바탕으로 하고 있다.

록 오페라(rock opera) '블롱델(Blondel)'은 1983-84 시즌에 런던에서 성공적으로 초연되었다. 이 텍스트는 '예수 그리스도의 슈퍼스타'를 책임졌던 팀 라이스(Tim Rice)가 썼다.

Richard the Lionheart as a troubadour (음유시인으로서 사자왕)

사자왕 자신도 시를 쓰려고 시도했다:

감옥에 갇혀 있는 자는 그의 목적을 잘 알 수 없다
교묘히 고통스럽게도 그는 고통을 느끼지 못할 듯이;
하지만 그를 위로하기 위해서, 그는 노래를 쓸 수 있다.
나는 많은 친구들이 있지만, 모든 선물은 모두 가난하다;
그들은 지금 몸값을 요구하는 걸 부끄러워 할 것이다,
나는 두 겨울 감옥에 갇혀 있었다.
내 부하들과 남작들을 잘 알고 있다;
영국인, 노르만족, 가스콘스, 포이비스,
나는 동행이 없고, 그가 비록 가난해도,

그를 포기하고, 그를 감옥에 가두는 것을
나는 이것을 비난하기 위해서만 말하지는 것이 아니다
그러나 여전히, 나는 감독에 갇혀있다.

(사자왕의 노래, 1193~1194년 독일의 트리펠스 성의 감독에 갇혀 있는 동안 작곡, 총 6개의 절 중 첫 번째와 두 번째 절, 제임스 H. 도날슨의 번역)

리처드가 쓴 것으로 알려진 이 노래는 아마도 트리펠스 성의 감독에 갇혀 있는 동안 썼을 것이다. 여기서 리처드는 그의 신하의 도움 부족을 불평한다.

역사문화콘텐츠 활용의 핵심은 고전 및 문화원형을 다양한 형태로 변용해 고부가 가치를 창출하는 것, 즉 OSMU(one source multi use)라고 생각한다. 위에 보이듯이 사자왕 리처드의 경우에도 영화, 애니메이션, TV드라마, 소설과 시, 연극, 오페라, 음악 등 다양한 장르로 활용되고 있다. 실제 현대 문화콘텐츠 활용을 보면 고전작품이나 주요 원형주제에 대하여 끊임없이 다양한 장르의 작품이 창출되는데, 이것은 먼저 정확한 사실적 스토리텔링에 근거하여 다양한 상상력과 창의력을 결합한 문화콘텐츠 활용 작품인 것이다. 여기에 대해서는 역사가들의 인식의 전환도 필요하다. 역사소재를 대상으로 다양한 OSMU 작품을 창출하는 자들도 기본적으로 역사학의 동료로 바라보는 시각이 필요하다고 생각한다. 즉 그들도 역사학의 동업자이며, 역사를 활용한 다양한 OSMU 작품도 크게 보아 역사적 저작물인 것이다.[20]

태조 왕건 관련 역사문화콘텐츠화 전략을 위한 시사점

뒤른슈타인 고성 유적에 설치된 구조물들은 대략 30가지가 된다. 따라

20 이러한 시각에 대한 자세한 설명은 다음을 참조. 김기덕, 「영상역사학: 역사학의 확장과 책무」, 『역사학보』 200, 역사학회, 2008.

서 본 글에서는 절반 정도를 소개한 셈이다. 소개하지 못한 부분은 중세 사회 및 그 시대 뒤른슈타인 설명, 석방 후의 사자왕 리처드 및 사자왕 리처드의 최후, 로빈후드 전설 및 뒤른슈타인 성곽유적지의 역사 등이다. 이것에 대해서는 지면관계상 생략하고자 한다.

뒤른슈타인 고성 유적은 일종의 지역문화콘텐츠라고 할 수 있다. 지역문화는 지방자치단체 행정구역 또는 공통의 역사적·문화적 정체성을 이루고 있는 지역을 기반으로 하는 문화유산, 문화예술, 생활문화, 문화산업 및 이와 관련된 유형·무형의 문화적 활동을 말한다(2014년 제정된 「지역문화진흥법」 제2조). 이러한 지역문화의 다양한 활용을 지역문화콘텐츠라고 할 수 있다. 지역이 균등하게 발전하기 위해서는 지역학과 지역문화의 콘텐츠화에 더 많은 관심을 가져야 할 것이다. 지역은 우리네 삶의 공간이며, 그 문화는 삶의 방식이기 때문이다.[21]

최근 지역문화콘텐츠 개발에서 '길'과 관련된 다양한 시도가 주목된다. 제주 올레길의 성공을 기점으로 경기도의 역사문화탐방로로서의 '경기옛길', 생태관광으로서의 '산막이 옛길 및 충청도 양반길', 역사의 아픔을 넘어 새로운 내일을 열고자 하는 광주의 '오월길'을 위시하여 셀 수 없을 만큼 많은 다양한 '길' 콘텐츠가 생태·환경 및 역사문화 차원에서 전국적으로 시도되고 있다.

길을 걷다 보면 과거를 회상하는데, 다른 매체보다도 더 생생함과 지속성을 경험할 수 있다. 길은 개인의 기억을 넘어 집단의 기억을 간직하고 있다는 점에서, 고유의 아우라를 경험케 해주는 상징적 의미를 갖는다. 그리고 걷기는 또한 비우기다. 누구라도 걷기를 통해 신체적 평안함에 들면, 그 느낌이 넘쳐 세계의 일부를 껴안을 때가 종종 있다. 그래서 걷기는 사람들에게 가장 편안한 내면으로의 여행이다. 이처럼 길은 기억의 매체이자 치유의 매체이기도 하기 때문에, 현대인이 가장 좋아하는 콘텐츠가 되었다.[22]

21 이남희, 「지역문화콘텐츠 구축과 디지털 지역학」, 『인문콘텐츠』 47, 2017, 9-18쪽.

22 심승구, 「옛길을 통해본 기억과 망각의 저편: 미래 경기를 위한 서곡」, 『2017 경기옛길 학

본 글의 분석 대상인 대구 달성군은 무엇보다 '태조 왕건'과 관련된 다양한 전쟁유적이 있다. 이미 역사적으로 잘 알려져 있듯이, 고려는 918년 건국 이후 936년 통일까지 백제와 수 많은 전투를 치루어야 했다. 이 과정에서 927년 견훤의 침입을 받은 신라를 구원하기 위해 달려온 왕건은 대구 지역 공산(팔공산) 동수(桐藪) 전투에서 견훤에게 크게 참패하여 개국공신 신숭겸(申崇謙)과 김락(金樂) 등의 장수를 잃고 겨우 몸만 빠져 나왔다. 동수대전에서 신숭겸, 김락 등 8명의 충성스러운 장수가 순절했다고 해서 후일 '공산'을 '팔공산(八公山)'이라고 부르게 되었다고 전하기도 한다.[23] 이후 태조는 재기를 노리며 대구에서의 패전을 거울삼아 고창(안동)전투, 운주(홍성)전투 등에서 연거푸 승전한다. 이윽고 마지막 결전인 오늘날 경북 구미지역의 일리천 전투에서 후백제 신검(神劍)의 군대를 크게 물리치고 고려의 통일을 달성하였다.[24]

때문에 이 지역은 왕건과 관련된 지명과 유적지가 많이 남아 있다. 팔공산~금호강~앞산~낙동강으로 이어지는 왕건의 도주로를 따라 수 많은 전설과 설화가 전해온다. 전국에서 이 이 지역만큼 왕건의 스토리가 많은 곳은 없다. 그동안 조사된 바로는 무태(無怠)·살내〔箭灘〕·연경동(硏經洞)·지묘동(智妙洞)·파군재〔破軍峙〕·일인석(一人石)·독좌암(獨坐巖)·불로동(不老洞)·시량이(시랑리)〔失王里〕·안심(安心)·해안(解顔)·반야월(半夜月)·은적사(隱迹寺)·안일사(安逸寺)·왕산(王山)·왕굴(王窟)·임휴사(臨休寺)·왕선재(왕쉰재)·대왕재·대왕암·돈지봉 등 관련된 흔적들이 많이 남아 있다.[25]

대구 동구청은 이같은 역사적 배경을 바탕으로 2000년에 '팔공고려문화제전'을 열고 왕건과 신숭겸 등을 연극 속에 부활시키기도 했다.

술토론회자료집』, 경기문화재단, 2017. 11. 30, 97-98쪽.

23 류영철, 『고려와 後百濟의 爭覇過程 硏究』, 영남대 대학원 사학과 박사학위논문, 1998; 신성재, 「고려와 후백제의 공산전투」, 『한국중세사연구』 34, 한국중세사학회, 2012.

24 류영철, 「一利川戰鬪와 後百濟의 敗亡」, 『大丘史學』 63, 大丘史學會, 2001.

25 김정석, 「대구 곳곳 남아 있는 '왕건 탈출로'… 지금은」, 『중앙일보』, 2017. 12. 2; 「살내·반야월·파군재… 대구 곳곳 왕건의 흔적 따라가보니」, 『중앙일보』, 2017. 12. 8.

최근 몇년 전부터는 걷기 열풍을 타고 '왕건 길'을 조성한 뒤 선을 보였다. 대구 남구청도 2012년 '앞산 자락길 스토리텔링 사업'을 벌여 앞산에 얽힌 왕건이야기를 소설로 펴내기도 했다. 1천100년 전 스토리를 다시 살려내 시민에게 알리고, 그 길을 관광자원화하는 건 바람직하다고 보여진다. 특히 태조 왕건의 대구탈출로를 탐색하는 과정은 이미 상당한 연구축적을 이루었다.[26]

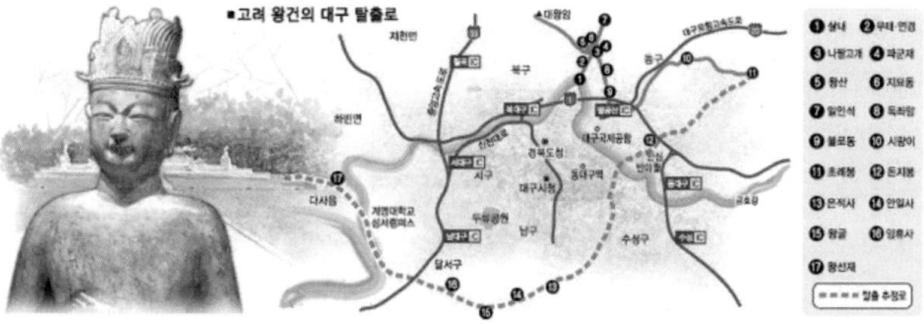

〈그림 1〉 고려왕건의 대구 탈출로(박진관, 앞의 글, 2013)

필자는 아직 '팔공산 왕건길'을 비롯하여 달성군의 다양한 왕건 유적지를 답사하지 못하였다. 따라서 본 글에서는 이 값진 유적이 몇몇 관심 있는 지역 인사뿐만 아니라 역사문화적 관점에서 누구나 한번쯤 걷고 싶고, 보고 싶은 '역사의 길'로 재단장되기 위한 구체적 방안을 제시하지 못하는 한계가 있다.[27] 다만 앞에서 언급한 오스트리아 뒤른슈타인 '사자왕 리처드' 역사문화콘텐츠 구축사례는 주인공이 뛰어난 장군이면서 왕이라는 점, 그리고 똑같은 '길' 콘텐츠라는 점에서 몇 가지 시사점을 도출해 볼 수 있을 것으로 생각한다.

26 박진관, 「"견훤의 추격을 따돌려라"… 팔공산~금호강~앞산~낙동강 '필사의 대장정'」, 『위클리포유』, 2013. 4. 26; 박진관, 「고려태조 왕건은 왜 대구에 왔을까: 왕건의 대구탈출로를 고증하다」, 『왕건, 그리고 고려시대 달성』, 고려건국 1100주년 기념 학술대회자료집, 2017. 11. 3, 99-106쪽.

27 답사를 통한 구체적인 보완방안은 추후 필자의 과제로 삼고자 한다. 이 점 양해를 부탁드린다.

① 마을 끝부분부터 뒤른슈타인 고성을 올라가는 산길 1km 정도를 자연스럽게 이용한 점이다. 고성이 보이는 마을 끝부분부터 시작한 것이 이채로웠다. 그것은 일상 생활과의 단절이 아니라 자연스러운 연결이었다는 점에서, 작은 부분이지만 훌륭한 기획이었다고 생각한다. 그리고 산길 한쪽 끝을 이용하여 주위를 억누르는 느낌을 전혀 주지 않게 세워 놓았으며, 필요한 경우 군데군데 구조물 옆에 쉴 수 있는 벤치를 놓아 두었다. 산길을 따라 조성된 이 구조물을 설치하기 위하여 산을 절개하거나 특별히 지형을 건드린 곳은 하나도 없었다. 구조물은 자연과 완벽하게 조화되었으며, 또한 그러한 수준에서만 조성하려고 노력하였다는 것을 알 수 있었다. 실제 답사하지 않아 자신은 없지만, 팔공산의 여러 길 중에서도 일단 어느 한 곳의 중요한 산을 선택하여, 이러한 집중적인 설명 구조물을 시도해 보는 것도 좋을 것이라고 생각한다.

② 처음 사항과 연결되는 것이지만, 구조물의 재료가 너무 저렴하면서도 심플하였다. 철 재료로 그림 대상을 만든 후 거기에 색깔을 칠하였고, 밑이나 옆에 설명문을 독일어와 영어로 제시하였다. 정말이지 최소한의 재료와 비용을 사용하고자 노력하였다는 것을 알 수 있다. 구조물의 크기도 성인 키보다 크지 않아서 감상하기에 편안한 마음이 들었다. 흔히 활용 사업을 할 경우, 부담스러울 정도로 비용이 많이 들어가는 재료와 커다란 구조물을 설치하는 경우와 대비하여 매우 바람직한 기획이라고 생각되었다.

③ 각 구조물의 설명 방식이다. 결코 정답을 제시하는 방식이 아니라, 해당 인물들이 자신의 생각을 해명하는 방식을 택하였다. 이는 열린 생각과 토론을 가능하게 하는 것으로 바람직하다고 생각한다. 그리고 중세사회나 십자군전쟁 같이 구체적인 사회상을 설명하는 경우에는 비록 간략하더라도 정확한 사실에 입각하여 서술하고자 했다. 중요한 것을 인용할 때에는 전거가 되는 책이나 논문을 설명문에 제시하기도 했다. 그리고 그 내용이 앞에서 제시한 설명에서 보여지듯이, 우리나라 일반적인 안내판처럼 단순한 서술이 아니었다. 필자가 확인하지 못했지만, 설명 내용의 수준으로 보아 아마도 이 구조물의 설명에 있어서 전문가의 자문

을 충분히 받았을 것이다.

④ 각 구조물의 설명에서 신화와 전설도 많이 차용하였다는 점이다. 이 점은 시사하는 바가 크다. 비록 정확한 역사적 사실을 가능한 담으려고 노력하되, 필요시 신화와 전설을 적절히 활용하는 것은 역사적 상상력을 높이는 데 도움이 된다고 생각한다. 실제 해당 구조물에서는 이러한 신화와 전설에 대해서는 그 점을 분명히 밝혔으며, 가능한 한 풍부하게 제시하였다. 또한 필요시 설명 끝에 〈Myth or Reality?〉라고 표현하기도 했다.

⑤ 사자왕 리처드와 관련되는 후세 활용에 대해 영화나 문학작품 그리고 음악 속에 활용된 예를 자세히 밝힌 점이다. 역사는 활용이 중요하다. 흔히 스토리텔링하면 허구적 스토리텔링을 상정한다. 그러나 사실을 조직화하여 구성한 사실적 스토리텔링의 가치를 먼저 생각해야 한다. 허구적 스토리텔링 또한 사실적 스토리텔링에서 발화하며, 사실적 스토리텔링의 폭과 깊이가 더해질수록 그것을 응용한 허구적 스토리텔링의 수준이 높아질 것이다.[28] 역사학은 기본적으로 사실에 입각한다. 역사학은 '사실'을 통해 '진실'을 말하고자 하는 것이다. 다양한 역사 활용 작품들도 진실에 대한 하나의 답변이라는 점을 인정해야 할 것이다.[29] 그리고 그러한 활용 작품들은 실제 역사학의 확장에 기여한다.

⑥ 태조 왕건에 관한 총체적인 자료집이 필요하다. 먼저 달성군과 관련된 것만이라도 모든 역사자료, 전설, 민속, 유적, 유물, 활용현황 등이 망라된 자료집이 필요하다. 물론 이 자료집은 예전 방식만이 아니라, 디지털인문학 연구방법으로 구축되어야 한다. 이제는 단순한 자료집에서 디지털 아카이브로, 그리고 디지털 아카이브도 디지털인문학 방법론으로 구축되는 시대가 되었다. 그렇게 되어야 전통시대의 역사와 문화를

28 사실적 스토리텔링과 허구적 스토리텔링, 사실적 영상과 허구적 영상의 관계에 대해서는 다음의 글을 참고할 수 있다. 김현, 「디지털인문학: 인문학과 문화콘텐츠의 상생 구도에 관한 구상」, 『인문콘텐츠』 29, 2013; 조관연, 「인문정신과 문화 영상다큐멘터리」, 『인문콘텐츠』 30, 2013.

29 김기덕·이병민, 「문화콘텐츠의 핵심원천으로서의 역사학」, 『역사학보』 224, 2014.

이해하고 활용하는 데에 도움이 될 뿐만 아니라, 콘텐츠로 활용할 수 있는 '생산재'로서의 기반을 마련할 수 있다. 영화, 애니메이션, 게임, 캐릭터, 공연, 축제 등의 산업적 활용은 이러한 디지털콘텐츠화에 기반을 두어야 다양한 사진, 영상, 지도, 도표 등의 멀티미디어 이미지로 재창조되어, 이용자의 입체적인 이해와 활용을 촉발할 수 있는 것이다.[30] 그리고 이러한 디지털인문학 방법론에 기반한 태조 왕건 디지털콘텐츠화 작업에 있어, 한국중세사학회가 주도적 역할을 담당해 주어야 한다. 외람되지만 학회 차원에서 디지털인문학에 대한 논의가 본격적으로 시도되기를 희망한다.[31]

⑦ 역사문화콘텐츠화 전략에 있어서는 역사전문가만이 아니라 향토사학자, 스토리텔링 전문가, 문화콘텐츠 기획자가 함께 협업해야 할 것이다.[32] 태조 왕건과 관련해서는 달성군의 경우 박진관 기자, 천안의 경우, 왕건 관련 역사문화콘텐츠화 전략을 잘 정리한 조한필 기자 등 각 지역에는 많은 향토사학자들이 있다. 역사전문가나 스토리텔링 전문가, 문화콘텐츠 기획자 등은 해당 지역의 지형이나 민속, 구전, 전설 등에 대한 지식이 부족할 수밖에 없다. 따라서 역사문화콘텐츠로 활용하기 위해서

---

30 이남희, 앞의 글, 13-14쪽. 디지털인문학에 대해서는 다음의 글을 참조할 수 있다. 김현, 「디지털인문학」, 『인문콘텐츠』 29, 2013; 홍정욱·김기덕, 「2014 세계디지털인문학 학술대회 및 한국의 디지털인문학」, 『인문콘텐츠』 34, 2014.

31 현재는 4차혁명시대이다. 우리는 흔히 미래를 예견한 영화에서 보여주는 많은 것들이 현재 디지털사회에서 현실화되고 있다는 것을 알고 있다. 필자가 주장하고 싶은 것은 현재 상태에서만 그 효용을 생각하여 판단하지 않아야 한다는 것이다. 앞으로 역사학연구는 디지털인문학의 방법론이 도입된다면 한단계 진보할 수 있을 것이다. 하나의 예를 들고자 한다. 역사적인 한니발의 알프스 횡단 루트를 추적하기 위한 노력은 지난 200년간 계속 진전되었다. 코끼리를 타고 직접 답사하는 고고학 실험도 시도되었으며, 기후연구를 통해 루트를 추적해 보기도 했다. 현재 한니발 알프스 루트에 대한 관심은 정보통신산업과 콘텐츠 분야로도 확장된 상태이다. 지리정보시스템(GIS)이 도입되면서 거리, 경사 등 공간적 변화를 시간의 흐름과 연계시켜 3차원 데이터베이스로 변환하는 작업이 진행되었다. 도로 건설, 트레킹 코스 개설, 자전거 경주코스 설정 등에 지역기반서비스(LBS)를 이용하고 있다. 디지털기술의 진전은 전문연구와 콘텐츠 활용의 접목을 더욱 용이하게 할 것이라고 생각한다. 한니발과 관련된 알프스 루트 추적은 다음을 참조할 수 있다. 임동욱, 「한니발의 알프스 횡단 루트 추적을 통한 스토리 자원 발굴 사례」, 『글로벌문화콘텐츠학회 학술대회발표집』, 글로벌문화콘텐츠학회, 2016.

32 조한필, 「태조 왕건의 천안 역사문화콘텐츠화 시론」, 『한국중세사연구』 48, 2016, 147쪽.

는 해당 지역의 향토사학자들의 협력이 필수적이며, 이러한 다양한 전문가들이 함께 협업하는 것이 필요하다.

⑧ 끝으로 대구 달성군 왕건 관련 활용에 있어 필자는 프랑스 테마파크 퓌뒤푸(Puy Du Fou)에서 공연하는 씨네쎄니(Cinescenie)를 벤치마킹할 것을 권한다. 퓌뒤푸는 양민학살이라는 아픈 역사의 상처를 갖고 있다. 씨네쎄니는 이 상처를 해소하기 위한 공연이다. 씨네쎄니는 철저하게 자원봉사 인원으로 만들어지고 운영되고 있다. 매회 3,000여 명이 출연자는 물론이고, 11,000명의 자원봉사자가 모두 무상으로 활동하고 있다. 물론 대구 달성군에서 처음부터 이러한 엄청난 규모의 공연을 할 수는 없겠지만, 산학관민(産學官民)의 협력체제를 구축하여 지속적인 노력을 통해 왕건과 견훤의 전투를 재현하되, 마지막에는 지역간 현대적 상생을 도모하는 상상력을 동원한 스토리텔링을 시도해 보면 어떨까 한다.[33]

맺음말

지금까지 고려 태조 왕건의 대구 달성군 역사문화콘텐츠화 전략을 모색하기 위하여, 오스트리아 뒤른슈타인 소재 '사자왕 리처드' 사례를 분석해 보고, 아울러 시사점을 도출해 보았다.[34]

본문에서 언급했듯이 뒤른슈타인 지역이 와차우 문화경관에 속해 있고, 사자왕 리처드가 감금된 고성이 마을 뒷산에 남아 있다. 물론 이 점은 다음 사진처럼 그 자체가 흥미로운 장소인 것은 분명하다.

33 퓌뒤푸와 씨네쎄니 공연에 대해서는 다음을 참조할 수 있다. 김광신, 「프랑스의 테마파크, 세상을 바꾸는 문화의 힘」, 『문화콘텐츠연구』 2, 2012. 왕건과 견훤 전투를 생각하면서 필자는 무엇보다 이 공연을 창조적으로 벤치마킹하면 어떨까 생각했음을 다시 한번 밝힌다.

34 본 글에서 양해를 구할 점은 뒤른슈타인 사자왕 리처드 관련 구조물을 설명함에 있어 주로 제임스 레스턴과 시오노 나나미의 글을 인용한 점이다. 이 두 책은 일종의 전문교양서라고 할 수 있다. 본문에서는 각주가 없으며 뒤에 참고한 참고서적이 많이 제시되어 있다. 이 경우 필자가 이 두 책이 참고한 전문연구를 다시 읽고 전거를 제시할 수는 없었다. 본 글의 성격이 엄격한 역사적 사실을 규명하는 작업은 아니라는 점을 고려해 주었으면 한다.

〈사진 15〉 와차우 문화경관

〈사진 16〉 마을에서 보이는 고성

〈사진 17〉 산정상 허물어져 있는 고성

〈사진 18〉 고성에 남아 있는 감옥 모습

그러나 고려 태조가 통일을 이루고자 노력한 달성군에도 경치가 수려하면서도 역사의 흔적이 남아 있는 장소는 많이 있다. 또한 사자왕 리처드는 매우 유명하고 뛰어난 영웅으로서 이야기거리가 많지만, 태조 왕건 역시 훌륭한 영웅이며, 그와 관련된 역사적 기록만이 아니라 수많은 전설도 남겨져 있다.

따라서 그동안 축적된 연구성과를 토대로 하여 달성군에는 왕건의 길 콘텐츠가 구축되어 있다. 비록 본 글에서는 달성군의 사례를 직접 분석하지는 못했지만, 비슷한 사례라고 할 수 있는 '사자왕 리처드'에 대한 길 콘텐츠 구축사례를 통하여 시사점을 도출해 보았다. 한 가지 더 첨언할 것은 무엇보다 대구 달성군 왕건 관련 유적은 한마디로 '전쟁사'라는 점이다. 따라서 이 지역에 대한 역사문화콘텐츠화 전략에서는 이 점을 고려해야 할 것이다. 전쟁사는 지형과 전술을 제시하며 설명되는 전쟁사가 시각적으로 제시될 수 있어야, 추후 발전된 역사문화콘텐츠 활용이 제대로 이루어질 수 있다. 이 점은 대구 달성군 대상 왕건 연구를 수행하는 연구자들도 유념해야 할 것이 아닌가 한다.[35]

끝으로 필자가 본 글에서 많이 인용한 제3차 십자군의 두 영웅인 사자왕 리처드와 술탄 살라딘에 대한 저서를 집필한 제임스 레스턴의 고백을 인용해 보고자 한다. 그는 자기 책의 서문에서, '젊은 시절에 리처드 1세를 소재로 한 세익스피어의 희곡과 스코틀랜드의 작가 월터 스콧의 역사소설에 빠졌다. 내가 자랐던 버지니아 북부의 언덕에서 나는 커다란 말이 끄는 짐마차와 비료 살포기를 타고서 이것들이 아서왕과 리처드왕의 전차를 끄는 거대한 동물들이라고 상상하며 즐거워하곤 했다. 그리고 이 언덕에서 불루리지로 저무는 태양이 바라다 보이는 지역을 아이반호가 활동했던 장소라고 상상하며 좋아했다. 나는 할리우드 영화에 등장하는 쇠 미늘 갑옷을 입은 전사들과 이들이 사랑하는 군주의 귀부인들에게 매혹되었다. 〈아이반호〉, 〈로빈후드〉, 〈리처드 왕과 십자군 전쟁〉, 〈겨울의 사자왕〉에 등장하는 배우들. 이런 로맨스들에는 놀랄만한 공통점이 있다. 실존했던 역사적 인물인 사자왕 리처드가 전설 속에 등장하는 그 자신에 미치지 못한다는 사실이 그의 매력을 떨어뜨리지는 않는다'라고 말하고 있다.[36]

이러한 제임스 레스턴의 고백은 무엇을 시사하는가? 필자는 전문적인 연구와 연구를 통한 다양한 OSMU활용은 서로를 상생시켜 주는 메시지라고 생각한다.

---

35 2017년 11월 3일 개최된 〈왕건, 그리고 고려시대 달성〉 심포지엄에서 발표된 역사학자들의 글에서 지도나 지형, 전략 등과 관련된 하나의 그림이나 사진도 제시되지 않았다. 외람되지만, 전쟁사 연구가 이렇게 진행되면 추후 바람직한 활용도 기대하기 어려울 것이라고 생각한다.

36 제임스 레스턴, 앞의 책, 6-7쪽.

5 남북의 정서적 연대와 통일문화콘텐츠 개발방향

머리말

최근의 남북한 정세는 격변하는 국제관계의 흐름속에서 다소 불안정하지만, 차후 남북간의 왕래 및 교류 확대의 가능성을 제시해주고 있다, 물론 이러한 가능성은 그 실현과정에서 오히려 분단의 불협화음과 갈등을 더욱 확대시킬 우려 또한 동시에 가지고 있다.

이러한 상황에서 현단계 필요한 노력은 정치일변도의 논의에서 벗어나 진정한 남북연대의 공동체 형성의 가능성을 다각도로 모색해보는 것이라 생각한다. 이 점이 〈코리언의 통합서사 구축과 연대의 공동체 형성〉이라는 주제의 심포지엄을 기획한 의도일 것이다. 본 글은 이러한 문제의식에서, 남북의 정서적 연대를 통한 통일문화콘텐츠 구축 방향을 모색한 글이다.

오늘날 문화콘텐츠란 개념은 대단히 광범위하게 사용되고 있다. 즉 모든 매체에 담기는 문화적 내용물(콘텐츠)을 총칭하는 용어이다. 처음에는 영화, 애니메이션, 게임, 축제, 방송 등 문화산업과 직결되는 장르에 들어가는 디지털 내용물을 의미하였지만, 현재는 교육콘텐츠나 음식

* 출전: 김기덕·김승, 「남북의 정서적 연대와 통일문화콘텐츠 개발방향」, 『통일인문학』 77, 2019.03.

콘텐츠, 강연콘텐츠처럼 모든 장르와 오프라인 차원의 내용물까지도 포괄하고 있다. 그것은 '문화'가 의미하는 영역이 사실상 대단히 광범위하기 때문이기도 할 것이다. 또한 본문에서 자세히 언급할 것이지만, 완성 제작물만이 아니라 기획단계의 원천소재 모색이나 제작물 완성 후 홍보, 마케팅까지도 문화콘텐츠의 영역에 포괄된다.

현재 남한사회에서 시도되고 있는 통일문화콘텐츠 현황은 일회성의 포럼, 공연, 전시, 이벤트 등을 제외한다고 하더라도, 통일문화축제(주최: 민족화해협력범국민협의회), 주한외국인 평화통일 스피치대회(주최: 민주평화통일자문회의), 우리가족 통일캠프(주최: 서울시), 통일문화한마당(주최: 경상남도 양산시)을 위시하여 각 지자체에서 '통일'을 내세운 범(凡) 문화콘텐츠 관련 행사들은 대단히 많다고 할 수 있다. 하지만 대부분은 일종의 통일을 주제로 한 문화행사 수준이라고 할 수 있으며, 다분히 이벤트적인 차원이라고 할 수 있다.

한편 통일문화콘텐츠라고 할 수 있는 연구업적도 아직 거의 없다고 할 수 있다. 그것은 지금까지의 국내외 정세가 이러한 주제의 연구를 견인하기에는 어려웠기 때문일 것이다. 현상황에서 통일문화콘텐츠라는 주제에 보다 직접적으로 관련되는 것으로 한정하다면 다음과 같은 연구 성과가 있다.[1] 가장 먼저 2006년 전영선의 연구는 통일문화콘텐츠의 하나로서 통일교육콘텐츠를 모색한 글이며,[2] 2010년 임옥규는 남북 역사소설을 문화산업형 콘텐츠 및 학술정보형 콘텐츠로 활용하는 방안을 제시하였다.[3]

2013년에는 두 편의 학위논문이 있었다. 이석민은 독일의 통일사례에서 문화콘텐츠의 역할을 검토한 후, 한반도 통일을 대비한 문화콘텐

1 남북한 문화 및 문화재교류나 북한에서의 한류 전파 등과 같이 주제까지 넓힌다면 훨씬 많은 연구성과가 있다. 그러나 여기에서는 일단 통일문화콘텐츠라는 의미에 직결되는 것으로 한정하여 제시하였음을 밝힌다.

2 전영선, 「남북관계 변화에 따른 통일문화콘텐츠 개발 필요성과 방향」, 『한민족문화연구』 18, 한민족문화학회, 2006.

3 임옥규, 「문화콘텐츠로서 남북 역사소설 활용방안」, 『한민족문화연구』 34, 한민족문화학회, 2010.

츠의 발전방향을 제시하였다.[4] 함재묵은 민족문화콘텐츠 원형 발굴사업의 개발 필요성과 이러한 문화원형을 활용한 한류문화콘텐츠 개발 방향을 제시하였다.[5]

한편 2016년 정진아는 통일문화콘텐츠의 한 사례로 개발한 웹툰개발 과정을 단행본으로 정리했으며,[6] 2017년에 동범준은 남북한의 문화재 법제도를 비교하고 문화콘텐츠적 특성을 고려한 통일한국시대의 문화재 관련 법제도의 방향을 제시하였다.[7]

앞서 언급한 것처럼 문화콘텐츠의 범주는 대단히 넓으며, 그 실현방법도 한반도 정세의 변화에 따라 대단히 차이가 많을 것이다. 따라서 통일문화콘텐츠와 관련된 본 글의 논의는 다음과 같이 한정했음을 밝힌다. 첫째, 남한만의 시도가 아니라 남북한을 동시에 고려하였다. 따라서 남한의 지자체에서 시도할 수 있는 통일관련 콘텐츠 개발 제시나 탈북민을 대상으로 하는 논의는 검토대상에 넣지 않았다. 둘째, 차후 문화콘텐츠 산업으로 확장될 수 있는 것을 염두에 두고 고찰하였다. 그 결과 통일교육과 관련된 것은 연구대상으로 삼지 않았다. 셋째, 불확실한 통일시대를 대상으로 하지 않고 현단계 현실적으로 실현가능한 개발방향을 제시하고자 하였다.

이러한 관점에서 먼저 2장에서는 남북의 정서적 연대와 통일문화콘텐츠가 갖는 의미를 고찰해 보았으며, 3장에서는 현단계 적합하다고 판단되는 통일문화콘텐츠 개발방향을 1)전통문화 소재에서 출발, 2)현시대 최신기술까지 고려한 개발, 3)쌍방향 개발방식을 염두에 둔 진행이라는 세 가지로 제시해 보았다. 무릇 모든 과제는 설계 단계부터가 중요하

---

4 이석민, 「북한의 한류 영향을 통해 바라본 한반도 통일을 대비한 문화콘텐츠의 발전방향」, 경상대학교대학원 석사학위논문, 2013.

5 함재묵, 「남북통일 시 문화통합을 위한 민족문화콘텐츠 개발에 관한 시론적 연구」, 대진대학교 통일대학원 석사학위논문, 2013.

6 정진아 외, 『통일문화콘텐츠 희(希)스토리: 새로운 산학협력모델 인문브릿지』, 박이정, 2016.

7 동범준, 「남·북한 문화재 법 제도 비교 분석 및 통일한국 시대에서의 문화콘텐츠 활용을 위한 발전방향 제시」, 『문화콘텐츠연구』 11, 건국대학교 글로컬문화전략연구소, 2017.

다고 생각한다. 본 글은 차후 더욱 활성화될 통일문화콘텐츠 개발에 있어 무엇보다 기본 설계가 중요하다는 관점에서 작성되었음을 밝힌다.

남북의 정서적 연대와 통일문화콘텐츠가 갖는 의미

건국대학교 통일인문학연구단에서는 남북간의 적대성을 해소하고 연대의 공동체를 형성하기 위한 정서적 장치로서 문학치료 개념에서 도출된 '통합서사'를 제시한 바 있다.[8] 분단서사가 분단과 한국전쟁이라는 역사적 사건, 분단체제의 지속 속에서 형성된 한국 사회의 갈등을 그대로 안고 있는 사고와 말하기 방식이라면, 통합서사는 한반도의 통일을 지향하는 서사, 더 나아가서는 한국사회의 갈등을 통합하는 서사 곧 사회통합의 서사적 장치라고 말할 수 있다. 통합서사는 크게 해원(解冤), 포용, 화해 통합을 통해 구현된다. 김종군은 역사 속에서 구체적 사례로 해원의 경우 홍건적의 난의 참상을 공론화한 김시습의 『금오신화』에 수록된 〈이생규장전〉을 분석하였다. 그리고 포용의 사례로 『삼국사기』와 『삼국유사』에 기록된 계백장군이 이끄는 5천 결사대의 황산벌전투 일화, 통합의 사례로 『삼국유사』 기이편에 실린 문무왕대 〈만파식적〉 이야기를 제시하였다. 이러한 사례에 근거하여 한국 현대의 6.25와 빨치산 등 이념갈등 속에 담긴 통합서사 사례를 담론화하고 그것을 영화, 드라마, 애니메이션, 웹툰, 음악, 뮤지컬 등의 문화콘텐츠에 담아서 통합의 메시지를 확산할 것을 제안하였다.[9]

아마도 이러한 통합서사는 통일인문학연구단을 위시하여 많은 연구자들에 의해 차후 활발하게 개발될 것으로 생각한다. 필자는 이 자리에서 현단계 통합서사를 위한 전제적 조건, 또는 통합서사의 결과물로서의

8 건국대학교 통일인문학연구단, 『분단체제를 넘어선 치유의 통합서사』, 선인, 2015.

9 김종군, 「통합서사의 개념과 통합을 위한 문화사적 장치」, 『통일인문학』 61, 건국대학교 인문학연구원, 2015.

남북의 정서적 연대에 주목하고, 그것을 '공동체성'과 '개인의 주체성'이라는 관점에서 풀어보고자 한다. 필자가 여기에 주목하는 것은 최근의 한류현상, 그리고 통일문화콘텐츠의 본질 등을 생각할 경우, 여러 각도에서 분석될 수 있지만 '공동체성'과 '개인의 주체성'이라는 관점 또한 매우 유효하다고 판단해왔기 때문이다. 즉 이 점은 그동안 필자가 한류 및 문화콘텐츠에 담긴 문화사적 의미를 추적한 고민의 산물이기도 하다.

여기에서 '공동체성'과 '개인의 주체성'의 문제를 생각하기 위하여 먼저 동양적 사고와 서양적 사고를 비교하여 제시하면 다음과 같다.

〈표 1〉 동양과 서양의 사고방식 비교

구분	레비스트로스	리처드 리스벳	필자 정리
동양	구심적(求心的) - 주체로 들어오는 사고	• 더불어 사는 삶 • 전체를 보는 동양 • 동양의 상황론 • 동사를 통해 세상을 보는 동양 • 경험을 중시하는 동양	• 공동체적(우리 강조) • 어울림, 조화 강조 • 하나됨 지향 • 호모(Homo)적
서양	원심적(遠心的) - 주체로부터 나가는 사고	• 홀로 사는 삶 • 부분을 보는 서양 • 서양의 본성론 • 명사를 통해 세상을 보는 서양 • 논리를 중시하는 서양	• 주체적(나 강조) • 독창적, 창의성 강조 • 다양성 지향 • 헤테로(Hetero)적

레비스트로스는 일본에 체류하면서 동양적 사유와 서양적 사유의 차이를 언어 사용방식, 톱이나 대패를 다루는 방식 등 몇 가지를 통해서 명쾌하게 제시하였다. 즉 서양은 주체(subject)로부터 나가는 원심적 방식, 동양은 주체로 들어오는 구심적 방식으로 파악한다는 것이다.[10] 리처드 니스벳은 세상을 바라보는 동양과 서양의 서로 다른 시선을 동양의

10 레비스트로스, 류재화 옮김, 『달의 이면』, 문학과지성사, 2014, 49-54쪽.

더불어 사는 삶과 서양의 홀로 사는 삶, 전체를 보는 동양과 부분을 보는 서양, 동양의 상황론과 서양의 본성론, 동사를 통해 보는 동양과 명사를 통해 세상을 보는 서양, 논리를 중시하는 서양과 경험을 중시하는 동양으로 대별하여 다양한 사례를 제시하여 논증하였다.[11] 이러한 리처드 니스벳에서 아이디어를 얻어 EBS에서는 다큐멘터리 〈동과 서〉라는 영상을 제작하여 방영하였고, 그 결과를 단행본으로 정리하여 출간하였다.[12]

필자 역시 동양적 음양론(陰陽論)을 응용한 삼원론(三元論)의 논리를 문화콘텐츠 분석도구로 활용하면서, 지속적으로 동양적 사유와 서양적 사유의 차이를 생각해 왔다. 몇 가지 사례를 들어보자. 먼저 주소와 이름 표기에 있어, 한국과 서양 방식은 완전히 반대이다. 한국은 〈대한민국 서울시 광진구 능동로 120 건국대학교〉처럼 나(주체)에게서 먼데부터 시작하여 가까운 데로 표기한다. 그러나 서양은 같은 주소를 〈Konkuk University 120 Neungdong-Ro Gwangjin-gu Seoul Korea〉라고 하여, 주체와 가까운 곳에서부터 먼 데로 나아가는 방식으로 표현한다.

이러한 원칙은 이름도 그렇다. 한국은 공동체의 산물인 성(family name)을 먼저 쓰고 주체인 자신의 고유 이름(first name)을 나중에 쓰기 때문에 〈김기덕, kim kiduk〉이라고 쓴다. 그러나 서양은 주체로부터 나가는 사고이므로 반대로 〈기덕김, kiduk kim〉으로 쓴다. 한라산(Mt. Halla), 2차대전(World War II), 10번(No. 10), 2권(Book II), 5페이지(page 5), 9호선(line 9), 6장(chap. VI) 등의 사례도 서양은 주체에서 가까운 것을 먼저 표현하고,[13] 그 다음에 점차 나아가서 알게 된 것을 확인한 내용을 다음에 쓰는 것이다. 삼원론으로 표현하자면 서양은 주체에서 밖으로 나가고자 하는 헤테로(Hetero)적 사고이며, 동양은 밖에서 주체

---

11 리처드 니스벳, 최인철 옮김, 『생각의 지도』, 김영사, 2004.

12 EBS 〈동과 서〉 제작팀, 『EBS 다큐멘터리 동과 서』, 지식채널, 2012.

13 이것은 주체가 먼저 알게된 것을 우선적으로 표현한다는 뜻이기도 하다. 예를 들어 '저것은 산(山)이다. 그런데 자세히 살펴보니 한라산이다'라는 사고방식이므로, Mt. Halla라고 쓴다. 그러나 한국어는 바로 한라산이다. 따라서 한국적 표현의 또 다른 특징은 '직관적'이며, 서양은 '분석적'이라고 할 수 있다.

인 나에게로 들어오는 호모(Homo)적 사고인 것이다.[14]

이러한 점은 돈을 세는 방식에 있어서도, 서양은 주체에서 밖으로 나가는 방식으로 센다면 동양은 밖에서 주체 쪽으로 들어오는 방식으로 센다. 손가락으로 숫자 세는 방식도 마찬가지이다. 이러한 점은 언어사용에서 더욱 극명하게 나타난다. 서양 언어는 기본적으로 주어를 생략할 수 없다. 주체에서부터 나가는 원심적 사고이므로 먼저 주어를 반드시 말해야 한다. 그러나 한국어는 마지막에 말해도 되며 때때로 주어를 종종 생략하는데, 이는 밖에서부터 주체로 들어오는 구심적 사고의 영향이라고 할 수 있다.[15] 또한 한국의 언어습관에서 '나'가 되어야 할 것도 관용적으로 '우리'가 되는 사례도 마찬가지 이유라고 할 수 있다.

이러한 특성으로 인해 서양이 인력(引力)을 본격적으로 이해한 것은 1665년 아이작 뉴턴이 만유인력의 법칙을 정립한 때부터라고 한다.[16] 나로부터 나가는 원심적 사고이므로 나로부터 분석해 나가는 것이 달과 해까지 도달하기에는 오랜 세월이 걸렸을 것이다. 그러나 동양에서는 기원전부터 이미 달과 해, 그리고 행성(行星)들의 움직임을 종합한 음양오행(陰陽五行) 및 간지(干支) 이론을 도출하였다. 이 역시 멀리서 나에게로 들어오는 구심적 사고의 영향일 것이다.

필자가 지금까지 동양과 서양의 사유의 차이를 언급한 것은 그 차이의 핵심이 '공동체성'과 '개인의 주체성'의 문제로 환원되기 때문이다. 필자는 남북의 정서적 연대라는 과제를 생각할 때에, 남과 북이 똑같이 공동체성과 개인의 주체성의 문제의 혼란과 갈등을 겪고 있다는 점을 핵심적으로 고려해야 한다고 보고 있다. 즉 남북의 정서적 연대는 공동체성과 개인의 주체성의 합일(合一)이라는 것으로 독해(讀解)되고, 이해되

14 삼원론에서 헤테로는 변코자 하는 힘으로, 주체로부터 밖으로 변화하는 원심적 사고와 통한다. 호모는 변치 않고자 하는 힘으로, 변치 않는 주체로 돌아가고자 하는 구심적 사고와 통한다. 삼원론에 대한 설명은 본 글에서는 이 정도로 줄이고자 한다. 삼원론에 대한 좀더 자세한 설명은 다음을 참조할 수 있다. 김기덕, 「삼원론을 활용한 캐릭터 분석: 영화 〈노인을 위한 나라는 없다〉를 중심으로」, 『인문콘텐츠』 29, 인문콘텐츠학회, 2013.

15 레비스토스, 류재화 옮김, 앞의 책, 73-75쪽.

16 앞의 『EBS 다큐멘터리 동과 서』, 39쪽.

고, 성취되어야 한다고 생각한다.

전 세계적으로 유행하고 심지어 북한에서도 급속도로 전파되고 있는 한류를 갖고 이 문제를 좀더 생각해 보고자 한다. 필자는 한류가 자생적이지 않으며, 한류의 형성은 한국의 문화가 아니라 오히려 다른 국가나 세계적인 사건들에 영향을 받았다는 문화적 혼종성 이론에[17] 답하기 위하여, 한류를 낳은 한국의 전통적 문화유전자를 ① 공동체와 예의, ② 역동성과 흥, ③ 직관과 조화라는 세 가지로 제시한 바 있다.[18] 이 중 가장 논란이 있을 수 있는 것은 공동체와 예의일 것이다.

한류 드라마나 영화, 심지어 K-pop을 보면 공동체적 특성이 많이 담겨 있다. 공동체적 방식에 익숙하기 때문에 공동체 구성원과의 어울림이 중요하다. '모난 돌이 정맞는다'는 속담은 강고하게 자리 잡고 있다. 그래서 튀는 것은 금기시되었다. 그 결과 최근까지도 질문과 토론방식의 수업이 학생들에게 익숙하지 않으며, 주입식 교육의 형태가 지속적으로 전개되어온 이유이다. 공동체적 사고방식은 그 형식에 있어 당연히 '예의'를 강조하게 된다. 한국 K-pop의 아이돌문화는 최장 10년 정도의 연습생 시절을 갖는다. 한국에서 독특하게 전개되는 K-pop 연습생의 합숙을 통한 오랜 훈련과정은 공동체적 사고에 익숙하기 때문에 가능한 것이다. 그리고 연습과정을 보면 노래연습에 앞서 항상 만나는 사람들에게 먼저 인사를 깍듯하게 하는 것을 기본으로 하고 있다.[19] 노래 이전에 무엇보다 예의를 심어주는 방식인 것이다. 한국에서는 일반적으로 사람의 평가에 있어서도 항상 예의가 핵심사항이 된다. 이러한 예의의 핵심에

---

17 Chua, Beng Huat. "Conceptualizing an East Asian Popular Culture." Inter-Asia Cultural Studies, vol. 5, no. 2, 2004, pp. 200-221; Chua, Beng Huat, and Koichi Iwabuchi. *East Asian Pop Culture: Analyzing the Korean Wave*. Hong Kong UP, 2008; Anderson, Crystal S. "Hybrid Hallyu: The African American Music Tradition in K-Pop." *Global Asian American Popular Cultures*, NYU P, 2016, pp. 290-303.

18 Kim, ki-duk, Bae, sang-joon. "HALLYU AND THE TRADITIONAL CULTURAL GENES OF KOREA" *Kritika Kultura* vol. 29, 2017.

19 필자는 2016년 1년 동안 10개 K-pop 회사에서 아이돌연습생 대상 역사특강을 한 바 있다. 여기에서 본 피상적 관찰일 수 있겠지만, 무엇보다도 예의를 우선적으로 실천시키고 있다는 것을 강하게 느꼈다.

효(孝)사상이 있다. 실제 한류 드라마나 영화에는 이러한 예의와 효사상이 직간접적으로 투영되어 있다.[20]

물론 한류에 담긴 공동체성과 예의가 항상 긍정적으로 작용하고 있다는 것은 아니다. 오히려 공동체성의 강조는 개인의 주체성을 지나치게 약화시키는 부정적인 요소로 작용하고 있기도 하다. 또한 21세기 남한의 경우는 서구문화의 영향으로 개인 주체성의 강화가 전통적인 공동체성과 종종 충돌하고 있다. 그러나 이 양면적인 요소의 갈등을 잘 처리하고 있는 것이 한류에 담긴 내용적 특성이라고 할 수 있으며, 그 때문에 전 세계는 관심과 공감을 갖는 것이라고 생각한다. 한국 리얼리티 프로그램에 나오는 아이돌스타 후보생의 정서구조를 분석한 김수정의 연구는 이 점을 예리하게 분석하고 있다. 그는 리얼리티 쇼의 핵심 포맷인 서바이벌 형식의 '경쟁'이 참가 경쟁자들이 형성하는 유사 가족적 관계에 의해 순화되는 특성을 가족주의적 정서의 측면에서 조명하였고, 또한 시청자들이 가난하고 불우한 환경의 참가자를 리얼리티 쇼의 최종 우승자로 만드는 현상은 평등을 희구하는 대중의 정서구조가 대중문화의 영역에서 상징적이고 정서적인 형태로 표출된 것으로 이해하고 이를 '정서적 평등주의'라고 명명했다.[21]

대부분의 연구자들은 이러한 아이돌 중심의 리얼리티 쇼를 '꿈'과 '열정', '경쟁'과 '성공' 등과 연루된 신자유주의 논리임을 강조하고 있다. 즉 대부분의 논리가 리얼리티 쇼를 개인의 강조와 성공을 조장하는 것으로 이해하는 반면에, 김수정은 자세히 관찰해 보면 그 속에서는 공동체와 개인의 주체성 사이의 아름다운 공존이 존재하고 있다는 점을 지적한 것이다.[22]

---

20 Kim, ki-duk, Bae, sang-joon, ibid, p. 323.

21 김수정, 「한국 리얼리티 프로그램의 정서구조와 문화정치학」, 『방송문화연구』 23-2, KBS 방송문화연구소, 2011.

22 김수정은 또한 일반인 중심의 리얼리티 쇼 대신 연예인 중심의 리얼리티 쇼를 지배적인 형식으로 하는 한국 리얼리티 쇼의 특성을 한국사회에서 발견되는 동질성을 추구하는 강한 집합주의적 정서구조와 그로 인한 개인주의의 상대적인 저발달과 관련되는 것으로 설명하고 있다(위의 글, 43-47쪽). 크게 보면 김수정의 분석은 필자가 제시한 공동체성과 개인의

필자가 제기한 공동체성과 개인의 주체성의 문제는 팬덤(Fandom) 현상에서도 잘 나타나고 있다고 생각한다. 인류 역사에서 팬덤의 역사는 오래되었다. 예를 들어 베토벤 장례식에는 2만 명이 넘는 팬이 몰려 기절하거나 부상당하는 사람도 있었다고 하며, 한국에서도 1970년대 남빈, 나훈아, 1980년대 조용필, 그리고 1990년대 서태지와 아이들 등은 한국 대중문화 팬덤에서 중요한 분기점들이 되었다.[23]

그러나 현재 전 세계적으로 화제가 되고 있는 팬덤은 한류와 관련되어 있다. 유럽 전역의 언론에서 '제2의 비틀스'라는 별명을 붙여준 방탄소년단(BTS)을 중심으로 하는 K-pop 스타들의 팬클럽 활동은 온라인, 오프라인을 넘나들며 실로 경이로운 지경에 도달하였다. 이러한 전 세계가 주목하는 한국적 팬덤현상에 대하여 현재 대단히 많은 연구가 축적되어 있다. 대부분의 연구는 팬덤 현상 자체를 다양하게 추적하면서, 그것의 긍정성과 부정성을 동시에 언급한다. 여기에서 주요한 키워드들은 '인정욕구 충족 수단', '자기 동일화를 통한 대리만족', '문화산업의 호명으로 형성된 수동적 역할', '때로 관리자이면서 판관(判官)의 역할', '문화적 실천을 하는 존재', '아무 것도 되는 것이 없는 한국사회에서 유일하게 허용된 열정 분야' 등이라고 할 수 있다.[24]

필자는 팬덤현상에 대한 이러한 접근에 대하여 다소 현상적인 차원의 해석이 아닌가 하는 아쉬움이 있었다. 이 점에서 비록 신문컬럼이지

주체성과의 상관성을 심층 분석한 것으로 해석될 수 있을 것이다.

23 이응철, 「우리는 항상 무엇인가의 팬이다: 팬덤의 확산, 덕질의 일상화, 취향의 은폐」, 『한국문화인류학』 49-3, 한국문화인류학회, 2016, 98쪽. 팬덤의 역사에 대한 상세한 논의는 다음을 참조할 수 있다. 김환표, 「팬덤의 역사: '인정투쟁'을 위한 치열한 몸부림인가(1)」, 『인물과 사상』, 2012. 12, 인물과사상사; 마크 더핏, 김수정 외 옮김, 「팬덤의 간략한 역사」, 『팬덤 이해하기』, 한울엠플러스, 2016, 24-43쪽.

24 현재 한류 및 팬덤 관련 연구는 가장 많은 연구물이 산출되는 분야라고 할 수 있다. 이 분야는 거의 대부분 사회과학 연구자들이 수행하고 있다. 필자는 '콘텐츠(텍스트) 없는 컨텍스트 없고, 컨텍스트 없는 콘텐츠 없다'고 생각한다. 콘텐츠에 대한 이해나 그것에 담긴 컨텍스트를 이해하려면 오랜 전통에 담긴 문화사적 의미를 알아야 한다고 생각한다. 즉 한류 및 팬덤 연구에 있어 인문학적 시각이 더욱 반영될 필요가 있을 것이다. 이 점에서 필자는 '한류인문학'을 제창한 바 있다. 김기덕, 「'한류인문학'을 제창한다」, 『인문콘텐츠』 45, 인문콘텐츠학회, 2017.

만, 한 외국인의 시각은 주목할만하다고 생각한다. 〈팀 알퍼의 한국 일기〉라고 연재되는 한 컬럼에서 K팝의 팬덤현상에 대한 해석은 다음과 같다.[25]

> 한국은 불과 수십 년 사이에 눈에 띄지 않는 변두리 국가에서 글로벌 파워를 지닌 부국(富國)으로 탈바꿈했다. 하지만 이런 변화를 겪으며 전통적인 한국의 삶의 방식이 완전히 파괴되는 막대한 사회적 비용을 치렀다. 팬덤은 한국적인 솔(soul)이 갈구하는 공동체 의식을 대변한다. 팬덤은 팬이 아닌 사람들에게는 비이성적으로 보이겠지만, 사실 팬덤은 수천년 동안 간직해온 한국의 전통적인 가치가 흔들리고 도전받는 현상에 대한 반응일 수도 있다.
>
> 서양식의 자본주의와 도시 생활은 한국의 젊은이들을 개인주의, 경쟁, 고독으로 끌고 갔다. 하지만 팬덤은 고락(苦樂)을 함께 나누던 오래전 한국의 공동체적 삶으로 되돌려 놓고 있다. 이런 팬 카페들은 사이버 공간에만 존재한다. 하지만 이런 팬덤은 허구가 아니라 실체에 가깝다. 그곳의 멤버들은 대화와 경험, 감정을 공유하며 20세기 실존주의 철학자들이 '진실된' 행동이라고 부를 만한 행동들을 함께한다. 이런 의미에서 필자는 진심으로 그들을 경외한다.

경쟁, 고독에 지친 한국의 젊은이들이 온라인에서 되살린 공동체 의식에 유럽 팬들도 공감하며 응원에 참가한다는[26] 그의 해석에 대한 평가는 이견이 있을 수 있을 것이다. 그러나 필자는 공동체성과 개인의 주체성과의 관계성에서 고민해 온 연장선상에서 이 해석을 높이 평가하고자 한다.

---

25 팀 알퍼, 「유럽 팬들마저 끌어당기는 K팝의 '팬덤'」, 『조선일보』, 2019. 1. 1, 〈팀 알퍼의 한국 일기〉

26 해외 팬들의 팬덤현상에 대해서는 다음의 글을 참고할 수 있다. 베르비기에 마티유, 조영한, 「케이팝(K-pop)의 한국 팬덤에 대한 연구: 해외 팬들에 대한 인식을 중심으로」, 『한국언론정보학보』 81, 한국언론정보학회, 2017.

지금까지 '남북의 정서적 연대'의 핵심 키워드인 공동체성과 개인의 주체성의 문제를 논증하기 위하여, 다소 장황하게 서술하였다. 따라서 통합서사의 전제 또는 통합서사의 귀결은 남과 북의 정서적 갈등의 해소를 통한 연대인데, 그 핵심은 공동체성과 개인의 주체성의 문제를 해결하는 것이라고 보고 있다. 아울러 이러한 남북의 정서적 연대에 기반한 통일문화콘텐츠의 창출도 공동체성과 개인의 주체성의 문제를 핵심 키워드로 해야 한다고 주장하고자 한다. 이 점을 도표로 표시해 보면 다음과 같다.[27]

〈표 2〉 남북의 정서적 연대와 통일문화콘텐츠의 관계와 의미

주제어	남북의 정서적 연대와 통일문화콘텐츠	통일문화콘텐츠의 단계와 의미
지향점	남북의 정서적 연대	통일문화콘텐츠 기획의 전제
	↓	
본질	공동체와 개인 주체성의 합일	통일문화콘텐츠 키워드
	↓	
활용	통일문화콘텐츠를 통한 남북한 동질성 회복	통일문화콘텐츠 기대효과
	↓	
의미	동양적 사유와 서양적 사유의 합일	통일문화콘텐츠 보편성
	↓	
가치관	통일시대 새로운 가치관 정립	통일문화콘텐츠의 세계사적 가치관

27 통일문화콘텐츠가 갖는 의미를 이렇게 자리매김하는 것은 2000년대 처음 문화콘텐츠 개념이 나왔을 때에, 그것을 단순히 산업적이며 엔터테인먼트 차원에서 접급해서는 안되며, 인간화·인간해방이라는 본질적 의미를 갖는 '인문콘텐츠'의 차원에서 접근할 필요가 있다는 필자의 주장과도 일맥상통하는 것이다(김기덕, 「콘텐츠의 개념과 인문콘텐츠」, 『인문콘텐츠』 창간호, 인문콘텐츠학회, 2003).

(1) 창작소재: 전통문화 소재에서 출발

문화콘텐츠 개발은 개발하고자 하는 소재의 선택에서 시작한다. 이 점을 도표로 표현하면 〈표 3〉과 같다. 물론 이 표에서 다소 순서가 바뀔 수도 있다. 예를 들어 ②창작소재를 갖고 ③무엇을 얘기할 것인가(컨셉 설정)는 거꾸로 ③을 먼저 생각하고 ②창작소재를 찾을 수도 있다.

남한의 문화콘텐츠산업에서 항상 가장 어려운 것은 기획-제작-마케팅 중에서 사실상 기획단계라고 할 수 있다. 기획단계의 핵심은 창작소재와 그 소재를 활용한 컨셉의 설정이다. 이 단계가 완료되지 않기 때문에 제작에 들어가지 못하는 것이며, 이 단계를 소홀히 하여 애써 만든 작품의 완성도가 떨어지는 것이다.

그런데 이러한 기획의 중요성은 북한의 경우에도 마찬가지라고 생각한다. 대체로 북한은 팩트보다는 신화(神話)적인 요소, 문화콘텐츠의 장르에서는 만화영화에 치중되어 있다고 할 수 있다. 이는 선전성을 강화하기 위해서는 이러한 것들이 다소 비약하기 쉬우며 메시지 전달이 용이하기 때문일 것이다. 특히 고구려는 지정학적 위치도 북한과 정체성을 쉽게 공유하기 때문에 소재 선택이 자연히 고구려에 치중되어 있다.[28] 그러나 이러한 상황의 지속은 북한에게도 한계로 작용할 수밖에 없다. 다양한 창작소재에 입각한 기획 능력의 향상은 북한의 경우에도 절실하다고 할 수 있다.

문화콘텐츠 창작소재의 많은 부분은 전통문화에서 온다. 그것은 전통문화의 소재들은 그 자체가 문화원형이기 때문이다.[29] 이러한 이유

---

28 북한은 고구려가 시대적 배경인 만화영화 〈소년장수〉를 100부작으로 기획하여 거의 한 달에 한 편꼴로 제작하고 있다. 최근에는 동명왕 고주몽의 일대기를 그린 만화영화 〈고주몽〉을 20부까지 제작했다.

29 원형(原型) 및 문화원형에 대한 논의는 많은 혼란이 있었다. 최근 필자는 이에 대해 다시 정리한 바 있다. 본 글에서 원형 및 문화원형에 대한 논의는 생략하고자 하면 다음을 참조할 수 있다. 위의 글, 116-121쪽 참조.

〈표 3〉 문화콘텐츠산업 프로세스와 핵심요소[30]

순서	프로세스	핵심 요소	용어
①	사전 기획	무엇을 만들 것인가?	발상
②	기획	무얼 갖고 얘기할 것인가?	창작소재
③	기획	무엇을 얘기할 것인가?	트렌드 및 컨셉
④	기획	어떻게 얘기할 것인가?	스토리텔링
⑤	제작	어디에 담을 것인가?	미디어 및 장르
⑥	제작	어떻게 만들 것인가?	기술
⑦	마케팅	어떻게 알릴 것인가?	홍보
⑧	마케팅	어떻게 팔 것인가?	비즈니스

때문에 2000년에 설립된 한국문화콘텐츠진흥원에서는 2002년부터 2010년까지 〈우리문화원형 디지털콘텐츠화사업〉을 시행한 것이다. 이 사업을 통해 문화콘텐츠 개발에 적용될 전통 문화원형 소재 200여 사례를 개발하였다. 한편 이 사업에서는 북한의 문화원형도 개발하였다. 개발 내용은 전반부는 북한의 문화재를 조사하였고, 후반부는 문화콘텐츠 창작소재로 추천할 수 있는 26가지를 조사하였다. 그 목록은 다음과 같다.[31]

- 우리 역사의 뿌리를 찾아서
- 고인돌 왕국, 대동강 유역
- 마을을 꾸민 첫 사람들
- 한반도의 첫 무역상, 서포항 사람들
- 우리 겨레의 최초의 국가 - 고조선

30 김기덕, 「4차 산업혁명시대 '문화원형 소재 오픈소스화를 위한 디지털콘텐츠화사업'의 필요성」, 『인문콘텐츠』 48, 인문콘텐츠학회, 2018, 113쪽.

31 한국문화콘텐츠진흥원, 『북한지역의 우리 문화원형』, 2004. 이 사업은 단국대학교 동양학연구소에서 수행하였다. 실제 내용 서술에서는 일반적인 문헌조사 중심으로 정리되어 있다.

- 겨레의 기원과 단군신화
- 활로 나라를 세우다 – 동명성왕
- 호동왕자와 낙랑공주의 비련의 사랑이야기
- 춤추는 하늘 – 고대 우리민족의 제천행사
- 하늘을 사랑한 민족 – 개성 첨성대와 경주 첨성대
- 역사의 도시 개성
- 고분벽화를 통해본 고구려의 방직기와 의복재료 및 복식의 문화원형
- 고분벽화를 통해본 고구려의 탈 것 문화의 원형
- 고구려 고분벽화를 통해본 고구려왕의 행렬
- 을지문덕 장군과 녹족부인 전설에 얽힌 수나라와의 전쟁
- 고구려해양활동 및 해외진출 경로도
- 광개토대왕의 대외진출
- 고수·고당전쟁 삼국통일전쟁
- 거지왕자와 미천왕
- 바보온달과 평강공주의 사랑
- 고분벽화예술
- 왕건의 등장과 고려 건국
- 무역의 나라 고려
- 홍경래의 반란과 사회 개혁운동
- 북녘의 음식 문화
- 잊혀진 인삼의 길

전통문화에서 문화콘텐츠산업의 창작소재를 찾기 위해 전개된 문화원형사업은 당시 인문학계에서는 상당히 반응이 컸다. 인문학이 문화산업과 본격적으로 접목되는 시도였기 때문이다. 이 사업은 많은 긍정적인 성과와 함께 아쉬운 점도 많았다. 무엇보다 본 사업의 의도처럼 문화산업계에 전통문화 창작소재를 제공한 점이 가장 큰 사업효과라고 할 수 있을 것이다. 그러나 지나치게 산업적 활용 실적을 의식하여 모든 개발물을 유료로 판매한 점은 오히려 사업효과를 반감시켰다고 할 수 있다.

개발물의 유료판매 자체가 문화산업체에 부담이 되었을 뿐만 아니라, 과연 유료로 구입할 가치가 있는 생산물인가 하는 점에서도 의문이 컸다고 할 수 있다. 필자는 이와 관련하여 최근 오픈소스화를 기본으로 한 새로운 문화원형사업을 전개할 것을 제안한 바 있다.[32]

우연의 일치인지는 모르겠으나 2000년대 들어 북한도 전통문화의 가치를 재강조하였다. 사실 북한의 경우 분단 이후부터 지속적으로 민족문화유산에 대한 강조는 있어왔다.[33] 그런데 김정일이 1986년 〈주체사상교양에서 제기되는 몇 가지 문제에 대하여〉에서 '조선민족제일주의'를 언급한 이래, 그것은 북한의 주요 문학예술의 지침이 되었다. 이는 동구 및 소련의 공산주의 붕괴에 따라 이념적 존립기반을 잃게 되자 주체사상의 새로운 기표로서 조선민족제일주의를 창출한 것이며, 그 구체적인 내용은 사회주의제도의 우월성에 기반한 민족문화유산의 계승 발전사업의 강화였다.[34]

이러한 조선민족제일주의 흐름은 2000년대 들어 민속전통에 대한 관심으로 급속도로 확대되었는데, 2001년 『민족문화유산』이라는 대중문화잡지를 창간하면서 민속전통에 대한 관심을 고조시켰다. 이 중 주목되는 것은 생활문화로서의 민속전통 계승에 대한 것이라고 할 수 있다. 『민족문화유산』 창간사에서는 북한에서 이러한 흐름이 나온 이유를 '주체성과 민족성 고수', '조선민족제일주의 정신의 발양'이라고 하였다. 즉 주체사상을 유일사상으로 표방하면서 밀쳐 두었던 민족의 특수성을 주체성과 결합시키면서 조선민족이 제일이라는 의식을 강하게 천명하고

32 김기덕, 앞의 「4차 산업혁명시대 '문화원형 소재 오픈소스화를 위한 디지털콘텐츠화사업'의 필요성」, 122-124쪽.

33 김일성은 역사와 민족문화유산에 대한 올바른 인식이 중요하다고 역설하면서 민족문화유산을 비판적으로 계승발전시켜 민족적 형식과 사회주의적 내용을 올바르게 결합해야 한다고 했다. 김일성, 「민족문화유산계승에서 나서는 몇 가지 문제에 대하여」, 『김일성저작집 25』, 조선로동당출판사, 1983, 23-36쪽.

34 김정일, 「주체사상 교양에서 제기되는 몇 가지 문제에 대하여」, 『주체혁명위업의 완성을 위하여 5』, 조선로동당출판사, 1988, 447-471쪽.

나선 것이다.[35]

이처럼 남한과 북한이 2000년대 들어 전통문화를 들고 나온 이유는 서로 다르다. 남한은 본격적인 디지털시대에 맞추어, 문화콘텐츠산업의 창작소재를 개발하기 위하여 전통문화를 국가사업으로 개발하였다. 북한은 새롭게 체제유지에 필요한 창작소재의 자양분을 공급하기 위해 민속전통에 대한 관심을 증대시켰다. 그러나 이러한 남북한의 시도는 똑같이 문제점을 안고 있었다. 남한의 경우는 너무 '상업성'의 차원에서 전통문화의 개발을 시도하였다. 북한의 경우에는 문화의 다양성을 부정하는 민족 단일성과 우수성의 강조는 실제 '장마당'이 일반화된 현실에서는 제대로 관철될 수 없었다고 할 수 있다.

앞서 언급한 것처럼 문화콘텐츠 개발에 있어서 창작소재의 중요성은 아무리 강조해도 지나치지 않다. 물론 그 창작소재가 반드시 전통문화일 필요는 없으나, 실제 가장 많은 소재가 전통문화에서 올 수밖에 없다. 아무리 허구적인 이야기를 전개한다고 하더라도 사실적 일화와 유리된 이야기 전개는 한계가 있기 때문이며, 전통문화에는 모든 소재의 이야기 원형이 담겨 있기 때문이다. 그 결과 디즈니에서는 외국의 소재와 이야기를 사들이고 있는 것이다. 주지하듯이 디즈니 애니메이션 〈뮬란〉은 중국의 설화에서 소재를 구했고, 〈알라딘〉은 아랍, 〈포카혼타스〉는 인디언의 이야기에서 가져왔다. 디즈니 작품의 90% 이상은 다른 나라에서 소재를 가져온 것이다.[36]

남북한 공히 현재 문화콘텐츠 분야는 중요한 관심사라고 할 수 있으며, 앞으로도 이러한 경향은 더욱 확대될 것이다. 그렇다면 국가적 차원에서도 문화콘텐츠산업의 창작소재 개발에 더욱 관심을 기울여야 할 것이다. 전통문화를 소재로 한 창작소재 개발에 있어 필자가 생각하기에

---

35 김종군, 「남북한의 민속전통 계승의 실제와 의미」, 『동방학』 22, 한서대학교 동양고전연구소, 2012.

36 이 점에 대해서는 디즈니 애니메이션 48편의 스토리 출처를 전 세계적인 신화, 전설, 민담, 기존 창작물로 분류하여 추적한 다음 연구가 참고가 된다(노시훈, 「디즈니 애니메이션 스토리의 기본원칙과 성공전략」, 『만화애니메이션연구』 7, 한국만화애니메이션학회, 2003.

유념해야 할 세 가지 사항을 제시해 보고자 한다.

첫째는 창작소재의 콘텐츠에 담긴 컨텍스트(Context)를 담아내는 개발이어야 한다. 배경, 맥락을 의미하는 컨텍스트는 두 가지가 있을 수 있다. 하나는 소재에 담긴 콘텐츠가 갖고 있는 컨텍스트이다. 모든 콘텐츠(이것을 텍스트라고 표현할 수도 있다)는 시대의 맥락과 당시 사람들의 관계망 속의 맥락이 있다. 이러한 맥락과 배경을 각 콘텐츠 서술에서 잘 서술해 주어야 한다. 또하나의 컨텍스트는 과거의 창작소재 콘텐츠를 현시대 활용자가 바라보는 시대적 맥락과 배경이 있다. 개발자가 이러한 컨텍스트까지 전부 제공해줄 수는 없지만, 최소한 오늘의 트렌드와 시대배경에서 개발하는 창작소재 콘텐츠가 갖는 의미를 전망해 줄 수는 있어야 한다고 생각한다. 단순한 콘텐츠 개발만이 아니라 이러한 컨텍스트까지를 담아 줄 때에 창작소재를 활용하여 문화콘텐츠 결과물을 만들고자 하는 개발자들이 활발하게 이용할 수 있을 것이다.

둘째는 창작소재 콘텐츠에 담긴 컨셉(Concept)을[37] 제시해 주는 개발이어야 한다. 하나의 창작소재에는 크게 보면 2개의 컨셉이 있다. 하나는 창작소재 콘텐츠가 의미하는 핵심 컨셉이다. 이것은 당연히 콘텐츠가 담고 있는 컨텍스트까지를 고려하여 추출되는 것이다. 역시 창작소재 개발자는 창작소재가 갖고 있는 다양한 콘텐츠를 제시하되, 그 창작소재의 핵심 컨셉 역시 정확히 제시해 주어야 한다. 그래야 그 창작소재를 활용하고자 하는 개발자들이 이용할 수 있는 것이다. 또 하나의 컨셉은 개발된 창작소재를 현시대 활용자가 트렌드를 감안하여 새롭게 제시하는 컨셉이다. 이 또한 컨텍스트처럼 창작소재 개발자가 이러한 컨셉까지 전부 제공해줄 수는 없지만, 역시 오늘의 트렌드와 시대 배경에서 개발하는 창작소재 콘텐츠가 갖는 컨셉을 전망해 줄 수는 있어야 한다고 생각한다. 단순한 콘텐츠 개발만이 아니라 이러한 컨셉까지를 담아 줄 때에 창작소재를 활용하여 문화콘텐츠 결과물을 만들고자 하는 개발자들이

37 '컨셉(concept)'의 표준어는 '콘셉트'이나 관용적으로 사용되는 컨셉을 그대로 사용하기로 한다.

활발하게 이용할 수 있다.

셋째는 앞서 언급한 바 모든 국가적 창작소재 개발은 오픈소스(Open Source)화 방식으로 진행되어야 한다. 이 경우 저작권 문제가 있을 수 있다. 그러나 가장 문제되는 사진자료의 경우 저작권에 문제가 없는 것, 또는 저작권이 공공성과 관련하여 아주 저렴한 것 위주로 하면 될 것이다. 오늘날은 집단지성의 시대이다. 기본적으로 개발방식도 오픈소스화하면서 집단지성이 활발히 기능하도록 설계하고, 이용자들도 개인과 산업체에 관계없이 자유롭게 이용할 수 있도록 해야 한다.

끝으로 한 가지 첨언할 것은 앞 장에서 언급한 것처럼 필자는 개발하고자 하는 전통문화 창작소재 콘텐츠 역시 크게 보면 공동체성과 개인의 주체성의 문제라는 키워드가 항상 게재되어 있다고 생각한다. 따라서 창작소재 개발에 있어 이 점도 반드시 유념할 필요가 있을 것이다. 그런 점에서 본 글에서는 '전통문화' 소재에서 창작소재를 시작할 것을 얘기했지만, 남북한 협력사업의 초기 단계에서는 무엇보다 전통문화에서도 공동체성과 개인의 주체성의 문제를 잘 부각할 수 있는 소재를 먼저 선택할 필요가 있다. 예를 들어 마을공동체문화 관련 소재, 세시풍속이나 음식문화, 놀이문화와 관련된 축제 등을 들 수 있을 것이다.

(2) 활용매체: 현시대 최신기술까지 고려한 개발

〈표 1〉에서 제시된 것처럼 창작소재를 선택하여 컨셉 설정과 스토리텔링 과정을 통해 기획단계가 완료되면 매체 선정과 기술을 활용한 제작단계에 들어간다. 현재 남북한의 문화콘텐츠 제작 수준은 상당한 수준에 도달해 있다. 특히 남한의 경우는 영화, 애니메이션, 모바일, 방송, 캐릭터, 만화, 게임 등 문화콘텐츠 전체 장르에서 활발하게 성과를 내고 있다. 여기에 더해 전 세계적으로 커다란 반응을 얻고 있는 한류는 남한의 문화콘텐츠산업을 더욱 활발하게 해주고 있다.

북한의 경우, 남한만큼은 아니어도 다른 산업과 비교할 때에 문화콘텐츠산업은 상당한 기반을 갖고 있다. 북한 문화콘텐츠의 핵심은 영화,[38] 애니메이션이라고 할 수 있다. 이 중 특히 애니메이션은 전 세계에서 미국이 1위, 자신들이 2위라고 자부할 정도이며, 실제 북한의 애니메이션은 세계적 수준의 경쟁력을 인정받고 있다. 북한 애니메이션의 중심은 '조선4·26만화영화촬영소'로, '뽀로로'와 같은 남북 합작작품은 물론이고 미국 디즈니애니메이션 '라인언킹' '포카혼다스' '헤라클래스' 같은 대작에도 중요하게 참여했다. 현재도 프랑스와 이탈리아, 스페인 등의 요청으로 만화영화를 제작하고 있다.[39] 최근에는 북한의 3D 애니메이션 작품들 역시 기술적 완성도 등의 측면에서 호평을 받고 있다.[40]

『로동신문』에서 '조선4·26만화영화촬영소'를 검색하면 적지 않은 기사들이 나온다. 대부분 김정은의 촬영소 설비지원 기사이거나 노고를 치하하는 축하문 기사, 창작성과를 드러내는 홍보성 기사, 외국 언론에서 북한의 만화영화 수준을 높이 평가한다는 기사들이다. 주시할 것은 김정은의 4·26만화영화촬영소 현지지도를 소개한 2014년 11월 27일자 1면 기사이다.[41] 북한이 노동신문과 같은 조선노동당 중앙위원회 기관지 1면을 특정 예술 분야에 할애하는 경우는 매우 드물다. 그만큼 북한 당국의 이 분야에 대한 전폭적인 지원을 의미한다고 할 수 있으며, 실제 그렇게 전개되고 있다.

북한이 제작한 3D 애니메이션 중 〈게으른 고양이 딩가〉(2001)와 〈뽀롱뽀롱 뽀로로〉(2004)에 주목할 필요가 있다.[42] 주지하다시피 이 작

---

38 북한 영화에 대한 서술은 본 글에서는 생략한다. 이 점에 대한 개관은 다음의 글을 참조할 수 있다. 김승, 「북한 영화예술의 세계」, 『한국영화』 2018년 6월호, 영화진흥위원회.

39 KBS 남북의 창, 〈클로즈업 북한〉, 2018. 7. 14. http://news.kbs.co.kr/news/view.do?ncd=4009112

40 「남북 손 맞잡으면 '뽀로로 신화' 재창조」, 『매일경제신문』, 2019. 1. 7.

41 「경애하는 김정은동지께서 조선4.26만화영화촬영소를 현지지도하시었다」, 『로동신문』 2014. 11. 27.

42 〈게으른 고양이 딩가〉(2001)는 디지털 3D애니메이션으로 대한민국 만화문화 대상 캐릭터 부문상을 수상했으며 홍콩, 대만, 태국 등 해외에서도 인기를 얻었다. 〈뽀롱뽀롱 뽀로로〉는 전체 52편 중 22편을 북측에서 제작했으며 이탈리아 〈카툰 온더 버이〉, 프랑스 〈안시 페스티벌〉 등에서 경쟁작으로 선정되었다. 이찬도, 「남북한 문화콘텐츠 교류와 정책적 접근 방안」, 『통상정보연구』 9(3), 한국통상정보학회, 2007, 354-355쪽.

품들은 남북합작으로 제작된 애니메이션으로 남측이 프리프로덕션(Pre-production)과 포스트프로덕션(Post-production)을, 북측이 메인프로덕션(Main-production)을 담당해서 대성공을 거두었다.[43] 애니메이션을 통한 남북교류는 남북간의 이질감을 허무는 동시에 경제적으로 상생하는 데 도움이 되는 산업이라 할 수 있다.[44] 그동안 애니메이션 분야의 남북합작은 북한의 저렴한 노동력에 시선을 두었다. 이제는 단순한 하도급의 관계를 넘어서 남측의 자본, 북한의 노동력, 그리고 남북한의 기획과 기술력이 융합될 때 진정한 남북협력의 장을 열 수 있을 것이다.

한편 영화, 애니메이션 외에 동상, 기념상을 해외에 제작해주는 '만수대창작사'의 활동도 기억될만 하다. 주로 아프리카나 후진국에 조형물과 건물을 지었는데, 특히 2010년 아프리카 세네갈의 수도 다카르에 세운 '아프리카 르네상스 기념상'은 50m로 뉴욕의 '자유의 여신상'보다 높다. 또한 2015년에는 자체 예산(120억원)을 투입해 캄보디아의 세계적 유적지 앙코르와트 인근에 '앙코르 파노라마 박물관'을 개관하고[45] 입장 수입으로 외화를 벌고 있다. 이러한 만수대창작사의 활동은 김정은 통치자금을 위한 외화벌이라는 비판을 받고 있고, 아프리카 권위주의 정권들이 원하는 정치적 정당성을 합리화해 준다는 지적도 있다.[46] 그러나 만수대창작사 활동을 통해 본 북한 거상(巨像) 제작 및 박물관 건립 수준은 매우 뛰어남을 알 수 있다.[47]

---

43 영화 및 애니메이션과 같은 영상 분야에서는 프리프로덕션은 기획단계를, 메인프로덕션은 실제 제작단계를, 포스트프로덕션은 음악, 음향, 더빙 등 제작마무리 단계를 뜻한다. 한편 일반적인 문화콘텐츠 프로세스에서는 프리프로덕션은 기획, 메인 프로덕션은 제작, 포스트프로덕션은 마케팅으로 이해하기도 한다.

44 배성인, 「북한 애니메이션을 활용한 남북한 문화 교류협력 방안」, 『문화정책논총』 17, 한국문화관광연구원, 2005, 283쪽.

45 박물관 내부에는 앙코르와트 건설과정을 보여주는 3D 입체영화관도 있고, 앙코르와트 역사를 그린 원형파노라마 그림에는 무려 45,000명의 인물이 등장한다.

46 김명성, 「북 만수대창작사, 거상 제작으로 외화벌이」, 『월간북한』 2016년 7월호, 북한연구소; 임지현, 「아프리카 민족 기념비와 북한 만수대창작사」, https://terms.naver.com/entry.nhn?docId=5667122&cid=59994&categoryId=59994

47 북한 자체 기사에서는 지난 수십 년간 30여 개의 나라들에서 40여 회에 걸쳐 만수대창작사 창작가들의 미술작품전람회와 전시회를 열었다고 제시하고 있다(『로동신문』, 2003. 5. 3).

그런데 오늘날 핵심콘텐츠는 AR, VR을 활용한 것이다. 이미 남한에서는 4차 산업혁명시대라는 유행어를 타고 AR, VR을 활용한 콘텐츠가 대세가 되어 가고 있다. 따라서 통일문화콘텐츠 개발에 있어서 기존 매체를 활용하는 것도 당연히 지속되어야 하지만, 새롭게 대두된 AR, VR 기술을 활용한 콘텐츠 개발이 필요하다.

북한의 경우도 첨단기술을 매우 중시하고 있다. 『로동신문』 기사를 통해 보면 북한 김정은은 기본적으로 "과학으로 비약하고 교육으로 미래를 담보하자!"라는 전략적 구호를 제시하고 과학기술강국, 인재강국을 목표로 하고 있다는 것을 지속적으로 강조하고 있다.

정보통신기술(ICT)을 기반으로 한 온라인 원격교육과 관련한 내용은 북한 매체에서도 흔히 찾아볼 수 있을 정도로 북한사회에서 빠르게 대중화되고 있다. 특히 태블릿PC와 휴대폰을 활용한 원격교육도 활발히 진행되고 있다고 한다. 북한 내 휴대폰 보급은 이미 600만대를 돌파한 것으로 알려졌다. 북한 매체가 밝힌 바에 따르면 전국적으로 1500개에 이르는 기업과 기관이 원격교육에 참여하고 있다. 각급 원격교육 대학에서 공부하는 학생수가 10만 명에 이른다고 북측은 밝히고 있다.[48] 중국과 북한처럼 처음 아날로그 환경에서 뒤처진 경우, 거꾸로 디지털환경은 상대적으로 더욱 빠르게 확산되는 경향이 있다. 3D 입체교육 등 김정은 정권 들어 과학기술이 교육에 적용되고 범위가 유치원까지 확대되면서 몇 년 사이 교육 방식이 부쩍 변했으며,[49] 남포시에는 률동영화관도 건설되었다.[50] 또한 VR을 이용한 수업 진행이 활발히 이루어지고 있다.[51]

특히 남북한은 아직 자유롭게 왕래하지 못한다는 점에서, AR, VR을 활용한 통일문화콘텐츠는 대단히 유용하다고 할 수 있다.

---

48 「남북협력 앞당길 원격교육 플랫폼」, 『매일경제신문』, 2019. 1. 2.

49 KBS 남북의 창, 〈요즘 북한은〉, 2018. 10. 27. http://news.kbs.co.kr/news/view.do? ncd=4060750

50 『로동신문』, 2015. 3. 16(3면). 률동영화관은 4D영화관을 의미할 것이다.

51 KBS 남북의 창, 〈요즘 북한은〉, 2018. 9. 8. http://news.kbs.co.kr/news/view.do?ncd=4035777

(3) 실행프로그램: 쌍방향 개발방식

남북한의 문화산업 협력에 있어, 흔히 남한의 자본과 북한의 노동력을 말하는 경향이 있다. 그러나 진정한 통일문화콘텐츠 구축은 기획단계부터 개발, 그리고 활용까지 항상 쌍방향을 염두에 두고 진행될 필요가 있다고 생각한다.

하나의 예시를 들어보고자 한다. 남한과 북한의 대학이 공동개발을 시도하는 것이다. 먼저 창작소재를 선택한다. 가능하면 일단 북한 것이 좋을 것이다. 남북교류는 현상황에서 일단 남한이 제안하고 북한의 소재를 선택하는 것이 자연스럽기 때문이다. 이것은 현실적으로 남한이 먼저 제안하는 것이지만 그렇다고 남한이 주도하고 북한은 종속적이 된다는 의미는 아니다. 기본적으로 쌍방향의 대등한 참여의식을 공유하며 진행되는 방식이 되어야 할 것이다.

전통문화 창작소재 중 예를 들어 '삼수갑산(三水甲山)'이나 '북청 물장수' 또는 '백두산 설화와 관광코스개발'을 선택한다. 앞에서 언급한 것처럼, 창작소재 개발을 콘텐츠와 컨텍스트를 고려하여 기본 컨셉을 추출한다. 다음으로 매체를 선정하되 이왕이면 가장 최근 기술이 가미된 AR, VR콘텐츠 개발이 유효할 것이다. 앞서 언급했듯이 북한도 AR, VR교육이 활발히 이루어지고 있다. 다음으로는 서로 쌍방향으로 교류하며 개발내용을 주고 받는다. 현재 북한의 경우 일부 대학이나 호텔 등 제한된 공간에서는 인터넷을 사용할 수 있으므로 국가의 승인을 받고 진행하는 쌍방향의 개발 진행은 도구상으로는 전혀 문제가 되지 않을 것이다.

더욱이 4차 산업혁명으로 인해 AR과 VR 관련 기술이 부각되는 시점에서 대한민국의 5G 상용화는 이러한 쌍방향 작업을 더욱 원활하게 해줄 것이다. 5G의 큰 특징 중 하나로 데이터 속도의 향상을 들 수 있으며, 초저지연(超低遲延, ultra-low latency) 통신으로 인해 AR과 VR뿐만 아니라 홀로그램도 조만간 대중화가 될 것으로 예상한다. 이러한 기술을 통해 남과 북이 마이크로소프트사의 홀로렌즈를 통해 같은 공간에 있지 않아도 화상 회의는 물론 공동 콘텐츠 제작을 더욱 용이하게 할 수 있을

것이다.[52]

이러한 지식, 정보 공유의 쌍방향적인 교류는 대북제재와도 무관하다. 물론 현단계에서 이러한 쌍방향적인 교류는 또 다른 여러 문제점들이 있을 것이다. 무엇보다 남북의 정서적 연대가 정립된 상태가 아니므로 창작소재의 해석에서부터 문제가 될 수 있다. 그러나 기본적으로 차이를 인정하되, 무엇보다 남북한 개발 참여자 모두 공동체성과 개인의 주체성의 문제 해결을 통해 세계사에 기여한다는 자부심으로 여러 문제점들을 극복해 나가야 할 것이다. 즉 이러한 쌍방향적인 개발 자체가 남북정서의 공유와 연대로 가는 길이 될 것이다.

이러한 쌍방향 개발방식은 정치적인 갈등에 영향받을 수도 있지만, 오히려 정치적 갈등을 넘어설 수 있는 대안도 될 수 있을 것이다. 탈북민을 대상으로 한 연구에 의하면 남북한은 말이 서로 통하고 그 가운데 내재하는 의미와 정서는 특별히 다르지 않음을 애기하고 있다. 남과 북은 20세기 중반까지 동일한 민족문화유산을 갖고 있었다. 물론 이후 차이도 벌어졌지만 동질성도 여전히 크다고 할 수 있다. 역사와 문화를 함께 한 공동체에서 언어가 서로 통한다는 것 자체만으로도 정서적 소통은 충분히 이루어진다. 공동의 역사와 문화의 바탕 위에서 그 언어에 내포된 본질의 의미를 달리 이해하지 않기 때문이다.[53]

지금까지 현단계 통일문화콘텐츠 개발방향을 세 가지로 언급하였다. 그 기본 내용을 도표화하여 제시하면 다음과 같다.[54]

---

52 홀로렌즈를 활용한 화상 회의 및 공동 작업 영상 참고(https://www.youtube.com/watch?v=BeXY9U9BHqw)

53 김종군, 「남북 주민의 정서 소통 기제로서 대중가요」, 『통일인문학』 71, 건국대학교 인문학연구원, 2017, 4-5쪽.

54 여기에 제시된 그림에서 네 요소의 처음에 해당하는 Neuto(뉴토), Hetero(헤테로), Homo(호모), Neutro(뉴트로)는 필자의 삼원론에 입각한 용어이다. 이 자리에서는 이에 대한 설명은 지면 관계상 생략하고자 한다. 이에 대해서는 다음을 참고할 수 있다(앞서 제시한 김기덕, 「삼원론을 활용한 캐릭터 분석」 참조).

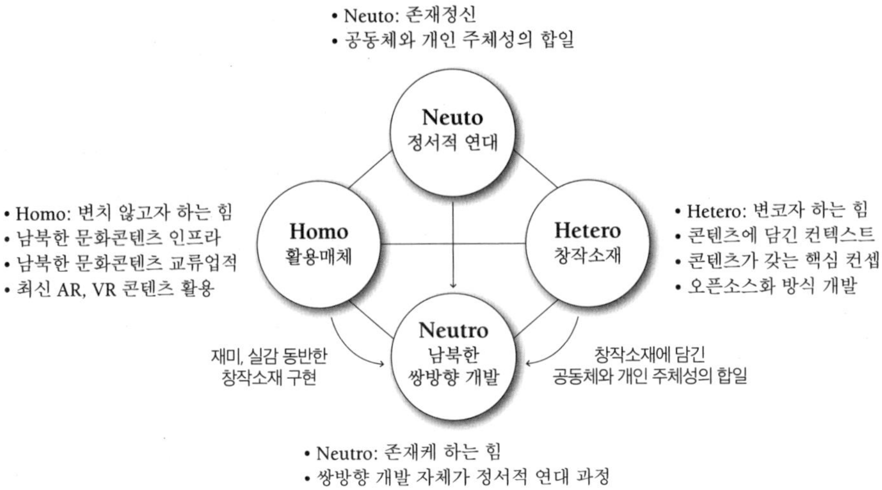

〈그림 1〉 통일문화콘텐츠 개발방향

맺음말

지금까지 남북의 정서적 연대를 통한 통일문화콘텐츠 구축방안에 대하여 서술해 보았다. 먼저 2절에서는 남북의 정서적 연대와 통일문화콘텐츠가 갖는 의미를 다소 문명사적으로 해석해 보았다. 여기에서 공동체와 개인의 주체성의 합일이라는 핵심 키워드를 추출하였다. 그리고 이러한 가치관을 담은 통일문화콘텐츠 구현은 실로 전 세계에 새로운 가치관을 제시해주는 것이라는 점을 밝혔다.

다음으로는 현단계 통일문화콘텐츠 개발 방향을 세 가지로 서술하였다. 첫째, 문화콘텐츠 개발의 시작이자 가장 중요한 기획과정의 핵심인 창작소재의 문제는 무엇보다 전통문화에서 찾는 것이 좋으며, 이와 관련된 제반 유의사항과 정책을 제안하였다. 둘째, 활용매체로는 활발히 진행되고 있는 남북한 문화콘텐츠의 다양한 매체를 활용하되, 더 나아가 현재 가장 주목받고 있는 AR, VR을 활용할 것을 제안하였다. 이는 또한 남북한이 자유로이 왕래할 수 없는 현실에서는 가장 적합한 기술이기도

하기 때문이다. 셋째, 실행 프로그램으로 쌍방향 개발방식을 진행할 것을 제안하였다. 이것은 현단계 통일문화콘텐츠 개발은 산업적 차원에서가 아니라 공감(共感)의 차원에서 전개되어야 하기 때문이다.

남북관계가 항상 정치적이고 정책적으로만 작동될 것이라고 판단해서는 안될 것이다. 특히 문화적인 측면은 더욱 그러하다. 예를 들어 해방 전 대중가요 중 북한의 주민들이 가장 즐겨 부르는 노래는 〈낙하유수〉, 〈홍도야 울지마라〉를 꼽을 수 있다. 이 노래들은 1992년부터 제작 발표된 〈민족과 운명〉이라는 영화에 남한의 퇴폐적인 분위기를 폭로하는 유흥문화 장면에 삽입된 노래들이었다. 처음 의도는 남한의 퇴폐적인 문화의 일면으로 영화에 삽입하였는데, 북한주민들이 이 영화를 통해 강력하게 이 노래들을 인지하면서 공공연하게 부르는 상황으로 전개되었다. 이것을 처음에는 규제하였지만, 민간의 놀이문화를 철저하게 통제할 수 없었으므로 음성적으로 널리 애창되었다가, 북한 당국에서 이 노래를 양지로 끌어내 계몽기 가요의 대표곡으로 의미부여하게 되었다.[55]

항상 위의 같은 사항을 기대할 수는 없지만, 그렇다고 정치적, 정책적 차원으로만 민(民)의 동향을 미리 재단하는 것도 바람직하지 않을 것이다. 현단계는 통일문화콘텐츠에 대한 명확한 철학과 방향성에서 시작되어야 한다. 앞으로 남북의 정서적 연대와 한반도 평화체제 구축을 위한 문화콘텐츠 개발은 더욱 시대적 요청으로 다가올 것이다. 그 결과 이러한 남북을 아우르는 문화콘텐츠 개발시도가 공감대를 형성하여 축적된다면, 차후 보다 다양하고 화려한 여러 빛깔의 문화콘텐츠 활용사례가 남북한 공히 꽃을 피울 수 있을 것이며, 그것은 남북문제 해결에 있어 커다란 역할을 수행할 것이라고 확신한다.

물론 지금도 다양한 남북한 문화교류가 이루어지고 있지만, 진정한 통일문화콘텐츠 구축을 위해 본 글에서는 먼저 통일문화콘텐츠의 철학과 방향성, 그리고 공감대 인식의 중요성을 강조하여 작성되었음을 밝힌다.

---

55 김종군, 앞의 「남북 주민의 정서 소통 기제로서 대중가요」, 16-18쪽.

6 The Role of History in the 4th Industrial Revolution Age

History with the Times

If sciences are lined up at the walking speed in keeping with the stream of the times, the rearmost row might become juriprudence. That is because law changes after many judicial precedents accumulate. That is, juriprudence can be said to be the most conservative field in that it requires agreement from the majority, the minority, of society.

If so, what science is at the foremost row? I think that the fields of arts and technology are at the foremost row. In arts, only a few genuses excellent in creativity read the change of the times earliest and produce artistic works. Accordingly, their works are neither agreed nor loved by the masses from the beginning but rather treated as quaint. The works of art well known among us may have been accepted as quaint at first as they were highly different from the existing tradition at that time. Nowadays, people do not appreciate and enjoy contemporary art

* 출전: Kim ki-duk, 「Role of History in the Age of 4th Industrial Revolution」, 『International Journal of Korean History』, Vol. 24-2, 고려대학교 한국사연구소, 2019. 본 학술지는 SCOPUS 저널로서, '4차 산업혁명시대 역사학의 역할'의 총론으로 작성된 것이다. 본 글의 참고문헌은 편의상 그대로 두었다.

interestingly but mostly think of it as very strange and tilt their head.

In the field of technology, only a few creative genuses also play a role in going ahead of the times. The engine driving the change of technologies is basically the realization of human convenience, It is the basic direction of human needs for technologies to overcome inconvenience and advance in a more convenient direction. It brings about great economic gains to technological developers, and so technologies actively go ahead of the times all the time. And if one more convenient technology is created, all the related technologies concentrate even more quickly on the newly created technology than any other field, Seeing how fast is the life cycle for one technology to be generalized today. the benefit of the new technology can easily be understood. It is because people avert their attention away from the product of obsolete technology and accordingly it almost loses its meaning in economic terms.

At what level is history placed as one science? It is often said that it is possible to predict the future by knowing the past history and understanding the present. But it is impossible to say confidently that current history at home and abroad is the science placed at the front row of the stream of the times. Of course, it is basically difficult for history to go ahead of the change of the times in terms of time in that it is based on historical material and facts. But owing to such a scientific characteristic, history should not be kept locked in the 'netting of substantiation'. I think that current history needs to have the revitalization of the discourse correspondind with the problematic situation of the times and a little more 'affinity' with the changing technical field for human convenience at the very rapid pace.

And it think that at the current point in time that the world is rapidly changing due to the 4th industrial revolution, it is a very courageous attempt that, rising researchers of history, especially Koren history, present their opinions with the title of 〈The 4th Industrial revolution and the Study of Korean History〉. I hope that this attempt will become an opportunity for history to be positioned as one with the times.

Key Words of the 4th Industrial Revolution

The currently generally attempted periodization of the industrial revolution can be divided into the 1st industrial revolution marked by mechanical production and steam engine, the 2nd industrial revolution marked by mass production and electrical energy, the 3rd industrial revolution marked by Internet and IT and the 4th industrial revolution marked by artificial intelligence and big data. But there is a great time difference between the 1st and 2nd industrial revolutions and the 3rd and 4th industrial revolutions. Accordingly there is a need to understand the key word of the 4th industrial revolution by comparing it with 3rd industrial revolution having the time difference of about 10 years from the 4th one.

The development of digital technology since the 2000s is referred to as the 3rd industrial revolution. In this 3rd industrial revolution came out diverse media such as camera, videos, TV, PC, internet, mobile, SNS and so on and diverse genres such as film, game, animation, theme park, exhibition, festival and so on. These media and genres are mutual interlocked with and frequently cross each other due to developed digital technology.

The problem is that diverse media have appeared and been mutually interlocked with each other due to the 3rd industrial revolution of digital technology but have no meaning if the new are not contained in it. As a result, the concept of 'content' appeared shortly in the course of the development of the 3rd industrial revolution of digital revolution in the 2000s. That is, the need for contents contained in diverse media was presented. But the contents contained in the new digital media came to occupy an overwhelming great proportion of cultural contents with the development of the 21th-century public age. As a result, the term of cultural contents came to be popular with the emergence of the term of contents.

The process of creating these cultural contents can be divided into the steps of preproduction - production - postproduction. The step of preproduction means that of planning. The core in the planning process of cultural contents is the mining and choice of material for creation. Planning always starts from the choice of materials for creation because there can not be planning without materials. The concept and storytelling of the work develops after its material is chosen.

The concept of cultural content for the first time in Korea in the 2000s appeared and the Korea Creative Content Agency was established as the national agency in 2001. it was because of the importance of material for creation that it implemented the 〈Cultural Archetype Digital Content Project〉 over the period between 2002 and 2010. In particular, the dispute over 'archetype' and the concept of 'cultural archetype' were created in the process of agonizing over how to conceptualize and categorize diverse materials for creation. This process was derived from the importance of contents contained in diverse media triggered by the digial revolution of the 3rd industrial revolution. The above-mentioned can be said to be the overall topographical map of the 3rd industrial revolution I think about, and the key words here can be said to be 'media' and 'content'(Kim Ki-duk, 2019, pp. 3-20).

The technologies currently presented as the emblem of the 4th industrial revolution are at the level actually tantamount to the deepening of the digital technology in the 3rd industrial revolution. Using the expression of the 4th industrial revolution, professor Klaus Schwab referred to artificial intelligence, robotic engineering, internet of things and so on as 'new technology'[1] but the fact is different. These technologies emerged over the period between the 1950s and 2000, and relevant articles and products were already developed.(Shin Dong-hee; Park Chang-gyu, pp. 29-82)

Of course, these technologies have currently more increased exponentially in terms of data that in the past and evolved into hyper connected society. It may be a problem to mention only the extension of digital technology as new technology. Instead of categorizing the 4th industrial revolution simply in term of representative technology, Park Chang-gyu has taken notice of the intelligence of technologies of the currently developing 4th industrial revolution and presented a clear definition of the 4th industrial revolution as 'Umma Machine'. The human being of mother(Umma in Korea) is well acquainted with her child's body shape, preference, health status, style and so on. Accordingly, mother is the being that makes the customized clothes for her child only and suited for her child. It is the very context, namely, intention or environment, of her child that mother takes into consideration. Like this, technologies of the 4th industrial revolution

---

1 Klaus Sschwab, *The fourth Industrial revolution*, World Economic Forum, 2016, p. 7. Klaus Sschwab presented new technologies as follows: artificial intelligence (AI), robotics, the internet of things (IoT), autonomous vehicles, 3D printing, nanotechnology, biotechnology, materials science, energy storage and quantum computing

are differentiated from those of the 3rd industrial revolution in that they can assist in collecting, identifying and applying the user's context as well as extend the simple technologies of the 3rd industrial revolution.

Eventually, the core of technologies of the 4th industrial revolution becomes the context. In the previous chapter, I explained the 3rd industrial revolution in the relationship between media and content. Then, how the content will become in relation to the context in the age of the 4th industrial revolution? I think that the content of the material to be developed can be well made though the taste, namely, context of an individual guest is well known. That is, the context is of importance, but a knowledge of it cannot lead to the production of the work meeting the guest's needs. Those who make the content for the material of the work well can make the appropriate work based on the context. In this sense, it is thought that the importance of the content in the 4th industrial revolution is never reduced.

In the keynote address of the Asian Leadership Conference, Mayun, the chairman of Alibaba Group, "Now, the age of the 20-year lasting IT(Information Technoiogy) sets, and a new Internet market based on the revolution of data technology will be opened for 30 years in the future." But the importance of 'data' mentioned by Mayun is not about simple data. As can be known in the words he mentioned next, "the age of DT when the firm knowing how to meet an individual customer's needs using vast data on customers succeeds", DT is the technology of creating the value and predicting the future by analyzing accumulated data and data emphasized by Mayun means the data containing the customer's context in a word. He added that "I am not afraid of the firm excellent in technologies. But I am more afraid of the firm listening to the customer's needs".(『The Chosun Ilbo』 May 20,

2015) This can be said to be the remarks accurately corresponding to the context, the key word of the 4th industrial revolution I have thus far emphasized.

In this sense, I think that the age of the 4th industrial revolution will be the times when specialists in contents will more take center stage. That is, it is thought that the user's(consumer's) context can be known in the age of the 4th industrial revolution whose key word is the context, and so the content specialist's planning process will become more proper and easy. Content planning was indeed difficult for the years, which is because it was not easy to identify consumers' needs based on their context. If consumers' contexts are accumulated in diverse fields due to the technological development of the 4th industrial revolution, the need for content specialists will more increase in response to it.

The core of contents of all works is humanities. Especially, literature and history are the fields containing core contents from the work of informatization using digital technology to literary products using the materials of humanities. Accordingly. humanities revolving around literature and history needs to intervene actively in the development of cutural products in the age of popularization as well as the deepening of scientific research by maing active use of the current developed digital technologies of the 4th industrial revolution. In a word, it is the extension of literature, the extension of history and eventually the extension of humanites, and the stream that humanities run with the times.

Like the arabic proverb that persons looks after the times rather than their parents, even the researchers of Korean history carrying out the conservative study based on historical materials and facts have the reason for going with the stream of the times. Moreover, the current younger generation can be said to be 'digital native speaker' accustomed to digital technologies and tools from their childhood. The totalitarian atmosphere of history has not been technologically-friendly, and so active attempts have not been made for the years.

Breaking away from this reality, four rising researchers of Korean history shedded light on Korean history using the 4th industrial revolution. First, in 「The High Technology of the 4th Industrial Revolution and the Ancient History of Korea」, Lim Dong-bin), a study grafting the ancient history of Korean on technologies, he deciphered wooden documents using artificial intelligence and groped for the possibility of restoring historic remains with the use of AR and VR. As for the material of Korean wooden documents difficult to decipher, he proved that there is a need to newly develop the artificial intelligence system suited for the conditions of Korean wooden documents(character type, color and so on) by referring to the 'MOJIZO' system attempted in Japan. And he accurately presented that there is a need to restore historical relics using AR and VR at the level of feeling the previous experience like the fresh one beyond the level of simple experience. And it was emphasized that to resolve this task, the participation of special researchers as well as technology itself should resolve the problem of authenticity of material interpretation, research and restoration.

In (「Big Data and Prospect for the Study of History」, Mun Min-ki), a study forecasting the study of history using big data, the researcher took notice of the point that big data and history are based on the similar methodology in that they accumulate and analyze plenty of data. In the concrete, he forecasted the problem of how to collect, classify, manage and analyze vast data on the relevant history and furthermore how to write history using big data. Finally, there is a need to make a diverse judgement of big data like the criticism of historical material. In this respect, he emphasized that special researchers of history should intervene in this value judgement at the necessary points in time and exercise their insight beyond the simple arrangement and dissemination of factual relationship.

In (「The translation of the Historical Material of the Classic Literature and the Future of History in the Age of the 4th Industrial Revolution」, Hong Guen-hye), the study dealing with the translation of diverse historical materials using artificial intelligence, the researcher made a detailed examination of the methodology of the currently conducted translation of chinese historical materials and the current situation of translation. Basically seeing the current situation through this examination, the researcher forecasted that the future use of artificial intelligence can make it easier and faster to make a translation of chinese historical materials which is the basis for the study of history and can broaden the horizon for the study of history as well. But in spite of this reality, historians should have differentiation and speciality as scholar in order to carry out the creative historical study not conducted by technologies. Accordingly, the researcher emphasized that there is a need to learn and acquire chinese writing without dependence only on the translation of chinese historical materials provided by technologies.

In (「A New Way to the Study of the Goryeo Dynasty - Focused

on the Future of Service of Historical Materials」, Park Su-chan), a study investigating the service problem of the historical materials of the Goryeo Dynasty using diverse technologies, the researcher dealt with the title of the popularization of history drawing much attention wordwide as well as in Korea. First, he examined and analyzed the case of service of historical materials conducted at home and abroad. He presented openness and speciality as the direction for the service of historical materials of the Goryeo Dynasty to pursue based on this research of the current situation. He examined the scheme for meeting two elements difficult to be compatible with each other in diverse ways. Openness is the basic demand of the current times. Accordingly, systematic and easy-to-use openness should be kept in the service of historical materials. But he emphasized that speciality through the diverse working of experts in history should be secured with this openness for historical materials to be correctly serviced.

The above researches present the direction for fusion of technologies through interdisciplinary collaboration. In making use of the technologies of the 4th industrial revolution, they commonly emphasize the necessity for discussion and collaboration with historians from the stage of design in order to carry out the objective of the research subject.

The points of this study thus far presented are summarized as follows:

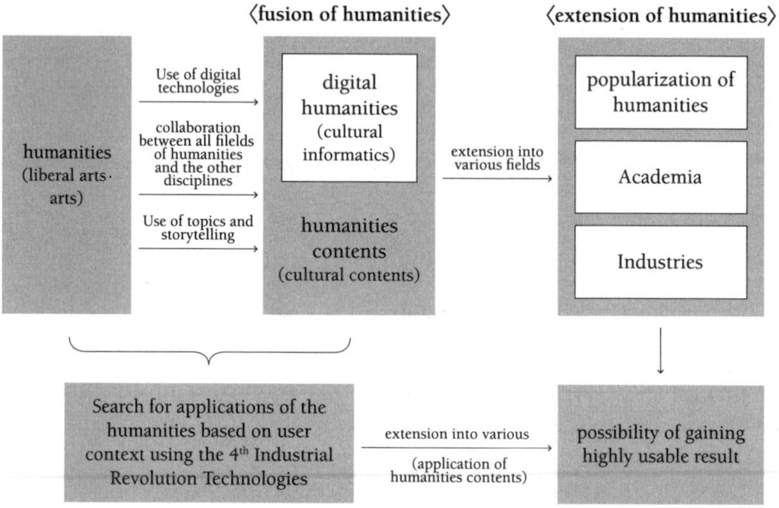

〈Figure 1〉 The extension of humanities in the 4th industrial revolution

Nowadays, humanities(liberal arts and arts) is exploiting a new field of 'digital humanities' while making use of digital technologies and collaborating with all fields and other sciences.[2] Moreover, the expression of 'Humanities Contents'(Culture Contents) emerged in Korea so as to make use of the material and storytelling of humanities and contribute to the planning process of the cultural industry.[3] These

2 For the current situation of digital humanities at home and abroad, see the following: Kim hyun·Lim Young-sang·Kim Ba-ro, 『Introduction to Digital Humanities』, Knowledge Press of Hankuk University of Foreign Studies, 2016, pp. 211-398. The expression of 'cultural informatics is used in Korea as the terms similar to digital humanities. For this point, see the following: Kim Hyun, 『Grope for Cultural Informatics』, Book Korea, 2012.

3 The expression of humanities contents and the Korean Humanities Contents Society

attempts such as digital humanities and humanities contents can be said to be the new humanities-fusion attempts. These attempts extend to the scientific and industrial field including the popularization of humanities, thereby leading to the 'extension of humanities'.

As a matter of course, this process is not smoothly developed. It has many tasks such as the worry and backlash of traditional humanities, the qualititive degradation of the product of fusion due to the lack of understanding about digital technology and so on. But this stream of the times will further spread. It is because the change of humanities combined with digital technology will lead to the extension of humanities, not the shrinkage of humanities.

Witnessing the new change of humanities starting from the 3rd industrial revolution in 2000, literary scholars need to understand the new contour map of the extension of humanities in the age of the 4th industrial revolution. As mentioned earlier, the technologies of the 4th industrial revolution providing consumers' context will make a greater request for humanities contents in diverse fields. Consumers' context is not the destination to arrive at but the construction of the contents based on the context is the destination. And humanities will come to elicit the appropriate product of high availability through the construction of diverse consumers' context provided by the technologies of the 4th industrial revolution.

Finally, this study emphasizes that humanities should have a little more technology-friendly perspective in relation to the 〈contour map of the extension of humanities in the age of the 4th industrial

---

emerged in 2002 to emphasize the planning process of developing and using cultural contents, especially the materials using humanities,. For a detailed investigation of this point, see the following: Kim Ki-duk, 「The Emergence of Cultural Contents and the Role of Humanities」, 『Humanities Contents』 28, 2013, pp. 10-26.

revolution. All technologies are basically supposed to go in an automatic direction. That is because only easily available technology come to survive. Accordingly, the technology needed in humanities is not the introductory technology at the programming level but technology at the level of using and applying it. It is not the technology for making the automobile but that for driving it. Literary scholars should become the researcher who understand technologies by raising technology-friendliness and furthermore the designer who makes use of them. Moreover, literary scholars to be produced in the future are the generation basically belonging to the digital native speaker, and so it is thought to be sufficiently possible.

In the transitional situation of the understanding of the technologies of the 4th industrial revolution, I would like to make a high evaluation of the brave attempt by the rising researchers of Korean history to present the diverse schemes for grafting technologies onto history. Even though the concrete scheme may be somewhat weak and presented at the discourse level, it is sure that this attempt will be positioned as the first step for entering into the way to becoming the historian taking the lead in technologies in the future.

References

Kim Ki-duk, 「The Emergence of Cultural Contents and the Role of Humanities」, 『Humanities Contents』 28, 2013, pp. 10-26.

Kim Ki-duk, 「Contents and Cultural Contents in the Age of 4th Industrial Revolution」, 『Humanities Contents』 52, Human Contents Association, 2019, pp. 3-20.

Kim Hyun, 『Grope for Cultural Informatics』, Book Korea, 2012.

Kim hyun·Lim Young-sang·Kim Ba-ro, 『Introduction to Digital Humanities』,

Knowledge Press of Hankuk University of Foreign Studies, 2016.

Park Chang-gyu, 『If Content is King in the Age of the 4th Industrial Revolution, Context is God』, CloudLine, 2018.

Shin Dong-hee, 「The 4th Industrial Revolution is the Human-centered Renaissance Revolution」, 『The Segye Times』, 2017. 2. 1.

「[Asian Leadership Conference] Mayun "The Age of IT Sets and the Age of DT Comes"」, 『The Chosun Ilbo』, May 20, 2015.

Klaus Sschwab, *The fourth Industrial revolution*, World Economic Forum, 2016, p. 7.

4차 산업혁명시대 역사학의 역할

시대와 함께 하는 역사학

시대 흐름에 발맞추어 걸어가는 속도로 학문을 줄세운다면, 아마도 가장 뒷줄은 법학이 될 것이다. 법은 수많은 판례가 축적된 뒤에야 변하기 때문이다. 즉 소수가 아닌 다수가 동의해야 법이 바뀐다는 점에서, 법학은 가장 보수적인 분야라고 할 수 있다.

그렇다면 가장 앞줄에는 어떤 학문이 있을까? 필자는 예술과 기술 분야라고 생각한다. 예술은 창의력이 뛰어난 소수의 천재들이 항상 가장 먼저 시대의 변화를 읽어내어 작품을 제작한다. 따라서 그들의 작품은 처음부터 대중의 동의와 사랑을 받는 것은 아니며, 오히려 기괴(奇怪)하다고 취급받는다. 우리에게 잘 알려진 훌륭한 미술작품들도 당시에는 기존 전통과 많이 달라서 처음에는 기괴하게 받아들였을 것이다. 오늘날에도 사람들은 현대미술을 재미있게 감상하며 즐거워하는 것이 아니라, 대부분은 매우 이상하게 생각하며 머리를 갸우뚱하곤 한다.

기술 분야 역시 소수의 창의적인 천재들이 항상 시대를 앞서 간다. 기술이 변화하는 원동력은 기본적으로 인간 편의성의 구현이다. 불편함을 극복하고 보다 편리한 방향으로 기술이 진보한다는 것은 인간 욕구의

---

* 본 글은 앞의 영문논문을 번역한 것이다. 각주 및 참고문헌은 생략하였다.

기본방향이다. 그것은 또한 기술 개발자들에게 커다란 경제적 이익을 가져다 주기도 하기 때문에, 항상 기술은 적극적으로 시대를 앞장서서 나간다. 그리고 보다 편리한 하나의 기술이 창출되면, 관련되는 모든 기술들은 다른 어떤 분야보다도 훨씬 빠르게 새롭게 창출된 기술로 집중된다. 오늘날 하나의 기술이 전면화되는 시간 주기가 얼마나 빠른지를 본다면 이점을 쉽게 이해될 수 있다. 그것은 기술이 뒤쳐진 상품은 사람들이 바로 외면하며, 그에 따라 경제적인 차원에서 거의 의미를 상실하기 때문이다.

역사학은 과연 어느 수준에 있을까? 흔히 과거의 역사를 알면 현재를 이해하고 미래를 전망한다고 말한다. 그러나 국내외적으로 오늘날의 역사학은 결코 시대흐름의 앞줄에 서 있는 학문이라고 자신있게 말할 수는 없다. 물론 역사학은 사료(史料)와 팩트(fact)에 입각해야 한다는 점에서 시간적으로 시대변화를 앞서간다는 것은 기본적으로 어려운 학문이다. 그러나 그러한 학문적 특성이 역사학으로 하여금 단지 '실증(實證)의 그물망' 속에 갇혀있어도 된다는 것은 아닐 것이다. 필자는 오늘의 역사학은 시대적 문제상황에 부합하는 '담론(談論)'의 활성화와 아주 빠른 속도로 인간의 편의성을 위해 변화하는 기술 분야에 대하여 좀더 '기술친화력'을 가질 필요가 있다고 생각한다.

4차 산업혁명으로 세상이 빠르게 돌아가는 현 시점에서, 역사학 그 중에서도 한국사 신진연구자들이 〈4차 산업혁명과 한국사 연구〉라는 주제로 자신의 주장을 펼쳤다는 것은 대단히 용기 있는 시도라고 생각한다. 아무쪼록 이번의 시도가 진정 역사학이 시대와 함께 하는 역사학으로 자리매김되는 기회가 되기를 희망한다.

4차 산업혁명의 핵심 키워드

현재 일반적으로 시도되는 산업혁명 시기구분은 기계적 생산과 증기기관으로 대표되는 1차 산업혁명, 대량생산과 전기에너지로 대표되는 2차 산업혁명, 인터넷과 IT로 대표되는 3차 산업혁명, 인공지능과 빅데이터로 대표되는 4차 산업혁명으로 구분할 수 있다. 그런데 1, 2차 산업혁명과 3, 4차 산업혁명 사이에는 많은 시간적 시차가 있다. 따라서 4차 산업혁명의 핵심 키워드를 이해하기 위해서는 시차가 10여 년밖에 안 되는 3차 산업혁명과 비교하여 이해할 필요가 있다.

2000년대 이후 디지털기술의 발전을 3차 산업혁명이라고 말한다. 이 3차 산업혁명에서는 카메라, 동영상, TV, PC, 인터넷, 모바일, SNS와 같은 다양한 매체, 그리고 영화, 게임, 애니메이션, 테마파크, 전시, 축제 등과 같은 다양한 장르들이 출현하였다. 이러한 매체 및 장르들은 발전된 디지털기술로 인하여 서로 연동되어 자유롭게 넘나들고 있다.

문제는 디지털혁기술이라는 3차 산업혁명으로 인하여 다양한 미디어가 출현하여 서로 연동되어 있지만, 정작 그 속에 새롭게 담길 것이 없다면 아무 의미가 없게 된다는 점이다. 그 결과 2000년대 디지털혁명이라는 3차 산업혁명의 전개 속에서 곧바로 '콘텐츠(contents)' 개념이 출현한 것이다. 즉 다양한 미디어에 담기는 콘텐츠의 필요성이 제기되었다. 그런데 새로운 디지털 매체에 들어갈 콘텐츠는 21세기 대중의 시대의 전개와 함께 무엇보다 문화적인 콘텐츠가 압도적으로 많은 비중을 차지하게 되었다. 그 결과 콘텐츠라는 용어의 출현과 함께 '문화콘텐츠'라는 용어가 유행하게 된 것이다.

이러한 문화콘텐츠를 창출하는 과정을 구분한다면 전제작단계(preproduction) - 제작단계(production) - 후제작단계(postproduction)로 나눌 수 있다. 전(前)제작단계란 기획단계를 의미한다. 문화콘텐츠 기획과정에서 핵심은 창작소재의 발굴과 선택이다. 소재 없는 기획은 있을 수 없기 때문에, 항상 기획은 소재 선택에서 시작한다. 소재가 선택되어야 이후 작품 콘셉트 및 스토리텔링이 전개되는 것이다.

2000년대 한국에서 처음 문화콘텐츠 개념이 출현하고 바로 2001년에 국가기관으로 한국문화콘텐츠진흥원이 설립되었으며, 다음 해 2002년부터 2010년까지 〈문화원형 디지털콘텐츠화사업〉을 전개한 것도 창작소재의 중요성 때문이었다. 특히 그 다양한 창작소재를 어떻게 개념짓고 분류할 것인지를 고민하는 과정에서 '원형(Archetype)' 논쟁과 '문화원형(culture Archetype)' 개념이 창출되었다. 이러한 과정은 전부 3차 산업혁명인 디지털혁명으로 촉발된 다양한 미디어에 담기는 콘텐츠의 중요성에서 파생된 것이다. 이상이 필자가 생각하는 3차 산업혁명의 전체적인 지형도라고 할 수 있으며, 여기서 핵심 키워드는 '미디어'와 '콘텐츠'라고 할 수 있다.

현재 4차 산업혁명의 표상으로 제시되는 기술들은 실제로는 3차 산업혁명시대 디지털 기술의 심화에 해당하는 수준이다. 4차 산업혁명이라는 표현을 처음 사용한 Klaus Schwab 교수는 인공지능, 로봇공학, 사물인터넷 등이 '새로운 기술(new technology)'라고 했으나, 사실은 그렇지 않다. 이러한 기술은 1950년대부터 2000년까지 전부 등장한 것으로, 관련 논문이나 상품도 이미 개발되어 있다.

물론 이 기술들이 오늘날은 예전에 비해 데이터가 기하급수적으로 커졌고, 초연결사회(Hyper Connected Society)로 진화된 것은 사실이다. 그러나 이러한 디지털기술의 확장만으로 새로운 기술이라고 하는 것은 문제가 있을 것이다. 이처럼 단순히 대표적 기술로 4차 산업혁명을 구분하는 방식 대신에, 박창규는 현재 진행되는 4차 산업혁명의 기술들의 지능화(intelligence)에 주목하여 4차 산업혁명의 명확한 정의를 '엄마기계(Umma Machine)'로 제시하였다. 엄마(Umma, Mother의 한국말)라는 존재는 자녀의 체형, 선호도, 건강 상태, 스타일 등을 잘 알고 있다. 따라서 엄마는 자녀만을 위한, 자녀에 딱맞는 맞춤형의 옷을 만들어주는 존재이다. 엄마가 고려하는 것은 바로 자녀의 컨텍스트(context) 즉 의도, 맥락, 환경이다. 이처럼 4차 산업혁명의 기술들은 단순한 3차 산업혁명 기술의 확장만이 아니라, 사용자의 컨텍스트(context)를 수집하고 파악하여, 그것을 응용할 수 있도록 해준다는 점에서 3차 산업혁명의 기술과 차별성이 있다는 것이다.

결국 4차 산업혁명 기술의 핵심은 컨텍스트(context)가 된다. 앞 장에서 필자는 3차 산업혁명을 미디어와 콘텐츠와의 관계로 설명하였다. 그렇다면 4차 산업혁명시대에 컨텍스트와 관련하여 콘텐츠는 어떻게 될 것인가? 필자가 생각하기에, 아무리 개개인의 손님의 취향 즉 컨텍스트를 알았다고 하더라도 개발하고자 하는 소재의 콘텐츠를 잘 만들 수 있어야 하는 것이다. 즉 컨텍스트가 중요하지만, 컨텍스트만 알았다고 저절로 그 손님이 만족할만한 작품이 나오지는 않는다. 작품 소재에 대한 콘텐츠를 잘 만드는 자가 역시 컨텍스트에 입각한 적합한 작품을 만드는 것이다. 그런 점에서 4차 산업혁명시대에도 콘텐츠의 중요성은 전혀 감소하지 않는다고 생각한다.

마윈(馬雲) 알리바바그룹 회장은 2015년 개최된 아시안리더십콘퍼런스 기조연설에서 "이제 20년간 지속되어온 IT(Information Technoiogy, 정보기술)의 시대가 저물고 앞으로 30년간 DT(Data Technology, 데이터기술) 혁명에 기반한 새로운 인터넷 시장이 열릴 것"이라고 말했다. 그런데 마윈이 언급한 '데이터'의 중요성은 단순한 데이터가 아니다. 그가 이어서 언급한 다음의 말, "이제는 방대한 고객 데이터(data)를 활용해 개별 고객의 요구에 부응할 줄 아는 기업이 성공하는 DT 시대"라는 것에서 알 수 있듯이, DT는 축적된 데이터를 분석해 가치를 창출하고 미래를 예측하는 기술로서, 한 마디로 마윈이 강조한 데이터는 고객의 '컨텍스트'를 담은 데이터를 의미하는 것이다. 그는 "기술이 뛰어난 기업은 두렵지 않다. 하지만 고객의 요구를 경청하는 기업이 더 두렵다"라고 덧붙였는데, 이것은 필자가 지금까지 강조한 4차 산업혁명시대의 핵심 키워드 '컨텍스트'에 정확하게 부합하는 발언이라고 할 수 있다.

그런 점에서 필자는 오히려 4차 산업혁명시대는 콘텐츠전문가가 더욱 각광받는 시대가 될 것이라고 생각한다. 즉 컨텍스트가 핵심 키워드인 4차 산업혁명시대에는 사용자(수요자)의 컨텍스트를 알 수 있기 때문에, 콘텐츠 전문가의 기획과정은 그만큼 더 적절하고 용이해질 것이라고 생각한다. 그동안 콘텐츠 기획이 사실상 어려웠던 것은 사용자의 컨텍스트에 입각한 요구분석을 파악하기가 쉽지 않았기 때문이다. 만약 4차 산업혁명의 기술발전으로 다양한 분야에서 사용자의 컨텍스트가 축적된다면, 그에 대응하는 콘텐츠 전문가의 필요성은 더욱 증대할 것이다.

모든 작품의 콘텐츠의 핵심은 인문학이다. 특히 문학과 역사학은 디지털기술을 활용한 정보화작업에서부터 인문학 소재를 활용한 문화상품에 이르기까지, 핵심 콘텐츠가 담겨 있는 분야이다. 따라서 문학과 역사학을 중심으로 하는 인문학은 오늘날 발전된 4차 산업혁명의 디지털 기술을 적극 활용하여, 학문연구의 심화뿐만 아니라 대중화시대 문화상품의 개발에도 적극 개입할 필요가 있다. 그것은 한마디로 문학의 확장, 역사학의 확장으로서 결국 인문학의 확장이며, 인문학이 시대와 함께 하는 흐름일 것이다.

4차 산업혁명을 활용한 한국사 연구

사람은 부모보다도 시대를 더 닮는다는 아랍의 속담처럼, 아무리 사료와 팩트에 입각하여 보수적인 연구를 수행하는 한국사 연구자라고 하더라도, 시대의 흐름을 따라 가지 못할 이유가 없다. 더욱이 현재의 젊은 세대는 어려서부터 디지털기술과 도구에 익숙한 '디지털 원어민'이라고 할 수 있다. 다만 전체적인 역사학의 분위기가 기술친화적이 아니었기 때문에 그동안 적극적으로 시도되지 않았을 뿐이다.

이러한 현실을 깨고 4명의 신진 한국사연구자들은 4차 산업혁명을 활용한 한국사연구를 조명하였다. 먼저 한국 고대사를 기술과 접목한 연구(임동민, 「4차 산업혁명의 첨단 기술과 한국 고대사」)에서, 연구자는 인공지능을 활용한 목간(木簡) 판독과 AR, VR 활용을 통한 고대사 유적 복원가능성을 모색하였다. 판독이 까다로운 한국의 목간 자료는 일본에서 시도되고 있는 'MOJIZO' 시스템을 참고로 하여, 한국의 목간 상태(글자형태, 색깔 등)에 맞는 인공지능 시스템이 새롭게 개발되어야 한다는 점을 논증하였다. 또한 AR, VR을 활용한 유적 복원도 단순한 체험 수준을 넘어, 다양한 역사적 추체험(追體驗) 수준의 유적 복원이 이루어져야 한다는 점을 정확히 제시하였다. 필자는 이들 과제를 해결하기 위해서는 기술 자체만이 아니라 반드시 전문 연구자가 참여하여 자료 해석과 연구, 복원의 진정성 문제를 해결해 주어야 한다는 점을 강조하였다.

빅데이터를 활용한 역사학 연구를 전망한 연구(문민기, 「빅데이터와 역사학 연구의 전망」)에서는, 수많은 데이터를 축적하고 그것을 분석한다는 점에서 빅데이터와 역사학은 유사한 방법론에 입각하고 있다는 점에 연구자는 주목하였다. 구체적으로는 먼저 당대사의 방대한 자료들을 어떻게 수집하고 분류·관리·분석할 것인지의 문제, 그리고 더 나아가 빅데이터를 활용한 역사 쓰기는 어떠한 방식으로 이루어질 것인지를 전망하였다. 끝으로 역사학의 '사료비판(史料批判)'처럼 빅데이터 자료들에 대한 다양한 가치 판단도 필요하다는 점에서, 전문적인 역사학 연구자는 이러한 가치 판단이 필요한 지점들에 개입하여 단순한 사실관계의 정리와 전달을 넘어서는 '통찰력'을 발휘해야 한다는 점을 강조하였다.

인공지능을 활용한 역사학의 다양한 사료 번역을 다룬 연구(홍근혜, 「4차 산업혁명 시대 고전문헌 사료 번역과 역사학의 미래」)에서는, 먼저 연구자는 현재 진행되고 있는 한문 사료 번역의 방법론과 번역 현황을 자세히 조사 검토하였다. 기본적으로 이러한 현황조사를 통하여 볼 때, 차후에도 인공지능을 활용한다면 역사학 연구의 기본이 되는 한문 사료 번역을 보다 쉽고 빠르게 할 수 있으며, 그 결과 역사학 연구의 지평 또한 넓혀질 수 있을 것으로 전망하였다. 그러나 이러한 현실에도 불구하고 기술이 수행하지 못하는 창의적인 역사연구를 수행하기 위해서는, 역사학자들은 학자로서의 차별성과 전문성을 갖추어야 한다. 따라서 필자는 기술이 제공하는 한문 사료 번역에만 의존하지 않고, 한문을 학습하고 체화할 필요가 있다는 점도 강조하였다.

다양한 기술을 활용하여 고려시대 사료의 서비스 문제를 고찰한 연구(박수찬, 「고려시대 연구의 새로운 길: 사료 서비스의 미래를 중심으로」)는 한국뿐만 아니라 전 세계적으로 관심이 많은 역사의 대중화라는 주제를 다룬 것이다. 먼저 연구자는 국내외에서 시행되고 있는 사료 서비스 사례를 조사하여 분석하였다. 이러한 현황 조사를 바탕으로 고려시대 사료 서비스가 추구해야 할 방향으로 개방성과 전문성을 제시하였고, 이 양립(兩立)하기 어려운 두 요소를 충족시키기 위한 방안을 다양한 측면에서 검토하였다. 개방성은 오늘날 시대의 기본적 요구이다. 따라서 체계적이면서도 이용하기 편리한 개방성은 사료 서비스에서 반드시 관철되어야 한다. 그러나 사료라는 것이 올바로 서비스되기 위해서는 이러한 개방성과 함께, 역사전문가에 의한 다양한 가공을 통한 전문성이 담보되어야 한다는 점을 강조하였다.

이상의 연구들은 모두 학문간 협업을 통한 기술 융합의 방향을 제시하고 있다. 더욱이 4차 산업혁명의 기술을 활용함에 있어, 연구주제의 목표를 수행하기 위해서는 설계단계부터 역사학자와의 논의 및 협업이 필요함을 공통적으로 강조하고 있다.

인문학의 확장, 역사학의 확장

지금까지 제시한 필자의 논지를 그림으로 요약하면 다음과 같다.

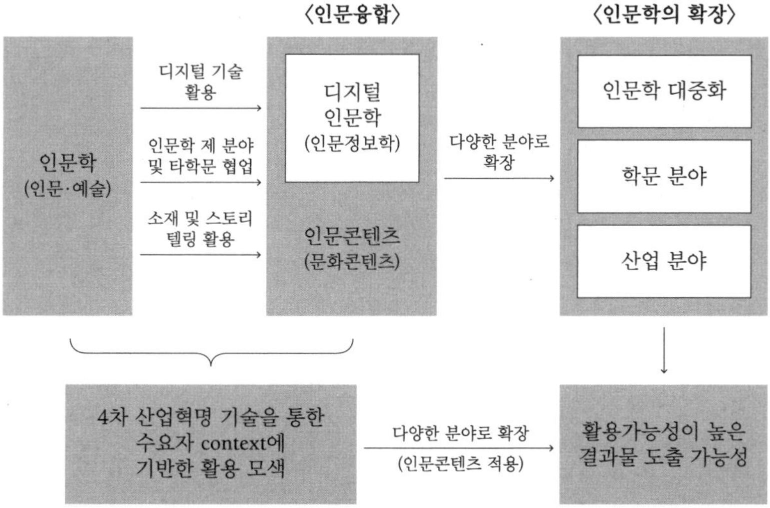

〈그림 1〉 4차 산업혁명시대 인문학 확장 지형도

오늘날 인문학(인문·예술)은 디지털기술을 활용하고 인문학 제 분야 및 타 학문과 협업하면서 'Digital Humanities'이라는 새로운 분야를 개척하고 있다. 더 나아가서 한국에서는 인문학의 소재 및 스토리텔링을 활용하여 문화산업의 기획과정에 기여하기 위하여 'Humanities Contents'(Culture Contents)라는 표현이 등장하였다. 이러한 디지털인문학과 인문콘텐츠 등의 시도는 전부 새로운 인문융합적 시도라고 할 수 있으며, 이러한 시도는 결국 인문학 대중화를 비롯하여 학문 및 산업 분야로 확산됨으로써 '인문학의 확장'을 가져왔다고 할 수 있다.

물론 이러한 과정이 순조롭게 진행된 것만은 아니다. 전통 인문학의 우려 및 반발, 디지털 기술에 대한 이해부족으로 인한 융합 결과물의 질적 저하 등 많은 과제를 안고 있다. 그러나 이러한 시대적 흐름은 더욱 확산될 것이다. 그것은 디지털기술이 결합된 인문학의 변화는 결국 인문학의 위축이 아니라 인문학의 확장을 가져오는 것이기 때문이다.

2000년 3차 산업혁명에서부터 시작된 이러한 인문학의 새로운 변화를 목도하면서, 인문학자들은 이제 4차 산업혁명시대를 맞아 새로운 인문학 확장의 지형도를 이해할 필요가 있다. 그것은 앞에서 언급했듯이 수요자의 컨텍스트를 제공해주는 4차 산업혁명시대의 기술들은 다양한 분야에서 Humanities Contents를 더욱더 요청할 것이라는 점이다. 수요자의 컨텍스트가 도달할 목표점이 아니라, 컨텍스트에 기반한 콘텐츠 구축이 목표점이기 때문이다. 그리고 인문학은 4차 산업혁명 기술들이 수행해주는 다양한 수요자의 컨텍스트 구축을 통하여, 더욱 활용가능성이 높은 적합한 결과물을 도출할 수 있게 될 것이다.

본 글을 끝맺으면서 필자는 이러한 〈4차 산업혁명시대 인문학 확장 지형도〉와 관련하여, 인문학이 좀더 기술친화력의 관점을 가져야 한다는 점을 강조하고자 한다. 모든 기술은 기본적으로 오토(auto)의 방향으로 가게 되어 있다. 그것은 활용하기 쉬운 기술만이 살아남게 되기 때문이다. 따라서 인문학에서 필요한 기술은 프로그래밍 차원의 원론적인 기술이 아니라, 그 기술을 이용하고 활용하는 차원의 기술이다. 자동차를 만드는 기술이 아니라 자동차를 운전할 수 있는 기술인 것이다. 인문학도 기술친화력을 높여서 진정으로 기술을 이해한 연구자, 더 나아가 기술을 부리는 기획자가 되어야 한다. 더욱이 앞으로 배출되는 인문학자들은 기본적으로 디지터원어민에 해당하는 세대이므로 그렇게 될 가능성은 충분히 있다고 생각한다.

다시 한번 4차 산업혁명 기술의 이해라는 과도기적 상황에서, 신진 한국사연구자들이 기술과 접목하는 다양한 방안을 제시한 용감한 시도를 높이 평가하고자 한다. 비록 구체적 방안은 다소 약하고 담론 수준에서 제기된 측면도 있지만, 이러한 시도가 차후 기술을 주도하는 역사학자의 길로 들어서는 첫걸음으로 자리매김될 것으로 확신한다.

III부

인문콘텐츠 트렌드 탐색

1 남북한의 표준시 문제와 생활상의 변화
시간의 주체성과 생체학적 리듬

머리말

세계의 각 나라들은 지구상의 어느 위치에 있는가에 따라 자신들이 정한 표준시가 따로 있다. 그래서 해외 유명호텔 프런트에 가면 여러 개의 벽시계가 있어 각국의 현재 시간을 알려주고 있다. 그것은 나라마다 표준시가 다르기 때문이다. 그렇다면 한국의 표준시는 어떻게 정해졌으며, 왜 그와 관련된 논쟁이 있어온 것일까?

한국의 표준시 논쟁은 사람들마다 이해의 편차가 참으로 다양하다. 이것을 가장 잘 알고 있는 사람들은 한의학·사주명리학·점성학 등을 연구하는 사람들이다.[1] 그것은 이들 분야에서 시간을 계산할 경우에는, 실제 시간을 적용해야 했기 때문이다. 그 결과 이 분야에서는 우리나라 중심부를 지나가는 동경 127도 30분을 기준으로 한 표준시를 적용한다. 예를 들어 子時라고 하면 밤 11시부터 새벽 1시까지를 말한다. 亥時는 그 전인 밤 9시부터 11시까지이다. 그러나 사주를 볼 경우, 밤11시 10분은 자시가 아니라 해시가 적용된다. 그것은 우리나라의 현재 표준시가

* 출전: 김기덕, 「남북한의 표준시 문제와 생활상의 변화: 시간의 주체성과 생체학적 리듬」, 『소통 치유 통합의 통일인문학』, 도서출판 선인, 2009.

1 그 결과 한국의 표준시 문제에 대해서는 한의학이나 사주명리학 등 전통적인 동양철학을 연구하는 분야에서는 다른 분야에 비해 상대적으로 잘 알고 있는 편이다.

동경 135도를 기준으로 하고 있기 때문에, 실제시간보다 30분 가량 빠르기 때문이다. 즉 현재의 시간 개념에서는 밤 11시 30분부터 새벽 1시 30분까지를 자시로 계산해야 한다.

표준시 문제를 잘 알고 있다고 생각하는 사람들의 경우에도, 대부분은 우리가 동경 135도를 사용하고 있기 때문에 우리나라의 실제 시간보다 30분 빠른 시간이 적용되고 있다는 수준에 머무르고 있는 경우가 대부분이다. 최근 어느 유명한 동양철학자가 신문에 컬럼을 썼는데, 그 내용이 '도쿄시를 서울시로 바꾸자'는 것이었다. 아마도 그는 '동경 표준시'에서 동경을 東京으로 알고 있었던 모양이다. 흔히 '일본의 동경 표준시' 운운하는데, 현재 우리나라나 일본이 표준시의 기준으로 삼고 있는 동경 135도는 東京을 지나가지 않는다. 동경 135도라고 할 때의 동경은 東經인 것이다.

표준자오선과 한국 표준시

표준시란 '한 나라에서 공통적으로 사용하는 지방평균 태양시'를 말한다. 잘 알고 있듯이 지구를 편의상 東西 즉 가로로 나눈 선을 緯度라 하고 南北 즉 세로로 나눈 선을 經度라 한다. 위도의 계산 기준은 적도가 된다. 그 적도를 기준으로 북쪽으로 가로 그은 선인 北緯와 남쪽으로 가로 그은 선인 南緯가 있다. 우리나라 서울은 북위 37도 34분이다.

위도는 그 기준선이 되는 적도가 자연스럽게 설정된 반면, 세로로 그은 경도는 인위적으로 기준선을 설정해야 한다. 특히 표준시는 바로 이 경도를 기준으로 설정되므로, 세계 각국이 표준시를 정할 때에 기준이 되는 경도를 정하여야 했다. 경도는 지구를 세로로 나누어 남북으로 그어지므로 子午線이라고 한다. 子는 北, 午는 南을 뜻한다. 표준자오선이란 표준시를 규정할 때 기준으로 삼는 자오선이다. 국제적으로 표준자오선의 채택은 1884년부터 영국 그리니치천문대(경도 0도)를 통과하는 主子午線〔본초자오선〕을 기준으로 각각 15도씩 떨어져 있는 24개의 자오선을 이용하고 있다. 즉 본초자오선을 기준으로 동쪽으로 180도를 15도씩 나누어 12개의 자오선이 있고, 역시 서쪽으로 180도를 15도씩 나누어 12개의 자오선이 설정되어 있다. 그리고 동경 180도와 서경 180도가 만나는 곳에 날짜변경선이 있다.

태양이 머리 위를 정확히 南中하는 시각이 正午가 된다. 어느 나라나 전통시대에는 해시계가 있어 이 원리로 시간을 측정해 왔다. 이것을 태양시라고 한다. 그러나 각 나라는 경도가 다르므로 이 태양시가 각각 다를 수밖에 없다. 또한 같은 나라라 할지라도 경도에 따라 태양시가 조금씩 차이가 있다. 따라서 각 나라는 시간을 통일하기 위해 국가의 표준시를 정하여 사용한다. 그 표준시의 기준은 각국의 위치에 따라 가장 근접한 경도(자오선)를 채택하는 것이 국제적 관례이다. 보통은 한 나라에 하나의 표준시가 사용되나, 영토가 넓은 나라의 경우에는 여러 개의 표준시를 사용하는 경우도 있다.

중국 산동반도를 통과하고 있는 동경 120도가 北京 표준시이고, 일본 고오베의 서쪽 20km 부근에 있는 아까시라는 작은 도시를 지나고 있는 동경 135도가 일본의 표준시이다. 그리고 둘 사이는 15도 즉 한 시간의 차이가 있다. 중국보다 일출이 빠른 일본이 한 시간 빠르다. 우리나라는 경기도 가평 부근을 통과하고 있는 동경 127도 30분이 꼭 일본 표준시와 북경 표준시의 중간에 해당된다. 가평에서 볼 때 동경보다는 30분 늦고 북경보다는 30분 빠른 것이 된다.

이처럼 경도를 15도씩 분할할 때 우리나라에 가장 근접한 자오선은 동경 135도와 동경 120도가 된다. 그중 우리는 현재 동경 135도를 표준자오선으로 선택하여 사용하고 있다.

일본에서는 동경 135도가 지나가는 각 현마다 전부 기념탑을 설치해 놓고 있다. 다음 사진은 고베시 춘일대공원에 설치되어 있는 표준시 자오선과 해시계 모습이다. 우리나라는 일본을 지나가는 동경 135도를 표준시로 하기 때문에, 당연히 이러한 표준시 기념탑이 없다.

고베시 춘일대공원에 설치되어 있는 표준시자오선과 해시계

각 나라들은 관례적으로 15도에 한 시간씩 차이가 나는 24개의 표준자오선 중에서 선택하여 표준시로 삼고 있으나, 어떤 나라들은 좀더 세분하여 지역주민의 편의에 따른 표준시를 사용하고 있다. 예를 들어 네팔(15분대), 미얀마(30분대), 인도(30분대) 등은 1시간 간격의 표준자오선을 사용하지 않는다. 이처럼 반드시 24개의 표준자오선 가운데 하나를 선택하여 한 나라의 표준시로 정해야만 하는 것은 아닌 것이다.

또한 자국의 기준으로 삼는 표준자오선이 반드시 자국의 영토를 지나가지 않는 경우도 있다. 동경 15도로 나누거나 혹은 그보다 더 적게 나눌 경우에도 표준자오선이 자국의 영토를 통과하지 않는 경우도 있기 때문이다. 혹은 편의상 이웃나라의 표준자오선을 사용하기도 한다. 그 결과 유럽국가 중 프랑스·스페인·스위스 등도 자국영토를 통과하지 않는 자오선을 표준자오선으로 사용하고 있다.

이렇게 본다면 한국의 표준시가 한국을 통과하지 않는 동경 135도 기준인 것 자체는 잘못된 것이 아니다. 그러나 지난 시기 우리나라의 표준시 변경과정을 생각해 보면, 단순히 국제적 관례로 표준시를 선택하였다고 보기 어려운 가슴아픈 사연이 담겨져 있다.[2]

2 본 글은 필자의 다음의 글을 재정리하고 보완한 것임을 밝혀 둔다. 김기덕, 「한국의 표준시 논쟁 재론」, 『고서연구』 23, 한국고서연구회, 2005.

우리나라 표준시 변천 과정

세계의 어느 나라도 우리나라처럼 표준시가 왔다갔다 한 적은 없다. 비록 지금의 표준시는 1961년 이후 40여 년 넘게 사용해 오고 있지만, 우리는 몇 번의 표준시 변경과정을 거쳤다.

(1) 대한제국은 동경 127도 30분 기준의 표준시를 사용하였다

조선시대 앙부일구와 같은 해시계는 태양이 남중하는 때를 正午로 설정한다. 해시계는 조선시대 수도였던 서울에 설치하여 측정하였으므로, 그것은 자연히 서울을 지나가는 동경 127도를 기준으로 한 표준시를 사용한 것과 같은 것이라고 할 수 있다.[3]

1907년 고종은 국호를 대한제국으로 바꾸었다. 그리고 대한제국의 성립과 함께 다른 근대국가들처럼 표준시를 제정하여 사용하게 되었다.[4] 1908년 2월 7일 통과되고 4월 1일부터 발효된 동경 127도 30분 기준의 표준시가 그것이었다.[5]

물론 이것이 완전히 주체성의 발로에서 취해진 조치는 아니었다. 당시 통감대리 부통감 소네 아라스케(曾禰荒助)가 총리대신 이완용에게 보낸 기밀문서에서 '韓內外人의 採用時刻이 30분의 차이가 있는 不便이 있어 統監府는 韓國의 時刻을 採用하여 時刻을 一定하고 英國 그리니치 觀象臺의 기준으로 東經 27度 30分에 해당하므로 勅令으로 韓國標準時를 公布하라'고 되어 있기 때문이다.[6]

---

3 전통시대 표준시간 체계 정비에 대해서는 다음을 참고할 수 있다. 문중양, 「18세기 후반 조선 과학기술의 추이와 성격: 정조대 정부 부문의 천문역산 활동을 중심으로」, 『역사와 현실』 39, 2001.

4 그러나 1904년 11월 18일 『황성신문』기사를 보면 철도운행에 있어, 돌아오는 11월부터는 일본의 표준시를 채용한다는 내용이 나오고 있어, 1908년 동경 127도 30분 기준의 한국표준시를 사용하기에 앞서 일본 표준시를 사용한 사례가 있는 것 같다. 이 부분에 대해서는 좀더 자세한 검토가 필요할 것이다.

5 大韓帝國 標準時 子午線에 관한 件, 칙령제5호.

6 機密統發 第156号, 1908년 2월 1일.

이러한 과정에서 1908년 2월 8일 학부비서과장 김사중이 내각법제과장 홍운표에게 대한제국 표준시 시행에 관한 청의서를 회의에 제출해달라고 요청했으며,[7] 그에 따라 위에서 언급한 1908년 2월 7일 동경 127.5°를 대한제국의 표준시로 제정하기에 이른 것이다. 이 조치는 1908년 2월 11일 관보에 게시되었다.[8]

(2) 일제는 자기들과 같은 동경 135도 기준의 표준시를 적용하였다

1910년 우리는 일제의 식민지가 되었다. 그것은 우리의 영토도 일본의 영토로 편입되었음을 의미한다. 그 결과 일제는 우리의 표준시를 변경하여 자기들처럼 동경 135도 기준의 표준시를 사용하게 하였다. 조선총독부 관보를 보면 1911년 11월 16일 한국의 표준시를 메이지 45년 1월 1일부터 중앙 표준시로 정한다고 고시하고 있다.[9] 이어 1911년 12월 13일에는 '한국의 표준시는 중앙 표준시를 따를 것'이라는 것이 공포되었다.[10] 그 결과 1912년 1월 1일 표준시를 일본 표준시에 맞추기 위해 오전 11시 30분을 30분 앞당겨 정오 12시로 정하는 실제적인 조치가 취해졌다.

이러한 일본 표준시 적용에 대하여 일제시기 당시에도 부분적으로 불만이 있었으나, 당시 정치적 상황에서 정식으로 문제가 제기되지는 못하였다.[11] 한마디로 일제시기에는 우리 영토를 빼앗겼을 뿐 아니라, 우리의 시간도 빼앗긴 시기였다고 할 수 있다.

---

7 각부통첩 6, 1908. 2. 4.

8 내각법제국 관보 제3994호, 1908. 2. 11.

9 朝鮮ノ標準時ハ明治45年1月1日ヨリ中央標準時ニ依ル(朝鮮總督府告示 第338號, 1911. 11. 16).

10 標準時改正ニ關スル件(官通牒第375號, 1911. 12. 13).

11 한국의 표준시가 일본을 기준으로 되어 있어 중국에 맞춰 쓰던 천세력과 음력 날짜가 어긋나고 있다는 仁川觀測所의 發表를 동아일보에서 확인할 수 있다(『동아일보』, 1931. 4. 29).

(3) 해방 후 이승만정권은 서울 기준 표준시로 변경하였다

해방 이후 표준시를 되돌리려는 움직임이 있었으나, 해방 후 복잡한 사회상황으로 인하여 확실한 조치는 이루어지지 않았다. 전국의 표준시간을 4월 1일부터 30분 늦추고 인천관측소를 국립관측소로 새로이 창설한다는 『동아일보』 기사가 보이고 있으나,[12] 실제 시행된 것 같지는 않다. 그러다가 이승만정권은 1954년 3월 21일 자정을 기해 독자적인 표준시를 제정하여 시계바늘을 30분 늦추었다.[13] 당시 제시된 변경사유는 일제잔재의 청산 차원이었다.

『동아일보』 보도에 따르면 '미군의 작전지휘권이 동경미극동사령부에 있는 관계로 미군은 표준시 변경을 따를 수 없다고 완강히 반대하고 있다'고 보도하였다.[14] 이어 미군의 군사상의 이유를 바탕으로 한 반대에 표준시 개정이 난관에 봉착했으나 정부는 개정 정식 공고를 예정대로 21일에 할 계획이라고 보도하였다.[15] 한일양국에 주둔한 미군의 입장에서는 한국과 일본의 표준시가 달라지면 그만큼 군사적 작전운용이 불편하였을 것이다. 그러나 이러한 반대에도 불구하고 이승만정권은 표준시 변경을 관철시켰다.

이러한 표준시 변경과 관련하여 국립중앙관상대장 이원철박사는 이러한 결정이 일본의 감정이라는 小乘的인 입장에서 나온 것이 아니라 태양의 운행을 기준으로 하는 합리적인 시간으로 복구한 것에 불과한 것이라고 강조하고, 한반도의 중앙부를 통과하는 자오선을 기준으로 하는 표준시간으로 복구하는 것이 타당한 일이라고 밝혔다.[16]

한편 조선일보 사설에서도 "일월의 출입시간이 정확치 못할 뿐만 아니라 일본 표준시를 그대로 쓴다는 것은 정신적으로도 유쾌한 일이 아

---

12 「時刻改正 全國의 標準時刻 四月부터 卅分 느춰 國立觀測所도 創設」, 『동아일보』, 1946. 1. 26.

13 대통령령 876호 표준자오선변경에 관한 건, 1954. 3. 17.

14 『동아일보』, 1954. 3. 17.

15 『동아일보』, 1954. 3. 19.

16 「우리의 標準時間」, 『신천지』 통권 63호, 제9권 제5호, 1954. 5.

니었는데 이번에 종래의 우리 표준자오선으로 복귀케된 것은 그야말로 '시간의 광복'이라 할 것으로 당연한 일이다"라고 그 변경의 의미를 확실히 밝혔다.

무엇보다 '시간의 광복'이라는 표현이 눈에 띈다. 이처럼 우리나라 서울 땅을 기준으로 표준시를 설정한 조치에 대하여 당시의 분위기는 대단히 열정적이었다. 서울의 종로보신각과 전국의 각학교·교회·사찰은 종과 사이렌을 일제히 울림으로써 국민 모두가 '시간의 광복'을 경축하였던 것이다.

(4) 박정희 군사정권은 다시 동경 135도 기준의 표준시를 공포하였다

1961년 5월 16일 박정희장군을 중심으로 군사쿠데타가 감행되었다. 그로부터 채 석 달도 되지 않아, 8월 10일 자정을 기해 군사정권(국가재건최고회의 박정희장군 시절)은 다시 시계바늘을 30분 앞당겨 일본과 같은 동경 135도 기준의 표준시를 사용하는 법안을 통과시켰다.[17] 이에 앞서 역시 『동아일보』는 '8월 10일부터 한국 표준시를 135°에 맞춰 당일 0시가 0시 30분으로 빨라질 예정이다'라는 것을 보도하였고,[18] 실제 일본 표준시가 적용된 1961년 8월 10일에는 해설기사를 내어, 외국과의 소통을 원활히 하기 위해 표준자오선을 따르게 되었으며, 한국 기준의 자오선을 쓸 경우 127.5°로 그리니치 천문대와 8시간 30분 차이 나는 것이 번거로워 135°를 채택하게 되었다는 점과 이러한 재개정까지 표준자오선 변천사를 소개하였다.[19]

당시 제시된 이유는 국제적으로 30분 차이가 있는 표준시가 없다는 점을 내세우면서 시차환산의 편리성을 강조하였다. 즉 국제적 관례와 일치시킨다는 것이었다. 그러나 군사정권의 속성상, 1961년 국가재건최고회의의 표준시 변경과정에 대하여는 그동안 잘 알려진 바 없었다. 그런

---

17 법률 676호(표준자오선변경에 관한 법률).

18 『동아일보』, 1961. 8. 5.

19 「새 標準子午線이란?」, 『동아일보』, 1961. 8. 10.

데 최근 KBS 이석재의 사건파일 2004년 8월 16일 〔광복 59년, 시간은 해방되지 않았다〕라는 방송이 있었다. 여기에서는 1961년 8월 4일 국가재건최고회의 제27차 상임위원회 회의록을 입수하여 다음과 같이 보도하였다. "이 회의에 참석한 한 인사는 미 극동군 사령부(주일미군)가 주일미군과 주한미군, 한국군과의 연합작전을 위해 통일된 시간이 필요하다며 표준시 변경을 요청해 단 몇 분만에 통과시켰다고 증언하였다".

결국 국민의 대표기관이 아닌, 1961년 5.16 군사쿠데타로 성립한 '국가재건최고회의'는 미군의 요청이 있자 쿠데타 승인을 받기 위하여 1954년 표준시 변경 이후 불과 7년 만에 동경 135도를 기준으로 한 표준시로 다시 변경시킨 것이다. 그리고 그 이후 일광절약시간제(써머타임) 도입근거 마련을 위해 1986년 '표준시에 관한 법률'로 변경하였을 뿐,[20] 현재까지 우리는 1961년에 개정된 동경 135도 기준의 표준시를 사용하고 있는 것이다.

(5) 북한의 표준시 변화

동경 135도 기준의 표준시를 사용하고 있는 것은 북한도 마찬가지이다. 필자가 조사한 바로는 어떤 이유에서인지는 모르겠지만, 북한의 경우에는 표준시와 관련된 특별한 논쟁은 찾아지지 않고 있다. 우리처럼 변경과정도 없이, 지속적으로 동경 135도 기준의 표준시를 사용해왔다. 그러다가 2015년 8월 15일부터 '일제 식민지 통치의 잔재를 청산한다'며 동경 127도 30분 적용 표준시로 변경하였다. 이후 2018년 남북정상회담 후 '시간부터 통일하자'면서 다시 동경 135도 기준 표준시로 돌아갔다. 북한의 표준시 변경과정의 의도와 실제 생활상의 변화 등은 추후 추적이 필요하다.

---

20 법률 제3919호, 1986. 12. 31.

지속적으로 제기된 표준시 변경 논쟁

그동안 표준시 변경을 둘러싼 크고 작은 논쟁이 있어 왔다. 그 결과 1993년에는 정부 차원의 검토가 있게 되었다. 즉 '민족주체성 확보를 위하여는 우리나라의 기준자오선이 127도 30분이 되어야 한다'는 의견이 제기되자, 1993년 5월에 정부 행정쇄신위원회 검토대상과제(행쇄위 05090-40, 1993. 5. 8)로 상정되었다. 그러나 행정쇄신위원회의 검토 결과, 동경 135도 기준의 표준시를 유지하기로 결정하였다.

15대 국회에서는 표준시변경에 관한 청원이 접수(1997. 7. 10)되기까지 하였으나, 계류중에 회기 만료로 폐기된 바 있었다. 이때의 국회의원 발의자는 조순형 의원 등이었으며, 그 뒤에는 정덕화(전 서울고, 경복고 수학교사)가 자료제공을 하였다. 정덕화는 교사시절부터 지속적으로 표준시 변경을 강조하였다고 한다. 그래서 서울고등학교와 경복고등학교 출신들은 비교적 표준시 변경에 관한 문제들을 잘 알고 있는 편이다.

표준시 변경과 관련하여 가장 최근의 대표적 사례는 2000년 8월 12일 표준시에 관한 법률 중 개정법률안 발의(발의자 조순형, 송훈석 의원)라고 할 수 있다. 그 내용은 지금까지 설명한 것처럼 현재의 표준시는 동경 135도의 자오선을 표준자오선으로 하고 있는데, 동경 127도 30분으로 개정하려는 것이다.

당시 이러한 제안에 대하여 각 정부부처에서 검토의견을 제시하였는데, 요약하면 대체로 다음과 같다.

먼저 표준시를 변경하면 우리나라의 지리적 위치에 맞는 '우리 시간'을 되찾음으로써, 현재의 표준자오선이 일제의 잔재 혹은 사대주의적 발상에 근거한 것이라는 일부의 인식을 불식시킬 수 있다는 긍정적 효과를 기대할 수 있을 것이라고 밝혔다. 그러나 다음과 같은 문제점들이 있음을 제시하였다.

① 다른 대부분 국가의 표준시와 30분 단위 차이가 됨으로써 시차 환산이 복잡해진다. ② 한반도에 2개의 표준시가 존재하게 된다. 그러므로 북한과 공동보조를 맞추든가 아니면 통일 후 변경을 검토해야 한다

는 주장이 제기될 수 있다. 그리고 1954년 변경 당시에도 유엔군사령부에서 군사작전의 편의상 강력한 반발이 있었다는 점을 고려하면 현재도 이러한 국가안보 차원에서 문제될 수가 있다. ③ 세계시차표가 수정되어야 한다. 이 점은 세계 여러나라에 홍보함에 있어 오랜 시간이 걸릴 것이다. 특히 세계시차표는 1시간 단위로 표시되는 것이 일반적이므로 대개 30분 단위의 시차를 가진 극소수(10여 개국)의 나라들은 표기가 생략될 우려가 있어 국제교류에 있어 상당한 불편요인이 될 수도 있다. ④ 기상, 금융정보 등 시간과 관련된 각종 정보를 수정해야 하는 문제가 있다. 기상청의 의견처럼 과거 기상자료의 활용을 위해 변경된 시간에 맞추어 자료를 수정해야 하는 문제와 정보화시대에 접어들면서 모든 데이터가 컴퓨터로 처리되고 있어 각종 컴퓨터 시스템상의 시간 입력자료를 변경해 주어야 할 경우에 비용과 시간이 필요할 뿐 아니라 상당한 불편을 야기할 소지가 있다. ⑤ 일광절약시간제 추진의도에 역행한다. 특히 하절기의 경우 현재보다 더 늦은 시간에 활동이 시작되므로 에너지 절약차원에 역행하는 측면이 있다.

결국 2000년 표준시에 관한 개정법률안 발의는 결국 통과되지 못하였다.[21]

표준시 변경 논쟁의 핵심

(1) 표준시 변경 반대 이유 1: 변경에 따른 비용과 혼란

2000년 당시 반대의견이나 현재까지 제기되는 표준시 변경 반대의 이유를 다시 요약하면 다음의 두 가지이다. 하나는 표준시를 다시 변경하게 되면 그에 따른 비용과 많은 혼란이 야기된다는 점이며, 다른 하나는 30분 표준시는 정수배 표준시를 적용하는 국제관례에 역행한다는 점이

21 지금도 인터넷 검색을 해 보면 표준시 변경과 관련된 논의가 심심치 않게 올라오는 것을 알 수 있다. 대체적인 논쟁의 내용은 본 글에서 제시한 틀을 벗어나지는 못하고 있다.

다. 이 두 가지 문제에 대해 생각해보자.

먼저 표준시 변경에 따른 문제점으로 자주 듣고 있는 비용과 혼란이라는 이유는 거의 설득력이 없다고 생각한다. 국제적으로 세계시차표를 조정하는 문제, 기상·금융정보 등 시간과 관련된 각종 정보의 수정 문제에 있어 다소의 혼란은 있을 수 있을 것이다. 그러나 이는 기본적으로 표준시 변경 당시 1회에 걸쳐 나타날 일시적 현상인 것이다. 즉 비용과 혼란 문제는 국내적으로 일정한 시간을 기해 시계바늘을 일제히 30분 늦추기만 하면 되므로 전혀 문제될 것이 없다. 이 점은 그동안 우리나라에서 시행되었거나 지금도 미국과 유럽연합(EU) 등 다른 많은 나라에서 시행되고 있는 일광절약시간제를 생각하면 된다. 만약 표준시를 한 번 바꾸는 것이 문제라면 과연 어떻게 일광절약시간제를 적용해 왔겠는가?

(2) 표준시 변경 반대 이유 2: 30분 표준시는 불편하다

그렇게 본다면 표준시 변경 반대의 가장 주된 이유는 흔히 정수배로 표준시를 정하는 국제관례에 비추어 볼 때, 30분 표준시는 국제적 추세에 역행한다는 점이라고 할 수 있다. 실제 30분 표준시를 쓴다면 다른 대부분 국가의 표준시와 30분 단위 차이로 시차환산을 해야 하는 복잡성은 분명히 있을 것이다.

앞에서 언급했듯이 각 나라는 정수배의 시간을 갖게 되는 24개의 '표준자오선'을 기준으로 하여 반드시 표준시를 정하여야만 한다는 국제협정은 없다. 그 결과 실제로 일부 나라들은 24개의 표준자오선을 기준으로 하지 않고 표준자오선에서 15분 혹은 30분의 차이가 나는 자오선을 기준으로 정하거나, 나라나 지방의 지리적 모양에 따라 표준자오선을 변경하여 표준시로 사용하고 있다. 이처럼 30분 표준시를 얼마든지 사용할 수 있다. 그러나 그렇다고 하더라도 30분 표준시보다는 정수배 표준시가 훨씬 편리하다는 점은 틀림없다.

따라서 문제의 핵심은 과연 정수배의 시간이 아니라 다소 불편한 30분 표준시를 사용할만큼 표준시 변경의 정당성이 있는가 하는 점이 될 것이다. 필자는 이 점에 대하여 ① 시간의 주체성 문제와 ② 생체학적

리듬이라는 두 가지 이유를 들고자 한다.

(3) 표준시 변경 찬성 이유 1: 시간의 주체성

표준시 변경 주장의 당위성은 먼저 우리 시간을 찾아야 한다는 시간의 주체성 문제이다. 이 점은 오해의 소지가 좀 있다. 즉 동경 135도 기준의 표준시를 사용하는 것 자체가 과연 사대적인가 하는 점이다. 필자는 그렇지는 않다고 생각한다. 오늘날 우리가 서양력을 사용하고 일본땅을 지나가는 동경 135도의 표준시를 쓴다고 하여 그것을 바로 서구인과 일본인에 대한 숭배심 때문이라고 해석할 수는 없을 것이다. 국제적 관례와 편의성을 고려한다면 얼마든지 서양력을 사용할 수 있고 일본땅을 지나가는 자오선을 기준한 표준시를 사용할 수 있는 것이다.

그러나 앞에서 서술한 우리나라 표준시 결정과정을 다시 생각하면 그와 같은 일반론과는 다른 측면이 있다고 하지 않을 수 없다. 무엇보다 표준시 변경과정이 전혀 주체적이지 못했다는 점이다. 또한 이러한 시간의 주체성을 관철시킬 수 있는 것은 마침 우리나라 중심을 지나가는 시간 기준이 정확히 30분으로 떨어진다는 점이다.

바로 이 점에서 자기 나라 영토를 지나가지 않는 자오선을 기준으로 표준시를 쓰는 유럽의 일부 나라들의 경우와는 차이가 있다고 생각한다. 즉 우리나라는 마침 1시간의 딱 절반에 해당하는 30분 기준의 자오선이 우리 영토의 중심부와 서울 옆을 지나가는 것이다.

그러나 이제 일제 잔재나 군사정권의 비정통성 운운으로 표준시를 변경하기에는 오랜 세월이 흘렀다는 점, 그리고 시간의 주체성을 인정한다고 하더라도 과연 정수배의 편리함을 뛰어 넘을 수 있을 정도로 타당성이 있는가 하는 점이 제기될 수 있을 것이다. 이 점과 관련하여 필자는 시간의 주체성 측면 외에 생체학적 리듬의 문제를 제시하고자 한다.

(4) 표준시 변경 찬성 이유 2: 생체학적 리듬

필자는 현재의 표준시가 가장 문제되는 이유로, 실제 생활상의 리듬의 문제를 들고자 한다. 우리가 아침 7시에 일어나고 8시에 직장에 출근하며 12시에 점심식사를 한다고 할 때, 실제로는 6시 30분에 일어나는 것이며, 7시 30분에 출근하는 것이며, 11시 30분에 점심식사를 하는 것이다.

특히 우리나라는 五行으로 보았을 때, 木의 나라로 규정된다. 목의 특성은 강한 추진력으로 나무가 무럭무럭 자라는 모습에서 유추할 수 있듯이 기본적으로 '빨리빨리'의 특성을 갖고 있다. 즉 항상 성급할 소지가 있는 것이다. 이러한 우리 민족의 특성상 30분이라는 시간이 갖는 생체학적 리듬은 대단한 것이라고 생각한다. 30분이 어느 민족에게나 똑같은 생체리듬의 효과를 갖는 것은 아니다. 예를 들어 중국은 오행상 土의 나라로서 흔히 '만만디'라는 여유와 느림의 특성으로 이야기된다. 그만큼 민족마다 특성이 다른 것이다. 항상 급할 소지가 많은 우리 민족에게 또 다시 30분을 일찍 행동하게 만드는 지금의 표준시는 우리의 생체리듬을 흐트려 놓음으로써 보다 차분한 행동을 가로 막을 수 있다고 본다.

30분의 시간은 24시간과 비교해 볼 때, 1/48이 되어 2%가 조금 넘는 수치이다. 과연 2%가 생체학적 리듬에 어느 정도의 영향을 미칠 것인가? 이 점과 관련하여 소주의 예를 들어보자. '일반소주'에서 '참이슬'의 변화는 25도에서 21도의 변화이다. 소주 1도 차이는 1/100으로 보면 1%가 된다. 바로 그 1%의 차이가 많은 사람들로 하여금 점차 순한소주를 찾게 되는 것이다.

사실 모든 터닝포인트는 2%에서 오는 것이다. 그것이 영향을 일으켜 10%, 20%, 50%, 100%를 변화시키는 것이지, 처음부터 50%, 100% 확 바뀌는 것은 없다. 그것은 천지개벽하는 혁명인 것이다. 모든 변화는 2%에서 시작한다. 2%의 영향력이 100%의 효과를 가져오는 것이다. 여기에 2%가 갖는 중요한 의미가 있다.

우리 국민에게 부정적으로 나타나는 조급성이나 대충대충의 풍조, 그리고 그로 인한 많은 정치·경제적 양상, 그리고 건강상의 문제 등등의 밑바탕에는 실제 시간과 일치하지 않고 30분 일찍 서둘러서 처리하게 만드는 현재의 표준시에 많은 원인이 있다고 필자는 생각하고 있다.

지금까지 표준시 변경과정과 표준시 변경논쟁을 정리하여 보았다. 그리고 표준시 재변경에 대한 반대와 찬성의 주장을 소개하였다. 그리고 필자는 변경에 찬성하는 입장임을 밝혔다.

한두 가지 점을 덧붙이고자 한다. 127도 30분 기준의 표준시로의 변경은 30분이 빨라지는 것이 아니라 30분이 늦어지는 것이라는 점을 유념할 필요가 있다. 그만큼 실제 시간과 맞추어짐으로써 여유로워질 뿐만 아니라, 당분간은 예전의 생활습관과 비교할 때 30분을 벌게 됨으로써 더 한층 여유로워진다는 점을 생각해야 한다. 또한 이 점은 표준시 변경으로 인한 많은 문제점을 해결해 준다. 열차나 비행기 혹은 약속시간에 있어 표준시 변경을 몰랐다고 하더라도, 이미 열차나 비행기가 떠난 것이 아니라 30분 뒤에 떠나는 것이다. 다소 시간 낭비의 측면은 있으나, 결코 늦어서 낭패를 보는 일은 없는 것이다.

코리안타임이라는 것이 있다. 약속시간을 잘 지키지 않는 우리나라 사람들의 시간문화를 가리켜 나온 말이다. 대체로 그 지켜지지 않는 시간은 보통 30분이다. 물론 코리안타임은 디지털문화가 정착되면서 예전보다는 많이 줄어들었다. 그러나 아직도 남아 있는 것이 사실인데, 필자는 코리안타임의 발생도 기본적으로는 표준시 문제와 관련이 있다고 생각하고 있다.[22]

표준시 변경논쟁이 단순히 시계 돌리기 논쟁으로 되어서는 곤란하다. 실제 행위는 시간을 30분 뒤로 돌리는 것이지만, 그 이유에는 시간의 주체성 문제와 중요한 생체학적 리듬의 문제가 있다. 그리고 더 나아가 표준시논쟁에는 우리의 국민성을 보다 안정되게 자리 잡게 하려는 교육적이고 생활사적 측면의 고민이 담겨 있다. 필자는 그것이 결국 표준

22 '코리안 타임'이라는 것이 언제부터 나왔는지 의문이다. 필자가 생각하기에, 1961년 표준시 변경이 있었다. 그리고 이어서 우리 사회는 압축근대를 경험하였다. 바로 이러한 '빨리빨리'와 '대충대충'의 요소를 담보한 압축근대의 과정에서 일본 표준시를 적용하였기 때문에 30분 늦는 코리안 타임이라는 것이 나오지 않았을까 추측해 본다.

시 변경 반대의 유일한 이유로 남아 있다고 보는 30분 표준시의 불편함을 상쇄시키고도 남는다고 생각한다.

2 미디어 콘텐츠 속 한·중·일 젊은 세대의 역사문화갈등과 대안모색

머리말

2010년 노벨평화상 후보에 '인터넷'이 올랐었다. 인터넷은 2010년 1월 12일 발생한 아이티 참사시 어떤 매체보다도 빠르고 정확하게 전 세계에 알렸고, 이라크나 아프가니스탄으로 대표되는 국가에서 겪고 있는 전쟁의 참상 역시 전 세계에 알렸다. 인터넷은 사람과 사람을 국가에 연연하지 않고, 빈부격차를 두지 않고, 나이와 성별을 따지지 않고 기여를 했다. 그러기에 전 세계 명사들이 인터넷에 노벨평화상을 수여하자고 서명운동을 실시하였던 것이다.

물론 2010년 노벨평화상은 중국의 대표적인 반체제인사 류사오보(Liu Xiaobo/劉曉波)에게 돌아갔다. 무생물인 인터넷이 노벨상을 수상하기는 쉽지 않았을 것이나, 이 서명운동은 공간의 한계를 사라지게 해서 전 세계를 하나로 묶은 인터넷의 역할을 상징적으로 보여준다. 그러나 다른 한편으로 인터넷은 역시 공간의 한계를 뛰어 넘어 부정적 측면도 여실히 드러내고 있다. 허위사실 유포와 저작권 침해, 민족주의 양상을 보이는 사이버전쟁 등이 그것이다.

---

* 출전: 김기덕, 「미디어 콘텐츠 속 한중일 젊은 세대의 역사문화갈등과 대안모색」, 『통일인문학논총』 52, 2011.

최근 몇 년 동안 매년 8월15일이면 한국과 일본 사이에 인터넷을 통한 전쟁이 일어난다. 한국 대형 커뮤니티 〈디시인사이드〉[1]와 일본 대형 커뮤니티 〈2채널〉[2]이 한판 승부를 벌이는데, 이젠 관례적인 행사처럼 여겨질 정도다. 여기서 전쟁이란 서로의 사이트를 터는 것을 말하는데, 턴다는 의미는 계속 무의미한 글을 도배해서 게시판을 마비시키고 사이트를 마비시킨다는 것을 뜻한다.[3]

2010년 3월 1일에는 관례적인 행사가 아닌데도 큰 전쟁이 있었다. 2010년 초에 한국인 유학생이 러시아인에게 구타를 당해 사망한 사건이 있었다. 이 사건에 대해 〈2ch〉에서의 반응은 매우 극단적이었다. 인종차별이 아니라 당연한 귀결이라느니, 한국인은 어디에서도 미움 받는다느니, 조선쓰레기가 한 명 줄어들었다고 하거나, 개를 죽였는데 왜 뉴스에 났냐는 등의 코멘트들은 한국인들의 신경을 건드리기에 충분했다. 한국 네티즌들은 火力을 높이기 위해 다른 대형 커뮤니티들과 연합해서 네이버에 통합 카페를 만든 후 총공격을 단행했다. 약속된 총공격은 3월 1일 오후 1시였고, 1분 만에 〈2ch〉은 마비가 되고 30분이 채 되기 전에 모든 게시판이 ERROR가 나고 〈2ch〉 사이트 메인에 태극기 4개를 걸어놓는 등 한국연합이 승리했다. 이후에 〈2ch〉이 한국의 반크, 청와대 등을 공격했지만 모두 실패로 끝났고 밤 10시 10분에 다시 한국 네티즌들이 공격함으로써 〈2ch〉 사이트가 재 다운이 되고 상황이 종료되었다.

한일간을 통틀어 가장 핵심이 되는 대중적 인물은 김연아와 아사다 마오이다. 2010년 2월 26일 밴쿠버 올림픽의 여자 피겨 스케이팅에서 대한민국의 김연아가 228.56이라는 신기록으로 금메달을 획득했다. 당연히 한국 국민들은 자기일인냥 아주 기뻐했다. 하지만 일부 일본 네티

1 http://www.dcinside.com

2 http://www.2ch.net

3 예를 들어, 2009년 8월 14일 밤에 〈2ch〉에서 먼저 dcinside를 공격했다. 15일 새벽에 dcinside에서도 공격하다가, 낮에 한 한국인이 해킹에 성공해서 dcinside의 승리로 끝이 났다. 2010년, 2011년 8월 15일에도 2009년 규모만큼은 아니지만 연례행사처럼 이러한 일들은 벌어졌다.

즌들은 자신들의 피겨 스케이팅 선수 아사다 마오가 억울하게 금메달을 빼앗겼다, 혹은 심판을 매수했다는 등 김연아 선수를 비하하였고, 우리나라 네티즌들은 이 비하 발언을 그냥 지나치지 않았다. 많은 커뮤니티 사이트끼리 연합을 맺어 일본의 〈2ch〉을 강제로 다운시켰다. 홈페이지가 다운될 때에는 'Internet explorer에서 웹 페이지를 표시 할 수 없습니다'가 나타난다. 한일간의 사이버 전쟁은 그 글자를 창에 띄우는 것이 목표이다.

오픈(open)과 쌍방향(interactive)을 통한 공동체(community)를 특징으로 하는 인터넷이[4] 반대로 전쟁의 도구로 사용되는 현실을 어떻게 보아야 할 것인가? 특히 그러한 행위를 하는 대부분의 사람들이 각국의 젊은이라는 점에서, 부정적인 행태를 보이는 네티즌들을 단순히 무시하면 그만인 것이 아니다. 본 글은 한국, 일본, 중국의 젊은이들이 다양한 미디어 콘텐츠[5] 속에서 표출하고 있는 역사문화적인 갈등의 양상을 살펴보고, 그러한 현상이 나타난 원인과 대안을 찾아보고자 한 시도이다.

한·중·일 미디어 콘텐츠 기사의 비교 분석

먼저 가장 정보량이 많은 주요 웹 미디어 콘텐츠를 중심으로, 다양한 미디어 콘텐츠에 담긴 기사와 댓글을 통해 각국간 상호 인식을 살펴보고자 한다. 당연히 미디어 콘텐츠 속에는 한·중·일 서로 간의 긍정적 인식과 부정적 인식이 공존하고 있다. 그러나 현 상황에서는 부정적 인식이 압도적으로 많은 실정이다.

부정적 인식을 표현하는 용어로 한국과 중국에서는 反日, 反韓이라는 표현을 쓰는 반면 일본에서는 일반적으로 嫌韓, 嫌中이라고 하고 있

4 김기덕, 「정보화시대의 역사학: '영상역사학'을 제창한다」, 『역사교육』 75, 2000; 『영상역사학』, 생각의나무, 2005 재수록.

5 미디어 기사나 포털사이트, 다양한 인터넷매체의 기사 및 댓글, 그리고 게임과 게임에 대한 반응 등을 포괄하는 용어로 '미디어 콘텐츠'라는 표현을 사용하였다.

다. 反日이라는 표현이 보다 이성적이고 지속적인 표현이라면, 嫌韓이라는 용어는 상대적으로 더 감정적이며 그런 점에서 오히려 뚜렷한 기준이나 해결책이 없는 표현이라고 할 수 있다.

일본에서 嫌韓이라는 용어는 1990년대 중반 무렵부터 사용되기 시작하였다고 하는데, 1990년대 후반 이후 인터넷의 보급을 계기로 크게 퍼지기 시각하였다. 이것은 오프라인 미디어에서는 제한적으로 밖에 접할 수 없었던 한국, 한국인, 한국 문화에 대한 혐오감을 담은 정보가 인터넷의 익명성을 통해 자유롭게 유포되었기 때문이다. 특히 익명성을 특징으로 하는 일본 최대의 사이트인 〈2ch〉은 그런 정보들을 대량 생산, 유통시키는 곳으로 널리 알려져 있다. 2002년 한일 월드컵과 북조선에 의한 '일본인 납치사건'이라는 두 가지 사건은 이러한 혐한의 기폭제 역할을 하였다. 여기에 한류 열풍 또한 이에 반발하는 시각을 다양하게 창출하였다.[6]

일본에서 嫌韓, 嫌中을 표출하는 대표적 웹사이트가 〈2ch〉이라면, 한국에서는 〈개소문닷컴〉[7]이 있다. 개소문닷컴은 독특한 사이트이다. 해외에서 전개되고 있는 한국 관련 네티즌들의 반응을 번역하여 소개하고, 한국인들은 그것에 댓글을 자유롭게 남기는 사이트이다. 본래 대한민국에 대한 비한국어권 네티즌들의 반응 및 게시물들을 한국어로 번역하여 공개하는 웹사이트에는 〈놀까닷컴〉[8]과 〈쩐다쩜넷〉[9]도 있었으나, 2009년 통합되어 〈쩐다쩜넷〉으로 서비스되고 있다. 그리고 〈가생이닷컴〉[10]도 한국에 대한 해외네티즌들의 반응을 소개하는 사이트이다. 그러나 이러한 다양한 해외네티즌들의 반응을 소개하는 한국의 사이트들 중에서 가장 대표적인 것은 바로 〈개소문닷컴〉이다.

〈개소문닷컴〉의 창립자는 "누구나 남의 얘기를 듣는 것을 좋아하

---

6 위키백과, 2채널

7 http://www.gesomoon.com

8 http://www.nolkka.com

9 http://www.jjunda.net

10 http://www.gasengi.com

며, 남들이 나를 어떻게 바라볼지에 대해 관심이 높다. 한국인들은 국가에 대한 귀속력이 강하고, 그 귀속력을 가지고자 하는 욕구가 크다. 자연스럽게 '외국에서 바라보는 대한민국 = 외국에서 바라보는 나'의 공식을 세운다. 즉 이방인들이 나를 어떻게 생각하는지에 대한 궁금증을 해소해 주기 위해서이다"라고 사이트 설립목적을 밝혔다.

일본과 한국이 상호인식을 집중적으로 보여주는 대표적인 웹사이트가 존재한다면, 중국의 경우는 바이두[11]와 시나닷컴,[12] 소후[13] 등 여러 사이트에서 분산되어 이루어지고 있다.

한·중·일 웹사이트에서는 댓글을 달면서 서로 간에 멸시하는 호칭들이 난무하고 있다. 중국 네티즌들의 경우 高丽棒子, 二鬼子, 韓棒子, 韓狗라는 용어가, 일본 네티즌들의 경우는 チョン(チョン), 조센진(朝鮮人), 도진(土人), 토쿠아진(特亞人)이라는 용어를, 한국 네티즌들은 원숭이, 쪽바리라는 용어를 흔히 사용하고 있다.[14]

이제 한·중·일 삼국의 상호인식을 ① 사이버 역사전쟁: 분명한 과거 역사의 경험과 그에 대한 인식 차이가 민족주의 정서와 결합된 경우, ② 사이버 문화 갈등: 한류 및 원조문화 경쟁, ③ 근거 없는 상호비방: 날조, 왜곡에 기초한 '아니면 말고'식 상호 비방이라는 세 가지 측면에서 살펴보고자 한다.

(1) 사이버 역사전쟁

가장 부정적 글들이 많은 분야는 역사 분야이다. 이것은 분명한 과거 역

11 http://www.baidu.com

12 http://www.sina.com

13 http://www.sohu.com

14 高丽棒子는 고려인에 대한 비칭이며, 二鬼子는 한국 및 일본인에 대한 멸칭이다. 韓棒子와 韓狗는 조선족과 북조선인을 제외한 한국인에 대한 비칭이다. チョン(チョン)은 조선인의 준말로 한국인을 비하하는 용어로 쓰인다. 조센진(朝鮮人) 역시 식민시기부터 사용되어 온 한국인에 대한 비칭이며, 도진(土人)은 미개인이라는 뜻으로, 예전 식민지로 전락했던 한국의 후진성을 비꼬는 용어이다. 토쿠아진(特亞人)은 한국인과 중국인을 뭉뚱그려 지칭하는 욕설이다. 위키백과, 反韓感情 참조.

사경험을 소재로 하는 것이며, 현재에도 한국의 3·1절, 8·15와 같은 국경일이나 위안부, 독도 문제 등 이슈가 충돌하기 쉬운 주제가 주기적으로 반복되기 때문에 가장 격렬하다고 할 수 있다. 기본적으로 항상 자기 입장에서 남을 부정적으로 표현하는 글들이 대부분이다.

〈2ch〉에 올라 있는 嫌韓 기사를 보면, 당연히 일제의 식민지배는 한국에 도움이 되었는데 오히려 한국이 배은망덕하다는 논조를 펴고 있으며, 풍수적 명당을 훼손하기 위하여 설치했다는 일제의 쇠말뚝은 단순히 측량용 말뚝이라면서 한국을 바보취급하는 댓글이 많다. 2010년 4월에 발생한 천안함 침몰사건과 관련하여서도, 일본의 군함과 한국의 군함을 비교하며 일본의 우월함을 주장하기도 한다.

역사논쟁은 중국과 일본의 네티즌 사이에서도 서로 가장 부정적 반응으로 부딪치고 있는 분야이다. 그것은 역시 과거 일본 침략이라는 역사적 사실을 자신들에게 각자 유리하게 해석하려고 하기 때문일 것이다. 그리고 한국과 중국 네티즌 사이에서도 東北工程을 둘러싸고 격렬한 논쟁이 지속되고 있다.

중국인이 일본에 대해 분노하는 주된 이유는 "일본은 반성하지 않는 국가"라는 데 있다. 그러므로 예전 고이즈미(小泉純一郎) 일본 총리의 야스쿠니 신사참배가 있었을 때에는 2년 이상 공식적인 정상회담을 갖지 않았다. 청일전쟁과 중일전쟁, 난징(南京) 대학살에 대한 일본 역사교과서의 서술 문제, 댜오위다오(釣魚島, 일본명 센카쿠 열도) 영토 문제 등에서 대립한다.[15]

---

15 http://qfmyyhc.blog.163.com/(反日專用 홈페이지)
http://bbs.tiexue.net/post_1315310_1.html(반일정서의 유래)
http://hi.baidu.com/%CE%D2%B5%C4%B0%D9%B6%C8%BF%D5%BC%E4%D5%E6%C6%AF%C1%C1/blog/item/7851dc13bb49a528dc54016e.html(교과서문제, 야스쿠니 신사문제)
http://www.360doc.com/content/10/0316/16/552741_19010487.shtml(반일정서의 유래)
http://blog.sina.com.cn/s/blog_4a886ecd01000b8e.html?retcode=0(남경대학살)
http://fmfans.cpgl.net/thread-62406-1-1.html(일본 국제연합 진출, 영토분쟁)
http://www.askform.cn/11986-25984.aspx(反日 설문조사)

중국의 〈소후〉 사이트에서 한 네티즌은 "일본은 아시아, 심지어 전 세계의 사악한 핵심이다. 강경 대응하는 한국 대통령과 한국 국민에게 한 수 배워야 한다. 중국 '아우'는 한국 '형님'에게 항일하는 법을 새로 배워야 한다"는 댓글을 달기까지 했다. 중국인들은 일본에 대해 논할 때 흔히 30만 명의 중국인들을 앗아간 1937년 난징대학살을 기려 건립한 기념관에 있는 '용서할 수는 있어도, 잊지는 말자(可以寬恕 但不要忘記)'는 문구를 자주 인용한다.[16]

이러한 동북아 역사논쟁은 게임을 통해 보다 다양하게 표출된다. 마이크로소프트에서 만든 전략게임 '에이지 오브 엠파이어'는 백제가 일본의 속국으로 묘사된 '任那日本府說'을 반영해 논란을 불렀다. 한국 게이머들은 게임 불매운동까지 펼치며 반발했다. 개발사는 잘못을 시인하고 내용을 수정해 발매했다. 일본에서 개발한 〈三國志10〉은 고구려에 복속된 '樂浪國'을 중국의 屬國으로 표기했다. 이에 한국 정부는 게임심의를 보류하고 일본 개발사에 수정을 요구했다. 일본 개발사 쪽은 〈삼국지10〉은 한국뿐만 아니라 일본·중국·동남아에도 출시되는 만큼 한국에서 樂浪 부분을 수정하면 중국에서 문제를 제기할 수 있다"고 주장했다. 결국 樂浪의 위치를 遼東半島 쪽으로 옮기고 국내 발매가 가능해졌다. 게임 속 독도 표기도 논란거리다. 일본게임 〈現代大戰略 2005〉는 독도를 일본 땅이라고 표기했다. '한국이 불법으로 점유한 다케시마(독도)를 수복하자'는 줄거리와 일본이 제주도까지 점령한다는 내용으로, 한국 게이머와 네티즌들의 반발이 잇달았다. 게임 속에 반영된 역사적 인물이나 사건에 대한 엇갈린 평가도 논란이 된다. 일본 게임의 李舜臣 장군 비하 논란이 대표적이다. 〈삼국지10〉 추가버전에 등장하는 李舜臣 장군이 극단적으로 저평가된 것이다. 한국 게이머들의 반발이 거세지자 추가버전의 국내 출시는 무산됐다.[17]

---

16 강내영, 「용서는 해도 잊을 수는 없다」, 『월간중앙』, 2005. 5. 1.

17 이덕규, 「한·중·일 게이머, 동북아 역사로 한판 더 붙다」, 『한겨레신문』, 2009. 5. 18. 이 외에 〈기무자〉〈징기스칸〉 등 일본의 여러 게임 콘텐츠에서 종종 역사왜곡 논쟁이 발생한다.

고대사 문제를 놓고 한국과 중국 사이에 마찰이 빚어지기도 한다. 한국 온라인게임 〈覇 온라인〉에서 蚩尤天王이 한국 캐릭터로 묘사되자 중국이 들고 일어난 것이다. 중국 게이머들은 인터넷을 통해 "중국의 영웅 치우를 한국에서 빼앗아갔다"며 반발했다. 한국 네티즌들은 "치우가 중국 영웅이라는 주장은 동북공정의 조작된 역사관 때문"이라며 맞섰다.[18] 또 한국이 〈징기스칸 온라인〉을 개발하자 중국에서는 자국의 영웅을 함부로 폄하한다고 불편한 심기를 드러낸 적도 있다.

일본 성인게임 〈戀姬無双〉은 삼국지의 영웅들을 여자로 설정해 중국의 반발을 샀다. 關羽나 諸葛亮을 주인공의 성적 도구로 전락시킨 것이다. 중국 네티즌들은 '삼국지의 정통성을 무시하는 처사'라며 일본게임 수입 금지 등을 주장했다.[19]

미디어 콘텐츠 속 갈등양상에 대한 본격적인 검토는 다음 장에서 이루어지겠지만 일단 역사전쟁의 문제와 관련하여 잠깐 언급하자면, 동북아 삼국 누리꾼간 민족주의적 정서가 인터넷 담론을 형성하며 쟁점화되고 있는 현상을 '사이버 민족주의'(Cyber Nationalism) 혹은 '신민족주의'의 대두로 이해하기도 한다. 온라인 공간은 사실상 오프라인 공간의 연장이다. 현실에서 첨예하게 대립하는 역사, 정치 분야는 당연히 온라인에서도 타협없이 부딪치고 있다. 전문가들은 "사이버 공간이 다양한 의견을 교류하게 해주기보다 비슷한 입장을 강화하는 속성으로 가다보니 민족주의 정서가 더욱 극단화, 저급화된다"고 지적하거나, "삼국의 누리꾼은 한 국가에서 민족주의가 대두되면 나머지 국가의 민족주의도 도드라지고 이에 모든 국가의 민족주의가 강화되는 '적대적 공범관계'에 있다"고 분석한다.[20]

이처럼 역사, 정치 분야는 동북공정, 독도 영유권, 교과서 왜곡, 종군 위안부, 영토 분쟁 등 다양한 이슈가 주기적으로 반복되면서, 가장 사

18 현재 蚩尤는 한국의 붉은악마의 캐릭터로 사용되고 있다.

19 앞의 이덕규, 「한·중·일 게이머, 동북아 역사로 한판 더 붙다」 참조.

20 김윤종, 「한중일 '인터넷 삼국지'… '사이버 민족주의' 극성」, 『동아일보』, 2006. 9. 13.

이버전쟁이 심하게 전개되고 있는 곳이다. 서론에서 제시한 8·15 일화도 그중 하나이다. 이러한 사이버 역사전쟁에는 크게 네 개의 전선이 구축되어 있다. ① 인터넷을 통해 자국을 알리고 지명 오류와 역사 왜곡을 바꾸는 '민간 외교사절단', ② 해커를 통한 해킹과 서버 장애를 일으키는 '민간 해커부대', ③ 역사 왜곡 게임이나 UCC 동영상을 제작·유포하는 '게임·동영상 부대', ④ 사이버 개미군단으로 불리는 '네티즌 부대' 등이다.[21]

①과 관련하여, 한국의 경우 역사 전쟁의 총사령부 격은 〈반크〉[22]이다. 반크는 겉으로는 사이버 민간 외교사절단을 표방하고 있으나 대응력은 정부를 능가한다. 그 때문에 반크는 중국과 일본 해커들의 집중 표적이 되었다. ②와 관련하여, 민간 해커부대들은 삼국 모두 막강하다. 특히 중국의 민간 해커들은 '홍커'라는 명칭을 내걸고 조직적으로 움직인다. 1980년에 탄생한 '중국 홍커 연맹'은 10만 명에 이르는 해커를 거느리고 있다. 해커들의 싸움은 '너 죽고 나 살자'식이다. 서버가 마비되면 중요 자료가 손실되고 이를 복구하는 데 상당 기간이 걸린다. 막대한 비용이 들어가는 것은 물론이다.

③과 관련하여, 또한 독도를 다케시마라고 하거나 동해를 일본해라고 주장하는 동영상들이 미국의 대표적 UCC 업체인 유튜브[23]를 통해 전 세계에 무차별 배포되고, 한국 네티즌들은 이에 반격하는 동영상을 올리며 역공을 취했다. 또한 앞에서 언급한 바 삼국은 온라인 게임을 놓고도 사이버 전쟁을 벌인다. ④와 관련하여, 예비군 부대로 일컫어지는 삼국 간 네티즌들의 싸움은 엄청난 폭발력을 발휘한다. 평소 생업에 종사하다가 싸움이 발발하면 총동원령이 내려진다. 위의 ①에서 ④가 연합하여 움직이면 그것은 사이버상에서 국력을 앞세운 국가간 전면전이나 다름없다. 한국의 반크는 향후 사이버 역사전쟁에서 승리하기 위해 정예화

---

21 정락인, 「'사이버 백병전' 끝없는 한·중·일 '역사전쟁'」, 『시사저널』 통권 910호, 2007. 3. 26.

22 http://www.prkorea.com

23 http://www.youtube.com

된 블로거 20만 명을 키울 계획이다. 마치 壬辰倭亂을 앞두고 李栗谷이 내놓았던 '10萬 養兵說'과 흡사하다고 할 수 있다.[24]

(2) 사이버 문화갈등

문화는 서로 교류한다. 그러므로 문화와 관련된 삼국의 인식은 항상 親韓과 嫌韓의 글이 서로 공존하고 있다. 문화갈등은 크게 韓流와 관련된 것과 元祖論爭으로 나누어 볼 수 있다.

한류는 한국의 문화현상의 확산이므로, 일본 및 중국 네티즌들이 한국을 공격하는 것으로 나타난다. 일본에서 혐한류는 크게 보아 극우세력에 의해 제기되었다고 보는 것이 타당할 것이다. 한류바람이 한때의 유행으로 끝나는 것이 아니라 지속적인 선풍을 일으키자, 일부 일본인의 자존심을 건드렸다. 물론 일본의 '잃어버린 10년'의 상실감을 한국의 '문화 활력'으로 채운다는 관점에서 한류를 해석하거나,[25] 크게 보아 그러한 흐름에서 한류에 긍정적으로 동참하는 일본인이 더욱 많은 것이 사실이지만, 한때 자신들보다 훨씬 열등했다고 생각한 한국의 문화가 지속적으로 확산되는 현상을 바라보면서 그에 반발하는 움직임이 나오는 것도 어쩌면 당연한 현상일 것이다. 그 결과 2005년 한국을 '强姦 民族'으로 묘사한 일본 극우만화가 야마노 샤린(山野車輪)의 만화 시리즈 '혐한류(嫌韓流)'로부터 촉발된 일본 내 反韓 기류는 최근 들어 한류스타들의 위상이 높아지며 한국의 문화와 스타들에게 자국의 문화가 밀리고 있다는 일종의 '위기'의식과 맞물려 한국 연예인에 대한 험담이 자행되고 있는 상황이다.

사이버 역사전쟁에 비한다면, 한류와 관련된 문화갈등은 어쩌면 다소 쿨(cool)하게 읽어낼 수 있다. 예를 들어 한때 누리꾼의 화제는 2006년에 나온 영화 '괴물'의 표절 여부였다. 일본 누리꾼이 일본 애니메이션 'WX 기동경찰 페트레이버 극장판 – 폐기물 13호'에 나오는 괴생물체를

24 앞의 정락인, '사이버 백병전' 끝없는 한·중·일 '역사전쟁'」 참조.

25 小創紀藏, 「고개 숙인 열도, Look KOREA!」, 『월간중앙』, 2006. 1. 1.

그대로 베껴 '괴물'을 만들었다고 시비를 걸어왔기 때문이다. 또 '괴물'이 2006년 일본 개봉 첫 주 박스오피스 7위로 기대에 못 미치는 성적을 기록한 반면, 일본영화 '일본침몰'은 국내 박스오피스 1위를 차지하자, 양국 누리꾼들의 자존심 싸움이 본격화됐다. 한국 누리꾼들은 "일본침몰이야말로 미국영화 '투모로우'를 베낀 것"이라고 공격성 댓글을 올렸다.[26]

TV 드라마 '아이리스'와 관련된 논쟁도 그러하다. 한국 드라마 최초로 황금시간대 일본 안방극장 문을 열어 제낀 '아이리스'에 대해 일본 내 보수성향을 가진 일부 네티즌들이 강한 반감을 드러낸 바 있다. 2009년 말 일본 웹사이트에 "지상파 황금시간대에 한국 드라마 '아이리스'가 방영된다"는 요미우리발 소식이 전해지자, 네티즌들이 기사댓글을 통해 "한국 드라마에 2000만 엔을 낸다니 바보 같다", "골든 타임에 한국 드라마라니, 아줌마들 밖에 안 본다"라는 성토를 늘어놓으며 해당 방송국에 맹비난을 가했다.

현대의 10년은 긴 세월이다. 한때의 유행으로 끝나지 않고 한류가 지속되며 '한국 배우기' 열풍으로 퍼져나가는 상태에서, 골든 타임에 한국 드라마 방영은 아마도 일본내 보수 언론과 일부 네티즌들에게 자국의 문화가 밀리고 있다는 위기의식을 느끼게 했을 것이다. 그런 점에서 嫌韓流는 일단 한국의 입장에서는 감정적인 대응보다는 다소 쿨하게 받아 들이는 태도가 필요하다고 본다. 특히 한국의 연예인이나 일반인들에 대해, 지나치게 성형이 이루어진다는 점을 지적하며 외형 위주의 풍조를 비난하는 글들이 많다는 점을 보면 더욱 그러하다고 생각된다.

이처럼 한류에 대한 긍정적인 흐름과 함께 혐한류가 공존하고 있는 것은 중국도 같다고 할 수 있다. 중국 정부의 강력한 '한 자녀 갖기' 정책의 소산인 이른바 小皇帝로 불리는 중국 청소년들은 중국의 개혁 개방, 빠른 경제 성장과 시간을 같이 하는 세대로 경제적 여유, 서구 문화에 대한 개방 정도가 이전 세대와 완전히 다르다. 1980년 이후 태어난 이들

---

26 앞의 김윤종, 「한중일 '인터넷 삼국지'… '사이버 민족주의' 극성」 참조.

은 현대적 문화욕구를 자국에서 충족하지 못하자 일본이나 미국에 비해 동질적이면서도 화려함에서 밀리지 않는 한국 연예인들에게 매료되었다.

특히 한류바람을 타고 밀려 온 한국 드라마에서는 여러 재미요소 및 화려한 영상 외에도, 그 내용전개 속에는 적어도 남녀간의 도리, 윗사람과 아랫사람의 도리 등 지킬 것은 지키고 있다. 『뉴욕타임즈』의 해석처럼 한국은 중국으로 유입되는 서양문화의 '필터' 역할을 해 주고 있는 것이다. 남녀문제로 예로 들자면, "중국 청소년 70%가 이성교제를 하며, 그중 90%는 성관계를 하는 등 급속한 성 개방이 문제가 되고 있다"는 보도처럼[27] 서양문화가 대단히 빠르게 여과없이 유입되는 현실에서, 유교적 요소가 가족관계, 이성관계, 직장관계 등에서 많이 남아 있는 한국 드라마는 중국에서 지향해야 할 가치관의 일면을 잘 반영해 주고 있는 측면이 있다.[28]

그러나 2005년 〈대장금〉 방영 이후 한류 분위기가 정점에 이르렀을 무렵부터 중국의 문화매체들은 한류 스타들의 잇따른 중국 방문과 그에 따른 북새통을 보도하며 '피로현상'을 드러내기 시작했다. 방송 프로그램에서 들리기 시작한 "또 하나가 왔다" "마치 한국이 아시아 대중문화의 메카가 된 듯 처신한다"는 논조와 멘트가 그것이었다. 그 결과 2007년 연말, 중국 관영 신화통신이 발행하는 國際先驅導報는 "인터넷 설문조사 결과 '좋아하지 않는 이웃 나라'로 한국이 1위를 기록했다"는 내용의 기사를 게재했다.[29]

물론 여기에는 일본처럼 한국의 문화를 견제하고자 하는 심리가 작용한 것이지만, 무엇보다 중국의 모든 문화매체는 관영이라는 점에서, 중국 통치권의 정치적 전략도 개입되어 있다고 할 수 있을 것이다. 바로

---

27 『인민일보』, 2005. 9. 8.

28 정현욱, 「한류 열풍 속에 숨어 있는 '孔子 살리기' '팍스 차이나' 명분될까 우려」, 『민족21』 59, 2006. 2. 1. 물론 한류의 성공이 유교적 요소만은 아니다. 많은 사람들이 강조하고 있듯이 아시아권에서 비교적 서구 문물을 빨리 받아들인 한국은 1980년대 운동권세대를 거치면서 '自己化'하는 과정을 알게 모르게 거쳐온 것이다.

29 정광호, 「혐한은 한류 10년의 피로현상」, 『월간중앙』, 2008. 11. 1.

이 점이 일본처럼 중국의 혐한류를 다소 쿨하게만 바라볼 수 없는 측면이 있다고 판단된다.

지금까지 주로 한류를 중심으로 문화갈등을 살펴보았다. 삼국 간 문화갈등의 또하나의 축은 원조논쟁이다. 삼국은 어느 나라들보다도 공통의 문화유산을 공유하고 있다. 바로 이러한 점 때문에 元祖文化 논쟁 또한 치열하게 전개되고 있다. 이러한 문화 선점은 브랜드 효과와 연결되어 경제적 이익하고도 직결되기 때문에 한·중·일 네티즌들의 단골 논쟁 주제가 되고 있다. 특히 한·중·일 삼국이 전 세계에서 차지하는 위상이 높아지고, 이러한 동아시아 문화를 전 세계가 주목하게 되면서 원조문화 논쟁은 더욱 치열해졌다. 이미 한국의 禪, 중국의 찬(chan)이 있음에도 일본의 젠(zen)이 세계화에 성공한 일화는 잘 알려진 것이다.

禪과 관련하여 녹차(green tea)는 건강과 깨달음을 상징하면서 아시아뿐 아니라 서구 시장에서 수요가 급증하였다. 일본이 먼저 녹차 산업의 잠재력을 간파하고 녹차를 '재패니스 티(japanese tea)'라고 이름 붙이려 하자, 한국과 중국이 신경전을 벌이며 대립하고 있다.[30]

한국과 일본은 김치의 영문표기를 둘러싸고 국가 차원의 자존심 경쟁을 몇 년간 벌였었다. 물론 김치가 한국 음식의 대명사인 것은 전 세계가 아는 사실이다. 그러나 김치의 영문표기를 둘러싸고, 김치의 매운 맛을 줄이고 일본인이 좋아하는 단맛과 각종 조미료를 더해 숙성시키는 과정 없이 만든 일본식 김치인 '기무치'가 도전하였다. 다행히 국제식품규격위원회(CODEX)는 '주 원료인 절임 배추에 여러 가지 양념류를 혼합하여 제품의 보존성과 숙성도를 확보하기 위하여 저온에서 젖산 생성을 통해 발효된 식품'이라고 김치를 정의함으로써, 김치의 원조로 한국의 손을 들어주었다. 김치 논쟁은 한동안 김치는 무조건 한국 것이라는 것을 추호도 의심하지 않았던 한국인들을 크게 긴장시켰다.[31]

---

30 한국의 경우 지자체 축제에서 차를 내세운 축제가 여러 개가 된다는 점에서, 이미 자국내에서도 치열한 경쟁이 진행되고 있다.

31 박영철, 「한중일 元祖文化戰爭」, 『조선닷컴』, 2008. 1. 6.

이처럼 삼국은 공통적인 상품에 대한 이미지를 선점하기 위해, 심지어는 남의 문화를 자기 것으로 각색하여 상품화하려는 필사적인 노력을 기울이고 있다. 그것은 그만큼 좋은 문화 브랜드는 국가 이미지를 높이는 데도 큰 몫을 하고 경제적 효과도 뛰어나기 때문이다. 일본이 스시(초밥)를 서양 사회에 고급 음식으로 보급해 세계 각국에 자국 상품을 비싸게 판 것도 좋은 사례가 된다. 최근 심신수양 및 두뇌개발에 좋다며 서양에서도 관심이 높아지고 있는 바둑의 경우 영어로는 '오리엔탈 체스(oriental chess)' 또는 '고(go)'라고 쓴다. '고'는 바둑의 일본어인 'ご(碁)'에서 유래했다. 현재 일본이 세계 바둑대회에서 좋은 성적을 못내고 있지만 단어만 놓고 보면 서양인들에게 바둑의 원조는 여전히 일본인 셈이다.[32]

위와 같은 상품 사례 외에도 그야말로 전통문화적 요소에 있어서도 삼국은 종종 원조논쟁에 부딪친다. 이 경우는 과거 동양문화의 중심이었다고 하는 중국에서 주로 제기되고 있다. 한국이 2004년 유네스코에 강릉 단오제를 세계문화유산으로 신청해서 2005년 세계무형문화유산으로 등재한 사건은 가장 대표적인 것이다. 당시 중국은 자국의 문화유산으로 간주해 온 단오절의 元祖를 한국에 빼앗겼다고 받아 들여 큰 충격을 받았다.[33] 강릉 단오제는 단오제를 매개로 한 강릉 지역의 오래된 의례 및 축제 전승로서 한 지방의 특수한 문화행사로 세계문화유산을 신청한 것이었으나, 중국인들은 그것을 단오절 자체에 대한 선점이라고 이해하여 오랫동안 양국 네티즌들의 논쟁 대상이 되었으며, 아직도 계속되고 있는 상황이다.

2007년에는 한국이 풍수지리를 역시 유네스코에 세계문화유산으로 신청하려 한다는 기사가 중국 웹사이트에 떴으며,[34] 『삼국지연의』도 한국이 자신들의 유산이라고 주장한다는 기사가 나오고 그에 대한 비판

32 위의 박영철, 「한중일 元祖文化戰爭」 참조.

33 http://psq.5d6d.com/thread-438-1-1.html2007-2-2517:33

34 http://airal.ycool.com/post.3083869.html

이 거세었다.[35] 그러나 이것을 한국의 어느 곳에서도 주장한 바가 없고, 실제 그것을 주장할 이유도 없는 주제였던 것인데, 이러한 날조된 기사가 중국 사이트에서 유래하여 전파되면서 중국 네티즌들의 격렬한 항의와 어이없다는 한국 네티즌들의 논쟁이 충돌하는 해프닝이 벌어졌던 것이다.

(3) 다양한 상호 비방 사례

현재 삼국의 네티즌들은 역사 및 문화 외에도 다양한 분야에서 상호 비방을 전개하고 있다. 이 중에서는 날조, 왜곡에 기초한 '아니면 말고'식 비방도 많이 있다. 일본 네티즌들은 한국 및 중국에서 벌어지는 부정적인 뉴스를 가져와서 거기에 악성 댓글을 다는 방식을 주로 취하고 있다. 예를 들자면 한국에서 친족살해사건이나 성폭행 등 나쁜 뉴스가 나오면, 그것을 한 시간 이내에 〈2ch〉로 가져오고 거기에 많은 네티즌들이 감정적이고 편파적인 악성댓글을 다는 것이다.

한국역사 왜곡으로 논란을 일으켰던 일본만화 '혐한류(マンガ嫌韓流)'시리즈 4권이 2009년에 출간되었다. '재일 한국인의 일본침략' '영원히 일본에 눌러앉는 재일' '코리아타운과 재일 이권'등 대부분 재일 한국인에 대한 부정적 내용이다. 그것이 어떻게 혐한류인지도 의문이지만, 이 시리즈를 출판하는 신유샤(晋遊舍)는 홈페이지 책 소개란에 '재일 한국인에 의한 본격적인 일본 침략이 벌써 시작되었다!!' '앞으로 수년 이내에 재일 한국·조선인은 외국인 참정권과 언론 탄압을 합법화하는 인권 옹호법을 손에 넣어 드디어 일본 탈취 최종 단계에 돌입한다!'는 자극적 문구를 써놓으며 대대적 홍보활동을 벌였다.

이에 대해 주로 악성댓글이 올라오는 〈2ch〉에서도 "'혐한류'나 '고마니즘선언'(우익 만화)을 읽고 있는 바보는 어떤 인종일까" "작가가 소재가 없다고 해도 언제까지 이런 내용으로 끌고 갈지…" "한국인은 어

35 http://forum.china.com.cn/viewthread.php?tid=428359&agMode=1&com.trs.idm.gSessionId=1E17656E0C322980EA02E62B50C2D665#

리석은 것 같다. 반응하면 할수록 혐한류가 더 홍보될 뿐이다" 등이라는 글이 올라왔다.

중국과 한국은 1992년 수교 이후 급속도로 가까워졌다. 중국의 입장에서 한국은 일제의 강점에서 해방되어 서구식 민주주의와 자본주의 시장 경제체제의 조화로운 발전을 이룩한 나라. 문화적으로는 서구문화와 전통문화를 잘 조화시킨 역동적인 사회. 그리고 중국과 비교되는 성공적 산림녹화와 청결한 생활환경과 중화문명의 장점을 자신들보다 더욱 잘 보존 발전시켰다는 점에서 발전모델로 삼을만 했다.

그러나 반면에 한국인들은 중국과 중국인들에 대해 우월감에 젖은 선입견을 쌓아갔다. 그것은 주로 중국을 방문한 한국인이 목격한 가난하고 비위생적인 중국 서민의 생활상에 근거한 것이었다. 아울러 수시로 한국의 언론매체를 장식하는 짝퉁상품, 불량식품, 무질서, 부정부패 등에 대한 보도로 아예 중국을 가보지 않은 사람조차 중국에 대해 나쁜 선입견을 지니게 됐다. 특히 수교 직후부터 드라마, 영화, 가요 등 한국 문화상품에서 비롯한 한류 열기는 한국인들의 이러한 선입관과 중국에 대한 우월감에서 벗어나지 못하게 했다.[36]

중국 사이트에는 한국에서 중국사람들을 무시하는 여러 행태에 대한 비판적 반한감정을 많이 토로하고 있다.[37] 이것은 이유가 있는 반한정

---

36 앞의 정광호, 「혐한은 한류 10년의 피로현상」 참조.

37 이처럼 중국인에 대한 한국사람들의 무시에 대한 반한 감정이 가장 많이 올라와 있으며, 그것이 가장 대표적인 반한정서를 형성한다는 것을 알 수 있다.
http://baike.baidu.com/view/1614084.htm(반한정서)
http://news.sohu.com/s2010/dianji386/(반한정서 이유 설명)
http://star.news.sohu.com/20080528/n257140183.shtml(반한정서 이유 설명)
http://www.ctrip.com/community/itinerarywri/955654.html(중국을 무시)
http://www.bclbtd.cn/index.php/article/cookstyle/2009-10-25/529.html(중국을 후진국으로 여김)
http://yangml1962.blog.hexun.com/22663628_d.html(한국 매체의 반중국 정서)
http://club.renren.com/index.php?uri=/show_207_191993_1.html2008-11-1018:56 (중국 모욕 글, 사진)
http://blog.sina.com.cn/s/blog_5b6ac73a0100avy1.html(한국인이 중국의 게임환경을 비난하는 동영상)
http://bbs.tiexue.net/post_2145018_1.html(한국에 있을 때의 모욕당한 경험)

서라고 할 수 있다. 그러나 2005년 한국에서 강릉단오제의 세계문화유산 등재는 이러한 반한정서에 기름을 붓는 효과를 가져왔다. 이후 중국에서는 근거없는 날조기사에 입각한 반한정서가 지속적으로 제기되었다.

- 공자는 한국인이라고 조선일보에 보도했대!
- 조선일보에서 쑨원이 한국인이라는데?
- 마우쩌둥이 한국계라고 조선일보가 성균관대 교수의 말을 인용해서 보도했대!
- 한국이 한자를 한국의 기원이래![38]

위의 것들은 전부 "한국 기원 날조"이다. 재미있는 것은 날조기사에 인용되는 신문은 대부분이 '조선일보'라는 점이다. 이는 좋든 싫든 한국의 메이저 신문이기 때문일 것이다. 그런데 이러한 기사들 중 일부는 전혀 근거없이 나오는 것은 아니라는 점이다. 예를 들어 한국에서는 〈국사찾기운동〉이라는 것이 있었는데 지금은 거의 목소리가 잦아든 편이다. 이 운동을 벌이는 측에서는 동양문화의 東夷族 기원, 더 나아가 한국 기원을 강조하는 경향도 있기 때문에 그 빌미를 가져오는 요소도 있다고 할 수 있다.

한국에서도 2008년 중국의 사천성 대지진 당시, "전나(매우) 웃기네", "이게 다 인과응보다" "짱꼴라들 다 죽어라" 등과 같은 악플을 달았고, 그것이 한 중국 네티즌에 의해 번역되어 중국에 알려짐으로써, 반한정서를 더욱 부추겼다. 물론 그 중국 네티즌은 "불쌍하다" "얼른 나오시길" "볼 때마다 안쓰럽고 슬프네요"와 같은 선플은 철저히 배제한 채 악플만 번역하여 알린 것이지만,[39] 기본적으로 상호비방의 측면에서 한국 네티즌도 결코 자유롭다고 할 수 없을 것이다.

---

38 http://club.chinaren.com/11/114431010

39 금상진, 「'嫌韓 악플러' 中日 포털 도배」, 『월간중앙』 2008년 10월호.

(1) 사이버전쟁의 이론적 배경

미국 MIT의 니콜라스 네그로폰테(Nicholas Negroponte) 교수는 "정치가들이 역사의 쓰레기더미에서 서로 싸우고 있는 사이에 새로운 세대가 과거의 수많은 편견을 떨쳐버리고 새로운 디지털 환경을 만들며 우정과 협동, 그리고 놀이를 통해 편협한 근친성의 한계에서 벗어나 있으며 더 거대한 세계의 조화로 이끄는 자연적 힘이 될 수 있다고 했다."[40] 이처럼 인터넷으로 표방되는 사이버 공간이 협력과 조화를 이루어낼 수 있다는 그 잠재적 가능성에 대해 낙관하는 경향이 있는 반면 "사이버스페이스는 경제적 위치, 시공간의 문제 등의 현실적 네크워크 속에 존재"[41]하기 때문에 낙관적으로 전망만 할 수 없다는 지적도 있다. 한·중·일 3국의 젊은 세대가 인터넷에서 치열한 논쟁과 토론 나아가 공격적인 행위들을 벌이는 행태들에서 이를 확인할 수 있다. 이러한 확인에서는 과거의 편견과 질시를 떨치고 우정과 협동으로 편협함을 벗어나 동아시아적 통합을 이끌어내기에는 한계가 많아 보인다. 그것은 단순히 개개인의 인성의 문제만은 아니다. 동아시아 3국의 물리적 공간의 모순과 과제들이 사이버 공간의 행태들을 규정하고 있기 때문이다. 물리적 공간의 모순과 과제들이 한·중·일 네티즌들로 하여금 집단적 행동을 이끌어내게 한 것은 내재적 요인 특히 심리적 요인이 작용한 결과였다.

사이버공간은 그 자체가 아니라 그것을 활용하는 인간의 가진 본질적인 특성과 환경적인 요인에 따라서 분석되어야 한다.[42] 결국 사이버 공간을 움직여나가는 것은 인간의 내재적 요인과 인간을 둘러싼 물적 조건

---

40 니콜라스 네그로폰테, 백욱인 옮김, 『디지털이다(*Being digital*)』, 커뮤니케이션북스, 2006, p. 218.

41 제이 데이비드 볼터·리처드 그루신, 이재현 옮김, 『재매개: 뉴미디어의 계보학』, 커뮤니케이션북스, 2006, 제10장 참조.

42 Azy Barak(Eds), *Psychological Aspects of Cyberspace: Theory, Research, Applications*, Cambridge University Press, 2008, 1장 3장 참조.

이기 때문이다. 마찬가지 맥락에서 한·중·일 젊은이들의 디지털 공간의 행위들을 분석하기 위해서는 본질적인 특성과 환경적인 요인들을 같이 분석하는 것이 타당할 것이다.

① 집단화와 극화 현상

사람들은 서로 비슷한 태도와 생각들을 가진 사람들에게 호감을 느낀다. 이런 호감의 법칙(Law of Attraction)은 인종이나 문화, 태도 등에 자신이 유사하다고 생각하는 사람에게 강하게 작용하며 협동과 지원을 원활하게 한다. 인터넷 상에서는 태도와 관심이 얼마나 일치하는가에 따라서 상대와의 유사성에 대한 판단이 결정된다. 비슷한 태도와 관심, 생각들을 가질 이들은 인터넷 상에서 집단을 이루게 된다. 헨리 타펠(Henry Tajfel)에 따르면 사람들은 아주 사소한 특성에 따라 집단을 구분할 때도 강하게 자신이 속하게 되는 집단에서 자신의 감정을 형성한다.[43] 서로를 같은 집단의 구성원으로 생각하는 경우 '집단 극화 현상(Extremity Shift or Polarization)은 심해진다.[44] 집단 극화 현상은 개인이 선택하는 것보다 집단속의 개인의 선택이 아주 극단적으로 치달아가는 것을 말한다. 아주 모험적으로 결정(Risky Shift)하거나 아주 보수적(Conservative Shift)으로 치달아가는 것이 대표적인 예다.[45] 집단구성원들이 한쪽 방향으로 기울어 있다면 동조의 방향에 각자의 정보들은 강화 효과를 일으키게 된다. 어느 정도의 집단 정체성만 느껴도 집단 극화 현상이 일어나므로, 국가적 정체성을 느낄 경우 집단 극화현상은 더욱 심해진다. 이러한 집단적 극화 현상은 인터넷 공간에서 언어를 통한 집단적 공격으로 나타나는 경우가 빈번하다. 한·중·일 젊은이들이 벌이는 인터넷 공간의 공격

---

43 Tajfel, H., *Human Groups and Social Categories*, Cambridge University Press, 1981; Tajfel, H., Social psychology of intergroup relations. *Annual Review of Psychology* 33, 1982, pp. 1-33.

44 Spear, M, Russell, L., and Lee, S., *British Journal of Social Psychology* 29, 1990, pp. 121-134.

45 Clark, R. M., Bryn, M. C., Extremity shifts, risk shifts and attitude shifts after group discussion, *Psychology*, Volume 2 Issue 4, 1972, pp. 417-436.

적인 행동들은 민족과 국가단위로 설정된 집단의식에 따른 것으로 보인다. 집단적 가치가 동조하거나 그것을 추구할수록 네티즌들은 그 집단의 구성원 의식에 따라 평소에는 생각하지 않았던 극단적인 사고의 첨예화 현상을 보이게 된다.

한·중·일은 동일한 문화권에 속하는 나라들이라고는 하지만, 정치이념과 제도상으로 그 사회문화적 간격이 유럽의 서구 동구보다 더 넓고 깊으며, 인적 물적 교유가 적어 연계의식이 적어졌다.[46] 그간 기성세대가 보인 한·중·일의 분열적인 각자 노선의 추구가 동일한 문화권이라는 가능성을 외면한 결과 젊은 세대에게 그대로 이어지고 있다. 이러한 와중에 국민과 시민의 자아의식이 특히 젊은 세대에게 강해지면서 자국의 비전과 방향성에 대한 기대치는 높아졌고, 좁은 지역에서 상호 충돌하면서 이는 좌절과 이에 대응하여 우위를 확보하려는 행태가 인터넷 대리전으로 이어지고 있다. 그것의 단편적인 노출이 한·중·일 젊은 세대의 인터넷 충돌이라고 할 수 있을 것이다.

② 기대불일치와 인터넷 공격성

로렌츠(Konrad Zacharias Lorenz)는 "공격성은 고전적인 정신분석학자들이 주장하듯이 악마적이고, 파괴적인 원칙과 거리가 멀다. 공격성은 유기체의 생명을 보존하려는 본능을 구성하는 근원적인 요인이다"라고 했다.[47] 동물학자들이나 정신분석학자들은 공통적으로 인간에게 공격성이 존재한다고 밝혀왔다. 동물학자나 정신분석학자들의 논의는 인간의 내재적인 요인에 초점을 맞춘다. 대개 생물학적· 심리적인 요인과 환경적인 요인이 결합되면서 공격적인 행동이 유발된다. 여기에서 환경적인 요인은 사회경제적인 요인이 대표적으로 해당된다. 일반적으로 좌절 상황에 처하게 될수록 사람들은 많은 공격적 행동을 벌이게 된다. 여기에서 좌절상황은 자신이 원하는 대로 이루어지지 않은 상황을 말한다. 자

46 고병익, 『동아시아의 전통과 변용』, 문학과 지성사, 1996, pp. 115-116.

47 Lorenz, k. *On Aggression*, New York: Harcourt, Brace and world, inc., 1963, p. 49.

신이 추구하거나 기대하는대로 결과가 나오지 않을 경우 공격성이 증가한다. 좌절감을 느낄 때 부정적인 정서가 팽창하게 되고 합리적 이성적 판단에서 벗어난 행동과 언어구사를 한다.[48] 좌절감은 기대불일치의 원초적인 감정 상태이다. 자신의 인식 체계와 기대치에 못 미치는 결과나 현상이 일어나고 그것이 마치 움직일 수 없는 진리인 것으로 고정될 때 과격한 행위로 이어질 수 있는 것이다. 이러한 면에서 인터넷 공간은 현실에서 무력감을 느끼는 존재들이 자신이 원하는 정치경제적 목표 달성의 대리 충족을 위해 일탈적 행위를 자행하는 공간이 된다. 이때 물리적 공간에서 통용되는 상식적인 말법은 포기되기 일쑤이다.

성격이나 능력, 외모를 공격하는 욕설이 사람들의 화를 가장 많이 부추기는 모욕이고 실제로 합리적 이성적 판단을 잃었을 경우에 이런 범주에 해당하는 언어를 많이 사용한다.[49] 이는 인터넷에서 보복적 공격행위를 가장 쉽게 불러 일으킨다.[50] 인터넷에서 가장 폭넓게 사용되는 공격의 행태는 텍스트 형태의 언어적 공격이다. 정신분석학자들은 공격적 충동이 일어날 때 그것을 배출하는 것이 정신건강에 좋다고 주장한다. 공격적인 충동을 배출하면 폭력적인 행동을 줄일 수 있다는 것이다. 하지만 많은 연구에서 공격적으로 행동하는 것은 공격 성향을 감소시키는 것이 아니라 오히려 증가시키는 것으로 나타났다.[51] 언어적 형태로 상대를 공격하는 행위들은 결국 타인뿐만 아니라 스스로의 많은 언어적 공격행위를 불러오게 된다. 이러한 점은 한·중·일 젊은 세대의 인터넷 공격 행위에도 유효하다.

사이버 역사논쟁, 문화콘텐츠나 한류를 둘러싼 혐한 논란, 그리고

---

48 Berkowitz, L., Cochran, S. T., and Embree, M. *Journal of Personality and Social Psychology* 40, 1981, pp. 687-700.

49 Martin, M. M., Anderson, C. M., and Horvath, C. L., *Communication Research Reports* 13, 1996, pp. 19-26.

50 Walther, J. B., Anderson, J. F., and Park, D. W., *Communication Research* 21, 1994, pp. 460-487.

51 Ebbesen, E. B., Duncan, B., and Konecni, V. J., *Journal of Experimental Social Psychology* 11, pp. 192-204.

원조 논쟁은 한·중·일 간의 물리적 공간에서 존재하고 있는 구체적인 모순과 과제를 바탕으로 한다. 개인과 집단(국가)을 일치시킬수록 국가에 관련한 과제들을 자국에게 유리한대로 유도하려는 인터넷의 과격한 행동은 강할 수밖에 없다. 각 국가의 젊은 세대는 자신들의 기대와 목표치대로 일정한 결과를 유도하려 하지만 쉽지 않다. 자신과 자기조직과 집단위주로 일정한 결과만을 이끌어가려는 경우 좌절과 기대불일치감은 증가하고 격한 사이버행위는 증가할 것이다. 수많은 한·중·일 개인들의 훌륭한 정보와 지식은 이러한 공격적 행태 속에서 갈등을 격화시키는 데 불쏘시개 역할만 하게 된다. 무엇보다 중요한 것은 높아진 자의식에 비해 사회경제적으로 열악한 위치에서 국내만이 아니라 국제적으로 경쟁이 격화된 한·중·일 젊은이들이 겪고 있는 환경적 조건에 대해서도 살펴볼 필요가 있다는 점이다. 그러한 환경적 조건들이 심리적인 요인들과 상승효과를 일으키면 긍정의 인터넷 공간을 부정의 인터넷 공간으로 이끌어갈 수 있기 때문이다.

(2) 사이버전쟁의 원인 분석

삼국 간 사이버전쟁의 원인에 대해 가장 천착한 사람은 일본의 다카하시모토아키(高原基彰)이다. 그는 삼국을 횡단하는 青年雇傭의 불안 문제를 제기했다. 즉 동아시아의 젊은 내셔널리즘의 기저에는 고도성장이 불가능해진 시대의 고용 流動化가 자리 잡고 있다는 것이다. 여기에서 그는 '개인형' '不安型' 내셔널리즘이라는 새로운 개념을 제시한다. 세계화의 추세 속에서 중간층이 상하로 분해되는 현실은 젊은 세대의 동향에 직접적으로 영향을 미쳤다는 것이다. 즉 유동적인 고용상황과 중간층의 양극분화로 '불안한 개인'들이 젊은층에서 대거 등장하였는데, 이들의 내셔널리즘은 중산층 확대라는 국가적 목표에 호응해 왔던 戰後 동아시아의 '고도성장형' 내셔널리즘과는 성격을 달리한다는 것이다.

이처럼 고도성장이 불가능해진 시대에 등장한 불안형 내셔널리즘은 下位文化와의 접속이라는 특징을 갖는다. 인터넷을 비롯한 뉴미디어의 등장이 신생 내셔널리즘이 번성할 수 있는 숙주 역할을 한 셈이다. 실제로 90년대 이후 인터넷은 화장실 낙서와 대자보 문화를 대신하여 갖가지 새로운 하위문화의 전시장이 되었다. 포털과 블로그, 미니홈피에 진지를 구축한 젊은 네티즌들의 '취미화된 내셔널리즘', '오따꾸화된 내셔널리즘'은 마치 게임을 즐기듯 인터넷 게시판에서 서로 유사 전쟁을 벌이며 현실사회에 대한 불만과 불안을 유희적으로 표출하고 있다고 분석하였다.[52]

다카하시 모토아키의 책에 대하여 서평을 쓴 한국의 이병한은 불안감 못지 않게 자부심이라는 정반대의 측면도 고려되어야 함을 제시하였다. 이기적인 '小皇帝'라고 불리던 중국의 빠링후(80後) 세대가 올림픽 자원봉사에 적극 참여한다든지, 한국의 10대 여학생들이 "대한민국은 민주공화국이다…"를 흥얼거리며 촛불을 드는 모습에서, 우리는 동아시아의 젊은 세대가 자국에 대해 품고 있는 긍정심과 자부심의 일면을 엿볼 수 있다는 것이다. 일장기와 태극기가 문신과 치마로 패션화되고, 애국가가 록버전으로 변용되는 것 또한 비슷한 예일 것이다. '사적 불안감'과 '공적 자부심'이라는 모순적 감정의 기이한 공존이야말로 동시대 내셔널리즘의 적확한 묘사일 것이며, 이는 동아시아가 미국과 유럽에 버금가는 세계체제의 삼각 축으로 상승했다는 사실과, 바로 그 시점에 세계체제 자체가 동요하는 이행기가 시작되었다는 교착국면을 상징적으로 보여주고 있다는 것이다.[53]

삼국의 인터넷세대가 서로 사이버전쟁을 벌이고 있는 모습을 불안형 내셔널리즘과 하위문호와의 접속으로 파악한 견해나, 더 나아가 불안감 못지않게 자부심이라는 측면을 고려해야 한다는 견해 모두 탁견이라고 생각한다. 중국은 세계의 중심이 곧 중국이라는 中華思想의 우월감, 한국과 일본 역시 단일민족 강조사상, 제국주의적 사상이 있다. 여기에 일본은 일찍부터 세계 2위의 경제대국이었다는 자부심, 중국과 한국은

52 다카하시 모토아키(高原基彰), 정호석 옮김, 『한중일 인터넷세대가 서로 미워하는 진짜 이유』, 삼인, 2007.

53 이병한, 「동아시아의 젊은 '集合知性'이 온다」, 『창작과비평』 2008년 겨울호(통권 142), 2008. 12.

세계경제에서 급속도로 중요한 위치를 차지하고 있다는 자부심이 결부되어 있다. 바로 이러한 점에서 삼국의 젊은이들은 각각 제나름의 국가적 자부심과 함께 개인적 불안감이 결부되어 인터넷에서 현실사회의 불만과 불안을 유희적으로 표출하고 있는 것이다.

그러므로 일단 사이버전쟁을 쿨(cool)하게 바라보며 대안을 모색하는 태도가 중요하다고 본다. 그리고 그러한 부정적이고 공격적인 인터넷 기사와 댓글 사이에 존재하는 상호 긍정적인 모습도 함께 고려하여 판단할 필요가 있다고 생각한다. 예를 들어 〈2ch〉에서 K-pop 차트를 소개한 글에서는 한국 가수들과 노래들을 인정하고, 비난하기보다는 비판하는 반응들이 많이 보인다. 막걸리를 소개하는 동영상에 대한 반응 또한 마찬가지이다. 또한 일본인의 검소한 생활모습, 개성이 존중되는 문화 등 한국보다 한 수 위의 모습도 있다는 것을 인정하고, 그러한 점을 배워야 한다고 주장하는 한국인들도 많다.

인터넷상에서는 비록 부정적 댓글이 난무하고 있지만, 실제 그러한 의견은 소수일 가능성이 훨씬 크다. 즉 제시된 것은 숲이 아니라 나무들일 수 있다. 실제 그러할 것으로 필자는 믿고 있다. 항상 찌질한 네티즌은 인구 비율만큼 존재하는 것이므로, 어쩌면 악성 댓글들을 웃고 넘길 때에 진정으로 그런 글을 즐길 수 있게 될 것이다.

그런 점에서 인터넷 상에 존재하는 민족(혹은 국가) 간의 갈등을 '新民族主義'의 등장으로 단정짓는 것이 올바른 것인지 의문을 제기할 수 있다. 서로 다른 국적의 네티즌들 간 갈등은 인터넷 상에서 이루어지는 국가 간 교류의 단편적인 모습이다. 인터넷에서 서로 다른 국적의 사람들은 적이 되어서 대립을 하기도 하지만, 하나로 힘을 합치고 뜻을 모으는 경우도 많다. 이미 많이 알려진 것이지만, 어느 나라에 자연재해로 큰 인명 피해가 있을 경우, 세계 여러 나라의 사람들은 인터넷을 통해 성금을 모아 전달하고 위로의 말을 전한다. 또한 사람들은 인터넷을 통해 자국의 문화를 전파하고 타국의 문화를 쉽게 접한다. 인터넷을 통해 여러 나라의 다양한 문화가 쉽게 공유되고 있는 것이다. 이처럼 인터넷에서는 국가 간의 '갈등'만이 존재하는 것이 아니다. '신민족주의'라는 개념으로는 설명할 수 없는 다양한 국가 간의 관계가 인터넷 상에 존재한다.

인터넷에서 사람들은 '국가'라는 틀을 넘어서서 활동할 수 있다. 사람들은 인터넷에서 국가에 상관없이 관심사에 따라 공동체를 형성한다. 이에 따라 인터넷에는 수많은 공동체가 있다. 인터넷상의 그 공동체들은 자기 집단의 생각에 반하는 공동체와 대립의 관계를 갖기도 한다. 이는 다양한 인간이 모여 사는 사회에서 이해, 관심, 욕망의 충돌이 필연적인 것과 마찬가지로 당연한 현상이다. 때론 다른 나라 사람들과는 뜻을 함께 하면서, 같은 나라 사람들과는 대립하는 경우도 볼 수 있다. 인터넷에서의 갈등은 관심사 혹은 자신의 사상에 의한 차이에 의해 발생하는 것이지, '국적' 자체에 의해 발생하는 것이 아니기 때문이다.

다만 한·중·일은 침략과 피해라는 역사적 과거가 있고, 같은 문화를 공유하고 있으며, 최근 한류라는 흐름이 강타하고 있다는 점에서 국가간의 갈등이 더욱 첨예하게 나타나고 있다. 그러나 이 또한 보다 유연한 대처가 필요하다고 생각한다. 그런 점에서 의견이 같은 사람들 간의 '친밀한 관계'와 의견이 다른 사람들 간의 '대립적 관계' 모두 인터넷의 열린 소통 공간이 있기에 가능하다는 보다 열린 사고가 필요하다. 인터넷 상에서의 공동체 간 갈등은 인터넷의 열림과 소통의 또 다른 모습이라고 할 수 있다.

실제 인터넷상에 나타나는 혐한, 반한, 반일, 반중 등의 감정과는 다르게, 현지 생활에서는 반한정서가 피부로 느껴지지 않는다는 점, 현지 학생들이 한국 유학생에게 한국을 싫어한다는 감정을 직접 표출한 적은 없다는 점, 그리고 기업인들의 경우 반한 정서로 인해 기업 운영에 악영향을 받지는 않는다는 점[54] 등을 고려할 필요가 있다. 물론 부분적인 영향은 당연히 있겠지만, 오히려 각 언론매체들이 침소봉대하여 이야기거리를 만드는 방식은 지양해야 할 것이다.[55] 또한 앞에서 언급한 〈개소문

54 홍제성, 「中 反韓感情, 과장된 측면 크다」, 『연합뉴스』, 2008. 8. 29.

55 혐한 기사와는 반대로, '배용준, 일본 열도 강타' 혹은 '장동건, 중국대륙 제패' 등과 같은 언론매체들의 전쟁용어식 표현도 자제되어야 한다.

닷컴〉의 설립목적처럼, 인터넷상에서 국가와 나를 무조건 동일시하는 인식도 바람직하지 않다고 생각한다.

(3) 사이버전쟁의 대안 모색

현대의 다양한 미디어 콘텐츠에 반영된 삼국 간 사이버전쟁에 대한 대안 모색에는 제도적인 것에서부터 보다 근본적인 대안까지 여러 측면이 모색될 수 있을 것이다. 먼저 각국의 의견을 전달하는 웹사이트에서 취할 수 있는 요소들이 있다. 예를 들어 한국의 〈개소문닷컴〉의 경우 일부로 반한, 혐한 위주의 기사와 댓글만을 주로 소개한다는 비판이 있다. 일종의 흥행성을 위해 서로 간의 감정을 자극하는 글들을 중점적으로 소개한다는 것이다. 그러나 이 또한 주요 한국 관련 글이 올라오는 〈2ch〉 등 주요 게시판의 글들이 주로 반한과 혐한이기 때문에 어쩔 수 없다는 반론도 있다. 그러나 어느 정도의 제도적 개선은 가능할 것이다. 즉 자유로운 댓글을 통한 토론도 좋지만 댓글을 추천·비추천으로 나눌 것이 아니라 '신고'의 기능을 설정하여, 신고가 많을 시에는 삭제하게 하는 것도 필요하다. 또한 무조건적인 비방의 댓글은 관리자가 지우는 것도 필요하다. 아울러 오해로 인한 불필요한 감정다툼을 피하기 위하여, 번역자의 객관적이고 정확한 번역도 요구된다고 할 수 있다.

학교에서 인터넷과 관련된 기초인성교육도 국가 차원에서 강구될 필요가 있다. 무엇보다 문화 상대주의적 태도로 타문화를 존중하는 자세가 습득되어야 한다. 이러한 타문화에 대한 이해를 확장하면, 기업체의 경우 타국가에 대해 일방적으로 진행하는 공격적 마케팅보다 해당 국가의 문화를 이해하고 진행하는 마케팅을 장려할 수 있다. 국가도 단일민족 사상만을 강조하지 않고 다른 국가, 문화에 대해 열린 태도를 유지할 수 있다.

이러한 다양한 시도도 과거 역사가 결부된 국가간 내셔널리즘 앞에서는 일정한 한계가 있다. 그런 점에서 국가간 내셔널리즘에 대한 새로운 인식의 전환이 필요하다. 동아시아 삼국 간의 국가간 내셔널리즘은 언제나 국가와 국가 '사이'의 문제일 수밖에 없었다. 이제 이를 돌파하는 길은 國과 民의 수직적 관계로 회수되지 않은 民과 民 사이의 다양한 소통창구를 만들어내는 데 있다. 그간의 '國際'와는 다르게 '民際' 확립으로 양자가 상호 진화하는 근대 너머의 정치문법을 창안해가야 한다. 지금이야말로 동아시아의 젊은 지성이 결집하여 과거와 현재의 중첩된 과제를 해결해갈 수 있는 집합적 지혜를 구해야 한다.[56] 앞에서 언급했지만, 다시 주위를 돌아보면 인터넷 상에서 전쟁만 있는 것은 아니다. 상상을 초월하는 우정과 아량의 사례도 너무나 많다. 이는 오프라인 공간에서도 마찬가지이다. 어쩌면 한·중·일 인터넷세대가 서로를 미워만 할 수 없는 이유도 주변에 널리 깔려 있다고 할 수 있다. 그리고 과거 아픈 역사적 경험에서 시간도 적당히 흘렀다. 이제 이런 긍정적 사례들을 서로가 고마워하고 반가워하면서 지혜를 모을 필요가 있을 것이다.

필자는 역시 문화가 가장 좋은 해결방안이라고 보고 있다. 물론 문화도 대단히 정치적이며 상업적인 측면이 많으며, 경우에 따라서는 지배의 도구로 이용되기도 한다. 그러나 그럼에도 불구하고 역시 희망은 문화라고 보고 있다. 세계 각국 대부분의 젊은 층이 민족적, 국가적 경계로부터 멀어져 상대적으로 중립적이고 객관적으로 평가하는 분야가 바로 '문화'이다. 서로를 존중하고 객관적으로 평가하는 의식이 '문화'라는 울타리 안에서는 보다 쉽게 형성된다. 한민족과 민족적 감정의 대립이 가장 날카로운 나라는 일본이지만, 그 속에서 퍼지고 있는 '한류'의 열풍이 대표적인 예이다. 부정적인 기사와 댓글이 난무하는 〈2ch〉에서도, 일본 네티즌들이 한국가수의 공연에 관심을 갖고 가요에 대해 친근한 모습들을 많이 보인다. 심지어 일방적으로 한국의 가수들과 노래를 예찬하는 모습도 쉽게 볼 수 있다.

그런 점에서 정말 한류가 중요하다. 한류와 관련하여 한국사회에는 크게 두 가지 담론이 형성되어 있다. 하나는 한류를 하나의 상품이자 국가 브랜드 차원에서 바라보는 것이다. 즉 시장주의와 민족주의의 결합 속에서 한류를 바라보는 관점이다. 다른 하나는 한류를 서구 대중문화의

56 앞의 이병한, 「동아시아의 젊은 '集合知性'이 온다」 참조.

패권에 저항하면서 아시아의 새로운 문화코드가 탄생하는 문화적 징후로 파악하는 동아시아 문화공동체적 관점이다.[57]

후자의 관점으로 바라보면, 한류의 긍정적 의미는 시민들의 자발적인 행위로 아래로부터의 동아시아 문화연대를 실현할 수 있는 희망의 징조라는 것이다. 한류를 통해 나타나고 있는 문화의 소통은 이전의 동아시아에서 정형화되었던 일방통행적 문화적 교류를 역류시키는 새로운 형태이다. 따라서 종래의 일방통행적인 동아시아 문화의 생산 및 유통의 구조를 바꾸어 놓은 한류를 시금석으로 해서 예전 불행했던 동아시아 역사를 청산하고 새로운 동아시아공동체 형성을 위한 문화 네트워크를 구성할 수 있다. 물론 이 시점에서 한국이 한류 네트워크를 통해 자국 중심의 동아시아 문화공동체를 구성할 수 있다는 생각을 가져서는 안 된다. 근대의 역사적 경험을 통해 우리가 얻은 교훈은 더 이상 민족주의 욕망을 갖고 동아시아를 사유하지 말아야 한다는 것이다.[58]

중국인들과 일본인들이 한류에 열광하는 근본 이유는 한국문화의 우수성 때문이라기보다는, 한류를 통해 동아시아인들이 공유할 수 있는 문화의 코드가 발견되었기 때문이다. 문화란 소통으로 존재한다. 한류를 하나의 문화상품이 아닌 근대를 통해 상실된 문화적 동질감을 서로 소통해서 되찾을 수 있는 기회로 활용할 때, 동아시아 문화공동체는 실현될 수 있을 것이다.

끝으로 인터넷시대를 맞이하여 보다 근본적인 인식의 전환도 병행되어야 한다. 그러한 인식전환의 한 사례가 이어령이 제기한 디지로그(Digilog)적 사유가 될 수도 있을 것이다. "지금 우리는 인터넷으로 정보를 수집하다 보니 아날로그 결핍증에 걸려 지식만 있지 情이 없습니다. 디지로그가 필요합니다. 정보화시대에도 디지털은 아날로그와 결합해야 더 나아질 수 있습니다". 웹상을 부유하며 정보를 습득할 뿐, 직접 느끼며 체득하지 못하는 디지털세대에게 그는 일침을 놓으며 말했다. "다시

57 이욱연, 「韓中 문화교류와 韓中 '공동의 집'」, 『역사비평』 69, 2004 겨울.

58 김기봉, 『역사를 통한 동아시아 공동체 만들기』, 푸른역사, 2006.

육체로 돌아가야 합니다. 2010년이 지식과 정보가 실제 체험과 다름을 깨닫는 원년이 되기를 바랍니다."[59]

맺음말

본 글은 미디어 속 한·중·일 젊은이들에게 지금 무슨 일이 일어나고 있는가를 살펴보고, 그 원인과 대안을 모색해 본 것이다. 분명한 것은 미디어가 문제가 아니라, 미디어 속 콘텐츠를 받아들이는 사람들 자체에게 문제가 있다는 점이다.

동북아는 21세기 세계 번영의 허브로 지목되는 지역이다. 한·중·일 삼국 간 교류도 다방면에서 늘어나고 있다. 이런 상황에서 상호 부정적 인식이 확산되는 것은 동북아 미래에 어두운 그늘을 드리운다. 삼국이 올바른 선택을 하면 동북아 공존공영을 이끌어낼 수 있지만, 설익은 민족주의를 앞세운 反感의 악순환에 빠져들면 발전의 한계로 작용할 것이다.

본 글에서는 먼저 다양한 미디어 콘텐츠 기사분석을 통해 한·중·일 젊은이들의 사이버상의 상호인식 현실을 분석해 보았다. 크게 사이버 역사전쟁, 사이버 문화갈등, 기타 다양한 상호 비방 사례 등을 살펴보았다. 현재 미디어 콘텐츠 기사 및 댓글에는 한·중·일 서로 간의 긍정적 인식과 부정적 인식이 공존하고 있다. 그러나 주로 기사를 게재하거나 댓글을 다는 매체의 성격으로 인하여 부정적인 글들이 압도적으로 많은 것이 사실이다. 그러므로 이러한 결과를 그대로 받아들일 필요는 없을 것이다. 그러나 그러한 행위를 하는 대부분의 사람들이 각국의 젊은이라는 점에서, 이 문제를 단순히 무시하거나 방치해서는 안되며 그 원인과 대안이 모색되어야 할 것이다.

이를 위해 본 글에서는 먼저 사이버전쟁의 이론적 배경을 집단화와

---

59 박미소, 「디지털에 넋나간 유령들, 심장 뛰는 육체로 돌아가라」, 『월간중앙』 2010년 1월호.

극화 현상, 기대불일치와 인터넷 공격성이라는 두 가지 측면으로 고찰해 보았다. 다음으로 구체적인 원인 분석으로는 먼저 쿨한 자세에서 현실을 직시할 필요가 있다는 점을 강조하였다. 사실상 각 개인이 자국이나 자신의 사회를 위해서 역사논쟁이나 원조 논쟁, 한류에 대한 우려를 나타내는 것은 당연한 일이기 때문이다. 무엇보다 한·중·일이 부딪치는 가장 큰 이유는 특정 사안을 자신들에게 유리하게 끌어오려고 하기 때문이다. 그러므로 해결 방안은 외연을 각 나라가 아니라 동아시아 전체로 확산시킬 필요가 있다는 점을 지적하였다. 구체적으로는 국가간 내셔널리즘을 해결할 民과 民 사이의 소통을 통한 새로운 집합지성의 창출, 文化의 중요성, 그리고 갈등의 원인이자 해결의 열쇠일 수도 있는 한류 등의 문제를 제시하여 보았다.

인터넷 사이트를 지배하는 코드는 대개 놀이성 혹은 일탈성이다. 따라서 인터넷 상에서 이루어지는 전쟁이 반드시 진지한 성찰의 대상이 된다고 보기 어려운 측면도 있는 것이 사실이다. 실제 현실의 행동들과 인터넷 배출구 형태들을 그대로 연결시키면 자칫 담론의 과잉 현상이나 메아리없는 훈계조의 대안 모색으로 그칠 수 있는 위험성이 있을 것이다. 그럼에도 불구하고 본 글에서 문제를 제기한 것은 이제 최소한 '동아시아'라는 보다 넓은 시각에서 한·중·일 젊은이들이 숙의할 수 있는 아젠다들을 지속적으로 만들어 주어야 한다는 점이다. 삼국의 知性들은 함께 이러한 물음에 답함으로써, 인터넷세대인 지금의 젊은이들이 중심이 된 동북아공동체의 기틀을 마련하여야 한다. 그것은 세계사에 기여하는 새로운 동아시아 문화권의 탄생에 기여할 것이다.

3 영상역사학

디지털영상의 축복과 역사학의 확장

영상역사학이란?

전통적인 역사학이 문자기록에 근거하고 문자로 구현되는 역사물을 주된 연구 및 활용대상으로 했다면, '영상역사학'(visual history)은 새롭게 '영상기록'과 '영상으로 구현되는 역사물'의 분석·연구·창출·활용을 탐구하는 역사학이라고 정의할 수 있다. 이미 서구에서는 '영상인류학'(visual anthropology)·'영상사회학'(visual socialogy)이라는 용어가 사용되어 왔다. 일찍이 국내외 역사학자들도 영화를 중심으로 하여 영상에 반영된 역사상을 탐구해 왔으며, '역사영상물'(historiophoty)[1]이라는 표현을 사용하기도 했다. 이러한 선행 연구성과 위에서 필자는 새로운 밀레니엄이라고 하는 서기 2000년의 시기를 목도하면서, 디지털시대의 전개 속에서 영상과 역사의 긴밀한 만남을 강조하고자 '영상역사학'이라

---

* 출전: 김기덕, 「영상역사학: 디지털영상의 축복과 역사학의 확장」, 『지식의 지평』 15, 대우재단, 2013. 본 글은 다음의 글을 요약, 수정하여 작성된 것임을 밝힌다. 김기덕, 「영상역사학: 역사학의 확장과 책무」, 『역사학보』 200, 2008.

1 이 말은 '역사 및 역사에 관한 우리의 생각을 영상 이미지와 영화 담론으로 재현한 것'으로, 헤이든 화이트의 조어이다. Hayden White, "Historiography and Historiophoty", *American Historical Review*, vol. 93, 1988, p. 1193; 이영석, 「사이먼 샤머와 영상으로서의 역사」, 『역사와 경계』 66, 2008, 178쪽 재인용. 한편 대만에서는 影視史學(historiophoty)이라는 표현이 있다.

는 표현을 제시하였다.[2]

영상역사학이라는 표현은 '영상인류학'과 '영상사회학'이라는 기존의 용어에서 시사받은 것이다. 영상인류학은 여러 인문학 분야 중 영상과 관련하여 가장 오랜 학문적 전통을 갖고 있다. 인류학은 조사 대상 사회에 직접 들어가서 참여조사를 하는 '현지조사(fieldwork)'가 기본이 된다. 영상기기의 발달과 함께 이러한 현지조사에 사진·동영상 등 영상적인 수단을 활용해서 행하는 인류학연구를 '영상인류학'이라고 한다.[3] 사회학에서 영상이미지를 활용한 연구를 '영상사회학'이라고 한다. 사회학에서 카메라를 재발견하고 이미지의 기능에 대한 관심이 본격화된 것은 1960년대에 이르러서였다. 그 결과 1970년대 이후 사회학에서 'Visual', 'Film', 'Video', 'Image'라는 용어가 들어간 책들이 속속 발간되었다. 저널은 학회의 산물이다. 영상사회학 관련 학회는 크게 유럽과 미국으로 대별될 수 있는데, 유럽에서는 『국제영상사회학회지(*International Journal of Visual Socialogy*)』, 미국에서는 『영상사회학(*Visual Socialogy*)』 저널이 대표적이라고 할 수 있다.[4]

필자는 2000년 영상역사학을 제창한 후, 2002년에 기존의 영상인류학과 영상사회학 외에 새롭게 '영상민속학'과 '영상고고학'을 개념화하여, 인문학과 영상의 다섯 가지 만남이라는 주제로 『우리 인문학과 영상』이라는 책을 기획출간하였다.[5] 그러나 사실상 인류학·민속학·고고학·사회학이라는 범주도 크게 보면 전부 역사학의 부문과학이라고 할 수 있다. 비록 방법론에 있어서는 일정부분 차이가 있겠지만, 위의 학문 분과는 전부 역사학으로 귀결된다고 하더라도 지나친 말은 아닐 것이다.

---

2 김기덕, 「정보화시대의 역사학: '영상역사학'을 제창한다」, 『역사교육』 75, 2000.

3 칼 라이더, 이문웅 옮김, 『영상인류학에의 초대』, 일신사, 1992; 이문웅, 「역사학과 민족지 영화」, 『우리 인문학과 영상』, 푸른역사, 2002, 144쪽.

4 김현숙, 「영상사회학의 발전과 영역의 확대」, 『우리 인문학과 영상』, 푸른역사, 2002, 105-114쪽.

5 김기덕 책임기획, 『우리 인문학과 영상』, 푸른역사, 2002. 참고로 필자는 다음과 같다. 영상역사학(김기덕), 영상민속학(김덕묵), 영상사회학(김현숙), 영상인류학(이문웅), 영상고고학(임세권).

해방 이후 남한의 역사학은 실증에 치중하면서 문헌사학에 매몰되어 출발한 관계로, 자신의 부문과학과 너무 일찍 유리되었다. 예를 들어 본래 역사학의 부문과학이었던 민속학은 처음부터 역사학의 소외 속에 국문학에 둥지를 틀었다. 그러나 민속학·고고학·사회학·인류학은 모두 역사학을 모본으로 하는 것이다. 필자가 위와 같은 점을 강조하는 것은 인문학과 영상의 다섯가지 만남으로 제시한 영상역사학·영상민속학·영상인류학·영상사회학·영상고고학은 사실상 전부 영상역사학으로 귀결될 수도 있다는 점을 밝히고자 하는 것이며, 이는 영상역사학의 범주를 확장시켜 줄 것이다.

역사학과 '영상자료'

영상역사학은 크게 '영상기록'과 '영상으로 구현되는 영상역사물'이라는 두 개의 범주로 나눌 수 있다. 이것은 영상자료의 생산과 활용이라는 측면으로 구분한 것이다.[6] 이 중 가장 기본이 되는 것은 영상자료의 문제라고 할 수 있다. 역사학에서 자료의 생산과 획득은 가장 일차적인 것이다. 21세기는 디지털기술에 의한 정보시대로 규정된다. 그런데 '정보화'와 '역사학'은 본래부터 밀접한 관련이 있었다. 정보화사회는 비록 전자정보로 유통되는 오늘날의 사회현실을 일컫는 것이지만, 정보화의 기본적인 어휘가 갖는 의미는 사실 역사학의 기본 성격이었다. 역사학은 일찍부터 사료(史料)를 생산하였고, 그것을 모았으며, 다시 그것을 분류하고 평가했으며, 종국에는 후대의 참고가 되도록 편찬하였다. 인류 역사상 가장 먼저 일종의 데이터베이스를 구현해왔던 것이 바로 역사학이었다. 우리가 자랑하는 조선왕조의 실록(實錄)이 편집, 완성되어 출판될 때

---

6 영상역사학에서 영상이라고 할 때에는 사진(정지영상)과 동영상, 더 나아가 디지털시대 뉴미디어 畵像 전반을 모두 포함한다. 그러나 디지털 매체의 발전과 관련하여 보다 강조점은 동영상에 있을 것이다. 이하 논지 전개에 있어서도 '영상'이라고 했을 때에는 주로 동영상을 염두에 두었음을 밝혀 둔다.

까지의 과정은 그 시기 최대의 정보화 작업이었다고 할 수 있다. 그런데 오늘의 디지털기술은 역사기록에 있어 새롭게 영상기록의 문제를 제시해 주고 있다. 실록은 전부 문자로 되어 있는데, 당시의 기록매체는 문자가 전부였기 때문이다. 그러나 지금 우리에게는 영상이 있다. 만약 실록이 문자기록만이 아니라 관련 영상기록이 있었다면, 우리는 보다 풍부하고 정확하게 당시 사회를 이해할 수 있었을 것이다. 그러므로 오늘의 역사학은 문자기록만이 아니라 발달된 영상문화를 최대한 활용하여 무엇을 영상기록으로 남길 것인가에 대하여 체계적인 계획을 수립하고 발빠르게 실행에 옮겨야 할 것이다.

영상기록은 영상사초(映像史草)라고 명명할 수 있다. 실록에서 사초의 작성을 사관(史官)이 책임지듯이, 오늘날 역사가는 영상사초에 관심을 가져야 할 것이다. 영상기록과 관련하여 무엇보다 구술사가 주목될 수 있다. 한국에서 구술사의 선구적 시도는 뿌리깊은나무 출판사에서 시도했던 '민중자서전' 시리즈를 들 수 있을 것이다. 당시는 영상이 일반화되지 못한 상황이었으므로, 출판의 형태로 출간되었다. 그러나 앞으로의 구술사는 영상구술사로 확장되어야 한다.

영상으로 새롭게 기록을 남기고자 하는 시도는 지금까지 많이 있어왔다. 한국연구재단에서 지원한 영남대학교 주관 〈20세기 민중생활사조사연구〉, 한국영상자료원의 유명인물에 대한 영상구술사 프로젝트, 문화재연구소 중요무형문화재 영상기록화사업, 각 지자체에서 시행하는 중요무형문화재 영상기록화사업 등이 그것이다. 그러나 앞에서 인문학과 영상의 결합은 결국 역사학으로 귀결된다는 점을 밝힌 것처럼, 보다 다양한 측면에서 영상기록을 남길 필요가 있다. 예를 들어 논란이 많은 4대강 정비사업의 경우도 보다 치밀한 영상기록이 남겨졌어야 할 것이다. 전국의 주요 강을 중심으로 하는 광범위한 국토개발사업인 4대강 사업은 그 효용성의 가치판단과는 별개로, 실제 이루어지는 사업에 대하여 국토대변화과정을 국가적인 차원에서 체계적인 영상기록으로 남겨두어야 지방사연구를 비롯한 학문연구 및 후대의 행정과 국가사업에 중요한 자료로 활용될 수 있었을 것이다. 국가적 사업의 영상기록화는 학계에서 꾸준히 국가에 요청해야 할 과제인 것이다.

21세기 디지털기술에 의한 영상의 만개(滿開)는 예전과는 비교할 수 없다. 다양한 디지털 매체에 의한 영상 서비스뿐만 아니라, 일방적인 영상 소비층도 이제 영상을 자유롭게 생산하는 단계에 이르렀다. 그런 점에서 역사학 관련 학과들은 영상기록과 관련되는 교과목을 개설하여 이 시대 중요한 영상자료를 기록하고 해석하는 수업을 진행해야 할 것이다. 오늘날은 누구나 영상사초를 산출하는 영상사관이 될 수 있지만, 특히 역사학도는 영상사관으로서의 자질과 책무를 습득하도록 해야 할 것으로 생각한다.

『삼국사기』와 『삼국유사』 논쟁의 핵심은 '괴력난신(怪力亂神)'의 서술 여부였다. 오늘날 정통역사학의 관점에서 보면 대부분의 영상기록들은 역사학과 관련이 없거나 괴력난신과 같은 것으로 치부될런지도 모른다. 그러나 괴력난신을 채록한 『삼국유사』의 사료적 가치를 높이 평가하는 것에서 시사받듯이, 21세기에 산출되는 다양한 영상기록들은 시각을 확장하면 언젠가는 중요한 역사학의 자료로 활용될 수 있는 영상사초라고 할 수 있을 것이다.

이처럼 역사학에 있어 문헌사료만이 아니라 과거와 현재의 무수한 영상사초를 수집하고 보관·연구·활용하는 것은 이제 디지털시대 역사학자에게 주어진 새로운 사명이라고 할 수 있다. 그러므로 오늘의 역사가는 무엇을 영상기록으로 남길 것인가를 결정하고 그것을 체계적으로 추진하는 영상사초의 사관 역할을 수행해야 한다. 아울러 이 점은 영상사초들을 모아두고 그것을 잘 활용할 수 있는 '영상아카이브'의 구축으로 발전되어야 한다.

조선시대 문자기록을 모아 놓은 핵심 아카이브는 규장각(奎章閣)과 장서각(藏書閣)이다. 규장각과 장서각이 있어 조선시대 연구는 활성화되고 다양한 역사활용에 기여한다. 따라서 중요한 영상사초들을 모아두고 그것을 잘 활용할 수 있는 '영상역사아카이브'의 구축이 필요하다. 영상역사아카이브란 일종의 '영상규장각', '영상장서각'이라고 할 수 있으며, 그것은 기초 인프라 차원에서 조선시대에 만들어진 규장각이 오늘날 더욱 활발하게 활용되고 있다는 점에서 시사받듯이, 멀리 내다보고 국가적 차원에서 구축해야 한다. 그것은 오늘날 규장각이나 장서각의 존재처럼 역사학의 역할과 권한을 크게 높여줄 것이다.[7] 오늘날 영상자료들을 모아 놓은 곳은 많다. 그러나 역사학 차원에서 종합적인 영상역사아카이브의 구축이 필요하다.

최근 한국전쟁을 촬영한 동영상을 한국전쟁연구에 활용한 연구가 보고되었다. 이 연구는 한림대 아시아문화연구소가 소장한 200시간 분량의 '미국 육군통신대(Army Signal Corps)' 촬영 한국전쟁 동영상을 분석하여, 문헌자료가 가진 한계를 보완하고자 했다. 1950년에 일어났던 대전지역 적대세력 학살사건의 경우 이 영상자료가 남아 있어 명확한 근거로 제시할 수 있었으며, 또한 서울, 평양, 함흥, 수원, 대전, 인천 등의 지역에서 촬영된 전시하 민초들의 생활과 예술활동 모습이 생생하게 담겨있어 새로운 사료적 가치를 제공하고 있다.[8]

과거 및 현재, 미래의 영상사초에 대한 발굴 및 보존·분석과 관련하여 역사학에서 많이 진행하고 있는 기록학 관련 연구과정에서 사진 및 동영상에 대한 교육 및 영상아카이브의 문제가 좀더 천착되어야 하며, 아울러 국가 차원에서 관리되는 문서기록관의 경우 문서자료만이 아니라 영상역사자료에 대한 중요성과 구체적인 수집방안에 대하여 역사학계의 적극적인 관심이 더욱 필요할 것으로 생각한다.

역사학의 확장으로서의 영상역사학

영상역사학의 또 다른 범주는 영상으로 구현되는 다양한 역사물이 된다. 역사다큐멘터리, TV 역사극, 역사 소재 영화 및 애니메이션, 게임 등 다

7 박성미, 「영상기록 보존소로서의 영상실록 아카이브」, 『역사민속학』 14, 2002; 김기덕·이상훈, 「'인문학 영상아카이브센터'의 필요성과 설립방안」, 『역사민속학』 17, 2003: 『영상역사학』, 생각의나무, 2005, 236-237쪽.

8 노성호, 「A.S.C 영상자료를 통한 한국전쟁연구의 새로운 가능성」, 『한국사학사학보』 27, 2013.

양한 형태가 그것이다. 역사를 소재로 하는 이러한 영상물을 '역사영상물' 혹은 '영상역사물'이라고 표현할 수 있을 것이다. 어떻게 표현하든 이러한 것들도 역사학의 연구 및 교육 대상임을 강조하고자 한다. 이와 같은 다양한 형태의 '역사영상물'에서 역사가는 크게 ① 자문, 인터뷰 등 제작에 참여하여 도움을 주거나, ② 작품을 비평하는 연구작업을 수행하거나, ③ 작품을 교육적으로 활용하거나, ④ 드물기는 하지만 자신이 직접 작품을 제작하는 등의 다양한 참여 방식이 있을 수 있다.

①의 경우, 역사다큐멘터리나 역사 소재 드라마 및 영화에 있어 자문 및 인터뷰에 참가하는 것으로, 이 점은 이미 일반화되어 있다고 할 수 있다. ②의 경우는 가장 많이 시도되고 있다. 동서양사 연구자들이 주로 영화를 비평해 왔다면, 한국사 연구자들의 경우는 주로 TV 역사극을 대상으로 시도해 왔다. 특히 TV 역사극과 관련하여, 팩트와 픽션의 결합으로서 팩션이라는 용어가 회자되며 이른바 역사왜곡과 관련된 팩션논쟁이 활발히 전개되었다. 그 핵심은 역사극의 왜곡된 고증이나 상상력이 일반대중에게 잘못된 역사이해와 역사인식을 심어줄 수 있다는 비판적 시각을 어떻게 보아야 할 것인가 하는 점이다. 대부분의 역사학자들의 이러한 시각에 대하여 김기봉은 기본적으로 역사도 재구성이라는 포스트 모더니즘의 입장에서 사실과 허구의 이분법을 부정하였다. 탈근대 '영상역사'는 영상적 허구 자체가 목적이고 역사적 사실은 그 목적을 달성하기 위한 수단이라는 점에서, 영상역사로 구현된 팩션사극에 대해 역사를 왜곡한다는 비판은 잘못되었다고 주장하였다.[9] 이에 대하여 필자는 이제 팩션의 상상력은 기본적으로 용인되어야 하며 중요한 것은 역사극이 말하고자 하는 역사적 진실이 무엇인가 하는 점을 주된 평가의 기준으로 삼아야 한다고 주장한 바 있다.[10] 팩션논쟁을 포함하여 역사영상물

---

9 김기봉, 「팩션의 역사, 팩션의 사회사」, 『21세기 문학』 10, 2006.

10 김기덕, 「영상역사학: 역사학의 확장과 책무」, 『역사학보』 200, 2008. 그러나 팩션영화를 전반적으로 검토한 결과, 최소한의 고증을 시도하지 않고 단순히 역사를 시대상에 맞지 않게 마음대로 차용한 팩션영화는 거의 전부 관객에게 외면당했다는 점을 지적한 바 있다. 김기덕, 「팩션영화의 유형과 '대중적 몰입'의 문제」, 『역사문화연구』 34, 2009.

에 대한 연구 비평은 더욱 활발해질 필요가 있을 것이다. ③의 경우도 ②의 작품 비평연구를 확장하여 교육적 활용에 적극적으로 활용되어야 한다. 아울러 영상을 활용한 체계적인 교육방법론의 개발도 필요하다. 이 점과 관련하여 박순준의 연구가 있어 참고되나,[11] 후속연구가 활발히 이루어져야 할 것이다. ④의 사례는 외국의 경우 N.G. 데이비스나 사이먼 샤머와 같은 적극적인 참여 제작 사례가 있으나, 아직 우리에게는 그러한 적극적인 사례가 없다. 그러나 영상역사학의 관심이 확산된다면, 이 부분도 곧 가시화될 것으로 예상된다.

앞에서 필자가 제시한 영상역사물의 범주를 더욱 넓게 잡을 수도 있다. 예를 들어 예전의 CD나 현재의 DVD, 모바일 영상으로 구현되는 역사 관련물, 문자와 사진 그리고 동영상과 소리가 한데 어우러진 백과사전, 박물관의 진열 및 전시기법에서 디지털방식을 활용하여 영상으로 구현되는 디지털박물관의 사례, 다양한 지역축제나 이벤트 사업에서 활용되는 영상역사물, 각종 박물관과 기념관의 역사 홍보물, 웹으로 구현되는 역사관련 사이트의 영상자료, 역사교육 관련 멀티미디어 교육물 등도 당연히 포함되어야 할 것이다. 즉 영상작품으로서의 동영상 외에 교육적 동영상, 디지털시대 뉴미디어 화상(畵像) 전반이 모두 영상역사학의 대상이 된다고 할 수 있다. 그런 점에서 영상역사학은 역사학의 확장이면서, 새롭게 역사학자의 적극적인 참여를 요청하고 있다고 할 수 있다.

영상역사학의 과제

먼저 새롭게 제기되는 영상역사학에 대하여 대학 사학과 차원에서 최소한의 과목 개설이 이루어져야 한다는 점을 강조하고자 한다. 무엇보다 영상기록과 관련해서는 사학과 학생들에게는 동영상기록을 촬영하고

11 박순준, 「역사소비를 위한 역사교육의 프레임 전환」, 『역사와 경계』 68, 2008; 박순준, 「역사와 다큐멘터리: 교과목 개발을 위한 선행연구」, 『역사학연구』 32, 2008.

활용하는 능력을 길러줌으로써, 이 시대 영상사관의 역할을 할 수 있도록 해야 한다. 필자가 알기에 이러한 교과과정을 반영하는 대학은 거의 없다. 상명대학교 사학과가 역사콘텐츠학과로 개칭하면서 영상역사학을 중점적으로 추구하고 있다. 그러나 새로운 학과로 바꾸지 않더라도 영상과 역사의 결합을 시도하는 교과목이 사학과 교육과정에 반영되어야 할 것이다.

영상기록의 측면이 아니더라도 역사관련 영상물에 대한 비평수업 및 교육적 활용 역시 좀더 적극적으로 이루어져야 할 것이다. 부분적으로 역사교과목에서는 이러한 방식을 활용하여 교육하고 있다. 그러나 전면적으로 역사영상물의 역사의식을 분석하는 교과목이 필요할 것으로 생각한다.

새로운 학문 분야의 핵심은 연구방법론의 정립 및 새로운 수업론의 개발이다. 영상기록 및 영상아카이브 구축방안 및 활용방안에 대한 방법론의 정립, 그리고 역사영상물의 작품 비평과 관련된 방법론이 영상매체 분석론과 결부되어 정립될 필요가 있다. 또한 역사영상물에 대한 다양한 교육적 활용과 관련하여 영상교육론이 개발되어야 한다. 특히 역사는 대중적 관심이 높으며 고증이라는 차원이 항상 결부되어 있어, 초등학교부터 대학교, 일반인까지 차별화된 수업론이 나와야 할 것이다.

영상역사학은 전통적인 역사학과는 다르게 전문적인 역사학자 위주로만 논의가 전개되지는 않는다. 역사영상물을 제작한 다양한 비(非)역사적인 주체들이 있으며, 일반인의 참여도 대단히 활발하다. 따라서 영상역사학에 있어서는 무엇보다 '오픈 마인드'가 요구된다. 역사영상물에 대한 일반인의 의견도 역사의식을 판단하는 중요한 기준이 되며, 특히 역사영상물 제작자들도 기본적으로 역사학의 범주에 포괄되어 있다는 일종의 동업자(同業者) 의식이 필요하다. 마크 C. 칸즈는 영화를 검토하는 책의 서문에서 '이 책은 우리가 빚지고 있는 영화 제작자들을 책망하기 위한 것이 아니다. 더구나 검열하고자 하는 것은 더더욱 아니다'라고 하였다. 그러면서 마지막을 '이 책이 영화에 대한 역사가의 논박이 아니라 응답으로서 기여하기를 희망한다'고 표현하고 있다.[12] 우리나라 팩션논쟁에 있어서도 역사영상물 제작물에 대한 역사가들의 이와 같은 자세가 필요할 것으로 생각한다.

21세기 디지털시대의 전개와 함께 나타나는 영상언어·영상이미지의 만개는 보다 적극적으로 새로운 영상언어의 전개를 받아들이고, 그 과정에서 나타날 수 있는 문제들을 동시에 해결할 것을 강력히 요청하고 있다. 디지털시대 초기에는 이러한 현상은 인문학에 불리하다고 생각하여 '인문학의 위기' 담론을 증폭시켰으며, 역사학도 커다란 위기의식을 느꼈다.[13] 그러나 앞으로는 더욱 역사학은 다양한 방식으로 영상과 만날 것이며, 그에 따라 영상과 역사의 결합과 관련된 제반 사항을 탐구하는 '영상역사학'은 더욱 중요해질 것이다. 앞으로의 역사학이 디지털시대의 장점을 적극적으로 잘 활용한다면 디지털영상의 축복이 될 것이며, 그것은 역사학의 확장을 가져다 줄 것이다.

---

12 마크 C. 칸즈 외, 손세호·김지혜 옮김, 『영화로 본 새로운 역사』, 소나무, 1998, 15-16쪽.

13 이영석은 당시 이러한 상황을 '긴장과 적응의 이중주'라고 표현하였다. 이영석, 「디지털 시대의 역사학, 긴장과 적응의 이중주」, 『역사학과 지식정보사회』, 서울대학교출판부, 2001.

4 '2014 세계 디지털인문학' 학술대회 및 한국의 디지털인문학

머리말

2014년 세계디지털인문학 학술대회(Digital Humanities 2014)가 스위스 로잔에서 개최되었다. 이 대회는 1989년 유럽에 기반을 둔 ALLC(the Association of Literary and Linguistic Computing, 현재는 European Association for Digital Humanities, 약칭 EACH로 변경)와 미국에 기반을 둔 ACH(Association for Computers and the Humanities)가 연합하여 ALLC/ACH Conference라는 이름으로 캐나다 토론토대학에서 처음으로 개최되었던 것에서 시작된다. 2006년부터는 Digital Humanities Conference로 명칭을 변경했으며, 1989년 대회부터 계산하여 올해로 25회째를 맞이한다고 제시하고 있다. 특히 2005년 ALLC와 ACH가 ADHO(Alliance of Digital Humanities Organization)를 설립하고 운영위원회가 조직되어 활동하면서, 2009부터 이 학술대회는 국제학술대회로 운영되어 왔다. 그리고 현재 ADHO에는 유럽, 미국, 캐나다, 호주 및 일본 지역을 비롯하여 세계 전역의 디지털인문학 연구자들이 활동 중이다.

* 출전: 홍정욱·김기덕, 「2014 세계 디지털인문학 학술대회 및 한국의 디지털인문학」, 『인문콘텐츠』 34, 2014.

첫날 워크숍이 개최된 컨벤션 센터[1]

로잔대학교의 명물 롤렉스도서관[2]

따라서 국제적 연대를 통한 국제 학술대회는 6회째가 된다.

올해 대회가 스위스 로잔에서 개최된 것은 특히 의미가 크다. 1890년 종합대학으로 승격된 로잔대학교(University of Lausane, UNIL로 표기됨)는 글로벌대학평가(QS) 세계대학순위 100위권대를 기록하고 있는 명문대학이다. 1969년 로잔대학교에서 공학부가 로잔공과대학(Ecole Polytechnique Federale Lausane, EPFL로 표기됨)으로 독립되었다. 현재 로잔공과대학은 유럽의 MIT로 불릴 정도로 크게 성장하였으며, 취리히 공과대학(독일어 앞글자를 따서 ETH로 표기됨)과 함께, 공학을 중시하는 스위스에서 단 두 개뿐인 연방대학으로 많은 국가적 지원이 이루어지고 있다. 로잔공과대학(EPFL)과 로잔대학교(UNIL)는 본래 같은 대학교였기에, 현재도 캠퍼스가 붙어 있다. 또한 로잔에서 개최된 본 학술대회의 책임자도 로잔공과대학의 카플란 교수(Frederic Kaplan)와 로잔대학교의 클리바즈 교수(Claire Clivaz)가 공동으로 되어 있다. 학술대회 장소도 전체 워크숍은 로잔공과대학에서, 개별발표는 로잔대학교에서 진행되었다.

1 이번 학술대회에는 건국대학교 김기덕, 김동윤 교수가 참가하였으며, 홍정욱은 발표자료집을 중심으로 본 학술대회를 분석하였다. 홍정욱은 호주 맥쿼리대학 언어학과 박사학위를 취득하였고, 현재 한국학중앙연구원 인문정보학과정 연구위원으로 있다.

2 세계디지털인문학이 로잔에서 열리는 것을 기념하여 이 도서관에서는 스위스의 다양한 디지털인문학 작품 프로젝트가 공모되어 전시되고 있었다. 이에 대해서는 인문콘텐츠학회 연구발표회에서 김미지가 소개한 바 있으며, 본 학회지 다음 호에 발표될 예정이다.

이번 대회에서는 '디지털 문화의 역량강화'(Digital Cultural Empowerment)라는 주제로 열렸다. 이 주제는 인문학 입장에서 디지털 기술을 접목한 다양한 시도를 통해 디지털문화의 역량강화를 모색한다는 것으로, '디지털기술'에 방점이 있는 것이 아니라 '인문학'에 방점이 있는 것이다.

본 대회는 총 223편의 논문발표와 115편의 포스터가 있었고, 학술대회 참여자 명단에는 총 873명의 저자들이 이름을 올렸다. 본 글에서는 학술대회에서 발표된 논문 및 참가자들의 분석 등을 통하여 현재 디지털인문학의 현황에 대하여 살펴보고, 아울러 한국의 현실과 비교하여 우리의 과제를 전망해보고자 한다.

학술대회의 주요 내용

(1) 기조연설

다음과 같은 기조연설을 통하여 디지털인문학에 대한 논의가 다각적인 시각에서 이루어졌다.

부르노 라투르(Bruno Latour)는 오프닝 연설을 통하여 '디지털'이라는 개념에 대한 인식을 둘러싼 일반적 오류를 지적하면서 디지털인문학에서 디지털은 한 영역이라기보다는 인문학 연구의 확장을 가져올 수 있는 도구로 보아야 한다고 주장했다. 그리고 디지털기술은 이전에 추상적 영역에 있던 것들을 경험적 영역 속으로 전환하여 구현하는 것을 가능하게 한다는 점을 강조하였다.[3]

ADHO(Afilliation of Digital Humanities Organization)에서 수여하는 Zampolli Award의 두 번째 수상자인 레이 지멘스(Ray Siemens)는 특

3 그러나 이후 그의 연설은 '디지털'의 역할 증대 및 중요성에 대해 지나치게 부정적이라는 측면에서 디지털인문학자들로부터 많은 논의를 불러일으키기도 하였다. Berry, M. David, *On Latour's Notion of the Digital*, http://stunlaw.blogspot.kr/2014/08/on-latours-notion-of-digital.html

히 인문학자들의 디지털 기술 능력 개발 및 디지털 인문학 발전을 위한 역할에 대해 조언하였다. 디지털인문학 발전을 위해서는 인문학 입장에서 디지털에 대한 정확한 정의를 내리는 작업이 필요하며, 디지털인문학 연구의 본질 및 인문학 연구를 위한 디지털 기술 정보 및 지식 교류를 위하여 ADHO와 같은 커뮤니티를 적극 활용할 것을 강조하였다. 이어서, 디지털인문학의 특수성에 맞춘 교육 프로그램 개발에 대해 논의하면서 그가 개발한 Digital Humanities Summer Institute(DHSI) 프로그램 개발 과정 및 발전 계획 등을 소개하였다. 참고로, 이 프로그램은 매년 캐나다의 University of Victoria에서 열리고 있으며, 인문학 연구에 필요한 디지털 기술 및 도구들을 중심으로 다양한 과정이 운영하고 있으며, 올해 2014년 6월 2일부터 6일까지 열린 프로그램에 600명 이상이 참여하였다.

〈표 1〉 기조 연설자 및 연설 제목

기조 연설자	연설 제목
부르노 라투르 (Bruno Latour)	Rematerializing Humanities Thanks to Digital Traces (디지털 발전으로 인한 인문학의 재탄생)
레이 지멘스 (Ray Siemens)	Communities of Practice, the Methodological Commons, and Digital Self-Determination in the Humanities (지식 실행 공동체, 방법론적 공유 및 인문학에서의 디지털에 대한 정의 내리기)
베타디 노비스키 (Bethany Nowviskie)	Digital Humanities in the Anthropocene (인류세 시대의 디지털인문학)
수칸타 차우두리 (Sukanta Chauduri)	Tagore and Beyond: Looking at the Large Literary Database (타고르, 그 너머: 거대한 문학 데이터베이스 보기)

베타니 노비스키(Bethany Nowviskie)는 인류세(the Anthropocene)라는 사회적 지리적 멸종의 시대 속에서의 디지털인문학의 위치 및 역할과 책임에 대하여 논의하였다.

수칸타 차우두리(Sukanta Chauduri)는 타고르의 문학 데이터베이스 웹사이트인 Bichitra를 소개하면서, 토픽 모델링(topic modeling)과 검색 및 분석 기능의 효율적 사용을 통한 데이터 마이팅(data mining) 및 분석 방법에 대해 논의하였다.

(2) 워크숍

기조연설을 통하여 사회적 역사적 관점에서 디지털인문학의 위치 및 역할 그리고 인문학과의 상호관계를 통하여 디지털인문학이 발전할 수 있는 방향 모색에 관한 논의가 주를 이루었던 반면, 워크숍에서는 전반적으로 실제 디지털을 이용한 인문학 연구자 및 교육자들의 필요와 요구에 맞는 실용적인 내용들이 다양한 주제로 다루어졌다. 크게 〈표 2〉와 같이 4개의 주제로 나누어 볼 수 있었는데, 그중 1번의 디지털 툴 또는 프로젝트 소개 및 활용에 관한 주제와 2번의 디지털인문학 연구방법론에 관한 발표가 주를 이루었다.

〈표 2〉 워크숍 주제 분류 및 주제 예시

	주제 분류	설명	예시
1	디지털 툴 (Digital tool) 또는 프로젝트	인문학연구에 디지털적 접근을 위해 사용할 수 있는 다양한 디지털 툴 및 프로젝트를 소개하고 교육하거나, 구체적으로 툴이 쓰일 수 있는 분석영역 및 방법론을 연결하여 활용방안 등을 논의	Annotation Studio, TEI, GIS, Voyant, EpiDoc 등 - Electronic Books and Epub 3.0 - Using CLARIN for Digital Research
2	디지털 인문학 연구 방법론	하나의 툴이나 프로젝트에 중점을 두기보다는 연구 주제에 중점을 두어, 연구 목적에 맞는 다양한 디지털 기술을 소개하고 연구에 활용할 수 있도록 방안 모색	Onologies for Prosopography: Who's Who or Who was Who? Curation, Management and Analysis of Highly Connected Data in the Humanities Text Analysis and Topic Modeling with R

3	디지털 인문학 센터 및 커뮤니티	디지털인문학자들을 위한 지식 공유 및 개발을 위한 환경 모색	Starting and sustaining DH Centers Kickstarting the GO::DH Minimal Computing Working Group
4	교육	디지털인문학자들을 위한 교육 또는 디지털을 이용한 인문학교육	DARIAH-EU VCC2 Workshop on Innovative Teaching Methods and Practices in Digital Humanities

① 디지털 툴(Digital tool) 또는 프로젝트 소개 및 활용

Annotation Studio,[4] 지리정보시스템(GIS), TEI(Text Encoding Initiative),[5] EpiDoc,[6] Voyant, CATMA(Computer Aided Text Markup and Analysis) 등의 디지털 기술을 이용하여, 인문학자들이 연구에 적극 활용할 수 있는 방법론을 모색하는 연구들이었으며, 부분적으로 인문학자들과의 논의를 통하여 이들의 연구경험에 바탕을 둔 요구를 수렴하여 툴이나 프로젝트의 단점을 보완하고자 하는 주제도 있었다.

② 디지털인문학 연구 방법론

인문학 연구에서의 특정 주제와 분석 요구에 맞추어 유용하고 효율적인 디지털적 접근 및 연구 방법을 공유 및 제안하는 논의가 주를 이루었다. 예를 들면, 'Ontologies for Prosopography: Who's Who or, Who was Who?'[7]라는 주제의 발표에서는 역사적 인물연구를 위한 온톨로지에 중

---

4 Annotation Studio: MIT에서 개발한 온라인 주석달기 툴.

5 TEI: 문학적이고 언어적인 텍스트를 온라인을 통해 표현하기 위한 국제적 규약

6 EpiDoc: 학문 및 교육 목적의 고대 문서들을 인코딩하기 위한 가이드라인과 툴을 제공하기 위한 국제적 규약이다. 특히 TEI 기준을 따르고 있으며, 초기 고대 비문을 디지털화하기 위하여 개발되었으며 파피루스와 필사본으로 그 영역이 확대되었다.

7 Lawrence, Katharine Faith; Bodard, Gabriel; Bradley, John; Perdue, Susan; Rahtz, Sebastian; Rahtz, Sebastian; Daniel, Pitti; Christian-Email, Ore, *'Ontologies for Prosopography: Who's Who? or, Who was Who?'* http://dharchive.org/paper/DH2014/Workshops-907.xml

점을 두어, 인물 묘사에 관련된 데이터를 가져올 수 있는 다양한 프로젝트들을[8] 소개하고, 가져온 데이터의 공유 및 연결에 중점을 두어 참가자들이 직접 SNAP(Standards for Networking Ancient Prosopography) 모델을 이용해 데이터를 다루어 볼 수 있도록 하였다.

③ 디지털인문학 센터 및 커뮤니티

디지털인문학 센터를 출범하고자 하는 디지털인문학자 및 관계자 등을 대상으로 센터를 건립하고 유지하는 데 필요한 사전 지식 및 정보를 공유하고자 하는 발표와 GO::DH[9]의 SIG 중 하나인 'Minimal Computing Working Group'이 워크숍을 통해 재정비하고 재출범하고자 현재의 'minimal computing'의 위치 및 앞으로의 전망 등에 대해 논의하는 발표가 있었다.

④ 교육

교육에 관해서는 한 편이 있었다. 이 발표에서는 현재까지 디지털인문학 분야에서 학생 및 연구자 교육을 위한 많은 노력이 있긴 했지만, 여전히 연구방법론과 이론 등에만 관심이 집중되어 있다는 점을 지적하면서, 워크숍을 통하여 혁신적인 교육 방법론적 접근을 장려하고 참가자들과의 논의를 통해 디지털 교육 발전이 어떻게 진행되어야 하는지에 대한 아이디어를 공유하고자 하였다.

지금까지 살펴본 바와 같이, 워크숍을 통해 인문학 연구에서 필요한 디지털 기술 및 접근 방법론에 대한 구체적이고 보다 실제적인 내용의

---

8 예를 들어, 버지니아대학교가 개발한 PFE(People of the Founding Era, 킹스칼리지의 인물연구 프로젝트에 사용된 모델, SNAP:DRGN 관계모델, CIDOC-CRM과 FRBRoo에서의 인물연구와 관련된 요소들)을 제시하고 있다.

9 GO::DH (Global Outlook::Digital Humanities): ADHO(Alliance of Digital Humanities Organisations)의 SIG (Special Interest Group) 중 하나로서 디지털 아트와 인문학 그리고 문화재 분야 연구자들 간의 소통과 협력을 도모하고자 하는 데 목적이 있다. http://www.globaloutlookdh.org/

주제들이 다루어졌다. 특히 디지털 기술에 대한 논의가 인문학의 관점에서 인문학 연구를 위해 이루어졌음을 알 수 있었다. 이를 통해서 기조연설에서 브루노 라투르가 강조하였듯이, 디지털은 한 고유 영역이라기보다는 인문학 연구의 확장을 가져다 줄 수 있는 수단이라는 점을 알 수 있었다. 즉 인문학자들의 인문학적 지식의 토대 위에 디지털적 접근 방법을 이용하여 인문학 연구의 지평을 넓혀나가기 위한 다양한 시도라고 평가할 수 있을 것이다.

(3) 패널

〈표 3〉 패널 세션 발표 제목

	패널 발표 제목
1	Rethinking Text Reuse as Digital Classicists (디지털 고전학자로서 텍스트 재사용에 대한 재고)
2	What is Modeling and What is Not? (모델링에 관하여)
3	New and recent developments in image analysis: theory and practice (이미지 분석의 새로운 접근법: 이론과 실제)
4	Global Outlook::Digital Humanities: Promoting Digital Humanities Research Across disciplines, regions, and cultures (GO::DH: 학제 분야 및 지역과 문화를 넘어서 디지털인문학 연구 촉진하기)
5	〈audio〉Digital Humanities〈/audio〉: The Intersections of Sound and Method (소리 연구를 위한 방법론 찾기)
6	Spectacle vivant et technologie numérique: du laboratoire scientifique au plateau de théâtre (생생하게 살아 있는 스펙터클과 디지털기술: 과학실험 랩에서 연극무대까지)
7	Annotating in Digital Music Edition: concepts, processes and visualisation of annotations (디지털 음악에 주석달기: 주석의 개념, 과정 그리고 시각화)
8	Remediating 20th-Century Magazines of the Arts: Approaches, Methods, Possibilities (20세기 예술 잡지의 재구현: 접근법, 방법론, 가능성)

패널 세션에서는 현재 디지털인문학에서 추진 중인 프로젝트 및 방법론 등 다양한 주제를 가지고 패널 참가자들과의 논의를 통하여 좀 더 발전적인 방향을 모색하고자 하였다. 특히 디지털인문학의 융합적 특성에 맞추어, 좀 더 실용적이고 체계적이며 세분화된 방법론 정립 및 모색에 대한 노력들이 시도되었다.

〈표 3〉에서 보듯이, 'New and recent developments in image analysis: theory and practice'라는 제목의 패널에서는 주로 역사서 및 신문 위주로 이루어졌던 디지털화 작업이 20세기 모더니즘 및 아방가르드 시대 예술에 관한 역사 매거진의 디지털화에 대한 새로운 접근 및 방법론 그리고 가능성에 대한 논의가 있었다. 이는 기존의 디지털화 작업이 예술 분야와의 융합을 시도하고 확장하려는 노력으로 볼 수 있다. 'Remediating 20th-Century Magazines of the Arts: Approaches, Methods, Possibilities'의 패널에서는 이미지분석에서 기존의 디지털 텍스트 이미지(digital text-and-image) 아카이브 방식을 넘어서, 이미지 인식, 화상 개선 및 분석을 위한 테크놀로지에 많은 관심을 가졌다. 옥스퍼드대학교와 유니버시티 컬리지 런던(UCL London)에서 진행 중인 이미지 인식 및 분석에 대한 혁신적 연구 발표를 통해, 이미지 분석 테크놀로지의 실용적 활용 및 방법론에 대한 이론적 접근을 시도하였다.

모델링(Modeling)과 관련된 주제의 발표도 있었는데, 'What is Modeling and What is Not?' 패널을 통하여 디지털인문학에서는 모델링 작업에 대한 논의가 거의 이루어지지 않고 있음을 지적했다. 그리고 전략적 모델링 이론 분야의 저명한 학자들을 비롯하여 소프트웨어 코드를 이용한 분석 모델을 사용하는 인문학자들을 중심으로 인문학 연구에 적절한 모델링 구축의 장점 및 모델링으로 인한 수학적 논리에 의해 발생할 수 있는 인문학 연구의 한계 등에 대한 다각적 논의도 이루어졌다.

이처럼 패널 분야는 현재 추진 중인 프로젝트를 소개하고 그에 대한 다양한 의견과 조언을 듣기 위해 설정된 것이다. 이러한 패널의 주제를 통하여 현재 디지털인문학에서 기존의 텍스트 위주의 연구에서 음악, 예술, 이미지 등의 청각 및 시각적 연구를 위한 연구방법의 다양한 시도 및 확장 노력이 이루어지고 있음을 알 수 있다.

(4) 일반 발표 논문

일반 발표 논문은 너무 많으므로, 논문들의 키워드를 중심으로 디지털인문학의 연구 동향을 추출해 보고자 한다. 〈그림 1〉은 논문의 키워드 사용 빈도를 워드 클라우드 형식으로 제시한 것이다.

〈그림 1〉 논문 키워드 분석

이것을 보면, 키워드들 중 'TEI', 'topic modeling', 'text analysis', 'archives'가 가장 많이 사용되었음을 알 수 있다. 이는 현재 디지털인문학에서 텍스트 기반의 연구가 가장 많이 이루어지고 있다는 것을 반영한다고 볼 수 있는데, 다음과 같이 몇 가지 연구 사례를 통해 좀 더 구체적으로 논의해 볼 수 있다.

첫째로, 'TEI' 키워드를 갖는 'An XML Annotation schema for speech, thought and writing representation'[10]이라는 제목의 논문에서는 ST & WR(Speech, Thought & Writing Representation)이라는 서사학 텍스트 및 대부분의 소설 작품에서 등장인물들의 담화, 사고 및 글의 묘사를 위한 분류 방식을 XML 스키마에 적용하여 TEI 기반의 프로젝트에 사용할 수 있도록 제안하고 있다.

10 Brunner, *Annelen, An XML Annotation schema for speech, thought and writing representation*, http://dharchive.org/paper/DH2014/Paper-374.xml

둘째로, 'Topic modeling'(토픽 모델링)[11]을 키워드로 하는 'Discourses and Disciplines in the Enlightenment: Topic Modeling the French Encyclopédie'[12]라는 제목의 논문에서는 1960년대 미셸 푸코(Michel Foucault)가 기존의 이데올로기적 차원의 담화 개념을 권력과 결부된 문제로 개념을 확장하였고, 미셸 페쇠(Michel Pêcheux)는 이러한 텍스트 담화에서 이데올로기적 의미를 찾아낼 수 있는 Automatic Discourse Analysis 접근방법을 제안하면서 컴퓨터 프로그램을 개발하였음을 언급하였다. 이 논문은 미국 시카고 대학교의 'ARTFL Encyclopédie Project'의 일환으로 진행 중인 18세기 프랑스 계몽사상가인 디드로와 달랑베르의 백과전서(the Encyclopédie of Diderot and d'Alembert)의 담화분석에 사용되는 '토픽 모델링' 기법을 사용한 방법론을 소개하고 논의하고자 하였다. 토픽 모델링은 기계를 통하여 인간의 간섭을 최소화하면서 많은 양의 텍스트를 분류하는 방법인데, 이 연구에서는 LDA(Latent Dirichlet Allocation) 알고리즘 방식을 통하여 하나의 텍스트 안에 담긴 다양한 토픽들을 찾아내고자 하였다. 특히 MALLET이라는 툴을 사용한 토픽 모델링 기법을 통하여, 백과전서에서 논의되는 내용에 관한 다양한 토픽들을 찾아내어 프랑스 계몽시대 당시 시대상 및 인물은 물론이고 백과전서가 만들어지게 된 시대적 배경 등으로 담화분석의 확장을 가능하게 하였다.

셋째로, 'archives' 키워드를 중심으로 하는 'Using Computer Vision to Improve Image Metadata'[13]라는 제목의 논문에서는, 이미지 검색 알고리즘이 연구자들에게 도움을 줄 수 있는 방법을 두 개의 이미지 데이터베이스 검색 사례들을 — 'Woodblock prints'(목판화)와 'Theater

11 토픽 모델링: 방대한 문헌들 속에서 주제를 찾아내기 위한 알고리즘으로, 맥락과 관련된 단서들을 이용하여 유사한 의미를 가진 단어들을 모아서 주제를 추론하는 기법.

12 Roe, Glenn; Gladstone, Clovis; Morrissey, Robert, *Discourses and Disciplines in the Enlightenment: Topic Modeling the French Encyclopédie*, http://dharchive.org/paper/DH2014/Paper-171.xml

13 Reside, Doug, '*Using Computer Vision to Improve Image Metadata*', http://dharchive.org/paper/DH2014/Paper-294.xml

photographs'(극장 사진) — 통해 보여주고 있다. 이 논문에서는 오늘날 점점 더 많은 이미지 자료들을 대상으로 디지털 작업이 이루어지고 있지만, 이러한 자료들이 메타데이터의 문제로 인하여 연구자들이 실제 원하는 이미지를 검색해서 찾아내는 것이 쉽지 않다고 지적한다. 그리고 이는 비슷한 이미지들이 담긴 이미지 코퍼스 검색을 가능하게 하는 컴퓨터 알고리즘을 통해 해결될 수 있다고 제안하는데, 이 논문에서는 특히 MetaEngine이라는 툴을 사용해서 해당 기관들간에 불일치하는 메타데이터 대신 사진을 업로드하여 매칭하는 방식으로 검색할 수 있음을 보여준다.

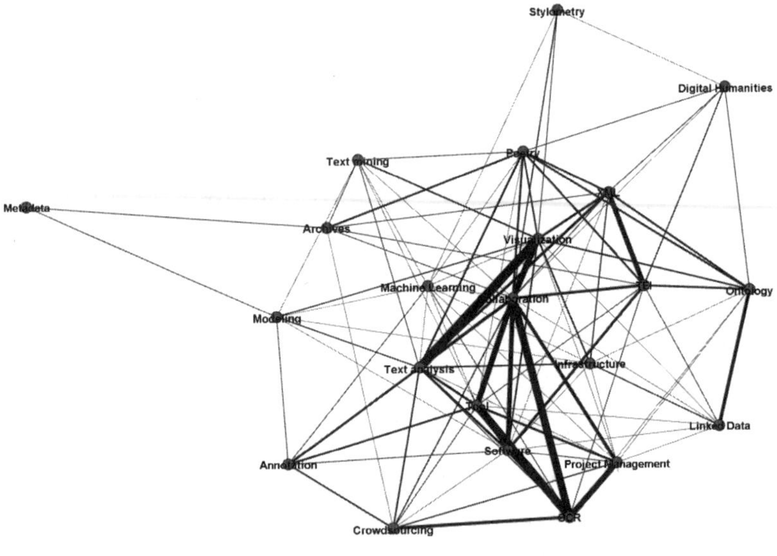

〈그림 2〉 키워드 간 관계 분석

〈그림 2〉는 위에서 나열된 키워드들이 연구에서 얼마나 긴밀하게 관계를 맺는지를 관계망으로 시각화하여 보여주고 있다. 여기에서는 다수의 키워드들이 'collaboration'이라는 키워드를 중심으로 관계망을 형성하고 있는데, 이는 디지털인문학 연구의 방법론적 특성을 반영한다고 할 수 있다.

좀 더 자세히 살펴보면, 'collaboration'을 중심으로 'visualisation', 'Project Management', 'OCR', 'Software', 'Tool', 'Text analysis' 등의 키워드가 관계망을 형성하고 있다. 이를 바탕으로 해석해보면, 인문학적 연구방법(text analysis, visualisation)을 토대로 다양한 디지털 기술 및 툴(tool, software, OCR 등)이 결합하는 디지털인문학의 연구방법론적 특성을 보여준다고 할 수 있다. 그리고 발표 논문들 대부분이 2인 이상이 참여한 공동 연구들로 이루어져 있어 단독저자 논문을 찾아보기 어려운 이유도, 이러한 방법론적 특성으로 인해 인문지식과 디지털 기술의 공유가 불가피하기 때문인 것으로 해석해 볼 수 있다.

또한, 'visualization' 을 중심으로 'text analysis', 'text mining', 'ontology', 'poetry', 'xml' 등의 키워드가 관계망을 형성하고 있는데, 이는 디지털인문학에서의 인문학 연구 및 분석을 맵핑(mapping)하고 시각화하려는 경향을 반영한다고 볼 수 있다. 이러한 디지털인문학의 경향은 발표 논문 중 하나를 예로 들어 설명해 볼 수 있다. 'Cultural Text Mining: Using text mining to map the emergence of transnational reference cultures in public media repositories'[14]라는 제목의 논문에서는 'Translantis'라는 연구 프로젝트를 소개하였다. 이는 미래 인문학 연구를 위한 연구 어젠더를 이끌어 낼 수 있도록 장려하기 위해 혁신적인 인문학 연구를 주로 지원하고자 하는 NWO(the Netherlands Organization for Scientific Research)의 재정 지원을 받아 2013년부터 5년간 진행되는 프로젝트이다. 여기에서는 20세기 말 네덜란드의 대중담화를 텍스트 마이닝(text mining) 기법으로 분석하고자 하였다. xTAS라는 웹 서비스 시스템을 바탕으로 이 연구의 성격에 맞게 'Texcavator'라는 텍스트 마이닝 툴을 개발하였고, 이 툴에서 텍스트 마이닝을 통한 분석 내용을 타임라인과 워드 클라우드(word cloud)의 형식으로 시각화하였다. 이러한 디지털 툴과 인문학적 연구방법의 결합을 통하여, 이 프로

---

14 Pieters, Toine; Verheul, Jaap, *Cultural Text Mining: Using text mining to map the emergence of transnational reference cultures in public media repositories*, http://dharchive.org/paper/DH2014/Paper-757.xml

개별발표 모습

참가자 모습[15]

젝트는 현재 비즈니스, 소비, 건강, 범죄 등 다양한 분야에서의 대중담화의 텍스트 마이닝 기법을 이용하여 사회 문화적 변화를 분석하고자 하였다.

위에서 살펴본 바와 같이, 발표 논문들을 통해 다양한 디지털기술을 융합한 인문학 연구 프로젝트들이 진행되고 있음을 알 수 있다. 논문들은 현재 대학이나 연구소에서 이루어지고 있는 프로젝트들을 중심으로 사용되고 있는 방법론 또는 기술 소개 및 기존의 디지털 기술에 대한 개선점 등을 제안하거나, 이미 개발된 디지털기술을 사용한 새로운 인문학 연구 발표들이 주를 이루었다. 특히, 이를 통해서 일반적으로 디지털인문학 연구들이 각 발표자 고유의 인문학 영역에서의 지식 및 경험의 토대 위에서 이루어지고 있으며, 인문학자들이 직접 해당 연구에 적절한 디지털 기술을 선택하고 사용하는 것은 물론이고, 인문학 연구에 맞도록 기술 및 툴의 개선을 제안하는 등의 적극적인 노력들도 뒤따르고 있었다.

그러나 발표 논문들 중에서 디지털인문학자들을 위한 교육 및 디지털을 통한 인문학 교육에 관한 논문 발표는 상대적으로 찾아보기 힘들

15 하루에 9개 룸에서 개별발표가 이루어졌는데, 한 개 룸에 50명 정도의 인원이 가득 있었다. 이것으로 유추한다면 한 날의 어느 시점의 참가자가 최소 500명은 된다고 볼 수 있다. 날마다 일정 수는 바뀌므로 5일 동안 전체 참가자는 합계 2,000명은 된다고 계산할 수 있었다. 대단한 성황이라고 평가할 수 있을 것이다. 참고로 참가비는 우리 돈으로 60만 원이 넘었다.

로비에서 담소하는 참가자들

다. 이는 아직은 대학의 정규 학제로서보다는 일반적으로 대학 연구소 단위의 프로젝트 및 커뮤니티 등을 통해 디지털 기술 및 정보 공유가 이루어지고 있는 현재 상황을 감안할 때, 미래 디지털인문학자 양성을 위한 학제 또는 교육 과정 마련을 위한 연구가 필요할 것으로 판단되었다.

(5) 학회 참여자 전공 분석

앞에서 언급한 바와 같이, 이번 학술대회에는 총 873명의 참여자가 단독 또는 공동 저자로서 저자명단에 이름을 올렸다. 참가자들의 전공 분포를 통해 현재 디지털인문학 분야에서 활동하고 있는 연구자들 중 인문학 전공자들의 분포 및 연구 활동 현황을 조사하기 위해 워크숍 세션 발표자들만을 대상으로 전공 조사를 실시했다.[16] 워크숍 세션에서는 주로 디지털인문학 분야를 이끌어가는 주요 프로젝트 및 기술에 대한 논의들이 주요 학자들에 의해 이끌어지므로, 이들의 전공조사는 현재 디지털인문학의 위상 및 본질에 대한 주요한 지표가 될 수 있다고 보았다. 이러한 관점에서 볼 때, 이들 워크숍 세션 발표자들 중 80% 이상이 인문학 전공자들이었으며, 그중에서도 문학(Literature Studies) 전공자들이 가장

16 발표자료집에는 발표자의 대학이나 기관명만 나왔을 뿐 소속학과나 전공이 대부분 밝혀져 있지 않았다. 발표자의 인터넷 주소는 있었으나, 일일이 조사하는 것은 어려웠다. 따라서 디지털인문학을 선도하고 있다고 판단되는 워크숍 발표자의 경우에만 인터넷주소를 추적하여, 전공을 조사하였다.

많았고 역사학(History)이 그 뒤를 이었다. 그리고 문학 전공자들 중에서도 English 전공자들이 가장 많은 수를 차지했다. 이것은 현재 디지털인문학에서 과거의 기록물들이나 서적들을 중심으로 한 텍스트 기반의 연구가 주를 이루고, 텍스트 중심의 디지털 툴 및 기술 개발이 활발한 것과 무관하지 않은 것으로 보인다.

그리고 이들의 활동 현황을 보면 대다수가 대학의 인문학부 소속이면서 디지털 융합 프로젝트 및 툴이나 기술 개발에 전념하고 있다. 예를 들면, 웹 기반의 텍스트 분석 툴이며 클라우드를 비롯한 다양한 형식의 분석 결과를 보여주는 'Voyant'[17] 웹사이트는 Stefan Sinclair와 Geoffrey Rockwell에 의해 개발되었는데, Stefan Sinclair는 불문학(French Literature)을 전공하였고 현재 캐나다의 맥길대학교(McGill University)의 어문학부(Department of Language, Literature, and Cultures)의 교수이다. Geoffrey Rockwell은 철학을 전공하였고 현재 캐나다의 알버타 대학교(University of Alberta)의 철학과 교수이며 디지털인문학 관련 연구 및 교육에 전념하고 있다. 또한 Julia Flanders의 경우도 영문학을 전공하였고 현재 미국의 노스이스턴 대학교(University of Northeastern)의 영문학과 교수이며, 디지털을 융합한 Women Writers Project를 총괄하며 텍스트 인코딩 관련 프로젝트를 진행 중에 있다. 이미 여러 번 언급되었지만, 이번 예를 통해서도 현재 디지털인문학은 인문학자들의 전문적 인문학적 경험에 바탕을 두고 인문학 연구를 위하여 인문학자들의 주도로 이루어지고 있음을 알 수 있었다.

이번 학술대회에서 발표된 디지털인문학자들에 대한 연구 프로젝트인 'MapaHD: Exploring Spanish and Portuguese speaking DH communities'[18]라는 논문의 연구 결과를 통해서도 다음의 〈그림 3〉에서 보는 바와 같이 위의 경향이 두드러지게 나타남을 알 수 있다. 재미있

---

17 Voyant 툴 웹사이트: http://voyant-tools.org/

18 Ortega, Elika; Gutierrez, Silvia, *MapaHD: Exploring Spanish and Portuguese speaking DH communities*, http://dharchive.org/paper/DH2014/Paper-293.xml

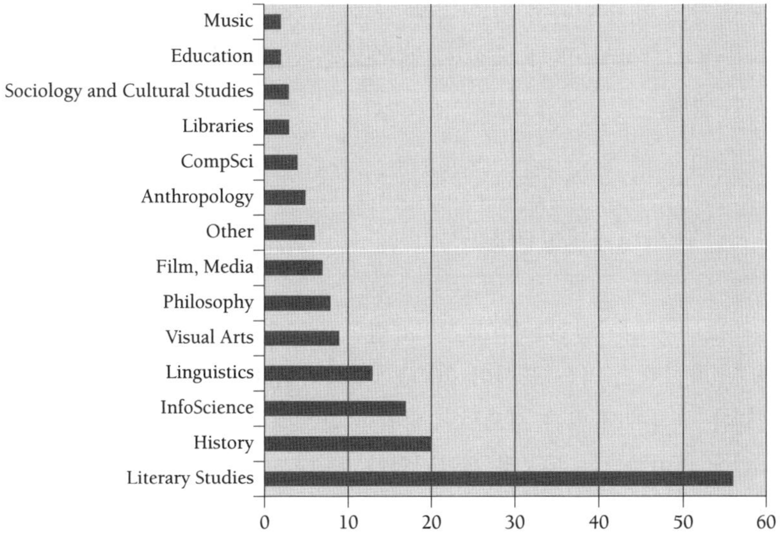

〈그림 3〉 설문조사자들의 전공분포

는 것은 "Is there a non Anglo-American Digital Humanities, and if so, what are its characteristics?"라는 질문으로 이 연구가 시작되었는데, 이 질문을 통해 현재 디지털인문학이 영미 주도로 발전하고 있다는 것을 유추해 볼 수 있다. 실제로 이미 머리말에서 언급한 것처럼, 디지털인문학 학술대회도 주로 영국이 주도하는 유럽 기반의 ALLC와 미국 기반의 ACH의 주도로 1989년에 캐나다에서 처음으로 개최되었고, 그 이후부터 현재에 이르기까지 미국을 비롯한 영국, 그리고 독일 등에서 학술대회가 열렸다. 2015년 이 학술대회 사상 처음으로 북아메리카와 유럽을 벗어나 호주 시드니에서 열리게 되는데, 이 또한 디지털인문학의 지리적 확장이라는 측면에서 의의가 있다고 볼 수 있을 것이다.

이 논문에서는 〈그림 3〉에서 보는 것처럼, 스페인어 또는 포르투갈어로 활동하는 디지털인문학자들을 대상으로 웹사이트를 통해 설문조사 형식으로 디지털인문학자들에 대한 연구 조사를 실시한 결과, 85명 중 56명이 문학(Literary Studies) 전공자들인 것으로 나타났다. 그리고 역사(History)와 정보과학(InfoScience) 전공자들의 수가 그 뒤를 이었다. 이것은 앞서 언급한 것과 같은 결과를 보여주는데, 디지털인문학 전반에 걸쳐 문학 및 역사 전공자들이 대다수를 차지하는 것을 반영한다고 할 수 있다.

한국의 디지털인문학

한국에서는 디지털인문학이라는 표현이 서구처럼 유행하지 않았다. 대신 '문화콘텐츠'라는 표현이 2000년부터 등장하였다. 문화콘텐츠라는 개념은 한국에서 나온 것으로,[19] 다양한 학문적 성과들을 활용하여 문화산업에 기여한다는 목표로 제안되었다. 즉 다분히 산업적 활용과 밀접하게 연계하여 제기된 것이다. 물론 이러한 문화콘텐츠 분야의 목표가 충족되기 위해서는 인문학의 성과가 반드시 결합되어야 한다는 점에서 '인문콘텐츠'라는 개념이 또다시 도출되기도 하였다.[20] 그리고 이러한 인문콘텐츠 분야에서는 다양한 인문학적 자료의 DB 구축 및 디지털기술과의 결합이라는 측면도 하나의 범주를 형성하였다.[21] 그렇다면 한국에서 나온 문화콘텐츠 개념 속에는 크게 보면 디지털인문학의 요소가 이미 포함되어 있었다고 할 수 있다.

비록 위와 같은 문화콘텐츠 차원에서만이 아니라, 한국에서도 지속적으로 서구의 '디지털인문학'의 흐름과 유사한 경향들이 연구되고 소개되어 왔다. 이것은 21세기 들어 본격화한 디지털시대의 전개에 맞추어

19 따라서 문화콘텐츠의 영역이라고 할 수 있는 'culture contents' 또는 'cultural contents'도 일종의 콩글리쉬라고 할 수 있다. 그러나 현재는 이 표현이 거부감 없이 사용되고 있다.

20 이 점에 대해서는 다음을 참조. 김기덕, 「콘텐츠의 개념과 인문콘텐츠」, 『인문콘텐츠』 창간호, 2003; 김기덕, 「문화콘텐츠의 등장과 인문학의 역할」, 『인문콘텐츠』 28, 2013.

21 인문콘텐츠학회에서 출판한 『문화콘텐츠입문』의 산업분류를 보면, 방송·음악·영화·애니메이션·모바일·게임·출판·만화·캐릭터·테마파크·축제 및 이벤트 등과 함께, 가장 먼저 '문화콘텐츠 인프라사업'이라는 파트를 설정한 바 있다. 그리고 실제 학회지 『인문콘텐츠』에는 인문학 자료의 DB 구축 사례의 방법론 및 활용론 등에 관한 글들이 많이 실려 있다. 인문콘텐츠학회, 『문화콘텐츠입문』, 북코리아, 2006, 29쪽 참조.

인문학 차원에서 새로운 환경에 조응하는 고민 속에서 제기된 당연한 흐름이라고 할 수 있을 것이다. 이 점을 간단히 살펴보면 다음과 같다.[22] 먼저 조지형은 정보화 환경에서 인문학이 나아가야 하는 하나의 방향으로 디지털인문학을 소개한 바 있다. 물론 여기에서 사용한 '디지털인문학'이라는 표현은 하이퍼텍스트성과 인문학적 사유를 중심으로 하는 초보적 단계이지만, 일찍이 이 부분에 관심을 표명한 바 있고 그것을 '디지털 인문학'으로 표현한 점은 선구적이라고 할 수 있다.[23] 또한 박찬길은 디지털인문학 과목개발 연구를 수행하기도 하였다. 이화여대 인문학 분야에서는 일찍이 디지털인문학에 관심을 갖고 교과목 개발을 통한 교육적 적용을 시도하였으며, 그러한 과정에서 한국연구재단의 과목개발 연구를 수행한 것이다.[24]

2000년 이후 한국에서는 다양한 디지털콘텐츠 개발사업, 전자문화지도 구축사업, CT 관련 사업 등에서 크게 보면 디지털인문학이 실험되어 왔다.[25] 이러한 과정을 통해 근래에 들어 서구의 디지털인문학의 경향을 고려한 가운데 한국의 디지털인문학의 과제를 검토한 글들이 산출되고 있다. 최희수는 다양한 한국의 사례를 친절하게 소개하고 있으며,[26] 한동현은 디지털인문학과 문화콘텐츠와의 관계를 고찰하였다.[27] 또한 김현은 일찍이 인문정보학을 주장해 온 경험을 바탕으로 인문학과 문화콘

---

22 필자는 큰 범주에서 한국에서 전개된 디지털인문학 관련 프로젝트 및 연구사를 정리하고 있다. 자세한 검토는 후고를 기약한다. 여기에서는 '디지털인문학'으로 검색되는 글들만을 소개하였다.

23 조지형, 「인문학의 위기와 디지털 인문학」, 『디지털시대의 인문학, 무엇을 할 것인가』, 사회평론, 2001, 155-196쪽.

24 박찬길, 『디지털인문학 과목개발 연구』, 한국연구재단 연구과제 보고서, 2005.

25 앞서 언급한 것처럼 이에 대한 자세한 검토는 후고에서 밝히고자 한다. CT(Culture Technology)라는 표현도 한국에서 나온 것이다. 이 분야도 크게 보면 디지털인문학의 범주와 많이 겹쳐 있다. 이 점에 대해서는 다음을 참조할 수 있다(한동숭, 「문화기술과 인문학」, 『인문콘텐츠』 27, 2012).

26 최희수, 「디지털 인문학의 현황과 과제」, 『소통과 인문학』 13, 한성대 인문과학연구원, 2011, 67-95쪽.

27 한동현, 「문화콘텐츠학의 새로운 포지셔닝: 디지털인문학」, 『한국문예비평연구』 40, 한국현대문예비평학회, 2013, 299-325쪽.

텐츠의 상생 구도의 일환으로 디지털인문학의 활성화를 제안하였다.[28] 김바로는 미국, 타이완, 일본, 중국 등 해외 디지털인문학의 동향을 소개해 주었다.[29] 한편 이화여대, 연세대, 숙명여대, 한국학중앙연구원 등에서는 전공 운영 및 교육과정에 있어 디지털 인문학을 도입하여 실험하고 있다.[30]

현재 상황에서 인문콘텐츠학회 차원에서 보았을 때에 핵심 과제는 두 가지라고 할 수 있다. 하나는 서구의 디지털인문학의 장점을 모색하여, 이미 우리도 다양하게 시도해 왔던 유사한 디지털인문학 관련 연구 시도를 재정립하는 일이다. 물론 서구의 경향이 반드시 옳다는 시각을 미리 가질 필요는 없다. 그러나 필자가 생각하기에 가장 큰 차이는 서구는 인문학자들이 디지털기술을 배워서 그것을 적극 활용한다는 점이며, 한국의 경우는 아직 인문학자들이 디지털기술을 가까이 하면서 자신이 주체가 되어 연구를 하는 풍토는 미약하다는 점이다. 다른 하나는 이러한 서구의 디지털인문학의 시도와 성과, 그리고 추후 전망과 관련하여, 한국에서 도출된 문화콘텐츠 분야에서는 이것을 어떻게 수용할 것인가 하는 점을 고민해야 할 것이다. 특히 인문학 바탕의 문화콘텐츠를 추구하는 인문콘텐츠학회 및 인문콘텐츠 바탕의 문화콘텐츠학과에서는 교과과정 및 인재양성과 관련하여 이러한 디지털인문학의 경향을 어떻게 정리하여 수용할 것인가 하는 점을 심도있게 검토할 필요가 있다고 생각한다. 이 점은 디지털인문학은 기본적으로 전통적인 인문학 차원에서의 고민이며, 문화콘텐츠학은 좀더 고유의 영역과 학문적 정체성을 찾아야 한다는 지적과도 직접적인 관계가 있다고 할 수 있다.[31]

---

28 김현, 「디지털 인문학: 인문학과 문화콘텐츠의 상생 구도에 관한 구상」, 『인문콘텐츠』 29, 2013, 9-26쪽.

29 김바로, 「해외 디지털인문학 동향」, 『인문콘텐츠』 33, 2014

30 2014년 교육부 수도권특성화지원사업에 아주대학교 인문학부는 〈인문학과 문화콘텐츠의 선순환적 융합교육: 디지털 큐레이터 트랙 기반〉이라는 과제가 선정되었다. 인문학부에는 문화콘텐츠학과도 포함되어 있다.

31 2014년 9월에 있었던 인문콘텐츠학회 디지털인문학 2차 포럼에서 한양대 고운기 교수와 인하대 백승국 교수가 이러한 관점에서 문제제기를 한 바 있는데, 차후 심도 있는 논의가

디지털인문학과 문화콘텐츠와의 상생구도가 어떻게 가능할 것인지 하는 점은 앞으로 인문콘텐츠학회의 가장 큰 과제가 될 것이다. 필자는 이와 관련하여 미리 섣부른 판단을 하는 것은 바람직하지 못하다고 생각한다. 지금은 전통적인 인문학자이든 아니면 인문학의 응용을 추구하는 문화콘텐츠 관련 연구자이든, 디지털기술을 습득하여 좀더 다양한 연구를 수행하는 것은 반드시 필요한 것이 아닌가 한다. 이 점에서 현재는 인문학자들을 위한 디지털기술 교육이 가장 시급하다고 주장하고자 한다.

이러한 교육 프로그램의 확산을 위해서는 첫째 학제간 소통을 통한 융합적 사고, 둘째 국가적 차원의 교육 지원이 필요하다. 첫째 과제와 관련하여 현 상황에서 디지털기술을 교육할 수 있는 인문학자 및 융합관련 학자들이 협업할 수 있어야 한다. 이 점에 있어 2014년 세계디지털인문학 대회를 주관한 로잔공과대학(EPFL)의 카플란(Frederic Kaplan) 교수의 사례를 참고할 수 있다. 그는 로잔공과대학에서 디지털인문학 랩(DHLab)을[32] 책임지며 활발한 활동을 하고 있다. 그는 파리6대학에서 인공지능(Artificial Intelligence)으로 박사학위를 받았는데, 현재는 컴퓨터와 디지털기술을 적용하여 인문학을 이해하는 디지털인문학에 몰입하여, 많은 프로젝트 수행과 교육사업을 하고 있다. 우리의 경우에도 인문학을 포함하여 어느 분야라고 하더라도 학제간 소통을 통하여 인문학자를 대상으로 하는 디지털기술 교육을 수행할 인력들이 협업할 수 있도록 하여야 한다. 둘째 과제와 관련해서는 어떤 시급한 과제 못지 않게 중요한 지원과제임을 정부는 인식해야 한다.[33] 바로 이러한 중요성 때문에 미국의 인문학재단(NEH)에서도 무엇보다 앞서서 인문학자 대상 교육프

필요하다고 본다.

32 http://dhlab.epfl.ch

33 다행히 현재 한국연구재단에서는 이 부분에 대한 교육지원사업을 계획중에 있다고 한다. 관계자에 의하면 2014년 10월에 디지털인문학 교육 지원사업이 공고될 예정이라고 한다. 현재 전국에 걸쳐 BK21 특성화사업단과 수도권특성화사업단에는 대단히 많은 학교가 인문학 중심의 융합교육을 내걸고 있다. 솔직히 이런 교육 없이 현재 수준에서 제대로 이 사업을 추진할 수 있을지 걱정이 든다. 시급히 인문학자(후속세대 포함)들을 대상으로 하는 디지털인문학 교육프로그램이 시행되어야 할 것이다.

로그램을 지속적으로 운영하고 있는 것이다.[34]

끝으로 현재 세계디지털인문학 학술대회는 앞서 언급했듯이 ADHO(Alliance of Digital Humanities Organization)가 중심이 되어 개최하고 있으며, 이 조직 안에는 유럽, 미국, 캐나다, 호주 및 일본 지역의 디지털인문학 단체가 소속되어 국제적 연대가 이루어지고 있다.[35] 이제 시급히 한국의 경우에도 조직적 차원의 참여가 이루어져야 할 것으로 생각한다.

맺음말

2014 디지털인문학 학술대회를 통해 인문학자들이 디지털 기술과의 접목을 통하여 인문학 연구의 확장 및 발전을 시도하고 있으며, 이러한 노력들이 디지털인문학이라는 범주에서 인문학 연구의 필요에 따라 연구방법론을 체계화하고 이론화하면서 확장해 나가는 현상을 볼 수 있었다. 결국 디지털인문학이라는 영역은 디지털 기술을 통하여 인문학 연구를 위한 지식 공유의 토대를 제공하고 확장하며, 궁극적으로는 이러한 토대에서 인문학 연구자들의 지식 활용을 극대화할 수 있도록 하는 것이 목표인 것으로 해석할 수 있다.

학술대회의 주요사항을 보면, 워크숍을 통하여 인문학자들에게 디지털 기술을 소개하고 또한 이러한 기술을 활용할 수 있는 방안에 대하여 논의하였고, 패널을 통하여 이러한 기술을 인문학 연구방법론 측면에

34 이 점에 대해서는 본 책에 실린 「미국 인문학재단의 디지털인문학 육성 사업」 참조.

35 참여 산하단체는 다음과 같다.
The European Association for Digital Humanities (EADH)
Association for Computers and the Humanities (ACH)
Canadian Society for Digital Humanities / Société canadienne des humanités numériques (CSDH/SCHN)
centerNet
Australasian Association for Digital Humanities (aaDH)
Japanese Association for Digital Humanities (JADH)

서 어떻게 체계화할 수 있을지에 대한 진지한 논의들이 이어졌다. 그리고 일반 논문 발표 세션을 통하여, 다양한 인문학 데이터와 디지털 기술 등을 이용하여 현재 디지털인문학자들이 인문학 연구를 어떻게 확장해 가고 또한 어떠한 방법으로 연구에 접근해 가고 있는가를 확인할 수 있었다. 뿐만 아니라, 인문학자들의 경험을 바탕으로 인문학 연구의 필요에 맞게 기존의 디지털 툴의 개선 및 사용 방법의 개선을 제안하는 등의 보다 적극적인 노력도 확인할 수 있었다.

이러한 세계적인 동향을 한국과 비교하자면 여러 교차점이 발생하면서 유사성과 차이성을 보인다고 할 수 있다. 한국도 일찍부터 인문학과 디지털기술의 결합을 시도해 왔다. 더 나아가 그러한 성과가 산업적으로 활용될 수 있도록 '문화콘텐츠'라는 새로운 분야를 개척하여 왔다. 그러나 한국의 경우 가장 아쉬운 점은 인문학자들과 디지털 기술을 구사하는 전문가가 유리되어 있다는 점이다. 이는 인문학 자료의 올바른 맥락화를 저해했으며, 여전히 인문학자들은 디지털기술과의 직접적인 결합의 주체가 되지 못하는 한계를 가져왔다. 그런 점에서 한국의 상황에서 시급한 정책과제는 인문학자를 대상으로 한 디지털인문학 교육프로그램이라고 할 수 있다. 디지털인문학은 인문학자가 중심이 되어 디지털 기술을 활용한 다양한 연구성과를 산출할 때에 완성될 수 있을 것이다. 아울러 앞으로 한국도 세계디지털인문학을 주관하는 ADHO의 산하단체로 가입하여 활동할 필요가 있을 것이다.

5 유럽 남부지역 문화콘텐츠 탐사

프랑스 프로방스 지역을 중심으로

들어가는 말

이 글은 서유럽 문화의 중심국가 프랑스의 남부에 위치한 프로방스 지역 문화 현지답사를 바탕으로 작성된 문화 공간 콘텐츠와 상상력에 관한 연구이다. 우리는 하나의 문화공간과 장소를 구성하는 핵심요소들(자연지형, 문화유산, 역사 기록과 흔적, 생활문화, 도시경관)을 밝혀내고 분석함으로써 장소와 공간이 간직하고 있는 다양한 모습들을 드러낼 것이다.

이 글에서 우리는 답사지역을 역사, 문화적 관점과 일상성, 장소 정체성의 테마로 접근할 것이다. 우선 프로방스 지역의 ① 역사 문화에 관해 살펴보고, ② 역사문화재의 보존과 활용, ③ 그리고 장소 이야기(스토리텔링)가 문화적 상상계 구성에 기여하는 방식을 궁구할 것이다.

프로방스 지역 답사지역은 크게 보아 엑스(Aix), 아비뇽(Avignon), 아를(Arles)과 같은 주요 도시들과 뤼베롱(Lubéron) 지역, 퐁비에이으(Fontvieille), 생 레미(Saint-Rémy de Provence), 레 보(les Baux), 바농(Banon), 생트 마리 드 라 메르(Sainte-Marie de la Mer), 에즈(Èze)와 같은 작은 마을들, 그리고 저지대 자연생태공원 까마르그(Camargues) 등

* 출전: 김동윤·김기덕, 「프랑스 남부지역 문화콘텐츠 탐사: 프랑스 프로방스 지역을 중심으로」, 『인문콘텐츠』 33, 2014.

이다.

답사의 대상으로 삼은 프로방스는 프랑스뿐만 아니라 유럽에서도 드물게 문화예술전통이 깊고 각종 문화재가 잘 보존된 곳이다. 프랑스 남부에 위치한 프로방스는 아름다운 풍부한 문화자원, 온화한 기후, 훼손되지 않은 자연경관으로 인해 프랑스뿐만 아니라 유럽 전역에서 가장 선호하는 관광지 가운데 하나이다.

그러나 오늘날 우리에게 새로운 유럽의 관광지로 떠오르고 있는 프로방스는 있는 그대로의 지리 역사적 장소가 아니라 관광 상품이라는 이미지와 기호로 탈바꿈한 판타슴(phantasme)의 공간이다. 전통이 깊고 문화적 정체성이 강한 지역과 장소가 휴식이나 힐링과 같은 기호와 이미지로 — 롤랑 바르트가 말한 의미에서 — 허구적인 '프로방스 신화'가 만들어지고 있는 것이다.[1] 작가 지오노가 — 후기 작품에서 — 문학적 재구성을 통해 보여주는 프로방스의 모습은 아름답고 평화로운 현실이 아니라, 오히려 콜레라와 같은 자연 재앙과 인간사의 갈등 서사로 엮어진 '세익스피어적'인 극적 공간에 가까운 것이다.[2]

따라서 답사기는 대상지역을 미화하거나 신화로 만드는 행위가 아니라, 역사적 사실과 자연지리에 근거하여 '프로방스'라는 대상을 과학적으로 분석하고 인문적 해석을 통해 심미적 상상력으로 재구성하는 작업이다. 역사적 사실에 대한 분석과 해석행위, 그리고 심미적 경험은 지역문화 공간 연구에 있어서 핵심을 이루는 요소들이다. 오늘날 지역과 도시공간을 접근하는 방식은 정량적인 방법론을 바탕으로 한 분석이 주류를 이룬다. 그러나 인간이 살아가는 장소는 실증 과학적 도식과 정량적 방법만으로 포착되지 않는 시간과 기억의 지층이 켜켜이 쌓여 있는 곳이다. 인문학 기반의 문화콘텐츠 접근은 바로 실증적 정량적인 틀로

---

1 Roland Barthes, *Mythologies*, Editions de Seuil, 1957.

2 Jean-François Durand, *Jean Giono le Sud imaginaire*, Edisud, 2003, pp. 141-156. '세익스피어적 공간'이란, 작가 지오노가 소설로 재구성한 프로방스의 문학세계를 일컫는 말이다. 지오노는 '세익스피어가 프로방스를 가장 잘 묘사하고 있다'고 했다. 말하자면 프로방스는 작가에게 있어서 인간과 자연의 드라마가 펼쳐지는 '극적인 공간'(le théâtre)인 것이다. 위의 책, p. 143.

포착되지 않는 인문 지리적 국면, 역사적 층위, 심미적 상상계의 영역을 연구대상으로 한다.

이 글에서 논자는 장소(le lieu)가 구성하는 이미지와 의미, 상징성에 초점을 맞추고자 한다. 어떤 특정 장소를 둘러싸고 있는 아우라는 장소에 퇴적된 역사적 기억과 이야기, 그리고 그것을 수용하는 감성적 태도에 관계된다. 역사적 사실과 이야기 스토리텔링 방식, 감성적 접근은 장소의 정체성을 확립하고 도시에 관한 상상계 구축에 결정적으로 기여한다. 인간이 살아간다는 것은 어떤 특정 장소에서 거주하는 일이고 그것은 모든 감각을 통한 총체적 향유를 의미한다. 이런 맥락에서 문화인류학적, 감성적 접근, 역동적 상상계(이마지네르 l'imaginaire)의 구성은 장소와 공간 연구에 있어서 새로운 가능성을 제시할 것이다.

'이마지네르'라는 개념은 인간과 세계의 관계를 과학적 합리성의 관점에서 벗어나 감성적 복합성으로 재구성하려는 역동적인 상상력이다. '이마지네르'는 추억, 환상, 꿈, 몽상, 신화, 전설 등이 한데 어우러진 영역으로서, 논증적 합리성의 언어로 딱히 규정할 수 없는 상상력의 공간이다.[3] '이마지네르'는 장소를 둘러싸고 있는 예술, 신화, 종교 등을 이해하는 데 핵심요소로서 다양한 상징적 형태(Formes symboliques)와 깊이 관계한다.[4]

유럽의 경우, 인류학적이고 문화적인 상상력과 이야기를 통해 평범한 장소들이 매력적인 지역문화로 거듭 태어나는 예들이 자주 발견된다. 1970년대 이후 서유럽에서 지방의 많은 평범한 지역들이 문화적 정체성과 장소성에 대한 재해석을 바탕으로 문화콘텐츠가 풍부한 지역으로 탈바꿈하였다.[5]

그렇다면 우리는 장소와 장소성의 개념에 대해 다시 살펴볼 필요가 있다. 장소는 단순한 지리적 개념이 아니라 시간과 기억이 저장된 토포

3 Jean-Jacques Wunemburger, *L'imaginaire*, PUF, 2003. p. 5.

4 Rachid. Amirou, *Imaginaire du tourisme culturel*, PUF, 2000, p. 3. 이하 Amirou로 약칭함.

5 Amirou, p. 1.

스이고 민족문화의 정체성이 뿌리내리는 곳이다. 장소는 사람이 살아가는 곳으로서 삶의 시간과 역사가 축적되는 공간이다. 집단의 기억이 쌓이는 곳은 정신과 영혼이 담기고 정체성이 뿌리내리게 마련이다. 장소란 단지 "지리적 장소(localités géographiques)"를 말하는 것이 아니라, "기억이 축적되는 기제이며 정체성을 구축하는 데 소용되는 문화적 레퍼런스"이다.[6] 그리고 "정치적 상징, 추모, 문화재, 제도 그리고 문화적 실천과 교육 콘텐츠는 '장소'가 되는 것"이므로, 장소에 대한 새로운 인문학적 해석과 접근이 필요한 맥락이다. 역사적 기억이 풍부한 많은 "유럽의 장소들은 시간의 흐름 속에서 형성되는 결절점(foyers)이고, 정체성과 구조화의 레퍼런스이며, 구체적인 지리학적 장소로서 다양한 해석이 가능한 공간"인 것이다.

장소는 죽어 있는 지질학적 개념이 아니라 살아 숨쉬는 공간이고 의미와 가치를 창조하는 개념이다. 장소를 살아 있는 유기체로 보는 관점은 장소를 생명과 정신이 부재하는 대상으로 파악하려는 정량적 과학적 방법론과 근본적인 차이를 드러낸다. 유기체적 접근은 단순한 지리적 개념에서 벗어나 장소를 인문지리적, 심미적 관점으로 바라보면서, 역사 문화적 상징적 해석을 바탕으로 한 심미적 상상력의 공간 구성에 기여하는 것을 말한다.

장소는 그곳을 살아가는 사람들의 정체성 구축과 문화 생태계 구성에 있어서 가장 근본이 되는 레퍼런스이다. 하나의 장소는 고립된 것이 아니라 이웃한 장소들과 함께 유기체적 역사 문화 생태계를 형성한다. 잘 보존되고 가꾸어진 장소들은 역사적인 기억과 이야기뿐만 아니라 시간의 지층에서 분출하는 미지의 아우라로 둘러싸이게 된다.[7] 아우라는

---

6 Krzysztof Pomian, Pascal Dethurens, Stella Ghervas *Lieux d'Europe: Mythes et limites*, Éditions de la Maison des sciences de l'homme, 2013. 'Format Kindle'판에서 인용. Extrait de l'avant-propos de Stella Ghervas et François Rosset.

7 W. 벤야민은 "아우라란 진정으로 무엇인가? 시간과 공간의 독특한 짜임(une trame singulière d'espace et de temps): 멀리 있는 것(un lointain) — 비록 그것이 가까이 있을지라도 — 의 유니크한 나타남"이라고 정의하고 있다. Rainer Rochlitz, *Le désenchantement de l'art*, NRF, 1992, p. 177.

시간과 기억의 지층으로부터 분출하는 '초역사적 상상계'[8]로서 장소의 영혼과 정체성이 진정으로(authentique) 그리고 신비롭게 드러나는 심미적 현상이다.

프로방스 도시들과 장소 정체성

(1) 프로방스 지리와 역사

로마시대 '이탈리아' 영토 밖 최초의 지방(province)이라는 명칭에서 유래한 프로방스(Provence)는 프랑스 남부 지중해 연안에 위치한다.[9] 역사적으로 본다면, 지중해 지역은 독특한 자연경관과 물질의 풍요로움으로 인해 유럽 공동체의 원형이자 서구 문명의 자궁이다. 지중해는 집단적 가치와 의미가 퇴적된 하나의 텍스트로서 다른 곳보다도 독특한 정체성과 '장소성'(장소의 영혼 le génie des lieux)을 간직하고 있다. 이로 인해 현대 거대도시들이나 첨단기술도시들에서 찾아보기 힘든 장소와 경관의 매력을 지니면서 독특한 삶의 공간을 제공하고 있다. 프로방스 지역의 매력을 구성하는 요소들은 ① 독특한 자연 풍광, ② 장구한 역사적 기억과 이야기, ③ 유형 무형의 풍부한 문화 유산과 스토리텔링 등이다.

그렇다면 프로방스는 어디에 위치하는가? 프로방스의 서쪽과 북쪽은 경계선이 분명하고. 론강 뤼르 고원 방투산(Mont Ventou) 등으로 구획된다. 그러나 프로방스의 오른쪽은 경계가 불분명하다. 예컨대 '코트 다쥐르'와 이탈리아와 연결되는 지점들은 확연하게 프로방스라고 규정하기 어렵다. 혹자는 나폴레옹 국도 85, 즉 그라스(Grasse)와 시스테롱(Sisteron)을 연결하는 나폴레옹 국도 85를 경계선으로 삼기도 한다.[10]

프로방스의 대표적인 작가 지오노는 "프로방스는 기름 자국처럼 번

---

8 Amirou, p. 3.

9 Michèle Aué, *Provence*, MSM, 2003, p. 17. 이하 Aué로 축약함.

10 John Flower, *Provence*, Arthaud, 1988. p. 9.

지면서, 역사적인 경계선으로부터 넘쳐난다"고 기술하고 있다.[11] 그러므로 프로방스는 지리적 역사적으로 확연하게 구획된 것이 아니라 이곳에서 대대로 살아온 사람들의 상상력 속에서 느슨한 지도처럼 남아 있는 공간이라고 말할 수 있다.[12]

프로방스는 장구한 역사를 지닌다. 고고학적으로 본다면 신석기 시대 이후 프로방스 지역에 사람들이 거주하였고,[13] 로마는 이 지역에 언어, 법, 제도를 확립하는 데 결정적으로 기여하였다. 역사적으로 볼 때, 프로방스 공국은 잦은 외부 침략에 시달리다가 13세기 샤를 1세에 이르러 겨우 안정을 찾을 수 있었고, 1447년 르네 왕이 등극하면서 르네상스 시대 프로방스의 문화를 꽃피우게 되었다.[14]

그러나 프로방스는 1486년 프랑스 왕국에 합병되었다. 프로방스는 프랑스 왕국에 편입된 이후에도 1540년 종교전쟁, 17세기 지방 귀족들과 왕이 갈등을 빚은 프롱드(la Fronde)난의 소용돌이에 휩싸였으며, 프랑스 혁명 이후 1790년 9월 28일 프로방스 법이 무효화됨으로써 마침내 법적으로 사라지게 되었다. 역사적으로 프로방스는 대부분 가난한 농촌지역이었고, 건조하고 물이 귀하기 때문에 이곳 사람들은 척박한 땅을 일구면서 매우 농경적인 문화를 만들어 왔다. 자연과 맞서서 생활의 터전을 일구어 나가는 농경적 삶은 지오노와 보스코와 같은 작가들의 작품의 소재가 되기도 하였다.[15]

일반적으로 프로방스 기후는 비교적 온화한 것으로 알려졌지만, 며칠 동안 사정없이 차갑고 사납게 몰아치는 '미스트랄'은 이곳 사람들에게 두려움의 대상이었다.(게다가 바람과 건조한 기후로 인해 항상 화재에

---

11 Jean Giono, *Provence*, Folio-Gallimard, 1993, p. 23.

12 Raoul Bosquet, *Histoire de la Provence*, Jeanne Laffite, 1954. p. 17. 이하 Raoul Bosquet로 약칭함.

13 Aué, p. 17.

14 Raoul Bosquet, pp. 210-220.

15 Jean Giono의 『진정한 부』(La Vraie richesse), Henri Bosco의 『농가 테오팀』(*Le Mas Théotime*)을 참조할 수 있다.

시달려 왔으며 주민들의 산불피해에 대한 트라우마는 매우 깊다.)[16] 1938년 2월 11일 크로(Crau)에서 측정된 미스트랄의 풍속은 시간당 250킬러미터라는 기록을 남기고 있다.[17] 프로방스어로 'mestre', 즉 주인이란 뜻을 지닌 미스트랄은 한겨울에 론 협곡으로 몰아치는 강한 바람을 뜻한다.[18] 니체는 1905년 시를 통해 미스트랄을 선지자의 영혼이 담겨 있는 해방의 존재로 노래하고 있다. "너 미스트랄이여, 민중의 사냥꾼이여. 하늘을 말끔히 청소하고 으르렁 거리며 재화(災禍)를 가져다 주는 자. 내가 너를 얼마나 사랑하는지! 너와 나는 하나의 그루터기에서 솟아난 두 개의 새싹이고, 예정된 영원한 약속의 첫 번째 완성이 아니더냐!"[19] 니체의 시는 미스트랄의 어원 'maître'(주인)과 가까운 것이며 고고학적으로 방투 산(Mt. Ventoux) 지역에서 발견된 바람 숭배신앙과 상통하는 맥락이다.

(2) 프로방스의 도시들

오늘날 프로방스는 급속한 산업화와 교통의 발달로 인해 매력적인 주거와 휴양지로 떠오르고 있다. 고속전철이 통과하면서 파리, 리용과 같은 대도시 사람들이 기후가 온화한 이 곳에 정착하면서 주택의 수요가 급증하고 자본이 유입되는 등 새로운 생활문화가 자리 잡아 가고 있다. 그러나 프로방스는 예의 자연경관과 문화재, 고풍스런 17~18세기 건축물들, 성당 등이 대부분 잘 보존되어 있고, 뿌리깊은 전통문화로 인해 독특한 장소 정체성을 지닌 곳이다.

---

16 프로방스 작가 앙리 보스코는 소설 『말리크롸』(Malicroix)에서 끔찍한 바람 미스트랄을 원초적인 문학적 상상력으로 승화시킨 바 있다.

17 Jean Paul Clébert, *Guide de la Provence mystérieuse*, Tchou, LXXIII.

18 John Flower, p. 12.

19 Jean Paul Clébert, *op. cit.*

① 엑 상 프로방스(Aix-en-Provence)

〈역사적 배경〉

프로방스의 중심도시는 엑 상 프로방스(Aix-en-Provence, 이하 엑스)이다. 엑스는 프랑스뿐만 아니라 유럽에서도 중요한 문화예술의 도시로 손꼽힌다. 엑스는 BC 2세기경부터 4세기 중반까지 로마인들에 의해 도시가 설계되었고 기본적인 하부구조가 구축되었다.[20]

엑스의 첫 인상은 문화 예술의 도시의 이미지이다. 우선 도시는 시각적으로 풍부한 볼거리를 제공한다. 오래된 건물들, 그리고 곳곳에서 목격되는 아기자기한 조각과 분수대, 성당들로 인해 옛스럽고 예술적 분위기를 형성한다.

도시의 강한 장소성은 풍부한 역사적 사실과 문화예술 콘텐츠로부터 나오는 것이다. 엑스의 역사는 로마시대로 거슬러 올라간다.[21] 로마의 지방총독(proconsul) 카이우스 섹스티우스 칼비누스(Caius Sextius Calvinus)는 인근 대도시 마살리아(Massalia, 마르세이유의 옛 이름)가 외부의 침입으로부터 위협을 받자, 기원전 123년 마살리아 인근에 '아쿠아 섹스티에' (Aquae Sextie, Waters of Sextius)라는 온천 도시를 세우게 된다.[22] '아쿠아 섹스티에'는 기원전 15년 로마의 식민지가 되면서 로마인에 의해 도시의 원형공간이 형성된다.[23] 3세기 이후 중세 시대에 걸쳐 엑스는 여러 차례 외부의 공격을 받았고, 사라센 군대가 로마의 유적 대부분을 약탈하고 파괴하기도 하였다.[24] 그러나 중세 이후 예술 애호가였던 귀족들이 엑스를 인문학과 예술의 도시로 재창조하였다. 12세기 말 프로방스 귀족들은 엑스를 프로방스의 수도로 정하였고 앙주의 루이

20 Aué, pp. 17-18.

21 Raoul Bosquet, pp. 69-79.

22 Aué p. 17.

23 Anne-Marie Simons, *Taking Root in Provence*, Distinction Press, 2011, p. 11.

24 Aué, pp. 111-117.

2세는 1402년 프로방스 대학을 설립하였다.[25] 그의 아들이자 프로방스의 마지막 왕 르네(Le Roi René, 1409-1480)는 문화예술의 메세나로서 프로방스의 문예부흥을 주도하였다. 르네는 라틴어, 희랍어, 이태리어, 히브리어 등 외국어에 능통했으며 천문학과 수학 등 박식한 왕이었다.[26] 그는 자신이 그림을 그리는 지극한 예술 애호가로서 니콜 포르망(Nicole Froment)과 같은 화가를 후원하였고, 엑스가 문화와 예술의 도시로 거듭 태어나는 데 크게 기여하였다. 르네 왕이 세상을 떠나자 루이 11세는 프로방스 공국을 프랑스 왕국에 합병시켰다.

프랑스 왕국으로 합병된 후 프로방스는 1502년 의회의 기능을 갖추게 되었으며, 엑스 의회는 가톨릭과 지역 전통의 가치를 수호하는 데 크게 기여하게 된다. 17세기 중반 루이 14세는 직접 이곳으로 내려와 엑스가 프랑스 절대왕정의 일부임을 공고히 하였다. 이후 도시의 상징인 미라보 거리가 조성되면서(1651) 호텔이 들어서고 많은 분수대가 미라보 거리를 장식함으로써 엑스는 평화로운 도시로 탈바꿈하였고 귀족과 의회의원 등이 거주하는 행정 도시로 부각되었다.[27] 프랑스 혁명 당시 작가이자 정치가인 미라보는 일반의회(les États généreux)에 진출하여 민중의 편에서 권익과 자유를 위해 싸웠으며, 그의 이름은 엑스 도시를 가로지르는 '미라보 거리'라는 명칭에 각인되었다. 1860년 엑스의 관문인 미라보 거리 입구에 12미터 높이의 분수대 '로통드'(La Rotonde)가 건설되었으며, 항상 풍부한 물을 뿜어내는 로통드의 존재는 물의 도시의 이미지를 갖게 하였다.[28]

---

25 *The Green Guide Provence*, Michelin, 2013, p. 170.

26 Raoul Bosquet, pp. 210-217.

27 Aué, pp. 111-112.

28 분수대에 대리석으로 장식된 세 여신(Graces)은 각각 정의(미라보 거리를 향하고 있음), 농업(마르세이유를 향하고 있음), 예술(아비뇽을 향하고 있음)을 상징한다. *The Green Guide Provence*, Michelin, 2013, p. 172.

〈그림 1〉 엑 상 프로방스 중심가의 상징, 로통드 분수

물과 예술은 엑스의 이미지를 구성하는 핵심 요소이다. 도시 엑스의 슬로건은 '물과 예술의 도시'(Ville d'eau, ville d'art), 그리고 세잔의 도시이다. 엑스에서는 도시 곳곳의 분수대에서 뿜어내는 물소리를 들을 수 있다. 엑스의 분수대는 도시의 비밀스런 부분으로서 여행객에게 뜻하지 않는 시각적 청각적 즐거움을 선사한다. 낯선 도시의 여행에서 큰 감동으로 오는 것은 도시의 거대한 랜드마크나 상징물이 아니라 분수대나 조각 작품과 같은 도시의 감추어진 속살이다. 도시의 속살은 감추어지고 잘 드러나지 않는 주름과 같은 곳으로써 도시 주름과의 조우는 감각적인 향유로 이어진다. 장소의 진정한 향유는 도시의 작고 소박한 것들, 즉 분수대와 조각품, 가게와 갤러리와 같이 매우 일상적으로 주어지는 것들을 있는 그대로 맛보는 세렌디피티(serendipity)의 순간과 다름 아니다.

엑스 장소 콘텐츠의 힘은 도시경관과 아울러 이곳을 살았던 후기 인상파 화가 폴 세잔의 이미지로부터 나온다. 폴 세잔 아브뉴 9번지에 자리 잡고 있는 '세잔 아틀리에'는 1897년 화가 자신이 프로방스 건축 양식에 따라 지은 거처로서 아틀리에 안에는 미로와 같은 정원이 있고 정원은 각종 식물들로 뒤덮혀 있다. 당시 세인들의 눈총과 멸시를 받던 예술가 폴 세잔의 격정적인 삶과 엑스 주변의 명산 생트 빅투와르와 결합되어 엑스는 더욱 예술의 도시로 위상을 공고히 하게 되었다. 세잔은 엑스에서 수 킬로 떨어진 생트 빅투와르 산을 오가며 20세기 예술의 새로운 길을 개척하였으며, 로마시대 채석장이었던 비베뮈스(Bibémus quarries)를 여러 점 그림으로서 자칫 사라질 운명에 처한 폐허를 미술사의 중요한 장면으로 재창조하였다.[29]

〈엑스의 고장(Pays d'Aix)〉

엑스의 아우라는 도시의 경계 안에 머무는 것이 아니라 주변 지역으로 확장된다. '엑스의 고장'(Pays d'Aix)으로 불리우는 인근지역은 산업화에 반대한 주민들 덕분에 자연경관이 잘 보존되어 있는 곳이다. '엑스의 고장'을 둘러싸고 있는 자연 경관은 단순한 지리적 개념이 아니라 심미적 감수성과 상상력으로 재구성된 문화적 경관이다.

프로방스의 풍경은 문화적 심미성을 지니는 것이 큰 특징이다. 예컨대 고흐와 세잔의 프로방스 풍경화는 이곳의 자연으로부터 비롯된 것이지만, 오늘날 세잔과 고흐의 풍경화가 경관 보존과 공간기획의 원천이 되고 있다. 자연은 예술을 낳고 예술은 자연을 아름답게 하는 선순환의 고리가 형성되는 것이다. 자연의 아름다움은 예술가의 천재성에 의해 완성되므로 자연 경관은 예술의 원천이고 풍경 자체가 문화재(문화콘텐츠)이다.

유럽은 역사의 획을 그은 화가나 문인들이 묘사했던 풍경을 문화재로 지정 보호한다. 중요한 예로써 영국 화가 존 컨스터블이 그렸던 '건초수레'(1812)에서 보는 바와 같이 1800년대 초반 잉글랜드의 전원 풍경을 꼽을 수 있다. 컨스터블이 예술로 불멸화한 '전원적 잉글랜드'의 향토성을 보존하기 위해 영국인들은 내셔널트러스트 운동을 벌였고, 남부 잉글랜드의 시골풍경은 단순한 자연경관이 아니라 잉글랜드 인들의 정체성과 같은 것이었다.[30] 그러므로 자연 경관과 풍경은 지역의 정체성일 뿐

---

29 *The Green Guide Provence*, Michelin, 2013, p. 172.

30 국민화가 컨스터블은 '건초수레'(1812)를 그림으로써 이른바 '전원적 잉글랜드' 풍경의 한 전형을 완성하였고 이는 전 국민적인 성원을 얻었다. 1870~1900년경 영국인들은 이상적인 잉글랜드의 풍경을 추구하기 시작하였으며, "시골풍경은 긍정적이고 고귀한 자질들의 집합체로 보였고 〔…〕 사람들은 전원에서 '진정한 잉글랜드'를 찾고자 했다." 박지향, 『영국적인, 너무나 영국적인』, 에크리, 2006, 78쪽 이하.

만 아니라 민족의 정신(VolksGeist)이기도 하다.

컨스터블을 통해서 발견한 전원 풍경이 잉글랜드인들에게 거의 숭배의 대상인데 비해, 프로방스의 자연 경관은 예술적 깊이를 획득함으로써 미학적 정체성으로 승화된다. 영국인들에게 자연경관은 거의 종교와 신앙에 가깝다면, 프랑스인들에게 풍경은 예술과 미학인 것이다. 예컨대 현대 회화의 길을 열어 놓은 세잔과 열정의 화가 고흐의 숨결이 자연 경관에 생생하게 살아 숨쉬는 프로방스의 풍경은 예술작품과 유사한 것이다.

'엑스의 고장' 가운데 톨로네(Tholonet)는 프로방스 풍경과 예술이 하나로 어우러진 곳이다. 생트 빅투와르 산 자락에 위치한 톨로네는 자그마한 아름다운 성이 하나 있을 뿐 버려둔 듯한 느낌을 주는 고즈넉한 공간이다. 이곳은 도시 엑스와 연결되어 있는 장소로서 '폴 세잔 카페 레스토랑'이라는 쉼터가 곧 세잔의 흔적을 기억하고 있으며 생트 빅투와르 산은 100여 년 전 세잔이 그렸던 모습을 그대로 간직하고 있다. 고흐의 흔적은 아를과 생 레미를 미학화(esthétisation)하고, 엑스 주변의 생트 빅투와르 산, 톨로네에서 만나는 세잔의 발자취는 평범한 자연과 장소에 예술적 아우라를 부여한다.

② 아비뇽

〈아비뇽의 역사적 정체성: 교황청의 도시〉

엑스와 함께 프로방스 지역 문화의 핵심 도시는 천년의 고도 아비뇽이다. 론 강이 도시 아비뇽을 껴안고 흐르고 있으며 교황청 건물은 육중한 암반 위에 우뚝 서 있다. 아비뇽(Avignon)의 어근 'Av-'는 론 강과 바위의 합성어이다. 아비뇽은 14세기 프랑스 왕국 전성기에 7명의 교황이 로마가 아닌 이곳 아비뇽에 거주하면서 교황청을 신축하였다.[31] 프랑스 출신의 교황 클레망 5세가 1309년 아비뇽에 교황의 거처를 정함으로써 아비뇽이 기독교세계의 중심이 되었다. 이후 1377년까지 7명의 교황이

31 Sylvestre Clap, *Avignon*, Equinoxe, 2010, p. 9.

아비뇽에 거주하였고 그 가운데 브누와 12세와 클레망 6세가 교황으로 재직하면서 1334년에서 1352에 걸쳐 오늘날 교황청 건물을 신축하는 데 결정으로 기여하였다.[32]

〈그림 2〉 두 번째 방의 전시실 모습

오늘날 교황청 건물 내부는 창의적인 콘텐츠 기획으로 인해 새로운 전시 형태로 거듭 태어나고 있다. 교황청 건물에는 두개의 전시실로 구성되어 있으며 첫 번째 전시실은 남아 있는 유물들 몇 점과 교황청 전체를 조감할 수 있는 나무 마케트로 구성되어 있다. 두 번째 전시실에는 교황청의 역사를 판넬에 상세하게 소개하고 있으며 역사콘텐츠를 비디오나 빔 프로젝트와 같은 영상기기를 활용하여 시각화하고 있다. 아비뇽 교황청 내의 문화콘텐츠 기획의 핵심은 역사적 사실에 근거하여 교황청의 이야기를 재구성(스토리텔링)하였으며 다양한 매체를 활용하여 전시 공간을 시각화한 점이다. 전시기획력은 정확한 사료를 스토리텔링으로 활용하고 이야기 콘텐츠를 다양한 영상 기제를 동원하여 미학적인 효과를 도출한 점에서 빛을 발한다.

세 번째 전시실은 당시 모습을 그대로 노출하여 보여줌으로써 어떠한 인공도 가미하지 않는 사실 그대로의 전시 기법을 구현하였다.

---

32 Raoul Bosquet, *Histoire de la Provence,* Jeanne Laffite, 1954, pp. 189-191.

도시 아비뇽의 스토리텔링은 교황청 건물에 국한되지 않고 론 강 위에 놓여진 '끊어진 아비뇽 다리' 이야기로 자연스럽게 이어진다. 아비뇽 다리는 일명 '성 베네제'(Bénézet) 다리로서 어린 목동이자 다리를 놓은 베네제의 이야기가 스토리텔링의 중심에 위치한다(다리에는 성인 베네제에 관한 이야기가 스토리텔링 방식으로 전시되어 있다). 1177년 양치기 목동 베네제가 어느 날 갑자기 론 강에 다리를 놓으라는 예수 크리스트의 계시를 받게 된 것이 이야기의 원형이다.[33] 소년 목동 베네제는 신부와 사제들의 야유와 조롱에도 불구하고 30명 가량의 청년도 들지 못하는 바위를 혼자의 힘으로 들어 올림으로써 그것을 초석으로 삼아 아비뇽 다리를 구축하는 데 결정적으로 기여하였다. 그러나 아비뇽 다리는 론강의 거센 물결의 도전을 받아 끝자락이 잘려 나가는 등 시련을 겪으면서 오늘의 모습으로 남게 되었다.

〈그림 3〉 아비뇽의 성 베네제 다리와 교황청 전경

성 베네제를 둘러싼 기적과 같은 스토리텔링은 다리뿐만 아니라 아비뇽 도시 전체를 신비하게 만드는 원형 이야기로 작용한다.[34]

---

33 Jean Paul Clébert, *Guide de la Provence mystérieuse*, Tchou, p. 81. Renée Lefranc, *...et le pâtre Bénezet fit un pont pour Avignon*, RMG. 2000, pp. 6-7.

34 Renée Lefranc, *...et le pâtre Bénezet fit un pont pour Avignon*, RMG. 2000,

아비뇽의 긍정적인 이미지를 구성하는 것은 단지 교황청과 같은 역사적 건축뿐만 아니라 살아가는 이야기를 담은 문학 축제도 크게 기여하고 있다. 펠리브리주가 바로 아비뇽 축제의 원형이다. 19세기 후반 아비뇽을 중심으로 결성된 '펠리브리주'(Félibrige, 1854)는 미스트랄, 알퐁스 도데 등이 적극적으로 참여한 문학 동호인들의 축제였다. 프로방스어(le provençal)로 시를 쓰고 노벨 문학상을 수상(1904)한 미스트랄은 '펠리브리주'의 주창자였다. 펠리브리주의 목적은 프로방스어, 프로방스의 전통과 자유, 지성을 오래도록 보존하는 것이었다.[35] 1878년 펠리브리주 축제는 미스트랄의 계획에 따라 프로방스어와 민속 전통을 간직하자는 취지로 결성되었다.[36] 아비뇽 레퓌블릭 거리를 중심으로 벌어진 축제는 문인들이 먹고 마시며 삶을 시로 노래하는 데에 얼마나 적극적이었는가를 보여주는 단적인 사례이다. 펠리브리주는 벨 에포크(La Belle Epoque) 시대에 프로방스 문화가 꽃을 피우는 데 결정적인 역할을 한 대표적인 문인 축제였다.

펠리브리주의 축제전통은 세계연극축제로 이어진다. 예스럽고 웅장한 건축물들을 문화유산으로 이어 받은 아비뇽은 1947년 장 빌라르(Jean Vilar)가 제안하여 세계적인 축제의 도시로 자리 잡았다.[37] 세계 최고의 연극제로 자리매김한 아비뇽 연극제는 7월 두 번째 주에서 8월 첫 번째 주에 열리고 세익스피어 등 고전극뿐만 아니라 비공식 오프(Off) 연극제 또한 공식적인 연극제 못지 않게 커다란 성황을 이룬다.[38]

여기서 주목할 것은, 펠리브리주와 같은 문학축제가 있었기 때문에 세계연극축제 기획이 가능했을 것이라는 점이다. 역사적 사실과 원형적

35 Jean Paul Clébert, *Guide de la Provence mystérieuse,* Tchou, LX.

36 Jacques Borgé et Nicolas Viasnoff, *Archives de Provence,* Michèle Trinckvel, 1994. pp. 23-28.

37 Sylvestre Clap, *Avignon,* Equinoxe, 2010, p. 15.

38 아비뇽 세계 연극축제는 공식적인 축제(in)뿐만 아니라 비공식적인 'Off'도 중요하다. 2009년 통계에 따르면 오프 공연의 수가 공식적인 공연의 수를 능가했다고 한다. Anne-Marie Simons, *Taking Root in Provence*, Distinction Press, 2011, p. 163.

뿌리가 없는 데서 새로운 문화콘텐츠 기획을 길어 올리는 것은 모래 위에 성을 쌓는 것과 흡사하다. 그러므로 아비뇽 세계연극축제는 교황청 건축과 역사, 성 베네제의 기적과 끊어진 다리의 스토리텔링, 노벨문학상 수상자 미스트랄의 프로방스 시와 전통, 펠리브리주 문학축제 등 역사적 사실과 문화라는 그루터기에서 움트는 문화콘텐츠의 아름다운 싹이다.

③ 아를과 생 레미: 로마의 유산, 문학과 예술의 아우라

아를은 로마의 문화유산과 화가 고흐의 이미지가 착종되는 도시 이미지를 갖고 있다. 지리적으로 론강이 흐르고 있는 아를은 원형 경기장, 고대 공연장(le Théâtre Antique), 그리고 생 트로핌 교회(Eglise St. Trophime) 등으로 인해 오래된 도시라는 인상을 지닌다. 아를이란 지명은 'Arlath'로서 'gaelique'로부터 유래한 것이다.[39] 생 트로핌 교회는 3세기 초 아를 초대 주교인 성 트로피무스에게 헌정한 건축물로서 1100년경에 세워진 것으로 추정된다. 카롤링거 왕조 시대의 교회 터에 세워진 생 트로핌은 회랑으로 유명하다. 생 질(Saint Gilles) 장인의 도움을 받아 만들어진 회랑(Cloisters)은 프로방스에서 가장 우아하고 세련된 건축으로 알려져 있다.[40] 생 트로핌 외에도 로마시대 공동묘지였던 '알리스캉'(les Alyscamps)은 아를의 분위기를 더욱 예스럽게 하는 장소 중 하나이다.

고대 로마의 시저가 세운 도시 아를은 불운의 화가 빈센트 반 고흐가 가장 치열했던 삶의 이야기와 중첩된다. 파리 생활에 지쳐있던 고흐는 원색에 가까운 빛과 훼손되지 않는 자연 풍광을 간직한 아를에 큰 관심을 가졌다. 1888년 2월 아를을 찾은 고흐는 미스트랄이 쓸고 간 후 짙게 드러나는 블루와 밀밭의 노란색에 매료되었다.[41] 당시 아를의 풍경은 화가에게 고향 네덜란드의 풍경 — 전원, 다리, 풍차 등 — 을 연상시

---

39 Jean Paul Clébert, *Guide de la Provence mystérieuse*, Tchou, p. 47.

40 *The Green Guide Provence*, Michelin, 2013, p. 196.

41 David Haziot, *Van Gogh*, Folio-Gallimard, 2007, pp. 278, 290. 이하 David Haziot.

켰으며, 일본판화에 심취되었던 고흐가 아를에서 발견한 투명한 빛과 색채는 우키요에〔浮世畵〕의 강렬한 원색, 그리고 색의 대조에 가까운 것이었다. 아직 산업화가 진행되지 않은 아를 주변은 화가에게 시골 집, 전원, 밀밭, 과수원이 펼쳐지는 이상적인 예술의 장소였다. 인상파 화가들과 달리 고흐는 도시의 근대적인 모습에는 관심이 없었고 소박한 농촌의 일상과 정물, 다리, 그리고 밀밭 등을 선호하였다.[42] 고흐의 걸작들은 대부분 아를과 생 레미(Saint-Rémy)에서 그려진 것들로서 고흐의 예술적 열정은 아를과 생 레미라는 장소의 정신과 분리되어 생각될 수 없다. 생 레미는 고흐가 고갱과의 결별 이후 정신적 고통을 치료받던 생 폴 드 모졸(Saint-Paul-de-Mausole)이 있는 곳으로서 여기에서의 1년간(1889. 5~1890. 5)의 체류는 화가에게 지극히 창조적인 시간이었다.[43] '글라눔'(Glanum)[44]과 같은 고대 유적이 생생하게 남아 있는 생 레미가 고흐의 예술혼이 살아 있는 장소일 뿐 아니라 16세기 초 예언자 노스트라다

〈그림 4〉 고흐의 작품 '밤의 카페 테라스'의 배경이 되었던 카페

42 David Haziot, p. 263.

43 *The Green Guide Provence*, Michelin, p. 228.

44 기원 전 2세기 마르세이유인들이 처음 세운 유적지인 글라눔에는 헤라클레스와 데메테르를 섬긴 흔적이 남아 있다. 그러나 오랫동안 잊혀져 있다가 18세기에 발굴되어 현재 3개의 글라눔 유적이 남아 있다. Jean Paul Clébert, *Guide de la Provence mystérieuse*, pp. 464-466; 469.

무스가 태어난 곳이라는 사실은 흥미로운 점이다.[45] 고흐의 예술 이미지와 노스트라다무스의 불가사의한 스토리텔링이 착종되면서 생 레미는 호소력이 강한 장소의 힘을 얻게 되는 것이다.

더 나아가 아를 지역은 고흐의 이미지와 함께 작곡가 비제(Bizet)의 '아를르의 여인'(L'Arlésienne)과 원작 알퐁스 도데의 이야기가 결합하여 예술의 도시라는 장소의 정체성이 더욱 공고하게 된다.

그러나 한 가지 아쉬운 것은 겨울철 평일의 아를은 대단히 한가하다는 점이다. 그 유명한 반 고흐카페도 문이 닫혀 있었으며, 고흐가 입원해서 명작을 남겼던 생 레미의 유적지도 겨울에는 문을 열지 않았다.

④ 뤼베롱(Lubéron) 지역

프로방스 자연 경관의 중심에 위치하는 뤼베롱은 '그랑 뤼베롱'(le Grand Lubéron)과 '프티 뤼베롱'(le Petit Lubéron)으로 나뉜다. 그랑 뤼베롱은 카바이용(Cavaillon)에서 서쪽으로 마노스크에 이르는 60킬로미터에 이르는 높은 산맥을 말한다. 그랑 뤼베롱 가운데 가장 높은 '무르네그르'(Mourre Nègre)는 해발 1125미터에 달할 정도로 상당히 높은 산악지역이다. 그랑 뤼베롱의 주요 마을은 미라보, 페르튀, 투르 데그, 카드네 그리고 루르마랭 등이다.[46] 작은 뤼베롱(프티 뤼베롱)은 해발 727미터를 넘지 않는 나지막한 산 지역으로서 압트-로리스-카바이용(Apt-Lauris-Cavaillon)의 트라이앵글에 위치하며 보니외(Bonieux), 라코스트(Lacoste), 메네브르(Ménerbes) 등 작은 마을들이 산기슭에 고즈넉이 자리 잡고 있다.

뤼베롱은 문학적 상상력을 통해 지리적인 장소에서 시적 공간으로 다시 태어난다. 우리에게 널리 알려진 알퐁스 도데의 『별: 프로방스 목동의 이야기(*Les Etoiles: Récit d'un berger provençal*)』는 뤼베롱을 시적 공

---

45 *The Green Guide Provence,* Michelin, p. 218.

46 Aué, p. 99.

간으로 재구성한 대표적인 경우이다.[47] 도데가 시적 상상력으로 재창조한 뤼베롱은 자연과 더불어 살아가는 사람들이 말을 잃어버리는 고독한 장소이고 에스테렐과 같은 정령이 사는 동화적인 세계이다. 도데가 묘사하는 뤼베롱은 "해가 저물고 어둠이 찾아오면 고독과 침묵 속에서 신비한 세상이 펼져지고 샘물 소리가 더욱 명료하게 노래하며 연못의 작은 불꽃을 켜는 곳"이다. 도데의 뤼베롱은 하나의 우주론(cosmogony)적 서사로서 목동과 소녀의 머리 위에 은하수가 흐르고 오리온과 플레이아드 성좌(星座)가 불을 켜는 파라다이스로 탈바꿈한다. 주인의 딸 스테파네트와 소년 목동의 순수하고 풋풋한 이야기는 프로방스를 시적 승화의 절정에 이르게 한다.[48] 문학작품으로 재구성된 상상력의 공간을 통해 평범한 장소는 미지의 아우라로 둘러싸이게 된다. 아름다운 이야기와 스토리텔링은 공간을 더욱 신비롭고 풍요하게 만드는 기본 서사 콘텐츠이다.

〈루르마랭〉

그랑 뤼베롱의 마을 루르마랭(Lourmarin)은 '세 개의 종탑'(le village des trois clochers)이라는 별칭을 지닌 마을이다.[49] 오늘날 지극히 평화로운 마을의 분위기와는 달리 루르마랭 마을의 역사는 끔찍한 사건들로 얼룩져 있다. 1348년 페스트가 창궐하여 대부분의 마을사람들이 죽었으며 살아남은 사람들도 이곳을 떠났다. 1475년부터 인근지역 브리앙송이나 이탈리아 피에몬테로부터 온 사람들이 황폐했던 마을에 활력을 불어넣었다. 그러나 종교전쟁이 발발하기 이전 1545년 마을 사람 대부분이 '보두와'(les Vaudois)라는 신교도로 개종했다는 이유로 끔찍한 박해를 받았다.[50] 그러나 오늘날 루르마랭 마을은 뤼베롱 지역에서 가장 아름다운 관광지로서 마을의 핵심적인 문화유산은 루르마랭 성이다. 이곳은 오랜 시간 동안의 복원 작업을 마치고 공개된 고성(古城)의 보존과 활용

---

47 Alphonse Daudet *Lettres de mon moulin*, Larousse, 1999.

48 위의 책, p. 193.

49 루르마랭 성 안내 브로슈어. *Château de Lourmarin, son histoire et la visite.*

50 D. Antonelli, *Lourmarin, Un village - Un château*, PEC, 2002, Aué, p. 101.

은 콘텐츠 기획에 많은 시사점을 주고 있다.

루르마랭 성은 옛 성(Chateua vieux)과 새로 건축한 르네상스 성(Chateau Renaissance)으로 구성되어 있으며, 12~13세기 레 보(les Baux)의 한 가문에 의해 최초로 세워진 건축물은 거의 남아 있지 않다. 고딕 말기 양식의 옛 성은 '풀끄 다구'(Foulques d'Agout)에 의해 1480~1526년 사이에 세워졌으며 르네상스 시대 새로운 성(1526)이 추가되었다. 1920년 리용 출신의 기업가 로베르 로랑-비베르(Laurent-Vibert)가 성을 인수하여 전면적으로 복원하였으며 복원된 성은 이후 엑스 예술 인문학 아카데미에 기증되었다. 루르마랭 성 안에는 르네상스 양식의 건축과 루이 13~14세 시대의 가구들, 17~18세기 귀족들의 거실, 콘서트 룸, 부엌, 식당 등이 잘 보존되어 있어, 루르마랭 성 자체가 당시 귀족들의 일상을 엿볼 수 있는 귀중한 역사적 사료의 가치를 지니고 있다.

〈그림 5〉 루르마랭 성의 내부 전시공간 모습

루르마랭 성을 둘러싼 흥미로운 스토리텔링은 집시들의 저주에 관한 이야기이다. 1920년 리용의 기업인 로베르 로랑-비베르가 성을 인수하기 이전, 이곳은 집시들의 피난처였다. 그러나 새로운 성주는 집시들을 추방하였고 집시들은 쫓겨나면서 벽의 곳곳에 낙서(graffiti)를 남겼는데, 돛단배, 다섯 개의 가지로 된 별 모양의 낙서는 미래의 새 주인들에 대한 저주의 표시였다.[51] 우리는 집시들의 저주가 예언대로 실현되었는지는 잘 알 수 없으나 정사가 아닌 비사(秘史)로서의 이야기가 성의 복원이나 귀족들의 일상과 같은 역사적 사실에 새로운 상상력을 불어넣으며 장소에 신비한 베일을 드리우게 하는 대목은 콘텐츠 기획의 측면에서 중요하다고 볼 수 있다.

루르마랭은 문학적인 분위가 강한 곳이기도 하다. '이방인'의 작가 알베르 카뮈가 말년에 거주했던 곳이고 프로방스의 작가 앙리 보스코의 작품 대부분이 뤼베롱과 루르마랭을 배경으로 하고 있다. 보스코의 대표작 『농가 테오팀』, 『당나귀 퀼로트』 등은 뤼베롱을 신화적인 상상력을 통해 몽상적이고 시적인 공간으로 재창조하였다. 여기서 우리는 지역 문화콘텐츠에 있어서 눈에 보이는 것뿐만 아니라 눈에 보이지 않는 비가시적 문화유산, 즉 작가나 예술가가 재창조한 상상력의 세계와 문학 예술콘텐츠가 지역공간 상상계(l'imaginaire) 구성에 핵심 요소임을 알 수 있다.

〈고르드와 세낭크 수도원〉

고르드(Gordes)에서 바라보는 뤼베롱은 장관을 이루고 있었다. 고르드는 뮈르(Murs)에서 뻗어 내려오는 도도한 맥이 맺히는 곳이다. 고르드는 보니외(Bonnieux)나 루르마랭과 달리 거대한 산맥의 끝맺음으로서 우뚝 솟은 암괴는 견고한 위용을 자랑하고 있었다.

고르드에는 보리(Bories)라고 불리우는 메마른 돌로 쌓아올린 집들(cabanes)이 원형으로 15 킬로미터 이상 펼쳐져 있다. 그렇다면 보리는 어디서 기원하는 것인가? 지금의 보리는 17세기에 구축된 것이라고 주장한다.[52] 중세부터 여러 차례의 페스트가 마을을 덮치자 주민들은 전염병으로부터 벗어나기 위해 돌로 된 집을 지었으며 그 후 차츰 보리는 좀 더 안락하게 구축되었다.

고르드에서 북서쪽으로 3 킬로 미터 떨어진 세낭콜(Sénancole) 골

---

51 Jean Paul Clébert, *Guide de la Provence mystérieuse*, Tchou, p. 249.

52 위의 책, p. 217.

짜기에 위치한 세낭크 수도원(l'abbaye Sénanque)은 라벤더 밭과 엄격하고 검박한 건축 외관으로 관광객들의 시선을 사로 잡는다. 세낭크 수도원(1148)은 실바칸(Silvacane), 또로네(le Thoronet)와 함께 프로방스 자매 '시스테르시안' 수도원 가운데 하나이다. '시스테르시안'(l'ordre cistercien) 수도원은 1098년 수도사 로베르 드 몰렘(Robert de Molesme)은 디종에 최초의 '시또'(Cîteaux) 수도원을 세움으로서 원래 가톨릭의 정신으로 되돌아가고자 하였다. 클루니(Cluny) 종파의 권력 남용과 사치를 격렬하게 비판했던 성 베르나르(1115~1153)의 정신적 영성적 권위 하에 시스테르시안 종단은 유럽 전역으로 영향력을 확장하였다. 성 베르나르는 무소유(dénuement), 엄격함(austérité)의 덕목을 실천하고 노동과 기도의 가난한 삶을 강조함으로써 사치로 인해 부패한 가톨릭 교회에 신선한 바람을 불러 일으켰다.[53] 세낭크 수도원에서 보듯이, 시스테르시안 건축양식은 극단적인 절제와 엄격함의 윤리를 그대로 반영하고 있으며 모든 화려한 장식은 제외되었다. 시스테르시안 수도원은 매우 기능적이고 헐벗은(dépouillé) 건축양식으로서 수도사들이 노동과 빈한한 삶을 영위하고 명상과 침묵을 실천하기 가장 적합한 공간이었다. 시스테르시안 건축의 전형인 세낭크 수도원은 특히 침묵과 명상을 강조하였다. 침묵은 수도생활의 가장 기본적인 덕목으로서 5세기 경 성 브누와(Saint Benoît)의 가르침에 따른 것이다. 침묵은 단지 소리의 부재를 뜻하는 것이 아니라 기도와 명상에 몰입하기 위한 수단이었고, 수도사들의 집단적인 침묵은 매우 밀도가 높은 것으로서 신의 경청이 거주하는 침묵이었다.[54] 비록 오늘날 수도원이 관광객들에게 공개되었지만 여전히 성 베르나르와 브누와의 정신이 곳곳에 깊숙이 스며있음을 느낄 수 있었고 수도원 입구에 대형 종교서적 서점에서 시스테르시안의 엄격하고 검박한 삶의 기율을 확인할 수 있었다.[55] 세낭크에서 보낸 짧은 시간은 여행

53 Jean-François Bazin, *L'ABCdaire des Cisterciens et du monde de Cîteaux*, Flammarion, 1998, p. 44. *Abbaye Notre-Dame de Sénanque*, Editions Ouest-France, 2003.

54 위의 책, p. 108.

55 그러나 1544년 '보두와'(Vaudiois)라는 신교도들이 세낭크 수도원을 습격하여 불을 질렀

에서 자칫 들뜨기 쉬운 마음을 추스르고 삶에 대해 경건한 마음을 갖게 하는 밀도 있는 순간이었다.

〈그림 6〉 세낭크 수도원 전경

〈퐁텐느 드 보클뤼즈〉

퐁텐느 드 보클뤼즈(La Fontaine de Vaucluse)는 에메랄드 빛의 맑은 물이 흐르는 작은 마을이다. 이 마을의 이야기와 스토리텔링의 핵심은 230미터 절벽에 위치한 라 퐁텐느 동굴에서 발원하여 마을 전체를 관통하는 복류천이다. 퐁텐느 동굴의 샘물의 깊이는 90미터에 달한다. 동굴에서 솟아나는 물은 방투산에서 뤼베롱과 뤼르 고원에 이르는 거대한 물 저장고에서 솟아나오는 것으로 추정된다.[56]

보클뤼즈의 두 번째 이야기는 이탈리아 음유시인 페트라르카와 이상적인 여인 로르에 관한 이야기이다. 14세기 페트라르카는 로르를 찾아 이곳을 방문하였고 로르에 관한 이야기를 자신의 소네트로 찬양하였다. 그러나 페트라르카는 로르가 페스트로 사망하자 절망한 나머지 유럽 전역을 떠돌다가 이곳에 정착하여 말년을 보내게 된다. 이상적인 여

으며 이로 인해 수도원 공동체는 파괴되고 쇠락을 길을 걷게 되었다.

56 Jean Paul Clébert, *Guide de la Provence mystérieuse*, Tchou, p. 196. "On a admis 〔…〕 que la resurgence de la Fontaine de Vaucluse capte toutes les eaux d'infiltration sur une immense superficie, du Mont Ventoux au Lubéron et à la montagne de Lure."

인 로르를 노래한 음유시인의 애틋한 사랑의 이야기는 이 마을의 정체성을 형성하는 뿌리 이야기로 자리 잡으면서 이곳을 찾는 사람들에게 다양한 스토리텔링 방식으로 전달된다. 로르와 페트라르카의 이야기는 단순한 역사적인 사실을 넘어 미지의 아우라와 상상계로 자리 잡으면서 마을의 이미지와 콘텐츠의 핵심이 된다.

⑤ 레 보 드 프로방스: 릴케의 추억과 발타자르의 전설

라이너 마리아 릴케는 1909년 어느 날 '레 보'(Les Baux)를 방문하고 이곳의 인상을 루 안드레아스 살로메(Lou Andreas-Salomé)에게 보내는 편지에 다음과 같이 적고 있다. "안르레아스. 당신은 '레 보'라는 이름을 들어보셨나요? 꽃의 전원 가득한 생 레미에서 출발하여 이곳에 오면 갑자기 모든 것이 돌과 바위로 변하게 됩니다. 완전히 벗어버린 계곡이 열립니다. 경사가 급한 길을 따라가자 계곡은 곧 닫혀버리고 서로 어깨동무를 하고 있는 세 개의 산이 나타납니다. 〔…〕 바로 정면에 매우 이상한 암괴덩어리가 먼 하늘에 박힌 듯 스스로 윤곽이 드러납니다. 이곳으로 인도하는 길은 거대한 폐허(그것이 산의 잔해인지 탑의 잔해인지는 잘 모르겠지만)로 막혀있기 때문에 우리는 영혼을 저 위 텅빈 곳으로 가져가야 합니다."[57] 독일 시인 릴케가 느낀 레 보는 루르마랭이나 생 레미의 아름다운 전원이 아니라, 거대한 암괴와 돌들이 매우 사납게 돌출되어 있고 곳곳에 동굴이 있는 헐벗은 프로방스의 풍경이었다. 인간사는 언제나 자연사 앞에서 무력하고, 자연사의 위업에 경탄할 수밖에 없는 것인가? 자연의 파괴적인 힘이 조각한 바위, 돌, 산의 모습은 단아하고 정연한 고전미가 아니라 바로크의 그로테스크이며 기괴함이다.

방문자가 느낀 것도 100년 전 이 곳을 다녀간 시인의 인상과 크게 다르지 않았다. 알피유(Les Alpilles) 산맥의 끝자락 돌산 위에 세워진 레 보는 견고한 바위와 바위를 뚫고 만든 거주지이다. 레 보는 광물성의 세계였다. 광물성의 세계에서 여행자는 풍상(風霜)의 무상함을 느낄 수 있

57 Lucien Clergue, *Les Baux de Provence*, Actes Sud, 2000, p. 35.

었다. 세월과 바람이 조각한 암괴들, 과거 화려한 영광을 일게 해주는 고성의 잔해들, 벌집 모양의 성채의 벽, 공룡의 이빨처럼 날카롭게 돌출한 기암 들. 날카롭고 헐벗고 메마른 풍경을 상쇄하는 것은 군데군데 꿋꿋하게 서 있는 편백나무들 뿐이었다.

레 보의 전설은 이곳의 이미지를 더욱 신비하게 만든다. 레 보의 성주들은 그들의 무기에 16개의 줄무늬가 있는 신비한 별 모양의 문장을 장식하였다. 별의 기원은 잘 알려져 있지 않으나 전설에 따르면, 이 곳을 방문한 동방박사 발타자르(Baltazar)로부터 그 기원을 찾고 있다.[58] 이후 레 보의 성주들은 자신들이 발타자르의 후예라고 주장한다. 이 외에도 단테가 다녀갔고 장 콕토가 '오르페우스의 유언'(1960)을 촬영하였다는 사실은 '레 보'라는 장소에 예술의 베일을 드리우기에 충분하다.[59]

문화콘텐츠의 측면에서 레 보의 볼거리 가운데 하나는 프로방스 전통 인형(santons 이하 상통) 전시관이다. 레 보의 프로방스 '상통' 전시관은 아기 예수 탄생에서 일상생활 민속에 이르기까지 다양한 전통적인 테마들을 '상통'이라는 콘텐츠를 통해 스토리텔링하고 있다. 진흙으로 빚어진 프로방스 '상통' 콘텐츠의 창시자는 장 루이 라넬(Jean-Louis Lagnel, 1764-1822)이다. 마르세이유 출신 라넬은 일반 민중이 손쉽게 구할 수 있는 진흙으로 아기 예수 탄생과 같은 성스러운 이야기나 전통 의상과 살아가는 모습 등 민속(folklore)을 담은 '상통'을 '발명'하였다.[60] 이후 '상통'은 프로방스 생활문화의 중요 요소로서 지역 관광의 가치를 높이는 콘텐츠가 되었다.[61]

58 Jean Paul Clébert, *Guide de la Provence mystérieuse*, p. 102.

59 Lucien Clergue, *Les Baux de Provence*, Actes Sud, 2000, p. 105.

60 Gilbert Orsini, Laurent Giraudou, *Le Petit monde des santons de Provence*, Equinoxe, 2010.

61 한 가지 아쉬운 것은 이 곳의 명물인 동굴 전시가 겨울철에는 폐쇄된다는 점이다. 2014년 봄부터는 '키스' 시리즈로 유명한 클림트의 그림들이 전시될 예정이다.

〈그림 7〉 상통 박물관 전시모습

⑥ 퐁비에이으(Fontvieille)와 '풍차 방앗간' 스토리텔링

레 보 드 프로방스와 아를의 중간 지점에 위치한 퐁비에이으를 상징하는 랜드마크는 도데의 풍차이다. '도데의 풍차'는 알퐁스 도데의 『나의 풍차 이야기』(*Lettres de mon moulin*)로 인해 프로방스 관광의 아이콘이 되었다. 퐁비에이으는 도데의 풍차로 널리 알려진 것에 비해 매우 작고 소박한 마을이다. 만일 알퐁스 도데의 풍차방앗간 이야기가 없다면 퐁비에이으는 관광지로서의 매력을 상실했을 것이다. 따라서 우리는 퐁비에이으를 통해 이야기와 스토리텔링이 장소 이미지 구성에 결정적인 요소임을 다시 한번 확인할 수 있었다.

알퐁스 도데는 19세기 후반 제2제정 시대에 프로방스가 급격한 산업화의 길을 걷자 유서깊은 프로방스에 대한 강한 노스텔지어를 『나의 풍차 이야기』로 표현하였다. 산업화된 프로방스는 정체성을 상실한 프로방스이므로 곧 사라질 운명에 놓여 있는 전통과 풍습을 문학이라는 미학적 공간으로 옮겨 놓아야 한다. 전통적인 모습들이 구체적인 현실에서 소멸하더라도, 문학은 과거의 삶을 심미적 가치로 승화시킨다. 문학 이야기 속에 담겨진 옛 이야기와 장소 스토리텔링은 오늘날 작은 마을 퐁비에이으의 장소성을 매력적으로 만드는 핵심요소이다.

〈그림 8〉 퐁비에이으 언덕에 남아 있는 풍차. 안에 알퐁스 도데 전시실이 있다.

가령 마을 퐁비에이으의 이미지는 도데가 그리는 풍차 방앗간 이야기와 겹쳐진다. 풍차 방앗간은 주인공이 쓸쓸하게 홀로 앉아 '임대인'(locataire) 늙은 부엉이와 마주하는 작고 아늑한 공간이다. 풍차 안에서 바라보는 바깥세계의 풍경은 정겹기 그지없다. 퐁비에이으의 풍경은 "예쁜 소나무 숲이 빤짝거리고 〔…〕 지평선에는 알피유 산들이 세련된 능선을 선명하게 모습을 드러내는 곳"이다.[62] 파리의 소음과 번잡함으로부터 벗어난 주인공이 마음의 평화를 찾는 퐁비에이으는 각종 동물들이 편안하게 서식하는 천국이다. 도데의 풍차방아간의 스토리텔링은 바로 옛 프로방스의 이야기이고 고향을 상실한 현대인들에게 복고(rétro)의 취향을 불러 일으키는 스토리텔링이다. 도데가 시적으로 재구성한 프로방스는 친밀한 서사 공간으로서 구체적인 현실과 장소에 신비한 분위기와 아우라를 부여하는 중요한 스토리텔링이자 콘텐츠이다.

⑦ 바농(Banon)

뤼르 고원에 위치한 바농은 산세가 매우 안정되고 견고한 편이었다. 왼쪽과 오른쪽으로 뻗어 있는 산자락들은 마을을 단단히 껴안고 있는 형국이었다.

---

62 Alphonse Daudet *Lettres de mon moulin*, Larousse, 1999, p. 43.

〈그림 9〉 바농의 책방 블뢰에. 조그만 마을에 있는 이 서점의 안은 엄청난 규모이다.

바농 마을 한가운데 매우 큰 규모의 서점 블뢰외(Bleuet)가 있었다. 시골 마을 바농에 아담하면서도 커다란 서점이 있다는 자체가 여행자들에게 의아하고 놀라운 사실이었다. 대도시 대형서점에 버금가는 수많은 책들이 미로와 같은 지하공간에 가득차 있었다. 서점 블뢰에와 책의 존재는 마을의 격(格)을 한 단계 높혀 주면서 일상문화가 책문화를 통해 살아 있음을 짐작케 하였다. 책은 가장 중요한 문화 콘텐츠로서 마을 바농의 정체성과 매력의 한 축이다.

다른 한편 바농은 지오노의 단편 『나무 심은 사람』의 주인공 엘제아르 부피에가 말년에 호스피스에서 평화롭게 생을 마감한 곳이기도 하다. 작고 소박한 산 마을 바농의 이미지와 장소콘텐츠는 엘제아르 부피에라는 지오노의 인물과 분리되어 생각될 수 없다. 20세기 대표적인 작가의 『나무 심은 사람』의 이야기로 인해 바농은 문학적 상상력과 강력한 문화 이미지를 얻게 된 것이다.

⑧ 까마르그(Camargues)와 생트 마리 드 라 메르(Sainte-Marie-de-la Mer)

까마르그는 론강과 지중해가 만나는 장소로서 지형이 항상 유동적이다. 론강 델타 지역에 위치하는 이 지역은 겨우 해발 4미터 50센티 정도로 바다 수면과 거의 동일한 저지대이다. 10만 헥타르 면적 가운데 8만 2

천 헥타르가 지역 자연 공원[63]인 까마르그는 야생말과 들소 사육과 논농사가 가능한 곳이다.

카마르그 지역자연공원 끝자락에 위치한 마을 생트 마리 드 라 메르(이하 생트 마리)는 성인들의 이야기, 집시 축제로 유명하다. 생트 마리는 예루살렘으로부터 건너온 성인들의 이야기로 인해 장력한 장소의 힘을 얻는다. 가톨릭 전통에 따르면 1세기경 예수 그리스도 사후에 성모 마리아의 자매 마리 자코베와 마리 살로메, 사라, 라자로, 마리 마들렌 그리고 예수 제자들의 어머니들이 신의 은총에 힘입어 이곳 까마르그 연안에 기착하였다는 이야기가 전한다.[64] 그 가운데 마리 자코베, 마리 살로메, 사라 만이 이곳에 정착하여 예수의 말씀을 전파했을 것이라는 이야기이다. 특히 생트 마리는 흑인 성녀 사라를 기리기 위해 유럽 각지에서 집시들이 모여들어 축제를 벌이는 곳이기도 하다.[65] 여기에서도 역사적인 사실과 스토리텔링, 성경이라는 단단한 이야기의 원형이 있음으로 해서 장소는 강력한 이미지를 구축하게 되는 것이다. 생트 마리 역시 엑스, 아를, 아비뇽과 함께 마찬가지로 성스러움(le sacré)이 장소콘텐츠의 힘을 구성하는 데 핵심 요소임을 확인해주는 마을이었다.

⑨ 에즈(Èze)

엄밀하게 말해 에즈는 프로방스 지역에 속하는 것이 아니지만, 이번 답사에서 빼놓을 수 없는 중세마을이었다. 옛 교회, 건물, 아틀리에, 관광상품 가게 등 중세의 분위기가 지배적이었으나 마을에 강한 엑센트를 줄만한 콘텐츠는 발견되지 않았다. 그러나 뜻밖에 마을의 어귀에 적혀 있는 "니체의 길(le Chemin de Nietzsche)"을 따라가면서 중세마을 에즈의 또 다른 공간 콘텐츠 기획의 가능성을 보았다. 에즈는 '짜라투스트라'의 철학자 프리드리히 니체가 이곳에 머물며 명상을 한 곳이다. 니체는 건

63 Aué, p. 169.

64 Jean Paul Clébert, p. 452.

65 Aué, pp. 175-176.

강상의 이유로 이탈리아 프랑스 등 기후가 온화한 지중해 지역을 여행하면서 이곳을 사랑한 '남녘의 사상'(Pensée du Midi)가였다. 원래 남녘의 사상가라면 알베르 카뮈를 지칭하는 말이다. 그러나 우리는 알베르 카뮈의 정신적인 스승인 니체의 『즐거운 지식』(*Le Gai Savoir*)에서 지중해의 사유, 즉 남녘 사상의 원형을 만나게 된다. 에즈의 '니체의 산책길' 끝자락에서 만나는 '즐거운 지식'의 글귀는 니체의 사상을 요약하고 있다. "오 그리스인들이여, 그대들은 사는 것이 무엇인지를 터득하였노라. 용감하게 표면과 주름과 피부에서 멈추어라. 외양을 숭배하고 형태, 소리, 단어 그리고 외양의 올림포스 전체를 믿는 것이 중요한 일이다. 그리스인들은 깊이에서 벗어나 표피적이었다." 이것은 감각과 감성을 경시하고 항상 추상적인 사유의 깊이에서 진리를 찾으려는 관념주의자들에 대한 경고와 도전이다. 니체는 예술을 경유하지 않는 삶은 의미가 없고 진리에 죽지말자고 외쳤다. 니체는 소크라테스의 변증법적 산파술이야말로 인간적인 것을 폄하하는 잘못된 사유방식이라 하였다.[66] 니체에게 있어서 관념과 진리가 중요한 것이 아니라 감각적인 것, 즉 인간적인 것의 진실이 중요한 것이다. 그에게 삶의 진실은 감각과 같이 겉으로 드러나는 현상에서 비롯되는 것이지 심오하고 깊은 진리에서 나오는 것은 아니

〈그림 10〉 에즈마을 니체의 산책길 설명 게시판

66 Luc Ferry, *Le Sens du Beau*, Livre de Poche, 2008, pp. 146-147.

다. 여기서 말하는 외양과 피상성은 감각적인 것, 즉 인간적인 것을 말하며 인간적인 것은 예술로서 승화된다.

중세마을 에즈는 철학자 니체가 이곳에 머물며 철학적 명상을 했다는 사실 하나만으로도 새로운 문화공간콘텐츠 기획에 뿌리가 되는 스토리텔링의 가능성을 갖고 있다. 에즈 마을에서 니체의 산책로는 마을의 새로운 문화기획과 정체성 구축에 핵심적인 콘텐츠이다.

결론을 대신하여

우리는 프로방스 지역 답사를 통해 남유럽의 문화콘텐츠의 역사적 사실의 측면과 문화콘텐츠의 원형, 그리고 도시 문화정체성에 관해 살펴보았다. 이번 답사를 통해 도시공간문화콘텐츠는 주로 역사적 사실의 층위, 문화적 원형의 층위, 상상력과 감성적 수용의 층위에서 구성된다는 것을 확인하였다.

성공적인 공간콘텐츠는 위의 세 가지 요소를 모두 갖추어야 한다. 엑스, 아비뇽, 아를의 경우에서 보듯이. 프로방스의 도시공간에는 역사와 기억의 기층이 탄탄한 깊은 전통과 문화재, 그리고 곳곳에서 숨쉬고 있는 예스런 랜드마크와 이야기가 골고루 갖추어져 있다.

도시문화공간콘텐츠 구성에서 빼놓을 수 없는 것은 공간과 장소의 정체성과 그에 대한 감성적 접근과 도시 상상계 구축이다. 도시 상상계 구축을 그리스어 '창조하다'를 뜻하는 '포이에시스'(poiesis)라고 한다면, '포이에시스'의 핵심요소는 공간의 상상력과 판타슴, 문화적 정체성이다. 장소에 상상력이 투사되면 장소는 하나의 일관된 이야기(신화) 텍스트로 구성되고 그곳은 퍼스낼리티와 같은 장소성(les hauts lieux)을 획득한다. 프로방스의 뤼베롱 산간 마을, 보클뤼즈, 아를, 생 레미, 아비뇽 등은 전통적인 정체성을 갖춘 장소들(cites of characters)로서 이 지역의 독특한 모습을 빚어낸다.

지역의 정체성과 장소의 혼(魂)을 구성하는 요소들은 건축, 조각, 회화 등의 문화재와 자연 경관, 그리고 지역을 대표하는 인물들이다. 장구한 역사와 풍부한 이야기는 도시와 장소의 독특한 정신과 영혼의 형성에 결정적인 요소이다. 지리적인 개념인 프로방스는 수많은 문인 예술가 들에 의해 상상의 프로방스로 재구성된다.

어떤 도시나 장소에 대한 꿈과 환상 그리고 상상력의 투사는 오랜 시간 동안 이미지와 함께 이야기로 만들어지며 도시 서사는 결정적인 문화예술 자산이 된다. 여기서 장소나 문화자산을 매력적이고 호소력이 강한 이야기로 만들어 내는 것은 문화유산 그 자체 만큼이나 중요하다. (프로방스의 경우, 문화적 자산 이외에 각종 문화 정보와 이야기의 풍부성, 포토 에세이와 같은 이미지 서적들, 문학과 예술에 관한 이야기와 작품이 많다는 점은 주목해야 할 부분이다.) 시간과 이야기의 퇴적은 장소의 정체성과 정신을 조소하며 정체성과 정신이 살아 있는 장소에는 신비한 분위기나 아우라가 분출되기 마련이다.

답사란 장소가 지니는 독특한 분위기와 아우라를 직관으로 파악하고 감각적으로 향유하는 행위이다. 답사란 눈에 보이는 것만을 기록하는 것이 아니라 눈에 보이지 않는 것들도 포착하고 해석하는 지극히 인문적 행위이다. 인문적 행위로서의 답사는 눈에 보이는 단 하나의 현실이 아니라 다양한 현실(현장)에 귀를 기울이고 그 현장에 새로운 의미를 부여하는 모종의 해석학이다. 문화콘텐츠 인문학이 필요한 이유는 답사의 현장이 눈에 보이는 현실뿐만 아니라 과거의 역사, 시간의 켜, 생활의 흔적들 그리고 인문적 상상력이 빚어낸 보이지 않는 현실로 구성되어 있기 때문이다. 여기서 말하는 현장과 장소는 가시적인 현상 뒤에 숨어 있는 암호와 같은 기호로 쓰여진 텍스트이고 현장-텍스트는 해석행위에 의해서만 의미의 지층을 드러낸다. 그러므로 인문적인 기반이 결여된 과학적 분석은 중층적인 텍스트의 표층만을 규명할 뿐 텍스트의 심층, 장소의 내밀한 공간, 장소의 '주름'을 탐사하지 못하는 한계를 지닌다. 현장이라는 텍스트의 지층으로 들어가는 통로는 무수히 많으며 장소와 공간을 향유하는 방법도 하나가 아니라 매우 다양하다.

답사의 핵심은 현장의 정보를 수집하거나 도식적인 조각 지식을 획득하는 행위가 아니라 현장이라는 살아 있는 텍스트로부터 의미를 길어 올려 새로운 텍스트를 구성하는 행위로서 궁극적으로 심미적 행위가 된다. 심미적 경험이란 지극히 상업적이고 기능화된 일상의 껍질을 벗어버리고 개인이 삶의 지평에서 구체적으로 감각과 의미를 획득하는 행위를 말한다. 답사행위는 계획된 의도가 그대로 실현되는 것이 아니라 현장과 장소에서 뜻밖의 진정한 즐거움을 맛보는 행위이다.

여기서 말하는 즐거움과 쾌락이란 '주이상스'(jouissance)로서의 즐거움을 말하는 것이고,'주이상스'는 근본적으로 각질화된 일상 현실로부터의 해방이며 새로운 창조를 위한 해방이다.[67]

그러므로 한 지역과 장소를 답사한다는 '주이상스'와 심미적 경험에 바탕을 둔 인문적 실천이어야 한다. 답사의 구체적인 경험과 상상력은 역사, 일상문화, 장소의 아우라, 자연경관 등으로부터 얻어진다. 하나의 문화공간과 장소를 구성하는 핵심요소들(자연지형, 문화유산, 역사 기록과 흔적, 생활문화, 도시경관)은 심미적 경험의 대상들이다.

장소를 온몸으로 느끼는 답사는 지극히 심미적 행위이고 그것에 인문적 해석과 상상력이 가해질 때 즐거움은 더욱 커진다. 예컨대 르네상스 음유시인 페트라르카가 이상적인 여인 로르를 그리워하며 보클뤼즈를 거닐었으며 방투 산을 탐험한 역사적 사실을 상기할 때 보클뤼즈 여행의 상상력은 배가되는 것이다. 장소에 대한 아우라는 반드시 관광행위를 통해서만 형성되는 것은 아니다. 예컨대 알퐁스 도데의 '따르타랭 타라스콩' 이야기와 고흐의 '타라스콩으로 가는 길'의 이미지가 중첩된다면 프로방스는 단순한 지리적 장소나 관광지가 아니라 동경과 환상의 공간으로 재구성될 것이다. 유럽의 많은 작가들이 피렌체나 베니스, 로마에 대해 동경과 판타슴을 갖고 있었고 이것이 그들의 문학적 상상력의 밑거름이 되었음은 주지의 사실이다. 괴테는 피렌체와 로마의 설레임을 표현하였고 프루스트와 토마스 만은 항상 베니스를 동경하였으며 유럽

67 Hans-Robert Jauss, *Pour une esthétique de la réception*, Gallimard, 1978, pp. 130-131. 독일어 원텍스트 *Kleine Apologie der ästhetidschen Erfahrung*, Verlagsanstalt, Constance, 1972.

화가들은 토스카나와 피렌체를 선망하였다. 문화적 체험이 강조됨에 따라, 장소에 축적된 역사적 사실과 이에 대한 인문적 해석, 심미적 경험과 상상력은 답사와 관광에 있어서 더욱더 요구되는 맥락이다. 프로방스는 자연경관, 문화재, 문화콘텐츠, 생활문화와 아울러 장소에 대한 인문적, 예술적 열정이 빚어낸 역사적 상상력의 공간이다. 예술은 자연을 모방하지만 자연은 예술에 의해 완성되는 것이다. 프로방스의 경우가 그러하다.

6 인문학 기반의 '문화콘텐츠학' 수업론 정립을 위한 시론

머리말

흔히 대학의 목표는 연구와 교육이라고 말한다. 그러나 안타깝게도 최근 교수들의 업적평가와 관련하여 대부분의 역량이 연구에 치우치고 있는 실정이다. 이러한 현상은 대학의 교육이 현실과 유리되어 있다는 비판에 직면하게 된 가장 큰 이유가 아닌가 한다.

특히 문화콘텐츠 분야는 신생학문으로서 새로운 방법론의 정립을 위한 연구방향의 축적도 중요한 반면,[1] 학생들을 어떠한 인재로 양성할 것인가 하는 교육목표 및 그에 입각한 구체적인 수업론도 정립되어야 하는 이중과제를 안고 있다고 할 수 있다.

인문학 바탕의 문화콘텐츠 분야에서는 교과과정에 대한 검토를 크게 두 차례 시도한 바 있다.[2] 그러나 이러한 교과과정이 수업 현장에서

---

* 출전: 김기덕·김동윤, 「인문학 기반의 '문화콘텐츠학' 수업론 정립을 위한 시론」, 『인문콘텐츠』 41, 2016.

1 최근 신광철은 문화콘텐츠학 연구사 정리의 문제를 다시 제기하였는데, 이러한 연구사 정리는 문화콘텐츠 방법론 모색에 있어서 중요한 과제라고 할 수 있다. 신광철, 「문화콘텐츠학 연구사 정리의 방향과 과제」, 『인문콘텐츠』 38, 2015 참조.

2 2003년에 〈문화콘텐츠 교과과정의 현황과 과제〉로 『인문콘텐츠』 2호 특집이 있었으며(신광철, 김교빈, 안이영노, 고기정, 조관연, 김기덕), 2014년에 다시 『인문콘텐츠』 32호 기획특집으로 교과과정을 검토하였다(신광철, 한혜원, 김영재, 김평수·박치완).

구체적으로 어떻게 반영되며, 그와 관련된 수업론의 방향은 어떻게 되어야 하는가에 대한 분석 시도는 없었다. 실제 문화콘텐츠 분야의 수업의 경우, 과목명은 비슷할지라도 강의안 및 구체적인 수업전개는 강의자에 따라 편차가 크다. 이것이 반드시 문제라고 할 수는 없지만 크게 보아 문화콘텐츠 분야 수업에 대한 공감대 형성은 필요하다고 할 수 있다. 이 점은 각 수업과목에 대한 구체적인 교재나 관련 필독도서가 정립되어 있지 못하다는 점과도 밀접한 관련이 있다고 할 수 있다.[3]

필자는 '문화콘텐츠'라는 광범위한 개념에서 인문학 바탕의 문화콘텐츠를 추구하는 학과들이 학과명을 '문화콘텐츠학과'라고 한 점을 항상 고려해야 한다는 것을 밝힌 바 있다.[4] 이 점을 언급하는 것은 일반적인 문화콘텐츠 전체의 방법론 및 수업론과 인문학 바탕의 문화콘텐츠학과의 방법론 및 수업론은 차별성이 있어야 한다는 점을 명확히 하고자 함이다. 바로 이 점에서 본 글에서 주제로 하는 인문학 기반의 문화콘텐츠학 수업론의 과제가 도출될 수 있다. 첫째, 과연 '인문학 기반'이라는 것이 무엇이며, 어떻게 수업에 반영되어야 하는가 하는 점이다. 둘째, 인문학 기반의 문화콘텐츠학과는 각 학교의 성격에 따라 다소 차이는 있지만, 기본적으로 문화콘텐츠산업의 '기획인재'를 양성하는 것을 목표로 한다. 따라서 본 글에서 검토할 수업론의 과제는 이러한 목표를 염두에 두면서 전개되어야 할 것이다.

한 가지 더 첨언할 것은 본 수업론은 문화콘텐츠학과 학부생을 대상으로 검토한 것임을 밝힌다. 다른 학문 분야도 다소 그러하지만, 특히 문화콘텐츠 분야는 학부생과 대학원생 중 누구를 대상으로 하느냐에 따라 수업론에 커다란 차이가 있기 때문이다.

---

3 이러한 문제의식에서 2014년 인문콘텐츠학회 동계학술대회는 '인문학 기반 문화콘텐츠학 필독서 선정과 교과목 활용방안'이라는 주제로 개최된 바 있다. 본 글도 그때의 발표문을 수정 보완한 것임을 밝힌다. 이때의 발표문 중 두 편은 이미 논문으로 발표된 바 있다. 박치완·유제상, 「문화콘텐츠학의 정체성 확립을 위한 필독서 선정 방안」, 『인문콘텐츠』 39, 2015; 박기수, 「문화콘텐츠학과 독서 프로그램의 가능성」, 『인문콘텐츠』 39, 2015.

4 김기덕, 「문화콘텐츠의 등장과 인문학의 역할」, 『인문콘텐츠』 28, 2013, 21-24쪽.

문화콘텐츠학 수업의 특징과 어려움

문화콘텐츠학은 이제 10년 정도가 경과한 신생 학문이다. 따라서 필자가 생각하는 수업론을 전개하기 전에 먼저 그동안의 경험으로 체득한 문화콘텐츠학 수업의 특징을 두 가지 측면에서 제시해 보고자 한다.

(1) 학부와 대학원 수업의 비교

머리말에서 밝힌 것처럼, 문화콘텐츠 분야는 학부생과 대학원생과의 기본 수준이 매우 다르다. 이것은 너무나 당연한 것이지만 타학문과 달리 실제 문화콘텐츠 분야에서는 이 점이 종종 무시되고 있어 문제가 된다고 생각한다. 이것은 문화콘텐츠 관련 학과들이 학부가 먼저 생긴 경우는 드물고 먼저 대학원 과정에서 개설되었기 때문이다. 학과의 전임교수들이나 담당 강사들은 대부분 오랜 동안 대학원 과정에서 문화콘텐츠 분야 강의를 담당하였다. 학부 과정이 개설된 것은 대체로 최근 몇 년 동안 집중되었기 때문이다.

그 결과 많은 경우 대학원에서의 강의와 학부의 강의를 거의 동일하게 진행하는 경향이 있다. 물론 문화콘텐츠 분야는 최신 경향이 덧붙여지는 경우가 많아 학부나 대학원이나 공통적인 소재가 타 학문보다 많은 편이다. 그러나 학부와 대학원을 구분하지 않는 경우, 대학원 수업에서는 문제되지 않던 수업이 학부 수업에서는 기대했던 만큼의 반응과 효과를 얻지 못하는 경우가 많다.

대학원생은 이미 학부에서 획득한 기본지식을 가지고 수업에 임하는 반면, 학부생은 기본 지식이 형성되지 않는 상태에서 수업에 참여한다. 비유적으로 말한다면, 학부생 수업은 마치 '레일이 깔려 있지 않은 상태에서 기차를 운행시켜야 하는 것과 같은' 어려움이 있다.

물론 이러한 점은 어느 학과나 마찬가지라고 할 수 있을 것이다. 그러나 이 점은 특히 인문학 바탕의 문화콘텐츠 분야를 추구하는 학과의 경우 더욱 그러하다고 할 수 있다. 이 점을 명확히 인식하기 위해서는 문화콘텐츠학의 특성을 고려해야 한다. 앞서 언급했듯이, 현재의 문화콘텐츠학과는 기본적으로 인문학 바탕의 문화콘텐츠를 추구한다는 점에서 '인문콘텐츠학과'라고 할 수 있다.[5] '인문학 바탕의 문화콘텐츠'라는 개념에 대한 이해는 전문가 집단이나 대학원생 수준에서 크게 문제되지 않을 수 있지만, 학부생의 수준에서 이에 대한 올바른 이해는 결코 쉬운 것이 아니다. 인문학은 실용학문과는 달리 그 기초적인 내용을 숙지하기까지 많은 시간과 노력이 필요하기 때문에 과연 이 목표를 어떻게 달성할 수 있을 것인가 하는 점이 과제이다.[6] 바로 이 때문에 위에서 언급한 학부생 수업의 문제점은 특히 인문학 바탕의 문화콘텐츠학과에서 직면한 당면 과제라고 할 수 있다.

실제 문화콘텐츠학과 수업을 하다 보면 학부생들은 대학원생들과는 달리 이해되지 않는 부분이 있으면 바로 반응한다. 이때 반응의 방식은 적극적인 질문만이 아니라 반대의 성향도 나타난다. 즉 이해되지 않아 집중력이 떨어지는 얼굴표정이나 더 나아가 이러한 상황이 누적되면 수업의 몰입도가 현저히 저하되는 행동을 보인다. 일반적으로 대학원생들은 이미 다양한 지식 섭렵을 통해 전공에 대한 일정한 수준의 기초지식과 이해력을 갖추고 있는 반면, 학부생들은 그렇지 않다. 학부생의 경우 다양한 문사철의 인문학 및 예술 분야 수업에 있어서,[7] 구체적인 설명이 수반되지 않으면 수업 내용을 충분히 이해하고 따라가기 어렵다.

게다가 학부는 본전공생 외에도 다전공을 비롯하여 타 학과생들이 다수 수강하는 등 수강생 구성이 다양하다는 점도 수업을 더욱 어렵게 하는 요인으로 작용한다.

---

5 문화콘텐츠학과의 전국적 분포 및 성격에 대해서는 다음을 참조. 김기덕, 「문화콘텐츠학의 등장과 인문학의 역할」, 『인문콘텐츠』 28, 2013, 21-26쪽. 본 글에서 문화콘텐츠학과라고 했을 경우, 특별한 언급이 없는 경우에는 인문학 바탕의 문화콘텐츠학과를 상정한 것임을 밝힌다.

6 이러한 이유로 학부 수준에서 인문학 바탕의 문화콘텐츠의 구현이 과연 가능한 것인가 하는 의문은 항상 상존하고 있다고 할 수 있으며, 이에 대한 해답을 현재의 인문학 바탕의 문화콘텐츠학과에서는 해결해 주어야 하는 과제가 있다고 할 수 있다.

7 전국의 대부분의 인문학 바탕의 문화콘텐츠학과의 경우, 저학년에서는 이러한 인문예술 소양을 배양하는 수업을 많이 반영하고 있다.

(2) 문화콘텐츠학과와 다른 학과 수업의 비교

기존 학과의 경우, 유관 인접 학문들이 본 전공의 수업을 — 비유적으로 표현한다면 — '그물처럼 받쳐준다'고 하겠다. 달리 말한다면, 사전에 이해하도록 본 전공의 수업을 도와주는 과목들이 있다고 볼 수 있다. 그러나 문화콘텐츠학과는 이를 뒷받침하는 인접학과들이 현실적으로 존재하지 않으므로, 모든 개념들을 새롭게 만들어 나가야 하는 어려움을 겪고 있다. 문화콘텐츠학을 뒷받침하는 지식으로서는 전통적인 문사철이나 예술과목이라고 할 수 있는데, 문화콘텐츠학과 학생들에게는 이러한 과목들이 매우 생소하고 대단히 부담스럽게 다가온다는 점에서 타학과와 근본적인 차이가 있다고 할 수 있다.

타학과의 경우에는 강의수강에서 있어 과목에 대한 관용성이 상대적으로 큰 반면, 문화콘텐츠학과의 경우에는 강의 관용도가 낮다는 점을 지적할 수 있다. 예를 들어 기존의 전통적인 인문학 학과의 경우, 수강생들은 담당교수가 자기 예상과 다른 주제나 이야기를 하여도 일단 따라오는 경향이 있지만, 문화콘텐츠학과 학생들은 이러한 수업진행 방식을 잘 수용하지 않으려고 하는 경향을 보인다. 이 점이 실제로는 인문학 바탕의 문화콘텐츠학과 수업에 있어 교수들이 수업 현장에서 부딪치는 어려운 점이라고 할 수 있다.

이러한 상황을 잘 말해주는 유머같은 이야기가 있다. 대학원생은 담당교수의 강의를 이해하지 못하면 자기 책임이다. 자기가 수준이 낮은 것이다. 그래서 불만을 갖지 않는다. 그러나 학부는 반대이다. 강의가 이해되지 않으면 교수 책임이다. 왜 그런 강의를 하는지 학부생들은 불만을 갖는다. 이러한 점은 특히 개성이 강하고 다양한 장르별 관심이 차별성이 있는 학생들이 모인 문화콘텐츠학과 학부생 대상 강의에서 유념해야 할 점이라고 생각한다.

또한 문화콘텐츠학과는 문화현장 및 현재성과의 연계성이 매우 강한 학문이라고 말할 수 있다. 이는 궁극적으로 문화콘텐츠학 수업이 산업적 활용과 응용성이라는 목표에 도달해야 하기 때문이다. 따라서 기존 학과 예를 들어 역사학과의 경우 과거의 역사적 사실 자체에 집중하는 것이 가능하지만, 문화콘텐츠학과에서는 과거의 역사적 사실을 설명하더라도 이것을 현재의 맥락 속에서 이야기를 풀어나가야 한다. 즉 기본적으로 과거에 대한 언급으로 끝나는 것은 문화콘텐츠학 수업에서는 용인되지 않는다. 그것을 얘기하는 현재적 이유가 항상 존재해야 한다. 만일 이러한 '현재성'이 결여된다면, 문화콘텐츠학 수업은 순수 인문학 혹은 인문적 '콘텐츠'가 부족한 문화산업 일반론이나 경직된 역사수업에 머물게 될 것이다. 바로 이 지점에 문화콘텐츠학과 수업의 어려움이 있는 것이다.[8]

인문학 기반 문화콘텐츠학과의 수업 방향

이러한 수업상의 난제들을 극복하기 위해 새로운 수업론의 방향이 모색될 필요가 있다. 본 글에서는 다섯 가지로 이 점을 제시해 보고자 한다.

(1) 맥락적 압축인문학

인문학 기반의 문화콘텐츠학과라고 했을 때에, 과연 학생들에게 어떠한 인문학 분야를 어떻게 교육시킬 것인가 하는 점이 첫 번째 당면하는 수업론의 과제일 것이다. 인문학 기반이라는 것이 교과목에 인문학 과목 몇 개를 넣었다고 해결되는 것은 아닐 것이다. 과연 어떻게 이제 갓 대학에 입학한 학생들에게 그 넓고 원대한 인문학적 사고와 축적물을 이해시킬 수 있단 말인가? 필자는 이 점에 대하여 압축인문학을 고민할 필요가

8 박상천은 문화콘텐츠학과 창설 초기의 인문학의 강조에서 이제 테크놀로지, 미디어의 차원으로 우리의 생각의 초점이 바뀌어야 한다는 점을 제안한 바 있다(박상천, 「테크놀로지, 미디어, 문화콘텐츠」, 『인문콘텐츠』 37, 2015). 이러한 관점의 확장은 당연히 받아들여야 하겠지만, 그러한 확장도 기본적인 인문콘텐츠적인 요소가 충족된 상태에서 시도되어야 할 것이다. 물론 단계적인 차원만을 얘기하는 것은 아니다. 최소한 함께 추구되어야 한다. 그렇지 않다면 정체성을 잃어버리고 기술 속에서 방황하는 결과를 가져올 것이다. 더욱이 교수 수준의 연구 차원이 아니라 학생 차원의 수업 및 교육 차원으로 가면 더욱 그러할 것으로 생각한다.

있음을 제기한 바 있다.[9]

압축인문학이란 짧은 시간 내에 인문학적 사유를 훈련하기 위해, 먼저 핵심 시기나 중요 쟁점이 되는 주제를 선택하여 학습하는 것이다. 문학, 철학, 역사의 인문학 분야에서 시기적으로 아주 중요한 때, 예를 들어 르네상스, 한국의 영정조시대와 같이 시대적 맥락을 이해하기 위해 반드시 학습되어야 하는 시기, 그리스신화, 불교와 같이 보편적 문화현상을 이해하기 위해 반드시 학습되어야 하는 주제를 수업과목으로 설정하는 것이다.

물론 과목의 설강은 학과의 사정이나 담당교수의 구성에 의해 다소 바뀌겠지만, 그래도 가장 많은 정보와 지식, 그리고 여러 문화적 현상과 결합되는 가장 중요한 주제 및 시기를 선택하는 것이 효율적일 것이다. 어차피 짧은 시간 안에 인문학적 소양을 갖추는 것을 목표로 해야 하므로, 많이 인용되고 다른 주제로까지 확산될 수 있는 중요 쟁점 시기 및 소재를 선택하는 것이 좋을 것이다.

압축인문학의 소재는 현대사회의 쟁점도 포함된다. 예컨대 문화콘텐츠학과 수업에서 세월호 참사 문제도 대상이 될 수 있다. 현 한국사회의 최대 쟁점을 문화콘텐츠 차원에서 치유하는 작업도 중요한 과제이기 때문이다. 이 경우 세월호 참사에 대한 인문학적 성찰은 현사회를 이해하는 압축인문학적 주제가 될 수 있을 것이다. 현시대의 모든 문제를 대상으로 할 수는 없으나, 가장 이슈가 되는 소재를 맥락적으로 이해하고 그에 대한 치유의 기획을 시도하는 것은 유용할 것이다.[10]

물론 이러한 중요 시기 및 쟁점에 대한 수업은 항상 '맥락적' 이해를 수반하는 것이 필수적이다. 그렇지 않다면 앞서 언급한 바 문화콘텐츠학과 학생들은 그 수업의 필요성을 납득하지 않을 것이며, 수업 효과도 떨어질 것이다. 짧은 시간 내에 압축인문학 수업이 이루어지려면 해당 시

9 김기덕, 「인문학과 문화콘텐츠」, 『인문콘텐츠』 32, 2014, 16-18쪽.

10 세월호 참사에 대한 인문학적 성찰에 대해서는 다음을 참조할 수 있다. 김기봉, 「질주하는 과학기술시대 인문학이 필요한 이유」, 『인문콘텐츠』 35, 2014, 16-22쪽.

기 및 주제에 대한 맥락적 이해를 수반해야 하며, 이것이 가장 중요한 수업론의 하나가 될 것이다. 그런 점에서 각 문화콘텐츠학과에서는 압축인문학 대상 수업과목에 대한 공통적 논의가 필요하며, 그와 관련하여 시대적 맥락에 입각한 요령 있는 교재가 집필되어야 한다.[11]

압축인문학이 주요 시기 및 주제를 맥락적으로 이해시킨다고 했는데, 실제 수업방법론에 있어서는 좀더 고려되어야 할 것이 있다. 필자는 압축인문학을 구현하기 위한 또 다른 방법론으로 역추적의 인문학 방법론과 고전 연계 OSMU 인문학 방법론을 제시해 보고자 한다.

(2) 역(逆)추적의 인문학

인문학 기반의 문화콘텐츠학과에서 인문학 관련 수업을 진행할 경우, 기존의 전통적인 인문학 수업방식과 결정적인 차이가 하나 있다고 생각한다. 그것은 전통적인 인문학 수업은 그 주제 및 시기로 바로 들어가도 된다. 조선시대 강의라면 바로 그 시대 사건이나 주제로 들어가고, 고전문학이라면 해당 작품으로 바로 들어가도 전혀 문제가 되지 않는다. 철학 분야도 그러하다.

그러나 인문학 기반의 문화콘텐츠학과 수업에서는 그렇지 않다. 바로 수업 대상이 되는 시기 및 주제로 들어가면 학생들은 왜 그러한 수업을 해야 하는지를 납득하지 않는다. 물론 주제에 따라 다소 차이는 있으나, 기본적으로 인문학 기반의 문화콘텐츠학과 수업에서는 그 수업을 하는 현재적 의미를 반드시 설명해야 한다. 그리고 이 점은 수업 처음에만 해당하는 것이 아니다. 매 수업마다, 또는 매 주제마다 그 내용이 왜 문화콘텐츠학과에서 필요한 것인가를 설득해 주어야 한다.

필자는 그러한 점을 고려하여 역추적의 인문학 수업방법론을 제시한 바 있다.[12] 예를 들어 문화콘텐츠의 창출에 있어 동서양의 고전과 전통문화가 반드시 필요하다는 데에 대해서는 누구도 이의를 달지 않을 것

---

11 문화콘텐츠학과의 교재 문제는 뒤에 다시 언급할 예정이다.

12 김기덕, 「문화콘텐츠의 등장과 인문학의 역할」, 『인문콘텐츠』 28, 2013, 25쪽.

이다. 그러나 실제 교육현장에서는 그러한 문제의식이 있다고 하더라도, 바로 고전이나 전통문화를 강의하면 설득력이 떨어진다. 먼저 문화콘텐츠 창출물 중에서 그러한 고전이나 전통문화를 활용한 사례를 제시해 주어야 한다. 이처럼 현대의 문화콘텐츠 창출물에 있어서도 많이 활용되기 때문에 고전이나 전통문화에 대한 이해가 필요하다는 점을 충분히 제시해 주어야 한다. 그리고 이 점은 역시 수업 처음만이 아니라 계속해서 매 소재마다 해 줄 수 있으면 그만큼 좋은 수업이 된다.

영화감독 박홍식은 인문콘텐츠학회 심포지엄에서 서사학을 강조하면서 현재의 문화콘텐츠 작품과 인문학적 지식의 연계를 강조한 바 있다.[13] 예를 들어 영화 〈해리포터와 마법사의 돌〉의 한 장면을 소개하였다. 이것은 주인공 아이들이 지하방에 내려가려고 하는데 머리 셋 달린 개가 지키고 있는 장면인데, 이 개는 헬라스신화에서 지하세계 하데스의 입구를 지키는 개 케르베로스이다. 여주인공 아이의 이름은 헤르미오네인데 트로이아 전쟁의 원인이 되었던 헬레나의 딸 이름이 헤르미오네이다. 박홍식은 영화 장면을 보면서 이러한 인문학적 지식을 알아야 작품이 제대로 이해된다는 점을 지적하였다. 그런데 역추적의 인문학 방식으로 얘기하면, 신화 수업에 있어 다양하게 문화콘텐츠 작품에 차용되고 있는 이러한 사례들을 먼저 제시한 후 신화 수업의 필요성을 얘기하거나, 신화 수업 중간중간에 문화콘텐츠 작품에 담긴 이러한 사례를 함께 제시함으로써 수업의 정당성과 효율성을 높일 수 있을 것이다.

이 점은 현대 한국사회에서 유행처럼 번지고 있는 인문학에 대한 중시에 있어서도 활용될 수 있다. 현재 기업에서도 인문학을 통한 창의성 개발이 많이 시도되고 있다. 그러나 이 경우 실제로는 순수 인문학을 강의하는 차원에서 더 나아가 역추적의 인문학을 전개할 때에 더욱 효과가 클 것이다. 예를 들어 김교빈은 아모레퍼시픽 회사가 박지원의 『열하일

13 박홍식, 「이야기학의 정립을 위하여: 서양의 이야기 역사 그리고 문화콘텐츠학의 역사적 맥락」, 『인문콘텐츠』 28, 2013, 34-40쪽.

기』의 정신을 배우고 있다는 점을 소개한 바 있다.[14] 이 경우 이미 『열하일기』와 관련된 많은 소재와 주제들이 영화 및 애니메이션, 전시, 박물관 등에 유사한 형태로 소개된 것들을 먼저 활용한다면 훨씬 실감나고 생동감 있는 인문학 강의가 될 수 있을 것이다. 특히 청나라, 몽고족, 초원 등과 관련된 다양한 문화콘텐츠는 많이 축적되어 있다. 이러한 점들을 역추적의 인문학 방식으로 활용할 필요가 있을 것이다.

아마도 대부분의 문화콘텐츠학과 수업에서는 이러한 방식을 어느 정도는 시도하고 있을 것이다. 그러나 필자는 이러한 방식이 전면화되었을 때에 문화콘텐츠학과 수업론이 정립되었다고 할 수 있을 것이라고 생각한다. 그러했을 때에 앞에서 언급한 바, 짧은 시간에 인문학의 핵심에 도달할 수 있는 압축인문학의 성과가 가능할 것이며, 인문학 소양과목에 대하여 학생들이 승복하고 몰입할 수 있을 것이다. 아울러 필자는 이러한 역추적의 인문학 방식의 사례집이 가장 중요한 수업교재의 방향이 되어야 한다고 생각한다.

(3) 고전 연계 OSMU 인문학

주요한 문학작품은 영화 및 애니메이션 등으로 재창작된다. 필자는 이러한 OSMU(One Source Multi Use)의 모범사례를 중심으로 문화콘텐츠학과 수업이 이루어져야 한다는 점을 제시한 바 있다. 즉 인문학 중에서도 가장 중요한 고전이 지속적으로 OSMU된다. 그것은 시대가 바뀌어도 그 의미와 교훈이 보편성을 가지면서도 끊임없이 재창조되기 때문이다. 따라서 문화콘텐츠학과에서 인문학적 소양을 길러주는 수업은 가장 OSMU 활용이 많이 된 작품을 중심으로 그것의 의미와 활용을 추적하여 보여주는 것이 되어야 할 것이다.[15]

필자의 경우로 예를 든다면, 빅토르 위고의 『노트르담 드 파리』와 『레미제라블』을 반드시 활용하고 있다. 이 두 작품은 그동안 만화, 영화,

14 김교빈, 「인문학, 그리고 인문콘텐츠의 힘」, 『인문콘텐츠』 36, 2015, 10-11쪽.

15 김기덕, 앞의 「인문학과 문화콘텐츠」, 17쪽.

애니메이션, 공연, 뮤지컬 등 수많은 콘텐츠 생산으로 OSMU의 대표적인 사례라고 할 수 있다.[16]

문화콘텐츠의 필독도서는 이러한 OSMU의 대표 사례들을 반드시 포함하여야 할 것이다. 이러한 수업 방식은 당연히 중요한 고전을 읽도록 유도할 수 있다는 장점이 있다. 흔히 고전 연계는 미리 수업 시간에 고전을 먼저 읽는 것만을 생각하는 경향이 있다. 물론 그렇게 할 수 있다면 가장 바람직한 것이지만, 필자는 효과적인 수업을 진행한 후, 수업 이후에라도 그 수업과 관련된 고전을 읽도록 유도하는 방법도 현실적으로 고려할 필요가 있다고 생각한다. 먼저 동기유발이 충분히 되어야 실행에 옮겨질 수 있기 때문이다.

(4) 기획 위주의 수업 지향

인문학 기반의 문화콘텐츠학과는 약간씩의 차이는 있을지라도 기본적으로 문화콘텐츠산업의 기획인재 양성을 목표로 하고 있다. 그러나 기획이 결코 쉬운 것이 아니다. 따라서 다양한 인문학 도움을 효율적으로 받기 위하여 앞에서 몇 가지 수업방법론을 제시하였다.

그러나 이러한 수업방법론도 기본적으로 '기획 능력' 향상이라는 목표를 위해 모색된 것이다. 그런데 필자가 속한 건국대학교 문화콘텐츠학과 사례를 반성해 보더라도 실제 '기획' 능력의 향상이 만족스럽게 이루어지지 않고 있다. 먼저 기존 커리큐럼을 보면 〈표 1〉과 같다. 크게 입문기초 - 인문·문화·융합 분야 기본 소양 교육 - 심화교육 - 기획실습으로 구성되어 있다.

16 최근 MSMU나 트랜스미디어 스토리텔링 개념이 등장하면서, 마치 OSMU는 폐기되어야 할 과거의 단순한 개념으로 인식되는 경향도 일부 있다. 그러나 OSMU는 인문학 및 원형에 기반하는 인문콘텐츠 측면에서는 아직도 대단히 유효한 단순명쾌한 개념이라고 생각한다. 특히 매체의 중요성을 강조한다 하더라도, 역시 중심은 핵심 콘텐츠라는 점에서, One Source의 중요성을 강조한 OSMU 개념은 유효하다고 생각하며, 본 글에서는 이 용어를 사용하여 논지를 전개하였음을 밝힌다.

〈표 1〉 건국대 문화콘텐츠학과 학부과정 로드맵(기존)

1학년	2학년	3학년	4학년
Basic 〔8〕	Major: Medium 〔14〕	Major: Advanced 〔15〕	Major: Special 〔6〕
〔입문(2)〕 문화콘텐츠학입문〔1-1〕 인문정보학입문〔1-1〕	**〔인문/문화-기본(8)〕** 문화코드와 콘텐츠〔2-1〕 신화와 콘텐츠〔2-1〕 예술콘텐츠연구〔2-1〕 문화와 사회〔2-1〕 서양고전과 콘텐츠〔2-1〕 스토리텔링의 세계〔2-2〕 영상문화의 이해〔2-2〕 동양고전과 콘텐츠〔2-2〕	**〔인문/문화-심화(4)〕** 성서와 스토리텔링〔3-1〕 영화캐릭터 연구〔3-1〕 글로벌문화의 이해〔3-2〕 탈무드와 창의적 사고〔3-2〕	**〔인문/문화-심화(1)〕** 문화이론심화연구〔4-2〕
〔고전/문화(2)〕 한국문화콘텐츠분석〔1-2〕 서사의 이해〔1-2〕	**〔문화-융합/기초(3)〕** 도시와 문화콘텐츠〔2-2〕 미디어와 콘텐츠〔2-2〕 한류문화연구〔2-2〕	**〔문화-융합/심화(5)〕** (산업a)만화/애니메이션산업론〔3-1〕 (산업b)게임문화산업론〔3-1〕 (기술)문화테크놀로지이해〔3-1〕 (마케팅)문화마케팅연구〔3-2〕 (융합미디어)소셜미디어콘텐츠〔3-2〕	**〔기획실전/현장실습(5)〕** 문화콘텐츠현장실습〔4-1〕 공모전실습〔4-1〕 문화콘텐츠영문리딩〔4-1〕 문화콘텐츠기획제작인턴십〔4-2〕 문화기획실전실습〔4-2〕
〔창의/탐사(2)〕 문화콘텐츠인프라탐사〔1-1〕 창의적 발상의 전환〔1-2〕	**〔창의-심화(2)〕** 콘텐츠와 창의적 노트〔2-1〕 상징과 이미지〔2-2〕	**〔기획/프로듀싱-응용/실습(6)〕** (공연)공연/예술기획론〔3-1〕 (축제)축제/전시/이벤트기획론〔3-1〕 (출판)출판기획론〔3-2〕 (게임)게임기획론〔3-2〕 (테마파크)테마파크산업론〔3-2〕 (응용/실습)스토리텔링실습〔3-2〕	
〔도구/실습-기초(2)〕 사진콘텐츠실습〔1-1〕 멀티미디어콘텐츠실습〔1-2〕	**〔도구/실습-기본(1)〕** 문화콘텐츠 표현기법 실습〔2-1〕		

그런데 이러한 교육과정을 운영하면서, 실제 진행과정에서 두 가지의 문제점이 드러났다. 하나는 대부분의 수업계획이 각 수업주제를 이해한 후 후반부에 기획실습을 함께 수행하는 방식이었는데, 대부분 수업의 진행은 수업 주제에 대한 분석 수준에 머무르는 결과를 가져왔다. 다른 또하나의 문제점은 수업 제목에 '기획'이 들어간 본격적인 기획수업은 대부분 외부 강사나 겸임교수가 담당하는 방식이 되었다. 그런데 이마저도 전임교수의 기존 인문학 중심의 강의와 연계가 부족하여 서로 따로 노는 결과를 초래하였다. 이러한 점을 검토한 결과 한마디로 수업의 '연계'가 부족하다는 점을 실감하게 되었다.

따라서 이후 개편된 교육과정에서는 수업의 '연계'를 가장 중요시하여 2016년부터 다음과 같이 보완하였다. 하나는 인문학 분석과목과 기획과목을 명확히 분리하는 것이다. 또 하나는 모든 전임교수들이 이러한 인문학 분석과목과 기획과목을 자신의 세트과목으로 담당하는 것이다. 즉 전임교수들이 자신의 주전공에 맞게 인문학 소양과목과 기획과목을 함께 담당하여, 결국 인문학 바탕 위에서 다양한 기획능력을 향상시키도록 하였다. 예를 들어 필자의 경우 한국문화콘텐츠분석-한국문화콘텐츠기획처럼 분석과 기획을 세트화시킨 것이다. 다른 사례를 든다면 〈도시문화콘텐츠연구-도시문화콘텐츠기획〉, 〈예술콘텐츠연구-예술콘텐츠기획〉, 〈공간콘텐츠연구-공간콘텐츠기획〉, 〈영상콘텐츠분석-영상콘텐츠기획제작실습〉, 〈스토리텔링연구-스토리텔링기획〉 등으로 세트 수업화한 것이다. 이 점을 반영한 것이 〈표 2〉의 새로운 교육과정이다.

〈표 2〉 건국대 문화콘텐츠학과 학부과정 로드맵(2016년 시행)

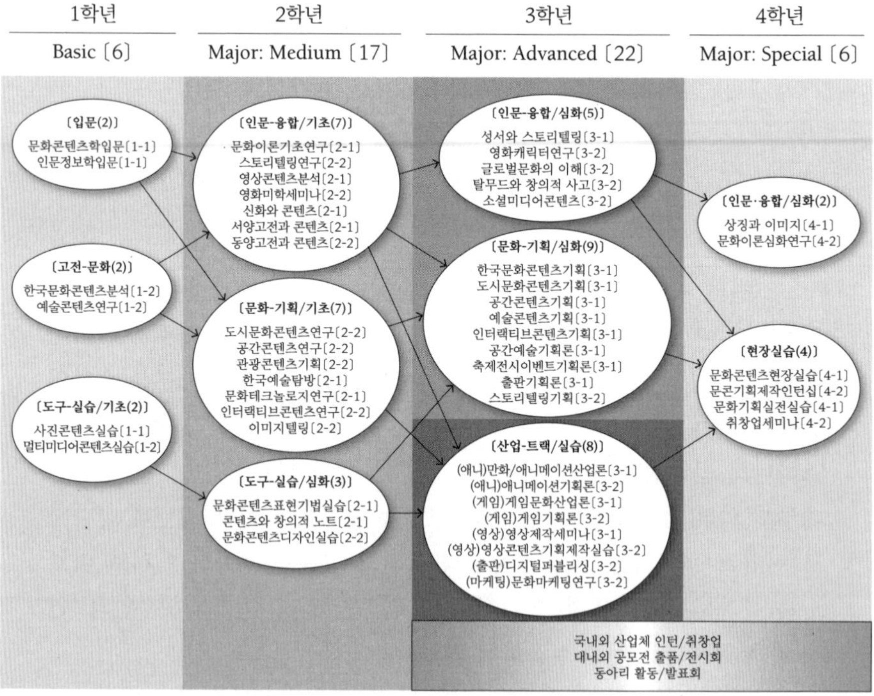

(5) 수업의 효율화를 위한 교재개발

강의에 필요한 필독도서와 문화콘텐츠학에 부합하는 '정전'의 정립은 수업론을 활성화하기 위해 반드시 필요한 것이다. 전통적인 인문학 관련 학과들과 달리 문화콘텐츠학과 과목의 경우 대체로 하나의 '전범'이라고 말할 수 있는 구체적인 교재가 정해지지 않은 경우가 많다. 각각의 학부수업에 부합되는 주교재뿐만 아니라 부교재나 참고도서와 같은 간접적 교재 선정도 용이한 상황이 아니다. 더욱이 문화콘텐츠학과에서 가장 큰 비중을 차지하는 '문화기획' 관련 수업에 있어, 관련 교재는 실제적으로 전무한 실정이다. 이는 수업 자체뿐만 아니라 수업을 위한 예습 및 복습이라는 측면도 매우 어렵게 한다는 점에서, 앞으로 교재 선정의 문제를 심도있게 논의할 필요가 있다고 본다.이러한 점은 예전부터 지적되어 왔으나, 수업의 내실화를 위하여 더 이상 미룰 수 없는 과제라고 생각한다. 아울러 수업론과 관련된 사례분석도 학회지 『인문콘텐츠』에서 하나의 분야로 설정하여 지속적으로 논문화되어 발표될 필요가 있다는 점도 제안하고자 한다.

한 가지 더 언급할 점은 PPT 수업방식에 관한 것이다. 문화콘텐츠 수업에서는 대부분 PPT 방식이나 동영상을 많이 활용하고 있다. 그러나 PPT 수업도 매우 세심한 주의가 필요하다. 관련 교재와 연동되지 않거나, 최소한 보조 수업자료와 연계되지 않는 PPT 위주의 수업은 실제 수업효과가 크지 않다는 점을 고려할 필요가 있을 것이다. 예를 들어 수업내용을 복습하고자 할 경우나, 아니면 수업에 부득이 빠져서 보완해야 할 경우, 또는 수업내용을 좀더 이해하고자 할 경우, 과연 PPT 자료만으로 가능할 것인가? 사실상 PPT 수업은 매우 효과적이면서도 또한 매우 불친절한 수업 방식이라는 양면성이 있다는 점을 인식해야 한다. 한번의 특강은 의미있을지 몰라도 지속적인 수업은 반드시 인쇄된 설명자료와 함께 PPT 수업이 이루어져야 한다는 점을 강조하고 싶다. 바로 이 점에서도 어떤 형태로든 교재의 필요성은 심각하게 요청된다고 생각한다.[17]

17 건국대의 경우 PPT 방식을 전혀 사용하지 않고, 기존 종이책을 요령있게 집중적으로 설명

건국대 문화콘텐츠학과 필독도서 선정 사례

(1) 필독도서의 필요성과 선정 기준

문화콘텐츠 분야에서 흔히 언급하는 영국의 창조산업의 뿌리는 영국 문학 전통과 분리해서 생각할 수 없다.[18] 고전이란 어떤 특정한 시대가 보여주는 이데올로기적 쟁투의 산물이 아니라, 수많은 세월을 거치면서 비판과 공격을 견디어낸 후에도 여전히 남아 있는 인류의 지적 심미적 윤리적 자산이라고 할 수 있다. 따라서 고전은 어느 시대에나 다양한 쓰임새와 활용의 원천으로 기능할 수 있다. 영국의 창조경제는 모든 창조적 행위는 바로 인문 고전의 전통에서 배태된다는 점에 주목한 것이다. 따라서 인문주의와 교양과 고전은 영국의 창조경제의 동학으로 작용한다.

문화콘텐츠 연구란 중요한 소재와 키워드를 추출하고 그것을 맥락적으로 이해한 다음, 이 시대 트렌드에 부합하는 창조적 해석을 통하여 문화콘텐츠 작품 기획에 기여하는 것이다. 따라서 크게 ① 소재에 대한 맥락적 이해를 도와주는 책, ② 소재에 대한 키워드 추출 방법론에 해당하는 책, ③ 소재의 현대적 의미 창출을 도와주는 책, ④ 현대적 기술 및 매체에 대한 이해를 도와주는 책으로 구분할 수 있다.

(2) 필독도서 선정과 범주[19]

① 소재에 대한 맥락적 이해

• 문명사(철학 역사)에 대한 이해

하는 수업에서 학생들의 몰입도가 오히려 좋은 결과가 나왔다. 물론 이는 수업 주제 및 내용, 담당교수의 능력 등 여러 변수가 있겠지만, 한번 심각하게 PPT 강의방식과 교재 연계를 심각하게 생각하게 해준다. 딱 맞는 교재가 아직 없다면 프린트본 교재라도 함께 진행해야 한다는 점을 강력하게 지적하고자 한다.

18 김동윤, 「창조적 문화와 문화콘텐츠의 창발을 위한 인문학적 기반 연구: '융합 학제적' 접근의 한 방향」, 『인문콘텐츠』 19, 2010, 431-432쪽.

19 이 '필독도서 목록'은 건국대학교 문화콘텐츠학과 교수진의 추천에 의해 작성된 것임을 밝힌다. 전체 종수는 수업과 연계한 실제 실현가능성을 염두에 두고 50권 이내로 하고자 했다.

• 이미지와 예술에 대한 기본 이해
• 원형과 상상력에 대한 기본적인 이해
• 문학작품(OSMU 활용도가 높은 작품)에 대한 이해

② 소재에 대한 키워드 추출 방법론
• 스토리텔링(장소 공간 콘텐츠)
• 문화이론(문화학)

③ 소재의 현대적 의미 창출(창조적 해석)
• 문화콘텐츠학 입문(글로벌 트랜드 포함)
• 창조경제에 대한 이해[20]

④ 현대적 기술(CT) 및 매체에 대한 이해
• 미디어에 대한 이해
• 문화기술과 SNS에 대한 이해

(3) 필독도서 목록

주제	세부 분류	필독 독서	수업연계
소재에 대한 맥락적 이해	문명사에 대한 이해	주현성, 『지금 시작하는 인문학』, 더좋은 책, 2012	문화이론기초연구
		아폴로도로스, 천병희 옮김, 『원전으로 읽은 그리스 신화』, 숲, 2004	신화와콘텐츠
		새뮤얼 헌팅턴, 이희재 옮김, 『문명의 충돌』, 김영사, 1997	문화이론기초연구

20 한국에서 창조경제는 다소 정치적 용어로 작용하기도 한다. 그러나 본 글의 필독도서 제시에서 제시한 '창조경제'는 이러한 한국적 상황을 염두에 둔 것만이 아니라, 보편적인 차원에서 '창의성'이 구현되는 문화산업의 구현이라는 목표를 염두에 둔 것임을 밝힌다.

주제	세부 분류	필독 독서	수업연계
소재에 대한 맥락적 이해	문명사에 대한 이해	재레드 다이아몬드, 김진준 옮김, 『총·균·쇠: 무기 병원균 금속은 인류의 문명을 어떻게 바꿨는가?』, 문학사상사, 2005	문화이론심화연구
		마빈 해리스, 박종열 옮김, 『문화의 수수께끼』, 한길사, 2006.	한국문화콘텐츠분석
		노르베르트 엘리아스, 박미애 옮김, 『문명화과정』, 한길사, 1996	문화이론심화연구
		도널드 서순, 정영목 옮김, 『유럽 문화사 1,2,3,4,5』, 뿌리와이파리, 2012	서양고전과콘텐츠
		요한 호이징하, 김윤수 옮김, 『호모루덴스』, 까치, 2007	공연예술기획론
	이미지와 예술에 대한 기본 이해	미르체아 엘리아데, 이재실 옮김, 『이미지와 상징』, 까치, 1998	상징과이미지
		레지스 르브레, 정진국 옮김, 『이미지의 삶과 죽음: 서구적 시선의 역사』, 글항아리, 2011	상징과이미지
		존 버거, 최민 옮김, 『다른 방식으로 보기』, 열화당, 2012	영상콘텐츠분석
		마르타 스트러큰 외, 윤태진 외 옮김, 『영상문화의 이해』, 커뮤니케이션북스, 2008	영상콘텐츠기획제작실습
		부르크하르트, 지봉도 옮김, 『이탈리아 르네상스 이야기』, 동서문화사, 2011	서양고전과콘텐츠
		딕 헵디지, 이동연 옮김, 『하위문화: 스타일의 의미』,현실문화연구, 1998	도시문화콘텐츠분석
	원형과 상상력에 대한 기본적인 이해	칼 G 융, 이부영 외 옮김, 『인간과 상징』, 집문당, 2013	상징과이미지
		질베르 뒤랑, 유평근 옮김, 『신화비평과 신화분석』, 살림, 1998	신화와콘텐츠

주제	세부 분류	필독 독서	수업연계
소재에 대한 맥락적 이해	원형과 상상력에 대한 기본적인 이해	크레티앵드트루와, 최애리 옮김, 『그라알이야기』, 을유문화사, 2009	스토리텔링기획
		엘리아데, 이동하 옮김, 『성과속』, 역민사, 2006	서양고전과콘텐츠
	OSMU 활용도가 높은 문학작품 이해	공자, 『논어』	동양고전과콘텐츠
		일연, 『삼국유사』	동양고전과콘텐츠
		빅토르 위고, 정기수 옮김, 『파리의 노트르담』, 민음사, 2005	영화캐릭터연구
		빅토르 위고, 정기수 옮김, 『레 미제라블』, 민음사, 2012	영화캐릭터연구
		주호민, 『신과 함께』, 애니북스, 2010.	한국문화콘텐츠기획
소재에 대한 키워드 추출 방법론	스토리텔링 (장소 공간 콘텐츠)	크리스토퍼 보글러, 함춘성 옮김, 『신화 영웅 그리고 시나리오 쓰기』, 비즈앤비즈, 2013	영화캐릭터연구
		제랄드 프랭스, 최상규 옮김, 『서사학이란 무엇인가』, 예림기획, 1999	스토리텔링연구
		로버트 맥키, 고영범 옮김, 『Story: 시나리오 어떻게 쓸 것인가』, 민음인, 2002	스토리텔링기획
		시모어 채트먼, 김경수 옮김, 『이야기와 담론: 영화와 소설의 서사구조』, 푸른사상, 2003	영상콘텐츠분석
		앤드류 글래스너, 김치훈 옮김, 『인터랙티브 스토리텔링』, 커뮤니케이션북스, 2006	스토리텔링기획
		자넷 머레이, 환용환 옮김, 『인터렉티브 스토리텔링』, 안그라픽스, 2001	공간콘텐츠기획
		크리스티안 미쿤다, 신혜원 옮김, 『금지된 장소 연출된 유혹』, 참솔, 2005	공간콘텐츠분석

주제	세부 분류	필독 독서	수업연계
소재에 대한 키워드 추출 방법론	문화이론 (문화학)	미셸 푸코, 오생근 옮김, 『감시와 처벌』, 나남, 2002	문화이론기초연구
		장 보드리야르, 하태환 옮김, 『시뮬라시옹』, 민음사, 2001	영상콘텐츠분석
		발터벤야민, 최성만 옮김, 『기술복제시대의 예술작품, 사진의 작은 역사 외』, 길, 2007	도시문화콘텐츠 분석
		제레미 리프킨, 이경남 옮김, 『공감의 시대』, 민음사, 2010	도시문화콘텐츠 기획
		아즈마 히로키, 이은미 옮김, 『동물화하는 포스트모던』, 문학동네, 2007	만화/애니메이션 산업론
		아즈마 히로키, 장이지 옮김, 『게임적 리얼리즘』, 현실문화연구, 2005	게임기획론
		필립 스미스, 한국문화사회학회 옮김, 『문화이론』, 이학사, 2008	문화이론기초연구
소재의 현대적 의미 창출 (창조적 해석)	문화 콘텐츠학 입문	이어령, 『디지로그』, 생각의 나무, 2006.	문화콘텐츠학입문
		박치완 외, 『키워드 100으로 읽는 문화콘텐츠 입문사전』, 꿈꿀권리, 2013	문화콘텐츠학입문
		인문콘텐츠학회, 『문화콘텐츠 입문』, 북코리아, 2006.	문화콘텐츠학입문
		유홍준, 『나의 문화유산 답사기 시리즈』, 창비, 1993~2015	한국문화콘텐츠 분석
	창조 경제에 대한 이해	앤디 프랫 외, 박조원 외 옮김, 『문화경제의 창의성과 혁신』, 한국문화관광연구원, 2011	도시문화콘텐츠 기획
		프레데릭 마르텔, 권오룡 옮김, 『메인스트림』, 문학과지성사, 2012	글로벌문화의이해

주제	세부 분류	필독 독서	수업연계
현대적 기술(CT) 및 매체에 대한 이해	미디어에 대한 이해	헨리 젠킨스, 김정희원, 김동신 옮김, 『컨버전스 컬처 올드 미디어와 뉴 미디어의 충돌』, 비즈앤비즈, 2008	인터랙티브콘텐츠 연구
		마셜 매클루언, 김상호 옮김, 『미디어의 이해: 인간의 확장』, 커뮤니케이션북스, 2012	소셜미디어콘텐츠
	문화 기술과 SNS에 대한 이해	니콜라스 네그로폰테, 백욱인 옮김, 『디지털이다』, 커뮤니케이션북스, 1999	소셜미디어콘텐츠

이상 필독도서는 원칙적으로 학생들의 피드백이 수반될 때에 진정한 의미가 있을 것이다. 이 점은 마지막 항목에 제시한 수업연계를 통하여, 몇 년간의 누적 경험을 통해 보완되어야 할 것이다. 이러한 과제를 염두에 두고 일단 본 글에서는 고전 연계 수업의 방향성을 제시하였음을 밝힌다.

맺음말

문화콘텐츠 연구와 교육의 커다란 축은 융합적인 지식을 바탕으로 다양한 창의적인 문화 기획과 창발을 도모하는 것이다. 그러나 다학제적 융합은 구체적으로 무엇을 말하는가? 그리고 융합적 지식은 어디서 얻어지는가? 활용의 원천은 어디서 길어 와야 하는가? 여기에 대해 진지하게 접근할 필요성이 제기된다. 이것은 콘텐츠 생산과 기획 이전 단계에서, 그리고 이를 위해 필요한 지적인 잠재적 역능과 창의성 발현을 도모하는 일이다. 그것의 일차적인 지식의 원천은 책을 통한 독서행위로부터 길어오는 것이다. 그러나 이 세상에 존재하는 모든 책을 섭렵한다는 것은 사실상 불가능하다. 한정된 시간 내에 동서고금의 핵심지식과 지혜를 습득하고 역량을 키워나가기 위해서는 튼실한 안내자가 필요하다.

바로 이 지점에서 필독도서 선정의 필요성과 함께 맥락적 인문학이 절실히 요구된다고 하겠다. 문화콘텐츠 분야는 새로운 학문 분야이므로 이에 걸맞는 연구방법론과 함께, 미개척 분야의 지식을 학생들에게 무엇을, 어떻게 가르칠 것인가 하는 교육 목표와 수업론의 확립 또한 그에 못지 않게 시급한 과제이다. 따라서 본 글에서는 수업론과 그에 결부되는 필독도서에 대한 검토를 하였다.

오랫동안 교육 목표와 교과과정에 관한 경험과 지식을 온축해온 기존의 인문학과는 달리 문화콘텐츠 분야는 시대적 요청이 강함에도 불구하고 아직 수업론이 제대로 정립되지 못한 것이 사실이다. 문화콘텐츠 분야의 수업론은 우선적으로 무엇을 가르칠 것인가와 동시에 무엇을 읽을 것인가에 대한 공감대가 이루어지지 못한 것이 현실이다. 따라서 문화콘텐츠 분야의 수업론 정립을 위해 본 글에서는 건국대학교 사례를 중심으로 필독도서 및 해당 수업연계 방향을 제시하였다.

문화콘텐츠 분야가 인문학적 기반에 뿌리를 두면서 인접 학문과 부단히 교류해야 하는 사명을 갖고 있다면 그것을 수업으로 운용하고 구체화하는 일은 보다 넓은 공론의 장에서 논의가 이뤄져야 할 것이다. 왜냐하면 수업론이 제대로 정립되어 있지 못한 상황에서 실제 내용과 운영에 있어서 각 대학 간에 커다란 편차가 존재할 수 있기 때문이다. 대학간 수업 내용과 수업방식의 편차를 줄이는 노력은 다소 혼란스럽게 진행되는 수업방식과 수업내용에 하나의 기준점을 마련하자는 의도와 관계되어 있다. 이는 각 대학이 지닌 차이점을 간과하는 것이 아니라, 오히려 구체적인 현장의 경험과 목소리를 담아내는 등 각자의 특수성을 인정하면서도, 복잡다기한 국면들을 관통하는 횡단적인 그 무엇에 대해 논의하고 그것을 향한 보편적 합의를 이끌어내는 것을 말한다. 본 글이 그러한 시도의 단초로서 적극적으로 작용할 수 있기를 기대한다.

7 미국 스탠드업 코미디에 등장하는 주요 소재와 시각 분석

인종·성별·성소수자 소재와 정치적 올바름을 중심으로

머리말

2020년 5월 14일 KBS의 공개 코미디 프로그램이었던 '개그콘서트'가 잠정적으로 방영을 중단한다고 발표했다.[1] 국내 최장수 코미디 프로그램이 21년 만에 중단된 것이다. 그간 최고 시청률 35%를 기록하기도 했던 국내 대표 코미디 프로그램이 4%의 시청률로 초라하게 막을 내린다는 것은 원인이 무엇이든 간에 한국 코미디계에 시사하는 바가 컸다.[2] 가장 중요하게 손꼽히는 이유로는 그간 방송 환경이 달라진 것도 있지만, 무엇보다 사람들의 영상 콘텐츠 소비 양상이 변화하였다는 것이다.

현재 이용자들의 콘텐츠 소비는 TV 중심의 방송 플랫폼에서 PC, 모바일 중심의 인터넷 플랫폼으로 빠르게 변화하고 있다. 오픈 설문 플랫폼 업체인 나우앤서베이가 2019년 11월 콘텐츠 이용자 1,000명을 대

* 출전: 김기덕·정규철, 「미국 스탠드업 코미디에 등장하는 주요 소재와 시각 분석」, 『통일인문학』 84, 건국대 인문학연구원, 2020.

1 손택균, 〈KBS '개그콘서트' 21년 만에 사실상 종영〉, 《동아일보》, 2020. 5. 15. https://www.donga.com/news/Culture/article/all/20200515/101053469/1

2 손호영, 〈'정치 편향' '외모 비하' 개콘의 몰락… 시청률 역대 최저 4.0%〉, 《조선일보》, 2020. 2. 3. https://news.chosun.com/site/data/html_dir/2020/02/03/2020020300042.html

상으로 실시한 설문조사에 따르면 응답자 중 가장 많은 비율인 56.7%가 유튜브를 오후 7시 이후 가장 많이 이용하는 미디어로 꼽았다.[3] 방송통신위원회가 발표한 '2019 방송매체 이용행태조사' 보고서에 의하면 TV를 일상생활에서 없어서는 안 될 가장 중요한 매체로 꼽은 응답자의 비율이 2010년 58.2%에서 2019년 32.3%로 줄은 반면, 스마트폰을 가장 중요한 매체로 꼽은 응답자의 비율은 2012년 24.3%에서 2019년 63%로 크게 증가하였다.[4] 특히 이와 함께 나타난 OTT(Over The Top) 서비스는 미디어산업의 커다란 변화를 이끌고 있으며, 스마트폰을 비롯한 다양한 기기에서 시청할 수 있다는 장점 덕분에 날로 영향력이 커지고 있다.[5]

이와 같은 영향력은 한국의 코미디언에게도 예외는 아니어서, 많은 코미디언들이 인터넷을 중심으로 하는 플랫폼으로 이동하는 데에 영향을 주었다. 특히 유명 OTT 서비스인 넷플릭스가 한국에 진출함에 따라 스탠드업 코미디라는 코미디 포맷이 한국에서 주목을 받게 되었다. 스탠드업 코미디는 본래 미국에서 매우 인기가 많은 대표적인 코미디 포맷인데, 넷플릭스가 직접 미국의 스탠드업 코미디를 한국에 소개하면서 한국인들도 스탠드업 코미디 포맷을 즐기게 되었다. 물론 그 이전에도 한국 사회에서 스탠드업 코미디 포맷이 없었던 것은 아니지만, 넷플릭스가 이 포맷을 더욱 대중화시킨 것은 틀림없다. 한국 시청자들의 반응이 좋자 한국의 코미디언인 박나래와 유병재도 넷플릭스를 통해 스탠드업 코미디 프로그램을 론칭했는데, 이를 두고 다양한 반응과 비평이 쏟아진 것을 보면 이를 잘 알 수 있다.

본 연구는 넷플릭스가 배급하는 스탠드업 코미디 프로그램을 연구대상으로 하였다. 한국에서는 아직 스탠드업 코미디에 대한 연구성과가

---

3 유지혜, 〈[대중문화 변화 ①] "요즘 누가 TV 보나요?"… 플랫폼 다양화〉, 《동아일보》, 2020. 1. 8. http://www.donga.com/news/article/all/20200107/99125652/5

4 최지은·김윤화·정용찬, 『2019년 방송매체 이용행태 조사 보고서』, 한국방송통신위원회, 2019, 27쪽.

5 김수, 「OTT 플랫폼 UI사용성이 사용자 만족도 및 충성도에 미치는 영향: 유튜브(Youtube)를 중심으로」, 중앙대학교 예술대학원 석사학위논문, 2020, 1-8쪽.

거의 없다. 필자가 이 주제에 주목한 이유는 스탠드업 코미디에 대한 대중의 관심과 스탠드업 코미디가 갖는 제반 콘텐츠의 분석이 한국사회에 시사하는 바가 크기 때문이다. 스탠드업 코미디는 주요 소재가 시사적 이슈를 일상생활에 접목시킨 것이다. 따라서 스탠드업 코미디는 단순한 오락이 아니라 사회적 변화를 이끄는 동기 마련의 역할도 한다. 바로 이 점이 관객들이 이러한 새로운 코미디 형식에 열광하는 이유인 것이다.

본 글에서는 미국 스탠드업 코미디의 주요 소재와 정치적 올바름의 시각을 분석하였다. 미국과 한국의 스탠드업 코미디에 대한 반응은 다소 차이가 있다. 그것은 기본적으로 미국과 한국과의 문화적 차이 때문이다. 따라서 한국의 스탠드업 코미디의 소재와 시각은 한국 실정에 맞게 변용될 필요가 있다. 본격적인 한국의 스탠드업 코미디의 현황과 과제에 대하여는 후속연구에서 다루고자 한다.

스탠드업 코미디의 유머 작동 원리

유머는 매우 오랜 시간 동안 인간과 함께 해 왔다. 유머가 사람들을 웃게 하는 이유에 대하여는 남을 비웃고 비하하면서 자신이 이들보다 우월함을 느끼는 데서 나온다는 우월 이론(Superiority Theory), 긴장, 슬픔, 혼란, 분노 등의 부정적 감정을 웃음을 통해 방출하고 심리적으로 안정된 상태를 추구한다는 데서 유머가 나온다는 방출 이론(Relief Theory), 개념과 그 대상 사이에 존재하는 불일치에 대한 지각의 결과로 웃음이 나온다는 불일치 이론(Incongruity Theory) 등이 있다.[6]

스탠드업 코미디는 '코미디언과 청중 사이에서 이루어지는 직접적인 의사소통으로 이루어지는 코미디'(a direct communication between a comedian and audience)이다.[7] 그러므로 스탠드업 코미디는 직접적 의

6 이효성, 『통하니까 인간이다』, 커뮤니케이션북스, 2012, 457쪽.

7 Mills, S., *Comedians with a Difference: The Performance Techniques of the Outsider in Stand-*

사소통의 과정 중 하나로서, 코미디언이 유머를 던지면 이에 대한 반응으로 관객의 웃음이 동반되어야 하기에 언제나 실제 청중을 필요로 하며 따라서 청중이 없이 스탠드업 코미디는 공연될 수 없다.

그런데 스탠드업 코미디에서 관객과 코미디언의 관계는 일방적이고 수직적인 관계이다. 왜냐하면 스탠드업 코미디는 코미디언 한 명이 마이크만 가지고 언어와 최소한의 몸짓만을 사용하여 짧게는 10분부터 길게는 수 시간까지 책임져야 하기 때문이다. 따라서 다수의 관객을 상대로 하는 스탠드업 코미디언은 무대 위에서 공연하는 광대가 되어, 다양한 소재를 사용해서 사람들을 재미있게 웃겨야 한다.

관객들을 웃겨야 한다는 점은 관객과 코미디언 사이에 어떠한 상하 관계가 작동하고 있음을 보여준다. 이는 마치 '중세 시대에 왕이 궁정에서 신분이 미천한 광대의 재롱을 보며 즐거워하는 오락거리'와 비슷하다.[8] 말하자면 코미디언이 광대이고 관객들은 그의 공연을 즐기는 왕인 셈이다. 미국이 역사적으로 왕국이었던 적이 없으며 (비록 노예제가 있었지만) 신분제가 없었던 나라라는 점을 생각하면, 주권을 가진 국민들에게 자신의 이야기를 유머를 사용해 털어놓는 스탠드업 코미디라는 포맷이 미국에서 탄생했다는 것은 결코 우연이 아닐 것이다. 국민이 곧 왕이었기에, 광대들은 국민에게 유머를 펼치는 셈이다.

코미디언이 라이브 공연에서 처음 만난 관객들을 어떻게 웃기는가 하는 스탠드업 코미디의 유머 작동 원리를 사라 밀스(Sarah Mills)는 치밀하게 고찰하였다. 그는 코미디언이 청중으로부터 자신을 분리하고 아웃사이더로 만든다는 것이 전략이라고 주장한다.

Up Comedy. University of Kent, 2019, pp. 12-13. https://kar.kent.ac.uk/78107/

8 Sherman, J., *Storytelling: An Encyclopedia of Storytelling and Folklore*. London and New York: Routledge, 2015, p. 172; Elsen, M. v., "License to Laugh: The Stand-Up Comedian in Relation to American Normative Values." Radboud University, 2016, pp. 16-17. https://theses.ubn.ru.nl/handle/123456789/3645

〔…〕 이것은 단지 오로지 자신의 명성과 매력을 이용해 다양한 관객층을 끌어들이는 코미디언 중 한 사람의 예시에 불과하다. 다른 성공한 코미디언들처럼, 이러한 다양성은 사회경제적, 인종적, 성적, 연령적 측면에서 모두 존재할 수 있다. 이러한 매력을 어필한 것에 따른 결과로, 폭넓은 호소와 공감을 이용하는 코미디언을 "아웃사이더"로서 바라보는 것이 어려워질 수도 있다. 만약 아웃사이더라고 한다면, 어느 그룹으로부터 아웃사이더가 되는가? 물론 이러한 무정형의 관객 집단과 함께라면, 그 관객 집단을 이루는 한 사람 한 사람과 자신이 완전히 다른 사람이라고 말하기는 어렵다. 관객 집단은 매우 유동적이어서, 코미디언이 "나는 너희들과 다르다"라고 말하는 것을 불편한 진실로 만든다. 〔…〕 (그러나) 스탠드업 코미디 공연의 골자는 결국 오직 한 사람만이 말하고 다른 모든 사람들은 듣는 것이다. 모든 코미디언은 그 공연 스타일과 소재를 막론하고 공연 중에 관객 개개인을 막론하고, 그들을 하나의 단합된 집단으로 간주하며 자신은 그곳에서 벗어난 아웃사이더를 자처한다. 〔…〕 여기서 다루는 코미디언들은 관객들에게서 독차지하게 된 이 기회를 기꺼이 받아들이고 이를 관객과의 관계를 형성하는 데에 아주 유용하게 사용하며 관객이 타자인 코미디언의 생각들, 이를테면 비정상적(unusual)이거나 예상 밖의 범위(unexpected)에 있거나 혹은 꺼려지기까지(unpopular) 하는 것에 귀를 기울이게 한다.[9]

이처럼 스탠드업 코미디의 코미디언은 타자화 전략(outsider strategy)으로 관객과 유대감(a close relationship)을 형성하며, 이것이 코미디언에게 '유머를 말할 권리(comic license)'를 부여한다. 유머를 말할 권리란 스탠드업 코미디언이 유머를 무기로 사회의 금기까지 넘나들 수 있는 코미디언으로서의 특별발언권이라고 할 수 있다. 이 권리에 관해 밀스는 두 학자의 의견을 소개한다. 하나는 인류학자 메리 더글러스(Mary Douglas)이고, 다른 한 명은 소피 쿼크(Sophie Quirk)이다.

---

9 Mills, S, *Comedians with a Difference: The Performance Techniques of the Outsider in Stand-Up Comedy*. University of Kent, 2019, pp. 20-21. https://kar.kent.ac.uk/78107/

먼저, 더글러스는 농담은 기본적으로 체제 전복적인(subversive) 특징을 갖지만, 농담을 말하는 자(joker)는 실제로 사회적인 위협이 되지 않고 모두가 처한 사회적 현실을 가볍게 하고 이를 웃어넘기게 만들기에 그가 하는 농담이 묵인된다고 주장한다. 즉 코미디언은 공연을 통해 관객을 즐겁게 해주는 책무를 다하고 있기에 반사회적 농담을 던지는 것은 오히려 코미디언에게 있어서 역설적이게도 사회적인 책무를 다하는 것이 된다는 것이다.[10]

반면 쿼크는 더글러스의 생각에 반박을 가하며 코미디언이 사회적 변화를 이끌 수 있음을 이야기한다. 그녀는 '유머를 말할 권리(comic license)'가 관객에게서 코미디언에게 전달되는 것이 아니라, 코미디언의 농담 자체에 내재되어 있다고 말한다. 농담의 내용이 코미디언에 의해 새로운 사회상을 제시한다면 관객이 유머로서 받아들일 수 있다는 것이다.[11]

이러한 더글러스와 쿼크의 주장을 간단히 정리하면 다음과 같다.

〈표 1〉 유머에 관한 더글러스와 쿼크의 주장

학자	메리 더글러스	소피 쿼크
Comic license의 원천	사회가 부여한 유희 책무	코미디언의 농담 자체
코미디언의 유머 목적	기존 사회 질서로부터의 일시적 관객 해방	관객에게 새로운 사회 질서 제시
사회적 합의선을 넘는 이유	코미디언이 기존 사회의 틀 안에서 농담을 던지는 것이 사회적 역할이기 때문	관객에게 잘못된 사회 질서 부분에 대해 생각하게 하고 이를 바로잡을 계기를 제공하기 때문

---

10 Douglas, M, *Implicit Meanings: Essays in Anthropology*. Routledge, 1975, pp. 95-107. (as cited in Mills, S., op. cit., pp. 57-58).

11 Quirk, S, "Who's in charge? Negotiation, manipulation and comic licence in the work of Mark Thomas", *Comedy Studies* 1, 2010, pp. 115-118. doi:https://doi.org/10.1386/cost.1.1.113/1 (as cited in Mills, S., op. cit., pp. 59-61)

쿼크의 주장은 앞서 엘센이 중세시대 왕과 광대로 설명한 관점에서 볼 수도 있다. 왜냐하면 중세시대에 왕 앞에서 공연을 하는 광대는 유머 소재로 왕의 실책과 날카로운 진실을 사용하였기 때문이다. 이러한 소재는 왕의 분노를 살 수도 있었지만 유머라는 옷을 입고 나타났기에 왕이 광대를 처벌할 명분이 부족하였으며, 오히려 왕은 유머에 내재된 진실을 계속해서 생각하여 광대에게 집중하게 되고 나아가 사회 정책을 바꾸기도 하였다.[12] 마찬가지로 공화국의 사회적 변화는 주권을 가진 국민들이 이끌어내기에, 표현의 자유를 앞세워 사회적 쟁점을 소재로 유머를 한다면 사람들은 겉으로는 웃을지라도 이에 대해 계속해서 생각할 수밖에 없다. 이처럼 유머의 작동 원리에 대한 규명이 학자마다 다소 차이가 있다고 하더라도, 스탠드업 코미디에서 가장 중요한 것은 농담의 소재와 이를 엮는 코미디언의 능력일 것이다. 이 점은 스탠드업 코미디언들이 시사적 이슈를 일상생활에 밀접한 상황과 결합시켜 코미디 대본을 쓰고 공연하는 방식을 잘 뒷받침해주고 있다.

미국 스탠드업 코미디 분석

(1) 주요 유머 소재 분석

앞에서 스탠드업 코미디의 코미디언들이 주로 사회적 이슈를 일상 생활에 밀접한 소재로 각색을 하여 쓴 대본으로 공연을 한다는 것을 알 수 있었다. 이는 스탠드업 코미디가 미국에서 발생한 포맷이라는 사실과도 깊은 연관을 맺는다. 앞서 언급한 공화국 상의 국민 주권 사상과의 연관뿐만 아니라, 미국은 다문화 사회의 이민국가이기 때문이기도 하다. 미국은 대규모의 이주민 집단이 국제이주를 통해 건국한 이민국가인데, 역사적으로 유럽계 이민자들이 많았던 시기에는 유럽계 이민자들 또한 주

12 Elsen, M. v., "License to Laugh: The Stand-Up Comedian in Relation to American Normative Values." Radboud University, 2016, p. 16. https://theses.ubn.ru.nl/handle/123456789/3645

류 사회에 녹아들 것이라 생각하여 동화주의 정책을 취한 바 있다. 그러나 1960년대 이후 인종 중립적인 이민정책이 채택되어 비유럽계 및 비기독교 이민자가 늘어났고, 곧 이민자의 민족 정체성을 표현하는 다문화 정책이 시작되었다.[13] 그렇기에 미국 스탠드업 코미디는 현재 미국 사회의 이슈인 젠더 갈등과 인종 갈등을 주된 소재로 사용하고 있으며, 이를 유머의 형태로 가공하여 주류 사회에 대한 비판을 가하는 형태로 발전하였다. 이처럼 유머는 사회적 상황과 밀접한 관계를 지닐 수밖에 없으며, 역사적 맥락으로도 유머는 정치적 비판과 담론 형성에 지대한 영향을 미쳐왔다.[14]

이러한 역사적인 이유로 현재 미국인들은 주류 대 소수자 사회라는 이분법적 구도로 사회를 바라보는 경향이 있다. 이는 미국 사회의 세계 인식에 기인한다. 하랄트 뮐러가 새뮤얼 헌팅턴이 주장한 문명충돌론이 '우리 대 그들'이라는 이분법적 도식을 들이민다고 비판하기도 하였을 만큼,[15] 미국은 세계를 둘로 나누어 바라보곤 한다. 그렇기에 미국인들은 미국 사회를 바라보는 데에도 이분법적 시각이 자리한다. 이 점은 스탠드업 코미디에서 바라보는 사회 구조도 예외가 아니어서, 대부분의 코미디언들은 주류와 비주류로 미국 사회를 구분한다. 이러한 이분법은 평등하지 않은 자크 데리다의 이항대립(binary opposition) 체계처럼, 미국 사회의 다수 집단과 소수 집단은 평등한 관계가 아니라 다른 하나를 지배하는 관계에 놓여 있다. 그렇기에 미국 사회에서 소수자 사회에 속한 미국인들은 비주류 집단이기에, 코미디 공연에서 주류 사회에 대한 비판을 서슴지 않는다.

미국 또한 서구 사회이기에 주류 정체성으로는 백인, 남성, 기독교,

---

13 임현묵, 「문화다양성의 정치 연구」, 서강대학교 대학원 정치외교학과 석사학위논문, 2012, 36-37쪽.

14 Rainbird, M., "Humour, Multiculturalism and 'Political Correctness'", Paper presented at the conference of the Australasian Political Studies Association, The University of Adelaide, Adelaide, Australia, 2004, p. 4.

15 정은령, 〈[화제의 책] 문명의 공존/문명의 충돌은 없다〉, 《동아닷컴》, 2000. 2. 18. http://www.donga.com/news/article/all/20000218/7509909/1

이성애자가 속할 수 있으며, 소수자 사회에는 유색인(비백인), 여성(비남성), 비기독교, 성 소수자 등이 속한다. 따라서 비주류 정체성을 가진 코미디언들은 미국에서 가장 큰 갈등 요소를 차지하는 젠더와 인종 갈등을 주로 소재로 하여 사회 비판을 구사한다. 그리고 주류 사회에 속할 수 없는 소수자 집단의 사람들은 같은 처지의 스탠드업 코미디언이 유머를 무기로 주류 사회에 날리는 일침을 통해 통쾌함과 카타르시스를 느낀다. 그러나 밀스가 이야기했던 것처럼 코미디언들은 이야기를 구사하는 자기 자신을 아웃사이더로 위치시키며 나머지 관객들은 (실제로는 아니더라도) 주류 사회의 일원으로 간주하여 공연한다. 미국 스탠드업 코미디의 여러 소재 중에서도 가장 많은 부분을 차지하는 인종, 성별, 성 소수자 소재에 나타나는 주류-비주류의 갈등을 중심으로 살펴보고자 한다.

① 인종

인종차별은 미국 역사와 함께 존재해 왔다. 미국이 흑인 노예를 둘러싸고 오랜 갈등을 겪다 남북전쟁이라는 내전까지 겪게 된 것은 매우 잘 알려진 사실이다. 아프리카계 흑인 이외에도 아시아인, 인도인, 히스패닉, 아랍인, 이란인, 폴리네시아인 등 수많은 민족들이 20세기 이후 미국으로 이주했으며, 이들은 서로의 공동체 안에서 고유의 문화를 지키며 살고 있다. 그러나 이들 모두 백인 주류 사회와 대비되는 비주류 사회라는 점에서 사회 내의 이항대립적 구조를 보이는데, 가장 쉽게 이들을 차별할 수 있는 근거가 바로 인종이다. 가장 눈에 띄고 사람들에게 '다르다'라는 인식을 줄 수 있는 요소이기 때문이다. 무대 위에서 공연하는 비주류 인종의 스탠드업 코미디언들은 자신의 외모가 관객의 눈에 띌 수밖에 없다는 사실을 아주 잘 알고 있다. 그렇기에 그들은 인종 및 민족 정체성의 문제와 주류 사회와의 대립을 많이 활용하여 공연하고 있다.

〈금의환향〉(Homecoming King)의 하산 미나즈(Hasan Minhaj)는 인도계 미국인으로, 캘리포니아 데이비스에서 태어났으며 이슬람교도이다. 그는 유색인종과 비기독교인이라는 자신의 두 개의 비주류 정체성을 코미디 소재로 이용한다. 미나즈와 같은 대부분의 유색인종 코미디언들이 자신의 인종 정체성을 코미디에 적용시키는 방식은 주류 인종 사회가 가지는 문화와의 대비이다. 공연 중 그는 아버지의 훈육 방식에 관해 이렇게 이야기한다.

> 〔…〕 저도 아빠에게 도움이 안 됐죠. 전 음료수를 들고 매장을 뛰어다녔거든요. 〔…〕 그러다 찍찍이 신발에 걸려 넘어졌고 음료수는 매장 바닥에 떨어져 박살이 났어요. 아빠는 대부분의 인도인 부모처럼 행동하셨죠. 주변을 잘 살핀 뒤, 손바닥으로 저를 엄청 때리셨죠.[16]

여기서 그가 유도한 웃음은 '아버지가 손바닥으로 자신을 엄청 때렸다'라는 데에 있는데, 이는 백인 사회에서 부모가 아이를 때린다는 것은 바람직한 훈육 방식으로 받아들여지지 않기 때문이다. 따라서 유머를 말하기 전에 '대부분의 인도인 부모처럼'이라는 일종의 복선을 먼저 구사하여 '인도인의 훈육 방식'이라는 소재를 백인 사회의 그것과 비교하여 웃음을 유발한다. 관객은 주류 사회에서의 금기사항을 거침없이 행하는 유색인종 사회의 생활을 보고 웃음을 터뜨리게 된다. 관객을 주류 집단, 자신을 소수자 집단으로 간주하고 본인을 타자화하여 아웃사이더로 만듦으로써 개인적 일화를 통한 유머로 웃음을 자아내고 있는 것이다.

그러나 한편으로 미나즈는 쿼크가 주장했던 직접적 사회 비판을 소재에 포함시키기도 한다. 첫사랑이었던 백인 여자아이와 졸업 무도회에 파트너로 나가는 것을 자신이 인도인이라는 이유로 백인 가족이 반대하였다는 것을 이야기한 직후에 다음과 같이 이야기한다.

> 〔…〕 구분을 짓는 거죠. 제 아버지 같은 방식으로 생각한 거에요. '백인 여자애랑 무도회에는 못 간다.' 그게 대수예요? 적어도 경찰차 뒷좌석에서 척추가 부서지는 일은 안 당해도 되잖아요. 아프리카계 미국인 형제자매들

16 Minhaj, H.의 2017년 5월 11일 공연 작품 〈Homecoming King〉(Mondavi Center, Davis, California, United States)

이 요즘 이 나라에서 당하듯이요.[17]

마지막 문장은 흑인 인권 문제에 관한 발언으로, '흑인의 목숨도 소중하다.'(Black Lives Matter) 운동과 궤를 같이 하는 맥락에서 발언한 것이다. 이 역시 인종 문제에 관한 '백인 주류-흑인 비주류'라는 이분법적 도식을 사용하여 대립 관계를 나타내고 있으며, 여기에 자신의 경험을 이용하여 미국 사회의 인종 문제에 관해 비판을 한 셈이다. 이는 더글러스의 입장에서 보면 주류 백인 사회가 사회적으로 용인할 수 있는 농담의 범위를 넘어선 것이라고 할 수 있다. 흑인 민권 문제에 관해서는 아직도 미국 사회에서 많은 갑론을박이 오고 가기 때문에 이 유모는 좋다고 할 수는 없다. 더글러스의 관점에서 흑인 민권 문제가 코미디 소재로 적절히 사용되려면 공연장 안에서 유머 소재로 사용되고 잊혀져야 한다. 유머 소재가 철저히 재미를 위해 소비되고 끝나야 하는 것이다. 그러나 미나즈의 발언은 공연이 끝나고 나서도 관객에게 생각할 거리를 던지고 내면의 변화를 이끈다는 점에서 오히려 쿼크가 이야기한 유머 이론에 가깝다. 한편으로 이러한 사회적 이슈를 자신의 연애와 어린 시절 등 지극히 개인적인 소재를 활용하여 이야기한다는 점에서 미나즈의 공연은 스탠드업 코미디가 소재를 활용하는 방식을 잘 보여주는 사례라고 할 수 있다.

② 성별

성별 갈등 또한 미국에서 매우 논쟁이 많은 주제 중 하나이다. 역사적으로 성별에 따른 규범과 제약을 가하지 않은 문화권은 거의 존재하지 않으며, 그중 특히 여성에게는 더욱 심한 제약과 규제가 가해졌다. 서구권에선 20세기까지도 성차별은 사회 어디에나 존재했다. 제2차 세계대전의 발발로 참전하게 된 남성을 대신하여 여성들이 일자리를 가지면서 여

17 Jambunathan, S.·Burts, D.,·Pierce, S., "Comparisons of parenting attitudes among five ethnic groups in the United States", *Journal of Comparative Family Studies* 31(4), 2000, pp. 395-406. www.jstor.org/stable/41603709

성의 사회 진출이 가속화되었지만, 전쟁이 끝난 이후에도 성차별은 건재했다. 1960년대 미국에서는 종전 이후 남성들이 노동현장으로 돌아오면서 이에 따라 사회에 진출한 여성들은 다시 가정으로 돌아갈 것을 요구받았다.[18] 사회는 여성이 가정 내에서 가지는 어머니와 아내로서의 역할을 더욱 중시하였으며 여성을 다시 가정 내로 편입하려는 시도를 보였다. 실제로 당시에는 여성이 혼자서 신용카드를 만들거나 배심원이 될 수 없었으며, 브라운대학교·하버드대학교·다트머스대학교 등의 아이비리그 대학에는 1970년대까지 여성이 입학할 수 없었다.[19] 여성의 가정적 역할이 강조되면서 사람들 사이에서는 '여성은 가정 내에서의 역할만(혹은 역할도) 충실하면 된다'라는 인식이 팽배해졌는데, 이러한 인식은 아직까지도 많이 남아 있다. 앨리 웡(Ali Wong)은 이러한 성차별적 인식에 관하여 직설적 비판을 가미한 코미디로 인기를 구가하고 있다.

그녀는 〈성역은 없다〉(Hard Knock Wife)에서 인종과 성별 갈등에 관한 주제를 자유롭게 다루는 코미디언이다. 중국-베트남계 미국인 여성인 그는 대부분의 코미디 소재가 섹스에 기반을 두고 있다. 남편과의 성생활과 성별 갈등, 여성을 둘러싼 사회적 이슈들에 관해 거침없이 이야기하는 편이다. 첫째를 낳고 둘째 아이를 임신한 만삭의 몸으로 스탠드업 공연에 도전한 그는 육아를 소재로 이렇게 이야기한다.

> 〔…〕 그리고 제가 다시 스탠드업 코미디로 복귀했을 때 다른 코미디언들이 믿을 수 없어 하며 이렇게 말했어요. '세상에, 앨리, 여기서 뭐 하는 거야? 애 키워야 하지 않아?' 전 말했죠. '잘 들어, 난 내 딸이 태어났을 때부터 늘 걔랑 같이 있었어. 난 딸을 정말 사랑해. 하지만 걔를 쓰레기통에 버리기 직전이야.'[20]

---

18 박윤희, 「베티 프리단과 현대 미국의 여성운동: 자유주의적 여성운동을 중심으로」, 단국대학교 교육대학원 석사학위논문, 2005, 8쪽.

19 McLaughlin, K., 〈5 things women couldn't do in the 1960s〉, 《CNN》, 2014. 8. 25. https://edition.cnn.com/2014/08/07/living/sixties-women-5-things/index.html

20 Wong, A.의 2018년 5월 14일 공연 작품. 〈Hard Knock Wife〉, (Elgin and Winter Garden

사회가 여성에게만 육아 책임을 돌리는 것을 유머러스하게 풍자하는 대목으로, 모성애에 관해서도 비판을 가하고 있다. '애 키워야 하지 않아?'라고 묻는 것은 육아는 '당연하게도' 어머니에게 전적으로 지워지는 책임이라고 인식하는 사회상을 반영하고 있다. 또한 '늘 딸과 같이 있었지만 걔를 쓰레기통에 버리고 싶다'라고 말하는 것은 모성애가 선천적인 것이 아니며, 엄마도 육아에 지친 나머지 아이에 대한 감정이 항상 좋지만은 않음을 의미하는 것이다. 여성에게만 무조건적인 육아의 책임과 모성애를 강요하는 사회를 비판하는 것이다. 마찬가지로 '아이를 쓰레기통에 버리고 싶다'라는 생각은 모성애를 중시하는 주류적 시각에서 보면 반사회적이다. 하지만 이것이 코미디라는 포맷 안에서 소비되고 잊혀지기 때문에 사람들은 웡의 코미디를 보고 웃을 수 있다. 즉 웡은 주류 사회를 남성 중심의 사회로 보고 '남성-여성' 간의 성별적 대립 구도를 사용하여 유머를 구사하고 있다.

한편으로 싱글맘을 정체성으로 두는 코미디언도 있다. 캐서린 라이언(Katharine Ryan)이 그러한 코미디언인데, 그녀는 아이를 혼자 키우는 입장에서 사회와 주류 사회의 남성층이 가지는 자신에 대한 시선에 대하여 이야기한다. 실제로 1990년대에 영국에서는 교육을 받지 못한 백인 청소년 여성이 아이를 데리고 정부 보조 주택에서 살고 있다는 식으로 싱글맘의 선입견(stereotype)으로 만들어진 이미지가 보수당에서 등장했으며, 미국에서는 인종 문제와 결합되어 싱글맘들이 결혼과 가족이 가지는 가치의 중요성에 대한 사회적 규범을 침해하는 사회적 위협으로 다뤄지기도 했다.[21] 다음의 이야기에서 라이언은 이러한 '여성은 아이와 남편에게 충실해야 한다'라는 구시대적 가치관과 싱글맘에 대한 보수적 가치관을 가진 남성을 비판한다.

Theatre Centre, Toronto, Ontario, Canada)

21 Burns, D., "Feminism, Psychology and Social Policy: Constructing Political Boundaries at the Grassroots", *Feminism & Psychology* 10(3), 2000, pp. 368-369. doi:10.1177/0959353500010003006

〔…〕 이런 생각이 든 남자도 있었어요. '언젠가 이 남자를 집으로 들여도 되겠다' 어떻게 될지 알 수 없었는데 그 사람이 대신 결정해버렸죠. 일본으로 가버렸어요. 〔…〕 그로부터 약 열흘 뒤 그에게 전화가 왔어요. 〔…〕 '그게 아니라 내가 얼마나 필요한 존재인지 깨닫고는 일본에 따라올 줄 알았어.' '뭐라고? 내가 〔…〕 일 관두고 세계 반대편의 북한 미사일이 정통으로 날아오는 곳에 갈 줄 알았다고? 〔…〕 (난 네가) 필요 없어. 널 좋아했지. 널 만난 건 같이 있으면 재미있어서였어. 같이 있는 게 좋지만 넌 사치품과 같아.' '난 날 우선시하는 사람과 있고 싶어. 넌 아이도 있으니 난 첫 번째가 될 수 없겠지. 늘 두 번째로 밀려날 거야' '두 번째라고 자신해? 너무 과대평가했네.'[22]

여기서 남성은 일본이라는 먼 국가에 가더라도 라이언이 따라올 줄 알았다고 이야기하는데, 라이언은 '내가 왜 나의 일을 포기하면서까지 너를 따라가야 하느냐?'라고 반문한다. 그리고 남성은 '너는 아이도 있는 싱글맘이니 남성인 나를 항상 두 번째로 놓을 것이다'라고 이야기하는데, 여기서도 라이언은 '과연 네가 두 번째인지 확신하느냐?'라고 오히려 자신과 사귄 남성을 조롱한다. 여기서 남성은 '싱글맘은 남편이 다시 필요할 것이니 내가 그 자리를 차지해 지배적인 위치에 있겠다'라고 생각한 것으로 볼 수 있는데, 라이언은 이러한 남성의 생각에 일침을 가한 것이다. 이는 앞서 언급한 영국과 미국 사회의 싱글맘에 대한 부정적 시각과도 관련있다. 싱글맘이 가족에서 '꼭 필요한 존재'인 남편이 없기에 그들이 '자발적으로' 남편을 필요로 할 것이라고 생각하는 것은 곧 이들이 가족에서 불완전한 존재이며 결핍 상태에 있다고 생각하는 사회의 시선을 보여주기 때문이다. 하지만 라이언은 이러한 사회의 시선에 일침을 가하며 '남성은 나에게 있어서 사치품 이상의 의미를 가지지 않는다'라고 말하며 자신에게 있어서 남성은 선택의 문제지 필수가 아니라고 이

22 Ryan, K.의 2019년 6월 18일 공연 작품 〈Glitter Room〉,(Belasco Theatre, Los Angeles, California, United States)

야기한다. 즉 '남편 없이도 나 혼자 아이 잘 키우고 생활할 수 있다'라고 말하고 있는 셈이다.

유색인종 여성의 경우 이들에게 가해지는 성차별은 더욱 가혹하고 복잡하다. 이들의 경우 성별과 인종에서 모두 비주류의 위치에 속해 있기 때문에, 이중적인 차별을 받는다. 특히 이러한 차별은 따로따로 존재하지 않고, 함께 등장한다. 예를 들어 일하는 흑인 여성들의 경우 20세기까지도 가정 외부에서 노동하는 동시에 자신의 가족들을 위해 부양하는 노동을 추가로 떠안아야만 했다.[23] 이는 아시아계 여성이라고 다르지 않다. 아시아계 미국인 여성들은 아시아계 미국인 커뮤니티에서 적용되는 전통적인 성 역할 규범의 영향으로, 경제적 이유로 본인이 일을 하게 되더라도 집안일과 아이를 돌보는 일을 포기해서는 안 되었다.[24] 웡은 이러한 성적, 인종적 차별이 유색인종 여성에게 이중으로 가해진다는 점 또한 코미디에서 잘 지적하고 있다. 그녀는 아시아인들이 항상 백인 주류 사회에 밀려나 2등 시민이라는 사실을 유머소재로 한다. 2016년에 공연한 〈베이비 코브라〉(Baby Cobra)에서 그녀는 대도시에서 아시아 여성들이 왜 이렇게 백인 남성들만을 만나고 다니는지 모르겠다며 다음과 같이 이야기한다.

> 이해할 수는 있어요. 백인 남자랑 사귀면 마치 한 폭의 그림이 된 듯한 느낌이 드니까요. 영화 속 한 장면이 된 것처럼요. [...] 그리고 같이 잘 때는 얼마나 화끈한데요. 가랑이 사이에 백인 남자가 있으면 강해진 기분이 들어요. 세상에. 백인의 모든 특권과 자격을 흡수하는 기분이죠. 이 돈구멍

---

23 Pleck, J. H., & Rustad, M., "Husbands and wives time in family work and paid work in the 1975-76 study of time use. Working paper #63", 1980. (as cited in Malson, M. R., "Black Women's Sex Roles: The Social Context for a New Ideology", *Journal of Social Issues* 39, 1983, pp. 101-113. doi:10.1111/j.1540-4560.1983.tb00158.x). https://spssi.onlinelibrary.wiley.com/doi/abs/10.1111/j.1540-4560.1983.tb00158.x

24 Kochiyama, Y. & Juan, K. A.-S., *Dragon Ladies: Asian American Feminists Breathe Fire* (S. Shah, Ed.), South End Press, 1997, p. 16. http://soniashah.com/books/dragon-ladies/

을 통해서요.[25]

이후 이어지는 대목에서 백인 남성이 자신에게 구강 성교를 해줄 때에는 백인 남성의 머리를 두 다리로 박살 낼 수 있다며 '지배자를 지배하라!(Colonize the colonizer!)'라고 말한다. 성적 수위가 매우 높은 발언이지만, 어쨌든 웡은 위의 대목을 통해 백인 남성을 사회의 주류로 간주하고 있다. 그리고 그들이 특권과 자격을 가지고 있는 존재라고 이야기하는 것은 아시아인들을 미국에서 '열등한' 존재라고 폄하하는 것이 되는데, 이는 그녀의 아시아인이라는 정체성과 결합되어 자기비하적(self-deprecating) 코미디가 된다. 성관계를 소재로 이야기하면서도 미국 사회에서 암묵적으로 나타나는 인종에 따른 서열을 환기하고 있는 셈이다. 아울러 '지배자를 지배하라'라고 말하는 대목은 단어 colonize가 가져다주는 제국주의적 인상과 결부되면서 백인의 침략을 연상케 한다. 동시에 '열등한' 아시아인이 '우월한' 백인을 지배한다(colonize)고 표현함으로써 사회의 주변부에 머물러 있던 아시아인들의 카타르시스를 자아낸다. 성별에서의 카타르시스, 즉 여성이 남성에 대한 우월감을 갖게 하는 것은 덤이다. 이는 구강 성교를 소재로 택했다는 점에서 드러난다. 여성도 성관계에서 주도적인 역할을 할 수 있음을 나타내는 것이기도 하다. 이렇게 웡은 성별 간의 대립뿐만 아니라 인종 간 대립도 유머 소재로 활용하여 구사하며, 이 두 가지의 대립 요소를 동시에 다루기도 한다.

웡의 코미디의 경우 오히려 퀴크보다는 더글러스가 이야기한 이론에 가깝다. 왜냐하면 관객이 웡의 코미디를 통해 즐거움과 웃음을 얻을 수는 있어도 진지한 사회의 변화를 요구하지는 않기 때문이다. 즉 아시아 여성이 한 명의 백인 남성의 머리를 '지배한다(colonize)'고 해서 이것이 (백인 주류) 사회를 직접적으로 전복하는 위협 즉 논란거리가 되지는 않는다. 왜냐하면 이 또한 코미디언의 개인적 이야기인 동시에, 관객

25 Wong, A.의 2016년 4월 20일 공연 작품 〈Baby Cobra〉(Elgin and Winter Garden Theatre Centre, Toronto, Ontario, Canada)

들도 접할 수 있는 일상적 상황(출산과 섹스)을 소재로 하지만 사람들은 웡의 이야기가 허구성이 짙다는 것을 이미 인식하고 있기 때문이다. 그러나 이러한 유머 또한 앞서 언급했듯이 아시아계 여성에게는 유머를 통한 카타르시스를 주기 때문에 관객은 웡의 코미디를 즐길 수 있다.

이처럼 비주류 정체성을 가진 스탠드업 코미디언들은 주로 백인-유색인, 남성-여성의 미국 사회의 갈등 속 이항 대립적 체계를 활용하여 유머를 펼치는 것으로 인기를 얻었다. 인종 갈등과 성별 갈등은 미국에서 가장 큰 갈등 요소라는 점, 그리고 공교롭게도 두 사람 모두 각각의 대립 체계 속에서 비주류의 위치를 점하고 있다는 사실은 이들이 펼치는 유머가 사회 비판적 메시지가 되게끔 하며 관객들에게 웃음과 동시에 비판 의식을 가지게끔 한다.

③ 성 소수자

최근 들어 스탠드업 코미디에서 빈번하게 사용되는 소재로는 성 소수자에 관한 것이 있다. 이는 앞서 언급한 성별(sex) 문제와는 다른 젠더(gender)와 섹슈얼리티(sexuality)의 문제이다. 앞서 언급한 성별 갈등은 생식기의 차이로 인해 발생하는 남성과 여성이라는 성별의 이분법적 구도 안에서 이러한 생물학적 차이를 사회적 우열로 변형하여 나타내는 불평등에 관한 것이다. 사회는 남성과 여성에게 서로 다른 사회적 역할을 요구하며, 스탠드업 코미디에서 이 소재를 다룰 때는 이러한 매커니즘에 대해 반기를 들고 거부하는 자세로 나타난다. 반면 성 소수자는 젠더와 섹슈얼리티에 관한 것으로, 이들은 신체적 성별(sex)이 젠더와 일치해야 하며(시스젠더), 이성애적 섹슈얼리티를 따라야 한다는 사회적 규범에 관한 것이다. 따라서 성 소수자는 존재 자체만으로 사회가 정한 규범에 반하는 것이 되며, 그렇기에 이들은 역사적으로 많은 차별과 억압을 겪어왔다. 그러나 성 소수자 인권은 다른 소수자 집단에 비해 비교적 빠르게 향상된 면이 있다.

미국에서는 1969년 스톤월 항쟁(Stonewall Riots) 이후 성 소수자 인권 운동이 발전한 바 있으며, 2015년 연방대법원의 동성결혼 합법화 판결로 빠르게 성 소수자 인권이 향상되었다. 그러나 여전히 LGBTQ로 대표되는 성 소수자는 미국 정치계에서도 뜨거운 감자로, 보수 세력인 공화당과 소위 바이블 벨트(Bible Belt)라고 불리는 기독교적 색채가 짙은 앨라배마, 미시시피, 조지아 등 남부 주들의 경우 동성애와 동성 결혼, 트랜스젠더에 대한 부정적 견해가 많은 것이 현실이다. 따라서 일반적으로 이들 간의 대립은 이성애자–동성애자, 시스젠더–트랜스젠더 간의 이항 대립적 구조로 나뉘며, 스탠드업 코미디언들은 성 소수자와 관련하여 이러한 사회 내 대립적 구조를 사용하여 유머를 구사하고 이를 통해 성 소수자를 인정하지 않는 보수적 사회에 비판을 가한다.

일례로 〈인간이 싫어〉(Humanity)의 리키 저베이스(Ricky Gervais)가 동성애자를 소재로 한 표현이 있다. 그는 코미디언으로서 사회 풍자를 매우 직설적으로 표현하기로 유명하다. 〈인간이 싫어〉에서 그는 동성애자에 관한 농담으로 이렇게 이야기한 적이 있다.

> 제가 신을 만난다면 (질문을 할 건데요) […] 두 번째는 '동성애를 그렇게 싫어한다면 남자 항문 근처에 성감대는 왜 만들었죠?' 뭐냐고요. 대체 무슨 생각이었죠?[26]

위의 대목은 트위터를 통해 기독교 원리주의자이자 동성애 혐오자인 한 미국인과 설전을 벌인 일을 소재로 한 농담인데, 동성애 혐오에 관해 일침을 가하는 농담이다. '남자 항문 근처에 성감대'라는 표현은 남성 동성애자들의 항문 성교를 생각나게 하며 이는 성적 수위가 매우 높은 발언이다. 그러나 그는 이렇게 직설적 표현을 사용하면서도 궁극적으로 소수자의 존재 자체를 직접적 농담거리로 다루지는 않는다. 위의 농담 또한 동성애는 소재로만 사용되었을 뿐, 그 메시지는 종교적 명분을 가지고 성적 소수자를 인정하지 않는 동성애 혐오자를 비판하는 것이다.

---

26 Gervais, R.의 2017년 5월 11일 공연 작품 〈umanity〉(Eventim Apollo Hammersmith, London, England, United Kingdom)

저베이스는 직설적 표현을 사용하면서도 나타내고자 하는 내용이 소수자가 아닌 소수자를 억압하는 주류 사회를 향하고 이것이 자신의 트위터 설전이라는 개인적 경험을 통해 표현되기 때문에, 그 농담은 풍자로 받아들여지며 사람들이 코미디로 수용할 수 있게 된다.

실제로 성 소수자인 코미디언의 경우 자기비하적(self-deprecating) 유머를 활용하기도 한다. 〈정상이 아니야〉(Not Normal)의 완다 사이크스(Wanda Sykes)는 동성애자 흑인 여성으로서 성별과 인종, 그리고 성지향성에서 모두 소수자 집단에 속해 있는 사람으로, 이러한 자기비하적 농담을 유쾌하게 보여준다. 앞서 말했듯이 흑인 여성이 성차별과 인종차별이라는 이중적 차별을 모두 받고 있다면, 사이크스는 동성애자 차별이라는 또 다른 차별까지 감당해야 하는 삼중고를 겪는 셈인데 그녀는 이것을 자기비하적 농담으로 잘 보여주고 있다.

> 인종은 중요한 거에요. 저는 인종 고민을 자주 해요. 우리 가족 때문에 그렇죠. 저는 백인 프랑스 여자와 결혼했고 두 애들도 백인이에요. 네. 백인 우월주의가 떠오르는 중인 이 시대에 저는 백인투성이인 집에서 살고 있습니다.[27]

위 농담에서 사이크스는 자신이 인종적 소수자임을 내세워 자기비하적 웃음을 유발한다. 그는 흑인으로서의 정체성과 이에 따른 강한 자부심을 가지고 있지만 사회적으로 백인이 주류인 사회에서 늘 흑인은 2등 시민으로 취급된다는 것을 걱정한다고 이야기한다. 공연 초반에 트럼프 대통령이 흑백 갈등을 일으키고 있는 것을 비판한 그는 백인 우월주의가 다시 나타나는 이 시대에 흑인인 자신은 정작 백인들과 같이 살고 있음을 이야기한다. 이는 그가 미국 사회 내의 가정 형태로도 매우 드문 경우에 속함을 알려 준다. 미국은 법적으로 인종 간 결혼을 금지하는 법

---

27 Sykes, W.의 2019년 5월 21일 공연 작품 〈Not Normal〉(The Town Hall, New York, New York, United States).

안이 폐지된 지 오래이지만 실제로 인종 간 통혼이 일어나는 비율은 전체의 8.4%에 불과하다. 이마저도 80년대의 3.2%에서 상승한 것이다.[28] 즉 타 인종 간의 결합으로 이루어진 소수 가정이면서도, 그 안에서 그녀는 유일한 유색인종으로 다시 소수자인 것이다. 게다가 사이크스는 타 인종 간 동성 결혼을 했다는 점에서 더더욱 소수자의 위치에 속한다. 그는 백인과 결혼함으로써 백인 우월주의에 자신도 일조하고 있을 지 모른다는 자조적인 농담을 던졌다. 이는 인종 문제와 관련한 자기비하적 농담으로 사이크스가 즐겨 사용하는 방식이다.

이처럼 미국 스탠드업 코미디는 사회적 이슈(특히 소수자와 관련한)를 소재로 하면서도 이를 스탠드업 코미디언과 관객 모두가 경험할 수 있는 일상적 경험을 차용하여 공연한다는 점이 미국 사회에서 대중성과 인기를 확보할 수 있는 이유라고 할 수 있다.

(2) 정치적 올바름의 시각 분석

다수-소수 간의 이항대립적 체계를 통해 유머를 구사하는 스탠드업 코미디 공연에서는 공통적으로 이 소재들을 관통하는 것이 하나 있는데, 그것은 바로 정치적 올바름(Political Correctness)이다. 이는 현재 대중문화계의 중심에 있는 매우 중요한 논란거리로서, 많은 갑론을박이 펼쳐지는 주제이다.

이와 관련하여 디즈니의 사례를 살펴보도록 하자. 2019년 디즈니는 자사의 유명 애니메이션이었던 〈인어공주〉(The Little Mermaid)의 실사영화화 계획을 발표했다. 그리고 곧바로 인어공주 역에 캐스팅된 신인 배우를 발표했는데, 캐스팅을 둘러싸고 논란이 일기 시작했다. 왜냐하면 캐스팅된 배우가 흑인 여성인 할리 베일리(Halle Bailey)였기 때문이다. 처음에는 유색인종이 캐스팅이 되었다는 이유로 디즈니의 소수자 우대 정책에 관해 호평이 있었다. 하지만 국내외의 많은 네티즌들은 베일리를

---

28 The Associated Press, 〈Interracial Marriages in the US hit all-time high 4.8 million〉, 《Daily News》, 2012. 2. 16. https://www.nydailynews.com/life-style/interracial-marriages-u-s-hit-all-time-high-4-8-million-article-1.1023643#ixzz1mZ1q3rgg

캐스팅한 것이 원작의 매력을 훼손한다며 비난하기 시작했다. 베일리의 외양이 인어공주와는 적합하지 않다는 이유였다.[29] 이에 관해 디즈니는 '인어공주 캐릭터는 가상의 인물일 뿐'이라며 '원작 무대인 덴마크에서도 인어들이 흑인일 수 있다'라는 말로 반박하였다.[30]

이 사건은 정치적 올바름과 이에 영향을 받은 소수자 우대 정책을 둘러싼 논란이 미국 사회에서 지속되고 있음을 보여준다. 소수자를 우대하는 정책이 정말 정치적으로 '올바른' 것인가? 혹시 소수자라는 이유로 부당하게 더 많은 이익을 취하고 있지는 않은가? 베일리는 정말 인어공주 이미지에 어울려서 캐스팅된 것인가? 아니면 흑인이라는 이유로 소수자 우대 정책을 받아, 다른 백인 연기자가 차지할 수 있었던 역할을 부당하게 빼앗아간 것인가?

정치적 올바름을 둘러싼 논란은 스탠드업 코미디에서도 마찬가지로 계속되고 있다. 사실 정치적 올바름이라는 용어는 보수 혹은 진보주의자에 따라 긍정적 또는 부정적인 단어로 사용되며 서로 다른 의미가 혼재되어 있다.[31] 그러나 여기서는 현재 대중들이 받아들이는 가장 보편적인 개념으로 논의를 전개하고자 한다. 옥스퍼드 영어사전(Oxford Learner's Dictionary)에서는 정치적 올바름에 관한 사전적 의미를 다음과 같이 정의하고 있다.

> 특정 집단에 속한 사람들을 불쾌하게 할 수 있는 발언이나 행동을 피하려고 하는 것. (The principle of avoiding language and behavior that may offend particular groups of people)[32]

---

29 서은진, 〈디즈니 '흑인 인어공주' 캐스팅 논란〉, 《Daily Bizon》, 2019. 7. 5.www.dailybizon.com/news/articleView.html?idxno=13406

30 이민정, 〈'빨간 머리는?'… 인어공주 캐스팅 논란 '할리 베일리' 직접 답했다〉, 《중앙일보》, 2019. 8. 9. news.joins.com/article/23547814

31 이종일, 「정치적 올바름의 개념과 논쟁 범위 고찰」, 『사회과교육연구』 23(2), 한국사회교과교육학회, 2016, 3-16쪽.

32 Oxford Advanced Learner's Dictionary, "Political Correctness", 2005. www.oxfordlearnersdictionaries.com/definition/english/political-correctness?q=political+correctness

따라서 정치적 올바름에 대한 개념은 특정 집단을 모욕하거나 비하하지 않고 발언 혹은 행동하는 것을 의미한다고 볼 수 있다. 정치적 올바름이라는 개념이 형성된 과정을 고려한다면 여기서 특정 집단이란 보통 소수자 집단을 의미하는 것이다. 여성, 유색인종, 성 소수자, 장애인뿐만 아니라 특정 국가, 특정 민족 또한 이 소수자 집단에 포함된다. 이것이 특히 코미디와 관련하여 심각한 논란을 불러오는 이유는, 스탠드업 코미디가 언어를 통한 유머라는 점에서 표현의 자유와 연관되어 있다는 점, 그리고 유머의 우월성 이론(Superiority Theory)이 코미디의 가장 기본적인 원리라는 점 때문일 것이다. 실제로 우월성 이론에 기반한 유머는 문화권을 막론한 여러 사회에서 발견된다. 이는 미국도 예외가 아니어서 20세기 민스트럴 쇼, 벌레스크 등의 쇼 비즈니스에서 어김없이 흑인 비하, 여성의 성 상품화 등의 모습으로 나타났다. 그렇지만 1960년대 이후 미국에서는 민권 운동으로 정치적 올바름에 관한 움직임이 일어나게 되면서 우월성 이론에 기반을 둔 소수자 비하 유머는 논쟁의 대상이 되었다.

1987년 이후 다문화주의가 대두하면서 이 개념은 사회 변화에 적극적이고 진보적인 분위기가 주를 이루는 대중문화계를 중심으로 하여 퍼져나가게 되었고, 곧 대중들의 일상 생활에도 영향을 미치기 시작했다. 실제로 1994년에는 북아일랜드인인 트레버 맥얼리(Trevor McAuley)는 직장에서 자신이 아일랜드인 혐오를 소재로 한 인종차별적 유머의 대상이 되었다는 이유로 소송을 제기했는데, 그가 받은 정신적 손해(injury to feelings)에 관해 노동재판소(industrial tribunal)는 직장이 9500파운드의 손해배상액을 맥얼리에게 지급해야 한다고 판결하기도 했다. 이 사건은 정치적 올바름에 관한 논란을 촉발시켰다. 혹자는 이 아일랜드인 농담이 어디까지나 농담이며, 웃지 않으면 유머감각 자체가 없는 사람으로 소위 '웃자고 한 말에 죽자고 달려드는' 이상한 사람이라고 보았다. 하지만 어떤 사람은 이것이 유머가 아니라 아주 질 낮은 혐오에 불과하며, 인종차별과 성차별에 대항하는 의견의 중요성을 폄하한다

고 하였다.[33]

그러나 정치적 올바름을 요구하는 목소리가 높아지면서도 이에 대한 피로감으로 지나친 정치적 올바름을 경계해야 한다는 사람들의 목소리 또한 높아지기 시작했다. 정치적 올바름에 대해 비판적인 의견을 내는 학자 중 가장 대표적인 슬라보예 지젝(Slavoj Žižek)은 최근의 인터뷰에서 다음과 같은 의견을 냈다.

> 〔…〕 저는 인종차별도 여기서 애매모호해진다고 봅니다. 예전에 한 인터뷰에서 저는 '사회 변화에 대해 반동적으로 나타나는 인종차별을 우리가 어떻게 하면 알아낼 수 있을까요?'라는 질문을 받은 적이 있습니다. 〔…〕 저는 '진보적 인종차별로요'라고 대답했습니다. 〔…〕 물론 저는 인종차별을 하라고 이야기한 건 아닙니다. 제가 말하고 싶은 건 이겁니다. 〔…〕 제가 생각하는 해결책은 사람들 사이에 진실된 가까운 관계를 만들어주는 약간의 장난 섞인(obscene) 발언들이 작용할 수 있는 방식으로 농담을 사용하고, 그로써 조금 더 우리가 편안한 분위기를 만들 수 있다는 겁니다.[34]

지젝에 따르면 정치적 올바름은 사람들의 발언으로 쓰이는 소재에 대해 자기검열만을 하게 하며 발언하는 사람들의 본심까지 바꾸지는 않기에, 이것은 또 다른 전체주의의 형태에 불과하다고 말한다.[35] 그는 우리의 '다름'에 대해 솔직히 인정하고 자유롭게 이야기하는 것이 오히려 집단 간의 차별을 없애는 방안이라고 주장한다.

정치적 올바름은 현재까지 이처럼 큰 쟁점이 되었기에, 많은 스탠드업 코미디언들은 딜레마에 빠지게 된다. 어디까지가 농담이고, 어디부터

---

33 Wagg, S., Because I Tell a Joke or Two: Comedy, *Politics and Social Difference*. Routledge, 1998, pp. 300-301.

34 Žižek, S., "Slavoj Žižek: Political Correctness is a More Dangerous Form of Totalitarianism." YouTube, 2015. www.youtube.com/watch?v=5dNbWGaaxWM&list=PL5uULy4b0kV7ptjEsuMwvBAHENZ0aiGcy&index=25&t=0s

35 슬라보예 지젝, 이현우·김희진 옮김, 『폭력이란 무엇인가』, 난장이, 2011, 147쪽.

가 비하인가? 대부분의 코미디언들은 일종의 안전 장치로서 이에 관한 논란을 만들지 않고 피하는 쪽을 택했다. 그럼에도 불구하고 이것이 근본적 해결이 되지는 못했기에, 정치적 올바름을 중시하는 세력에게(혹은 경계하는 세력에게) 어떤 농담이 받아들여질 수 있으며 또는 그렇지 않은가에 관해 명확하게 정리되지 않았다. 많은 코미디언들은 소수자 집단과 이들에 관한 선입견(stereotype)을 소재로 공연을 하지만 과연 자신들이 공연에서 (어느 정도로) 정치적 올바름을 지켜야 하는지에 관해서는 이견이 분분하다.

저베이스는 〈인간이 싫어〉에서 이와 관련한 주제를 다룬 적이 있다. 그는 이 공연을 하기 전 2020년에 열린 제77회 골든 글로브 시상식에서 사회를 맡았는데, 여기서 미국의 전직 육상 올림픽 남성 금메달리스트였으나 훗날 여성으로 성전환 수술을 한 트렌스젠더인 케이틀린 제너(Caitlyn Jenner)(남성이었을 때 사용한 이름은 브루스 제너(Bruce Jenner)이다)에 관한 농담을 던진다.

> 〔…〕 하지만 저는 오늘 매우 착하게 굴 거에요. 저는 변했거든요. 네. 물론 브루스 제너만큼 변하진 않았지만요. 이제는 케이틀린 제너죠. 그는 트랜스젠더들의 롤모델이 되고 있어요. 매우 용감하고 힘든 결정이었지만 이를 이겨내고 결국 많은 사람들의 귀감이 되었어요. 여성 운전자들에겐 그렇지 않은 것 같지만요.[36]

여기서 '여성 운전자들에겐 그렇지 않았다'라는 말은 제너가 교통사고를 일으켜 과실치사로 기소된 사건을 풍자한 것이었다.[37] 그리고 이 유머와 관련하여 트랜스젠더를 비하했다는 논란이 일자 그는 〈인간이 싫

36 Gervais, R., "Ricky Gervais at the Golden Globes 2020", YouTube, 2020, January 10. https://www.youtube.com/watch?v=sR6UeVptzRg

37 Almasy, S.,·Vercammen, P., 〈Caitlyn Jenner Could See Misdemeanor Manslaughter Charge〉, 《CNN》, 2015. 8. 21. edition.cnn.com/2015/08/20/entertainment/caitlyn-jenner-accident-investigation/index.html

어〉에서 이렇게 이야기한다.

> 케이틀린 제너 농담으로 한 번 회자가 되었죠. 다음 날 SNS에 난리가 났어요. 몇몇 사람들이 그랬죠. '트랜스젠더 혐오 개그였다' 전혀 그런 뜻이 없었어요. 저는 트랜스젠더 농담을 했죠. 그렇지만 그 존재 자체에 대해 관련이 있던 농담은 아니거든요. 그게 또 한 부분이에요. 사람들은 농담을 할 때 상대에 대해 잘못된 농담을 하죠. 이게 근본적으로 같지는 않거든요.[38]

저베이스는 성적 소수자인 트랜스젠더 자체를 놀리거나 비하하는 것이 아니라 그저 트랜스젠더를 소재로 사용했을 뿐이라고 말한다. 지젝의 관점에서 보면, 제너가 성전환 수술을 받은 트랜스젠더라는 것을 오히려 농담의 소재로 이용하는 것이 제너가 대표하는 성 소수자 집단과 이에 속하지 않은 집단이 서로를 더 잘 이해하고 편안한 분위기를 가지게 함으로써 보이지 않는 차별을 없애는 방안이라고 할 수 있다. 하지만 SNS에서 나타난 의견은 그렇지 않았다. 몇몇 사람들이 저베이스의 유머에 관해 불쾌감을 나타냈다. 주된 이유는 트랜스젠더가 농담 소재로 이용되었다는 점이었다. 저베이스는 〈인간이 싫어〉에서 이에 관해 소수자 자체를 소재로 쓰는 유머와 이들을 비하하는 유머는 근본적으로 같은 것이 아니라고 이야기하고 있는 셈이다.

한편으로 빌 버(Bill Burr)의 경우는 더욱 직설적으로 정치적 올바름의 옹호 세력을 비판한다. 〈알고 보면 종이 호랑이〉(Paper Tiger)에서 그는 페미니스트에 관한 비하적 농담을 이용하여 양성평등과 관련된 지나친 정치적 올바름에 경도된 사람들을 조롱한다.

> 여러분 중 페미니스트도 있을 텐데요. 이 개그를 듣고 열받아 하겠죠. 해시태그나 뭐 그딴 걸 달고 싶을 거에요. '#용감하게 #목소리를_내자'. 당

---

38 Gervais, R.의 2017년 5월 11일 공연 작품 〈Humanity〉(Eventim Apollo Hammersmith, London, England, United Kingdom)

> 신은 존나 위선자에요. 정말입니다. [⋯] 언젠가는 첫 여성 대통령이 나올 겁니다, 그렇죠? 그 말은⋯(관객 환호). 그 여자 후보의 공약이 뭔지도 모르면서 자동으로 환호부터 지르네요. '와! 같은 생식기를 가진 사람이다!' [⋯] '여자를_믿자'라는 해시태그도 써요. 너무 광범위하지 않나요? [⋯] 88%를 믿는 건 어때요? 12%는 정신 나간 여자들일 테니까요.[39]

여기서 나타난 빌 버의 유머는 분명히 페미니스트들을 조롱하고 비하한다는 데서 논란의 여지가 있다. 저베이스가 받은 비난을 생각한다면 빌 버는 커다란 사회적 논란을 불러일으킬 수 있는 코미디언일 것이다. 그렇지만 버가 현재 미국에서 가장 인기 있는 코미디언 중 한 명이라는 사실은, 정치적 올바름이 요구하는 코미디에서의 자기 검열에 피로감을 느낀 대중 또한 매우 많다는 걸 보여준다. 버의 유머가 적절한지에 관해서는 차치하더라도, 적어도 버의 유머를 통해 누군가는 정치적 올바름에 관해 말하지 못했던 불만을 해소하고 웃을 수 있기 때문이다.

이와 같이 소수자 집단을 유머의 소재로 삼는 것에 대해 대중들의 갑론을박이 오고 가는 것은 코미디언들이 정치적 올바름에 관해 가지고 있는 딜레마를 잘 보여준다. 같은 유머를 말하더라도 누구는 웃는 반면에 누구는 불쾌함을 나타낸다. 문제는 그 적정선이 어느 부분인지 코미디언들 또한 확실하게 알고 있지 못하다는 점이다. 설사 코미디언 자신이 소수자를 비하할 의도가 없었다고 하더라도 정치적 올바름을 옹호하는 집단에서는 이를 지키지 않으면 맹공을 가하기도 한다. 한국계 미국인 코미디언 켄 정(Ken Jeong)의 스탠드업 〈크레이지 리치 아시안의 고백〉(You Complete Me, Ho)과 이에 관한 비평은 이를 전형적으로 보여준다.

> [⋯] 직장에서 아내도 만났고요. 아내도 의사에요. 베트남 사람이죠. 성

---

39 Burr, B.의 2019년 8월 29일 공연 작품 〈Paper Tiger〉(The Royal Albert Hall, London, England, United Kingdom)

이 '호'에요. 영어로 '창녀'라는 뜻이죠. '호'와 결혼했다니까요. … 한국인은 세계에서 가장 예민한 사람들이에요. 〔…〕 네, 우리는 아시아 사람들 중에서 가장 성격이 급해요. 가장 화를 많이 내기도 하고요.[40]

그러나 켄 정의 유머와 관련해 한 비평가는 비하의 의도가 없었을지라도 소수자를 배려하지 않은 유머였다며 비판한다.[41] 이는 일부 세력이 코미디언에게 정치적 올바름을 지키라고 요구하고 있다는 사실을 보여준다.

분명 켄 정이 의도하였던 것은 웡과 같은 방식의 자기비하적 농담이었을 것이다. 아시아인으로서의 정체성을 소재로 이용하여 비하적인 방향으로 농담을 펼치는 것이기 때문이다. 여성에 관한 농담도 마찬가지다. 자신의 아내를 소재로 이용하기 때문에 가족이라는 개인적이고 일상적인 소재를 유머의 재료로 이용한 것이 되고, 이는 자기비하적 농담을 의도한 것으로 연결된다. 지젝의 관점에 따르면 켄 정의 유머는 성별과 민족이라는 집단에 대한 언어유희와 선입견(stereotype)을 유머의 소재로 사용하여 사람들에게 친근하게 다가간 것이었다. 밀스의 말을 빌리자면 이를 통해 관객과의 유대감(a close relationship)을 형성하고 있는 셈이다. 또한 엘센의 관점에서 켄 정의 이러한 자기비하적 농담은 관객과 코미디언의 상하관계를 역전시킴으로써 관객이 상대적으로 그에 관해 우월감을 느끼게 되고, 이 과정에서 관객의 무의식에 잠재되어 있던 상하관계의 불일치(incongruity), 즉 '나보다 잘난 줄 알았던 코미디언이 나보다 못난 사람으로 처참하게 망가지는 것'에 베르그송이 이야기한 방식으로 웃음을 일으킨다고 볼 수 있다.[42]

---

40 Jeong, K.의 2019년 2월 14일 공연 작품 〈You Complete Me, Ho〉(The Ice House, Pasadena, California, United States)

41 권진경, 〈넷플릭스 진출한 한국계 배우 '켄 정', 이런 발언은 아쉽다〉, 《오마이스타》, 2019. 3. 16. star.ohmynews.com/NWS_Web/OhmyStar/at_pg.aspx?CNTN_CD=A0002519764

42 Elsen, op. cit., pp. 17-18.

이렇게 보면 켄 정의 농담은 문제가 없는 듯 보인다. 그러나 켄 정의 유머는 몇몇 사람들에게 웃음보다는 불쾌감을 안겨주었다. 그런데 그 농담의 방식이 웡과 같은 자기비하적 유머의 효과를 노린 방식이었기에 사람들이 웃지 못한 이유를 찾기는 어려워진다. 똑같이 자기비하의 형식을 통한 소수자 비하의 농담을 행했는데 웡은 받아들여지고 켄 정은 왜 그렇지 못했는가? 여기서 우리는 스탠드업 코미디언들에게 허용되는 유머와 정치적 올바름의 적정선이 어디인지 그들조차도 파악하기 어려워하고 있다는 것을 알 수 있다.

이처럼 정치적 올바름은 유머 소재를 가리지 않고 스탠드업 코미디 포맷에 전반적으로 지켜야 할 사항으로 요구되고 있다. 하지만 그 적정선과 정도에 대한 사회적 합의가 아직 이루어지지 않은 작금의 상황은, 코미디언과 대중이 스탠드업 코미디를 코미디로서 온전하게 즐길 수 있게 하는 것을 어렵게 하고 있다. 수정헌법 제1조에 표현의 자유를 명시할 만큼 의사 표출의 권리를 매우 중요하게 생각하는 미국 사회 또한 아직 이러한 딜레마에서 헤어나오지 못하고 있는 실정이다.

맺음말

스탠드업 코미디는 미국에서 시작된 코미디 포맷으로, 한 명의 코미디언이 마이크만을 가지고 언어적, 비언어적 의사소통을 활용하여 관객에게 웃음과 재미를 전달하는 것을 목적으로 한다. 본 글에서는 미국의 스탠드업 코미디를 유머 소재와 정치적 올바름의 시각에서 분석하였다.

스탠드업 코미디는 시사적인 주제를 담고 있어 항상 논쟁을 유발하지만, 특히 정치적 올바름의 경우는 더욱 그러하다고 할 수 있다. 발원지인 미국은 사회가 주로 주류 사회와 비주류 사회로 양분되었기에, 코미디언들은 비주류 사회의 입장에서 주류 사회를 향한 비판을 소재로 하였다. 그리고 이를 관객과 코미디언이 일상적으로 겪을 수 있는 사건과 엮어서 유머로 가공하여 표현하였다. 그런데 이러한 과정에서 정치적 올바름의 중요성이 대두되면서 코미디언들에게 일정한 사회적 책무가 추가되었다. 그리고 이를 지키지 못한 코미디언에게는 비난과 논란이 가해지기도 하였다. 하지만 미국 사회는 아직 정치적 올바름과 코미디가 어떠한 관계를 가져야 하며, 어느 정도로 정치적 올바름을 지켜야 하는 지에 관해 합의점을 찾지 못한 상황이다.

리키 저베이스는 2020년 77회 골든 글로브 시상식에서 농담을 시작하기 전에 이렇게 이야기한 바 있다.

> 잊지 마세요. 제가 이야기할 건 어디까지나 그냥 농담입니다. 우리는 언젠가 다 죽기 마련이고, 인생이란 것엔 속편이 없어요.[43]

성공한 스탠드업 코미디언이 '어디까지나 농담이다'라고 이야기하는 것은, 자신의 농담을 농담으로서 받아들이지 못하는 사람들이 있기 때문일 것이다. 유감스럽게도 스탠드업 코미디는 발원지인 미국에서도 '어디까지가 농담이고, 어디부터가 비하인지' 그 경계가 명확하게 구분되지 못하고 있는 실정이다. 만약 정치적 올바름이 지나치게 적용된다면, 코미디언은 코미디를 통해 할 수 있는 이야기가 없을 것이다. 쿼크의 주장과는 달리 코미디를 통해 사회적 변화를 이끌 수 없을지도 모른다. 지젝이 지적한 것처럼 사람들이 자신의 의견에 관해 검열만을 반복하게 될지도 모른다. 그렇지만 정치적 올바름이 결여되어 있다면 20세기의 민스트럴 쇼와 스탠드업 코미디가 무엇이 다른 것인지 알 수 없게 될 것이다. 따라서 이와 관련한 적정선을 합의하는 것이 필요하다. 그리고 이를 통해 설사 공연에서 뱉은 코미디언의 발언으로 논란을 가져오더라도 무대에 계속 설 수 있게 하는 발판을 마련해야 한다.

스탠드업 코미디라는 포맷이 아직 생소하고 개인의 의견보다 체면과 권위를 내세우는 문화적 기반을 가진 한국에서는 이 문제가 더더욱

---

43 Gervais, R., "Ricky Gervais at the Golden Globes 2020", YouTube, 2020, January 10. https://www.youtube.com/watch?v=sR6UeVptzRg

합의되지 않은 사항이다. 그리고 한국에서 스탠드업 코미디 같은 포맷이 무대 위라는 공적인 자리에서 다룰 수 있는 주제는 미국에 비해 협소하기 때문에, 코미디언은 한국 관객이 받아들일 수 있는 소재가 무엇인지에 대해 더욱 민감해질 수밖에 없다. 여기에 일부 관객들에게서 나오는 정치적 올바름의 준수 요구는 스탠드업 코미디언이 한국에서 공연을 하는 것을 어렵게 하고 있다.

본 연구를 기반으로 추후 이러한 미국의 스탠드업 코미디가 어떻게 한국의 코미디 문화에 영향을 미쳤는가를 살펴보고자 한다. 현재 유명 코미디언인 박나래와 유병재는 각각 자신의 이름을 내건 스탠드업 코미디 공연을 거쳤으며 모두 넷플릭스를 통해 영상으로 제공하고 있다. 한국 관객이 과거보다 스탠드업 코미디 포맷을 더 자주 접하고 즐기고 있다는 점을 감안한다면, 이제는 이에 대해 검토할 필요가 있다고 생각한다. 아직 스탠드업 코미디라는 분야가 한국에서는 논문으로 소개된 바가 없고, 또한 한국적 상황까지 다루기에는 분량이 너무 많아 부득이하게 준비된 글을 분리하여, 한국에서의 스탠드업 코미디 과제는 후고에서 다루고자 한다.

나오면서

정년퇴직을 앞두고 기존 글들을 중심으로 이렇게 하나의 책을 만들 수 있음에 감사하고자 한다. 필자는 건국대 사학과에 재직하던 중에 새롭게 2010년에 문화콘텐츠학과를 신설하여 학과를 옮기게 되었다. 이미 2000년부터 역사학을 비롯하여 인문학에 바탕을 둔 일종의 응용인문학으로서의 문화콘텐츠 관련 글들을 제창한 바 있기에, 새로운 학과 신설을 학교에서 권유하였고 필자는 그 제의를 받아들였다.

역사학으로 학문을 시작하여 문화콘텐츠학으로 정년을 마치는 심정은 다소 복잡하다. 그러나 다행히 2000년 이후 지금까지 문화콘텐츠 분야가 사회의 많은 관심을 받고 있기 때문에 나의 선택에 후회는 없다. 오히려 미개척지라고 할 수 있는 문화콘텐츠 분야를 함께 해준 건국대 학과 학부생 및 대학원생들에게 고마움을 전하고 싶다. 분명 학생들은 새로운 학문분야에 대한 기대와 함께 아직 정립되지 못한 문화콘텐츠학에 대한 아쉬움도 많았을 것이다. 특히 논문을 통해 새로운 분야를 연구해야 하는 대학원생들은 아직 확립되지 못한 문화콘텐츠 연구방법론으로 인해 많은 어려움이 있었을 것이다.

그런 이유로 필자는 대학원생들과 함께 공동논문을 많이 작성하였다. '책머리에' 밝힌 바와 같이 본 책은 필자의 단독논문이나 주저자로 되어 있는 것만을 수록하였다. 흔히 대학원생들과의 공동논문은 학생들과 함께 연구주제 선정 - 초고 작성 - 검토 및 수정 등의 과정을 거친 후에 학회지 투고로 진행된다. 필자는 대학원생 제자들에게 가능한 '활용연구'를 수행할 것을 권유하였다. 본 책의 수록된 '활용연구'는 7편이지만, 제자들과 함께 수행한 활용연구도 많이 있다. 필자가 제자들과 함께 수행한 공동연구는 전체 30여 편 된다. 분야는 다양하여 삼원캐릭터연구, 풍수사상연구, 문화콘텐츠연구 등에서 이루어졌는데, 이 자리에서는 본 책의 주제상 문화콘텐츠 분야의 공동연구만 소개하고자 한다.

최승용·김기덕, 「전통문화유산의 방송콘텐츠 활용 사례 연구: TV 리얼 버라이어티 프로그램 KBS 〈1박2일〉」, 『인문콘텐츠』 33, 2014.

김혜지·김기덕, 「서울동화축제의 발전적 연구: 축제 구성요소의 유기적 관계성을 중심으로」, 『인문콘텐츠』 51, 2018.

정윤희·김기덕, 「전자출판산업 발전 방안에 관한 연구: 책문화생태계 관점을 중심으로」, 『한국출판학연구』 45-1(통권86), 2019.

정윤희·김기덕, 「구독경제시대의 오디오북 지속성장을 위한 시론적 연구」, 『한국출판학연구』 89, 2019.

김태룡·김기덕, 「한국 언더그라운드 힙합의 형성과정과 향후과제」, 『다문화콘텐츠연구』 18, 2015.

김태룡·김기덕, 「〈쇼미더머니〉를 통해본 한국 언더그라운드 힙합의 현재와 향후 과제」, 『통일인문학』 71, 2017.

김태룡·김기덕, 「성서 스토리텔링 연구의 현황과 과제: 문화콘텐츠 활용 관련연구를 중심으로」, 『문화콘텐츠연구』 11, 2017.

김태룡·김기덕, 「성서 스토리텔링을 적용한 공간콘텐츠 기획전략: 미국 플로리다의 '홀리랜드 익스피리언스' 사례를 중심으로」, 『종교문화연구』 32, 2019.

오성환·김기덕, 「증강현실(AR) 기술을 이용한 덕수궁 관광안내서비스 구축 방안 연구」, 『문화재』 46-2, 국립문화재연구소, 2013.

오성환·김기덕, 「UNESCO 디지털유산 보존 정책 연구」, 『문화콘텐츠연구』 12, 2018.

전준현·김기덕, 「가상현실을 활용한 문화원형콘텐츠 개발: 서대문형무소 역사관을 중심으로」,『한국사진지리학회지』 28-2, 2018.
브티탄흥·김기덕,「한국에서의 베트남 문화관련 연구동향과 과제」,『중앙사론』 41, 2015.
이동배·김기덕,「중국문화산업 연구동향」,『통일인문학』 61, 2015.
백국·김기덕,「중국 시안 대명궁유지의 가치와 활용 방안 연구」,『통일인문학』 80, 2019.
백국·김기덕,「실크로드 시안단 문화콘텐츠 개발 방안 연구」,『문화콘텐츠연구』 19, 2020.
모성·김기덕,「일대일로 전략하에서 중국 미식 다큐멘터리의 전파」,『문화콘텐츠연구』 20 글로컬문화전략연구소, 2020.

필자가 이러한 연구성과를 밝히는 것은 필자의 정년퇴직을 맞이하여 그동안 쉽지 않은 논문작성을 참고 견딘 제자들을 격려하고자 함이다. 공동으로 수행한 연구는 이들이 학문세계에 들어온 초창기 시절에 해당한다. 함께 논문을 검토하고 수정하면서 이들은 성장하였다. 이들이 연구자로서 독립할 수 있다고 판단한 이후에는 필자가 교신저자로 들어가지 않았다. 이제 당당히 단독저자로서 논문을 발표할 수 있게 성장시키는 것이 주목적이었기 때문이다.

특히 유학생들과 함께 5편의 등재지논문을 통과시킨 것은 나에게 또다른 보람으로 다가온다. 필자는 유학생 중에 우수한 학생들은 반드시 한국어로 글을 쓰게 훈련하였다. 흔히 자국 언어로 글을 쓴 후 한국어로 번역하는 경우가 많다. 그러나 그렇게 해서는 독립된 연구자로 성장할 수 없다. 외국유학생들과 함께 한 연구는 한 편에 10번 이상 같이 문장을 읽으면서 다듬고 수정한 결과이다. 그렇게 훈련된 외국인 제자들은 이제 스스로 단독 논문을 쓰면서 연구자로 독립하였고, 그 외국인 제자 중 3명이나 대학에 교수로 임용되었다.

아쉬움이 많지만 이제 본 책을 마무리하고자 한다. 끝으로 필자가 주로 활동한 인문콘텐츠학회 회원 모두에게도 감사드린다. 필자의 문화콘텐츠학 성장과정은 전적으로 인문콘텐츠학회에 바탕을 두고 있기 때문이다. 다시 한번 '책머리에' 밝힌 바와 같이 능력 있는 후학들이 본 책의 문제의식을 이어받아 문화콘텐츠학을 정립하기를 다시 한번 소망한다.

참고문헌

강내영, 「용서는 해도 잊을 수는 없다」, 『월간중앙』, 2005. 5. 1.

건국대학교 통일인문학연구단, 『분단체제를 넘어선 치유의 통합서사』, 선인, 2015.

고병익, 『동아시아의 전통과 변용』, 문학과 지성사, 1996.

권진경, 〈넷플릭스 진출한 한국계 배우 '켄 정', 이런 발언은 아쉽다〉, 《오마이스타》, 2019. 3. 16. (star.ohmynews.com/NWS_Web/OhmyStar/at_pg.aspx?CNTN_CD=A0002519764)

금상진, 「'嫌韓 악플러' 中日 포털 도배」, 『월간중앙』, 2008년 10월호.

김기덕·박경하·김현·유동환, 『디지털시대 인문학성과의 산업화방안 연구』, 2014년 한국연구재단 정책연구.

김강산, 「연오랑 세오녀가 일본으로 간 까닭」, 『강원민속학』 25, 2011.

김광식, 「근대 일본의 신라담론과 일본어 조선설화집에 실린 경주 신화, 전설 고찰: 석탈해 및 '연오랑세오녀' 설화를 중심으로」, 『연민학지』 16, 2011.

김광신, 「프랑스의 테마파크, 세상을 바꾸는 문화의 힘」, 『문화콘텐츠연구』 2, 2012.

김교빈, 「문화원형의 개념과 활용」, 『인문콘텐츠』 6, 인문콘텐츠학회, 2005.

______, 「발상법의 이론과 실제」, 『문화콘텐츠입문』, 북코리아, 2006.

______, 「인문학, 그리고 인문콘텐츠의 힘」, 『인문콘텐츠』 36, 2015.

______, 「콘텐츠 관련 고급인력 양성을 위한 대학원교육의 현황과 문제점」, 인문콘텐츠학회, 『인문콘텐츠』 2, 2003.

김기덕, 『디지털시대 인문학 성과의 산업화 방안 연구』, 한국연구재단(정책연구-2014-014-인문학), 2014.

______, 「문화원형의 층위와 새로운 원형 개념」, 『인문콘텐츠』 6, 인문콘텐츠학회, 2005.

______, 「문화콘텐츠의 등장과 인문학의 역할」, 『인문콘텐츠』 28, 인문콘텐츠학회, 2013.
______, 「4차 산업혁명시대 '문화원형 소재 오픈소스화를 위한 디지털콘텐츠화사업'의 필요성」, 『인문콘텐츠』 48, 인문콘텐츠학회, 2018.
______, 「4차 산업혁명시대 콘텐츠와 문화콘텐츠」, 『인문콘텐츠』 52, 인문콘텐츠학회, 2019.
______, 「삼원론을 활용한 캐릭터 분석: 영화 〈노인을 위한 나라는 없다〉를 중심으로」, 『인문콘텐츠』 29, 인문콘텐츠학회, 2013.
______, 「새로운 동력 얻는 한류」, 『국민일보』, 2011. 5. 7.
______, 「영상역사학: 역사학의 확장과 책무」, 『역사학보』 200, 역사학회, 2008.
______, 「인문학과 문화콘텐츠」, 『인문콘텐츠』 32, 인문콘텐츠학회, 2014.
______, 「전통 역사학의 응용적 측면의 새로운 흐름과 과제: '인문정보학'·'영상역사학'·'문화콘텐츠' 관련 성과를 중심으로」, 『역사와현실』 58, 2005.
______, 「전통적인 인문학관련 학과에 있어서 '콘텐츠 교과목'의 보완: 역사학 관련 학과의 사례를 중심으로」, 『인문콘텐츠』 2, 인문콘텐츠학회, 2003.
______, 「정보화시대의 역사학: '영상역사학'을 제창한다」, 『역사교육』 75, 역사교육연구회, 2000.
______, 「칠포리 암각화의 문화콘텐츠로서의 가능성: 〈칠포리 세계암각화박물관〉이 필요하다」, 『한국암각화연구』 15, 2011.
______, 「콘텐츠의 개념과 인문콘텐츠」, 『인문콘텐츠』 창간호, 인문콘텐츠학회, 2003.
______, 「'한류인문학'을 제창한다」, 『인문콘텐츠』 45, 인문콘텐츠학회, 2017.
김기덕 외, 『우리 인문학과 영상』, 푸른역사, 2002.
김기덕·김동윤, 「인문학 기반의 '문화콘텐츠학' 수업론 정립을 위한 시론」, 『인문콘텐츠』 41, 인문콘텐츠학회, 2016.
김기덕·김동윤·이병민, 『창조경제시대 스토리텔링 다시보기』, 북코리아, 2014.
김기덕·이병민, 「문화콘텐츠의 핵심원천으로서의 역사학」, 『역사학보』 224, 2014.
김기덕·신광철, 「문화·콘텐츠·인문학」, 『문화콘텐츠입문』, 북코리아, 2006.
김기봉, 『역사를 통한 동아시아 공동체 만들기』, 푸른역사, 2006.
______, 「질주하는 과학기술시대 인문학이 필요한 이유」, 『인문콘텐츠』 35, 2014, 16-22쪽.
김기홍, 「창의성의 사회적 본성과 문화와의 관계에 대한 연구」, 『인문학연구』 93, 충남대 인문과학연구소, 2013.
김기홍·박치완, 「한국형 '창조경제' 담론의 논의사 고찰」, 『인문콘텐츠』 31, 2013.
김동윤, 「창조적 문화와 문화콘텐츠의 창발을 위한 인문학적 기반 연구: '융합 학제적' 접근의 한 방향」, 『인문콘텐츠』 19, 2010.

______, 「프랑스 디지털인문학의 인문학적 맥락과 동향」, 『인문콘텐츠』 34, 인문콘텐츠학회, 2014.

김명성, 「북 만수대창작사, 거상 제작으로 외화벌이」, 『월간북한』 2016년 7월호, 북한연구소.

김미경·김보경, 「한류관광 관련 연구동향 내용분석」, 『호텔경영학연구』 23-3, 2014.

김민형·임영상, 「디지털시대의 인문학을 다시 생각한다: 인문콘텐츠에서 지식콘텐츠까지」, 『인문콘텐츠』 41, 인문콘텐츠학회, 2016.

김바로, 「해외 디지털인문학 동향」, 『인문콘텐츠』 33, 인문콘텐츠학회, 2014.

김상원, 「도시공간의 창조적 재생과 인문학의 역할」, 『독어교육』 45, 2009.

김수, 「OTT 플랫폼 UI사용성이 사용자 만족도 및 충성도에 미치는 영향」, 중앙대학교 예술대학원 석사학위논문, 2020.

김수정, 「한국 리얼리티 프로그램의 정서구조와 문화정치학」, 『방송문화연구』 23-2, KBS 방송문화연구소, 2011.

김승, 「북한 영화예술의 세계」, 『한국영화』 2018년 6월호, 영화진흥위원회.

김영순·김현 외, 『인문학과 문화콘텐츠』, 다할미디어, 2006.

김윤종, 「한중일 '인터넷 삼국지'… '사이버 민족주의' 극성」, 『동아일보』, 2006. 9. 13.

김일권, 「영일만의 천문사상과 별자리 암각화」, 『한국암각화연구』 15, 2011.

김일성, 「민족문화유산계승에서 나서는 몇 가지 문제에 대하여」, 『김일성저작집 25』, 조선로동당출판사, 1983.

김정석, 「대구 곳곳 남아 있는 '왕건 탈출로'… 지금은」, 『중앙일보』, 2017. 12. 2.

김정일, 「주체사상 교양에서 제기되는 몇 가지 문제에 대하여」, 『주체혁명위업의 완성을 위하여 5』, 조선로동당출판사, 1988.

김정하, 「동아지중해 교류형 스토리텔링 시론」, 『동북아문화연구』 33, 2012.

김종군, 「남북 주민의 정서 소통 기제로서 대중가요」, 『통일인문학』 71, 건국대학교 인문학연구원, 2017.

______, 「남북한의 민속전통 계승의 실제와 의미」, 『동방학』 22, 한서대학교 동양고전연구소, 2012.

______, 「통합서사의 개념과 통합을 위한 문화사적 장치」, 『통일인문학』 61, 건국대학교 인문학연구원, 2015.

김현, 「기술, 문화콘텐츠, 문화철학」, 『문화콘텐츠 시대의 철학과 인문학의 힘』, 철학연구회 춘계학술대회 발표논문집, 2010.

______, 「디지털 인문학: 인문학과 문화콘텐츠의 상생 구도에 관한 구상」, 『인문콘텐츠』 29, 인문콘텐츠학회, 2013.

______, 『인문정보학의 모색』, 북코리아, 2012.

김현·김바로, 「미국 인문학재단(NEH)의 디지털인문학 육성 사업」, 『인문콘텐츠』 34, 인문콘텐츠학회, 2014.

김현·임영상·김바로, 『디지털인문학입문』, 한국외국어대학교 지식출판부, 2016.

김혜숙 외, 『융합시대 인문학 연구분야분류표 재설계를 통한 지원사업 효율화 방안 연구』, 한국연구재단, 2014.

김환표, 「팬덤의 역사: '인정투쟁'을 위한 치열한 몸부림인가(1)」, 『인물과 사상』 2012. 12, 인물과사상사.

노성호, 「A.S.C 영상자료를 통한 한국전쟁연구의 새로운 가능성」, 『한국사학사학보』 27, 한국사학사학회, 2013.

노시훈, 「디즈니 애니메이션 스토리의 기본원칙과 성공전략: 극장용 장편 애니메이션을 중심으로」, 『만화애니메이션연구』 7, 한국만화애니메이션학회, 2003.

니콜라스 네그로폰테, 백욱인 옮김, 『디지털이다(*Being digital*)』, 커뮤니케이션북스, 2006.

다카하시 모토아키(高原基彰), 정호석 옮김, 『한중일 인터넷세대가 서로 미워하는 진짜 이유』, 삼인, 2007.

동범준, 「남·북한 문화재 법 제도 비교 분석 및 통일한국 시대에서의 문화콘텐츠 활용을 위한 발전방향 제시」, 『문화콘텐츠연구』 11, 건국대학교 글로컬문화전략연구소, 2017.

레비스트로스, 류재화 옮김, 『달의 이면』, 문학과지성사, 2014.

류영철, 「一利川戰鬪와 後百濟의 敗亡」, 『大丘史學』 63, 大丘史學會, 2001.

______, 『고려와 後百濟의 爭覇過程 硏究』, 영남대 대학원 사학과 박사학위논문, 1998.

류철균·한혜원 외, 『트랜스미디어 스토리텔링의 이해』, 이화여자대학교출판부, 2015.

리처드 니스벳, 최인철 옮김, 『생각의 지도』, 김영사, 2004.

마크 더핏, 김수정 외 옮김, 「팬덤의 간략한 역사」, 『팬덤 이해하기』, 한울엠플러스, 2016.

문화체육관광부·한국문화관광연구원, 『한류백서』, 2013.

문화체육관광부·한국콘텐츠진흥원, 『2016 콘텐츠산업 통계조사』, 2016.

미디어문화교육연구회, 『문화콘텐츠학의 탄생』, 다홀미디어, 2005.

박기수, 「문화콘텐츠 교육의 현황과 전망」, 『국제어문』 37, 국제어문학회, 2006.

______, 「문화콘텐츠학과 독서 프로그램의 가능성」, 『인문콘텐츠』 39, 2015.

______, 『웹툰, 트랜스미디어 스토리텔링의 구조와 가능성』, 커뮤니케이션북스, 2018.

_____, 「한국문화콘텐츠학의 현황과 전망」, 『대중서사연구』 16, 2006.
_____, 「한류의 지속방안을 위한 인문학적 성찰」, 『인문콘텐츠』 6, 인문콘텐츠학회, 2005.
박미소, 「디지털에 넋나간 유령들, 심장 뛰는 육체로 돌아가라」, 『월간중앙』 2010년 1월호.
박상천, 「'문화콘텐츠' 개념 정립을 위한 시론」, 『한국언어문화』 33, 한국언어문화학회, 2007.
_____, 「문화콘텐츠학의 학문 영역과 연구 분야 설정에 관한 연구」, 『인문콘텐츠』 10, 인문콘텐츠학회, 2007.
_____, 「테크놀로지, 미디어, 문화콘텐츠」, 『인문콘텐츠』 37, 2015.
_____, 「Culture Technology와 문화콘텐츠」, 『한국언어문화』 22, 한국언어문화학회, 2002.
박순준, 「역사소비를 위한 역사교육의 프레임 전환」, 『역사와 경계』 68, 부산경남사학회, 2008.
박영도, 「다산의 실학적 공공성의 구조와 성격」, 연세대학교 국학연구원, 『동방학지』 160권, 2012.
박영철, 「한중일 元祖文化戰爭」, 『조선닷컴』, 2008. 1. 6.
박웅현·강창래, 『인문학으로 광고하다』, 알마, 2009.
박윤희, 「베티 프리단과 현대 미국의 여성운동: 자유주의적 여성운동을 중심으로」, 단국대학교 교육대학원 석사학위논문, 2005.
박장순, 『문화콘텐츠 해외마케팅』, 커뮤니케이션북스, 2005.
박지향, 『영국적인, 너무나 영국적인』, 에크리, 2006년.
박진관, 「"견훤의 추격을 따돌려라"… 팔공산~금호강~앞산~낙동강 '필사의 대장정'」, 『위클리포유』, 2013. 4. 26.
_____, 「고려태조 왕건은 왜 대구에 왔을까: 왕건의 대구탈출로를 고증하다」, 『왕건, 그리고 고려시대 달성』, 고려건국 1100주년 기념 학술대회자료집, 2017. 11. 3.
박찬길, 『디지털인문학 과목개발 연구』, 한국연구재단 연구과제 보고서, 2005.
박찬수, 「한국 문화외교의 성과와 전망: 출판콘텐츠 해외지원을 중심으로」, 『2017년 인문콘텐츠학회 춘계정기학술대회 논문집』. 인문콘텐츠학회, 2017.
박창규, 『4차 산업혁명시대 콘텐츠가 왕이라면 컨텍스트는 신이다』, 클라우드라인, 2018.
박치완·유제상, 「문화콘텐츠학의 정체성 확립을 위한 필독서 선정 방안」, 『인문콘텐츠』 39, 2015.

박홍식, 「이야기학의 정립을 위하여: 서양의 이야기 역사 그리고 문화콘텐츠학의 역사적 맥락」, 『인문콘텐츠』 28, 2013.

배성인, 「북한 애니메이션을 활용한 남북한 문화 교류협력 방안」, 『문화정책논총』, 제17호, 한국문화관광연구원, 2005.

배영동, 「문화콘텐츠화 사업에서 '문화원형' 개념의 함의와 한계」, 『인문콘텐츠』 6, 인문콘텐츠학회, 2005.

배용일, 「연오랑세오녀 일월신화 연구」, 『제7회 일월문화재 기념 포항정신문화학술심포지엄 자료집』, 2007.

백민정, 「유교 지식인의 공 관념과 공공 의식」, 연세대학교 국학연구원, 『동방학지』 160권, 2012.

백승국, 『문화기호학과 문화콘텐츠』, 다홀미디어, 2004.

베르비기에 마티유, 조영한, 「케이팝(K-pop)의 한국 팬덤에 대한 연구: 해외 팬들에 대한 인식을 중심으로」, 『한국언론정보학보』 81, 한국언론정보학회, 2017.

변재웅, 「4차 산업혁명이 문화산업에 미치는 영향에 관한 연구」, 『문화산업연구』 17-3, 한국문화산업학회, 2017.

서성은, 『크로스미디어 스토리텔링』, 커뮤니케이션북스, 2018.

서영·이적, 「중국 내몽골 인산(陰山) 암각화의 분포와 유형: 한국 칠포리 암각화와 비교」, 『한국암각화연구』 15, 2011.

서은진, 〈디즈니 '흑인 인어공주' 캐스팅 논란〉, 《Daily Bizon》, 2019. 7. 5. (www.dailybizon.com/news/articleView.html?idxno=13406)

小創紀藏, 「고개 숙인 열도, Look KOREA!」, 『월간중앙』, 2006. 1. 1.

손승혜, 「학술 논문의 메타 분석을 통해 본 한류 10년」, 『언론과 사회』 17-4, 2009.

손택균, 〈KBS '개그콘서트' 21년 만에 사실상 종영〉, 《동아일보》, 2020. 5. 15. (https://www.donga.com/news/Culture/article/all/20200515/101053469/1)

손호영, 〈'정치 편향' '외모 비하' 개콘의 몰락… 시청률 역대 최저 4.0%〉, 《조선일보》, 2020. 2. 3. (https://news.chosun.com/site/data/html_dir/2020/02/03/2020020300042.html)

송성욱, 「문화콘텐츠 창작소재와 문화원형」, 『인문콘텐츠』 6, 인문콘텐츠학회, 2005, 76-77쪽.

송정은·김익기·장원호, 「동남아지역의 경제한류: 베트남, 태국, 인도네시아를 중심으로」, 『지역사회학』 15-1, 2013.

송태현, 「카를 구스타프 융의 원형 개념」, 『인문콘텐츠』 6, 인문콘텐츠학회, 2005.

송한샘, 「'문화콘텐츠'의 개념 정립을 위한 시론」, 『한국극예술연구』 59, 한국극예술연구, 2018.

송화섭, 「영일만의 고인돌문화와 칠포리형 암각화의 출현」, 『한국암각화연구』 15,

2011.
_____, 「포항 칠포리의 생식기 암각화」, 『한국암각화연구』 7·8, 2006.
_____, 「한반도 선사시대 기하문암각화의 유형과 성격」, 『선사와 고대』 5, 1993.
슬라보예 지젝, 이현우·김희진 옮김, 『폭력이란 무엇인가』(Violence: Six Sideways Reflections), 난장이, 2011.
시오노 나나미, 송태욱 옮김, 『십자군 이야기 3』, 문학동네, 2012,
신광철, 「문화콘텐츠학 연구사 정리의 방향과 과제」, 『인문콘텐츠』 38, 2015.
_____, 「학부 수준에서의 문화콘텐츠학과 교과과정의 분석과 전망」, 인문콘텐츠학회, 『인문콘텐츠』 2, 2003.
신광철 외, 『인문학과 문화콘텐츠』, 한신대 학술심포지엄자료집, 2004.
신동희, 「4차 산업혁명은 인간중심 르네상스 혁명」, 『세계일보』, 2017. 2. 1.
신상구, 「연오랑세오녀 설화의 연구사 고찰」, 『연오랑세오녀연구소 제3회 한일국제세미나자료집』, 경북일보, 2012.10.5.
신성재, 「고려와 후백제의 공산전투」, 『한국중세사연구』 34, 한국중세사학회, 2012.
신창희·방문식, 「문화원형의 개념과 범주」, 『글로벌문화콘텐츠학회 학술대회 발표집』, 글로벌문화콘텐츠학회, 2016.
심상민, 『미디어는 콘텐츠다』, 김영사, 2002.
_____, 「콘텐트 비즈니스의 새 흐름과 대응전략」, 삼성경제연구소, 2002.7.29.
심승구, 「옛길을 통해본 기억과 망각의 저편: 미래 경기를 위한 서곡」, 『2017 경기옛길 학술토론회자료집』, 경기문화재단, 2017. 11. 30.
안상경·박범준, 「인간을 위한 도시재생과 응용인문학의 실천: '충주 행기나는 녹색수공원 가꾸기' 기본계획을 중심으로」, 『인문콘텐츠』 18, 2010.
안승범·최혜실, 「공간스토리텔링을 적용한 테마파크 기획 연구: 포항 '연오랑세오녀 테마파크'를 중심으로」, 『인문콘텐츠』 17, 2010.
안창현, 「문화콘텐츠는 원형의 변주다」, 『새로운 문화콘텐츠학』, 커뮤니케이션북스, 2017.
안혜원, 「도시재생 위기 극복을 위한 창조도시 성공요인의 중요도 분석과 시사점」, 『한국위기관리논집』 11-2, 2015.
앙드레 모루아, 신용석 옮김, 『영국사』, 김영사, 2013.
양상훈, 「우리 대통령이 '칸 카르데시' 할 차례」, 『조선일보』 2015. 9. 24.
양승훈, 「관광과 엔터테인먼트 연구동향」, 『관광학연구』 70, 2008.
엠마누엘 아나티, 이승재 옮김, 『예술의 기원』, 바다출판사, 2008.
유동환, 「문화콘텐츠 기획과정에서 인문학 가공의 문제」, 『인문콘텐츠』 28, 인문콘텐츠학회, 2013.

_____, 「문화콘텐츠닷컴 사이트 분석과 활성화방안 제안」, 『인문콘텐츠』 5, 인문콘텐츠학회, 2005.

_____, 「제4의 공간과 전시스토리텔링: '사이버 안동읍성' 복원콘텐츠 사례를 중심으로」, 『인문콘텐츠』 31, 2013.

유제상, 「4차산업혁명, 왜 칭송하는가?: 4차산업혁명의 환상과 문화콘텐츠학」, 문화콘텐츠 신진연구자포럼자료집, 2018.

유제상, 『문화콘텐츠와 원형이론 강의』, 컨텐츠하우스, 2017.

유지혜, 〈[대중문화 변화 ①] "요즘 누가 TV 보나요?"… 플랫폼 다양화〉, 《동아일보》, 2020. 1. 8. (http://www.donga.com/news/article/all/20200107/99125652/5)

유홍준, 『나의 문화유산답사기 7』, 창비, 2012.

윤명철, 『동아지중해와 고대 일본』, 청노루, 1996.

이기상, 「문화콘텐츠 학의 이념과 방향」, 『인문콘텐츠』 23, 2011.

이남훈, 『CEO 스티브잡스가 인문학자 스티브잡스를 말하다』, 팬더북스, 2011.

이남희, 「인문학과 지식정보화: 지식정보자원관리법과 한국역사정보통합시스템을 중심으로」, 『인문콘텐츠』 창간호, 인문콘텐츠학회, 2003.

_____, 「지역문화콘텐츠 구축과 디지털 지역학」, 『인문콘텐츠』 47, 인문콘텐츠학회, 2017, 14쪽.

이덕규, 「한·중·일 게이머, 동북아 역사로 한판 더 붙다」, 『한겨레신문』, 2009. 5. 18.

이동배, 「중국의 문화정책 소고」, 『문화콘텐츠연구』 2, 건국대 문화전략연구소, 2012.

이민정, 〈'빨간 머리는?'… 인어공주 캐스팅 논란 '할리 베일리' 직접 답했다〉, 《중앙일보》, 2019. 8. 9. (news.joins.com/article/23547814)

이병민, 「창조경제시대 도시재생의 방향 전환과 과제」, 『도시인문학연구』 6-1, 2014.

이병민·김기덕, 「한국형 지역재생 개념수립을 위한 인문학적 접근방안 모색」, 『국토지리학회지』 48-2, 2014.

이병한, 「동아시아의 젊은 '集合知性'이 온다」, 『창작과비평』 2008년 겨울호(통권 142), 2008. 12.

EBS 〈동과 서〉 제작팀, 『EBS 다큐멘터리 동과 서』, 지식채널, 2012.

이석민, 「북한의 한류 영향을 통해 바라본 한반도 통일을 대비한 문화콘텐츠의 발전 방향」, 경상대학교대학원 석사학위논문, 2013.

이욱연, 「韓中 문화교류와 韓中 '공동의 집'」, 『역사비평』 69, 2004 겨울.

이원태, 「전통문화 세계화 정책의 의의와 전개」, 『제1회 전통문화의 한류 동반진출 전략 연구포럼: 전통문화는 한류와 어떤 관계가 있는가?』, 한국문화관광연구원, 2012.

이원희, 『신한류를 활용한 인바운드 관광정책 방향』, 한국문화관광연구원, 2011.
이웅철, 「우리는 항상 무엇인가의 팬이다: 팬덤의 확산, 덕질의 일상화, 취향의 은폐」, 『한국문화인류학』 49-3, 한국문화인류학회, 2016.
이인화 외, 『디지털스토리텔링』, 황금가지, 2003.
이종수, 「텔레비전 미학」, 『매체미학』, 나남출판, 1998.
이종일, 「정치적 올바름의 개념과 논쟁 범위 고찰」, 『사회과교육연구』 23-2, 한국사회교과교육학회, 2016.
이찬도, 「남북한 문화콘텐츠 교류와 정책적 접근 방안」, 『통상정보연구』 9(3), 한국통상정보학회, 2007.
이케다 노부오, 이규원 옮김, 『인터넷자본주의 혁명』, 거름, 2000.
이-푸 투안, 구동회 외 옮김, 『공간과 장소』, 대윤, 2007.
이하나, 『국가와 영화』, 혜안, 2013.
_____, 『대한민국 재건의 시대(1945-1968)』, 푸른역사, 2013.
이하우, 「칠포리 암각화의 조형, 의례, 그리고 변천」, 『한국암각화연구』 15, 2011.
_____, 「한국 선사암각화의 제의표현에 관한 연구」, 경주대학교 박사학위논문, 2009.
이현주, 「십자군 전쟁을 바라보는 작가의 시각 연구: 『신의 전사들』(warriors of god)을 중심으로」, 『중세영문학』 11-1, 2003.
이형숙, 「해외 한국 영화 연구의 동향」, 『한국문화연구』 25, 이화여대 한국문화연구원, 2013.
이호흥, 「문화원형 디지털콘텐츠화 사업에 있어서의 저작권 문제」, 『인문콘텐츠』 5, 인문콘텐츠학회, 2005.
이효성, 『통하니까 인간이다』, 커뮤니케이션북스, 2012.
이훈익, 「문화콘텐츠 창작소재로서의 문화원형 연구」, 『문화예술콘텐츠』 창간호, 한국문화콘텐츠학회, 2008, 320쪽.
인문콘텐츠학회, 『문화콘텐츠입문』, 북코리아, 2006.
인문콘텐츠학회·경제인문사회연구회, 『인문콘텐츠의 사회적 공헌』, 북코리아, 2013.
임권웅, 「포항 칠포리 암각화의 보존과 활용」, 『한국암각화연구』 15, 2011.
임동욱, 「4차산업혁명, 왜 폄하하는가: 배제가 아닌 결합의 문화콘텐츠학으로」, 문화콘텐츠 신진연구자포럼자료집, 2018.
_____, 「한니발의 알프스 횡단 루트 추적을 통한 스토리 자원 발굴 사례」, 『글로벌문화콘텐츠학회 학술대회발표집』, 글로벌문화콘텐츠학회, 2016.
임영상, 「'문화콘텐츠 개발'과 인문학: 전국대학문화콘텐츠학과협의회(문콘협)의 발족」, 『인문콘텐츠』 6, 인문콘텐츠학회, 2005.
_____, 「인문학과 문화콘텐츠, 문화콘텐츠학은 어디로?」, 『인문콘텐츠의 사회적 공

헌』, 북코리아, 2013.

임옥규, 「문화콘텐츠로서 남북 역사소설 활용방안」, 『한민족문화연구』 34, 한민족문화학회, 2010.

임지현, 「아프리카 민족 기념비와 북한 만수대창작사」, https://terms.naver.com/entry.nhn?docId=5667122&cid=59994&categoryId=59994

임학순, 「문화원형 디지털콘텐츠의 교육콘텐츠 창작소재 활성화를 위한 정책모델 연구」, 『인문콘텐츠』 6, 인문콘텐츠학회, 2005.

임학순·채경진, 「우리나라 한류연구의 경향 분석」, 『한류비즈니스연구』 창간호, 2014.

임현묵, 「문화다양성의 정치 연구」, 서강대학교 대학원 정치외교학과 박사학위논문, 2012.

장경섭, 『가족·생애·정치경제: 압축적 근대성의 미시적 기초』, 창비, 2009.

장원호·김익기·조금주, 「"문화한류"와 "경제한류"의 관계분석: 태국의 사례를 통한 시론적 연구」, 『한국경제지리학회지』 16-2, 2013.

장자, 최상용 옮김, 『장자』 내편, 일상이상, 2017.

장필성, 「2016 다보스포럼: 다가오는 4차 산업혁명에 대한 우리의 전략은?」, 『과학기술정책』 26-2, 과학기술정책연구원, 2016.

전국역사교사모임, 『처음 읽는 터키사』, 휴머니스트, 2007.

전영선, 「남북관계 변화에 따른 통일문화콘텐츠 개발 필요성과 방향」, 『한민족문화연구』 18, 한민족문화학회, 2006.

정광호, 「혐한은 한류 10년의 피로현상」, 『월간중앙』, 2008. 11. 1.

정광흠, 『인도의 신화와 종교』, 살림출판사, 2006.

정락인, 「'사이버 백병전' 끝없는 한·중·일 '역사전쟁'」, 『시사저널』 통권 910호, 2007. 3. 26.

정성훈, 「'창조도시'와 '문화도시'애 대한 인문적 비판」, 『시대와 철학』 23-1, 2012.

정은령, 〈〔화제의 책〕 '문명의 공존'/'문명의 충돌'은 없다〉, 《동아닷컴》, 2000. 2. 18. (http://www.donga.com/news/article/all/20000218/7509909/1)

정은영·최현주, 「공연예술 콘텐츠로서 무용에 나타나는 설화의 수용양상과 의미」, 『한국콘텐츠학회 논문지』 12, 2012.

정지훈, 「문화콘텐츠는 기획이다」, 『새로운 문화콘텐츠학』, 커뮤니케이션북스, 2017.

정진아 외, 『통일문화콘텐츠 희(希)스토리: 새로운 산학협력모델 인문브릿지』, 박이정, 2016.

정창권, 「문화콘텐츠학, 어떻게 연구하고 가르칠 것인가」, 『동양한문학연구』 24, 2007.

정철현·김종업, 「도시재생을 통한 창조도시 구현 방안연구」, 『지방정부연구』 16-3, 2012.

정현욱, 「한류 열풍 속에 숨어 있는 '孔子 살리기' '팍스 차이나' 명분될까 우려」, 『민족 21』 59, 2006. 2. 1.

제이 데이비드 볼터·리처드 그루신, 이재현 옮김, 『재매개: 뉴미디어의 계보학』, 커뮤니케이션북스 2006.

제임스 레스턴, 이현주 옮김, 『이슬람의 영웅 살라딘과 신의 전사들: 사자왕 리처드와 살라딘의 십자군전쟁』, 민음사, 2003.

조관연, 「인문정신과 문화 영상다큐멘터리」, 『인문콘텐츠』 30, 인문콘텐츠학회, 2013.

______, 「인문학과 시각 테크놀로지의 만남」, 김현, 『인문정보학의 모색』, 북코리아, 2012.

조동일, 「세계에 공헌하는 한류 학문」, 『겨레어문학』 51, 겨레어문학회, 2013.

______, 『한국문학통사』 1, 지식산업사, 1994.

조지형, 「인문학의 위기와 디지털 인문학」, 『디지털시대의 인문학, 무엇을 할 것인가』, 사회평론, 2001.

조한필, 「태조 왕건의 천안 역사문화콘텐츠화 시론」, 『한국중세사연구』 48, 2016.

최지은·김윤화·정용찬, 『2019년 방송매체 이용행태 조사 보고서』, 한국방송통신위원회, 2019.

최희수, 「디지털 인문학의 현황과 과제」, 『소통과 인문학』 13, 한성대 인문과학연구원, 2011.

KOTRA 지식서비스사업팀, 『문화한류에서 경제한류로서의 도약을 위한 글로벌 한류동향 및 활용전략』, 2011.

팀 알퍼, 「유럽 팬들마저 끌어당기는 K팝의 '팬덤'」, 『조선일보』, 2019. 1. 1, 〈팀 알퍼의 한국 일기〉

프랑스문화예술학회, 『프로방스 문화 예술 산책』, 성균관대학교 출판부, 2001.

하워드 파일, 붉은여우 옮김, 『로빈 후드의 모험』, 지식의 숲, 2013.

한국국제교류재단, 『한국국제교류재단 연차보고서』 1999-2015년.

한국국학진흥원 엮음, 『한국문화유전자 지도』, 스토리하우스, 2013.

______, 『한국인의 문화유전자』, 아무르문디, 2012.

______, 『한국인의 일상과 문화유전자』, 스토리하우스, 2014.

한국문화콘텐츠진흥원, 『문화원형 창작소재 개발 중·장기 로드맵 개발』, 2006.

______, 『북한지역의 우리 문화원형』, 2004.

______, 『2008 문화콘텐츠 교육기관 현황조사』, 2009.

한국연구재단, 『디지털시대 인문학 성과의 산업화 방안 연구』, 정책연구-2014-014-인문학, 2014.

한국일보 문화부, 『소프트시티』, 생각의나무, 2011.

한국콘텐츠진흥원, 『2008 문화콘텐츠 교육기관 현황조사』, 2009.

_____, 『콘텐츠 4.0: 4차 산업혁명과 콘텐츠의 미래』, 2017.

한동숭, 「문화기술과 인문학」, 『인문콘텐츠』 27, 2012.

_____, 「4차 산업혁명시대, 대학교육과 콘텐츠」, 『인문콘텐츠』 42, 인문콘텐츠학회, 2016.

한동현, 「문화콘텐츠학의 새로운 포지셔닝: 디지털인문학」, 『한국문예비평연구』 40, 한국현대문예비평학회, 2013.

한지원·김진희·이상훈, 「전통 민간요법 발굴 및 활용을 위한 기초연구: 한국한의학연구원 민간요법 DB구축 사례를 중심으로」, 『인문콘텐츠』 30, 2013.

함재묵, 「남북통일 시 문화통합을 위한 민족문화콘텐츠 개발에 관한 시론적 연구」, 대진대학교 통일대학원 석사학위논문, 2013.

허은, 「한국 근현대 영상의 공공재화와 새로운 역사쓰기의 모색: '제국-국민국가' 서사의 너머보기와 '公衆의 역사' 쓰기」, 『영상과 아카이빙 그리고 새로운 역사쓰기』, 고려대학교 한국사연구소 국제학술회의 자료집, 2014.

홍성욱·김소영 외, 『4차 산업혁명이라는 유령: 우리는 왜 4차 산업혁명에 열광하는가』, 휴머니스트, 2016.

홍정욱·김기덕, 「'2014 세계 디지털인문학' 학술대회 및 한국의 디지털인문학」, 『인문콘텐츠』 34, 인문콘텐츠학회, 2014.

홍제성, 「中 反韓感情, 과장된 측면 크다」, 『연합뉴스』, 2008. 8. 29.

황혜진, 「한국 드라마로 이어지는 고전서사의 전통」, 『겨레어문학』 49, 겨레어문학회, 2012.

Almasy, S., & Vercammen, P., 〈Caitlyn Jenner Could See Misdemeanor Manslaughter Charge〉, 《CNN》, 2015, August 21. (edition.cnn.com/2015/08/20/entertainment/caitlyn-jenner-accident-investigation/index.html)

Alvin Toffler, *The third wave*, 권오석 옮김, 『제3의 물결』, 홍신문화사, 1994.

Amirou, R., *Imaginaire du tourisme culturel*, PUF.

Anderson Crystal S., "Hybrid Hallyu The African American Music Tradition In K-Pop", *Global Asian American Popular Cultures*, NYU Press, 2016. pp. 290-303.

Antonelli, D., *Lourmarin, Un village – Un château*, PEC, 2002.

Aué, Michèle, *Provence*, MSM, 2003.

Azy Barak(Eds), *Psychological Aspects of Cyberspace: Theory, Research, Applications*, Cambridge University Press, 2008.

Barthes, Roland, *Mythologies France*, Editions de Seuil, 1957.

Bazin, Jean-François, *L'ABCdaire des Cisterciens et du monde de Cîteaux*, Flammarion, 1998.

Berkowitz, L., Cochran, S. T., and Embree, M., *Journal of Personality and Social Psychology* 40, 1981.

Berry, M. David, "On Latour's Notion of the Digital", Blog, http://stunlaw.blogspot.kr/2014/08/on-latours-notion-of-digital.html

Borgé, Jacques et Viasnoff, Nicolas, *Archives de Provence*, Michèle Trinckvel, 1994.

Bosquet, Raoul, *Histoire de la Provence*, Jeanne Laffite, 1954.

Bourguignon, Erika. "Introduction: A Framework for the Comparative Study of Altered States of Consciousness." *Religion, Altered States of Consciousness and Social Change*, edited by E. Bourguignon, Ohio State UP, 1973.

_____. "Vienna and Memory: Anthropology and Experience." *Ethos: Journal of the Society for Psychological Anthropology*, vol. 24, no. 2, 1996.

Brunner, Annelen, "An XML Annotation schema for speech, thought and writing representation", Digital Humanities 2014, 2014. http://dharchive.org/paper/DH2014/ Paper-374.xml

Burns, D., "Feminism, Psychology and Social Policy: Constructing Political Boundaries at the Grassroots", *Feminism & Psychology* 10, 2000. (doi:10.1177/0959353500010003006)

Chabot, Jacques, *La Provence de Giono,* Edisud, 1980.

Chén, Jìng Lì. "hánjù de méilì-tán hánjù jiātíng lúnlǐ jiàzhíguān duì zhōngguó shòuzhòng de yǐngxiǎng [The Influence of Korean family ethics on Chinese audiences]." shěnyáng dàxué xuébào [*Journal of Shenyang University*], vol. 5, 2008.

Chua, Beng Huat. "Conceptualizing an East Asian Popular Culture." *Inter-Asia Cultural Studies*, vol. 5, no. 2, 2004.

Chua Beng Huat, and Koichi Iwabuchi, *East Asian Pop Culture: Analyzing the Korean wave*, Hong Kong University Press, 2008.

Clap, Sylvestre, *Avignon,* Equinoxe, 2010.

Clark R. M., Bryn M. C., Extremity shifts, risk shifts and attitude shifts after group discussion, *Psychology* Volume 2 Issue 4, 1972.

Clébert, Jean Paul, *Guide de la Provence mystérieuse,* Tchou, 1986.

Clergue, Lucien, *Les Baux de Provence*, Actes Sud, 2000.

Daudet, Alphonse, *Lettres de mon moulin*, Larousse, 1999.

Dawkins, Richard. *The Selfish Gene*. Oxford UP, 1976.

Digital Humanities Laboratory DHLAB, http://dhlab.epfl.ch

Dorothy Nelkin, M. Susan Lindee, *The DNA Mystique*, Unuversity of Michigan, 2004.

Douglas, M., *Implicit Meanings: Essays in Anthropology*, Routledge, 1975(as cited in Mills, S., op. cit., p. 57).

Dufief, Anne-Simone, *Alphonse Daudet*, Edition Ouest France, 2005.

Durand, Jean-François, *Jean Giono le Sud imaginaire*, Edisud, 2003.

Ebbesen, E. B., Duncan, B., and Konecni, V. J., *Journal of Experimental Social Psychology* 11.

Elsen, M. v., "License to Laugh: The Stand-Up Comedian in Relation to American Normative Values", Radboud University, 2016. (https://theses.ubn.ru.nl/handle/123456789/3645)

Ernst Mayr, "The objects of selection", *Proceedings of the National Academy of Sciences of the United States of America*, Stanford University's HighWire Press, 1997, 94(6).

Flower, John, *Provence*, Arthaud, 1988.

Gervais, R., "Ricky Gervais at the Golden Globes 2020". Los Angeles, California, United States: YouTube, 2020, January 10. (https://www.youtube.com/watch?v=sR6UeVptzRg)

Giono, Jean, *Provence*, Folio-Gallimard, 1993.

Global Outlook::Digital Humanities, http://www.globaloutlookdh.org/

Haziot, David, *Van Gogh*, Folio-Gallimard, 2007.

Jambunathan, S.·Burts, D.,·Pierce, S., "Comparisons of parenting attitudes among five ethnic groups in the United States", *Journal of Comparative Family Studies* 31(4), 2000 (www.jstor.org/stable/41603709)

Jauss, Hans-Robet, *Pour une esthétique de la réception*, Gallimard, 1978, 독일어 원 텍스트 *Kleine Apologie der ästhetidschen Erfahrung*, Verlagsanstalt, Constance, 1972.

Jeong, Hae-gyeong. "Bibim, yungtong, nanumeulo isneun eoullimui jihye." 〔The Wisdom of Harmony Made with Mixing, Flexibility, and Sharing〕. *The Cultural Genes of Koreans*, Amor Mundi, 2012, pp. 171-181.

Jin Dal Yong, "Critical Interpretation of Hybridization in Korean Cinema", *Journal of European Institute for Communication and Culture,* volume 17, 2010.

_____, *New Korean Wave*, University of Illinois press, 2016.

John Gray, "John Gray on secular fundamentalists". *The Gurdian*, London, 15.03.2008.

Kim, Gyeong-il. *Geundaeui gajog, geundaeui gyeolhon.* [Modern Family, Modern Marriage]. Blue History, 2012.

Joo, Yeong-ha. "Balhyoeumsig, siganui sugseongeul tonghae jinjeonghan mase ileuda." [Fermented Food Reached the Real Taste After Aging]. *The Cultural Genes of Koreans*, Amor Mundi, 2012.

Kalevi Kull, "Copy versus translate, meme versus sign: developmemt of biological textuality", *European Journal for Semiotic Studies*, 12 (1), 2000.

Kim hyun·Lim Young-sang·Kim Ba-ro, 『Introduction to Digital Humanities』, Knowledge Press of Hankuk University of Foreign Studies, 2016.

Kim Hyun, 『Grope for Cultural Informatics』, Book Korea, 2012.

Kim Ki-duk, 「Contents and Cultural Contents in the Age of 4th Industrial Revolution」, 『Humanities Contents』 52, Human Contents Association, 2019.

_____. "Hanlyu delamae natanan gajogjuui." [The Concept of Familism apparent in the so-called Korean-Wave TV Drama]. *The Cultural Genes of Koreans*, Amor Mundi, 2012.

_____, 「The Emergence of Cultural Contents and the Role of Humanities」, 『Humanities Contents』 28, 2013.

Kim, ki-duk, Bae, sang-joon. "HALLYU AND THE TRADITIONAL CULTURAL GENES OF KOREA" *Kritika Kultura* vol. 29, 2017.

Klaus Sschwab, *The fourth Industrial revolution*, World Economic Forum, 2016.

Ko, Duhyun, et al., *hangug munhwayujeonja jido* [The map of Korean Cultural genes]. Story House, 2014.

Kochiyama, Y., & Juan, K. A.-S., *Dragon Ladies: Asian American Feminists Breathe Fire.* (S. Shah, Ed.) South End Press, 1997. (http://soniashah.com/books/dragon-ladies/)

Korea Creative Content Agency. "2016 Kontencheusaneob tonggyejosa" [A Statistical Survey on the Content Industry 2016], 2016.

Kwon, Myeong-a. *Gajogiyagineun eotteohge mandeuleojineunga.* [How Family Stories Are Created]. Book World, 2000.

Lawrence, Katharine Faith; Bodard, Gabriel; Bradley, John; Perdue, Susan; Rahtz, Sebastian; Rahtz, Sebastian; Daniel, Pitti; Christian-Email, Ore, "Ontologies for Prosopography: Who's Who? or, Who was Who?", Digital Humanities 2014, 2014. http://dharchive.org/paper/DH2014/Workshops-907.xml

Lefranc, Renée, *...et le pâtre Bénezet fit un pont pour Avignon*, RMG. 2000.

______, *Le Palais des Papes d'Avignon*, Editions Ouest-France, 2012.

______, *Le Pont d'Avignon*, Editions Ouest-France, 2010.

Levi-Strauss, Claude. *L'Autre face de lune*. Editions du Seuil, 2011.

Lie, John. "What is the K in K-pop? South Korean Popular Music, the Culture Industry, and National Identity." *Korea Observer*, vol. 43, no. 3, 2012.

Lim, Jae-hae. "Seumateupongwa daejungmunhwa hyeonsangui munhwayujeonja insig" [Current Phenomena of Smartphone and Pop-culture and the Recognition of Memme]. *Folklore of Namdo* 27, 2013.Nisbett, Richard E. *The Geography of Thought*. Brockman, 2003.

Lorenz, k. *On Aggression*, New York: Harcourt, Brace and world, inc 1963.

Luis Benitez-Beribiesca, "Memetics: A dangerous idea", *Interciencia*, 26(1), Asociaión Interciencia, 2001.

Malson, M. R., "Black Women's Sex Roles: The Social Context for a New Ideology". *Journal of Social Issues* 39, 1983. (doi:10.1111/j.1540-4560.1983.tb00158.x)

Manwell, F. C., "Stand-Up Comedy as a Tool for Social Change", Bachelor of Arts Degree Thesis, University of Michigan, 2008.

Martin, M. M., Anderson, C. M., and Horvath, C. L., *Communication Research Reports* 13, 1996.

McLaughlin, K., 〈5 things women couldn't do in the 1960s〉. 《CNN》, 2014. (https://edition.cnn.com/2014/08/07/living/sixties-women-5-things/index.html)

Merciari, M., *Le Lubéron*, PEC, 2003. English version.

Mills, S., *Comedians with a Difference: The Performance Techniques of the Outsider in Stand-Up Comedy*, University of Kent, 2019. (https://kar.kent.ac.uk/78107/)

Nayelli Lopez Rocha, Andrii Ryzhkov, "Hallyu, The current Isuues of its development and dissemination process in Mexico", *Journal of Korean culture*, vol. 26, 2014.

Oh, Ingyu et al., *Hallyu 3.0 gwa munhwageullokeolhwaui inmunhagjeog yeongu*

〔Humanities Research on Hallyu 3.0 and Glocalizing Culture〕. National Research Council for Economics Humanities and Social Science, 2014.

Ortega, élika; Gutiérrez, Silvia, "MapaHD: Exploring Spanish and Portuguese speaking DH communities", Digital Humanities 2014, 2014. http://dharchive.org/paper/DH2014/ Paper-293.xml

Oxford Advanced Learner's Dictionary, 2005. "Political Correctness". (www.oxfordlearnersdictionaries.com/definition/english/political-correctness?q=political+correctness)

Park Chang-gyu, 『If Content is King in the Age of the 4th Industrial Revolution, Context is God』, CloudLine, 2018.

Park So Young, "Transnational Adoption, Hallyu, and the Politics of Korea Popular Culutre", *Biography*, volume 33 number 1, University of Hawai'i Press, 2010.

Park, Shin-hee. "Yeogdongseong, yeoljeonggwa huimangui ttodaleun ileum." 〔Dynamics, Another Name of Enthusiasm and Hope〕. *The Cultural Genes of Koreans*, Amor Mundi, 2012.

Park, So Young. "Transnational Adoption, Hallyu, and the Politics of Korea Popular Culture." *Biography*, vol. 33 no. 1, U of Hawai'i P, 2010.

Peter F. Drucker, *Peter F. Drucker on Innovation*, 권형설·전미옥 옮김, 『위대한 혁신』, 2006, 한국경제신문.

Pieters, Toine; Verheul, Jaap, "Cultural Text Mining: Using text mining to map the emergence of transnational reference cultures in public media repositories", Digital Humanities 2014, 2014. http://dharchive.org/paper/DH2014/Paper-757.xml

Pleck, J. H., & Rustad, M., "Husbands and wives time in family work and paid work in the 1975-76 study of time use. Working paper #63", 1980. (as cited in Malson, M. R., "Black Women's Sex Roles: The Social Context for a New Ideology". *Journal of Social Issues* 39, 1983) (doi:10.1111/j.1540-4560.1983.tb00158.x)

Pomian, Krzysztof, Pascal Dethurens, Stella Ghervas *Lieux d'Europe: Mythes et limites*, éditions de la Maison des sciences de l'homme, 2013. 'Format Kindle판.

Quirk, S., "Who's in charge? Negotiation, manipulation and comic licence in the work of Mark Thomas", *Comedy Studies* 1, 2010.(as cited in Mills, S., op. cit., pp. 59-61) (doi:https://doi.org/10.1386/cost.1.1.113/1)

Rainbird, M., "Humour, Multiculturalism and 'Political Correctness'". Paper presented at the conference of the Australasian Political Studies Association,

The University of Adelaide, 2004. (http://citeseerx.ist.psu.edu/viewdoc/download?doi=10.1.1.574.9302&rep=rep1&type=pdf)

Reside, Doug, "Using Computer Vision to Improve Image Metadata", Digital Humanities 2014, 2014. http://dharchive.org/paper/DH2014/Paper-294.xml

Richard Dawkins, *The Selfish Gene*, Oxford University Press, 1976.

Roe, Glenn; Gladstone, Clovis; Morrissey, Robert, "Discourses and Disciplines in the Enlightenment: Topic Modeling the French Encyclopédie", Digital Humanities 2014, 2014. http://dharchive.org/paper/DH2014/Paper-171.xml

Rouget, Gilbert. *Music and Trance. A Theory of the Relations between Music and Possession*. U of Chicago, 1985.

Schwab, Klaus, T*he Fourth Industrial Revolution*, 송경진 옮김, 『클라우스 슈밥의 제4차 산업혁명』, 새로운현재, 2016.

Sherman, J., Storytelling: An Encyclopedia of Storytelling and Folklore, London and New York: Routledge, 2015. (https://books.google.co.kr/books?hl=ko&lr=&id=n2-sBwAAQBAJ&oi=fnd&pg=PP1&dq=Sherman,+J.,+Storytelling:+An+Encyclopedia+of+Storytelling+and+Folklore,+London+and+New+York:+Routledge,+2015.&ots=UsaetIXe9p&sig=lYjJxntCExKZgF4JVIZTUcYwGUY#v=snippet&q=jester&f=false)

Shim, Doboo. "Hybridity and the Rise of Korean Popular Culture in Asia." *Media, Culture & Society*, vol. 28, No. 1, 2006.

Shin Dong-hee, 「The 4th Industrial Revolution is the Human-centered Renaissance Revolution」, 『The Segye Times』, 2017. 2. 1.

Shin, Eun-kyeong. *Punglyu dongasia mihagui geunwon*. 〔The Source of Aesthetics in East Asia〕. Bogosa, 1999.

Shin, Yong-ha, Jang Gyeong-seop. *21segi hangugui gajoggwa gongdongchemunhwa*. 〔Family and Communal Culture of Korea in the 21st Century〕. Jisik Sanup Publication, 1996.

Simons, Anne-Marie, *Taking Root in Provence*, Distinction Press, 2011.

Spear, M, Russell,L.,and Lee, S., *British Journal of Social Psychology* 29, 1990.

Tajfel, H., *Human Groups and Social Categories*, Cambridge University Press, 1981.

______, Social psychology of intergroup relations. *Annual Review of Psychology* 33, 1982.

Teague, Anthony G. 「셰익스피어의 『존왕』에 대하여」, 『서강영문학』 3, 1991.

Terrence Deacon, "Memes as signs in the dynamic logic of semiosis: Beyond molecular science and computation theory", *Conference paper: 12thInternational* Conferenceon Conceptual Structures(ICCS 2004), Volume: 3127, 2004.

The Associated Press, 〈Interracial Marriages in the US hit all-time high 4.8 million〉. 《Daily News》, 2012. 2. 16. (https://www.nydailynews.com/life-style/interracial-marriages-u-s-hit-all-time-high-4-8-million-article-1.1023643#ixzz1mZ1q3rgg)

The Green Guide Provence, Michelin, 2013.

UNESCO World Heritage Centre, whc.unesco.org/en/list

Valentina Marinescu, *The golbal impact of South Korea popular culture: Hallyu unbound*, Lexington Books, 2014.

Voyant Tools, http://voyant-tools.org/

Wagg, S., *Because I Tell a Joke or Two: Comedy, Politics and Social Difference.* Routledge, 1998.

Walther, J. B., Anderson, J. F., and Park, D.W., *Communication Research* 21, 1994.

Wunemburger, Jean-Jacques, *L'imaginaire*, PUF, 2003.

Xú, Péng. "'hán liú' bù hán-duō jiǎodù jiědú hánguó diànshìjù chénggōng de yuányīn." ["'Korean Wave' is not cold - multi-angle interpretation of the success of Korean TV series"]. *miányáng shīfàn xuéyuàn xuébào [Journal of Mianyang Teachers College]*, vol. 1, 2007.

Yoon, Tae-il. "Sinmyeongui maecheseosahage daehan tamsaegjeog gochal." [Exploring the concept of Shinmyoung-based Media Narratology]. *Journal of Communication Science*, vol. 10, no. 4, 2010.

Žižek, S., "Slavoj Žižek: Political Correctness is a More Dangerous Form of Totalitarianism." (B. Think, Interviewer) YouTube, 2015. (www.youtube.com/watch?v=5dNbWGaaxWM&list=PL5uULy4b0kV7ptjEsuMwvBAHENZ0aiGcy&index=25&t=0s)

「경애하는 김정은동지께서 조선4.26만화영화촬영소를 현지지도하시었다」, 『로동신문』, 2014. 11. 27.

「남북 손 맞잡으면 '뽀로로 신화' 재창조」, 『매일경제신문』, 2019. 1. 7.

「남북협력 앞당길 원격교육 플랫폼」, 『매일경제신문』, 2019. 1. 2.

「마지막까지 문화 자부심으로 꽉 채운 소치올림픽」, 『조선일보』, 2014. 2. 25.

「4차 산업혁명은 인간중심 르네상스 혁명」, 『세계일보』, 2017. 2. 1.

「〔아시안리더십콘퍼런스〕 마윈 “IT시대 저물고 DT시대… 청년·여성·中企가 성공 키워드」, 『조선일보』, 2015. 5. 20.

「코딩 배우려는 학생 밀려드는데 교수·강의실 부족하다며… 서울대 컴퓨터공학부, 수강제한」, 『조선일보』, 2019. 1. 31.

「코딩도 쉽고, 빠르게… SW 자동개발 기술이 뜬다」, 『전자신문』, 2017. 2. 5.

「〔Asian Leadership Conference〕 Mayun “The Age of IT Sets and the Age of DT Comes”」, 『The Chosun Ilbo』 May 20, 2015.

KBS 남북의 창, 〈클로즈업 북한〉, 2018. 7. 14. http://news.kbs.co.kr/news/view.do?ncd=4009112

KBS 남북의 창, 〈요즘 북한은〉, 2018. 9. 8. http://news.kbs.co.kr/news/view.do?ncd=4035777

KBS 남북의 창, 〈요즘 북한은〉, 2018. 10. 27. http://news.kbs.co.kr/news/view.do?ncd=4060750

http://airal.ycool.com/post.3083869.html

http://baike.baidu.com/view/1614084.htm

http://bbs.tiexue.net/post_1315310_1.html

http://bbs.tiexue.net/post_2145018_1.html

http://blog.sina.com.cn/s/blog_4a886ecd01000b8e.html?retcode=0

http://blog.sina.com.cn/s/blog_5b6ac73a0100avy1.html

http://cafe.naver.com/solideogloriafaith/4683, 「바라(창조하다)에 대한 오해 그리고 보충설명」, SDG개혁신앙연구회.

http://club.chinaren.com/11/114431010

http://club.renren.com/index.php?uri=/show_207_191993_1.html2008-11-1018:56

http://fmfans.cpgl.net/thread-62406-1-1.html

http://forum.china.com.cn/viewthread.php?tid=428359&agMode=1&com.trs.idm.gSessionId=1E17656E0C322980EA02E62B50C2D665#

http://heritage.unesco.or.kr, “유네스코와 유산”

http://hi.baidu.com/%CE%D2%B5%C4%B0%D9%B6%C8%BF%D5%BC%E4%D5%E6%C6%AF%C1%C1/blog/item/7851dc13bb49a528dc54016e.html

http://news.sohu.com/s2010/dianji386

http://psq.5d6d.com/thread-438-1-1.html2007-2-2517:33

http://qfmyyhc.blog.163.com

http://star.news.sohu.com/20080528/n257140183.shtml

http://terms.naver.com/, "유네스코 유산"

http://www.2ch.net

http://www.360doc.com/content/10/0316/16/552741_19010487.shtml

http://www.askform.cn/11986-25984.aspx

http://www.baidu.com

http://www.bclbtd.cn/index.php/article/cookstyle/2009-10-25/529.html

http://www.ctrip.com/community/itinerarywri/955654.html

http://www.dcinside.com

http://www.gasengi.com

http://www.gesomoon.com

http://www.jjunda.net

http://www.nolkka.com

http://www.prkorea.com

http://www.sina.com

http://www.sohu.com

http://www.youtube.com

http://yangml1962.blog.hexun.com/22663628_d.html

https://smartaedi.tistory.com/283. http://m.zdnet.co.kr/news_view.asp?article_id=20180518113544&re=zdk

https://www.youtube.com/watch?v=BeXY9U9BHqw

연구 대상 넷플릭스 코미디 스페셜

Burr, B.의 2019년 8월 29일 공연 작품 〈Paper Tiger〉(The Royal Albert Hall, London, England, United Kingdom)

Gervais, R.의 2017년 5월 11일 공연 작품 〈Humanity〉(Eventim Apollo Hammersmith, London, England, United Kingdom)

Jeong, K.의 2019년 2월 14일 공연 작품 〈You Complete Me, Ho〉(The Ice House, Pasadena, California, United States)

Minhaj, H.의 2017년 5월 11일 공연 작품 〈Homecoming King〉(Mondavi Center, Davis, California, United States)

Ryan, K.의 2019년 6월 18일 공연 작품 〈Glitter Room〉(Belasco Theatre, Los

Angeles, California, United States)

Sykes, W.의 2019년 5월 21일 공연 작품 〈Not Norman〉(The Town Hall, New York, New York, United States)

Wong, A.의 2016년 4월 20일 공연 작품 〈Baby Cobra〉(Elgin and Winter Garden Theatre Centre, Toronto, Ontario, Canada)

Wong, A.의 2018년 5월 14일 공연 작품 〈Hard Knock Wife〉(Elgin and Winter Garden Theatre Centre, Toronto, Ontario, Canada)

저자 논저목록

저서

『국제화와 한국사회』, 나남출판, 1994. (공저)

『14세기 고려의 정치와 사회(대우학술총서)』, 민음사, 1994. (공저)

『한국역사입문 2』, 풀빛, 1995. (공저)

『교회와 국가』, 인천가톨릭대학교, 1997. (공저)

『고려시대 사람들은 어떻게 살았을까 1, 2』, 청년사, 1997. (공저)

『강화도의 지속가능한 발전방향에 대한 연구』, 녹색연합, 강화도시민연대, 1998. (공저)

『성황당과 성황제』, 민속원, 1998. (공저)

『고려시대 봉작제연구』, 청년사, 1998.

『한국인의 역사의식』, 청년사, 1999. (공저)

『생활풍수』, 북코리아, 2000.

『전통문화란 무엇인가』, 건국대학교출판부, 2000. (공저)

『고려시대연구 3』, 한국정신문화연구원, 2001. (공저)

『고려의 황도 개경』, 창작과 비평사, 2002. (공저)

『우리 인문학과 영상』, 푸른역사, 2002. (공저)

『고려시대연구 4』, 한국정신문화연구원, 2002. (공저)

『인문학관련 영상자료 실태조사 및 인문학영상아카이브 구축방안』, 인문사회연구회, 한국교육개발원, 2002.

『신편 강화사』, 강화군군사편찬위원회, 2003. (공저)

『고려시대연구 7』, 한국정신문화연구원, 2004. (공저)

『효문화와 콘텐츠』, 경기문화재단, 2004. (공저)

『영상역사학』, 생각의 나무, 2005.
『문화콘텐츠입문』, 북코리아, 2006. (공저)
『문화원형 창작소재 개발 중장기 로드맵 수립』, 한국문화콘텐츠진흥원, 2006. (공저)
『한국전통문화론』, 북코리아, 2006. (공저)
『인문학과 문화콘텐츠』, 다할미디어, 2006. (공저)
『산, 수, 풍의 조화를 꿈꾸는 풍수』, 한국국학진흥원, 2007. (공저)
『한국전통문화와 문화콘텐츠』, 북코리아, 2007. (공저)
『韓國傳統文化論』, 대학교육출판(일본), 2008. (공저)
『궁예의 나라 태봉』, 일조각, 2008. (공저)
『조선 국왕의 일생』, 글항아리, 2009. (공저)
『한국문화와 콘텐츠』, 채륜, 2009. (공저)
『인문콘텐츠의 사회적 공헌』, 북코리아, 2013. (공저)
『창조경제시대 스토리텔링 다시보기』, 북코리아, 2014. (공저)
『한국문화와 콘텐츠』, 한국문화사, 2016. (공저)
『동아시아 풍수의 미래를 읽다』, 지오북, 2016. (공저)
『두승산 유선사』, 신아출판사, 2016. (공저)
『코리언의 통합서사와 평화공동체』, 패러다임북, 2019. (공저)

논문

「고려조의 왕족봉작제」, 『한국사연구』 52, 한국사연구회, 1986.
「교회사편찬의 현황」, 『교회와 역사』 6, 한국교회사연구소, 1988.
「삼국시기 중국제왕조에서 사여된 국왕봉작에 대한 검토」, 『논문집』 29, 건국대학교 대학원, 1989.
「고려 광종대 왕권강화와 태자책봉」, 『수촌박영석교수화갑기념사학논총 상』, 탐구당, 1992.
「고려 후기의 종실봉군제」, 『건대사학』 8, 건국대학교 사학과, 1993.
「고려시기 왕실의 구성과 근친혼」, 『국사관논총』 49, 국사편찬위원회, 1993.
「고려 봉작제 연구」, 『박사학위논문』, 건국대학교 대학원, 1994.
「국제화와 민족문화」, 『국제화와 한국사회(나남출판 사회비평신서 50)』, 나남출판, 1994.
「14세기 후반 개혁정치의 내용과 그 성격」, 『14세기 고려의 정치와 사회(민음사 대우학술총서)』, 민음사, 1994.

「국제화 흐름속에 우리 것의 문제」, 『서평문화』 16, 한국간행물윤리위원회, 1994.
「농민항쟁의 전개와 성격」, 『한국역사입문 2』, 풀빛, 1995.
「고려시대의 국가와 종교」, 『교회와 국가(오경환신부 화갑기념 교회사논총)』, 인천가톨릭대학교, 1997.
「고려전기의 왕위계승」, 『건대사학』 9, 건국대학교 사학과, 1997.
「고려의 제왕제와 황제국체제」, 『국사관논총』 78, 국사편찬위원회, 1997.
「고려시대 성황신에 대한 봉작과 성황대신사적현판 분석」, 『역사민속학』 7, 한국역사민속학회, 1998.
「한국사 대중화 경향과 과제: 한국사 저작물을 중심으로」, 『중앙사론』 10, 중앙대학교 사학과, 1998.
「정보화시대의 역사학: '영상역사학'을 제창한다」, 『역사교육』 75, 역사교육연구회, 2000.
「고려시대 강화도읍사 연구의 쟁점」, 『사학연구』 61, 한국사학회, 2000.
「고려시대의 왕」, 『역사비평』 54, 역사문제연구소, 2001.
「고려사 오행지의 역주현황과 새로운 역주방향」, 『고려시대연구』 3, 한국정신문화연구원, 2001.
「고려시대 개경의 풍수지리적 고찰」, 『한국사상사학』 17, 한국사상사학회, 2001.
「고려시대 왕실선원록의 복원시도」, 『역사와 현실』 43, 한국역사연구회, 2002.
「역사가와 다큐멘터리」, 『사학연구』 65, 한국사학회, 2002.
「사극의 열풍과 사회적 영향」, 『역사와 문화』 5, 문화사학회, 2002.
「영상역사기록의 사회적 의미」, 『역사민속학』 14, 한국역사민속학회, 2002.
「고려시 오행지 수행조 역주」, 『고려시대연구』 4, 한국정신문화연구원, 2002.
「고려시대 왕실족보 '고려성원록'의 발굴경위와 사료적 가치」, 『고서연구』 20, 한국고서연구회, 2002.
「강화천도의 배경과 과정」, 『신편 강화사(상)』, 강화군군사편찬위원회, 2003.
「무인집권기 강화지역의 동향」, 『신편 강화사(상)』, 강화군군사편찬위원회, 2003.
「콘텐츠의 개념과 인문콘텐츠」, 『인문콘텐츠』 1, 인문콘텐츠학회, 2003.
「한국의 매장문화와 화장문화」, 『역사민속학』 16, 한국역사민속학회, 2003.
「인문학 관련학과에 있어서 콘텐츠 교과목의 보완: 역사학의 사례를 중심으로」, 『인문콘텐츠』 2, 인문콘텐츠학회, 2003.
「'인문학 영상아카이브센터'의 필요성과 설립방안」, 『역사민속학』 17, 한국역사민속학회, 2003.
「고려사 오행지 역주(2)」, 『고려시대연구』 7, 한국정신문화연구원, 2004.

「고려시대 서경의 풍수지리적 고찰: 고려초기 서경의 정치적 위상과 관련하여」, 『사학연구』 73, 한국사학회, 2004.
「고려시대 개경과 서경의 풍수지리와 천도론」, 『한국사연구』 127, 한국사연구회, 2004.
「한국의 토속적 자연관: '터' 문화를 중심으로」, 『한국사상사학』 23, 한국사상사학회, 2004.
「우리 문화원형의 디지털콘텐츠화사업의 사회적 효용」, 『인문콘텐츠』 5, 인문콘텐츠학회, 2005.
「고려 중후기 천도논의와 풍수도참설」, 『역사민속학』 20, 한국역사민속학회, 2005.
「한국의 표준시 논쟁 재론」, 『고서연구』 23, 한국고서연구회, 2005.
「문화원형의 층위와 새로운 원형 개념」, 『인문콘텐츠』 6, 인문콘텐츠학회, 2005.
「풍수지리학 정립을 위한 과학풍수의 일사례」, 『민속학연구』 17, 국립민속박물관, 2005.
「전통 역사학의 응용적 측면의 새로운 흐름과 과제」, 『역사와 현실』 58, 한국역사연구회, 2005.
「한국 중세사회에 있어 풍수, 도참사상의 전개과정」, 『한국중세사연구』 21, 한국중세사학회, 2006.
「김태곤 '원본사고' 개념의 이해와 의의」, 『한국의 민속과 문화』 11, 경희대학교 민속학연구소, 2006.
「웃음과 미소」, 『웃음문화』 3, 한국웃음문화학회, 2007.
「삼원 캐릭터연구 시론」, 『인문콘텐츠』 9, 인문콘텐츠학회, 2007.
「현대사회와 풍수」, 『국학연구총서』, 한국국학진흥원, 2007.
「문화콘텐츠 연계전공 교육과정의 분석」, 『첨단문화기술연구』 4, 문화콘텐츠기술연구원, 2008.
「동아시아 역사소재 디지털게임의 세계관 분석 시론」, 『인문과학논총』 46, 건국대학교 인문과학연구소, 2008.
「영상역사학: 역사학의 확장과 책무」, 『역사학보』 200, 역사학회, 2008.
「한국 학술지의 전개 방향과 〈역사와 현실〉」, 『역사와 현실』 71, 한국역사연구회, 2009.
「팩션영화의 유형과 '대중적 몰입'의 문제」, 『역사문화연구』 34, 역사문화연구소, 2009.
「3D 입체영상 〈아바타〉와 언캐니 현상」, 『인문콘텐츠』 22, 인문콘텐츠학회, 2011. (공동)
「칠포리암각화의 문화콘텐츠로서의 가능성: 칠포리 세계암각화박물관이 필요하다」,

『한국암각화연구』 15, 2011

「고려시대 강도 궁궐의 풍수지리적 고찰」, 『한국중세사연구』 31, 한국중세사학회, 2011.

「미디어 콘텐츠 속 한중일 젊은 세대의 역사문화갈등과 대안모색」, 『통일인문학논총』, 52, 2011.

「조선의 매장문화와 풍수사상」, 『역사학연구』 44, 호남사학회, 2011.

「문화콘텐츠의 등장과 인문학의 역할」, 『인문콘텐츠』 28, 인문콘텐츠학회, 2013.

「〈선원보감〉의 기본구성과 제작배경」, 『중앙사론』 37, 중앙사학연구소, 2013.

「삼원론을 활용한 캐릭터 분석: 영화 〈노인을 위한 나라는 없다〉를 중심으로」, 『인문콘텐츠』 29, 인문콘텐츠학회, 2013.

「증강현실(AR) 기술을 이용한 덕수궁 관광안내서비스 구축방안 연구」, 『문화재』 46-2, 국립문화재연구소, 2013. (공동)

「풍수지리 연구를 위한 영상지도 활용가능성 연구」, 『중앙사론』 39, 2013. (공동)

「문화융성과 출판」, 『문화콘텐츠연구』 3, 2013. (공동)

「영상역사학: 디지털영상의 축복과 역사학의 확장」, 『지식의 지평』 15, 대우재단, 2013

「민간요법의 현대적 존재양상의 일고찰: 이의영 촌장의 〈명품 산야초〉를 중심으로」, 『통일인문학』 57, 2014. (공동)

「한국형 지역재생 개념수립을 위한 인문학적 접근방안 모색」, 『국토지리학회지』 48-2, 2014. (공동)

「조선왕실 산도 중 장릉도와 사릉도에 관한 연구」, 『역사와 경계』 91, 2014. (공동)

「전통문화유산의 방송콘텐츠 활용 사례 연구: TV 리얼 버라이어티 프로그램 KBS 〈1박2일〉」, 『인문콘텐츠』 33, 2014. (공동)

「《선원보감》에 수록된 산도의 표현기법에 관한 연구」, 『역사민속학』 44, 2014. (공동)

「인문학과 문화콘텐츠: 〈인문콘텐츠학회〉의 정체성의 문제」, 『인문콘텐츠』 32, 2014.

「두계 이병도의 풍수지리와 도참사상 연구」, 『백산학보』 98, 2014.

「2014 세계 디지털인문학 학술대회 및 한국의 디지털인문학」, 『인문콘텐츠』 34, 2014. (공동)

「문화콘텐츠의 핵심원천으로서의 역사학」, 『역사학보』 224, 2014. (공동)

「프랑스 남부지역 문화콘텐츠 탐사: 프랑스 프로방스 지역을 중심으로」, 『인문콘텐츠』 33, 2014. (공동)

「디지털시대 인문학성과의 산업화방안 연구」, 2014년 한국연구재단 정책연구. (공동)

「한국 언더그라운드 힙합의 형성과정과 향후과제」, 『다문화콘텐츠연구』 18, 2015. (공동)

「한국에서의 베트남 문화관련 연구동향과 과제」,『중앙사론』 41, 2015. (공동)
「중국문화산업 연구동향」,『통일인문학』 61, 2015. (공동)
「영화 〈뻐꾸기 둥지 위로 날아간 새〉의 삼원론적 분석」,『인문콘텐츠』 37, 2015. (공동)
「도시재생사업에서의 인문학의 역할과 방향」,『열상고전연구』 47, 2015
「산경표를 적용한 알프스산맥 유럽지형 분석과 활용」,『역사민속학』 47, 2015. (공동)
「경북 포항시 유무형 문화유산의 가치와 활용방안: 연오랑 세오녀 설화와 칠포리 암각화를 중심으로」,『역사민속학』 49, 2015.
「인문학 기반의 '문화콘텐츠학' 수업론 정립을 위한 시론」,『인문콘텐츠』 41, 2016. (공동)
「창덕궁의 풍수지리적 입지분석 연구」,『중앙사론』 43, 2016. (공동)
「tvN 드라마 〈응답하라 1988〉 아버지 캐릭터 분석」,『인문콘텐츠』 44, 2017. (공동)
「'한류인문학'을 제창한다」,『인문콘텐츠』 45, 2017. (공동)
hallyu and the traditional cultural genes of korea, *KRITIKA KULTURA* Vol. 29, 2017. (공동)
「경기도 하남시의 풍수적 입지 조건과 도시개발의 과제」,『문화콘텐츠연구』 9, 2017. (공동)
「성서 스토리텔링 연구의 현황과 과제: 문화콘텐츠 활용 관련 연구를 중심으로」,『문화콘텐츠연구』 11, 2017. (공동)
「〈쇼미더머니〉를 통해본 한국 언더그라운드 힙합의 현재와 향후 과제」,『통일인문학』 71, 2017. (공동)
「고려 태조 왕건의 대구 달성군 역사문화콘텐츠화 전략: 오스트리아 뒤른슈타인 소재 '사자왕 리처드' 역사콘텐츠 구축사례를 중심으로」,『한국중세사연구』 52, 2018. (공동)
「4차 산업혁명시대 '문화원형 소재 오픈소스화를 위한 디지털콘텐츠화사업'의 필요성」,『인문콘텐츠』 48, 2018.
「UNESCO 디지털유산 보존 정책 연구」,『문화콘텐츠연구』 12, 2018. (공동)
「가상현실을 활용한 문화원형콘텐츠 개발: 서대문형무소 역사관을 중심으로」,『한국사진지리학회지』 28-2, 2018. (공동)
「서울동화축제의 발전적 연구: 축제 구성요소의 유기적 관계성을 중심으로」,『인문콘텐츠』 51, 2018. (공동)
「전자출판산업 발전 방안에 관한 연구: 책문화생태계 관점을 중심으로」,『한국출판학연구』 45-1(통권86), 2019. (공동)
「4차 산업혁명시대 콘텐츠와 문화콘텐츠」,『인문콘텐츠』 52, 2019.
「남북의 정서적 연대와 통일문화콘텐츠 개발방향」,『통일인문학』 77, 2019. (공동)

「빅토르 위고의 노트르담 드 파리 OSMU연구: 캐릭터의 변화를 중심으로」, 『영상문화』 34, 한국영상문화학회, 2019. (공동)

「성서 스토리텔링을 적용한 공간콘텐츠 기획전략: 미국 플로리다의 '홀리랜드 익스피리언스' 사례를 중심으로」, 『종교문화연구』 32, 2019. (공동)

「구독경제시대의 오디오북 지속성장을 위한 시론적 연구」, 『한국출판학연구』 89, 2019. (공동)

「Role of History in the Age of 4th Industrial Revolution」, 『International Journal of Korean History』, Vol. 24-2, 고려대학교 한국사연구소, 2019.

「한국 전통마을의 공간구성 재론」, 『역사민속학』 57, 2019.

「중국 시안 대명궁유지의 가치와 활용 방안 연구」, 『통일인문학』 80, 2019. (공동)

「실크로드 시안단 문화콘텐츠 개발 방안 연구」, 『문화콘텐츠연구』 19, 2020. (공동)

「미국 스탠드업 코미디에 등장하는 주요 소재와 시각 분석」, 『통일인문학』 84, 인문학연구원, 2020. (공동)

「일대일로 전략하에서 중국 미식 다큐멘터리의 전파」, 『문화콘텐츠연구』 20 글로컬문화전략연구소, 2020. (공동)

「jtbc 드라마 〈SKY 캐슬〉 캐릭터 분석: 삼원론적 분석방법을 중심으로」, 『문화콘텐츠연구』 22, 2021. (공동)